徽学与地域文化丛书

陈瑞 著

明清徽州宗族与乡村社会控制

北京师范大学出版集团
BEIJING NORMAL UNIVERSITY PUBLISHING GROUP
安徽大学出版社

图书在版编目(CIP)数据

明清徽州宗族与乡村社会控制/陈瑞著.—合肥：
安徽大学出版社,2013.9
(徽学与地域文化丛书)
ISBN 978-7-5664-0602-6

Ⅰ.①明… Ⅱ.①陈… Ⅲ.①宗族－关系－乡村－社会控制－研究－徽州地区－明清时代 Ⅳ.①K820.9②D691

中国版本图书馆 CIP 数据核字(2012)第 250119 号

本书为国家社会科学基金青年项目(项目批准号 07CZS009)

明清徽州宗族与乡村社会控制
陈瑞 著
Mingqing Huizhou Zongzu Yu Xiangcun Shehui Kongzhi

出版发行：	北京师范大学出版集团
	安徽大学出版社
	(安徽省合肥市肥西路3号 邮编230039)
	www.bnupg.com.cn
	www.ahupress.com.cn
经　销：	全国新华书店
印　刷：	合肥远东印务有限责任公司
开　本：	152mm×228mm
印　张：	42.25
字　数：	596 千字
版　次：	2013 年 9 月第 1 版
印　次：	2013 年 9 月第 1 次印刷
定　价：	79.00 元

ISBN 978-7-5664-0602-6

策划编辑：朱丽琴　刘　强		装帧设计：知耕书房	
责任编辑：马晓波　刘　强		美术编辑：李　军	
责任校对：程中业		责任印制：陈　如	

版权所有　侵权必究
反盗版、侵权举报电话：0551－65106311
外埠邮购电话：0551－65107716
本书如有印装质量问题,请与印制管理部联系调换。
印制管理部电话：0551－65106311

徽学与地域文化丛书
编委会名单

编委会主任：吴春梅

编委会副主任：(按姓氏笔画为序)

  卞 利 张子侠 张能为 鲍 恒

编 委：(按姓氏笔画为序)

  卞 利 王国良 王达敏 王天根
  王成兴 江小角 李 霞 张子侠
  张能为 张崇旺 张爱冰 张金铣
  吴春梅 吴怀东 吴家荣 陆建华
  陈 林 宛小平 徐国利 鲍 恒

安徽大学徽学研究中心"徽学研究文库"
出 版 说 明

　　自1999年12月获准成为教育部首批人文社会科学重点研究基地以来,安徽大学徽学研究中心高度重视徽学资料的整理和徽学研究成果的出版工作。当时,徽学研究中心确立的发展战略思路是:创办《徽学》集刊,做好徽学研究基础资料的整理与出版工作,集中推出重大标志性研究成果。目前,三项工作都已全面展开,先后出版完成了《徽学》集刊7卷、《徽学研究资料辑刊》8种、"安徽大学徽学研究中心学术丛书"6种和《徽州文书》4辑40册,在海内外学术界产生了良好的影响,有力地推动和促进了徽学研究的健康发展。

　　为适应徽学研究日益繁荣的形势需要,安徽大学徽学研究中心将继续支持海内外的徽学研究事业,加大对高水平徽学研究成果的组织与出版力度,集中推出"徽学研究文库"学术丛书。本丛书坚持学术至上的原则和宗旨,凡是以徽州为研究对象的徽学学术著作和博士论文,均可由作者本人申请列入"徽学研究文库"。著作不限数量与种数,作者不限国别和地域,一切以学术质量为标准。按照程序,先由作者提供著作的电子文本和书面文本,再由徽学研究中心邀请和组织专家进行匿名评审,提出书面意见和建议。凡是被评审专家认可达到较高学术水平,或经专家建议修改完善后,符合徽学学术著作出版质量要求的,即可作为"安徽大学徽学研究中心自设项目",纳入丛书资助计划,予以公开出版,出版资助经费由安徽大学徽学研究中心负责筹措。这是解决目前学术著作出版困难、促进徽学繁荣发展的一项重要举措。

我们把本丛书命名为安徽大学徽学研究中心"徽学研究文库",主要是根据教育部对人文社会科学重点研究基地建设的要求确定的。教育部《普通高等学校人文社会科学重点研究基地管理办法》明确规定,人文社会科学重点研究基地实行"带(给)课题和经费进基地、完成课题后出基地"的动态管理机制。因此,丛书的作者工作单位和人事关系不一定在安徽大学徽学研究中心,只要是安徽大学徽学研究中心的专、兼职研究人员或愿意携带自己的研究课题进入徽学研究中心进行研究的专家学者,其研究成果经评审专家审定认可的,均可列入"徽学研究文库",由安徽大学徽学研究中心予以资助出版。

作为教育部人文社会科学重点研究基地,安徽大学徽学研究中心愿意竭诚为从事徽学研究的专家和学者搭建一个高水平徽学研究成果的发表平台。同时,也希冀通过这一平台,更好地推动徽学研究事业向更高的目标迈进。

本辑"徽学研究文库"分别由安徽大学"211工程"三期重点建设学科"徽学与地域文化"和安徽大学徽学研究中心共同资助出版。

教育部人文社会科学重点研究基地
安徽大学徽学研究中心
二〇一二年九月

目录
CONTENTS

001 绪 论
001 一、选题缘起与意义
004 二、学术史回顾
019 三、概念界定与研究思路

上编 明清徽州宗族的内部控制

031 第一章 明清徽州宗族内部的控制结构与控制实施主体
031 一、明清徽州宗族内部的组织结构
035 二、明清徽州宗族内部的控制结构
038 三、明清徽州宗族内部的控制实施主体
108 四、小结

110 第二章 明清徽州宗族内部的控制设施
110 一、明清徽州宗族祠堂与族内控制
131 二、明清徽州宗族族谱与族内控制
162 三、明清徽州宗族祖茔与族内控制
171 四、小结

第三章　明清徽州宗族内部的控制手段及其运用 …… 173

- 一、明清徽州宗族内部的制度控制手段及其运用 …… 173
- 二、明清徽州宗族内部的物质利益控制手段及其运用 …… 218
- 三、明清徽州宗族内部的文化控制手段及其运用 …… 261
- 四、明清徽州宗族内部的强制惩罚控制手段及其运用 …… 308
- 五、小结 …… 328

第四章　明清徽州宗族内部控制的主要领域和内容 …… 333

- 一、明清徽州宗族内部的社会秩序控制 …… 333
- 二、明清徽州宗族内部的生活方式控制 …… 383
- 三、明清徽州宗族内部的社会问题控制 …… 426
- 四、小结 …… 445

下编　族权与政权互动视角下的明清徽州乡村社会控制：以保甲制推行为中心

第五章　明清徽州保甲制度的推行与保甲组织编制 …… 449

- 一、明清徽州保甲制度的推行 …… 449
- 二、明清徽州保甲组织的编制 …… 462
- 三、小结 …… 481

第六章　明清徽州保甲组织的社会控制与管理职能 …… 483

- 一、治安管理 …… 483
- 二、户口调查与统计 …… 493
- 三、信息传递 …… 494
- 四、踏勘查验 …… 521
- 五、接收投状 …… 533
- 六、民间调处 …… 536
- 七、居间中证 …… 540
- 八、强制执行 …… 545

549　九、经济管理
552　十、社会救济
553　十一、小结

555　**第七章　明清徽州宗族对保甲的认识及推行保甲的实践**
555　一、明清徽州宗族处理与封建政权关系时坚持的原则
561　二、明清徽州宗族对于保甲的认识
562　三、明清徽州宗族推行保甲的实践
589　四、清代徽州境内大、小族对保甲组织主导权的争夺：以乾隆年间休宁县西乡十二都三图渠口分保案为例
608　五、小结

610　**结　论**
610　一、层级控制是明清时期徽州宗族内部控制结构的主要特征，徽州宗族内部控制的实施主体具有多元性
612　二、祠堂、族谱、祖茔等控制设施在明清时期徽州宗族实施族内控制时发挥了重要作用
613　三、控制手段的多样化是明清时期徽州宗族稳定内部秩序、维护自身利益的重要保证
615　四、控制领域和控制内容的广泛性是明清时期徽州宗族内部社会控制的重要特征
617　五、保甲制的推行是明清徽州宗族与封建官府实现良性互动的重要契机，族权与政权在实施社会控制方面的良性互动是明清时期徽州乡村社会控制的重要内容

621　**参考文献**

665　**后　记**

绪 论

一、选题缘起与意义

宗族是一种社会历史现象,"是由父系血缘关系的各个家庭,在祖先崇拜及宗法观念的规范下组成的社会群体"①。在中国传统社会,宗族始终伴随着历史发展的进程,对不同历史时期的政治、经济、文化、社会等都产生过重大而深远的影响。作为中国传统社会的基本构成因素之一,宗族对于认识和理解中国社会历史具有十分重要的价值,在某种意义上甚至可以说,撇开了宗族问题,就无法获得对中国社会的完整认识②。因而,宗族研究自然受到学界的高度重视,并已成为学界长期关注的一个颇具魅力的重要主题或选项③。

就徽州而言,在中国传统社会,该地区的宗族是以徽州原始土著居民——山越人和外来移民——北方世家大族为主体,

---

① 冯尔康等:《中国宗族史》,上海:上海人民出版社,2009年,第17页。
② 徐斌:《明清鄂东宗族与地方社会》,张建民"序",第1页;"导论",第1页,武汉:武汉大学出版社,2010年。
③ 参见冯尔康等:《中国宗族史》,上海:上海人民出版社,2009年;常建华:《20世纪中国社会史研究》,周积明、宋德金主编:《中国社会史论》,武汉:湖北教育出版社,2000年;常建华:《二十世纪的中国宗族研究》,载《历史研究》,1999年第4期;常建华:《宗族志》,上海:上海人民出版社,1998年。

在长期的历史发展过程中逐渐形成的。徽州境内各个宗族形成的时间不尽相同,少则一个半世纪,多则二三百年,都经历了一个相当长的历史过程。经过长期的发展与积淀,徽州宗族制度至宋元时期已逐步定型,并在明清时代趋于普遍繁荣,发展至顶峰①。而徽州宗族的发展繁荣,则是相对封闭的自然地理环境、朱熹思想的深刻影响、宗族仕宦及徽商的大力哺育与扶持等多重因素共同作用的结果②。学界比较一致的认识是,与其他地域相比,徽州是历史上中国境内宗族组织和宗族制度最为发达的地区之一,在徽州地区逐渐发展成长起来并日趋繁荣的宗族制度,"一直保持与正统文化相一致,堪称为正统宗族制传承的典型"③。可以说,在中国宗族发展史上,徽州宗族已形成一种颇具自身鲜明个性特征的模式,或可称为宗族发展的"徽州模式"。

由于徽州宗族的发达与繁荣,徽商、新安理学以及徽州历史文化的诸多方面,皆与徽州宗族结成了千丝万缕的联系,"徽州宗族不是孤立的、简单的社会现象,它与徽州经济、文化等社会要素之间有着不可分割的内在联系"④。因而,学界在研究徽州地域("小徽州")社会历史乃至在研究与"小徽州"有紧密的内在联系的"大徽州"⑤的社会历史时,总绕不开徽州宗族,徽州宗族也因之成为学界长期关注的研究对象。关于徽州宗族的学术地位及其研究意义,唐力行是这样评价的:"传统徽州是一

---

① 参见赵华富:《徽州宗族研究》,合肥:安徽大学出版社,2004年,第7~44页;唐力行:《徽州宗族社会》,合肥:安徽人民出版社,2005年,第2~19页;卞利:《明清徽州社会研究》,合肥:安徽大学出版社,2004年,第56页。

② 参见赵华富:《徽州宗族研究》,合肥:安徽大学出版社,2004年,第60~74页。

③ 叶显恩:《徽州和珠江三角洲宗法制比较研究》,载《中国经济史研究》,1996年第4期。

④ 唐力行:《徽州宗族研究概述》,载《安徽史学》,2003年第2期。

⑤ 此处所谓"小徽州"、"大徽州"的说法,较早由唐力行、叶显恩等提出。参见唐力行:《徽学研究的对象、价值、内容与方法》,朱万曙主编:《论徽学》下编,合肥:安徽大学出版社,2004年,第72页;叶显恩:《"徽州文化全书"总序——徽州文化的定位及其发展大势》,20卷本"徽州文化全书",合肥:安徽人民出版社,2005年,第3页。

个宗族社会,因此对徽州宗族的研究是徽州学的基础。徽州宗族的研究也有助于我们加深对整体中国国情的认识。"[1]赵华富也指出:"研究徽州宗族,不仅可以揭示徽州宗族产生、繁荣、发展的规律和特征,而且对认识中国宗族社会具有重要意义和参考价值。"[2]可以说,进一步加强对徽州宗族的研究是十分必要的,其学术价值和意义是不言而喻的。

由于"徽州是一个社会、经济、文化发展相对完整的、具有典型意义的区域社会,是我们认识传统社会的一个极好范本"[3],因而,研究徽州的专门学问——徽学(又称徽州学)日益受到学界的重视,并已取得较为丰硕的成果。然而值得指出的是,对于徽州社会这样一个庞大的有机系统而言,学界的研究离揭示其本质还有相当的距离。在徽学研究方面,长期以来,学界主要将精力放在徽商、徽州宗族、新安理学、徽州教育、徽州科技、徽派朴学、新安医学、徽州戏曲、新安画派、徽派篆刻、徽派版画、徽州工艺、徽州刻书、徽州文书、徽州建筑、徽州村落、徽州民俗、徽州方言、徽菜、徽州土地制度等方面[4],而对造成徽商兴盛、徽州文化繁荣、徽州社会长期稳定发展的徽州本土社会中以宗族为主导的社会控制机制及相关问题,则缺乏足够的重视和整体把握。因此,在上述领域的研究相继趋于成熟后,将注意力转向到对徽州本土社会中的宗族社会控制机制及其相关问题进行研究实有必要,截至目前,这一领域尚属于徽学研究的薄弱环节。从另一个角度讲,由于明清时期的徽州是当时中国境内一个经济相对发达、文化相对繁荣、社会相对和谐的"全面协调地发展"[5]的地域社会,是研究中国传统社会晚

---

[1] 唐力行:《徽州宗族研究概述》,载《安徽史学》,2003年第2期。
[2] 参见赵华富:《徽州宗族研究》,"写在前面",合肥:安徽大学出版社,2004年,第2页。
[3] 唐力行:《徽州宗族社会》,合肥:安徽人民出版社,2005年,第17页。
[4] 上述研究的标志性成果,分见20卷本的"徽州文化全书"各专卷。
[5] 叶显恩在《"徽州文化全书"总序——徽州文化的定位及其发展大势》一文中指出:"徽州的社会结构和社会功能,也有利于徽州全面协调地发展"。参见20卷本"徽州文化全书",合肥:安徽人民出版社,2005年,第10页。

期的一个重要范本,因此,以明清徽州宗族与乡村社会控制为研究对象,既有助于揭示中国传统社会晚期的基层社会、乡村社会的运作实态,也有助于进一步认识中国传统社会晚期的社会特性及其运行规律。

此外,对明清徽州宗族与乡村社会控制问题进行研究,还有助于为当今的村民自治①、三农问题、社会主义和谐社会的构建、社会主义新农村的建设等提供宝贵的历史借鉴,具有一定的参考价值和现实意义。

二、学术史回顾

近年来,史学界特别是社会史学界开始注意借用社会控制的相关理论来研究相关历史问题。就徽州而言,随着徽学逐渐成为一门显学,这一地域的社会控制问题也开始受到学者的关注,但与徽商、新安理学、宗族、佃仆制度等课题相比,关于徽州社会控制的专门研究为时较晚,研究的深度和广度尚待进一步拓展。

(一)以徽州社会控制为选题的研究

截至目前,直接以徽州社会控制为题的研究,主要有以下论著:①唐力行、张翔凤《国家民众间的徽州乡绅与基层社会控制》②一文,以社会规范和社会控制为研究视角,指出在明清时期徽州基层权力空间由乡绅和祠堂来填补,国家民众间的徽州乡绅与宗族紧密结合,担当起了基层政权的众多管理职能,从而实现了对地方社会的控制。②谢宏维《生态环境的恶化与乡村社会控制——以清代徽州的棚民活动为中心》③一文,以清

---

① 参见冯尔康:《简论清代宗族的"自治"性》,载《华中师范大学学报》(人文社会科学版),2006年第1期。冯先生在"宗族自治性研究的当代意义"一节中,认为"研究宗族自治,应当是有益于村治政策的推行的"。

② 载《上海师范大学学报》(哲学社会科学版),2002年第6期。

③ 载《中国农史》,2003年第2期。

代徽州境内的棚民活动及其引发的生态环境问题为中心,着重分析徽州传统乡村社会针对这一问题所实施的控制,指出清代徽州乡村社会各种民间力量和官方联合开展的驱禁棚民运动,取得了预期效果。③[日]田仲一成《徽州宗族对于乡村戏剧的政策和控制》①一文,对明清时期徽州宗族的戏剧政策及宗族通过戏剧来控制族人的问题进行了研究。④周致元《明代徽州的自然灾害以及官府和宗族的社会调控措施》②一文,对明代徽州自然灾害背景下宗族实施的社会调控措施作了探讨。⑤唐力行《徽州宗族社会》第6章第1节"徽州宗族与社会控制",主要讨论了明清徽州境内乡绅、祠堂、家法对基层民众的控制以及徽州宗族对弱势群体妇女与佃仆的控制。⑥唐力行、徐茂明《明清以来徽州与苏州基层社会控制方式的比较研究》③一文,对明清以来徽州与苏州两地社会控制的方式作了比较研究,指出两地社会控制方式存在着较大的差异,认为徽州为宗法社会,明中叶以来国家对基层社会的控制多是经由民间宗族组织实现的。⑦王传满《明清时期徽州地区宗族势力对节烈妇女的控制》④一文,认为明清时期徽州地区主要是利用宗族的控制手段而使女性的节烈观念成为一种集体意识。具体表现为:家族追求旌表的荣耀使众多女性成为贞节神坛的祭品;族规家法的熏陶使节烈成为女子的自觉实践;宗族的惩治使失节女子生死无门;宗族资助为女子守节提供了一定的物质保障。⑧张金俊《清代徽州宗族与乡村社会控制》⑤一文,从制度控制、组织控制、文化控制三个方面,对清代徽州宗族发挥的社会控制作用作了讨论。⑨张金俊、王文娟《清代徽州宗族社会的组织控制》⑥一文,认为清代徽州宗族借助自身的文化权

---

① "徽州宗族与徽州社会"国际学术研讨会交流论文,合肥,2004年8月。
② "徽州宗族与徽州社会"国际学术研讨会交流论文,合肥,2004年8月。
③ 载《江海学刊》,2006年第1期。
④ 载《中华女子学院山东分院学报》,2009年第6期。
⑤ 安徽师范大学硕士学位论文,2007年。
⑥ 载《安徽师范大学学报》(人文社会科学版),2010年第2期。

力获得了乡村社会组织控制的权力。宗族通过族规家法的制订和宣讲,对族人的约束以及对违规者的教化与惩罚等,成功地实施了对乡村社会的控制,维持了徽州乡村社会的稳定、有序与和谐。⑩张金俊《宗族制度控制与社会秩序——以清代徽州宗族社会为中心的考察》①一文,认为清代族权的政权化倾向,使得宗族组织获得了控制主体的合法性地位。徽州宗族组织通过族权控制和宗族法控制,成功地实施了对乡村社会的有序控制。⑪张金俊《宗族组织在乡村社会控制中的运作逻辑——以清代徽州宗族社会为中心的考察》②一文,认为宗族组织作为中国传统乡村社会控制的主体,大致经历了国家政权的压抑、默许的半合法性到许可的合法性的过程。清代徽州宗族通过族权的政权化、集体记忆与文化权力的运作逻辑,维护了徽州乡村社会的合作与秩序。

(二)与徽州社会控制相关的研究

1. 关于明清徽州宗族控制设施的研究

明清时期,徽州宗族的控制设施主要包括族谱、祠堂、祖墓、族产等方面,学界对上述方面展开了有益的研究,取得了一定的成果。

(1)关于明清徽州族谱。主要研究成果有赵华富的《徽州宗族研究》第4章"徽州宗族谱牒"及《〈新安名族志〉编纂的背景和宗旨》③、陈柯云的《明清徽州的修谱建祠活动》④、[日]白井佐知子的《明代徽州族谱的编纂——宗族扩大组织化的样态》⑤、王鹤鸣的《试论徽州谱牒的体与魂》⑥、胡中生的《清代徽州族谱对女性上谱的规范》⑦及《异姓承继及其上谱的争论与

---

① 载《天府新论》,2010年第5期。
② 载《江西社会科学》,2011年第2期。
③ 载《安徽大学学报》(哲学社会科学版),1997年第3期。
④ 载《徽州社会科学》,1993年第4期。
⑤ 安徽大学徽学研究中心编:《徽学》第3卷,合肥:安徽大学出版社,2004年。
⑥ 载《复旦学报》(社会科学版),2006年第1期。
⑦ 载《安徽大学学报》(哲学社会科学版),2007年第1期。

收族理念的转变》①,林济的《程敏政统宗谱法与徽州谱法发展》②,卞利的《明清时期徽州族谱的纂修及刊刻等相关问题研究》③及《明代徽州谱牒的纂修、管理及其家国互动关系研究》④,徐彬的《论徽州家谱的评价理论》⑤、《历史意识与历史编撰理论对明清徽州家谱的影响》⑥及《明清时期徽商参与家谱编修的动因》⑦,等。上述成果对明清时期徽州族谱的编纂、刊刻、管理,以及族谱的体例、谱法、宗旨、功能等进行了研究。

(2)关于明清徽州宗族祠堂。主要研究成果有赵华富的《徽州宗族研究》第3章第1节"徽州宗族祠堂兴起的时代背景"、第2节"徽州宗族祠堂的建设"、第3节"徽州宗族祠堂的规制"、第4节"徽州宗族祠堂的祭祖活动"、第5节"徽州宗族的女祠"、第6节"徽州宗族祠堂对宗族统治的作用"及《徽州宗族祠堂三论》⑧、[韩]朴元熇的《明清时代徽州真应庙之统宗祠转化与宗族组织——以歙县柳山方氏为中心》⑨,林济的《"专祠"与宗祠——明中期前后徽州宗祠的发展》⑩,常建华的《明代徽州宗祠的特点》⑪,王国键的《徽州宗族立祠修谱活动及其文书》⑫,等。上述成果对明清时期徽州宗族祠堂的建设、规制、祭祀活动、女祠,以及祠堂对族人的统治等进行了研究。

(3)关于徽州宗族祖墓。主要研究成果有赵华富的《徽州

---

① 安徽大学徽学研究中心编:《徽学》第6卷,合肥:安徽大学出版社,2010年。
② 载《安徽史学》,2008年第4期。
③ 安徽大学徽学研究中心编:《徽学》第5卷,合肥:安徽大学出版社,2008年。
④ 载《江海学刊》,2010年第1期。
⑤ 载《安徽师范大学学报》(人文社会科学版),2009年第2期。
⑥ 载《安徽史学》,2010年第3期。
⑦ 载《安徽师范大学学报》(人文社会科学版),2011年第1期。
⑧ 载《安徽大学学报》(哲学社会科学版),1998年第4期。
⑨ 载《中国史研究》,1998年第3期。
⑩ 常建华主编:《中国社会历史评论》第10卷,天津:天津古籍出版社,2009年。
⑪ 载《南开学报》(哲学社会科学版),2003年第5期。
⑫ 载《中国典籍与文化》,2004年第3期。

宗族研究》第 3 章第 7 节"徽州宗族的祖墓和墓祭",何巧云的《清代徽州祭祖研究》①第 3 章第 2 节"清代徽州的墓祭活动"。上述成果对明清时期徽州宗族的祖墓及墓祭活动进行了探讨。

(4)关于徽州族产。主要研究成果有赵华富的《徽州宗族研究》第 5 章"徽州宗族族产",刘淼的《清代徽州歙县棠樾鲍氏祠产土地关系》②及《清代徽州祠产土地关系——以徽州歙县棠樾鲍氏、唐模许氏为中心》③、陈柯云的《明清徽州的族产》④及《明清徽州族产的发展》⑤,周绍泉的《明清徽州祁门善和里程氏仁山门族产研究》⑥,颜军的《明清时期徽州族产经济初探——以祁门善和程氏为例》⑦,林济的《明清徽州的共业与宗教礼俗生活》⑧,张明的《清至民国徽州族田地权的双层分化》⑨,刘道胜的《众存产业与明清徽州宗族社会》⑩,[日]铃木博之的《明代徽州府の族产と户名》⑪,等。上述成果对明清时期徽州宗族族产的来源、种类、所有制形式、经营管理、作用等进行了研究。

此外,叶显恩的《明清徽州农村社会与佃仆制》⑫第 4 章"徽州的封建宗法制度",唐力行的《商人与文化的双重变奏——徽商与宗族社会的历史考察》⑬第 3 章"徽商与宗族文化"及《徽州宗族社会》第 4 章"徽州宗族对徽商经营活动的支持"等,对明清时期徽州宗族的族谱、祠堂、祖墓、族产等宗族控制设施的一些侧面,均有不同程度的涉及和讨论。

---

① 安徽大学博士学位论文,2010 年。
② 载《学术界》,1989 年第 3 期。
③ 载《中国经济史研究》,1991 年第 1 期。
④ 载《清史论丛》,沈阳:辽宁古籍出版社,1992 年。
⑤ 载《安徽大学学报》(哲学社会科学版),1996 年第 2 期。
⑥ 载《谱牒学研究》第 2 辑,北京:文化艺术出版社,1991 年。
⑦ 载《明史研究》第 5 辑,合肥:黄山书社,1997 年。
⑧ 载《华南师范大学学报》(社会科学版),2000 年第 5 期。
⑨ 载《中国农史》,2010 年第 2 期。
⑩ 载《安徽史学》,2010 年第 4 期。
⑪ 载《东洋学报》,第 71 卷第 1～2 号,1990 年。
⑫ 合肥:安徽人民出版社,1983 年。
⑬ 武汉:华中理工大学出版社,1997 年。

2. 关于明清徽州宗族对乡村统治的研究

这方面的研究成果主要有叶显恩的《明清徽州农村社会与佃仆制》第 4 章"徽州的封建宗法制度"及第 6 章"徽州的佃仆制度",赵华富的《徽州宗族研究》第 3 章"徽州宗族祠堂和祖墓"、第 6 章"徽州宗族族规家法"及《明代中期徽州宗族统治的强化》①,陈柯云的《明清徽州宗族对乡村统治的加强》②,刘淼的《传统农村社会的宗子法与祠堂祭祀制度——兼论徽州农村宗族的整合》③,卞利的《明清徽州的宗族管理、经济基础及其祭祀仪式》④,郑小春的《汪氏祠墓纠纷所见明清徽州宗族统治的强化》⑤及《明清徽州宗族与乡村治理:以祁门康氏为中心》⑥,方利山的《从几份契约文书看徽州宗族的社会调适》⑦,杜刚的《明清徽州基层社会治安保障体系研究》⑧第 2 章第 2 节"宗族的发达对明清徽州基层社会治安稳定起着重要的控制作用",李斐斐的《明清徽州宗族对基层社会的影响》⑨第 2 章"明清徽州宗族对基层社会政治的影响",刘道胜的《明清徽州宗族文书研究》⑩第 4 章"明清徽州宗族文书反映的社会关系",[日]中岛乐章的《明代乡村纠纷与秩序——以徽州文书为中心》⑪,张晓锋的《明清时期徽州宗族的权力支配及其在徽州村治中的作用》⑫第 2 章第 2 节"徽州宗族对共同体内部成员的权力控制"、第 3 章"明末清初徽州宗族权力支配与乡村治理",等。上述论著对明清时期徽州宗族统治乡村的情况进行了有益的探讨。

此外,常建华的《宗族志》第 7 章"族规"及《试论明代族规

---

① 赵华富:《两驿集》,合肥:黄山书社,1999 年,第 402~426 页。
② 载《中国史研究》,1995 年第 3 期。
③ 载《中国农史》,2002 年第 3 期。
④ 载《社会科学》,2006 年第 6 期。
⑤ 载《安徽大学学报》(哲学社会科学版),2007 年第 4 期。
⑥ 载《中国农史》,2008 年第 3 期。
⑦ 载《合肥学院学报》(社会科学版),2006 年第 2 期。
⑧ 安徽大学硕士学位论文,2006 年。
⑨ 安徽师范大学硕士学位论文,2007 年。
⑩ 合肥:安徽人民出版社,2008 年。
⑪ 南京:江苏人民出版社,2010 年。
⑫ 中国政法大学硕士学位论文,2010 年。

的兴起》①,卞利的《明清徽州村规民约和国家法之间的冲突与整合》②及《明清时期徽州的宗族公约研究》③,俞乃华的《从徽州谱牒中的族规家训看其社会教化效应》④,程李英的《论明清徽州的家法族规》⑤等,从宗族法的视角对明清时期徽州宗族统治乡村的一些侧面进行了讨论。

值得指出的是,妇女和佃仆是明清时期徽州宗族中受到严密控制和统治的两类人群,学界对明清徽州妇女和佃仆所受控制和统治的问题也进行了一些研究。

(1)关于明清徽州妇女所受的统治。主要成果有唐力行的《论商人妇与明清徽州社会》⑥,阿风的《徽州文书所见明清时代妇女的地位与权利》⑦及《明清时期徽州妇女在土地买卖中的权利与地位》⑧,陈九如的《明清徽州妇女节烈观的成因》⑨,胡海的《明清徽商妇生存状态研究》⑩,王传满的《明清时期徽州地区宗族势力对节烈妇女的控制》⑪、《节烈旌表——明清徽州节烈现象的重要因素》⑫、《明清徽州妇女明志及保节方式》⑬、《民间大众口头称颂与明清徽州节烈风气》⑭、《明清徽州知识精英对节烈妇女事迹的张扬》⑮、《明清徽州节烈妇女的孝道、母道和

---

① 本书编写组编:《明清人口婚姻家族史论》,天津:天津古籍出版社,2002年,第112~147页;又见常建华:《明代宗族研究》第7章"明代族规的兴起",上海:上海人民出版社,2005年。在研究族规时,作者探讨了族规对族人的控制问题。
② 载《华中师范大学学报》(人文社会科学版),2006年第1期。
③ 载《中国农史》,2009年第3期。
④ 载《黄山学院学报》,2009年第4期。
⑤ 安徽大学硕士学位论文,2007年。
⑥ 载《社会学研究》,1992年第4期。
⑦ 中国社会科学院研究生院博士学位论文,2002年。
⑧ 载《历史研究》,2000年第1期。
⑨ 载《淮南师范学院学报》,2001年第4期。
⑩ 华中师范大学硕士学位论文,2008年。
⑪ 载《中华女子学院山东分院学报》,2009年第6期。
⑫ 载《阿坝师范高等专科学校学报》,2009年第4期。
⑬ 载《淮北煤炭师范学院学报》(哲学社会科学版),2009年第5期。
⑭ 载《巢湖学院学报》,2009年第5期。
⑮ 载《湖南第一师范学报》,2009年第6期。

妇道述评》①、《明清徽州妇女节烈现象与徽州社会》②、《明清徽州节烈妇女的牌坊旌表》③,赵忠仲的《明清徽州妇女的二元化性格——以社会生活为中心的考察》④,等。上述研究皆程度不同地涉及明清徽州宗族对妇女的统治和控制问题。

(2)关于明清徽州佃仆所受的统治⑤。主要成果有吴景贤的《明清之际徽州奴变考》⑥,傅衣凌的《明代徽州庄仆文约辑存——明代徽州庄仆制度之侧面的研究》⑦,[日]仁井田升的《明末徽州的庄仆制——特别是关于劳役婚》⑧,章有义的《从吴葆和堂庄仆条规看清代徽州庄仆制度》⑨及《关于明清时代徽州火佃性质问题赘言》⑩,叶显恩的《从祁门善和里程氏家乘谱牒所见的徽州佃仆制度》⑪、《明清徽州佃仆制试探》⑫、《关于徽州的佃仆制》⑬、《明清佃仆的身份地位》⑭、《释"火佃"》⑮及《明清徽州农村社会与佃仆制》第6章"徽州的佃仆制度",[日]小山正明的《文书史料中所见明清时代徽州府的奴婢·庄仆制》⑯,魏

---

① 载《商丘师范学院学报》,2009年第11期。
② 载《南都学坛》,2010年第1期。
③ 载《文山学院学报》,2010年第2期。
④ 载《乐山师范学院学报》,2010年第2期。
⑤ 邹怡《徽州佃仆制研究综述》(载《安徽史学》,2006年第1期)一文对这一问题有所讨论,可资参考。
⑥ 载《学风》第7卷,第5期,1937年。
⑦ 载《文物参考资料》,1960年第2期。
⑧ 刘淼辑译:《徽州社会经济史研究译文集》,合肥:黄山书社,1988年。
⑨ 载《文物》,1977年第11期。
⑩ 载《徽州社会科学》,1987年第4期。
⑪ 载《学术研究》,1978年第4期。
⑫ 载《中山大学学报》(社会科学版),1979年第2期。
⑬ 载《中国社会科学》,1981年第1期。
⑭ 厦门大学历史研究所中国经济史研究室:《中国古代史论丛》,1982年第1辑,福州:福建人民出版社,1982年。
⑮ 载《中国史研究》,1982年第3期。
⑯ 西嶋定生博士还历记念论丛编集委员会编:《西嶋定生博士还历记念:东アジア史における国家と农民》,东京:山川出版社,1984年。

金玉的《明代皖南的佃仆》[1]、刘重日、曹贵林的《徽州庄仆制及其研究》[2]及《明代徽州庄仆制度研究》[3]，[美]居蜜的《扩展的亲属关系：徽州佃仆》[4]，刘和惠的《明代徽州佃仆制考察》[5]、《明代徽州胡氏佃仆文约》[6]及《明代徽州佃仆制补论》[7]，经君健的《清代社会的贱民等级》[8]第8章"特定地区的贱民"，陈柯云的《雍正五年开豁世仆谕旨在徽州实施的个案分析》[9]，[日]中岛乐章的《明末徽州的佃仆制与纷争》[10]，韩秀桃的《清代例的制定与实施——雍正五年开豁世仆谕旨在徽州、宁国实施情况的个案分析》[11]，等。上述研究对明清徽州佃仆的名目、来源、数量、身份地位、所受剥削与奴役，佃仆制的由来、顽固残存的原因及其衰落进行了研究，不同程度地涉及明清徽州宗族对佃仆的统治和控制问题。

3. 关于明清徽州基层组织的研究

(1) 关于明清徽州乡约。主要成果有[日]铃木博之的《明代徽州府の乡约について》[12]，陈柯云的《略论明清徽州的乡

---

[1] 中国社会科学院经济研究所学术委员会编：《中国社会科学院经济研究所集刊》第3集，北京：中国社会科学出版社，1981年。

[2] 厦门大学历史研究所中国经济史研究室：《中国古代史论丛》，1981年第2辑，福州：福建人民出版社，1981年。

[3] 中国社会科学院历史研究所明史研究室：《明史研究论丛》第1辑，南京：江苏人民出版社，1982年。

[4] Mi Chu Wien, "Kinship Extended: The Tenant/Servant of Hui-chou", in Kwang-ching Liu ed., Orthodoxy in Late Imperial China, University of California Press, 1990.

[5] 载《安徽史学》，1984年第1期。

[6] 载《安徽史学》，1984年第2期。

[7] 载《安徽史学》，1985年第6期。

[8] 杭州：浙江人民出版社，1993年。

[9] 周绍泉、赵华富主编：《'95国际徽学学术讨论会论文集》，合肥：安徽大学出版社，1997年。

[10] 载《东洋史研究》，第58卷第3号，1999年。

[11] 载《法制与社会发展》，2000年第4期。

[12] 明代史研究会明代史论丛编集委员会编：《山根幸夫教授退休记念明代史论丛》下册，东京：汲古书院，1990年。

约》①,卞利的《明清时期徽州的乡约简论》②及《明清徽州社会研究》③第4章"明清徽州的乡约",常建华的《明代徽州的宗族乡约化》④及《明代宗族研究》第5章"乡约的推行与明朝对基层社会的治理"、第6章"明代的宗族乡约化",[韩]洪性鸠的《明代中期徽州的乡约与宗族的关系——以祁门县文堂陈氏乡约为例》⑤,董建辉的《明清乡约:理论演进与实践发展》⑥第4章第4节"安徽祁门县文堂陈氏乡约",等。上述论著对明清时期徽州乡约的推行,乡约的功能、特征,乡约与宗族的关系进行了研究。

(2)关于明清徽州里甲。主要成果有栾成显的《明代黄册研究》⑦相关章节,[日]中岛乐章的《明代前半期里甲制下の纷争处理——徽州文书を史料として—》⑧,[韩]权仁溶的《从祁门县"谢氏纷争"看明末徽州的土地丈量与里甲制》⑨及《明末清初徽州的役法变化与里甲制》⑩,夏维中、王裕明的《也论明末清初徽州地区土地丈量与里甲制的关系》⑪,崔秀红、王裕明的《明末清初徽州里长户简论》⑫,[韩]洪性鸠的《明末清初の徽州における宗族と徭役分担公议——祁门县五都桃源洪氏を中心に》⑬,等。上述论著对明清时期徽州宗族与里甲制的关系、里甲的运作实态作了有益的探索。

(3)关于明清徽州保甲。主要成果有[韩]洪性鸠的《清代

---

① 载《中国史研究》,1990年第4期。
② 载《安徽大学学报》(哲学社会科学版),2002年第6期。
③ 合肥:安徽大学出版社,2004年。
④ 载《中国史研究》,2003年第3期。
⑤ 载《上海师范大学学报》(哲学社会科学版),2005年第2期。
⑥ 厦门:厦门大学出版社,2008年。
⑦ 北京:中国社会科学出版社,1998年。
⑧ 载《东洋学报》,第76卷第3~4号,1995年。
⑨ 载《历史研究》,2000年第1期。
⑩ 载韩国《历史学报》(169),2001年。
⑪ 载《南京大学学报》(哲学·人文科学·社会科学版),2002年第4期。
⑫ 载《安徽史学》,2001年第1期。
⑬ 载《东洋史研究》,第61卷第4号,2004年。

徽州的保甲与里甲及宗族》①及《清代徽州的宗族和保甲制的展开》②,栾成显的《〈康熙休宁县保甲烟户册〉研究》③,廖华生的《清代蚺城的约保》④,孙华莹、刘道胜的《明清徽州保甲探微》⑤,刘道胜的《明清徽州的都保与保甲》⑥,等。此外,王振忠的《一个徽州山村社会的生活世界——新近发现的"歙县里东山罗氏文书"研究》⑦及《清代前期徽州民间的日常生活——以婺源民间日用类书〈目录十六条〉为例》⑧,谢宏维的《清代徽州棚民问题及应对机制》⑨,汪庆元的《清初徽州的"均图"鱼鳞册研究》⑩,栾成显的《明代黄册研究》及郑小春的《明清徽州诉讼文书研究》⑪相关章节,对明清徽州保甲也有所涉及。上述研究成果主要讨论了明清时期徽州保甲的职能、清代徽州保甲册等问题。

(4)关于明清徽州会社。主要成果有刘淼的《清代祁门善和里程氏宗族的"会"组织》⑫、《清代徽州的"会"与"会祭"——以祁门善和里程氏为中心》⑬及《中国传统社会的资产运作形态——关于徽州宗族"族会"的会产处置》⑭,王日根的《明清徽州会社经济举隅》⑮,[日]涩谷裕子的《徽州文书にみられる

---

① 载《中国史学》第13号"明清史专号",京都:朋友书店,2003年。
② 载韩国《中国史研究》(27),2003年。
③ 载《西南师范大学学报》(人文社会科学版),2006年第6期。
④ 载《安徽史学》,2006年第5期。
⑤ 安徽省徽学学会二届二次理事会暨学术研讨会论文,2007年。
⑥ 载《历史地理》第23辑,上海:上海人民出版社,2008年。
⑦ 张国刚主编:《中国社会历史评论》第2卷,天津:天津古籍出版社,2000年。
⑧ 王振忠:《明清以来徽州村落社会史研究——以新发现的民间珍稀文献为中心》,上海:上海人民出版社,2011年。
⑨ 载《清史研究》,2003年第2期。
⑩ 载《清史研究》,2009年第2期。
⑪ 安徽大学博士学位论文,2007年。
⑫ 载《文物研究》第8辑,合肥:黄山书社,1993年。
⑬ 载《江淮论坛》,1995年第4期。
⑭ 载《中国社会经济史研究》,2002年第2期。
⑮ 载《中国经济史研究》,1995年第2期。

"会"组织について》①,葛庆华的《徽州文会初探》②,施兴和、李琳琦的《明清徽州的书屋、文会及其教育功能》③,罗来平的《解读〈溧川文会〉》④,卞利的《明清时期徽州的会社初探》⑤、《明清徽州的会社规约研究》⑥及《明清徽州社会研究》第 5 章"明清徽州的会社",夏爱军的《明清时期民间迎神赛会个案研究——〈祝圣会簿〉及其反映的祝圣会》⑦,丁华东的《会社在徽州区域社会研究中的意义——以明清之际的徽州民间会社为分析中心》⑧,郑力民的《徽州社屋的诸侧面——以歙南孝女会田野个案为例》⑨,胡中生的《徽州的族会与宗族建设》⑩及《融资与互助:民间钱会功能研究——以徽州为中心》⑪,周晓光的《明清徽州民间的众存祀会》⑫,史五一的《明清徽州会社研究》⑬、《明清徽州祭祀性会社述论》⑭及《徽州桥会个案研究——以〈纪事会册〉为中心》⑮,何巧云的《清代徽州祭祖祀会整合之研究——以歙县吴氏"四枝会"为中心》⑯及《清代徽州祭祖研究》第 3 章第 3 节"清代徽州的会祭活动",等。上述论著对明清时期徽州会

---

① 载《史学》,第 67 卷第 1 号,1997 年。
② 载《江淮论坛》,1997 年第 4 期。
③ 载《华东师范大学学报》(教育科学版),2000 年第 4 期。
④ 载《合肥学院学报》(社会科学版),2005 年第 3 期。
⑤ 载《安徽大学学报》(哲学社会科学版),2001 年第 6 期。
⑥ 安徽大学徽学研究中心编:《徽学》第 4 卷,合肥:安徽大学出版社,2006 年。
⑦ 载《安徽史学》,2004 年第 6 期。
⑧ 载《探索与争鸣》,2004 年第 12 期。
⑨ 载《江淮论坛》,1995 年第 4~5 期。
⑩ 安徽大学徽学研究中心编:《徽学》第 5 卷,合肥:安徽大学出版社,2008 年。
⑪ 载《中国社会经济史研究》,2011 年第 1 期。
⑫ 载《安徽师范大学学报》(人文社会科学版),2010 年第 2 期。
⑬ 安徽大学博士学位论文,2008 年。
⑭ 载《黑龙江史志》,2010 年第 20 期。
⑮ 安徽大学徽学研究中心编:《徽学》第 6 卷,合肥:安徽大学出版社,2010 年。
⑯ 安徽大学徽学研究中心编:《徽学》第 6 卷,合肥:安徽大学出版社,2010 年。

社的特征、功能、运作以及会产等进行了讨论。

（5）关于明清徽州团练。主要成果有郑小春的《太平天国时期的徽州团练》①及《地方志所见太平天国时期的徽州团练》②。上述论文对太平天国时期徽州团练的运作、团练与宗族的关系等问题进行了讨论。

4. 关于明清徽州宗族社会保障与社会救济的研究

这方面的主要成果有唐力行、徐茂明的《明清以来徽州与苏州社会保障的比较研究》③，唐力行的《徽州宗族社会》第6章第2节"徽州宗族与社会保障"，唐力行、苏卫平的《明清以来徽州的疾疫与宗族医疗保障功能——兼论新安医学兴起的原因》④，李自华的《清代婺源的水旱灾害与地方社会自救》⑤，周致元的《明代徽州官府与宗族的救荒功能》⑥及《徽州乡镇志中所见明清民间救荒措施》⑦，吴媛媛、何建木的《晚清徽州社会救济体系初探——以光绪三十四年水灾为例》⑧，吴媛媛的《明清时期徽州的灾害及其社会应对》⑨第5章第3节"民间与宗族救济"，方光禄的《徽州社会转型时期的社区救济——〈新安屯溪公济局征信录〉初探》⑩，等。上述论著对明清时期徽州宗族的社会保障与救济活动作了有益的探索。

5. 其他相关研究

唐力行、赵华富、卞利等关于明清徽州宗族结构的研究⑪，

---

① 载《安徽史学》，2010年第3期。
② 载《广州大学学报》（哲学社会科学版），2011年第3期。
③ 载《江海学刊》，2004年第3期。
④ 载《史林》，2009年第3期。
⑤ 载《农业考古》，2003年第1期。
⑥ 载《安徽大学学报》（哲学社会科学版），2006年第1期。
⑦ 载《安徽大学学报》（哲学社会科学版），2008年第1期。
⑧ 载《中国历史地理论丛》，2007年第2辑。
⑨ 复旦大学博士学位论文，2007年。
⑩ 载《黄山学院学报》，2003年第1期。
⑪ 唐力行：《明清徽州的家庭与宗族结构》，载《历史研究》，1991年第1期；赵华富：《徽州宗族研究》第2章"徽州宗族的组织结构"，合肥：安徽大学出版社，2004年；卞利：《明清徽州社会研究》第3章"明清徽州的家庭与宗族"，合肥：安徽大学出版社，2004年。

卞利、谢宏维等关于明清徽州社会问题的研究①,卞利、韩秀桃、[日]中岛乐章、胡中生、刘道胜、郑小春等关于明清徽州民间纠纷、民事诉讼与民间调处的研究②,栾成显关于明清徽州异姓承继的研究③,周晓光关于新安理学与宗族关系的研究④,周致元、郭云凤关于明清徽州教化的研究⑤等,都与明清徽州宗族社会控制这一主题有一定的关联。

(三)研究存在的不足

1. 尽管有不少论著以社会控制为论题,但由于认知角度不同、侧重点各异,往往导致各自在对社会控制的理解与把握上存在着较大的分歧

实际上,社会控制是一个较为宽泛、灵活的概念,它具有指导、管理、调节以及支配、约束、制约、抑制等多重含义。因而在

---

① 卞利:《明清徽州社会研究》,第15～17章,合肥:安徽大学出版社,2004年。谢宏维:《清代徽州棚民问题及应对机制》,载《清史研究》,2003年第2期;《清代徽州外来棚民与地方社会的反应》,载《历史档案》,2003年第3期;《清代棚民及其对社会经济的影响》,载《历史教学》,2004年第3期。

② 卞利:《明清徽州社会研究》,第12～13章,合肥:安徽大学出版社,2004年;《明清徽州民俗健讼初探》,载《江淮论坛》,1993年第5期;《明代徽州的民事纠纷与民事诉讼》,载《历史研究》,2000年第1期。韩秀桃:《明清徽州的民间纠纷及其解决》,合肥:安徽大学出版社,2004年。[日]中岛乐章:《围绕明代徽州一宗族的纠纷与同族统合》,载《江淮论坛》,2000年第2～3期。胡中生:《凭族理说与全族谊:宗族内部民事纠纷的解决之道——以清光绪年间黟县宏村汪氏店屋互控案为例》,载《济南大学学报》(社会科学版),2005年第6期。刘道胜:《明清徽州的民间调处及其演变——以文书资料为中心的考察》,载《安徽师范大学学报》(人文社会科学版),2008年第4期。郑小春:《里老人与明代乡里纷争的解决:以徽州为中心》,载《中国农史》,2009年第4期。

③ 栾成显:《明清徽州宗族的异姓承继》,载《历史研究》,2005年第3期。

④ 周晓光:《新安理学与徽州宗族社会》,载《安徽师大学报》(人文社会科学版),2001年第1期。

⑤ 周致元:《明代徽州的教化措施及其影响》,载《安徽大学学报》(哲学社会科学版),1996年第2期;郭云凤:《明清徽州村落教化的形式及特点》,载《淮北煤炭师范学院学报》(哲学社会科学版),2008年第5期。

研究社会控制问题时,往往需要我们用较为开阔的思维,重视把握社会控制的各个层面。而此前关于社会控制的研究往往侧重于问题的某一方面,而忽视问题的其他方面。就明清徽州宗族与乡村社会控制研究而言,这种局面较为突出。如在对明清时期徽州宗族控制佃仆进行研究时,学界一般皆过于强调宗族对佃仆的压制与奴役,而往往忽视徽州宗族利用礼法、亲情以及物质手段去感化佃仆、帮助救济佃仆,利用人间温情对佃仆实行软控制的一面。又如,在研究明清徽州宗族对妇女的控制时,往往过分强调徽州节烈妇女的数量,强调封建礼法约束、压迫妇女的一面,而忽视徽州宗族社会中各类人群、各类社会保障机制利用物质手段帮助、救济妇女以实现对妇女的控制的一面,等等。我们认为,只有在全面理解与把握社会控制的内涵的基础上,才能将相关问题的研究逐步引向深入。

2. 对明清徽州宗族与乡村社会控制的诸多层面未作展开

譬如,一讲到明清徽州宗族的内部社会控制,学界一般会停留在宗族祠堂对乡村社会的统治的层面上,实际上,明清时期徽州境内以族谱为主体的宗族文献,以祭田、学田、义田等为形态的物质手段,以祖先坟茔等为物化形态的宗族设施,以族规家法、合同条约等为表现形式的制度设计,都对族人发挥着控制的功能,而祠堂只是明清徽州宗族控制族人的一种设施而已。此外,明清徽州乡村社会控制的效果如何,和当时徽州族权与封建政权的互动状况密切相关。既有研究主要关注于明清徽州宗族与乡约的推行、徽州宗族与里甲制的运作等问题,而对明清徽州宗族与保甲的推行之间的关系关注不够。实际上,保甲制是明清时期封建官府推行的以控制地方为直接目的的制度,倘若不对徽州境内保甲组织的控制功能、徽州宗族推行保甲的态度和具体举措、效果等进行深入的研究,就不能真正地认识和理解明清徽州乡村社会控制的本质。以上都属于研究的薄弱环节,值得予以重点关注和深入研究。

3. 整体把握不够,整体史研究相对薄弱

与那些单项的专门研究相比,学界关于明清徽州宗族与乡村社会控制的整体研究和整体思考尚待加强。对于明清时期徽州宗族内部的控制结构、控制实施主体、控制设施、控制手段、宗族内部社会控制的主要内容,以及在对地方社会进行控制和管理时徽州族权与封建政权的互动实态的揭示,未能引起学者的足够重视与深究。

综上所述,学界对明清徽州宗族与乡村社会控制这一主题尚缺乏宏观的整体的思考,在一些重要的问题上,也有待作进一步的深入细致的研究,因此,以徽州宗族为视角,对明清徽州境内的社会控制问题进行研究是非常必要的。

三、概念界定与研究思路

(一)概念界定

1. 关于"徽州"

徽州位于今安徽省最南部,地处皖、浙、赣三省交界,自古以来即是一个典型的山区社会。历经元、明、清三代,徽州府所辖歙县、休宁、婺源、祁门、黟县、绩溪六县的行政格局一直处于相对稳定的状态,未发生大的变更①。行政区划上的一府六县格局的长期沿袭,境内人民相互之间的长期交流融合,文化、习俗、信仰方面的高度认同,等等,使得徽州在长期的历史发展进程中形成一个极具同质性的地域社会共同体。本书所讨论的明清徽州宗族与乡村社会控制的问题,即是以这一地域社会共同体为舞台。

2. 关于"宗族"

本书所说的"宗族",是指由父系血缘关系的各个家庭,在祖先崇拜及宗法观念的规范下组成的社会群体。构成宗族的要素有四点:一是父系血缘系统的人员关系;二是以家庭为单位;三是聚族而居或有相对稳定的居住区;四是有组织原则、组织机构和领导人进行管理。前三点是宗族形成的基本条件,而

---

① 参见卞利:《明清徽州社会研究》,合肥:安徽大学出版社,2004年,第21页。按,元代为徽州路,下辖歙县、休宁、祁门、黟县、绩溪五县及婺源州;明清两朝为徽州府,下辖歙县、休宁、婺源、祁门、黟县、绩溪六县。

后一点才使它得以成为社会组织①。

3. 关于"乡村"

本书所说的"乡村",主要指的是一个社区概念,强调的是一定社区的社会关系和社会秩序。社区是一种社会组织形式或社会结构单位,是一个特定区域内社会群体和组织建立的一种社会文化体系。这些社会群体或组织,利用这一体系在彼此间建立联系,以解决由于居住在一个可界定的疆域内从而不可避免地会产生的带有共同性的问题,满足共同的需求。"乡村"的基本规定性包括:按地域组织起来的人口;这些人口程度不同地深深扎根于他们所生息的那块土地上;社区中的每个人都生活在一种相互依赖的关系之中。

除了上述规定性之外,乡村社区还具备以下特点:其一,自然环境对乡村社区的直接支配性较强。乡村聚居点要受土地和人口的支配,总是限定在一定的规模或空间范围之中,人与人之间的关系带有地缘的色彩,在明清徽州,除了地缘的色彩之外,人与人之间的关系还带有极其鲜明的血缘的色彩。山川形势、交通条件、内部市场等因素限制了社区的规模,形成了一个个村落社区,在明清徽州,则以星罗棋布的宗族村落社区为常见。其二,乡村人口散居在广袤的土域中,社区人口的社会生活比较定型,人口的同质性较强。其三,家庭和宗族,不仅是经济生活的中心,而且也是社会交往、教育和娱乐的中心。其四,乡村社区的成员在心理上比较保守,地方观念和乡土观念浓重,在明清徽州,家族观念和血缘观念也十分浓重,社区成员较为注重家庭和宗族的利益②。

4. 关于"乡村社会"

在方志、文集、族谱等大量历史文献中,关于明清徽州"乡

---

① 参见冯尔康等:《中国宗族史》,上海:上海人民出版社,2009年,第17页。

② 此处主要参考和借用了于建嵘关于"乡村"概念的归纳和总结性的结论,参见于建嵘:《岳村政治:转型期中国乡村政治结构的变迁》,北京:商务印书馆,2001年,第45~46页。笔者结合明清时期徽州的实际情形,对书中的某些表述作了自己的理解,进行了重新表述。

村社会"的描述,往往是和"宗族社会"的描述紧密结合在一起的,对于二者的描述也往往有极大的重叠,甚至在很多情况下,文献所表述的"乡村社会"指的就是"宗族社会",二者构成同义语。如明嘉靖《徽州府志》卷二《风俗》云:

> 家多故旧,自唐宋来数百年世系比比皆是。重宗义,讲世好,上下六亲之施,无不秩然有序。所在村落,家构祠宇,岁时俎豆。……其主仆名分尤严肃而分别之。臧获辈即盛赀富厚,终不得齿于宗族乡里。

清康熙《徽州府志》卷二《舆地志·风俗》云:

> 吾徽有千年祖坟,千人祠宇,千丁乡村,他处无有也。

明万历《祁门县志》卷四《人事志·风俗》云:

> 旧家多世系,由唐宋下不紊乱。宗谊甚笃,家有祠,岁时俎豆燕好不废。小民亦重去其乡,重鬻子女,婚姻论门第,辨别上中下等甚严。

清康熙《祁门县志》卷一《风俗》云:

> 旧家多世系,唐宋来不紊乱。宗谊甚笃,家有祠,岁时嘉会在焉。

清康熙《休宁县志》卷一《方舆志·风俗》云:

> 一姓也而千丁聚居,一抔也而千年永守,一世系也而千派莫紊,率皆通都名郡所不能有。

清康熙《黟县志》卷四《艺文》附尚祥卿《箴俗论》云:

> 族敦会聚之义,一姓多者千余丁,少者百有余数。家崇宗祀,木主列于祠堂,值岁时吉凶大事,不论贵贱贫富,集众子孙,广备牲醴,得以展其孝敬。其谱系悉分昭穆之序,毫不紊焉。此风尚之最醇而美者,堪为世法不谬。严主仆之分,数世不更其名,一投门下,终身听役,即生子女,一任主为婚配,盖亦微有正名之思焉。

清乾隆《绩溪县志·序》云：

绩溪固江左岩邑也。其土瘠，其民劳，不足比于东南沃壤之伦。然深山大谷中人，皆聚族而居，奉先有千年之墓，会祭有万丁之祠，宗祐有百世之谱。

清嘉庆《黟县志》卷三《地理志·风俗》云：

徽州聚族居，最重宗法。黟地山逼水激，族姓至繁者不过数千人，少或数百人或百人，各构祠宇，诸礼皆于祠下行之，谓之厅厦。居室地不能敞，惟寝与楼耳。族各有众厅，族繁者又作支厅，富庶则各醵钱立会，归于始祖或支祖曰祀会厅，为会惟旧姓世族有之。

清同治《黟县三志》卷十五《艺文志·人物·程鲁泉兄弟传》云：

黟邑程子籍云，与余接臂，相得甚欢。询其族乃元季自歙迁于黟者。族居数千人，相亲相爱，尚如一家。又有祠堂，岁始则咸聚其中，彬彬然序长幼而揖让焉。四时则聚族以祀先人而报本焉。其家四世团聚，久而不析，家政乃其大伯鲁泉统摄维持，少者四十余人皆服其公正无私。

清光绪《婺源县志》卷三《疆域志·风俗》云：

乡落皆聚族而居，多世族，世系数十代，尊卑长幼犹秩秩然，罔敢僭忒。尤重先茔，自唐宋以来，邱墓松楸，世守勿懈，盖自新安而外所未有也。

民国《歙县志》卷一《舆地志·风土》云：

邑中各姓以程、汪为最古，族亦最繁，忠壮、越国之遗泽长矣。其余各大族，半皆由北迁南，略举其时，则晋、宋两南渡及唐末避黄巢之乱，此三朝为最盛。又半皆官于此土，爱其山水清淑，遂久居之，以长子孙焉。俗重墓祭，往往始迁祖墓自唐宋迄今，犹守护祭扫惟谨。

清嘉庆《橙阳散志》所载《歙风俗礼教考》云:

家多故旧,自六朝唐宋以来,千百年世系比比皆是。重宗谊,修世好,村落家构祖祠,岁时合族以祭。贫民亦安土怀生,虽单寒亦不肯卖子流庸。婚配论门户,重别臧获之等。即其人盛赀富厚行作吏者,终不得列于辈流。苟稍紊主仆之分,始则一人争之,一族争之,既而通国争之,不直不已。

宗有谱,族有祠。一乡之中,建立社坛,岁时祈报,下民厮役,不得与焉。其良贱最易区别。

歙俗之美,在不肯轻去其乡,有之则为族戚所鄙,所谓千年归故土也。间有先贫后富,缘其地发祥,因挈属不返者。殊不知吾徽有千百年祖墓、千百丁祠宇、千百户乡村,他处无有也。

地僻难免藏奸。徽居万山中,而俗称易治,缘族居之善也。一乡数千百户大都一姓,他姓非姻娅无由附居,且必别之曰客姓,若不使混焉。苟非面目素识,则群起而讶之矣。故奸匪无所容身,而勾捕最易。虽不乏鼠窃,半皆土人之无赖者,而以语盗,则绝少焉。

徽州独无教门,亦缘族居之故,非惟乡村中难以错处,即城市诸大姓,亦各分段落。所谓天主之堂、礼拜之寺,无从建矣。故教门人间有贸易来徽者,无萃聚之所,遂难久停焉。

祭礼,尽遵文公《家礼》,各乡小异大同。家祠祭先,则以春秋二仲,有举于至日者,则僭矣。墓祭最重,曰挂钱,亦曰挂纸。举于清明,标识增封也。族祖则合族祭之,支祖则本支祭之。下及单丁小户,罔有不上墓者。故自汉、晋、唐、宋迄今,诸大族世代绵长,而祖墓历历咸在,无或迷失,执此故也[①]。

民国歙县《丰南志》所载《读新安吴氏诗文存书后》云:

---

① 许承尧撰,李明回等校点:《歙事闲谭》卷十八《歙风俗礼教考》,下册,合肥:黄山书社,2001年,第601～610页。

黄山峰峦奇特，气脉雄厚，江南之名山也。山脊有箬岭，歙、太二邑交界处，歙在箬岭以南，为新安首邑，多大村巨族。吴氏尤为歙之世家，溯自唐宋以来，已千数百载于兹矣。吴氏代有文人，载在史乘者，斑斑可考焉。

民国歙县《丰南志》所载《溪南吴氏敦本祠碑》云：

新都故文献国，多秉礼之宗，不庙而祠，比屋相望；尊王修古，酌两可而并行。

明归有光《震川先生集》卷十三《白庵程翁八十寿序》云：

今新安多大族，而其在山谷之间，无平原旷野可为耕田。故虽士大夫之家，皆以畜贾游于四方。

清初休宁人赵吉士《寄园寄所寄》卷十一《泛叶寄·故老杂纪》云：

新安各姓，聚族而居，绝无一杂姓搀入者，其风最为近古。出入齿让，姓各有宗祠统之，岁时伏腊，一姓村中千丁皆集，祭用文公《家礼》，彬彬合度。父老尝谓新安有数种风俗，胜于他邑，千年之冢，不动一抔，千丁之族，未常散处，千载之谱系，丝毫不紊。主仆之严，数十世不改，而宵小不敢肆焉[1]。

清康熙年间，歙县岑山渡人程且硕所作《春帆纪程》云：

徽俗，士夫巨室，多处于乡，每一村落，聚族而居，不杂他姓。其间社则有屋，宗则有祠，支派有谱，源流难以混淆。主仆攸分，冠裳不容倒置。……乡村如星列棋布，凡五里十里，遥望粉墙矗矗，鸳瓦鳞鳞，棹楔峥嵘，鸱吻耸拔，宛如城郭，殊足观也[2]。

---

[1] （清）赵吉士辑撰，周晓光、刘道胜点校：《寄园寄所寄》卷十一《泛叶寄·故老杂纪》，合肥：黄山书社，2008年，第872页。

[2] 许承尧撰，李明回等校点：《歙事闲谭》卷八，程且硕《春帆纪程》，上册，合肥：黄山书社，2001年，第258页。

清乾隆年间,歙县环山人方西畴所作《新安竹枝词》云:

"归来不用买山钱,村有官厅户有田。祭祀能供墓能守,布衣蔬食过年年。"注:官厅、众厅,皆公产。"烟村数里有人家,溪转峰回一径斜。结伴携钱沽夹酒,洪梁水口看昙花。"注:洪梁塥,程氏祖居。夹酒,双料酒。……"鼓吹喧阗拥不开,牲牷列架走舆台。问渠底事忙如许,唐宋坟头挂纸来。"……"良贱千年不结婚,布袍纨袴叙寒温。相逢哪用通名姓,但问高居何处村。"注:俗重门第,贫富不论。"世家门第擅清华,多住山陬与水涯。到老不知城市路,近村随地有烟霞。"①

近人吴日法《徽商便览·缘起》云:

吾徽居万山环绕中,川谷崎岖,峰峦掩映,山多而地少。遇山川平衍处,人民即聚族居之。

明嘉靖《新安歙北许氏东支世谱》卷五《寿昌许公八秩序》云:

昉溪在城北四十里,平畴沃壤不啻数千亩,四山环合如城,第宅栉比鳞次,皆右族许氏之居焉。其人物衣冠甲于他族。

清乾隆《重修古歙东门许氏宗谱》卷九《城东许氏重修族谱序》云:

今寓内乔木故家相望不乏,然而族大指繁,蕃衍绵亘,所居成聚,所聚成都,未有如新安之盛者。盖其山川复阻,风气醇凝,世治则诗书、什一之业足以自营;世乱则洞壑、溪山之险亦足以自保。水旱兵戈所不能害,固宜其有强宗巨姓雄峙于其间。

鉴于明清时期徽州境内,特别是在徽州广大乡村中,宗族对于乡民的日常生产生活的各个方面都起到主导作用,因而本书

---

① 许承尧撰,李明回等校点:《歙事闲谭》卷八《新安竹枝词》,上册,合肥:黄山书社,2001年,第205~209页。

所说的"乡村社会"的特质,在很大程度上即是指"宗族社会"。

5.关于"社会控制"

按照社会学界的理解,"控制"一词具有支配、调节、抑制、管理等含义,从其本意上说,是指人类对客观事物的运动过程及运动结果进行调节、引导和管理的行为过程,在这一过程中,充分体现出人类的主观能动性和创造性①。"社会控制"一词在社会科学领域中的使用,源于社会学家在分析社会运行时对控制论的借鉴与引入。作为社会学术语,"社会控制"最早是由美国社会学家罗斯于1901年在其所著《社会控制》一书中首先提出的。自罗斯提出"社会控制"这一概念后,社会控制理论不断得到发展与丰富,并被社会科学诸多领域作为分析概念与研究方法而加以借鉴和使用。近年来,历史学界特别是社会史学界也开始较多地借用这一概念来进行相关问题的研究。

截至目前,社会学界对于社会控制的理解主要有广义和狭义两种。广义的社会控制是指社会组织体系运用社会规范以及与之相应的手段和方式,对社会成员的社会行为及价值观念进行指导和约束,对各类社会关系进行调节和制约的过程。狭义的社会控制是指对社会越轨者施以社会惩罚和重新教育的过程②。关于社会控制的分类,根据角度的不同,可分为积极性控制与消极性控制、硬控制(强制性控制)与软控制(非强制性控制)、外在控制与内在控制(自我控制)、制度化控制(正式控制)与非制度化控制(非正式控制)、宏观控制与微观控制等类型③。本书则综合运用上述有关广义与狭义两种社会控制概念,以及关于社会控制的分类及相关概念,来研究明清时期徽

---

① 参见郑杭生主编:《社会学概论新修》,第3版,北京:中国人民大学出版社,2003年,第400页。

② 参见郑杭生主编:《社会学概论新修》,第3版,北京:中国人民大学出版社,2003年,第400~418页;马向真:《社会心理与社会控制》,北京:社会科学文献出版社,2002年,第258~282页;[美]庞德:《通过法律的社会控制》,北京:商务印书馆,1984年;[美]罗斯:《社会控制》,北京:华夏出版社,1989年;[荷]盖叶尔、佐文:《社会控制论》,北京:华夏出版社,1989年。

③ 参见郑杭生主编:《社会学概论新修》,第3版,北京:中国人民大学出版社,2003年,第403~404页。

州宗族与乡村社会控制的相关问题。

6.关于"明清"

本书所说的"明清",是指明太祖朱元璋建立明王朝(洪武元年,1368)至清朝灭亡(宣统三年,1911)这一时段。之所以这样安排,主要是基于对徽州宗族社会自身发展实际的考虑,诚如唐力行指出,直到20世纪上半叶,徽州仍是属于自然的历史发展过程,并未因外力的破坏而中断传统的延续①。在长期的历史发展过程中,徽州宗族多保持着自然的、缓慢而稳定的发展态势。本书将"明清"断限至清宣统三年,即是基于对明清时期徽州宗族社会的发展实际和发展趋势的把握。

此外,本书选择以"明清"这一时段的徽州宗族为研究对象,还有以下一些考虑:

其一,这一时期的徽州宗族已发展成熟且进入鼎盛阶段,是徽州宗族发展的黄金期。经过长期的发展和积累,至明清时期徽州宗族的发展已趋于成熟,宗族制度的各种特征已经完全显现,宗族在社会中所扮演的角色与发挥的作用日益重要,对社会的影响更为深刻。通过对该时期徽州宗族的研究,可以典型地域社会为视角,进一步认识传统中国社会特别是晚期封建社会的特性和发展规律。

其二,有关明清时期徽州宗族的文献资料大量留存,且种类极为丰富,加上徽州方志、族谱、文书、文集等史料的进一步被发掘、整理与大量公布,使得学界对这一时期徽州宗族的深入研究在资料手段与技术手段上成为可能。

其三,尽管徽州宗族研究已引起海内外学者的广泛关注,但明清时期徽州宗族的一些相关专题或问题的研究仍有待进一步深入。此前,学界关注较多、研究较深入的主要是该时期的徽州宗族制度、宗族与徽商的关系、宗族与社会变迁、宗族的社会流动、宗族教育等选题,而对于同一时期的徽州宗族与乡

---

① 参见唐力行:《20世纪上半叶中国宗族组织的态势——以徽州宗族为对象的历史考察》,载《上海师范大学学报》(哲学社会科学版),2005年第1期。

村社会控制的研究则相对薄弱①。从总体上说,关于这一时期徽州宗族的研究的空间依然较大。

(二)研究思路

本书拟以宗族为视角,对明清时期徽州乡村社会控制诸问题进行全面系统的实证研究。具体围绕"明清徽州宗族的内部控制"、"族权与政权互动视角下的明清徽州乡村社会控制:以保甲制推行为中心"这两个大的方面进行展开和讨论。

首先,由于明清时期的徽州特别是徽州乡村,是一个由宗族居主导地位的极为典型的宗族社会,因此,"乡村社会控制"在很大程度上也即是指"宗族社会控制"。而明清徽州境内的"宗族社会控制",主要是指这一时期徽州宗族实施的对本族的内部控制与管理。基于此种认识,本书的"上编"集中围绕明清徽州宗族的内部控制进行讨论,主要就明清时期徽州宗族内部的控制结构、控制实施主体、控制设施、控制手段及其运用、内部控制的主要领域和内容进行探讨。

其次,明清时期,封建政权一方面利用宗族这一民间组织实施对地方社会(特别是宗族社会)的控制和管理,另一方面,还自上而下大力推行保甲制以实施对地方社会的控制与管理。在对徽州这样的宗族社会进行控制和管理时,属于行政系统县以下的基层组织——保甲与当地的民间组织——宗族实现了较好的结合。基于上述认识,本书的"下编"以族权与政权互动为视角,以保甲制的推行为中心,主要探讨明清时期徽州境内宗族与保甲的关系状态,以及二者联手实施乡村社会控制的具体情形。

最后,对明清时期徽州宗族实施乡村社会控制的特点、效果等进行适当的分析和总结。

---

① 参见前述"学术史回顾"第一部分。

上　编

明清徽州宗族的内部控制

第一章

明清徽州宗族内部的控制结构与控制实施主体

一、明清徽州宗族内部的组织结构

什么是家庭？什么是宗族？二者之间构成怎样的关系？回答上述问题，对于我们理解明清时期徽州宗族内部的社会组织结构与控制结构有着重要意义。按照学术界比较一致的看法，家庭是指以特定的婚姻形态和血缘关系为纽带结合而成的社会基本单位，是一种生命生产的特殊的社会生活组织形式。家庭首先是一个婚姻单位，其次是一个经济生活单位，从这一意义上讲，家庭是社会最小的单位，是社会的细胞。所谓宗族，则是指以同一男性祖先为血缘标识的众多个体家庭组成的、按照血缘关系原则和一定的行为规范加以联结、约束、控制的社会组织形式。宗族是家庭血缘关系的扩大，是家庭的展延。家庭与宗族之间主要表现为个体与群体的关系[①]。一般地说，家庭与宗族二者之间的关系格局决定了宗族对于家庭有着约束与控制的权力，而家庭对于宗族则有服从与协调的义务。当

---

① 参见李卓：《中日家族制度比较研究》，北京：人民出版社，2004年，第46页；冯尔康等：《中国宗族史》，上海：上海人民出版社，2009年，第14～15页；徐扬杰：《中国家族制度史》，北京：人民出版社，1992年，第4页；唐力行：《徽州宗族社会》，合肥：安徽人民出版社，2005年，第43～44页。

然,这并不能抹杀家庭作为行为主体在自身行为范围内所具有的某种自主性及对于自身所属成员的控制权。

就明清时期徽州境内家庭与宗族二者之间的关系格局而言,唐力行曾作过精湛的研究,他认为:"明清时期徽州的家庭—宗族结构,是在徽州特定的地理、人文环境中形成的。"就家庭结构而言,"明清徽州宗族制度下的家庭结构是多种模式并存的"。其模式主要有累世同居的共祖家庭、直系家庭、主干家庭、核心家庭4种,并且以主干家庭和核心家庭居多数。"明清徽州宗族制度下的家庭结构是以核心家庭为主、主干家庭为次。家庭—宗族结构,概括地说,就是大宗族—小家庭结构"。对于明清时期徽州家庭—宗族结构的社会控制作用,唐力行也曾提及两点:一是强化了对佃仆和妇女的压迫,二是强化了封建统治秩序[①]。在明清徽州宗族内部组织结构研究方面,唐力行关于徽州"大宗族—小家庭结构"的论断,对于我们认识这一时期徽州宗族内部家庭与宗族的关系以及宗族内部控制结构有着重要意义。

就明清徽州宗族内部社会组织结构而言,除了家庭、宗族之外,房也是一个极为重要的结构单位。而且,对于认识明清徽州宗族组织结构与控制结构来说,房也是一个极为重要的分析单位。

关于传统中国宗族组织及宗族制度中的房的问题,陈其南、常建华关注较早。陈其南认为,房是宗族内部相对于父子系谱关系所构成的由近及远的不同亲属群体之称谓,与宗族之下分、堂、支、派、门等称谓多有相通之处。他提出了关于房的六个原则。其中,关于从属的原则,他认为,诸子所构成的房,绝对从属于以其父为主的家族,所以房永远是宗族的次级单位;关于扩展的原则,他认为,房在系谱的扩展性是连续的,房可以指一个儿子,也可以指包含属于同一祖先之男性后代及其妻等所构成的父系团体;关于分房的原则,他认为,每一父系团体在每一世代均根据诸子均分原则于系谱上不断分裂成房;之

---

① 参见唐力行:《徽州宗族社会》,合肥:安徽人民出版社,2005年,第44~49、59页。

所以要进行分房,是因为"分房的基本道理在于:同属一父之诸子彼此之间必须分立,而在系谱意义上各自独立成一系,这就是汉人所特有的宗祧观念。"常建华在对陈氏关于房的理论进行归纳后认为:"宗祧的观念可以产生房,分房的不断进行,累积成干支谱系,形成宗族,按照扩展的原则,一个房支也可能是一个宗族,宗祧及其分房形成了观念性的继嗣群体,也就是宗族。因此宗族的意义首先应该是结构性的,即从谱系的角度分析,其次又是功能性的,即从促使合房收族的手段探讨。"并认为,在通常情况下,"宗族的结构一般是始祖之下分若干房、支,族下繁衍则再细分若干房、支"①。上述陈、常二氏有关中国宗族制度中房的理论的分析,对于理解明清时期徽州宗族内部的房组织具有重要的参考价值。

就明清徽州而言,各宗族内部的房及其产生的情况较为复杂。刘道胜认为,在徽州宗族内部,从房系谱关系的发生发展看,有分家析产而产生的基础房,有不断连属形成的扩展房。从房发生的社会学意义上看,其本滥觞于个体家庭的亲子关系,小而言之,相对于同一父系之下分析而独立的诸子均称为房,这种房是基础房。每次分家析产都是一次分房的实际运作,按房析分乃家庭、宗族继承的一个基本原则,并由此不断形成新的独立的房。从这个意义上说,基础房的产生源于分家析产,即分房。新分析的房在规模上只相当于一个家庭,分房的逻辑趋向是不断产生家庭这一基本形态,并不断孕育新的支系。因此,分房意味着宗族内部的繁衍和分化。随着世系的不断繁衍,基础房的日益发展和不断连属就逐渐构成扩展房,这种房可称为联房。大体说来,不同层次房支间的血缘纽带是房派实际联合的前提和基础,而影响这种联合的范围和促使联合实际发生的因素又多是功能性的。联房意味着宗族内部不断的联合乃至构房成族的重组趋向。随着宗族内部不断的分房和联房,在系谱关系上不断形成家庭—基础房(扩展房)—宗族

---

① 参见陈其南:《房与传统中国家族制度》,载陈其南:《家族与社会》,台北:联经出版事业公司,1990年;常建华:《宗族志》,上海:上海人民出版社,1998年,第165~166、194~195页。

的树状结构。这样,宗族的发展实际体现为分房—嵌入—联房—宗族的动态过程。在传统徽州宗族社会中,分房原则下形成的房派观念,深深作用于普通民众的心理和行为之中。一方面,个体和家庭按照父子关系的不断连属,在系谱上分别归属不同层级的房派,房派观念清楚地揭示了个体和家庭在宗族关系网络上的具体关系。另一方面,面临宗族内部的不断分化,房作为宗族次生单位,成为宗族整合其内部关系并组织化,以及实现族内事务管理的现实基础①。关于明清时期徽州宗族内部房的产生,赵华富认为,随着人口的自然繁衍,"房的后裔往往又分房、再分房,形成一种金字塔形的'房'组织体系。不过往往只有宗族之下的一级'房'有房长,同时大都还有支祠,是宗族的下层组织。一级'房'之下的'房'只有一些'血缘亲属圈',一般不是基层组织"②。

上述关于宗族制度中房的理论的分析,特别是刘道胜对于明清时期徽州宗族内部的房以及分房、联房、轮房等问题的讨论,对于我们认识明清时期徽州宗族内部的组织结构与控制结构有着极为重要的参考价值。

随着分房的不断进行,宗族各分支人口的繁衍与膨胀,经过长时间的积累,宗族内部分支就会形成新的宗族结构,即宗支结构。各宗族内部宗支结构的数量多寡不一,与总祠或母族的结合力各不相同,使得宗族内部的组织结构呈现出颇为纷繁复杂的状态③。但在通常情况下,"宗族的结构一般是始祖之下分若干房、支,族下繁衍则再细分若干房、支"④。

通过以上梳理,我们认为,宗族结构的总体特征可归结为宗族—房派—个体家庭的一般模式,其中,房这一中间环节的

---

① 刘道胜:《明清徽州宗族的分房与轮房》,载《安徽史学》,2008年第2期。
② 赵华富:《徽州宗族研究》,合肥:安徽大学出版社,2004年,第82页。
③ 参见常建华:《宗族志》,上海:上海人民出版社,1998年,第172～176页。
④ 常建华:《宗族志》,上海:上海人民出版社,1998年,第194～195页。

情形极为复杂,房派环节的多变性与复杂性使得宗族组织结构呈现出复杂多元的特征。结合明清徽州宗族的实际,我们认为,在明清时期,徽州宗族内部的组织结构大致具有以下几种类型或模式,一般宗族:宗族—房派—个体家庭;大宗族:宗族—房派—支派—个体家庭;联宗宗族:始居地宗族—迁徙地宗族—房派—支派—个体家庭[①]。而上述明清徽州宗族内部组织结构的几种类型或模式,则是我们分析这一时期徽州宗族内部控制结构的重要基础和前提。

二、明清徽州宗族内部的控制结构

明清时期徽州宗族内部的组织结构从总体上影响并决定了这一时期徽州宗族内部的控制结构的特征和趋势,在这个意义上,明清徽州宗族内部的组织结构是其控制结构的基础。以下举例说明。

明万历年间,在休宁林塘范氏宗族内部,存在着单个家庭、房派、门派、宗族四个层次的组织结构,根据这一组织结构特点,该族内部也存在着单个家庭、房派、门派、宗族四个层次的控制结构。该族的族规家法中有以下规定:

> 风俗美恶系于所习,移风易俗在乎豫教,父兄教之未素而遽绝之,中者才者不忍也。今后但有子弟不遵圣谕,经犯过恶,各房长指事詈责之;不改,鸣于该门尊长,再三训戒之;又不改,于新正谒祖日鸣于宗祠,声罪黜之。罪重者仍行呈治[②]。

即当普通族人违反族规家法时,在宗族内部有时要经过以父兄为代表的家长、家的上一级组织房的首领房长、房的上一级组

[①] 参见卞利:《明清徽州社会研究》,合肥:安徽大学出版社,2004年,第56页;冯尔康:《中国古代的宗族与祠堂》,北京:商务印书馆国际有限公司,1996年,第46页。此处的结论,是在上述研究基础上作了适当调整与改造而提出的。

[②] 万历《休宁范氏族谱·谱祠·林塘宗规》。

织门的首领门长、门的上一级组织族的首领族长层层递进的四级处罚,由这四级组织的首领实施具体的层级控制和处罚。

清道光年间,在歙县蔚川胡氏宗族内部,存在着单个家庭、房、族三个层次的组织结构,根据这一组织结构特点,该族内部也存在着单个家庭、房派、宗族三个层次的控制结构。该族族规家法中的"息词讼"条规定:

> 族繁事杂,争竞在所不免,但不可轻举兴讼,当先鸣族贤、房族家长,究明其巅末,公剖其是非,直者劝其涵容,曲者谕令输服居闲,曲为调停处分,以息其争端①。

即在普通族人发生纠纷时,当事人不得轻易挑起讼端,而应在宗族内部经由家长、房长、族长三级调处,由这三级组织的首领实施具体的层级控制与协调。

此外,该族族规家法中的"树行检"条规定:

> 言行关名节最重。近有一种不肖子弟,窃窥妇女,肆淫仆婢,好谈人家闺门短长,戏谑无度,致贵贱不分,名分倒置,岂不玷辱祖宗乎?为父母者当痛责之,不悛则禀家长治之②。

即当族中不肖子弟践踏名节、违反宗族伦理时,先由父母这一家庭层次意义上的家长实施控制与惩罚,倘若无效,再禀告父母以上层级的族中众家长(或房长、或族长)实施控制与惩罚。此处,蔚川胡氏宗族对族人的控制也呈现出鲜明的层级控制的特征。

上述事例表明,明清时期徽州宗族在实施其内部控制时,是依据实际情形,根据既定的组织结构分层次进行的,层级控制是其重要特征。

此外,从祠堂这一宗族内部控制设施也可看出明清时期徽州宗族内部控制的层级特征。明清时期,在徽州宗族内部存在

---

① 民国《(歙县)蔚川胡氏家谱》卷二,道光二年《规条·息词讼》。
② 民国《(歙县)蔚川胡氏家谱》卷二,道光二年《规条·树行检》。

着各个层次的祠堂,一般而言,有统宗祠、宗祠、支祠,分别祭祀不同的祖先。在婺源,"俗重宗祠,祠有统宗,有支宗,而家自为礼"①。在黟县,"族各有众厅,族繁者又作支厅"②。在歙县,"邑俗重宗法,聚族而居,每村一姓或数姓,各有祠,支分派别,复为支祠"③。各级祠堂是宗族内部对族人实施层级控制的重要场所。族人遇到一般问题,先由父兄家长在家庭中予以调处,调处无效则往上一级或更上一级寻求支持,而各级调处与控制的实施往往选择在支祠、宗祠中进行。据清光绪《(绩溪)梁安高氏宗谱》记载:

> 成人以上,得罪于父母尊长,窃取族内物件,在族外有奸淫事迹,与族内妇女笑谑,聚赌。以上由分长或族长引入支祠或宗祠,祖前杖以竹板④。

对族中不肖子弟的惩处,分别由分长于支祠、族长于宗祠中实行。

而在对宗族内部祠堂的日常管理中,也体现出较为明显的层级控制的特征。明正德年间,绩溪县南关许余氏宗族制定的《惇叙堂旧家规》之"整饬宗祠"条规定:

> 宗祠之建,本为妥先灵而奉祭祀,因以合族也。是宜整饬以肃观瞻,岂容堆放木料,私家工作,借人居住,及诸污秽等件?若不严加戒约,其亵渎甚矣。今后敢有仍蹈前弊者,守祠之人禀诸祠董、族长,量罚银两,以为修祠之费,庶有警于将来⑤。

于此可见,在遇到大事之时,守祠之人是没有最终决定权的,必须禀诸其上级祠董、族长以寻求解决,这在某种程度上也是徽州宗族内部实施层级控制的一种反映。

---

① 康熙《婺源县志》卷二《疆域志·风俗》。
② 嘉庆《黟县志》卷三《地理志·风俗》。
③ 民国《歙县志》卷一《舆地志·风土》。
④ 光绪《(绩溪)梁安高氏宗谱》卷十一《家法·杖责罚跪》。
⑤ 光绪《绩溪县南关许余氏惇叙堂宗谱》卷八,正德十三年《惇叙堂旧家规十条·整饬宗祠》。

三、明清徽州宗族内部的控制实施主体

明清时期,徽州宗族内部的成员结构主要有以宗子、族长、房长、家长等为代表的宗族领导层,以祠首、值年等为代表的宗族执事阶层,占人口绝大多数的普通族众阶层和以佃仆为代表的宗族贱民阶层等组成。

在明清徽州宗族内部,存在着较为明显的分层①现象,宗族成员或按社会地位和身份,或按血缘关系等原则,被区分为高低有序或尊卑有序的不同等级和层次,各成员之间在宗族内部存在着社会地位的差别,也即存在着各种类型的社会不平等。其中,宗族领导层是宗族内部当然的控制者、管理者阶层,是宗族实施内部控制的最主要的行为主体,在宗族内部通常拥有最高的社会地位。

在宗族领导层之下,一般设立宗族执事阶层以对宗族内部各种纷繁复杂的事务进行分类或分项管理与控制。对于毫无权力可言的普通族众及受到宗族严密控制的佃仆等贱民阶层而言,这些拥有一定的管理与控制权力的宗族执事人员,也是宗族内部控制的重要实施者,他们在宗族内部一般拥有较高的社会地位。

就普通族众而言,这一群体在宗族内部占人口的绝大多数,包括除宗族领导层、执事阶层之外的拥有本宗族血缘关系的全体男性成员、未嫁女子,以及不拥有本宗族血缘关系但拥有族籍、由外族嫁入的女性成员。通常情况下,他们是宗族领导层、执事阶层实施控制的最主要的对象与人群,是宗族内部人口数量最庞大的控制接受者阶层,他们在宗族内部的社会地位相对较低。

而相对于主家宗族成员来讲,以佃仆为代表的宗族贱民阶层,则是宗族内部地位最低下、处境最悲惨、与主人没有血缘关

---

① 关于社会分层理论,可参见郑杭生主编:《社会学概论新修》,第3版,第11章,北京:中国人民大学出版社,2003年。

系的一类特殊群体。他们是徽州境内长期存在并极为盛行的佃仆制的产物,在法律和经济地位上,与其他宗族成员拥有较强的人身依附关系。由于明清徽州主仆之间等级森严,"其主仆名分尤极严肃而分别之,臧获辈即盛赀厚富,终不得齿于乡里"①,"主仆攸分,冠裳不容倒置"②,"主仆之严,数十世不改,而宵小不敢肆焉"③,这些佃仆群体是宗族内部受到控制和压迫最严厉的阶层,毫无社会地位可言。

值得指出的是,上述各类成员分别处于明清时期徽州宗族内部组织结构的不同层级之中,他们也是这一时期徽州宗族内部控制结构的重要组成部分。以下就明清徽州宗族内部控制的实施主体及其所拥有的控制权力进行分析。

(一)宗子

西周时代,国家实行封建宗法制,周王集宗族权力和国家权力于一身,家与国不分。宗法原则构成大小宗结合的组织形式,周王的嫡长子继承大宗世系,为族人兄弟所共尊,称宗子。其时,宗子在宗族中拥有主祭权、管理权,并享有崇高的地位。秦汉以降,封建之制废,大小宗之法不行。后经张载、程颐、朱熹等宋儒及其后儒家学者的提倡,在全国不少地方逐渐出现传统宗法制的某种形态的复活,其最重要表征之一即是不少宗族在族内重新设立宗子并确立宗子的某种地位和建立相关的制度。在明清徽州境内,便有许多宗族采古代宗法制度之遗意,建立宗子制④。如在婺源,该县乾隆年间编修的方志即指出:

---

① 嘉靖《徽州府志》卷二《风俗》。

② 许承尧撰,李明回等校点:《歙事闲谭》卷八,程且硕《春帆纪程》,上册,合肥:黄山书社,2001年,第258页。

③ (清)赵吉士辑撰,周晓光、刘道胜点校:《寄园寄所寄》卷十一《泛叶寄·故老杂纪》,合肥:黄山书社,2008年,第872页。

④ 参见赵华富:《徽州宗族研究》,合肥:安徽大学出版社,2004年,第75页;常建华:《宗族志》,上海:上海人民出版社,1998年,第178~182页。

"诸族祠祭有以宗子主祭者。"①此外,在作为一族之史的族谱中,也有较多关于徽州宗族实行宗子制的记载。在实行宗子制的这些徽州宗族中,在血缘上属于"本族长房之长子"②的宗子,拥有主祭权等宗族内部管理的权力,是宗族内部精神与意识形态控制的主要实施者之一。

1. 歙县的事例

明嘉靖年间,歙县知县邹大绩曾要求境内各宗族在本族内部设立宗长副以管理和控制族人,其中,他特别提到了有关宗子的情况:

> 岁时宗长副率子弟举祀礼以教。宗子有不率教者,长副攻之祖庙,严戒饬以示惩③。

强调宗族执事人员宗长副对"不率教"之宗子予以惩戒。

清康熙年间,歙县吴氏宗族族人吴苑在为其联姻宗族同邑方氏族谱作序时发表了以下议论:

> 夫族无宗子,莫为之纠率,其势不得相亲,甚至于父子异居,而兄弟相讼,邻里多告讦之风,乡党无亲睦之道,以故族愈繁则支愈棼,宗愈远则人愈伪,无惑乎分离乖散,不至于途人而不止④。

此处,吴苑特别推崇并强调宗子"纠率"宗族的职能。

清光绪《歙新馆鲍氏著存堂宗谱》所载《祠规》规定:"冬祭,

---

① 乾隆《婺源县志》卷四《疆域志·风俗》。按,明清徽州是一个典型的宗族社会,当地编纂方志取材的主要来源之一是境内宗族提供的有关本族的素材和资料。因而上述记载说明,时至清初,宗子主祭在婺源境内许多宗族中已形成为一种民间风俗。

② 光绪《绩溪县南关许余氏惇叙堂宗谱》卷八《惇叙堂家礼·祭礼》。按,在某些徽州宗族中有较大变通,如清代,休宁茗洲吴氏宗族因长房故绝而依照血缘亲疏向下顺延。

③ 雍正《歙县潭渡孝里黄氏族谱》卷四《嘉靖二十八年五月十七日邑父母邹公大绩示稿》。

④ 乾隆《歙淳方氏柳山真应庙会宗统谱》卷二,康熙三十九年吴苑《方氏族谱序》。

宗子主之。"①

由上述记载可推断,明清时期歙县境内当有一些宗族曾在族内设立宗子以统率族人或主持族内祭祀。

2. 休宁的事例

(1)陪郭程氏:在该族内部,明代曾设立宗子以主持宗族祭祀等事务。明成化年间,该族曾有以下动议:

> 定议兵马府君一支位下长房嫡子一人,立为小宗子,族长一人辅之,祭享居族人之首,燕饮居族人之上,重承祖也。小宗子不在,介子或族长代之②。

该族设立小宗子,主要是为了主持宗族祭祀,当小宗子缺场不在时,由介子(即庶子)或族长代行主祭权。

在该族内部,小宗子除拥有主祭权外,还拥有处罚族人等控制权力。该族规定:

> 凡先墓坌业已定,族中有私售者、有盗葬者,众以告于小宗子及族长,会众执令改正,不服者以不孝闻官,削名于谱③。

即在处理私售、盗葬祖墓的不肖族人时,小宗子拥有处罚裁判权。

(2)商山吴氏:在该族内部,明代曾设立宗子以主持宗族祭祀。商山吴氏在族规家法中规定:

> 祭祖日取元宵、冬至二节,主祭三人,于礼当以宗子主祭。倘宗子幼稚及有过、礼貌不扬者,则以族长主之。虽在族长行列,而童幼不成立、德行有亏及庶孽,皆不可以主祭祀,当以肩次年尊者代之④。

---

① 光绪《歙新馆鲍氏著存堂宗谱》卷三《祠规》。
② 成化十八年《重定拜扫规约》,弘治《休宁陪郭程氏本宗谱》附录《休宁陪郭程氏赡茔首末》。
③ 成化十八年《重定拜扫规约》,弘治《休宁陪郭程氏本宗谱》附录《休宁陪郭程氏赡茔首末》。
④ 明《(休宁)商山吴氏宗法规条》。

该族强调,宗子享有主祭权,但在遇到"宗子幼稚及有过、礼貌不扬"等情况时,则实行更替制度,以族长主祭。

(3)率东程氏:在该族内部,明代曾设立宗子以主持宗族祭祀。该族商人程镐曾以宗子的身份主持宗族祭祀:

> 蚤岁,携赀游海昌,因时盈缩,相物低昂,无何箧笥充溢,校其先世遂至倍蓰。……翁(指程镐)以宗子每禴祀蒸尝率以身先,必诚于报本,匪徒观美焉①。

在主持族内祭祀时,该族的宗子起到较好的表率作用。

(4)林塘范氏:在该族内部,明代曾讨论过设立宗子以主持宗族祭祀的问题,后由于"嫡庶贤愚有辞"、明朝国家典制中"士庶祭祀无宗子明文"等原因,意见发生分歧而未付诸实施:

> 吾家初议宗子,后以嫡庶贤愚有辞,且我朝典制,惟继袭论嫡,士庶祭祀无宗子明文,因未立。凡族中生娶殁讣,祠中巨细事宜,皆统之各门尊长,逐项登载祠簿,接管传流,惇叙宗谊,历来无失,虽非宗子之名,实得宗法之意②。

因未设立宗子,该族的主祭权"统之各门尊长",由门(房)长等执掌。

(5)茗洲吴氏:就该族而言,"吾族自迁祖以来,宗法坏矣,而其应为宗者,又皆星散他处,或绝故无人"③,"自迁祖以来四百年,长房绝故,已非一日"④。在自始迁茗洲至清康熙年间的400年中,宗子制在该族内部长期废坏未行。然而,在该族看来,宗子为"谱系之骨干",期望立宗子以统率宗族。清康熙年间,该族重修《家典》时,作出以下规定:

> 今诚准古宗子法,以次递及,其应为后者,主冬至、立春之祭。其各支高曾祖祢之在庙者,各就其宗

---

① 明《休宁率东程氏家谱》卷四《明故德斋程翁孺人吴氏行状》。
② 万历《休宁范氏族谱·谱祠·林塘宗祠祀仪》。
③ 雍正《(休宁)茗洲吴氏家典》卷二《宗子议》。
④ 雍正《(休宁)茗洲吴氏家典》卷一《家规》。

子主之。如宗其为曾祖后者,为曾祖宗;宗其为祖后者,为祖宗;宗其为父后者,为父宗。其于古宗子法,或未必尽复,而于朱子所论祭祀用宗之意,或有当焉。

由朱子祭祀用宗之意,推之冠与昏丧,随在随事,各以其小宗主之,则冠昏丧葬之间又有古宗法遗意存焉①。

在受客观条件限制而未能完全恢复"古宗子法"时,茗洲吴氏宗族根据宋儒朱熹的相关理论,采取变通办法,在本族内部实行经过自身改造过了的宗子制,这实际上是传统宗子法的一种变异形式。

由于该族设立宗子主要是为了祭祀(并延伸至冠、昏、丧、葬等领域),而祭祀是宗族的根本大事,因此,主持祭祀的宗子的素质就显得非常重要。在该族看来,"宗子上奉祖考,下一宗族,当教之养之,使主祭祀。如或不肖,遵横渠张子之说,择次贤者易之"②。强调对宗子进行管教与培养以提高其素质,对素质达不到宗族所定标准的宗子则予以更替,择贤任用。

3. 祁门的事例

在祁门清溪郑氏宗族内部,明代曾设立宗子以主持宗族祭祀:

古者嫡子孙主祭祀,重宗也。或宗子不肖,当遵横渠之说,择次贤者立之,尚贤也。盖非止主祭,裁决庶务,皆资其人,而族之人听命焉。故宗之也者,君之也,可不重欤,又可不自重欤③!

在该族看来,古代宗子的权力较大,除祭祀权外,还在族内拥有"裁决庶务"的权力。由于宗子对宗族事务管理至关重要,该族强调宗子自身也要做到"自重"。

4. 绩溪的事例

(1)绩溪黄氏:在该族内部,曾设立宗子以主持祭祀。该族的族规家法中规定:

---

① 雍正《(休宁)茗洲吴氏家典》卷二《宗子议》。
② 雍正《(休宁)茗洲吴氏家典》卷一《家规》。
③ 万历《祁门清溪郑氏家乘》卷四《规训》。

> 凡属配享能干之子孙与祭者,与宗子、族长、老人、礼生、司值并上班司值,及本班保人,祠内散席①。

在祭祀过程中,宗子排名在族长之前,并享有祭祀后"祠内散席"的特权。

该族还规定:冬至、春分大祭结束后,在祠堂内给胙发包,与其他族人相比,宗子所占有的份额最多,拥有较为明显的分配特权:

> 宗子本人与祭,给胙二斤,给包四对,入席;代者与祭,给胙一斤,给包二对,入席②。

而当族内出现财政紧张状况时,宗子依然享有经济特权:

> 吾祠出息甚微,所需浩大,一切事仪有增无减,不敷公用,二祭包胙难均给发。今集众议权定章程:冬至发包不给胙,春分给胙不发包。惟宗子、族长、分长、老人、礼生、值年二祭均发包给胙③。

(2) 南关许余氏:在该族内部,曾设立宗子以主持祭祀。该族又将宗子称为"宗长"。在南关许余氏宗族制定的《惇叙堂家礼》之"祭礼"条中规定:

> 祠堂春秋之祭,照《家礼》行三献及侑食之礼。祭主有三:一是宗长,亦曰宗子,乃本族长房之长子;二是族长,乃班辈最长者;三是年长,班辈虽不尊而年齿冠一族者。然年长或有或无,非所重也。主祭以宗子为重,族长陪祭。如宗长、族长不能行礼,则使族之有衣冠者代祭,而祝版祭主仍书宗子、族长之名④。

该族将主持宗族祭祀的人员分为三类,但规定以宗子拥有主祭权为最正宗,族长则退居于陪祭之位。

(3) 城西周氏:在该族内部,曾设立宗子以主持祭祀。该族

---

① 咸丰《绩溪黄氏家庙遗据录》卷一《祠制·与祭燕饮》。
② 咸丰《绩溪黄氏家庙遗据录》卷一《祠制·胙包额例》。
③ 咸丰《绩溪黄氏家庙遗据录》卷一《祠制·给发章程》。
④ 光绪《绩溪县南关许余氏惇叙堂宗谱》卷八《惇叙堂家礼·祭礼》。

的族规家法中规定:

> 衣冠不备,不敢以祭,宗子主祭,及分献老人,各宜衣冠齐整。阖族斯文穿公服,整冠带。与祭子孙亦宜各整衣冠,毋得脱帽跣足,违者罚跪。
>
> 与祭子孙临祭时,俱在堂下随宗子后分昭穆跪拜,毋得挽前及拥跻上堂①。

该族强调,作为宗族楷模的宗子在祭祀时起表率作用,并要求宗族成员以宗子为中心,遵守既定的祭祀礼仪。

(4)梁安高氏:在该族内部,曾设立宗子以主持祭祀。该族规定:

> 每年春分、冬至,祠堂设祭,祭仪值年祠首预备。宗子主祭,并陪祭族长及执事礼生,照例饮胙②。

突出强调宗子的主祭地位。

从明清徽州宗子制实施的具体情况看,在设立宗子的各宗族内部,宗子拥有的权限不等,或仅享有主祭权,或在享有主祭权的同时拥有其他族务管理权。由于宗子的人选完全是从血缘关系的角度来考虑,倘若遇到宗子或年老多病、或年幼无知、或智能低下、或道德败坏③等情形,对宗族内部秩序的正常运转往往会形成某些障碍,这对宗族利益的维护是相当不利的。对于这些宗族而言,其变通办法就是在一定程度上摒弃原有的血缘情结而择贤任能。

从总体上看,立宗子、行宗子法在明清徽州宗族社会中有日渐式微的趋势,某些宗族有时即便是设立宗子也仅仅是作为

---

① 光绪《绩溪城西周氏宗谱》卷首《祠规》。
② 光绪《(绩溪)梁安高氏宗谱》卷十一《祭扫例》。
③ 参见赵华富:《徽州宗族研究》,合肥:安徽大学出版社,2004年,第75页。

一种陪衬和摆设①,宗族的实际控制权牢牢掌握在以族长为代表的宗族领导者手中。这方面的事例较多,如明万历《祁门清溪郑氏家乘》所载《规训》云:"或宗子不肖,当遵横渠之说,择次贤者立之,尚贤也。"②明代编纂的《(休宁)商山吴氏宗法规条》云:"倘宗子幼稚及有过、礼貌不扬者,则以族长主之。"③清雍正年间刊印的《(休宁)茗洲吴氏家典》云:"宗子上奉祖考,下一宗族,当教之养之,使主祭祀。如或不肖,遵横渠张子之说,择次贤者易之。"④那些道德败坏、不受管束的宗子,则要受到宗族的严格控制乃至废黜。而在某些徽州宗族中,宗子则常常陷入困境。如在婺源新源俞氏宗族内部,"族有宗子累世单传,无力谋娶",在同族商人俞悠琫"慨然赠金"帮助下,"获生两男,宗祧赖以不坠"⑤。该族宗子差点因贫困未娶而致使宗祧不保,显得十分狼狈,毫无权威可言,更别说对于族人的控制了。

时至民国年间,在一些徽州宗族中仍见有宗子参与宗族管理活动的记载⑥,但这类记载已较为少见。随着徽州社会自身的不断变迁与转型以及 20 世纪 50 年代初土地革命猛烈打击之下宗族组织的日渐消亡,徽州当地以立宗子、行宗子法为核心内容的宗子制,亦渐趋末路,直至最终消亡。

(二)族长

明清时期特别是清代,徽州宗族中的宗子对宗族的控制权限基本上体现在主持族内祭祀方面,宗子是作为血缘宗族的一

---

① 在清代,有不少人主张按照民情、世情对传统宗法作出某种变革,在宗族内部实行小宗法,不立宗子,即使设立,也如同摆设。冯尔康对清人"礼以义起"宗法变革论作了深入研究,具体参见冯尔康:《18世纪以来中国家族的现代转向》,上海:上海人民出版社,2005 年,第 13、91~113 页。
② 万历《祁门清溪郑氏家乘》卷四《规训》。
③ 明《(休宁)商山吴氏宗法规条》。
④ 雍正《(休宁)茗洲吴氏家典》卷一《家规》。
⑤ 光绪《婺源县志》卷三十五《人物志·义行》。
⑥ 如唐力行、张翔凤在《国家民众间的徽州乡绅与基层社会控制》(载《上海师范大学学报》(哲学社会科学版),2002 年第 6 期)一文中指出:"绩溪宅坦村胡氏宗族的宗子是上门派的正益(1883—1954),务农。上门派在胡氏五派中已衰落,但正益仍是经常参与祠堂的管理班子。"

种象征标识而存在,而宗族的族务管理与日常控制则由族长负责,在绝大多数的徽州宗族中是由族长掌控祭祀权,而不另设宗子。族长总管族务,掌握祠堂,成为宗族的最高领导人①。族长长期掌控宗族的局面,在明清时期的徽州已形成为一种社会风俗:"徽俗重长上,一家则知有族长、门长,一乡则知有先达,此古风也。"②在许多宗族内部,族长成为绝对权威。如清乾隆《重修古歙东门许氏宗谱》所载《许氏家规》云:

  族长总率一族,恩义相维,无不可通之情,凡我族人知所敬信,庶令推行而人莫之敢犯也。其有抗违故犯者,执而笞之③。

  吾族繁衍,有族长以统之,公举族中之贤者以辅之,谓其才足以断事,德足以服众。凡遇族中有不平之事,悉为之处分排解,不致经官。如果秉公无偏,而顽梗者不遵,则鸣之于官处治之,族人自知警而不敢抗违矣④。

该族强调,族人要绝对服从族长的管理与控制,而对于违反族长管教的族人则予以严厉制裁。

明清时期,有些徽州宗族在族长之外还设立副族长以协助族长管理族务。明代,歙县西沙溪汪氏宗族内部已有副族长的设置⑤。清乾隆年间,歙县东门许氏宗族亦在本族中设立有副族长⑥。在这些宗族中,往往由正副族长共同治理宗族,在多个领域对族人实施控制。

在徽州,充当族长有一定的条件限制,其中房分和年龄是最基本的要素。明清时期,在歙县境内的诸多宗族中,"祠各有

---

 ① 参见常建华:《宗族志》,上海:上海人民出版社,1998年,第193页。
 ② (明)傅岩:《歙纪》卷五《纪政迹·修备赘言》。
 ③ 乾隆《重修古歙东门许氏宗谱》卷八《许氏家规·尊崇族长》。
 ④ 乾隆《重修古歙东门许氏宗谱》卷八《许氏家规·公举族副》。
 ⑤ 道光《新安歙西沙溪汪氏族谱》卷十二,嘉靖十八年《先茔便览义约》。
 ⑥ 乾隆《重修古歙东门许氏宗谱》卷八《许氏家规·公举族副》。

规约,族众共守之,推举行尊而年龄高者为族长,执行其规约"①。据清光绪《绩溪县南关许余氏惇叙堂宗谱》记载,在该族内部,规定以"班辈最长者"②为族长。

明清时期,徽州宗族族长对于宗族的控制权主要体现在以下方面:

1. 宗族祭祀及祭祀产业的管理控制权

在明清徽州宗族中,多数情况下皆规定由族长主持宗族祭祀,负责掌控宗族祭祀权及祭祀产业的管理处分权。在这一时期,尽管不少徽州宗族仍对古宗子制怀有感情,有的还在族内设立宗子以主持祭祀,但受宗子本身条件的限制,即使在实行宗子制的宗族中,也强调族长等人对于宗族祭祀的参与、协助与监督。而在没有实行宗子制的徽州宗族中,主祭权则直接由族长掌控③。如据清雍正《歙县潭渡孝里黄氏族谱》记载:

> 凡遇春秋二祭日……倘族长年高力衰,于头首中推举一人代族长行礼④。

该族规定由族长主持祭祀,只是在遇到族长身体状况欠佳时,才推举他人代为主祭。

祭祀是明清徽州宗族中的大事,而祭田则是维持宗族祭祀正常进行的物质基础。为保证祀产的管理与增值,徽州宗族强调族长要对祭田经营予以监控。清乾隆《重修古歙东门许氏宗谱》所载《许氏家规》之"经理祭田"条云:

> 族长正副于祭毕之时,集轮首收租者而加考察,以验其果至之与不至,毋听其虚应故事而妄对也。有妄对者而罚行焉,庶几人知所警,而次年轮首亦惟率是而行之⑤。

---

① 民国《歙县志》卷一《舆地志·风土》。
② 光绪《绩溪县南关许余氏惇叙堂宗谱》卷八《惇叙堂家礼·祭礼》。
③ 赵华富对于徽州宗族的调查可资参考,参见赵华富:《徽州宗族研究》,合肥:安徽大学出版社,2004年,第78页。
④ 雍正《歙县潭渡孝里黄氏族谱》卷六《祠祀》。
⑤ 乾隆《重修古歙东门许氏宗谱》卷八《许氏家规·经理祭田》。

族长的督察和监控,有助于对宗族祭祀产业经营状况的实时掌握,并做到赏罚分明、"人知所警"。

康熙年间许志熙担任该族族长时,则"倡率族人输赀置产,加冬至一祭,颁胙合族,而子孙老幼咸集焉"①。族长通过自身的表率作用,以增强宗族祭祀的物质力量。

出于对宗族祭祀的重视,歙县潭渡黄氏宗族甚至规定,为祭祀宴享所准备的食品,也必须经过族长的严格核查:

> 其猪俱照时价买办,每生肉一斤务要剔骨糜烂熟肉九两,大米一斗要熟粿十五斤,糯米一斗务要好酒十壶。族长与下次头首眼同照数称较,如有短少,当年头首赔出,永远为规②。

此处所谓"永远为规",表明族长对供应祭祀宴享所用食品的监督逐渐形成制度化。

社会上的物价上涨往往会对徽州宗族的祭祀生活构成一定的影响,此时族长会对宗族祭祀进行调整,其对宗族祭祀生活的控制权再次得以体现。如,因肉价上涨,明末休宁程氏宗族祠堂礼分管年人,为了宗族祭祀的正常进行而禀请族长决断:

> 递肉价时岁有贵贱不同,然所差不过一二厘,不若今岁肉卖四分四厘,支年者亦难倍。又值礼分管年,势不能支应,告诸族长,会众议定,照时价算给,散秤用□平子分给,不许短少。以后价贱之年,仍照旧规散与,必分贵贱,无得容私,概行短少。违者议罚,仍要补其数。三分房长当众批,不致有赔,以图久远③。

明崇祯十四年(1641),该族内部轮到义分仁房猗兰等管办

---

① 乾隆《重修古歙东门许氏宗谱》卷八《宗祠新置义田规约》。
② 雍正《歙县潭渡孝里黄氏族谱》卷六《祠祀》。
③ 王钰欣、周绍泉主编:《徽州千年契约文书》(宋元明编)卷八,《天启元年休宁程氏立〈清明挂柏簿〉》,石家庄:花山文艺出版社,1991年,第274～275页。

宗族祭祀,"其年岁歉,遵六年众议,饼肉照价备办"。族长程玄硕等议定:"从仁分以后,自甲申季起,仍照旧例议定一分五厘公息敷出。"①由此可见族长对宗族祭祀生活的处分权。

2. 宗族制度设计与制定的主导控制权

在明清徽州宗族内部,一般皆规定由族长负责主持族内重大制度、重要公约、条约的制定,族长在宗族制度设计与制定方面拥有主导权与控制权。

祖坟是宗族祖先的重要藏所。在徽州,以族长为首的宗族领导层,对历代祖先坟墓的安危负有重要的监护责任,当宗族祖墓遭遇侵害时,往往由他们出面召集族人订立保墓条约,并掌控着条约订立的主导权。

在歙县境内,石桥吴氏宗族"共承始祖吴震以来,传管各处墓茔产土,收积花利","自永乐元年(1402)族长吴彦德、宣德十年(1435)族长吴与俊、天顺五年(1461)族长吴仁祖、弘治五年(1492)族长吴永祥、正德七年(1512)族长吴以铭,节次写立合同,俱已开载墓茔产土坐落,及量力编管墓茔,收放花利,以及归并墓茔各户税粮,作震茔一户"②。正德十四年(1519)族长吴以义、嘉靖十二年(1533)族长吴才再次牵头订立保业合同。在这132年中,皆由族长领头订立保墓合同,族长在宗族祖坟产业保护过程中扮演了重要角色,拥有直接的控制权。

在歙县西沙溪汪氏宗族内部,因"在城富积坊白紧地,至今失业,难以查理",明成化年间,该族族长仕佐公"深以此为虑,与副族长伯美公议","伯美公慨力任其事,遂挨查字号,理清亩步,置立《膳茔文簿》"。为了确保祖墓产业安全,该族族长汪广生及四门门长华隆、仲淓、景春、悌等7人于嘉靖十八年(1539)订立《先茔便览义约》,对祖墓产业管理予以规范③。时至万历

---

① 王钰欣、周绍泉主编:《徽州千年契约文书》(宋元明编)卷八,《天启元年休宁程氏立〈清明挂柏簿〉》,石家庄:花山文艺出版社,1991年,第275页。

② 《明弘治十年(歙县石桥)吴氏置产簿》,南京大学历史资料室藏。

③ 道光《新安歙西沙溪汪氏族谱》卷十二,嘉靖十八年《先茔便览义约》。

年间,由于守墓旧规再遭破坏,该族族长汪岩武于万历二十二年(1594),联合各门门长及族中贤达商议设立成规条款,"使各枝子孙知有事规,毋得怠慢废礼,有坏前人成法"。并规定:"如有恃强玩法欺公者,赍此赴官,惩治不恕。"①

此外,歙县潭渡黄氏宗族族长黄双员,曾于明嘉靖四十三年(1564)邀同族内各门长会议并制定了赡茔条款事宜②。

在黟县境内,清咸丰年间,鹤山李氏宗族曾由族长李尚锦牵头主持订立祖茔禁约:

> 大圣庙以上一带名曰老园,狮形以上一带名曰下山头,以及天井坑、羊角山,祖冢林立,不许后人添葬,并不许本族外姓窃取泥土。倘敢故违,送官究治。查咸丰十年,族长尚锦等曾议禁及此,其议墨二张具在,后世子孙务宜凛遵③。

时至晚清、民国年间,该族仍重申对前项议约的遵守。

3. 宗族内部事务的主持监督权

(1)宗族礼仪的主持监督权

明清时期,徽州宗族重视以礼治族,强调族长对于礼仪的参与、主持与监督。据清乾隆《重修古歙东门许氏宗谱》记载,该族在祭礼方面曾规定:在祭祀前一日,由"族长、礼生、首事省牲演礼祠中"④。至于冠礼,该族规定:

> 今后春秋二祭,礼生习礼,定于前期二日演习冠礼,务要节文习熟,礼度闲雅。将冠之子弟与其秉礼之父兄、族长正副,集众于祠,举而行之,庶童子知所以为成人,而他日所就未可量也⑤。

强调正副族长对宗族相关礼仪的参与和监督。

(2)族内普法宣传的执行监督权

---

① 道光《新安歙西沙溪汪氏族谱》卷十二,万历二十二年《义约》。
② 雍正《歙县潭渡孝里黄氏族谱》卷六《孝子祠大赡茔条款事宜》。
③ 民国《黟县鹤山李氏宗谱》卷末《家典》。
④ 乾隆《重修古歙东门许氏宗谱》卷八《宗祠新置义田规约》。
⑤ 乾隆《重修古歙东门许氏宗谱》卷八《许氏家规·举行冠礼》。

在明清徽州,族长作为宗族的最高领导者,深知族规家法对于治理宗族的重要作用,常常亲自主持或监督族内的普法宣传活动。如清道光《婺源长溪余氏正谱》所载《祖训》云:

> 每岁正旦,集长幼,序行第,庆贺神主,次叙团拜之礼。族长开读祖训,幼辈拱听于(祠堂)阶下,实有益心身之语也①。

清光绪《(绩溪)华阳邵氏宗谱》所载《新增祠规》云:

> 祠规者,所以整齐一族之法也。然徒法不能以自行,宜仿王孟箕《宗约仪节》,每季定期由斯文、族长督率子弟赴祠,择读书少年善讲解者一人,将祠规宣讲一遍,并讲解《训俗遗规》一二条,商榷族中大事体,各宜静听遵行,共成美俗,实为祖宗莫大之光②。

在该族内部,通过族长直接参与和主导族内普法宣传活动,加强了宗族法的执行力度,从而强化了对族人的控制。

(3)族谱编修与保存的监管权

为了确保对族人生老病死、迁徙等信息的及时掌握,明清徽州宗族非常重视族长对族谱编修、保管的领导与监督。清乾隆《新安徐氏宗谱》所载《凡例》指出:

> 各族祠中当设一年纪簿,公送族长收贮。凡诞子之家,于三朝命名后报知族长,登名于簿,将生辰注各名下。如或有犯祖讳及同前名者,令其即改。至春秋二祭,子姓毕集,各将半年内寿终者注其月日及葬某处。新娶某氏之生辰亦如之。其迁居四方者,每岁一次汇列寄报,凡挈属迁居某州县某乡镇,族长亦逐为记载,庶下届修谱易于稽查③。

该族强调族长对族谱的直接管理和控制。

清光绪《绩溪县南关许余氏惇叙堂宗谱》所载《冬至祠堂会

---

① 道光《婺源长溪余氏正谱》卷首《祖训》。
② 光绪《(绩溪)华阳邵氏宗谱》卷首《新增祠规》。
③ 乾隆《新安徐氏宗谱·凡例》。

谱例》云：

> 每年冬至会谱，近族一年一会，远族三年一会。族长、祠董公同看阅，如有霉烂、破损、涂污、遗失不全，照违误轻重、家资厚薄公议取罚①。

为了加强对族谱的保管，该族还规定在领谱时必须立有领谱字据："领谱虽有字号，而日后转交无常，日久易生玩忽，非另取领字，不足以保谱也。"②在领谱字据中规定了领谱人的义务：

> 自领之后，谨慎收藏，每年霉后晒霉，冬至奉谱会祠。如有违误等情，照会谱例取罚，或远徙家无次丁，禀明族长、祠董更换领字，不得私相授受③。

强调族人更换领字必须报族长批准，于此可见族长对于族谱保管的监控权。

4. 宗族经济生活的控制权

在明清徽州宗族内部，一般皆规定由族长主持族内的财产、财务监督或进行直接管理，由族长负责族内弱势群体的救济，族长拥有对宗族公共财产的处置权与控制权。

对于宗族公产的租利与租额，明清徽州宗族强调族长拥有监管权和决定权。明洪武十四年(1381)，为了有效管理祖先膳茔田产，歙县东门许氏宗族族长许荣甫邀集族众商议，并作出以下决定：

> 将膳茔产土照今户计，权行均答田粮，开归一十六分，受税输纳，产内租苗仍归众管。每岁十六分内，议立四人收掌一年，不问时岁丰歉，收到实在租利，必须开禀族长，见数封锁，毋得侵用入己④。

清嘉庆《(歙县)棠樾鲍氏宣忠堂支谱》所载《公议体源户规

---

① 光绪《绩溪县南关许余氏惇叙堂宗谱》卷十《冬至祠堂会谱例》。
② 光绪《绩溪县南关许余氏惇叙堂宗谱》卷十《领谱字号》。
③ 光绪《绩溪县南关许余氏惇叙堂宗谱》卷十《领谱字号》。
④ 乾隆《重修古歙东门许氏宗谱》卷八，洪武十四年《宗祠标祀膳茔约》。

条》云：

> 征租定于处暑日，督总与执事者会同族长、文会约定分数，时租收几分，硬租收几分，书明实贴收租所，俾众佃共知①。

该族族长成为宗族租佃制度的重要决策人。

义田是宗族内部实施救济的重要经济基础，明清徽州宗族强调族长对于义田经营与义租分配拥有监督权。明代，歙县潭渡黄氏族人黄寿，"勤劳节约，奔驰南北者四十余年，赀产始有饶余"，归老桑梓后，"择丰腴田百余亩，窃附古人赈族之义以毕初志焉。君既割产置籍，后于君第前鼎建会给之堂、藏积之廪，俾支下子孙世主其计，时当分给，则会族长一人、宗彦一人，相与监视之"②。该族族长的监督，使得义田能够正常地发挥宗族内部救济与社会保障的作用。

清乾隆年间，歙县东门许氏宗族官僚许登瀛在向宗族捐输田产时则提出：

> 春秋二祭亦如冬至，颁胙，清查祀产，交族人贤者与族长查收租息，眼同封贮③。

强调族长负责监督族产的管理与增值。

而在实施救济时，族长则拥有族内救济的主导权，并对族人经济生活进行干预和控制。据清光绪《徽州彭城钱氏宗谱》记载，该族的族长负有主导救济贫困族人的责任：

> 为族长者，凡宗党……如有贫穷患难，亦当救援④。

此外，有些徽州宗族还规定宗族义仓的经营主导权与控制权由族长和本族的富人掌握。据明万历年间编纂的《程典》记载，休宁泰塘程氏宗族对族内弱势群体实行救济制度，"岁行周

---

① 嘉庆《（歙县）棠樾鲍氏宣忠堂支谱》卷十九《义田·公议体源户规条》。
② 雍正《歙县潭渡孝里黄氏族谱》卷十《彰义黄翁义田记》。
③ 乾隆《重修古歙东门许氏宗谱》卷八《宗祠新置义田规约》。
④ 光绪《徽州彭城钱氏宗谱》卷一《家规·睦宗族》。

恤之礼以给族人",规定:

  凡同族者,自十亩百金之家以上,随其财产厚薄,岁出银谷以为积贮,俾族长与族之富者掌之①。

  作为宗族利益的代表,族长拥有宗族公共财产的处置权。当宗族遇到特别需要而出卖公产时,往往由族长领头直接出卖或出替产业。清道光九年(1829)十二月,黟县吴怀德堂"因祠内众事无措"出卖宗祠田产时,由族长吴万元领头立契杜断绝卖田与林姓业主名下②。清道光十年(1830)二月,黟县八都四图金氏宗族"因众祠明堂急用,将石硔坑典首田一处,计田一坵,计客租十二砠十斤"③出典与支丁金有润时,由族长金有杰等出面订立典田契约。清宣统三年(1911)十一月,黟县八都燕川吴氏宗族至德堂族长吴社大等领头立替田字据,"将土名吴村口中如里田一坵,计实租六砠正"这一宗族公产,立契替与吴长有名下为业④。而普通族人往往没有处置宗族公产的权力,即便偶尔参与处置,也只是在族长等宗族领导者授权下才付诸实施。

  此外,在普通族人的日常经济生活中,族长常被邀请主持分家,在这方面,族长又扮演着规范宗族个体家庭内部经济秩序的角色。清康熙二十六年(1687),休宁藤溪王氏族人王之珍、王之珪相继去世后,两房子孙分家时,由族长王玉卿担任分家的主持人,主持分家议墨的订立⑤。

  与族人经济生活密切相关的还有,族长在赋税缴纳方面负

---

 ① 万历《(休宁)程典》志第三卷《宗法志》。
 ② 刘伯山主编:《徽州文书》第1辑,第2册,《黟县二都查村江氏文书》之《清道光九年十二月吴怀德堂等立杜断绝卖田赤契》,桂林:广西师范大学出版社,2004年,第22页。
 ③ 刘伯山主编:《徽州文书》第1辑,第4册,《黟县八都四图金氏文书》之《清道光十年二月金长千公会支丁裔孙族长有杰等立典田约》,桂林:广西师范大学出版社,2004年,第62页。
 ④ 刘伯山主编:《徽州文书》第1辑,第4册,《黟县八都燕川吴氏文书》之《清宣统三年冬月吴至德堂族长吴社大等立替田字》,桂林:广西师范大学出版社,2004年,第363页。
 ⑤ 《珍珪二公产业合墨》,《元至正二年至清乾隆二十八年(休宁藤溪)王氏文约契誊录簿》,南京大学历史系资料室藏。

有提督权。祁门武溪陈氏在明天顺元年《家谱定规》中规定:

> 吾门粮差,各有定规,乃朝廷正务,不可慢也。凡秋收催趱,预先完之,为保家之士。若有违误拖欠,决非善策,次等之事属于族长提督①。

该族强调由族长监督族人缴纳赋税。

5. 宗族内部事务的调处、裁判和担保权

在明清徽州宗族内部,一般皆规定由族长直接处理族内纠纷,或担任、扮演中见人、证明人、调解劝谕人等角色,负责族内事务的调处、裁判和担保。

(1) 直接处理族内纠纷或扮演族内调解劝谕人角色

当宗族内部发生纠纷时,一般皆规定先由当事人所在的家庭、门派予以调处,若解决不了,再禀明族长处置。据清道光《新安歙西沙溪汪氏族谱》记载:

> 及有族家或因田土钱谷、越界侵坟一应等项事情,本门近房先禀正副族长并公道老成之人,请各诣祠焚香,对祖宗前公道公言,以理判息,量情轻重行罚,以戒其余。恃强不听者,任其经官行拘,族长门邻亦只如此让说,庶免人起恃强经官之心②。

在该族内部,族长掌握着宗族内部事务的最高裁判权和控制权,是宗族裁判的最后执行人。倘若经族长仍解决不了,方可禀官寻求支持。

在明清徽州,宗族积极致力于安定和谐的理想社会秩序的构建。因此,族长常常被赋予调解平息纷争、处理族内纠纷、维护族内秩序稳定的重任。族长时常扮演族内调解劝谕人的角色,成为宗族内部公正的化身。

在歙县境内,清乾隆《重修古歙东门许氏宗谱》记载:

> 凡我族人事之有不平,情或出于不得已,请众于祠,备述颠末,自鼠牙雀角以至财产帐目,族长正副剖

---

① 同治《祁门武溪陈氏宗谱》卷一,天顺元年《家谱定规》。
② 道光《新安歙西沙溪汪氏族谱》卷十二《忠烈宗祠内喜庆盟条例引》。

析是非,直为处分,各得其平①。
　　其或强欺弱、众暴寡、富吞贫、恃尊凌卑、以少犯长、藐视族人而仇仇之,非吾之所敢知也。族长正副而知此,愿秉是非之公②。

该族强调正副族长对族内纠纷的公正处理拥有裁判权。

在黟县境内,清康熙年间,二都查村江氏族人江应良的六岁女儿,"炊饭看火失手",将蜀众祠烧毁。为赔偿损失、重新造祠,作为女儿监护人的江应良,"情愿将续置田租一十九砠,又命本家应太本银伍两付会,日后积贮,以造众词[祠]"③。由于事关宗族祠堂的建造、涉及多数族人的利益,该族族长江文鑫劝谕江应良予以赔偿,并扮演了调解人的角色。

此外,清光绪《徽州彭城钱氏宗谱》所载《家规》之"睦宗族"条云:

　　为族长者,凡宗党有是非曲直,当秉公调处,毋得曲意偏护,以致纷争结讼④。

该族重视族长对于宗族纠纷的调解与裁判。

另外,当宗族内部发生纠纷时,族长也往往被族人邀请充当证人。明天启四年(1624),徽州吴氏族人吴留因阻拦同族吴寿"截田水"、"霸水利"而发生"孙杀祖,侄欧[殴]婶"斗殴事件。在诉状中,族长吴八为中见证人⑤。明崇祯年间,歙县杨氏宗族因宗祧承继发生族内纠纷而告官时,族长杨玉充当证人⑥。清顺治十七年(1660),休宁孙氏宗族妇女将祖坟土名庵前山头私自违禁出卖与汪姓开阡风水,有伤祖墓,以致堂兄"归投邻里"。

---

① 乾隆《重修古歙东门许氏宗谱》卷八《许氏家规·擅兴词讼》。
② 乾隆《重修古歙东门许氏宗谱》卷八《许氏家规·敦义睦族》。
③ 刘伯山主编:《徽州文书》第1辑,第2册,《黟县二都查村江氏文书》之《清康熙二十年六月江应良立还议墨》,桂林:广西师范大学出版社,2004年,第3页。
④ 光绪《徽州彭城钱氏宗谱》卷一《家规·睦宗族》。
⑤ 王钰欣、周绍泉主编:《徽州千年契约文书》(宋元明编)卷四,《天启四年吴留诉状》,石家庄:花山文艺出版社,1991年,第137页。
⑥ (明)傅岩:《歙纪》卷九《纪谳语》。

长期在外经商的子侄孙君成、惠之等,"自愿央浼亲邻劝谕堂兄,备原价赎回愿[原]契"。在订立保祖文约时,族长孙国瑞为中见证人①。

(2)在族人出卖产业与异姓宗族时扮演中见人角色

当普通族人将自己的财产出卖与异姓宗族成员时,族长经常受邀扮演族人财产交易中见担保人的角色,族长的权威对于确保异姓宗族成员之间财产交易的成功有重要影响。清咸丰六年(1856)七月,吴永周"因清理账目,自情愿将承祖阄分田一处,土名井拆,计客租二十五砠正"②,出典与黟县二都查村江氏族人江锦荣名下为业,在订立杜断典田约时,族长吴廷玉应邀充当产权交易的中见人。清咸丰六年(1856)十一月,毓秀庵尼福全"因无措,自情愿将师祖遗受续置典首一处,土名社屋背"③,凭中立杜断约尽行出典与黟县一都榆村邱氏宗族名下为业,在立杜断典田约时,其主人汪氏宗族的族长汪士儒为中见人。清同治四年(1865)四月,项祥寿等"因钱粮急迫无措"④,将自己的地产凭中立契尽行出卖与黟县一都榆村邱氏族人邱集文名下为业,在立杜断卖地契时,族长项荫庭为中见人。清同治六年(1867)十一月,黟县八都四图金氏族人金观大等,因不便管业,将自己的产业"央中尽行一并出卖与俞灶榜名下为业"⑤,在立杜断卖屋契时,族长金国鑫为中见人。

---

① 《康熙(休宁)孙氏文契簿》,南京大学历史系资料室藏。
② 刘伯山主编:《徽州文书》第1辑,第2册,《黟县二都查村江氏文书》之《清咸丰六年七月吴永周立杜断典田约》,桂林:广西师范大学出版社,2004年,第69页。
③ 刘伯山主编:《徽州文书》第1辑,第1册,《黟县一都榆村邱氏文书》之《清咸丰六年十一月毓秀庵尼福全立杜断典田约》,桂林:广西师范大学出版社,2004年,第121页。
④ 刘伯山主编:《徽州文书》第1辑,第1册,《黟县一都榆村邱氏文书》之《清同治四年四月项祥寿等立杜断卖地赤契》,桂林:广西师范大学出版社,2004年,第157页。
⑤ 刘伯山主编:《徽州文书》第1辑,第4册,《黟县八都四图金氏文书》之《清同治六年十一月金观大等立杜断卖屋契》,桂林:广西师范大学出版社,2004年,第117页。

(3)在族人出卖产业与同族时扮演中见人角色

当族人将自己的财产出卖与同族成员时,也经常邀请族长扮演财产交易中见担保人的角色,族长的权威和影响对于族人之间财产交易的成功起到了积极作用。明万历三十七年(1609),祁门一都李氏族人李钦明,将自己的山骨苗木"尽行立契出卖与弟同明名下为业"①时,族长李橄为产权交易的中见人。明万历四十六年(1618),祁门奇峰郑氏族人郑三元,"因为病笃,托凭族众将本家住后山场并在山杉松各样杂木花利及山骨,尽数津贴立诚,以为娶亲之资"②,为津贴其第四子郑立诚娶亲,托凭族众订立合同文约,族长郑懋官为中见人。明崇祯六年(1633),休宁黄氏族人黄君锡将自己的地产出卖给同族黄静台,在订立卖地赤契时,族长黄慎吾为中见人③。

清嘉庆二十一年(1816),祁门八都邱氏宗族族人邱王氏,"苦节守志,因贫无人承继",于年近古稀之时,为身后丧葬及祖茔标扫、钱粮门户考虑,将自己的产业"尽行批与里门敏效祀清明会内人名下推管",以避争端,在订立产业批契时,族长邱圣取担任中见人④。清道光七年(1827),祁门凌氏族人凌发佽、发仁兄弟,"因正用无措,自情愿托中将本身分籍二人内取一半,并山骨苗木,立契出卖与禄公祀名下为业"⑤,在立卖山契时,族长凌记泰为中见人。清道光二十三年(1843)三月,黟县黄氏族人黄凤衔,"因正用不便,自情愿将承祖阄分土名坑口田一坵"⑥,

---

① 王钰欣、周绍泉主编:《徽州千年契约文书》(宋元明编)卷十,《崇祯祁门李氏誊契簿》,石家庄:花山文艺出版社,1991年,第58~59页。
② 王钰欣、周绍泉主编:《徽州千年契约文书》(宋元明编)卷三,《万历四十六年祁门郑三元等立合同文约》,石家庄:花山文艺出版社,1991年,第476页。
③ 王钰欣、周绍泉主编:《徽州千年契约文书》(宋元明编)卷四,《崇祯六年休宁黄君锡卖地赤契》,石家庄:花山文艺出版社,1991年,第354页。
④ 刘伯山主编:《徽州文书》第1辑,第6册,《祁门八都邱氏文书》之《清嘉庆二十一年二月邱王氏立批契(钤有官印)》,桂林:广西师范大学出版社,2004年,第104页。
⑤ 《明永乐—清光绪(祁门)汪氏誊契簿》,南京大学历史系资料室藏。
⑥ 刘伯山主编:《徽州文书》第1辑,第4册,《黟县八都燕川吴氏文书》之《清道光二十三年三月黄凤衔立杜断卖田契》,桂林:广西师范大学出版社,2004年,第329页。

凭中立契出卖与黄素行堂名下为业，在立杜断卖田契时，族长黄元英扮演中见人角色。清道光二十九年(1849)十一月，黟县八都四图金氏族人金大利、金大道，将田产"凭族立批契，尽批与胞叔名下为业"①，在立批田契时，族长金有进扮演中见人角色。清咸丰二年(1852)七月，族人金大达"因自病在床，衣衾棺木无处措办"，"将承祖土名陈林下三间侧屋一堂、后堂楼板一间，并外门口下余地一并在内，凭中立典约出典与本家金国晏兄弟名下为业"②，在立典屋约时，族长金国鑫为中见人。清咸丰四年(1854)十一月，族人金致龙"因日食无度，无处措办"，将祖阄分土名平坦林茶柯山地大小二坂，"凭中立契出卖与亲弟国晏兄弟名下为业"③，在立杜绝卖茶柯山及地契时，族长金国鑫为中见人。清同治四年(1865)正月，黟县四都汪氏族人汪鲍氏，因年老将自己的房产批与汪德起、汪德全二人名下管业，在立分房产约时，族长汪观众为中见人④。清光绪二十九年(1903)三月，黟县五都四图程氏族人程承彪之妻方氏，"因正用无措"，将祖遗阄分田出卖与族叔程承泽名下为业，在立杜断卖田契时，族长程锦然为中见人⑤。

(4)在族人立遗嘱过程中扮演中见人角色

明崇祯十二年(1639)十二月，休宁藤溪王氏族人王邦怀在

---

① 刘伯山主编：《徽州文书》第1辑，第4册，《黟县八都四图金氏文书》之《清道光二十九年十一月金大利等立批田契抄白》，桂林：广西师范大学出版社，2004年，第83页。

② 刘伯山主编：《徽州文书》第1辑，第4册，《黟县八都四图金氏文书》之《清咸丰二年七月金大达等立典屋约》，桂林：广西师范大学出版社，2004年，第88页。

③ 刘伯山主编：《徽州文书》第1辑，第4册，《黟县八都四图金氏文书》之《清咸丰四年十一月金致龙立杜绝卖茶柯山及地契》，桂林：广西师范大学出版社，2004年，第94页。

④ 刘伯山主编：《徽州文书》第1辑，第2册，《黟县四都汪氏文书》之《清同治四年正月汪鲍氏立分房产约》，桂林：广西师范大学出版社，2004年，第268页。

⑤ 刘伯山主编：《徽州文书》第1辑，第3册，《黟县五都四图程氏文书》之《清光绪二十九年三月程承彪之妻方氏立杜断卖田契》，桂林：广西师范大学出版社，2004年，第195~196页。

病笃之际立遗嘱,将属于自己的"房屋地园产土该分之业,俱付托于长兄,抚我遗孤,不致饥寒冻馁。可将产土立一常贮,每年拨二十金,以为妻子衣食之用"①,在立遗嘱时,族长王以明为第一中见人。

(5) 在族人宗祧承继过程中扮演中见人角色

清同治《祁门武溪陈氏宗谱》所载《新编凡例》云:

> 族之中兴衰不一,如无子嗣者,先择亲房之侄继之;如亲房无人,择疏房继之。惟凭族长正人写立继书,以免贪占之弊②。

该族强调族长对于族人宗祧承继的监督。

(6) 契约的秉笔人和契约条款的直接制定者

宗族内部那些失去丈夫、无人赡养、生活贫困的弱势妇女,在迫不得已将丈夫遗留产业捐输给宗族之时,往往邀请族长等宗族领导者予以见证或公证。清同治、光绪年间,徽州叶氏宗族妇女李氏、周氏,在将产业输往本族尊德堂时,即邀请族长叶嘉志、叶天福等参与中见或"嘱笔"。清同治十二年(1873)九月,徽州叶氏宗族妇女叶李氏,"因氏夫灶成即思昭先年弃世,不幸无子",凭族长叶嘉志等将所有祖遗田业输入尊德堂祀会,收租完粮管业。在李氏立捐输字据时,族长叶嘉志担任嘱笔。清光绪二年(1876)三月,该族妇女叶周氏,"因氏夫嘉燊先年弃世,□无亲生子嗣。痛念氏夫二代祖先禋祀无依,氏央族众愿将洋帐二十元输入尊德堂祠内"③。在周氏立捐输字据时,族长叶天福担任嘱笔。此外,又如徽州俞氏族人俞世泽等"因历年钱粮未清,无处措办"④,将其房屋产业立契出典与亲人休宁孙氏名下居住。在立典契时,族长俞翼之为契约秉笔人和该契约两项补充条款的直接制定者。

一般而言,徽州宗族个体家庭或普通族人在分家或进行财

---

① 《邦怀公遗嘱》,《元至正二年至清乾隆二十八年(休宁藤溪)王氏文约契誊录簿》,南京大学历史系资料室藏。
② 同治《祁门武溪陈氏宗谱》卷一《新编凡例》。
③ 《同治拾壹年季春月立叶尊德堂祀簿》,南京大学历史系资料室藏。
④ 《康熙(休宁)孙氏文契簿》,南京大学历史系资料室藏。

产交易时,会邀请本宗族成员,特别是有身份的族长等充当中间人或中见人。徽州个体家庭或单个族人的日常生产生活,在很大程度上是摆脱不了宗族的控制或宗族的影响的。换句话说,上述徽州宗族族人邀请族长出任中见人、中证人、契约秉笔人,其真实意图在于凭借族长的权威以保证所订合同条约的生效。而在发生宗族内部纠纷时,请族长担任证人,同样也是看重族长的权力。因为在他们看来,当发生产权交易、宗祧承继、违禁私卖等纠纷时,作为宗族法人代表与宗族最高领导人的族长,是他们最值得信赖的人,更何况族长的各项权力还受到明清时期封建官府的授权与认可。

6. 宗族内部处罚与惩治权

作为宗族的最高领导人,族长拥有在本族内部处罚与惩治不肖子孙、不法族人的权力。据清乾隆《重修古歙东门许氏宗谱》所收《许氏家规》记载,该族对于族人犯"小过情有可宥者",规定:"莫若执之于祠,祖宗临之,族长正副斥其过而正之,箠楚以加之。"①强调由正副族长予以斥责或惩治。而对于族人的盗窃行为,该族则规定:"其或为梁上君子,族长正副访而治之,不悛者鸣官而抵于法。"②强调由正副族长予以惩治。

在黟县境内,清光绪年间,鹤山李氏宗族所订《家典》强调族人应帮助族内弱势人群,捍卫宗族正义:

> 鳏寡孤独废疾之人,穷而无告,他人遇此犹将恻然矜恤,况在族人其可漠不相关,或更利其孱弱而欺凌之乎!若不幸有之,族长等应正言申斥,不得徇情。倘怙恶不悛,则除暴安良,勿惜余力,庶合上天栽培倾覆之意,与夫养肩背而断一指之义③。

该族强调由族长处置那些欺凌鳏寡孤独废疾等宗族弱势群体的薄情寡义之人。

在绩溪境内,清乾隆《绩溪上川明经胡氏宗谱》所载《家规》

---

① 乾隆《重修古歙东门许氏宗谱》卷八《许氏家规·小过鞭扑》。
② 乾隆《重修古歙东门许氏宗谱》卷八《许氏家规·各治生业》。
③ 民国《黟县鹤山李氏宗谱》卷末《家典》。

之"正嫡庶"条云：

> 倘有宠妾凌妻者，投明族长，当共斥之①。

该族强调对于妻妾嫡庶之名分的遵守，由族长领头斥责宠妾凌妻、违背妻妾名分之人。

清光绪《绩溪仁里程继序堂专续世系谱》所载《家规》云：

> 凡族有不孝者，告诸族长，族长当申明家规而委曲诲导之，再犯则扑之，三犯告诸官而罪之，永屏族外②。

该族强调由族长负责教诲、开导乃至严惩不孝之人。

清光绪《(绩溪)梁安高氏宗谱》所载《家法》指出：

> 悖逆不孝，其罪最大，而父母在又不能逐出，姑从宽由分长、族长捆入祠堂重责，悔悟即已。倘终父母之世曾不悔悟，于其父母没后，即将此子逐出境外，并革去祠胙，生前死后永不归宗③。

该族强调由族长等将悖逆不孝之人"捆入祠堂重责"，实施严厉制裁。

清宣统《(绩溪)仙石周氏宗谱》所载《家法》，对族人的惩处则规定得更加具体。在该族内部，对违反"男女逐出，永不归宗例"的族人，规定"由合族族长、宗长、房长公同告祖，具书犯家法之男女名字于板，钉于祠门边。其人生不得入族居住，死不得进主，不得上谱"；对违反"暂革祠胙，逐出改过，取保归宗例"的族人，规定由"族长、房长公同以纸书革条，书'暂行革胙、逐出祠堂'等字贴祠门旁。如三年改过迁善，依旧归宗。如系行凶者，三年后仍须由亲戚取保约存祠，保其不复行凶，方许归宗"；对违反"笞责跪香例"的族人，规定由"族长或其亲长令跪祠堂祖宗前，用细竹枝把笞其背，伤皮而不伤骨，用竹板恐成杖

---

① 乾隆《绩溪上川明经胡氏宗谱》卷一《明经胡氏家规十二条·正嫡庶》。
② 光绪《绩溪仁里程继序堂专续世系谱》卷首上《家规十则·父母一》。
③ 光绪《(绩溪)梁安高氏宗谱》卷十一《家法·逐出革胙》。

痕或受伤也";对违反"跪香例"的族人,规定由"族长引至祖宗前跪香,教而释之"①。由上可见,在仙石周氏族内,族长是对各类不法族人实施惩处的领头人。

此外,当族人遇到侵害时,也往往寻求族长的保护以及对相关责任人的处罚。清嘉庆年间,黟县五都四图程氏族人程联梯遭到服弟程嘉培诈骗后,投鸣族长等"向逆理论"②。在此,族长充当保护人的角色,成为受害人讨回公道的依靠者。

7. 宗族对外交涉权

族长作为宗族利益的全权代表,负责捍卫宗族的利益,维护宗族内部的社会秩序。当不肖族人不服宗族治理或宗族内部遇到其他处理不了的问题时,往往由族长负责处理对外交涉,"鸣之于官"、"呈公理论"、"呈官究治",出面与官府打交道,以寻求支持。从这个意义上讲,族长是族权与政权联手对宗族成员实施控制的主要代表。在明清徽州宗族社会中,族长往往通过告官惩治或告官寻求保护的方式,捍卫本族的利益和维护本族内部秩序的稳定。

在歙县境内,明洪武年间,东门许氏宗族为了确保祖先膳茔田产的安全,作出规定:

> 设有子孙不贤,妄以字号税亩科征为由,私将膳茔祖产盗卖者,将己棺侵葬祖茔傍地者,族长正副鸣之于官,以盗卖盗葬论罪,仍追回原产,公众起扦,押令改葬③。

该族强调对于盗卖膳茔祖产者,由族长负责送官府惩治。时至清乾隆年间,对于本族内部的"非良民",该族主张由族长"芟夷稂莠以植嘉谷,齐心协力竟送官司,以正国法",并提醒"族长正

---

① 宣统《(绩溪)仙石周氏宗谱》卷二《周氏宗谱家法》。
② 刘伯山主编:《徽州文书》第1辑,第3册,《黟县五都四图程氏文书》之《清嘉庆年间程联梯等控程嘉培案文书(一)》,桂林:广西师范大学出版社,2004年,第29页。
③ 乾隆《重修古歙东门许氏宗谱》卷八,洪武十四年《宗祠标祀膳茔约》。

副宜慎之,毋取讥议"①。

清道光年间,歙县蔚川胡氏宗族所订《规条》之"修坟墓"条规定:

> 坟墓乃祖宗所凭依之域……若支下私伐邱木者,重罚之;侵葬者,倍罚改正。倘恃强不遵,族长呈公理论②。

该族强调对于族人侵害祖坟屡教不改者,由族长出面交给官府处置。

在休宁境内,明成化二年(1466),该县范氏族人范周瑾违反宗族规约,"将伊父丧柩盗葬姚村,及平治风月处士坟茔,抗众不服改正"。以族长范景铭为首的48名族人告府,"蒙准照遗嘱,差人勒令堆砌处士坟茔,及起改伊父丧柩,仍杖徒三年,以警其后"③。时至万历年间,该族又强调:"冢林坟脑皆祖约禁地,惟科贡竖旗外,毋得搭台演戏,污亵祖宗",并规定:"倘后仍有冥顽故违祖约者,族长会众呈官究治。"④

在祁门境内,明天顺年间,武溪陈氏宗族制定的《家谱定规》指出:

> 大族之下岂无争竞,除不遵处外,方许经官明正其罪,无辄便。但犯词讼,许族长呈官⑤。

在黟县境内,五都四图程氏宗族"族祖安葬土名寒坑山,上养荫木",为确保祖墓安全,该族曾"请有示禁,立碑于山",并"加立架牌于祠,以期永保无害"。然不肖支丁程佛根"将族祠加禁木牌打毁,辱骂逞凶"⑥,对宗族利益构成危害。清咸丰六

---

① 乾隆《重修古歙东门许氏宗谱》卷八《许氏家规·送官惩治》。
② 民国《(歙县)蔚川胡氏家谱》卷二,道光二年《规条·修坟墓》。
③ 《成化三年瑶村各祖茔合同禁约》,万历《休宁范氏族谱·谱茔》。
④ 《林塘祖茔冢林禁约》,万历《休宁范氏族谱·谱茔》。
⑤ 同治《祁门武溪陈氏宗谱》卷一,天顺元年《家谱定规》。
⑥ 刘伯山主编:《徽州文书》第1辑,第3册,《黟县五都四图程氏文书》之《清咸丰六年程汝淼等控程佛根案文书(一)》,桂林:广西师范大学出版社,2004年,第73页。

年(1856),该族族长程汝森等为保祖杜害上控官府,请求惩治不肖族人。

作为宗族利益总代表的族长,也被迁居异地的宗族支派视为捍卫自身利益的依赖对象。清康熙年间,翰林院侍读学士查升等原籍休宁、后分迁浙江等地的查氏宗族后人,得知位于休宁北乡黄土岭地方的始祖查文徽墓,于康熙四十五年(1706)被地棍吴公勉勾结不肖族人设立假堆、予以侵害后,集体上书两江总督,请求"宪台恩敕徽州府批行休宁县给示,交族长查康国领文勒石墓左,永禁"。在遇到棍徒不肖流辈侵害时,要求守坟仆"即行通报族主查康国,赴官理治",获得允准。同年七月,徽州府颁布告示即提出:"嗣后敢有无知棍徒侵害查宦坟墓、不遵宪禁者,许即报知查康国,报县严拿审详转解,按律重究,决不宽贷,各宜凛遵。"①当祖坟被侵害时,徽州本土的宗族族长成为外迁族人依赖的对象,由他代为告官惩治,负责与官府交涉,以捍卫宗族的利益。

8. 其他权力

除上述权力外,徽州宗族族长还拥有族内人事决定权。清嘉庆《(歙县)棠樾鲍氏宣忠堂支谱》所载《公议体源户规条》云:

> 督总以宣忠支下司教本祠者管理,如宣忠支下不司祠总,则听族长、文会议金,以宣忠支下贤而能者承管②。

在该族内部,族长决定着宗族重要人事的选任。

而族长在物质分配方面所拥有的超越于一般族人的特权,更是他作为宗族领导者、控制者身份的体现。据清嘉庆《歙县桂溪项氏族谱》记载:

> 元旦拜祖,支丁到祠,与拜者每人给金花饼一双,不拘老幼同。惟族长及九门门长加给饼一双,老人递加。

---

① 民国《黟北查氏族谱》卷上《录休邑五都墓碑奉督宪禁文》。
② 嘉庆《(歙县)棠樾鲍氏宣忠堂支谱》卷十九《义田·公议体源户规条》。

> 春冬二祭,植下支丁陪祭拜毕,每人给祭饼一双,
> 长幼同。族长、九门门长,每祭给猪胙一斤,祭饼一
> 双,执事礼生亦同①。

在该族内部,族长等人在祠堂祭祀后的颁胙、分饼过程中拥有不同于普通族人的特权。

此外,族长的特权还体现在日常生活的具体细节之中。据清雍正《歙县潭渡孝里黄氏族谱》记载:

> 元旦及春秋二祭行礼,照依世数牌序立,不得紊
> 乱僭越,入村时必让族长前行②。

在歙县潭渡黄氏祭祀结束后进村队伍的行列中,也体现出了严格的等级,族长享有前行的特权。

必须指出的是,在宗族族长拥有上述各项权力的时候,若不对他们进行适当的监督与反控制,这些拥有较大权力的宗族领导者也就不可避免地、有时甚至是更加轻而易举地会拥有人治社会中的通病——或滥用职权,或徇私舞弊,或玩忽职守。尽管徽州宗族社会向有为亲者讳、为尊者讳的传统,但这方面的事例仍或明或暗较多地展现在世人的面前。如明末,歙县朱氏宗族族长朱文光,与族人朱廷梓、朱廷桂等三房共祖茔,曾立有合同,不许子孙盗葬。朱文光"恃己为族长不通知,而与子善老径往葬妻"③,利用自身担任族长这一便利滥用职权,私自盗葬后山公共祖坟,引发宗族纷争。

鉴于人治条件下族长制存在的弊端,明清徽州宗族往往在制度设计时,对族长本人设定了一些控制和约束的举措。

在绩溪境内,清光绪《绩溪城西周氏宗谱》所载《祠规》规定:

> 同姓不宗及义子外姻入继者,均不许入祠。如斯
> 文、族长受贿引进,查出一并革出不贷。
> 派丁男妇有忤逆乱伦及犯奸为匪经官者,并卖妻

---

① 嘉庆《歙县桂溪项氏族谱》卷二十二《祠祀·给胙》。
② 雍正《歙县潭渡孝里黄氏族谱》卷六《公议规条》。
③ (明)傅岩:《歙纪》卷九《纪谳语》。

女与人为妾者,即行革出,生死不许入祠。倘有族长、斯文徇情党庇,不即鸣众驱逐者,罚胙五年①。

该族强调对于有"受贿引进"、"徇情党庇"等劣迹的族长予以责罚。

而据清咸丰《绩溪黄氏家庙遗据录》记载,绩溪黄氏宗族内部也拥有类似的定例:

> 城都能干管各近查刷,遇有故丁报知司值,注故于发包丁簿,汇单饬催进主。其生子上丁,照例交丁粮于公匦,斯文收帐,遵式登上牌行丁簿,随入发包丁簿,以换班之年为限期,或生即上丁,或于冬至、春分二祭,或届限期听其自便。惟过期不上,定按例罚,查刷能干倘敢隐瞒,一经访闻,罚跪,对祖焚香一炷,仍着查刷押令补上,倍罚丁银,对祖跪香三炷,以儆疲玩。若斯文、族长、司值徇情互隐,一体罚跪不贷,各宜凛遵②。

族长对及时、动态地掌握宗族人口的真实信息负有重要的监督责任,倘若徇情互隐,要给予相应的惩罚。

该族还规定:

> 轮挨司值,管祠三年,四月初一换班。绍公分下一人,孟生公分下一人,仲生公分下一人。三分每逢挨班,村乡先年冬至前,各分长集议,每分公举殷实老成者一人接管司值,声明斯文、查刷参酌,族长准举分保,立据存匦。倘有侵蚀者,本人责革,族长、斯文、查刷罚胙一年,分保赔偿③。

> 冬至前三日,各派年长者集祠定议,每派举保殷实老成者一人接管司值,声明各分查刷参酌互保,族长准举,斯文书名。倘有侵蚀者,本人责革,斯文、族

---

① 光绪《绩溪城西周氏宗谱》卷首《祠规》。
② 咸丰《绩溪黄氏家庙遗据录》卷一《祠制·胙包额例》。
③ 咸丰《绩溪黄氏家庙遗据录》卷一《祠制·换班规则》。

长、查刷罚胙一年,保人赔偿①。

对于举保司值失误也要连带处罚族长。

上举事例涉及徽州宗族预防族长玩忽职守、滥用职权的反控制措施,这在一定程度上有利于遏制宗族自治中的不利因素,使徽州宗族社会秩序沿着健康有序的轨道惯性推进。

(三)房长

明清时期,在徽州宗族内部,族的下一级组织为房。关于房的称谓,徽州各宗族不尽相同,有"房"、"门"、"支"、"堂"、"分"、"家"等。而房分结构中的首领则有"房长"、"门长"、"支长"、"堂长"、"分长"、"家长"等头衔。这一时期徽州宗族内部的房长,是族长之下宗族领导层的重要成员,根据宗族内部分层管理的制度设计,他们拥有属于自己的权力,对所在房的房众拥有较大的控制力,对所在房乃至宗族的内部管理和运作都发挥着极其重要的作用。

明清时期,徽州宗族内部房长的控制权主要体现在以下方面:

1. 宗族内部行政事务管理控制权

就宗族内部行政事务管理而言,明清时期徽州宗族中的房长在祭祀管理、祠务管理、族谱编纂与管理、族规家法与相关规约的设计与制定、宗祧承继、族人教化、族人处罚等方面拥有程度不等的权力。

(1)祭祀管理

明清徽州宗族视祭祀为族内头等大事,在宗族祭祀管理方面,除了规定族长主持宗族祭祀、掌控与祭祀相关的大权外,宗族内部各房长在祭祀方面也拥有重要的议事权与决策权。清康熙年间,歙县潭渡黄氏宗族内部德庵府君祠下四大房派因存在"冠者渐多,胙渐不敷……更有子姓不肯遍诣各墓展拜,惟于给票之处支领,是其胸中只重斤许猪肉,全无尊祖敬宗之心"的情况,该族决定:

---

① 咸丰《绩溪黄氏家庙遗据录》卷一《祠制·司值知单》。

> 应照依墓所几处,将胙分为几筹,每到一墓给与一筹,方无滥给之弊。但此事须文会、门长并德庵府君之孝子顺孙同为经理,非司年寥寥数人所能整顿也①。

在该族四大房派中,祖墓祭祀流于形式,不少族人只顾及领取些许胙肉而丧失了尊祖敬宗之心,完全走向了宗族制度设计的反面,违背了宗族尊祖敬宗的初始意图。为确保对宗族祭祀的管理与控制,在宗族内部进行制度调整时,各房长参与集体议决并起主导作用,在宗族制度变革时享有重要的议事权与决策权。

(2)祠务管理

祠堂是明清时期徽州宗族内部最重要的物质设施之一,是徽州宗族用以实施族内统治的重要场所,因此,徽州宗族十分重视对祠堂及祠务的管理。在祠务管理方面,徽州宗族强调祠堂管理中的执事人员,一般由宗族集体或各房推举,并实行任期制。在这一过程中,各房房长拥有决策和举荐的权力。据清咸丰《绩溪黄氏家庙遗据录》记载,绩溪黄氏宗族意识到:"祠务纷纷,必须司值。"该族关于司值的推举办法为:

> 今照旧例,长分绍公派下、四分孟仲二公派下各派村乡,照戊子人丁作数品搭分班,各举司值一人,三年一换,届九年轮转②。

并规定由各房房长进行举保:

> 挨班司值,三年一换,每逢来年挨班,先年冬至前,各分长者聚集公议,举保派丁内殷实老成者一人司值祠事③。

该族还规定:

> 轮挨司值,管祠三年,四月初一换班。绍公分下

---

① 雍正《歙县潭渡孝里黄氏族谱》卷六《康熙己亥公立德庵府君祠规·议四门标挂禁未冠及不拜祖者》。
② 咸丰《绩溪黄氏家庙遗据录》卷一《祠制·派丁司值》。
③ 咸丰《绩溪黄氏家庙遗据录》卷一《祠制·分长举保》。

一人,孟生公分下一人,仲生公分下一人。三分每逢挨班,村乡先年冬至前,各分长集议,每分公举殷实老成者一人接管司值①。

(3)族谱编纂与管理

在族谱编纂与管理过程中,明清徽州宗族中的房长拥有一定的主导权。就族谱编纂而言,清嘉庆年间,绩溪城西周氏宗族重新编纂祠谱时,"稽之五房分长、阖族斯文,厘定章程,分为八卷,颁之同族"②。该族内部五大房的房长拥有议事权和相关章程的制定权。

在族谱管理方面,明万历《休宁范氏族谱》所载《给领族谱字号》云:

> 祖宗名讳事迹,皆在谱,子孙万宜宝藏。每年新正,各房长先自稽验,至初三会祭日,带赴统宗祠,祀首会众再验。如损坏及鬻非族者,罪坐不孝。房长、祀首即鸣众,七族即同举,轻则易人收掌,重则闻官追究。祠谱先削其名,仍罚本房银二十两置祭田,示戒③。

该族各房长负责族谱的日常管理,对损坏或私鬻族谱者施以处罚。

明崇祯《(休宁)临溪吴氏族谱》所载《谱规》云:

> 各房收谱务什袭珍藏,每年于标祀团公日,各执赴公所会验。污坏者罚银,损失叶数者罚银,私借他族誊抄者,定以非我族类叱逐之。或有遗弃转鬻者,除叱逐外,众共经官究治,仍坐本房房长子姓押查追出④。

对遗弃转鬻族谱的,该族强调由房长等负责予以追缴。

---

① 咸丰《绩溪黄氏家庙遗据录》卷一《祠制·换班规则》。
② 光绪《绩溪城西周氏宗谱》卷首,嘉庆十年周荣《刻祠谱记》。
③ 万历《休宁范氏族谱·谱考·给领族谱字号》。
④ 崇祯《(休宁)临溪吴氏族谱》卷七《谱规》。

（4）族规家法与相关规约的设计与制定

族规家法是明清时期徽州宗族内部的根本大法，宗族相关规约则是徽州宗族内部极为重要的专门规章。在族规家法与相关规约等宗族制度设计与制定方面，明清时期徽州宗族中的房长拥有一定的主导权。族规家法的制定，如清康熙五十八年（1719），歙县潭渡黄氏宗族五门门长、文会曾公同议定祠规23则①。在该族内部，房长拥有商议制定族规家法的权力。

在宗族相关规约制定方面，明中后期歙县西沙溪汪氏宗族制定祖墓保护规约的经历是一个极为典型的事例。明嘉靖十八年（1539），歙县西沙溪汪氏宗族"七十岁族长广生"及四大房房长"八十一岁门长华隆"、"八十岁门长仲涝"、"八十四岁门长景春"、"七十四岁门长悌"等共七人，为确保祖墓产业安全、加强对祖墓产业的管理而订立了禁约——《先茔便览义约》②。在订立保护祖墓义约时，四大房房长都已是宗族内部年事较高的耆老。时至万历年间，由于守墓旧规屡遭破坏，该族族长又会合各房房长汪大和等人于万历二十二年（1594）制定了祭祀条约——《义约》，对族内祖墓祭祀的相关事宜作了严格的制度规定③。

此外，又如清乾隆年间，歙县桂溪项氏宗族族长及各房房长集体商议制定了大酬功规条：

> 祖制，输银百两以上者，春秋祠祀准祔祭筵一席，此酬功定规也。惟是急公祠墓，不吝囊金，捐逾千两及数千两以上者，业大功隆，已非寻常可比。若循照百两一席则酬之不胜酬，泛而无纪，亦觉非体，且更无以昭特出而崇报享也。乾隆二十一年十一月，会同族长圣立门仲茂、门长上门廷禄、上族门景昭、中门永承、易魁门云从、下门非石、裕公门巷亭、嘉会门斌玉、

---

① 雍正《歙县潭渡孝里黄氏族谱》卷六《康熙己亥公立德庵府君祠规》。
② 道光《新安歙西沙溪汪氏族谱》卷十二，嘉靖十八年《先茔便览义约》。
③ 道光《新安歙西沙溪汪氏族谱》卷十二，万历二十二年《义约》。

均安门友清等在祠集议,特添立大酬功之条①。

(5)宗祧承继

血缘关系是宗族组织得以建立的基础,宗祧承继是宗法制度的核心内容之一。在族内宗祧承继方面,明清时期徽州宗族中的房长拥有主持监督权。例如,清光绪年间,歙县胡昌仁在订立出继长子文书时,所在房房长胡擎光、三房房长胡擎仲受邀起到了主持监督和中证的作用:

> 立出继文书昌仁,兹缘服兄昌辅乏嗣,贸汉病故,亲族合议,挨派承嗣,义不容辞。愿将长子乳名灶进,出继与昌辅嫂名下为己子,听凭使唤、抚养成立、婚配等情。现嫂在汉未归,所有一应门户祠事以及田产屋宇,均归身与胞兄一同管理,抚育成人。如嫂他日回乡,原业归宗。自祧之后,惟愿光大门间,克昌厥后。倘有天寒时气,各安天命,并无翻悔等。恐口无凭,立此出继文书,永远大发。光绪九年九月日立出继文书胡昌仁;凭族长胡兆添、本房长胡擎光、三房长胡擎仲、胞叔胡世金、胞兄胡昌桂、姐丈罗自齐、姐胡氏;代笔胡昌烈②。

(6)族人教化

在教化族人方面,明清徽州宗族中的房长拥有一定的权力。清雍正《歙县潭渡孝里黄氏族谱》所载《家训》之"亲睦"条云:

> 族内有孝子顺孙、义夫节妇,此其人砥德砺行,有关风化甚大。各堂长及斯文会倡众殷勤慰问,使人知所激劝③。

该族各房房长对族人拥有教化权。

---

① 嘉庆《歙县桂溪项氏族谱》卷二十二《祠祀·大酬功议》。
② 安徽省博物馆编:《明清徽州社会经济资料丛编》第1集,《歙县胡昌仁出继长子文书》,北京:中国社会科学出版社,1988年,第577~578页。
③ 雍正《歙县潭渡孝里黄氏族谱》卷四《潭渡孝里黄氏家训·亲睦》。

(7) 族人处罚

明清时期,徽州宗族内部因物质利益等原因而存在一些违法违规越轨的不肖子孙和不法族人。在惩处这些不肖子孙和不法族人方面,明清徽州宗族中的房长拥有程度不等的权力。

据清嘉庆《祁门环溪王履和堂养山会簿》记载,祁门箬溪王氏宗族规定,对触犯族内养山会条规者,由各房长依家法进行处罚:

> 兴山之后,各家秩丁必须谨慎野火。倘有不测,无论故诬,公仝将火路验明。查出,罚银十两,演戏全部。如不遵罚,即令本家房长入祠以家法重责三十板。元旦,祠内停饼十年①。

清道光年间,歙县蔚川胡氏宗族所订《规条》规定:

> 厉色暴言以对父母,及纵妻孥、听妇言、缺甘旨者,族房长论其不孝,责其夫,并惩其妇②。

> 若妇人狮吼,致内外不分,惟家之索,试问其夫安在?有于此者,族房长公治其夫,令治其妻,以端风化,违则削其世系③。

在该族内部,房长对于不孝族人及身为监护人却对悍妇管教不力的男子施以严厉的惩罚。

清光绪《(绩溪)梁安高氏宗谱》所载《家法》云:

> 子妇殴打父母舅姑,乃伦常大变,人所不容,非但逐革已也,分长邻右即行将逆子逆妇送官重治,免生逆案,株连宗族④。

该族房长对本房内有严重越轨行为的族人拥有较大的处罚权。

2. 宗族内部经济生活监督控制权

就宗族内部经济生活监督控制而言,明清时期徽州宗族中

---

① 嘉庆《(祁门)环溪王履和堂养山会簿·条规》,清嘉庆十九年刊本,安徽省图书馆藏。
② 民国《(歙县)蔚川胡氏家谱》卷二,道光二年《规条·孝父母》。
③ 民国《(歙县)蔚川胡氏家谱》卷二,道光二年《规条·正风化》。
④ 光绪《(绩溪)梁安高氏宗谱》卷十一《家法·逐出革胙》。

的房长在族产收支与出卖、族产经营与财务管理、族内物质分配、族人产业交易监督、族内经济纠纷调处等方面拥有程度不等的权力。

(1) 族产收支与出卖

在处置族产如收支与出卖祠产、会产等族内共业时,明清时期徽州宗族中的房长拥有决策权。清康熙年间,歙县潭渡黄氏宗族德庵府君支下各房派在出卖谷麦豆粟时,"集门长、文会于孝子祠公议"①;当宗族需要开支时,必须报知房长批准:

> 本祠粜卖租粒及一应银两……如有应用之项,凭众酌量多寡,同门长、文会开匣称给司年之手支用②。
>
> 本祠屋宇……每逢应修之年,会同文会、门长、司年公同酌估,权其缓急,于匣中支银,交司年之人修理③。

此外,歙县潭渡黄氏对于"进主银两"等相关族产的进项,则规定"司年者会同斯文及各堂堂长公封入匣"④。

据清嘉庆《(歙县)棠樾鲍氏宣忠堂支谱》记载,歙县棠樾鲍氏宗族规定,族内各房长在动支租谷等方面拥有决定权:

> 大厅及祠宇,先人创造维艰,今复重新,光昭遗泽,遇有渗漏及竹椇损坏,务须随时修理,不得膜置,所需工费,司祠、管年会同支长动支租谷,仍将用过细数开载祀簿,以便稽查,但亦不得轻易借名收拾,滥动公项。
>
> 收租什物间有损坏,应须添补,司祠、管年知照支长再行修理,仍将用过银两数目附载祀簿,以便

---

① 雍正《歙县潭渡孝里黄氏族谱》卷六《康熙己亥公立德庵府君祠规·议卖谷麦豆粟》。
② 雍正《歙县潭渡孝里黄氏族谱》卷六《康熙己亥公立德庵府君祠规·议银两归匣》。
③ 雍正《歙县潭渡孝里黄氏族谱》卷六《康熙己亥公立德庵府君祠规·议修祠屋》。
④ 雍正《歙县潭渡孝里黄氏族谱》卷六《公议规条》。

稽查①。

而在宗族产业出卖方面,许多房长亲自参与其间。如清代徽州程氏、叶氏宗族的房长出于各种原因出卖产业就是典型事例:

> 立卖契程崇文支裔房长程君所、廷木、锦章、公五等,为因会中乏用,将本会续置土名苦竹干归字号……共租拾壹秤半,出卖到程处为业,得受时值价九五银拾陆两壹钱。自卖之后,任从管业收谷,册年过税。四至鱼鳞册据并无重复不明等情。恐后无凭,卖契存照。雍正十一年九月日立卖契程崇文支裔程公龄、程君所、程廷木、程锦章、程公五、上年值会程岐宗并代书、本年值会程锦章②。

> 立杜卖大小田叶崇本堂支长叶守心、守郧、守铭,今因公用,合祠支丁议定,愿将公产官字……立契出卖与潘家润名下为业,三面议定得受时值价曹平纹银肆两正。其银当即收足,其业随即过割,眼仝指业管业为规。其税交入买户内支解输粮……光绪三十一年十月日立杜卖大小买田契叶崇本堂支长叶守郧、叶守心、叶守铭;凭中人叶佛发;代书叶少荆③。

(2)族产经营与财务管理

在族产经营和财务管理方面,明清时期徽州宗族中的房长拥有监督控制权。如为防范族人租佃者侵占始迁祖元集公黄墩标挂之赀,清顺治二年(1645),歙县潭渡黄氏宗族八大房的房长重订《黄墩标挂簿》,规定:

> 此后仍立八簿,各门收贮,逐岁定于二月十七日

---

① 嘉庆《(歙县)棠樾鲍氏宣忠堂支谱》卷十七《祀事·值年规例》。
② 张传玺主编:《中国历代契约汇编考释》,下册,北京:北京大学出版社,1995年,第1221页。
③ 转引自刘道胜:《明清徽州宗族关系文书研究》,安徽大学博士学位论文,2006年,第60~61页。

轮流清算,每轮该管不致科贵,而田租子息永有成议①。

该族各房长对祖茔产业的经营管理负有重要责任。

到了清康熙年间,该族德庵府君支下各房房长则加强了对经济方面的审计监督:

> 本祠旧例,每岁于花朝日算帐,腊月初二日刷帐,每次开支日费二钱,俱尽日之力秉公查刷。自此例一废,遂生种种侵蚀之弊,嗣后应并为一次,每岁于二月初一日议谷价之日,齐集文会、门长、上下轮司年,将上年出入钱谷帐目秉公查算,准开支日费四钱,俱要尽日之力查刷,如有虚应故事者,公罚②。

> 租户退屋之时,司年者决非原经手之人,装折遗失,岂能稽查转辗交代,竟有全无窗槅门扇之屋者矣。今会集门长、文会、司年将各处屋宇装折一一点明,登载于祀产簿内,交屋时,司年之人务必照簿点收,如少则勒令赔补③。

在族产经营管理方面,该族各房房长拥有监督权。

据清嘉庆《(歙县)棠樾鲍氏宣忠堂支谱》所收《公议体源户规条》记载,歙县棠樾鲍氏宗族规定,各房房长拥有对宗族义仓经营的监督权:

> 仓谷议以每年二月十五日公祠祭毕,文会、各分长公诣仓所,核簿盘查,倘亏少至一二十石,惟督总及襄事三人是问,数逾三十石之外,则系舞弊。将舞弊之人究出,追谷偿仓,另佥妥人接办④。

---

① 雍正《歙县潭渡孝里黄氏族谱》卷五《重订黄墩标挂簿序》。
② 雍正《歙县潭渡孝里黄氏族谱》卷六《康熙己亥公立德庵府君祠规·议查刷帐目》。
③ 雍正《歙县潭渡孝里黄氏族谱》卷六《康熙己亥公立德庵府君祠规·查点屋宇装折》。
④ 嘉庆《(歙县)棠樾鲍氏宣忠堂支谱》卷十九《义田·公议体源户规条》。

同时，该族还规定各房房长拥有祀产经营管理权：

> 征租办祀设立大簿三本，一本征租，一本粜谷，一本办祀。……此外，另立总簿一本，将逐年征租、粜谷、办祀总数注明于上，公交支长收藏，以备大簿遗失弊窦①。

据清代后期编纂的《歙县虹梁村程氏德卿公匣规条》记载，歙县虹梁村程氏在族内设立了德卿公匣，作为宗族日常财务收支与管理的专门机构。对这一机构的执事人员司匣的日常运营情况，宗族内部各分长（即房长）拥有较大的监督控制权。与其他宗族相比，该族对各房长所拥有的经济方面的监督控制权力规定得极为详细：

> 公事责成司匣，应请各分长公商者，不得延迟。
> 举□公事，经各分长公商估定，归司匣承办。
> 匣内银钱，除坐常支外，再存五十两以备匣用。
> 盈余银两，如坟墓、祠宇、道路、桥梁及一切有光于吾乡公事善事，随时斟酌，请告分长公商举办。
> 匣内房屋，随时修理，费用十两以内，司匣四人主之，十两以外，请各分长公同估定，仍归司匣承办。
> 匣内祀田，设被水冲沙涨及田塍坍塌，随时搬沙修理，费用十两以内，司匣四人主之，十两以外，请各分长公同估定，仍归司匣承办。
> 司匣四人，虽有分司，然皆为典首，如其中有一人舞弊，其三人见知，即当告明大众，公同理论，庶几可告无过。设知而徇私隐蔽，至分长、支众察出，所有亏欠，责在四人摊赔，不得以各守分司为辞。
> 嗣后司匣者倘有亏空等事，分长及支众等即行查核追理。
> 匣内每年秋收给辛水谷一担，务宜小心照应，毋或疏忽。每匣封条四纸，四分长各书一纸。……六月十五日算帐毕，请分长一齐至家验封。

---

① 嘉庆《（歙县）棠樾鲍氏宣忠堂支谱》卷十七《祀事·值年规例》。

现在存行匣所有纸笔并新旧归户,公同检明写列号簿,归于一匣,公交登元公支下尚晧、觐、潞、嘉仪、鼎铭、铨收贮。每年六月十五日,分长同司匣至收贮之家验封。

坟山枯树,于大寒前后,四司匣邀同各分长验讫,然后砍去卖钱归匣。

祭器另立祭器簿,交司祭器者经管,不准私当。如有私当借当等弊,一经察出,公同重罚。忠壮公、文季公玉带两围,四分长公封交司……收藏。每年九月初一日,请四分长验……预为修拾。送阳后一日,即请四分长验明加封,原交司银钱者收。

遇有要事,须开纸笔匣,议定四分长、四司匣及另举四人监督同开,不准多人混杂。

义租除在前已发人名外,嗣后倘有领义租者,须本人先向本支支长言明,察其实应周恤,候六月十五算帐之日,代其向各分长申明,候各分长示司匣登入发义租簿,于其名下注明年月日某人……十五日一体给发。

租谷粜出之日,司匣开支时钱力钱,为请仓福及赏守仓人之费。……请四分正副长八人齐集于司银钱者家,查核租簿,照数结算。将所有卖得谷银公同并兑,每封五十两,零头银另包,一并谨封,标注年月号头。分长书押,交司银钱者收。然后邀各分长八人及四司匣至值年家一同散福,每人三甲酒一壶。扫仓三日,因循不请并封,分长及支众等即当理论,以杜移挪之弊。

存银存钱于算帐日呈出公验,四分长核算总帐现在存有钱若干,存零银若干,应凑坐足本年下半年及次年上半年完粮米、办祭祀,及一切津贴支用之数。当公兑出交与四司匣,即将余存银两无论多寡,四分长重复加封书押,交司银钱者收入银匣。

匣内所有田地山塘屋宇以及杂项租息,俱立有簿。司匣四人尽五月内逐一追讨清讫,收入总帐,不得任其有丝毫挂欠。如有挂欠不清者，分长及支众等即……诘司匦四人何以任其挂欠原由，立即公同分别追理，以杜因循徇私、移挪饰混之弊。

租田为祭祀根本，所有租谷必须年清年款，不得任佃户挂欠。设有挂欠未清者，四司匦务于霜降之前追找清讫，毋得懈怠。倘尽九月不交清者，议定不论支丁外姓，定于十月初一日司匦将欠……的名欠租数目开汇清单，即请各分长到齐公同严追①。

在该族内部，各房长在经济领域中拥有较大的决策权与监督权，各房长对宗族财产及经济活动的有效监管，有利于宗族经济秩序的稳定和宗族日常事务的良性运转。

(3)宗族内部物质分配

在宗族内部进行义租发放等物质分配时，明清时期徽州宗族中的房长拥有监督权。清嘉庆年间，歙县棠樾鲍氏宗族商人鲍志道妻汪氏将自己一生节俭所蓄捐为公产，用于资助族内妇女。在对这份产业的经营管理与义租发放方面，主要依赖鲍氏族内三大房的房长：

税立鲍节俭户，每年租谷归宣忠堂司祠与司年公管，房长稽查。……收租，三大房房长监收，司祠及三大房管年经收，眼同晒干，上宣忠堂仓内，记明簿扇，实贮干谷若干。次年三月二日，司祠与原监收房长暨原经收管年会同当年管年三面开仓，除去当年应完钱粮营米及册书贴头并坐存秋收时交租租酒晒谷工饭收拾收租家伙等项，粜谷易银应用外，余者查询本堂现在愿要此谷女眷名数，均匀分派，订期以三月初二日，风雨不移②。

在该族内部，各房房长成为徽州商人妇实现自己夙愿的主要依赖对象。

然而，在义租分配和发放时，明清徽州宗族对各类救助对

---

① 《歙县虹梁村程氏德卿公匦规条》，清代后期刊本。
② 嘉庆《(歙县)棠樾鲍氏宣忠堂支谱》卷十七《祀事·节俭户田缘由》。

象设置了诸多限制性条件,其中有的宗族规定由各房房长负责审查本房受助族人是否符合接济的条件。例如,清嘉庆年间,歙县桂溪项氏宗族制定了族内义租分配规条,其《分给条规》的最后部分云:

    计开今查明:门　世　某人　现年　岁;门　世某妻　氏现年　岁　年守志;门　世　某子名　现年　岁　年　月生。嘉庆　年　月　门长某　亲房某　公同查开①。

在该族内部,主要由各房房长负责审查族人的受助资格。

(4)族人产业交易监督

在普通族人分家析产、捐输产业、出典产业、出卖产业时,房长往往受邀扮演中见人、中证人、主持人的角色,对产业交易起到一定的监督作用。明崇祯六年(1633),徽州张氏族人张阿汪与其七个儿子分家,在立阄分田产阄单时,所在房的房长张法郎为第一中见人②。清光绪五年(1879),徽州叶氏宗族妇女叶江氏,"缘氏夫思锡续置之田一坵,坐落祠堂东首,计租十二砠正。候氏终寿,归与尊德堂祠内管业",在江氏立捐输字据时,房长叶灶雄为中证人之一③。清光绪二十九年(1903)十月,黟县胡氏族人胡余氏,"因七十余岁抱病在榻,凭中祖遗□友名下茶柯坦一处",出典与族人胡庆贵名下为业,在立典契时,房长胡名誉为第一中见人④。清咸丰四年(1854)六月,黟县查村江氏族人江元全,因急用无措将自己的房屋凭中出典与兄江锦

---

 ① 嘉庆《歙县桂溪项氏族谱》卷二十二《义田·分给条规》。
 ② 王钰欣、周绍泉主编:《徽州千年契约文书》(宋元明编)卷四,《崇祯六年张阿汪七子分家单》,石家庄:花山文艺出版社,1991年,第344页。
 ③ 《同治拾壹年季春月立叶尊德堂祀簿》,南京大学历史系资料室藏。
 ④ 刘伯山主编:《徽州文书》第1辑,第1册,《黟县二都四图胡氏文书》之《清光绪二十九年十月胡余氏立典茶柯等约》,桂林:广西师范大学出版社,2004年,第401页。

荣名下为业,在立典约时,房长江观恺为第一中见人①。后来江元全将上述房产出卖给江锦荣,在立卖契时,房长江观恺仍为第一中见人②。同年六月,江元全又将承父阄分屋一角扒入江锦荣名下输纳边粮,在立扒单时,依然由房长江观恺充当第一中见人③。

(5)族内经济纠纷调处

在族内发生经济纠纷时,明清时期徽州宗族中的房长拥有调处权。清道光年间歙县蔚川胡氏宗族所订《规条》规定:

> 或有因财产争论,族房长及公直贤能者力为处分,勿使擅自告官,以全宗族恩义④。

> 兄弟既翕,则妯娌相观而化。如争钱谷,纵长舌牝鸡之鸣,族房长先论其不友不恭,而后正其曲直⑤。

在该族内部,强调房长对族内经济纠纷拥有调处权。

3.宗族对外交涉权

明清时期徽州宗族中的房长所拥有的对外交涉权,主要是指与异姓宗族交涉的权力,或与官府打交道的权力。如据清代后期编纂的《歙县虹梁村程氏德卿公匦规条》记载,歙县虹梁村程氏族内各房长拥有"呈官究治"的权力:

> 嗣后司匦者倘有亏空等事,分长及支众等即行查核追理。如亏空银钱,追偿银钱,不得援前隐弊,以屋宇山地作抵。如恃强硬抵,即以欺祖论。公同呈官究

---

① 刘伯山主编:《徽州文书》第1辑,第2册,《黟县二都查村江氏文书》之《清咸丰四年六月江元全立杜断典屋约》,桂林:广西师范大学出版社,2004年,第55页。

② 刘伯山主编:《徽州文书》第1辑,第4册,《黟县八都四图金氏文书》之《清咸丰四年六月江元全立杜断卖屋契》,桂林:广西师范大学出版社,2004年,第92页。

③ 刘伯山主编:《徽州文书》第1辑,第2册,《黟县二都查村江氏文书》之《清咸丰四年六月江元全立扒单》,桂林:广西师范大学出版社,2004年,第56页。

④ 民国《(歙县)蔚川胡氏家谱》卷二,道光二年《规条·睦宗族》。

⑤ 民国《(歙县)蔚川胡氏家谱》卷二,道光二年《规条·友兄弟》。

治,断不宽容①。

此处所谓"呈官究治",即是指徽州宗族中的房长主动与官府打交道,以寻求官府对不肖族人的惩治。

4. 其他权力

与其在族内拥有的身份和地位相一致,明清时期徽州宗族中的房长在物质分配方面也拥有超越一般族人的特权,这种特权是房长自身所拥有的权力的折射和反映。据清雍正《歙县潭渡孝里黄氏族谱》记载,歙县潭渡黄氏宗族的颁胙制度规定:

> 祭时惟斯文、头首、堂长及各派远来族人,于会心处照例用饭,其余族众不能一概供给②。

据清嘉庆《(歙县)棠樾鲍氏宣忠堂支谱》记载,歙县棠樾鲍氏宗族的颁胙制度规定:

> 支长:猪胙二斤、炙弗三个、寿桃一双。主祭、司祠、管年:胙与支长同。礼生、年至七十老人、与祭文会、与祭冠丁、与祭幼丁、祠役等人,依次递减。
>
> 祭品内祭羊一口及祭品所余,均归支长、主祭、礼生、司祠、管年分散③。

在上述两个徽州宗族内,与一般族人相比,房长在颁胙数量上占有一定的优势。

据清代后期编纂的《歙县虹梁村程氏德卿公匦规条》记载,歙县虹梁村程氏宗族在颁胙制度方面规定:

> 清明标祀,到墓支丁给胙筹领取折胙钱。所有祭仪,四分正副长八人,司匦四人,礼生十人,共二十二人散④。

在该族内部,各房房长等管理者拥有分配祭仪的权力。

客观地说,上述颁胙制度方面各房长所享有的优势权力,

---

① 《歙县虹梁村程氏德卿公匦规条》。
② 雍正《歙县潭渡孝里黄氏族谱》卷六《公议规条》。
③ 嘉庆《(歙县)棠樾鲍氏宣忠堂支谱》卷十七《祀事·值年规例》。
④ 《歙县虹梁村程氏德卿公匦规条》。

在某种程度上既体现为一种经济特权,也是一种对他们从事宗族日常事务管理的酬劳,其中奖励和荣誉的成分是十分明显的。

值得注意的是,房长是宗族内部处于族长之下一个层级的管理层的首领,由于房长主要负责管理所在房的房众,倘若管理、控制不力,房长就要受到适当的责罚。明万历《休宁范氏族谱》所载《统宗祠规》,对于族人的职业控制较为严格,要求族人选择士农工商为职业,并由房长负责监督:

> 士农工商,所业虽不同,皆是本职。……士者则须先德行,次文艺,切勿因读书识字,舞弄文法,颠倒是非,造歌谣,匿名帖。生员举监不得出入公门,有玷行止。仕宦不得以贿败官,贻辱祖宗。真有富贵不能淫、贫贱不能移、威武不能屈的造诣,方是丈夫。农者不得窃田水,纵牲口,作贼欺,赖佃租。工者不得作淫巧,售散伪器什。商者不得纨袴冶游,酒色荡费。亦不得越四民之外,为僧道,为胥隶,为优戏,为椎埋屠宰等件。犯者,即系故违祖训,罪坐房长①。

明崇祯年间,休宁古林黄氏族人黄文明所订《祠规》之"职业当勤"条云:

> 末世,四民之外又有逸为僧道、为胥隶,甚且为椎埋优娼下贱等辈,一有犯者即以显背祖训之罪罪之,并责坐房长②。

据清嘉庆《祁门环溪王履和堂养山会簿》记载,祁门箬溪王氏宗族养山会条规有以下规定:

> 妇女失火,照例减半,咎归夫子,如无夫与子,咎归房长,公同处罚③。

徽州宗族上述"罪坐房长"、"责坐房长"、"咎归房长"的规

---

① 万历《休宁范氏族谱·谱祠·统宗祠规·职业当勤》。
② 乾隆《休宁古林黄氏重修族谱》卷首下《祠规·职业当勤》。
③ 嘉庆《(祁门)环溪王履和堂养山会簿·条规》。

定表明，倘若房长在本房内部成员的职业选择、妇女教育等一些重大问题上疏于管理、发生闪失，他们是要负一定的连带责任的。其实质也是为防止房长等宗族管理层的首领利用职权，或徇私舞弊，或玩忽职守，而对他们进行的一种约束与反控制。对过失房长等宗族领导层成员的惩戒，在一定程度上有助于遏制明清时期徽州宗族自治中的不利因素，使徽州宗族继续沿着稳定有序的轨道发展。

（四）执事人员

明清时期，由于一些徽州宗族的人口规模较为庞大、内部事务较为繁杂，因而除了设立族长、房长进行内部事务管理外，还在宗族内部设置祠首、祠长、祠董、司值、头首、能干、查刷、祠差、与祭礼生等名目繁多的执事人员，由他们协助处理宗族内部一些特定领域中的具体事务。如据清光绪《绩溪县南关许余氏惇叙堂宗谱》所载《惇叙堂家政》之"理财之人"条云："一族虽以族长为主，而理财必由合族公举正直精明之人为祠董，或加一二人副之，以司出纳。"①由于这些执事人员的人数相对较多，责任较为重大，因此他们已成为徽州宗族内部一个重要的阶层。对于一般族人而言，在某些特定领域中，这些具体执事人员拥有一定的操纵权和控制权，实际上已成为控制的实施者。由于祠堂是明清时期徽州宗族实施管理与控制的中心，宗族事务往往多围绕或集中于祠堂，因而上述执事人员一般多为祠堂具体事务的管理者与实施者，如祠首、祠长、祠董、祠差等称谓即是最典型的体现。

在徽州，祠堂管理等执事人员一般由宗族集体或各房进行推举，并实行定期责任制，即执事人员有一定的任期，期满予以更替。据清咸丰《绩溪黄氏家庙遗据录》记载，绩溪黄氏宗族对于总理祠事人员——能干的产生办法为：

> 一切祠事，每班内或拈阄或公举总理三人，注名

---

① 光绪《绩溪县南关许余氏惇叙堂宗谱》卷八《惇叙堂家政·理财之人》。

于值年牌上,三年一换,逢换之年,春分日交递,周而复始,轮换班者务各尽心竭力,方无愧能干之名①。

至晚清时期,在徽州某些宗族内部甚至出现模仿国家选举法,由全体族人投票公举,按照得票数多少决定人选的现象。如清宣统《(绩溪)华阳邵氏宗谱》所载《新增祠规》云:

> 本祠首事人等,宜仿国家新定选举法,由族众投票公举,以得票多寡为去取准绳。一经选定,不得推诿,一年一次,善则留任,不善则不举。如肯任劳怨而公直者,谓之善;如毫无建白而诡谲者,谓之不善②。

对于祠首等执事人员的人选选择范围,有的宗族规定得较为宽松。如清光绪《绩溪城西周氏宗谱》所载《祠规》云:

> 每年祠首,议定年逢四十岁者,无论斯文派丁,一仝协力承办③。

对于执事人员,徽州宗族还根据其所承担的具体事务提出了具体的素质或身份要求。据清光绪《绩溪县南关许余氏惇叙堂宗谱》所收《宗祠规约》记载,绩溪南关许余氏宗族对祠差提出了"本分伶俐、勤于行动、善于言语、毋谮唆多事"等素质方面的要求:

> 凡派丁入祠品理及一切犯家训家法者,必须传唤其人入祠,而传唤之人受祠董差往,谓为祠差。与衙门差役贱为皂隶者不同,必选一二人充当,要本分伶俐、勤于行动、善于言语、毋谮唆多事④。

而该族对与祭礼生则提出了具体的身份条件:

> 凡春分、冬至祭祖,与祭礼生必有顶戴,文武荫袭以外,必真正捐纳功名,如孔生介宾、乡约功牌,必其

---

① 咸丰《绩溪黄氏家庙遗据录》卷一《祠制·能干查刷》。
② 宣统《(绩溪)华阳邵氏宗谱》卷首《新增祠规》。
③ 光绪《绩溪城西周氏宗谱》卷首《祠规》。
④ 光绪《绩溪县南关许余氏惇叙堂宗谱》卷十《宗祠规约·选充祠差》。

人品行端方、名望素著者乃得与祭。若猥琐陋鄙邪僻
之徒,适足玷辱宗祠,贻笑外人,概不准与祭①。

由于知识精英阶层掌握着祭祀仪式的控制权,因而对与祭礼生的身份要求也极为严格。

对于执事人员,徽州宗族一般要求他们能够做到尽心尽责,胜任自己的工作。据清咸丰《绩溪黄氏家庙遗据录》记载:

事仪经管各有责任,肩斯任者当敬重焉。若管
匦、若举保、若查刷、若司值,三年交递,仔肩何事,务
期虔心克己,作为勤慎,一切秉公称职,始可谓能胜其
任矣②。

该族对承担管匦、举保、查刷、司值等任务的执事人员提出了"虔心克己"、"作为勤慎"、"秉公称职"、"能胜其任"等素质要求。

清宣统《(绩溪)华阳邵氏宗谱》所载《新增祠规》云:

其被选者只论公正,不论有无功名,选人者必平
日省事正派,方准列名投票,以防弊端。至被大众留
任至五年之久者,其为正直勤劳可知,应列入纪善籍,
以表劳勋,异日修谱当立传以表章之③。

该族对宗祠首事人等提出了"正直勤劳"、为宗族公正办事等要求。

在明清徽州宗族中,各种名目的执事人员主要拥有宗族祭祀、财务管理等方面的控制权。晚清时期,在绩溪盘川王氏宗族内部,祠堂管理者包括经理、头首等具体执事人员:

经理四人,由族中公举之。管钱一人,由经理四人中择
一身家殷实者充之;司账一人,由经理四人中择一公直勤慎者
充之;头首四人,每年排年长者充之④。

---

① 光绪《绩溪县南关许余氏惇叙堂宗谱》卷十《宗祠规约·与祭礼生》。
② 咸丰《绩溪黄氏家庙遗据录》卷一《祠制·肩任事仪》。
③ 宣统《(绩溪)华阳邵氏宗谱》卷首《新增祠规》。
④ 民国《绩溪盘川王氏宗谱》卷五《管祠规则》。

根据《管祠规则》的规定，由经理、头首等人负责管钱、司账等宗族祠堂的财务管理。

为了防止徇私舞弊，盘川王氏还强调对财务的集体管理：

> 银钱账目不准一人独揽，以杜弊端。每年与经理、头首结账时，务须将公项存数、两季租数以及各项出纳逐细开列，以示共知。如有故意舛错、希图侵蚀亏空者，一经查出，照三倍议罚，另举公直者接理。如或经理、头首知情容隐，一体示罚。倘恃顽不服，照侵蚀公项例革儆①。

该族的《管祠规则》还规定，由值年头首负责祠堂祭祀、清明上坟标挂、收租、晒谷等具体事务：

> 值年头首，每逢祭期前一日打扫祠堂，铺设祭器。清明上坟标挂以及收租、复晒一切杂务，均须勤慎将事。至结账之日，亦须到祠眼同结算，稽查弊窦，慎无徇情容隐，致干例罚②。

而绩溪明经胡氏龙井派宗族的祠首所拥有的权力则更大，涉及祠堂中较多事务的管理。该族《祠规》规定：

> 祠之废兴系于祠首，非人则害大，日久亦弊生。爰酌管祠定例，斯文分班轮流交代时，各项器用俱照清单点付，如有失落散坏，责令赔补修整。其逐年收租粜谷一切费用账目，接管人面同算明登账，然后投匦封贮。管匦、管钥、管封、管印各任其事，无得通情凑便。事不称职，犯者罚银一两。有怀私者，查明攻出，仍揭书祠壁，黜革不许入祠。至族内间有口角，或请调和，必须直道而行，照依祠规赏罚。如有强梗，呈官究治。大要修祠宇、省坟墓、核产业、勤算租、整祭器、明用度，遵前人所已行，发前人所未发，毋贪利徇

---

① 民国《绩溪盘川王氏宗谱》卷五《管祠规则》。
② 民国《绩溪盘川王氏宗谱》卷五《管祠规则》。

情,毋畏势凌弱,则勤足办事,公足服人,而祠赖以兴矣①。

除了一些杂事,祠首还拥有族内纠纷调处等权力。因而该族更加强调祠首的素质,及对他们徇私舞弊的责罚与惩治。

除了上述权力外,一些徽州宗族的执事人员还拥有祭祀物品的分配权。如清乾隆《休宁古林黄氏重修族谱》所载新订《祠规》之"给祭胙"条指出:

> 祭祖所用猪羊,除元旦八桌桌面胙俱有主祭、陪祭、分献、执爵等支丁领去外,清明、冬至桌面胙仍余什之四五,尽听祠长分给。其羊胙在元旦亦听祠长分给②。

在徽州,族、房长虽拥有总管一族或一房事务的权力,但宗族内部更多的日常事务则交由执事人员处理,在许多情况下族、房长自己并不直接参与。为了加强对这些拥有较大权力的执事人员的监控,徽州宗族一般实行相互牵制、相互监督的集体管理体制。如据清咸丰《绩溪黄氏家庙遗据录》记载,在绩溪黄氏宗族内部:

> 祠旧公匣涣无纲纪,流传既久,遗失难稽。今设三匣,编名致、中、和,立簿挂号,有纲有纪。斯文轮管,易于查检。其契据、老簿藏于致字号公匣。斯文、族长、能干、司值各一封条,书押封锁,遇有重大公事,集众折[拆]封。检阅毕,仍即归匣封锁。若是细故,不准开封③。

该族规定由斯文、族长、能干、司值等对祠堂管理进行集体监督。

该族还特别强调发挥能干的查刷功能:

---

① 民国《(绩溪)明经胡氏龙井派宗谱》卷首《明经胡氏龙井派祠规·职守四条·训祠首》。
② 乾隆《休宁古林黄氏重修族谱》卷首下《祠规·给祭胙》。
③ 咸丰《绩溪黄氏家庙遗据录》卷一《祠制·斯文管匣》。

> 收租办祭,固属司值肩任,而所收之租与所办之祭,若无查刷,恐其有误。致于各村派丁,或生或故,附近不查,远派尤属难稽。但老能干已成古人,理宜安享祭祀,而新能干名虽登龛,其人现在者多祠事谙练,即故者之子孙,耳闻目见,亦熟识祠事。其查刷之任,义毋容辞。是以甲午①集众公议,仍着戊子②能干四十八人递年专管,就近查刷。上丁进主,所有远近品搭,三班挨班查刷③。

按照该族祠制的相关规定,强调由能干对祠堂相关事务进行日常监察,并形成制度化。

清光绪《绩溪城西周氏宗谱》所载《祠规》云:

> 司值查察,每年轮派斯文八人,及能干内公举两人,经管祠务,稽查盘算。倘遇有不公不法事件,及刁佃负租,俱系十人经公理论,毋得推诿④。

该族强调,在族内设立司值以负责"经管祠务,稽查盘算"。该族还规定:

> 祠首收租,议定在祠公处,不得私收入家。谷麦贮存祠内,其租谷每百斤折干谷八十斤,麦每斗折甏麦十升半,豆每十升折干豆八升,俱于办祭时照时价出支,不得多收报少,少支报多。着令司值随时查核,如祠首有此情弊,即时鸣众,将侵蚀之项照数追出公罚,永不给胙。司值或徇情庇护,查出罚胙三年。每于四月初一日,司值、头首邀同族长、斯文诣祠开报,新年四十岁头首,并派新班司值,公仝核算,除办祭上粮,仍剩若干,司值即时登记,将项银封贮公匣置产,毋许派丁挪借。违者,议罚经手之人纹银五两,即令

---

① 即道光十四年,1834年。
② 即道光八年,1828年。
③ 咸丰《绩溪黄氏家庙遗据录》卷一《祠制·能干查刷》。
④ 光绪《绩溪城西周氏宗谱》卷首《祠规》。

将借项追出，一同交匦，断不徇情①。

在城西周氏宗族内部，司值对祠首等祠堂管理者进行稽查、审计，司值与祠首在遇到重大事务时要向族长汇报或会同族长、斯文一道办理。这样就在宗族内部形成了一种由祠首、司值、族长、斯文等构成的既有明确分工又有相互监督的祠堂管理运作机制。

此外，值得指出的是，明代，徽州某些宗族还受封建政权推行乡约的影响，在族内设置宗族约正副、宗正副、祠正副、宗长副等执事人员以管理宗族事务和控制族人。这是徽州宗族在特定时期、特定环境下的权宜举措。在遇到重大事务时，上述宗族约正副等执事人员要向族长和其他宗族精英人士汇报，受到族长等宗族权威的节制。

1. 宗族约正副

据明隆庆年间编纂的《(祁门)文堂乡约家法》记载，祁门文堂陈氏宗族根据地方官推行乡约的精神，在本族内部设立宗族约正副、家户约正副②以控制、约束族人：

> 各户立定户长以为会宗，以主各户事故。或会宗多有年高难任事者，择年稍长有行检者为约正，又次年壮贤能者为约副，相与权宜议事。在约正副，既为众所推举，则虽无一命之尊，而有帅人之责③。

其中，赋予约正副以"帅人之责"是该族实施族内控制的重要途径之一。

祁门文堂陈氏宗族内部的约正副对族人的控制作用主要体现在以下方面：

在遇到事关族人切身利益或宗族伦常纲纪时，该族强调约正副的集体议决和裁判作用：

> 间有利害切己或事系纲纪所当禀众者，俟讲约毕，本人出席，北面拱立，从容陈说，毋许躁暴喧嚷。

---

① 光绪《绩溪城西周氏宗谱》卷首《祠规》。
② 即"本家约正副"、"本户约正副"。
③ 隆庆《(祁门)文堂乡约家法·文堂陈氏乡约》。

礼毕后,在随托约正副议处。处讫,俟再会日,约正副以所处事白于众,通知①。

在遇到族人忤逆、违背宗族伦理时,该族强调族内各位约正副的教化、惩戒作用:

> 为子孙有忤犯其父母、祖父母者,有缺其奉养者,有怨詈者,本家约正副会同诸约正副,正言谕之。不悛,即书于纪恶簿,生则不许入会,死则不许入祠②。

在遇到各户族人发生纠纷时,该族强调宗族内部本家户约正副及众约正副的调解作用:

> 各户或有争竞事故,先须投明本户约正副理论。如不听,然后具投众约正副,秉公和释,不得辄讼公庭,伤和破家③。

在因宗族妇女或本族出嫁女子非正常死亡而卷入与联姻宗族的纠纷之中时,该族强调约正副的对外交涉作用:

> 妇人有骄纵动以自缢、投水唬人致死者,置弗问。如母家以非理索骗,约正副直之。实受屈致死者,与之义处。其女子出嫁有受屈致死者,约正副亦与义处。如以不才唬挟死者,置弗问④。

在族中子弟傲慢不逊、凌犯尊长时,该族强调约正副对相关子弟的控制与惩戒:

> 子弟凡遇长上,必整肃衣冠,接遇以礼,毋得苟简土揖而已。间有傲慢不逊、凌犯长上者,本家约正副理谕之。不悛,告诸约正副正之。不悛,书于纪过簿,终身不许入会⑤。

---

① 隆庆《(祁门)文堂乡约家法·会诫》。
② 隆庆《(祁门)文堂乡约家法·文堂陈氏乡约》。
③ 隆庆《(祁门)文堂乡约家法·文堂陈氏乡约》。
④ 隆庆《(祁门)文堂乡约家法·文堂陈氏乡约》。
⑤ 隆庆《(祁门)文堂乡约家法·文堂陈氏乡约》。

此外,该族还强调约正副为了达到公正调处的目的,应具备"公心直道"、办事公正、以宗族利益为重等品质,以及不拘时限随时处理宗族事务的敬业精神:

> 约正副凡遇约中有某事,不拘常期,相率赴祠堂议处。务在公心直道,得其曲直①。

据清康熙年间编纂的《歙县汪氏崇本祠条规》记载,在歙县汪氏宗族内部,也曾设立宗族约正副以管理族务、控制族人:

> 本族倘有不得已公事,必致呈公,乡约正副、尊长并文会,秉公呈治,不得徇私推诿②。

2. 宗正副

据明代编纂的《(休宁)商山吴氏宗法规条》记载,明代,休宁商山吴氏曾在本族内部设立宗正副,由"支内每房推选一人为宗正副"看,该族宗正副由多位族人组成。该族规定:

> 须会族众公同推举制行端方、立心平直者四人,四支内每房推选一人为宗正副,总理一族之事。遇有正事议论,首家邀请宗正副裁酌,如有大故难处之事,会同概族品官、举监生员、各房尊长,虚心明审,以警人心,以肃宗法③。

由多位族人构成的宗正副集体,拥有"总理一族之事"的权力。该族的宗正副在处理宗族具体事务方面拥有较大的控制权与裁判权,但在遇到"大故难处之事"时,则要会同族内品官、举监生员、各房尊长一起处理。

休宁商山吴氏宗族内部宗正副的管理与控制作用主要体现在以下方面:

在宗族教化方面,该族强调宗正副对宗族子弟中"孝子顺孙、义夫节妇、名宦功德及尚义为善者"的劝导与表彰:

> 凡有孝子顺孙、义夫节妇、名宦功德及尚义为善

---

① 隆庆《(祁门)文堂乡约家法·文堂陈氏乡约》。
② 康熙《歙县汪氏崇本祠条规》。
③ 明《(休宁)商山吴氏宗法规条》。

者,宗正副约会族众告祠,动支银一两备办花红鼓乐,行奖劝礼,即题名于祠。甚堪奏请表扬者,合族共力举之①。

该族还十分强调宗正副的劝善惩恶作用:

> 族中家事殷富者,固自己勤力所致,实祖宗积德而发。若能施仁仗义、扶贤助能、解纷息争、赒贫给匮,不为怙昵之态而且光大之志,不为一身之谋而有举族之虑,此皆上念祖宗笃厚之意,下体宗族一本之思,诚尊祖敬宗之辈、孝子慈孙之流也。宗正副毋没善泯行,须扬表而旌异之,以示劝。如有为富不仁、损人利己、害众成家、嫉贤妒能、酝酿祸胎、起灭词讼,闻人之衅喜[幸]灾乐祸,陷人之阱阴设阳施,此皆刻薄存心,酖毒造意,悖逆祖宗,欺蔑族类,诚一乡之大蠹、百世之罪人也。宗正副无畏势阿纵,须举首而明正之,以示惩②。

在宗族社会秩序方面,该族强调宗正副须对族内"恶人"予以惩罚,弘扬宗族正义:

> 若富欺贫、强凌弱、众暴寡、邪害正,此皆欺蔑祖宗、败坏风俗之辈。各支倘有此等恶人,虽被害者懦弱,不能申诉,各宗正副不许容隐,即当代为陈禀始祖之前,悉听宗正副据理剖断,毋纵毋枉③。

在宗族义举方面,该族强调宗正副对族内"设法阴坏者"的惩罚:

> 族中凡有义举,众当协力赞襄,其有设法阴坏者,宗正副即会族众昭告始祖前,量情轻重责罚,以警其余④。

---

① 明《(休宁)商山吴氏宗法规条》。
② 明《(休宁)商山吴氏宗法规条》。
③ 明《(休宁)商山吴氏宗法规条》。
④ 明《(休宁)商山吴氏宗法规条》。

在宗族祖坟保护方面,该族强调宗正副对不肖子孙的惩治:

> 凡各支祖坟,倘有不肖子孙盗卖及有富豪谋买,或恃强侵葬,甚至斩棺裁脉、紊乱昭穆者,此皆欺蔑祖宗之徒。倘有此犯,宗正副据实呈治,以不孝论①。

在宗族社会问题处理方面,该族强调对族中轿扛棍徒等无赖分子进行严惩:

> 族中或有一等棍徒,名为轿扛,引诱各家骄纵败子,酗酒习优,宿娼赌博,不顾俯仰,必致倾家破产丧身而后已。此等恶俗尤为可恨,宗正副约会族长,呈官惩治②。

在宗族妇女控制方面,该族强调宗正副对族内悍妇的惩罚:

> 各支妇女,如有抵触翁姑、夫妇反目、妯娌戕伤、朝夕詈骂、不守闺阃礼法者,诚为悍妇。若不痛加禁治,必致仿效成风。初犯,责罚夫男,再犯,宗正副会族众登门斥辱本妇,改过则已③。

并主张对一味"专信巫妇"的妇女予以责罚:

> 族中妇女无知,专信巫妇,妄言祸福,扇惑人心,假以祈祷,哄骗财物,深为可恶。今后倘有此等,各宗正副查报宗正,即追巫妇所骗财物,仍重罚本妇、夫男,俱各入祠公用④。

在宗族佃仆控制方面,该族强调宗正副对族内不法佃仆的控制和惩罚:

> 近来各乡巨室之仆,每每侵渔致富、赎身出屋、越

---

① 明《(休宁)商山吴氏宗法规条》。
② 明《(休宁)商山吴氏宗法规条》。
③ 明《(休宁)商山吴氏宗法规条》。
④ 明《(休宁)商山吴氏宗法规条》。

礼犯分、抗僭无比,自今即当预为之防。倘有此等,宗正副访出,将赎身之物追入祠中公用,仍拘原仆听宗正责罚。或有豪奴凶恶,抗忤主辈,有伤大体,宗正副即行拘入祠中,从重责罚①。

3. 祠正副

据明万历《萧江全谱》记载,明代,婺源萧江氏宗族内部曾设立祠正副以管理与控制族人。在该族第25世孙、钦差总督漕运、都察院右都御史兼户部右侍郎江一麟所撰《祠规》中,全面强调和突出了祠正副对宗族事务的管理作用。

在"尊祠宇"条中,指出:

祠正副等宜严加锁固,时勤省视,不得纵人游宴演戏污坏。稍有罅漏,即行动支祠银修葺,仍严行捕访,毋容不肖子弟辉石损无。有犯,责令修理,重罚父兄,以昭惩戒②。

该族强调祠正副在祠堂管理方面发挥的积极作用,对于"游宴演戏污坏"祠堂的不肖子弟及其父兄实施制裁,加以惩罚。

在"守坟墓"条中,指出:

坟墓为本根之地,子孙枝叶荣瘁所系,我族人于各祖墓,宜岁时亲身展省。来龙水口向山有庇木处,严禁樵采,密访侵犯,有附祖者须预启祠正副,果于坟禁无妨,方许安葬,不得妄听邪术,侵犯祖灵。祭扫仪制,自告虔如礼,不宜苟且塞责取罚。其本村来龙水口等山,亦不许樵采挖土破坏,致伤基图命脉。如犯,祠正副重加责罚,毋少徇情③。

该族强调祠正副在宗族祖坟管理方面发挥的积极作用,对于那些违禁违规樵采侵犯祖坟及村落"来龙水口等山"的族人"重加责罚",实施制裁。

---

① 明《(休宁)商山吴氏宗法规条》。
② 万历《萧江全谱》信集《附录》五卷《贞教第七》。
③ 万历《萧江全谱》信集《附录》五卷《贞教第七》。

第一章　明清徽州宗族内部的控制结构与控制实施主体　097

在"厚风俗"条中,指出:

> 如有怙恶拐骗偷盗等情,已获真赃正犯,轻则祠正副议加责罚,重则请其门尊令自引决,仍削本枝,不许入祠。如有孝子顺孙、义夫节妇,祠正副会同斯文上请旌表,奉主入祠附祭,以昭劝奖①。

该族强调,祠正副对于族内拐骗偷盗之人实施制裁和惩罚,对于族内"孝子顺孙、义夫节妇"等善人则向官府申请表彰,以示劝奖。

在"育人才"条中,指出:

> 族中子弟天资颖异,富者自行择师造就,贫者祠正副于祭内量贴灯油。四季会考,敦请科第者主其事,以次给赏纸笔,以示劝勉。其费皆动支祠银②。

该族强调祠正副在振兴宗族教育、培育人才方面所发挥的管理作用。

在"时供赋"条中,指出:

> 宗祠江光裕户一应粮差,祠正副要行依期解纳③。

该族强调祠正副在宗族按时征缴国税方面所发挥的积极作用。

在"谨财用"条中,指出:

> 吾族各处岁入田租,及前溪渡银,并一应公著公堂等项,祠正副公同出纳,订注簿籍,听从族众查考。祠正一司钥,一司匣,不得兼摄疏失。其干便分理,祠副所司,毋恣忽④。

该族强调祠正副对于宗族族产发挥的管理和控制作用。

在"止词讼"条中,指出:

> 健讼破家,且开怨府,或有横逆之来,当虚怀忍

---

① 万历《萧江全谱》信集《附录》五卷《贞教第七》。
② 万历《萧江全谱》信集《附录》五卷《贞教第七》。
③ 万历《萧江全谱》信集《附录》五卷《贞教第七》。
④ 万历《萧江全谱》信集《附录》五卷《贞教第七》。

> 让,或产业相干,口角相仇,祠正副会同门尊公道处分,或毕情劝释,不许竟烦官府,力遏刁奸。如强项不服,祠正副奉宗规呈治,毋玷清门①。

该族强调祠正副在调解宗族纠纷中所发挥的积极作用,对于那些"强项不服"的族人,则"奉宗规呈治",按照族规家法实施严厉制裁。

在"正闺门"条中,指出:

> 壸闱之间必严分内外,慎其出入,限其进止,务使家庭严肃,毋致渎伦。倘有奸秽不道,贻玷宗风,祠正副即会同门尊令自引决,仍削本枝,不许入祠②。

该族强调祠正副对于宗族妇女的控制作用,对于那些"奸秽不道,贻玷宗风"的当事人实施处死、开除族籍等严厉制裁。

在"御群下"条中,指出:

> 祖宗所遗佃仆,服劳执役,须大家怜恤,毋恣凌虐。或有触犯,告之祠正副,论以名分所在,朴责示惩③。

该族强调祠正副对于宗族佃仆的管理和约束作用,对于那些越礼犯分、触犯主仆名分的佃仆实施严厉制裁。

4. 宗长副

明嘉靖年间,歙县知县邹大绩曾在境内推行乡约制度,他积极利用当地的宗族资源,要求境内各宗族在本族内部设立宗长副以管理和控制族人。在嘉靖二十八年(1549)五月十七日颁布的告示中,邹大绩指出:

> 歙为名邑,民多故家,所在设祠宇以祀其先,是可以观尊祖之孝、本心之诚矣。宗法不立,则曲防未周,人心无以统同,孝敬不免终怠,亦非所以崇德成化矣。仰各姓择年高有德、公明正直、素性足以孚信宗人者,

---

① 万历《萧江全谱》信集《附录》五卷《贞教第七》。
② 万历《萧江全谱》信集《附录》五卷《贞教第七》。
③ 万历《萧江全谱》信集《附录》五卷《贞教第七》。

为之长。又择二三如宗长者副之,册其名呈县奖立,以主一宗之事。岁时宗长副率子弟举祀礼以教。宗子有不率教者,长副攻之祖庙,严戒饬以示惩。子弟有勤学者,刻期考校称赏,以励其志;贫乏不自给者,协力举义赈恤,以扶其危。间有方长副之命、稔不悛之恶者,呈送本县重究罔恕,庶公正者得以操劝惩之柄而悖乱不生,寡弱者得以杜侵凌之患而可赖为善①。

由明代徽州宗族普遍响应地方官推行的乡约制度来看,在知县的大力倡导下,歙县境内的宗族中当有较多关于宗长副的设置。由上亦可看出,邹大绩要求各宗族设立的宗长副的权力很大,大凡以礼法教育子弟、管教与戒饬宗子、赈恤贫乏族人、押送为恶不悛者赴官府制裁等,都是宗长副的职责所在。

(五)家长

明清时期,个体家庭是徽州宗族社会的细胞,是构成宗族社会的基本单位。对于普通族人而言,家庭是与他们生产生活联系最紧密的社会经济单位。在各自的家庭中,"家长总治一家之务"②。一般来说,徽州宗族家庭中的家长对于家庭成员的控制较为严厉,如沱川余氏族人余鼎瀣,"服贾营生,性勤俭,治家严,诸子白发鬖鬖,过庭无敢违礼"③。家长所施加的控制也是家庭成员在日常生活中最易感受和体会最深的。

明清徽州宗族一般皆强调,在家庭成员面前,家长要起到表率作用。清雍正《歙县潭渡孝里黄氏族谱》所载《家训》之"修齐"条指出:

家长总治一家之务,必须谨守礼法,为家人榜样,不可过刚,不可过柔,但须平恕容忍,视一家如一身。在卑幼固当恭敬,而尊长亦不可挟此自恣。至于攘臂

---

① 雍正《歙县潭渡孝里黄氏族谱》卷四《嘉靖二十八年五月十七日邑父母邹公大绩示稿》。
② 雍正《歙县潭渡孝里黄氏族谱》卷四《潭渡孝里黄氏家训·修齐》。
③ 光绪《婺源县志》卷三十五《人物志·义行》。

奋袂,忿言秽语,皆足启后人暴戾,尤宜首戒。若卑幼有过,当反复告诫,屡诫不悛则以家法惩之①。

清光绪《三田李氏宗谱》所载《家规》之"家长"条云:

> 为家长者,视听言动一以正直,不可轻信妇人仆隶之言②。

上述两个徽州宗族对家长的素质提出了特别的要求。在家庭中,家长拥有督教、控制家庭成员的权力。清光绪年间黟县鹤山李氏宗族所订《家典》规定:

> 子孙赌博、无赖及一应违于礼法之事,其家长亟宜训诲之。诲之不悛,则痛棰之。又不悛,则陈于官而放绝之。仍告于祠堂,于祭祀除其胙,于宗谱削其名,改者复之③。

清光绪《三田李氏宗谱》所载《家规》之"家长"条云:

> 若子孙有过,则家长以正言诲之,使得自新;训之不改,则继之以怒,又不改,则鸣其罪以责之,毋得互相容隐以成其过④。

由上可见,家长拥有对家庭成员的管教权,对于不法子弟则有告官惩治等权力。

而对于家庭成员来说,他们的一举一动皆要请示家长。清雍正《歙县潭渡孝里黄氏族谱》所载《家训》之"教养"条云:

> 吾黄氏以孝行名里,当思祖宗贻谋之远,一举一动皆须遵循礼法。凡有欲行之事,皆当咨禀家长,然后举行⑤。

该族强调家长的知情权与监督权。

---

① 雍正《歙县潭渡孝里黄氏族谱》卷四《潭渡孝里黄氏家训·修齐》。
② 光绪《三田李氏宗谱》卷末《家规·家长》。
③ 民国《黟县鹤山李氏宗谱》卷末《家典》。
④ 光绪《三田李氏宗谱》卷末《家规·家长》。
⑤ 雍正《歙县潭渡孝里黄氏族谱》卷四《潭渡孝里黄氏家训·教养》。

对于家庭成员而言,除日常管理与控制外,家长在培养他们的办事能力和社会实践能力方面也发挥着主导作用。清雍正《歙县潭渡孝里黄氏族谱》所载《家训》之"修齐"条指出:

> 子弟当轮随家长入城办纳粮差,置买物料,庶日后无不谙人情世故之患。至于增拓产业,必预使子弟亲去看视肥瘠,及查册税是否清楚,来脚契共有几张,毫无舛错,方可交易,切不可卤莽草率,以贻子孙之害①。

对于犯有过失的家长,有些宗族提醒家庭成员要予以劝谏。清光绪《三田李氏宗谱》所载《家规》之"家长"条指出:

> 家长不幸有过,举家随而谏之②。

至于那些对家庭成员督教不严的家长,按照徽州宗族的规定,他们要负一定的连带责任,并受到相应的责罚。清雍正《(休宁)茗洲吴氏家典》所载《家规》规定:

> 妇女宜恪守家规,一切看牌嬉戏之具宜严禁之。违者,罪家长。
>
> 三姑六婆概不许入门。其有妇女妄听邪说、引入内室者,罪其家长③。

清光绪年间,鹤山李氏宗族所订《家典》规定:

> 妇女宜恪守家规,一切打纸牌、唱小调,宜严禁之。违者,罪其家长。
>
> 三姑六婆及长舌之妇人,不许出门。其有妇女妄听邪说、引入内室者,罪其家长。
>
> 宗祠初成,子茂公、子科公、文才公等六十一人议墨,曾严禁打豆打麦及堆放一切物件。祖训森严,自宜凛遵。嗣后凡收割之时,豆粟谷麦及豆萁稻草等一

---

① 雍正《歙县潭渡孝里黄氏族谱》卷四《潭渡孝里黄氏家训·修齐》。
② 光绪《三田李氏宗谱》卷末《家规·家长》。
③ 雍正《(休宁)茗洲吴氏家典》卷一《家规》。

概严禁堆放。如违,则以不孝罪其家长,毋得徇情①。

由上不难看出,明清徽州宗族企图通过对家长实施必要的责罚,以督促与确保他们对于家庭成员的严格管理和控制。

(六)尊长

明清时期,徽州宗族内部的年长尊者对于族人的控制也值得重视。若从年龄与血缘的角度进行划分,徽州宗族族人可分为尊长和卑幼两大类。如明代歙县潭渡黄氏族人黄庆寿,"尝长黄宗,宗人宗之,故曰宗长。……宣德后,以长长黄宗,德齿俱尊,乡称大老"②。"德齿俱尊"使之成为族中尊长、大老。在徽州宗族社会中,尊长有时又称"长者"、"长上"、"宗长"、"族老"等,前述徽州宗族中的宗子、族长、房长、家长,有时往往也被包含在这一称谓范畴内。相对于个体的卑幼者来说,尊长这一群体人数规模较大,只要是卑幼的身份,就摆脱不了尊长的控制。在这个意义上甚至可以说,徽州宗族族人始终处于族内控制的一个节点上,也始终受到他人的控制。

明清时期,朝廷实行尊老优老政策。在朝廷的倡导下,徽州宗族对尊老优老十分重视。明正德年间,新安毕氏宗族在编纂族谱时曾对该族所属陈村、长陔、闵川、上北街、双溪、嘉田、弋阳石塘、贵溪小田等各派的70岁以上长寿老人进行详细胪列,即是徽州宗族推重尊长、执行尊老优老政策的体现③。清乾隆《休宁古林黄氏重修族谱》所载新订《祠规》之"礼高年"条云:

> 族中有望高而齿尊、分卑而年迈众者,均属家之耆老,所宜格外优崇,以示尚齿引年之义④。

该族呼吁对族中尊长给予尊崇。

徽州宗族尊长在物质分配方面也享有优先权。绩溪明经胡氏龙井派宗族认为:"年之贵乎天下久矣,朝廷尚有敬老之

---

① 民国《黟县鹤山李氏宗谱》卷末《家典》。
② 雍正《歙县潭渡孝里黄氏族谱》卷六《宗长传》。
③ 正德《新安毕氏会通族谱》卷十三《寿考志》。
④ 乾隆《休宁古林黄氏重修族谱》卷首下《祠规·礼高年》。

礼,乡里可无尚齿之风?"该族强调,祭祀颁胙时要对族尊予以优厚待遇:

> 今酌立定制,年登七十者,春冬二季颁其寿胙,八十以上渐次加倍①。

清康熙年间编纂的《歙县汪氏崇本祠条规》规定:

> 居乡八旬族老,每祭颁腥胙一斤,仰体圣天子养老大典,与祭听便。看祠仆送胙②。

在该族内部,族老等尊长在颁胙时享有一定的特权。

在有优老尊老传统的徽州社会里,敬老之礼常常被宗族加以利用以作为实施内部控制的手段。长期以来,族老政治也渐成为明清徽州宗族实施内部治理的重要特征。可以说,以年龄和德望为标识的尊长们对于族人的控制,在明清徽州宗族社会中几乎是无处不在的。

明清时期,徽州宗族尊长对于宗族的控制权主要体现在以下方面:

1. 宗族内部政治权力

(1)惩治族人的权力

在歙县境内,清雍正《歙县潭渡孝里黄氏族谱》所载《家训》之"孝敬"条指出:

> 卑幼不得抵抗尊长,其有出言不逊、制行悖戾者,会众诲之,诲之不悛则惩之③。

该族强调族内卑幼对于尊长的服从及尊长对于不肖子弟的惩治。

该族在祠堂管理方面则规定:

> 各祠当念前人创建艰难,每逢春秋晴日,司年者须将寝室窗槅洞开,焚烧苍木枫树球诸物,以祛潮湿;

---

① 民国《(绩溪)明经胡氏龙井派宗谱》卷首《明经胡氏龙井派祠规·名教四条·敬耆老》。
② 康熙《歙县汪氏崇本祠条规》。
③ 雍正《歙县潭渡孝里黄氏族谱》卷四《潭渡孝里黄氏家训·孝敬》。

或遇大雨过后,即开祠入内细验,如有漏处,即以石灰画地为记,以俟天晴翻盖。若沟道淤塞,即行修砌流通,堂宇高敞,易招鸟雀为巢,宜编网帘遮蔽,大雪积于松梢,易致摧折,宜命守祠人按时扫去。诸须未雨绸缪,如有敝漏,尤当及时倡修,不可因循,以致积渐倾圮。其祠前不许支下人等舂打谷麦豆粟,致将石版[板]捶击伤损,日后修理甚难。如司年力不能禁,立即通知尊长,公同惩治①。

强调宗族尊长对有损坏祠堂行为的族人实施制裁。

在休宁境内,明天启年间,程氏宗族所订《清明挂柏簿》规定:在祖坟标挂时,"一切族中小事姑置不谈,如挟小忿之期面白争论者,叩同各房尊长面议均罚。逞凶恃强不服者,倍罚,以警将来,以敦私好"②。该族强调族内各房尊长对族人的处罚权。

对于那些受到尊长斥责的子弟来说,则要默默地忍受,不得争辩。清雍正《歙县潭渡孝里黄氏族谱》所载《家训》之"孝敬"条规定:

> 子孙受长上诃责,不论是非,但当俯首默受,毋得分理③。

(2)教化与表彰族人的权力

在明清徽州宗族社会中,族老是封建正统伦理的维护者。明崇祯年间,当胡氏族内发生违背宗族伦理的丑事时,该族80岁的老人胡廷柯先告知宗族处理,再请求宗族转呈官府治罪。在投状中,胡廷柯声称:

> 身男外趱二载,有媳李氏遭侄胡元佑煽惑妇心,诞胎孕产,觉鸣族众等证。切思无法无伦,情同夷狄,

---

① 雍正《歙县潭渡孝里黄氏族谱》卷六,康熙四十六年《祠约》。
② 王钰欣、周绍泉主编:《徽州千年契约文书》(宋元明编)卷八,《天启元年休宁程氏立〈清明挂柏簿〉》,石家庄:花山文艺出版社,1991年,第273页。
③ 雍正《歙县潭渡孝里黄氏族谱》卷四《潭渡孝里黄氏家训·孝敬》。

投乞转呈,叩准究治,以正风化①。

扶正风化、维护宗族伦理成为族老胡廷柯上诉的主要目的。

族老还是宗族内部正统伦理的践行者、奉公守法的垂范者。明代,休宁博村范氏族人范烈惠,"操履有常度,内外井井,子姓严惮,毋敢越礼训妄行"②。范山,"明理义,敦五伦,善烛群情,诈不信,无所遁。人有患难,必竭力拯之。性善奕,外无他好。邑侯以齿德推三老"③。明代,休宁闵川毕氏族人毕广文,"平居衣冠整肃,操行果断。有司举为耆老,守法奉公,凡有所委,蓊然不紊"④。宗族尊长自身具备的高尚品德及行为作风,使得他们成为族人甚至官府依赖的对象。

与封建正统伦理的维护者、践行者及奉公守法的垂范者等身份和品德相对应,宗族尊长还拥有教化与表彰族人的权力。明万历《休宁范氏族谱》所载《林塘宗规》规定:

> 凡有孝子顺孙、义夫节妇,皆系圣朝作养、上司培植所致,大裨风化,礼当敬崇。各门尊长查的鸣众,即动支祠银一两,备办花红鼓乐,率本宗职官斯文族众登门奖劝。有堪奏请表扬者,或本家贫乏,族众合力举闻⑤。

该族强调宗族尊长对于族人的教化与表彰。

(3) 族谱编纂与族规家法制定的权力

在多数徽州宗族中,尊长们积极倡导编修族谱,并在一定程度上主导着族谱编修的控制权。明代,休宁闵川毕氏族人毕蕙在73岁时偕弟毕兰⑥,"搜索各派旧谱,统修名曰《新安毕氏族谱》,鸠工锓梓以传"⑦。

---

① 王钰欣、周绍泉主编:《徽州千年契约文书》(宋元明编)卷四,《崇祯十六年胡廷柯状纸》,石家庄:花山文艺出版社,1991年,第491页。
② 万历《休宁范氏族谱·谱传·中支博村族》。
③ 万历《休宁范氏族谱·谱传·中支博村族》。
④ 正德《新安毕氏会通族谱》卷十《隐德志》。
⑤ 万历《休宁范氏族谱·谱祠·林塘宗规》。
⑥ 毕兰时年已70岁。
⑦ 正德《新安毕氏会通族谱》卷十三《寿考志》。

宗族尊长往往还拥有主导族规家法制定的权力。明嘉靖三十五年（1556），祁门清溪郑氏"上遵国法，远稽祖训，近采众议"，"屡经佥议，逐条斟酌"，经过长期酝酿与斟酌，制定了旨在"奉先、睦族、遇下"的宗族成文法——《郑氏家规》。万历年间，该族族谱编成后，族老郑之珍、郑之锡等人又将家规的主要条文进行摘编，附录于族谱中作为约束、控制族人的工具①。此后，族老郑之珍、郑之锡、郑应祥与族首郑奇保等12人，又于万历十四年（1586）共同订立合同以确保族规的遵守。据统计，至万历十一年（1583）族谱修成时，郑之珍为66岁，至万历十四年（1586）重新订立遵守家规议约时为69岁，郑应祥为64岁，其余人员也多在40岁以上②。又据记载，清康熙五十三年（1714），歙县潭渡黄氏宗族制定大宗祠规条32则，参与议定者则为该族的八堂尊长及文会诸公③。

（4）宗族社区纠纷调解人与宗族重要事务的见证人

明代，歙县篁墩毕氏族人毕志文，"举耆老，释祠讼，乡里无怨"④。该族族老参与宗族社区的纠纷调解。清乾隆十六年（1751），婺源境内发生灾荒，龙尾江氏"族内待赈者数百丁"，族人江光绶"独力买米平粜，事毕，延族耆面焚名籍，以杜后人口实"⑤。为消除族人的忧虑和担心，江光绶邀请宗族长老扮演见证人的角色。

（5）干预和控制族人婚姻的权力

在明清徽州宗族中，尊长还拥有干预和控制族人婚姻的权力。据明万历《休宁范氏族谱》记载，该族要求"男女之家，各推尊长一人主婚"⑥。强调尊长对族人婚姻仪式的参与和控制。

值得指出的是，宗族尊长对族人的控制权还体现在宗族的日常礼仪、礼节等方面。清雍正《（休宁）茗洲吴氏家典》所载

---

① 万历《祁门清溪郑氏家乘》卷四《郑氏家规》。
② 参见万历《祁门清溪郑氏家乘》卷一《世系》。
③ 雍正《歙县潭渡孝里黄氏族谱》卷六《公议规条》。
④ 正德《新安毕氏会通族谱》卷十《隐德志》。
⑤ 乾隆《婺源县志》卷二十三《人物志·义行》。
⑥ 万历《休宁范氏族谱·谱祠》。

《家规》规定：

> 祠堂祭毕,燕胙照昭穆次序坐定。司年家于尊长前,奉爵斟酒以致敬,如尊长未到,卑幼不得先坐。或尊长已坐,其次尊长有事后到,弟侄辈皆起立,不得箕踞不顾,致乖长幼之序。
>
> 子孙之于尊长,咸以正称,不许假名易姓①。

清光绪《三田李氏宗谱》所载《家规》之"敬尊长"条规定：

> 子弟见长者,坐必起身,行必随后,应对必以名,动止必以恭,饮食必后,言语必信。诸妇亦然。
>
> 长者远归,子弟必整肃衣冠序立堂上,施礼毕,方许各退②。

上述两个徽州宗族皆强调宗族内部上下长幼按照名分、伦理行事,突出尊长的权威和地位。

2.宗族经济生活的控制权

清康熙年间,歙县潭渡黄氏宗族内部制定的《德庵府君祠规》规定：

> 司年终岁勤劳,有罚无赏,恐起人规避之念,应照大宗祠之例,司钱谷者酌给辛力四两。但既得祖宗辛力,一应租利自应尽心竭力,不避嫌怨,按期催讨。如有顽梗不还者,亦应会同五门尊长坐索③。

该族强调对于宗祠租利"顽梗不还者",司年要报知五门尊长一同催索。

据清嘉庆《(歙县)棠樾鲍氏宣忠堂支谱》记载,该族强调尊长对于宗族义田经营的监督：

> 体源户田若干亩,塘若干亩,岁输粮若干两,入谷若干石,赤契税票若干纸,隶本图六甲,籍其数,上我

---

① 雍正《(休宁)茗洲吴氏家典》卷一《家规》。
② 光绪《三田李氏宗谱》卷末《家规·敬尊长》。
③ 雍正《歙县潭渡孝里黄氏族谱》卷六《康熙己亥公立德庵府君祠规·议司年辛力及收租日费》。

族尊长，归诸宗祠，以其岁之入，养宗人之鳏寡孤独者①。

四、小　结

　　明清时期，徽州宗族内部组织结构的特征总体上可归结为宗族—房派—家庭的一般模式，其中，房这一中间环节的情形最为复杂，房派环节的多变性与复杂性使得宗族内部的组织结构呈现出多元性的特征。徽州宗族内部的组织结构大致具有以下几种类型或模式，一般宗族：宗族—房派—家庭；大宗族：宗族—房派—支派—家庭；联宗宗族：始居地宗族—迁徙地宗族—房派—支派—家庭。

　　明清时期，徽州宗族内部的组织结构从总体上决定了其内部控制结构的特征和趋势。与其组织结构相对应，明清时期徽州宗族内部的控制结构也呈现出单个家庭—房派—门派—宗族等鲜明的层级控制的特征。徽州宗族在实施其内部控制时，是依据结构分层次进行的。从祠堂这一宗族控制设施也可看出明清徽州宗族内部控制的层级特征。在徽州宗族内部存在着支祠、宗祠、统宗祠等各个层次的祠堂，实施各级调处与控制往往选择在支祠、宗祠、统宗祠中进行，体现出较为明显的层级控制的特征。

　　明清时期，徽州宗族内部的成员结构主要由以宗子、族长、房长、家长等为代表的宗族领导层，以祠首、值年等为代表的宗族执事阶层，占人口绝大多数的普通族众阶层，以佃仆为代表的宗族贱民阶层等组成。在徽州宗族内部，存在着较为明显的社会分层现象，宗族成员被区分为高低有序或尊卑有序的不同等级和层次，各成员之间在宗族内部存在着社会地位的差别。其中，宗族领导层是宗族内部实施控制的最主要的行为主体，在族内通常拥有较高的社会地位。在宗族领导层之下，一般设

---

① 嘉庆《(歙县)棠樾鲍氏宣忠堂支谱》卷十九《义田·体源户田记》。

立执事人员以对族内各种纷繁复杂的事务进行分类或分项管理与控制。对于普通族众及佃仆等贱民阶层而言,这些拥有一定管理与控制权力的宗族执事人员,也是族内控制的重要实施者。

就普通族众而言,这一群体在宗族内部占人口的绝大多数,包括除宗族领导层、执事阶层之外的拥有本宗族血缘关系的全体男性成员、未嫁女子,以及不拥有本宗族血缘关系但拥有族籍、由外族嫁入的女性成员。通常情况下,他们是宗族领导层、执事阶层实施控制的最主要的对象,是宗族内部人口数量最庞大的控制接受者阶层,在族内的社会地位相对较低。而相对于其他宗族成员来讲,以佃仆为代表的贱民阶层,则是宗族内部地位最低下、处境最悲惨、与主人没有血缘关系的一类特殊群体。他们是徽州境内长期存在的佃仆制的产物,在法律和经济地位上,与其他宗族成员拥有较强的人身依附关系,是宗族内部受到控制最严厉的阶层,毫无社会地位可言。

明清时期,徽州宗族内部控制的实施主体主要包括宗子、族长、房长、家长、尊长、执事人员等。其中,族长、房长、执事人员往往由宗族内部推举产生,有一定的任期。他们在族内占有一定的地位,拥有一定的权力,对普通族人和佃仆等人群实施管理与控制。由于他们不同程度地拥有处理族内事务的权力,因而在他们实施管理与控制的同时,宗族在制度设计方面也针对他们制定了一些防范与反控制措施。

明代后期,徽州某些宗族因受封建政权推行乡约的影响,在族内还设置宗族约正副、宗正副、祠正副、宗长副等宗族执事人员以管理宗族事务和控制族人,他们也拥有一定的管理权和控制权。这是徽州宗族在特定时期、特定环境下的权宜举措。遇到重大事务时,宗族约正副等执事人员要向族长和其他宗族精英报告,受到族长等宗族权威的节制。

可以说,在明清时期徽州各宗族内部,形成了一张经过精心编织的较为严密的控制网络,宗族中的每一位成员都不同程度地处于这张控制网络的一个节点上,既包括普通族众及佃仆等贱民阶层,也包括宗族内部控制的实施者自身。

明清徽州宗族内部的控制设施

明清时期,徽州宗族用以控制族人的物质设施主要有祠堂、族谱、祖茔等。在徽州宗族看来,"修祠堂、省坟墓、奉祭祀、重谱牒,此敬祖宗之事也"①。祠堂、族谱、祖茔等成为徽州宗族实现祖先崇拜、实施族内控制的重要物质设施和基础。本章以祠堂、族谱、祖茔与族内控制为视角,对明清时期徽州宗族内部控制设施及其所发挥的控制作用进行梳理与研究。

一、明清徽州宗族祠堂与族内控制

(一)明清时期徽州宗族祠堂的发展

祠堂及其相关制度的高度发达是徽州宗族社会最重要的特征之一。关于徽州宗族祠堂的创建,早在宋代即已开始,但属于个别现象,尚未形成一种社会风气。明中叶以降,由于国家政权改革民间祭祖礼制的驱动、徽州宗族自身社会经济发展变迁所引发的各种挑战的影响以及宗族商人巨额商业利润的投资,徽州宗族社会掀起大规模兴建祠堂的热潮。仅就明代而言,"徽州宗祠的数量之多、规模之大,在全国位居首位"②。徽州成为当时全国祠堂最发达的地区。而从明清时期这一较长

---

① 光绪《(绩溪)梁安高氏宗谱》卷十一《高氏祖训十条·敬祖宗》。
② 常建华:《明代宗族研究》,上海:上海人民出版社,2005年,第77页。

时段来说,徽州境内宗族祠堂更是全面发展、数量激增,形成祠堂林立、祠宇相望的社会现象①。徽州方志与族谱对此也有较多的记载与描述:

在歙县境内:

> 吾乡聚族而居,居必有祠,而大宗祠必建于始迁之族②。

在休宁境内:

> 宗各有祠,祀其先祖,举宗为时而祭,疏者岁再举、三举,数者岁四、五、六举,盖报祖功,洽宗盟,有萃涣之义焉③。

在婺源境内:

> 若夫鸠族而居,必构祠堂以奉先,不忘其祖,不涣其宗,俗之近厚有以也夫④。

在祁门境内:

> 宗祠祀祖先,聚族姓,甚厚俗也⑤。

> 祠宇,古宗庙也,世族有之⑥。

在黟县境内:

> 族敦会聚之义,一姓多者千余丁,少者百有余数。家崇宗祀,木主列于祠堂,值岁时吉凶大事,不论贵贱贫富,集众子孙,广备牲醴,得以展其孝敬⑦。

在绩溪境内:

---

① 参见赵华富:《徽州宗族研究》,合肥:安徽大学出版社,2004年,第140~149页。
② 乾隆《歙淳方氏柳山真应庙会宗统谱》卷二,康熙三十九年吴苑《方氏族谱序》。
③ 万历《休宁县志》卷一《舆地志·风俗》。
④ 乾隆《婺源县志》卷九《建置志·宫室》。
⑤ 万历《祁门县志》卷四《人事志·宫室》。
⑥ 康熙《祁门县志·凡例》。
⑦ (清)尚祥卿《箴俗论》,康熙《黟县志》卷四《艺文》。

> 邑中大族有宗祠,有香火堂,岁时伏腊、生忌荐新皆在香火堂。宗祠礼较严肃,春分、冬至鸠宗合祭,盖报祖功,洽宗盟,有萃涣之义也。宗祠立有宗法,旌别淑慝,凡乱宗渎伦奸恶事迹显著者,皆摈斥不许入祠。至小族则有香火堂,无宗祠,故邑俗宗祠最重①。

此外,明清时期徽州宗族祠堂的兴盛,还可从外迁支派将祠堂的兴建放在宗族建设的首要位置这一现象中窥其端倪。随着宗族人口的自然繁衍、膨胀,徽州宗族逐渐发生裂变,族内人口大量迁出原居地,在其他新的迁徙地,经过一定时间的积累,形成新的宗族组织,即通常所说的子族。这些外迁支派或新形成的子族,落脚后要办的第一件大事便是修建祠堂,通过祠堂以凝聚人心、统一意志,并通过实施积极的族内控制、增强宗族的物质基础等途径立足当地,这也是徽州境内祠堂兴盛的重要原因之一。参见表2—1。

表2—1 明清时期徽州外迁宗族族人倡建祠堂事例表

序号	年代	所在宗族	姓名	身份	事迹	资料来源
1	明	绩溪黄氏	善伦孺人方氏	妇女	元大德甲辰,自歙徙居绩东……越十六世永隆公无传,继配善伦孺人方氏孀居,念族迁绩无祠,将所居之厅屋批族为祠。我黄氏迁绩之有宗祠,实善伦孺人立也。	咸丰《绩溪黄氏家庙遗据录》卷一,道光十四年黄佩玉《序》
2	清	婺源绍溪王氏	王清卫	不详	自武溪分迁,十余代未立庙祀,卫独力建宗祠,轩敞整饬,费不下千金。	乾隆《婺源县志》卷二十《人物志·孝友》
3	清	婺源中云黄氏	黄荣祈	不详	比长,家渐裕……黄氏族之聚处于中云者,素未立祖祠,祈以为憾。迨疾革,犹谆谆属其子昌吉,今告成,费数千金。	乾隆《婺源县志》卷二十三《人物志·义行》
4	清	婺源银川郑氏	郑嘉义	农民	家本业农,心常慕义。族自痕头迁沙城银川,聚处仅数十家,义思本源,倡捐百数十金,协族人卜筑为堂,以妥先灵。后又独捐百数十金增廊门楣,颜曰"光裕";且输租立祀,至今勿替。	光绪《婺源县志》卷三十三《人物志·义行》

---

① 乾隆《绩溪县志》卷一《方舆志·风俗》。

续表

序号	年代	所在宗族	姓名	身份	事迹	资料来源
5	清	婺源连潭李氏	李元楫	不详	祖由理田迁居,未有庙祀,为创构支祠,置田数百。	光绪《婺源县志》卷三十三《人物志·义行》
6	清	婺源城北程氏	程兆樑	商人	比长,贸易……尝念程氏迁蚺城后未建家祠,祀典久缺,慨然以家塾输作祠基,正欲谋及堂构,适遇疾,赍志以没。	光绪《婺源县志》卷三十八《人物志·质行》
7	清	婺源坑口方氏	方启楹	不详	祖居上林,分迁碧溪,烝尝未立,楹倡建祠厅,置租修祀,族人赖之。	光绪《婺源县志》卷三十五《人物志·义行》
8	清	婺源城西石氏	石景濂	国学生	族自古汀迁城,家庙规模未就,倡输数百金,率众襄成。	光绪《婺源县志》卷三十三《人物志·义行》
9	清	婺源城东潘氏	潘淦	职监	祖居太白芳溪……每念支祖迁城百有余年,未有祠宇,淦与仲弟涟、季弟江倡捐二千数百金,购城东基地建支祠,置祀产以妥先灵。	光绪《婺源县志》卷三十五《人物志·义行》
10	清	婺源中云王氏	王霁南	庠生	始迁支祖未立祠,倡捐建造,不辞劳瘁,敬宗收族,至今赖之。	光绪《婺源县志》卷三十八《人物志·质行》

(二)明清时期徽州宗族祠堂的控制功能

在明清时期的徽州人看来,"子孙各有子孙之家,祖宗合共有祖宗之堂。家,私也;堂,公也"①。"祠宇,祖灵所栖,子孙报本追远地也"②。由于祠堂供奉着历代祖先神主,能够起到"安祖宗之神灵"③的作用,并且宗族往往以祠堂为中心开展各种集体活动,因此,祠堂理所当然地成为徽州人心目中最为重要

---

① 宣统《古歙义成朱氏宗谱》卷首《朱氏祖训·整理公堂》。
② 民国《(歙县)蔚川胡氏家谱》卷二,道光二年《规条·洁祠宇》。
③ 光绪《绩溪县南关许余氏惇叙堂宗谱》卷八《家训·敬祖宗》。

的宗族公共机关。事实上,徽州人的日常行为举止和各类活动,除了私的"家"之外,也都离不开宗族公共机构——祠堂。

清康熙年间,歙县潭渡黄氏宗族在所订《祠约》中规定:

> 各祠有祖祢神主在龛者,远行及归必告,冠昏必告,入泮中式必告,莅官受爵必告,朔望必参,俗节必荐时物。至于各祠春秋二祭及元旦团拜、岁暮腊祭,悉照旧定期规遵行①。

清雍正《(休宁)茗洲吴氏家典》所载《家规》云:

> 立祠堂一所,以奉先世神主,出入必告。至正朔望必参,俗节必荐时物。四时祭祀,其仪式并遵文公《家礼》②。

清光绪《三田李氏宗谱》所载《家规》之"祀厅"条规定:

> 立祖先神主于厅堂,凡我子孙出入必告,朔望必谒,时食必荐,生忌必祭③。

在上述所列举的三个徽州宗族中,都强调族人的日常生活要以祠堂为中心,并能够做到将自己的所作所为通过祠堂及时向祖先禀报。

更为重要的是,在明清徽州宗族及族人的心目中,祠堂的控制功能无可替代。明万历《休宁范氏族谱》所载《祠制》指出:

> 祠之创修有先后,堂构之规摹有同异,萃精神,致孝享,典礼之最重者胥此焉④。

清乾隆《休宁古林黄氏重修族谱》所载《宗祠图引》指出:

> 管摄天下之人心莫善于立祠堂。盖祠堂立,则报

---

① 雍正《歙县潭渡孝里黄氏族谱》卷六,康熙四十六年《祠约》。
② 雍正《(休宁)茗洲吴氏家典》卷一《家规》。
③ 光绪《三田李氏宗谱》卷末《家规·祀厅》。
④ 万历《休宁范氏族谱·谱祠·祠制》。另,明万历二十一年,休宁范氏宗族的友人泰和人周希颜在《统宗祠修改大门图说》中也指出了宗祠的功能:"盖祠者所以祀祖先,序昭穆,旌善褒功,忠孝节义,庙食无穷,祠之义重矣。"(万历《休宁范氏族谱·谱祠·祠制》)

本反始，上以敦一本，即下以亲九族，而宗法亦隐寓于其中①。

明清徽州宗族祠堂所具备的"萃精神，致孝享"、"管摄人心"、统合族人等控制功能，使之日益发展成为这一时期徽州宗族实行族内控制的总机关。而且从总体上看，明清时期徽州宗族祠堂所发挥的族内控制的功能有日益强化的趋势。

这一时期徽州宗族祠堂实施族内控制主要体现在以下方面：

1. 通过祠堂祭祀仪式的举行及相关祭祀制度的执行，以融洽宗盟、收拢人心、增强宗族凝聚力，进而达到尊祖敬宗、合族收族、控制族人的目的

共同的祖先是宗族成为血缘群体的要件之一，宗族通过祖先崇拜的方式增强向心力和凝聚力②。明清时期，徽州宗族的祖先崇拜是以祭祀祖先来实现的，因此祭祀祖先成为徽州宗族祠堂凝聚族内人心、实施族内控制的最重要的途径和方式之一。

在徽州人看来，之所以修建祠堂，就是为了达到"妥祖睦族"的目的："祠之所以建修者，无非妥祖睦族也。"③而要真正达到这一目的，则要借助于祠堂祭祀活动和祭祀仪式的举行这一具体途径。明万历《休宁范氏族谱》所载《统宗祠规》指出：

> 祠，祖宗神灵所依；墓，祖宗体魄所藏。子孙思祖宗不可见，见所依所藏之处，即如见祖宗一般。时而祠祭，时而墓祭，皆展亲大礼，必加敬谨④。

该族呼吁族人应对祠堂祭祀予以足够的重视。

明崇祯年间，休宁古林黄氏族人黄文明所订《祠规》之"祠墓当展"条云：

> 贤子慈孙，入祖祠则知祖宗神灵之所依，过祖墓

---

① 乾隆《休宁古林黄氏重修族谱》卷首下《宗祠图引》。
② 参见常建华：《宗族志》，上海：上海人民出版社，1998年，第55页。
③ 咸丰元年黄俊杰《后序》，咸丰《绩溪黄氏家庙遗据录》卷四《祠制》。
④ 万历《休宁范氏族谱·谱祠·统宗祠规·祠墓当展》。

则识祖宗体魄之所藏,则祠祭墓祭如见宗祖一般①。

该族强调祠祭收拢人心的现实功用。

据文献记载,徽州各宗族每年都有较多的祠堂祭祀活动和祭祀仪式的举行,其主要目的是通过祠堂祭祀实现宗族所谓的"合族之道":

> 绩风俗,岁时伏腊,生忌荐新,皆在香火堂。冬至、春分鸠宗合祭于宗祠,是则时祭之定至、分,遵朱子之用孟仪也。而至、分之用冬春,绩俗宗祠之大祭也。冬至为一阳之始,春分正萌芽之时,祭始祖以及高曾祖考,夫固感时象类之祭也,而所以合族之道,亦即在是。凡其子姓在序拜奔走之列者,其祖考皆在焉。不分远近亲疏,皆合享于一堂,合祀死者,所以萃聚生者也。今祠祭规定冬至、春分二祭为大祭,其祭不烦,其期有定,尽斯礼者,其各体敬宗睦族于悠久云②。

由上可见,徽州境内的各大宗族往往通过频繁、定期和制度化了的祭祀活动和祭祀仪式的举行,达到绩溪黄氏宗族所说的"合祀死者,所以萃聚生者"这一合族收族、控制族人的目的。祖先崇拜仪式的频繁举行,使得徽州宗族中的生者在已故祖先神灵的感召下重新凝结在一起,徽州宗族也从而较为轻易地实现了对族人的精神进行控制的目的。

除了通过祭祀仪式的举行以实现收合宗族、控制族人之外,徽州宗族还在祠堂祭祀的时候对族人实施直接的硬性控制与制裁。据方志记载:

> 徽俗,聚族而居,群建宗祠,奉其始迁之祖,而后子孙以世祔焉。祠有谱,序以昭穆,祠有祭,肃以朱子《家礼》,其族之不类者摈不入,义笃而法严也③。

---

① 乾隆《休宁古林黄氏重修族谱》卷首下《祠规·祠墓当展》。
② 咸丰《绩溪黄氏家庙遗据录》卷二《祠祭·冬至春分二祭引》。
③ 乾隆《绩溪县志》卷五《祀典志·族祀》。

在举行祠堂祭祀时,徽州宗族将"族之不类者摈不入",对严重损害宗族利益的族人实施控制和制裁。

而在某些徽州宗族中,则往往通过祠堂祭祀与庆拜活动将软控制与硬控制两种方式结合起来,通过软硬兼施的双重途径以实现族内控制。清康熙年间,祁门倪氏宗族贞一祠在被兵火毁坏后重新得到修建,功能得以发挥:

> 祠既成矣,祭祀群于斯,庆拜群于斯,于以序昭穆,别长幼,明伦定分,罔敢陨越;于以敦族谊,保和气,去逆效顺,永杜竞争①。

该族通过祠堂祭祀庆拜活动的举行,使宗族秩序重新得以确立,宗族伦理与名分得到维持,宗族内部的族谊得到加固。

对于徽州宗族而言,祠堂祭祖是极为神圣而庄严的大事,因此,宗族的领导者牢牢掌握着对祭祀的控制权。明清时期,徽州宗族一般规定由宗子或族长担任祠堂祭祀的主持人。如休宁陪郭程氏、商山吴氏、率东程氏、茗洲吴氏、绩溪黄氏、南关许余氏、城西周氏、梁安高氏、祁门清溪郑氏,皆曾于明清时期在本族内部实行宗子制以主持祭祀。而在更多的情况下,徽州宗族祭祀的主持与控制权则由族长掌握②。与此同时,徽州各宗族都强调族人对于祭祀的积极参与和祭祀时对祭祀秩序与祭祀规范的遵守。对那些借故不参与祠堂祭祖或虽参与祭祀但不遵守祭祀规范、敷衍了事的族人,徽州宗族则多实行惩罚性控制措施以儆效尤。

以下是徽州境内各宗族族规家法中关于实行惩罚性控制措施以规范祠堂祭祀的一些较为典型的事例:

在歙县境内,清康熙年间编纂的《歙县汪氏崇本祠条规》规定:

> 宗祠原以敦彝伦,序昭穆,凡散胙宴会,当欢叙一堂,雍容循礼,毋得喧哗。违者,公罚银三钱,作修葺祠宇之用。

---

① 光绪《祁门倪氏族谱》卷上,康熙十四年倪宗维《重建贞一祠纪事》。
② 参见第一章关于宗子、族长主持祭祀的论述。

行祭礼仪,遵照云岚祀典,礼生各宜严肃,毋得造次失仪①。

清乾隆《重修古歙东门许氏宗谱》所载《许氏家规》规定:

元旦五鼓拜谒家庙,族人少长咸集,鼓三通,礼生唱礼,挨次序立,四拜。礼毕,照行坪排列昭穆,相与对拜。毕,尊行立,次行拜,尊行答,揖退。次行立,第三行拜,次行答,揖退。以次挨行递拜,毋许参差不齐。及不拜者,查出议罚。拜毕,以次列坐而饮,饮三行,揖而退。凡此皆所以叙昭穆、秩名分、重本慎始之道也。无何,族人中有不知本源,有无故不到者,有到而不拜祖宗者,甚至有越次不循规矩者,查出议罚②。

鬼神栖于幽,凡祭以黎明为节。吾宗祭之怠也,直至巳午,人多不至,虽至而衣冠礼仪不肃,何以交神明、伸孝思乎!今立定规:五鼓聚齐,祭以黎明,而凡威仪仪物之类,立纠仪礼生二名以察。其致祭之仪,尽志尽物,期于感格。黎明而祭不举者,罪其轮首之人。过时不至,与祭而衣冠礼仪不肃者,罚其胙,仍书于瘅恶圖:某人于春于秋怠,一祭三犯而治以不敬之罪③。

在休宁境内,明代编纂的《(休宁)商山吴氏宗法规条》指出:

祠祭萃会之时,诚敦本睦族之地,交接相见,一遵名分,相呼行坐有序。毋得以强凌弱,以众暴寡,以富欺贫,以大忽小。务须德业相劝,过失相规,患难相恤,不负同宗共本之意也。但于祠中合应兴利除害、修坠起废之事,许诸族人言议。若言不及公,或假公报私兴争端者,不许在祠内纷扰。

正月元日,拜祖所以报本,团拜所以敦族,是皆礼

---

① 康熙《歙县汪氏崇本祠条规》。
② 乾隆《重修古歙东门许氏宗谱》卷八《许氏家规·元旦团拜》。
③ 乾隆《重修古歙东门许氏宗谱》卷八《许氏家规·春秋祭祀》。

之至严至大者也。前一日,首家先诣祠洒扫整洁。旦日早至,燃香点烛。命值祠仆一人至各家鸣锣,约率以辰时为候,至祠拜祖。如有来迟及不待礼毕而先回者,罚在祖前拜八拜,赎罪改过,祠簿记名,如三犯,罚银三钱入祠①。

明万历《休宁范氏族谱》所载《林塘宗祠祀仪》指出:

> 凡祠中一切应行事件,皆预办齐备,毋得临时仓卒,失礼取罚。
>
> 祭日,主祭以下各夙兴具服。……重门洞开,祖考在上,俱从傍门两廊出入,肃声敛袖,毋得喧哗。临祭尤当严谨,不得附耳私语,回头四顾,搔痒伸腰,耸肩呵欠。拜时必俟声尽方起,拜后勿遽拂尘抖衣,违者罚。其各仆止于门外候,非呼唤不许擅入堂,违者,罚其主②。

清雍正《(休宁)茗洲吴氏家典》所载《家规》云:

> 祭祀务在孝敬,以尽报本之诚。其或行礼不恭,离席自便,与夫跛倚、欠伸、哕噫、嚏咳,一切失容之事,立司过督之③。

在绩溪境内,清乾隆《绩溪上川明经胡氏宗谱》所载《家规》之"严祭祀"条规定:

> 凡子姓于值祭之期,齐集宗祠,起伏兴拜,以致如在之诚。有嬉笑失仪者罚,无故不到者罚,如此日子弟或当应试,或出外经商者,不在此例。祭毕饮福,依齿序坐,对尊长作揖辞归,贪饮乱事者责④。

晚清时期,绩溪盘川王氏宗族在《春秋办祭规则》中规定:

---

① 明《(休宁)商山吴氏宗法规条·礼仪》。
② 万历《休宁范氏族谱·谱祠·林塘宗祠祀仪》。
③ 雍正《(休宁)茗洲吴氏家典》卷一《家规》。
④ 乾隆《绩溪上川明经胡氏宗谱》卷一《明经胡氏家规十二条·严祭祀》。

> 凡具有功名以及应试童生,均得与祭。祭毕,再入奖劝祠祭奠。如有在家无故不到,以及不入奖劝祠与祭者,永不给胙,示罚①。

而晚清时期绩溪明经胡氏龙井派宗族则重视对祭祀全过程的监督,将处罚与控制贯穿于祭祀的全过程:

> 凡春分、冬至二祭,前期三日,祠首其入祠肃办祭事。值事仆二人洒扫祠宇,拭几席,涤祭器。次日,具帖请斯文习仪。前期一日,斯文入祠,视涤濯,于几席、壶酌、边豆之属,不洁,嘱仆重涤濯,仍必薄责,示惩。乃习仪,习仪毕,其旁坐小饮,乃退。祭之日,质明行事,如仪不备,或污秽不整,罚值年各银一钱。仪备而礼生不与,罚礼生,停其散胙。习仪不到者,无散胙;祭祖不与者,不归胙。有于此时挟怨争詈者,罚纸一块,仍令跪拜祖前谢过。祭毕,发签颁胙。颁胙毕,请各礼生及头首入祠散胙。值事仆二人行酒,不猜拳,不给烛,犯者罚出祭胙。祭之明日,管事人入祠同算费用,面折登账。此祭祀之事,不可不修也。他如祭器、祭品、值年例谷、进木主礼,以及膳、礼生散胙归胙诸成式,详载诸规例谱。灯酒例亦同②。

该族的经济处罚措施之所以贯穿于祠堂祭祀活动的始终,其主要意图在于通过对宗族内部具体执事人员或相关人员施以适当的处罚,以警戒其失职行为,从而达到使族人把各自分内事办好的目的。

上述徽州各宗族,都对不遵守祭祀规范的行为予以轻重不等的惩罚,以确保祖先祭祀的严肃性,这也是明清时期徽州宗族实施内部控制的惯用手段。

明清时期,徽州宗族在用惩罚性举措控制族人的同时,为了吸引族人积极参与祠堂祭祀活动,有时还用物质手段对族人

---

① 民国《绩溪盘川王氏宗谱》卷五《春秋办祭规则》。
② 民国《(绩溪)明经胡氏龙井派宗谱》卷首《明经胡氏龙井派祠规·职守四条·修祭事》。

实施软控制，徽州宗族常用的于祭祀后在祠堂内举行的颁胙活动即是其中之一。据明万历年间编纂的《程典》记载，休宁泰塘程氏宗族规定："元旦，合族集宗祠，致祭忠佑、忠壮、岩将、军谋四公……祭毕，与祭者分胙。"①颁胙活动既是源于宗族祖先名义的一种恩赐，在某种意义上也是鼓励族人参与祭祀的一种物质奖励措施。

此外，在明清时期，还有一些徽州宗族通过祠堂祭祀联络宗族内部各支派，加强同宗结合，进而实现控制各宗族支派的功能。如绩溪盘川王氏：

> 自十五世祖仪凤公迁居盘川，至今五百余年矣。子孙蕃衍，星布棋罗，有离母村而居于十数里之外者，有离母村而居于数百里之外者，然而支分派别，同归一宗，虽各建支祠以祀祖先，而岁时祭祀咸诣母村宗祠而顶礼焉②。

此处的"母村"，相当于通常意义上所说的"母族"，而"母村宗祠"则具有总祠或统宗祠的功能。通过"母村宗祠"祭祀活动的定期举行，盘川王氏宗族实现了对分迁各地的子族的及时联络与控制。

需要指出的是，明清时期徽州宗族祭祀制度设计本身也往往贯穿着等级秩序控制和软控制的特征。一般而言，明清徽州宗族的祖先祭祀是通过对祠堂供奉着的祖先神主的顶礼膜拜来实现的。而徽州宗族则往往根据祖先的血缘亲疏及其对宗族贡献的大小，来确定其在祠堂中的位置尊卑，祖先神主的供奉本身就体现为一种等级差别与等级秩序。据清嘉庆《歙县桂溪项氏族谱》记载，桂溪项氏宗族祠堂神主供奉制度为"寝室之制，龛座三间，中为正寝，左右为昭穆室"，在此基础上该族制定了祖先神主供奉规则。在《供奉神主龛室规》中，该族规定：

> 始祖以下五世考妣，肇开巨族，泽利后人，其神主敬宜供奉寝室正中，永远不迁。

---

① 万历《（休宁）程典》志第八卷《祭祀志》。
② 民国《绩溪盘川王氏宗谱》卷末上，民国十年王宝贤《祠堂记》。

> 荣膺封赠神主、文武仕宦神主、甲第科贡神主、仁贤盛德神主、忠孝节义神主、各门门祖神主,爵德兼隆,光前裕后,并宜祔享中龛左右,永远不祧。
> 输金急公神主、建修祠墓神主、裹粮效力神主、捐辑谱乘神主,凡百金以上有功祠族者,于昭穆室特为酬功位供奉祔祭,永远不祧。
> 各祖考妣神主、捐职考职未邀封典神主、例捐贡监文武庠生神主,并安昭穆室,五世则迁。
> 已祧神主,供奉高阁,春秋行祭之时另文荐享。
> 侧室神主,安右旁侧室①。

除去宗族内部天然的血缘因素外,上述祠堂祖先神主供奉规则中所确定的根据族人对宗族贡献大小以决定神主祧否的规定,对于劝导普通族人时刻心系宗族、为宗族利益做贡献,起到了重要的示范和激励作用,这也是明清徽州宗族对族人实施软控制的一种重要途径。

2. 通过以祠堂为舞台进行族内教化和普法宣传活动,实现宗族内部控制

除祭祀功能外,祠堂也是明清时期徽州宗族聚会与教化族人、进行族内普法宣教活动,以实施族内控制的最重要的场所与舞台。在这方面,明代休宁泰塘程氏宗族定期于宗祠内举行全体族人聚会、祭祀、宣读祖训的活动,则为我们提供了一个徽州宗族通过自身的主观努力和积极主动的族内教化以实施族内控制的极为典型的事例。

在休宁泰塘程氏宗族内部,每年于春秋祀日举行定期燕饮聚会活动以融洽族谊。在全体族人进行娱乐和物质享受的同时,宗族长者要讲说古往今来的嘉言善行以训诲族中子弟,可谓做到了寓教于乐:

> 岁为燕饮之会以洽族人。其时以春秋祀日,其物以时祀之余,其肴以五品,其酒以九行为节,其礼主于敬让,其言为孝弟忠信,勿亵也,勿哗也,勿违礼也。

---

① 嘉庆《歙县桂溪项氏族谱》卷二十二《祠祀》。

择子弟二人为司礼以佐酒,酒至,揖请饮。既饮,揖请肴,皆后长者。酒凡三行,司礼者歌诗一阕以侑,其诗则《棠棣》、《頍弁》、《行苇》、《蓼莪》、《葛藟》、《唐》之《杕杜》、《雅》之《黄鸟》,歌三阕。长者讲说古今嘉言善行以示训。将歌也,将说也,司礼揖曰:请肃以听。众皆拱而应曰:诺。燕毕,揖而退。凡族人见必揖,虽贵贱贫富不敌,皆以其属称,吉必庆,凶必吊,死以其属服而群哭之、群祭之、群葬之①。

在该族内部,每年于冬至日举行由全体族人参与的祭祀始迁祖的宗族集体活动。其间该族宗正②要抗声宣读祖训,通过族内普法宣教活动,对族人进行积极主动的事前控制教育:

立祠祀始迁祖,而以先代有功德者祔祀。月朔,举族谒祠肃拜。岁以冬至祀,其日夙兴,盛服诣祠,相揖,趋及门,启门以次入,序立。司祀者以时羞献奠,再拜。祭毕,相率以齿会拜,齿之最尊而有德者为宗正,面北立,余以齿东西相向。宗正抗声读祖训,曰:凡为吾祖之后,曰敬父兄,慈子弟,和族里,睦亲旧,善交游,时祭祀,力树秋,勤生殖,攻文学,畏法令,守礼义;毋悖天伦也,毋犯国法也,毋虐孤弱也,毋胥讼也,毋胥欺也,毋斗争也,毋为奸慝以贼身也,毋作恶逆以辱先也。有一于此者,生不齿于族,没不入于祠。众拱而应曰:敢不祗承长者之训。复戒之曰:慎思哉,勿坠先祖之祀。咸应曰:诺。乃揖而出。孟春之吉如冬至礼。夏至日,素服谒祠奠拜,不读训。清明墓祭如夏至礼。凡祠墓有荒颓者,以时修葺之③。

与此同时,在休宁泰塘程氏族内,每年在冬至祠堂祭祀完毕后还举行"礼仪之会以聚族人",其间举行读谱活动,并对族人进行劝善惩恶的思想教育。对于"族人不与于会者、六悖伦

---

① 万历《(休宁)程典》志第三卷《宗法志》。
② 即族长。
③ 万历《(休宁)程典》志第三卷《宗法志》。

纪者、斗争者、相讼者、虐乡里者、言伪而行违者、过累书而不改者",剥夺其与会的权利：

> 岁为礼仪之会以聚族人。冬至祭毕,举族会于别堂。宗正坐堂上,次长者率昆弟子姓奉觞称寿,毕,皆拜,遂以次饮酒,相拜如礼。司谱者执谱北面抗声读曰：凡我族人有善恶者悉书于籍,毋隐。别设二席于两楹,东曰嘉善之位,众推有善者书之,司礼请就位,宗正命以酒,俾少者揖之；西曰思过之位,众推有过者书之,有能改过者亦命以酒。于是,宗正取谱所载传绪盛衰绝续之故,明言之,而告以常训曰：为善如嗜醇酒,去恶如远毒螫,慎思哉,勿坠先祖之祀。众拱而应曰：诺。乃揖而退。夏至序会,不饮酒,不相拜,读谱之仪如之。岁正庆拜如冬至礼,不读谱。凡族人不与于会者、六悖伦纪者、斗争者、相讼者、虐乡里者、言伪而行违者、过累书而不改者,皆会之所弃也①。

类似于休宁泰塘程氏的做法,徽州其他宗族也多通过在本族内部进行普法宣教活动以实现族内控制的目的。如明代休宁林塘范氏宗族也曾定期在宗祠举行聚会、教化族人的活动。据记载,该族商人范显宁,"壮游淮扬苏湖间,历彭蠡、洞庭,货殖有道,所挟赀日裕……岁时聚族人于先祠,谆谆以继述相勉,蔑有不感者"②。范显宁"谆谆以继述相勉"的主观努力,取得了族人多被其感化的积极效果。

清雍正《（休宁）茗洲吴氏家典》所载《家规》规定：

> 族讲定于四仲月择日行之,先释菜,后开讲,族之长幼俱宜赴祠肃听,不得喧哗。其塾讲有实心正学,则于朔望日二三同志虚心商兑体验,庶有实得③。

该族通过在宗祠举办定期的族讲活动以达到控制族人的目的,在举行族讲过程中,"实心正学"等封建正统学说和伦理观念得

---

① 万历《（休宁）程典》志第三卷《宗法志》。
② 万历《休宁范氏族谱·谱传·中支林塘族》。
③ 雍正《（休宁）茗洲吴氏家典》卷一《家规》。

以在宗族中被广泛灌输。

在祁门境内,明正德年间,奇峰郑氏宗族曾于宗祠一本堂内举行祭祀后的宣读祖训的活动以教化族人:

> 祠之前为一本堂,堂有规,大率视义门郑氏之旧而损益焉。祭毕有燕,燕有训,训诸族人,各唯唯而退,此其大较也。……岁时奉祀之时,长幼燕集之际,布其家规而聆其训词①。

该族通过"布其家规而聆其训词"这一定期举行的族内普法宣教活动,实现了对族人的控制。

在黟县境内,清光绪年间,鹤山李氏宗族所订《家典》指出:

> 先教后用,圣人所重,此次所订《家典》三十八条,皆修身齐家、事亲敦族之要。使不因时宣讲,则族众妇孺从何得知?昔茗洲朔望有塾讲,四时有族讲,故风移俗易,戚自易易。我族旧例:凡正月初四、七月十五以及冬至,族人咸集宗祠祭祖。嗣后每年当于此三日高声对众宣讲,令人人饫闻其训。归家则父诫其子,兄勉其弟,夫励其妻,庶几家喻户晓,敦让成风②。

该族借鉴休宁茗洲吴氏的做法,提出在宗祠举行定期的宗族法规宣讲活动的要求。

在绩溪境内,清光绪《(绩溪)梁安高氏宗谱》所载《祖训》云:

> 每年春秋二祭后宣读一过,各派祖屋书贴一纸,不可视为具文③。

而在绩溪南关许余氏宗族看来:

> 家训必须粗言俗语,妇孺皆知,又必每年春分冬

---

① 正德十五年唐皋《奇峰郑氏祠堂记》,嘉靖《(祁门)奇峰郑氏本宗谱》卷四《文征》。
② 民国《黟县鹤山李氏宗谱》卷末《家典》。
③ 光绪《(绩溪)梁安高氏宗谱》卷十一《高氏祖训十条》。

至祭祖以后宣讲一次①。

通过定期宣读祖训的方式,进行族规家法的普及宣传活动,实现了引导或控制族人按照族规家法行事的目的。

对于妇女这一嫁到宗族中的新成员来说,祠堂则是她们成为夫家宗族成员的演礼仪式场所,在祠堂中她们接受夫家宗族所上的第一课往往便是族规家法的教育。清光绪《三田李氏宗谱》所载《家规》之"冠婚"条规定:

> 娶妇,三日庙见毕,夫率其妇至中堂见长幼,分大小。五日外方许便服治事。语以家范,使晓大意,不许干预外政,失教者罪其夫②。

该族强调通过祠堂对宗族妇女进行教化与控制。

除了上述控制措施外,徽州有些宗族还在宗祠中,通过树立彰善与瘅恶牌匾的方式,将族人的善恶举止向全体族人公布,运用宗族舆论的力量进行劝善惩恶活动。据清乾隆《重修古歙东门许氏宗谱》记载,东门许氏宗族曾在祠堂内设立彰善、瘅恶二匾:

> 立彰善、瘅恶二匾于祠,善可书也,从而书诸彰善之匾;恶可书也,从而书诸瘅恶之匾。屡善则屡书而善者知所劝,屡恶则屡书而恶者知所惩,使其惩恶而为善则亦同归于善,是亦与人为善之意也。树德务滋,与众旌之,积恶不悛,与众弃之,人何不改恶趋善哉③!

而有些徽州宗族则通过将家训张贴于祠堂墙壁的做法,以教育、控制族人。明代,歙县潭渡黄氏族人黄元豹曾提出将祖先关于孝敬、亲睦、修齐、教养等四个方面内容的家训张贴于祠堂墙壁,以便族人遵守:

> 以上乃前人谆谆垂训以贻我后人者,皆坐而言、

---

① 光绪《绩溪县南关许余氏惇叙堂宗谱》卷八《家训》。
② 光绪《三田李氏宗谱》卷末《家规·冠婚》。
③ 乾隆《重修古歙东门许氏宗谱》卷八《许氏家规·彰善瘅恶》。

起而行之事。爰书而揭诸祠堂壁,以冀吾宗英俊是则而是效①。

在休宁境内,明代,林塘范氏宗族对于侵葬塘汊口祖坟的族人设定移葬的最后期限:

> 其已厝者,立限五年以里移葬,如过限,清明头首每年查名,写粘祠壁,耻之②。

该族通过将侵葬族人的姓名"写粘祠壁",用羞辱的方式迫使族人遵守宗族保护祖墓的规定。

3.通过祠堂执法实施对族人的硬性控制

明清时期,徽州宗族除了使用各种带有宗族温情的软控制的方式外,还经常根据宗族法的规定,使用强制措施和手段对不法族人或不肖子弟实施硬控制。而实施硬控制的场所一般多选择在宗族祠堂。

在歙县境内,清康熙年间编纂的《歙县汪氏崇本祠条规》规定:

> 派下以强凌弱,以长欺幼,以下犯上,及撒泼生事者,两族集祠公处,以敦族谊。

> 派下有忤逆不法者,轻则两族集祠斥责,重则呈公究治,令其自新。倘仍前不悛,逐出宗祠,永远毋许复入,以正伦常③。

该族重视通过祠堂执法以惩治不肖族人,从敦睦族谊的角度维护族内秩序。

清乾隆《重修古歙东门许氏宗谱》所载《许氏家规》之"小过鞭扑"条规定:

> 父兄之于子弟,隐忍含容,以至渐流于恶,是贼之也。凡因小过情有可宥者,而欲尽抵于法,亦非所以爱之也,莫若执之于祠,祖宗临之,族长正副斥其过而

---

① 雍正《歙县潭渡孝里黄氏族谱》卷四《潭渡孝里黄氏家训·教养》。
② 《林塘祖茔塘汊口禁约》,万历《休宁范氏族谱·谱茔》。
③ 康熙《歙县汪氏崇本祠条规》。

正之,棰楚以加之,庶其能改,而不为官府之累,其明
刑弼教之行于家者乎①!

该族强调祠堂执法所带来的明刑弼教、"不为官府之累"的积极效果。

在婺源境内,明代,中云王氏族人王德茂,"创统宗祠,始终罩力。……邑尹嘉其品谊,擢为闾师,锡二杖以助教。茂正身率物,勤于劝化。有年少欲作桑间行,召饬不逊,集绅士于祖祠,令其父兄杖惩,自是一乡整肃,风俗还淳,号为仁里"②。以王德茂为领头人,召集族中绅士,在祖祠中对宗族不肖子弟施以惩罚,收到了"一乡整肃,风俗还淳"的良好效果。而明清时期该县境内颇为流行的"三八会",则反映出当地各宗族定期于祠堂处罚不肖子弟的活动已形成为一种较为普遍的民间风俗:"乡故有三八会,每遇初三、十八日聚子弟于祠,申以孝悌姻睦之义,有不法者,惩之。"③清代,济溪游氏宗族的庠生游国良,"严气正性,实心举行,风俗为之丕变"④。通过"三八会"的举行,使得游氏宗族社区的风俗得到较大改观。

在绩溪境内,"宗祠立有宗法,旌别淑慝,凡乱宗渎伦奸恶事迹显著者,皆摈斥不许入祠"⑤。对违背宗族伦理和宗族社会秩序的族人,剥夺其参与祠堂祭祀等宗族集体活动的权利。

4.其他控制功能的实施,如族内纠纷调解、统一族人意志以按时缴纳赋税、族内赈济等,也多以祠堂为中心,在祠堂内进行

当宗族内部发生诉讼纠纷时,往往由族长、族老等在祠堂内进行调解。清光绪《绩溪县南关许余氏惇叙堂宗谱》所载《宗祠规约》之"鸣祠品理"条规定:

> 凡派丁与亲属有不平之事,鸣祠理论,原造俗语谓之开祠堂门,被造谓之关祠堂门。然必事关宗祠,

---

① 乾隆《重修古歙东门许氏宗谱》卷八《许氏家规·小过鞭扑》。
② 乾隆《婺源县志》卷二十一《人物志·义行》。
③ 乾隆《婺源县志》卷十七《人物志·学林》。
④ 乾隆《婺源县志》卷十七《人物志·学林》。
⑤ 乾隆《绩溪县志》卷一《方舆志·风俗》。

> 方与公道品论，勿使成讼，庶与家训所谓息争讼者相符，切不可各为其党①。

该族强调以祠堂为中心进行"公道品论"，将族内纠纷及时加以解决。

为了及时完成国税缴纳任务，有的宗族还通过祠堂来统一族人的意志。如在婺源境内，明代，许村许氏族人许文照，"少业儒……先世户隶军籍，追征或苦，照建敦义堂，一众志，赋遂无后期"②。许村许氏宗族通过祠堂统一了族人缴纳国税的意志与行动，取得了一定的成效。

在有些徽州宗族中，还通过祠堂举行优老礼贤、劝学赈饥等活动。如清代，婺源长滩俞氏族人俞焕捐赀置田创立彦勋祠，该祠堂的一大功能即是"冬至兼设优老礼贤、劝学赈饥等事"③。可以看出，该族祠堂具有尊老礼贤、劝学赈饥的功能。

5. 围绕宗族祠堂管理实施族内控制

祠堂是宗族内部最为神圣的场所，明清时期，徽州宗族一般都重视加强对祠堂的管理，禁止在祠堂内胡作非为，对于有损祠堂的各类行为，宗族都制定惩罚措施予以责罚或制裁。这种责罚或制裁也是对族人实施控制的一种方式。

在歙县境内，清康熙年间编纂的《歙县汪氏崇本祠条规》规定：

> 祠宇内外毋许堆贮私己豆麦柴薪杂项作贱，违者，将所贮之物公罚归祠变价修葺之用④。

该族对破坏祠堂环境的族人实施没收实物的经济处罚。

清乾隆《重修古歙东门许氏宗谱》所载《许氏家规》之"祭器乐器"条规定：

> 祭器乐器，或祭祀，或燕会，凡有事于祠者，必资以为用也。后人不知所重，视为众物，委弃之，私借

---

① 光绪《绩溪县南关许余氏惇叙堂宗谱》卷十《宗祠规约·鸣祠品理》。
② 康熙《婺源县志》卷十《人物志·质行》。
③ 乾隆《婺源县志》卷九《建置志·宫室》。
④ 康熙《歙县汪氏崇本祠条规》。

> 之,以至毁坏遗失,其为弊也久矣。今立一簿以录之,如笾豆簠簋、锣鼓铜器、碗碟方盘、牲盘酒海之类,具载簿中。先年轮首于祭祀以后,即集次年轮首之人,面稽簿籍,照数交代,毁坏令其修,遗失责其偿。轻者置于祠中,而器之重者寄附近土库房内,有事则取而用之,事毕则珍而藏之,不得私诸家,不得假诸人,下年交代亦如之。不率者严其罚,循环传递,以示世守①。

该族对于祭器乐器等祠堂祭祀用品保管不善者,"毁坏令其修,遗失责其偿"、"不率者严其罚",用经济手段控制族人。

清宣统《古歙义成朱氏宗谱》所载《祠规》指出:

> 寝室为先灵栖息之所,理宜严密,不得擅行开视,致滋异议。凡新主入祠,男左女右,照旧安置享亭中,俟二、八月移入正寝。倘有违例私开,从重议处,并惩司钥之人②。

该族强调对私自滥开祠堂寝室之门的族人实施惩罚。

在休宁境内,明代编纂的《(休宁)商山吴氏宗法规条》指出:

> 宗祠内所以栖先灵、修祀事,所贵尊严,不容亵玩。除会宾外,造作者不得假为居肆,迎赛者不得假为台场,虽讲学婚娶者亦不得假为馆舍,违者重罚③。

该族强调祠堂只能用于与祖先祭祀相关的方面,不得假为他用,否则会受到处罚。

在绩溪境内,清宣统年间,绩溪华阳邵氏宗族《新增祠规》规定:

> 祠为通族公建,以妥先灵,宜洁净严肃,毋许私家堆晒杂物。至祠内什器尤不得妄行借出,以免损失。

---

① 乾隆《重修古歙东门许氏宗谱》卷八《许氏家规·祭器乐器》。
② 宣统《古歙义成朱氏宗谱》卷首《祠规》。
③ 明《(休宁)商山吴氏宗法规条》。

违者,便属慢亵祖先,应罚令赴祠焚香谢过,以示惩儆。

宗祠锁钥应由首事者轮流执管,非本祠公事不得私行启闭,以绝流弊。违者,罚洋五元充公,示戒①。

该族对违反祠堂管理的族人,予以"罚令赴祠焚香谢过"和"罚洋五元充公"的精神惩罚与经济处罚。

清光绪《三田李氏宗谱》所载《家规》之"祀厅"条云：

厅堂立有香火,祖先神位务宜严肃洁净,时时洒扫焚香,子孙毋许将秽物柴草堆入,以亵慢神祖。违者,家长责戒②。

该族强调家长对玷污祠堂环境之人予以责戒。

二、明清徽州宗族族谱与族内控制

(一)明清时期徽州宗族族谱的编纂

族谱,也称宗谱、家谱、家乘、家典等,是宗族内部编纂的以血缘谱系为中心的族史记录。明清时期,由于世家大族的昌盛,宗族组织与宗族制度的高度发达,仕宦等宗族精英分子的参与,宗族商人丰厚商业利润的反哺,徽州宗族族谱编纂活动空前活跃,徽州成为当时全国范围内族谱编纂最发达的地区之一③。就目前留存于世的徽州族谱而言,素以数量庞大、质量上乘、编纂谨严闻著于世。这也为我们从事徽学研究,特别是徽州宗族社会控制研究提供了较为难得的资料支持。

1. 徽州宗族及族人对族谱重要性的认识

在明清徽州宗族及族人看来,作为一族之史的族谱,其地

---

① 宣统《(绩溪)华阳邵氏宗谱》卷首《新增祠规》。
② 光绪《三田李氏宗谱》卷末《家规·祀厅》。
③ 参见赵华富：《徽州宗族研究》,合肥：安徽大学出版社,2004 年,第 227 页。

位和正史之于国家一样重要，成为宗族内部最重要的档案文献，是宗族的大典：

> 家之谱，犹夫国之史也①。

> 国不可以无史，家不可以无乘，乘与史相为表里者也②。

> 谱者，家之大典，姓氏之统于是乎出，宗祖之绩于是乎章，子姓之绪于是乎传，宗法于是乎立，礼义于是乎兴，胡可缓也③。

在明清徽州宗族及族人看来，族谱的基本功能之一在于其对宗族历史的系统收录和普遍记载，以及对于宗族历史的贯通：

> 谱者，录也，录其身所从出，及其派所由分也。有身而不知所从出，无祖也；有派而不知所由分，无族也。无祖无族，人道弊矣，谱其可以不修乎④！

> 夫谱者，普也，叙系莫姓，别生分类，凡以普其族焉耳⑤。

> 家之有谱，犹人之有身也。谱有支派宗属，身有肢体脉络，不贯则不成身，宗属不明即家非其家矣。宗谱之作，所以仁子孙也，正所以仁祖考也⑥。

明清徽州宗族及族人还将族谱作为强化宗法思想与精神的重要凭借：

> 新安家系谱牒……谱牒因次以系，凡昭穆继序、嫡庶相承、尊卑长幼、爵位名号，与夫忠孝节义、幽贞闲范，班班可考。虽数千年之族，枝分叶散，而入其祠、观其谱，凛然有不可犯之色，则宗谱者所以济宗法

---

① 万历十年程涓《程典序》，万历《（休宁）程典》。
② 乾隆二年许登瀛《重修家谱自序》，乾隆《重修古歙东门许氏宗谱》。
③ （明）程一枝《程典自叙》，万历《（休宁）程典》。
④ 光绪《祁门倪氏族谱》卷上，崇祯十三年倪本隽《序》。
⑤ 万历十年程涓《程典序》，万历《（休宁）程典》。
⑥ 光绪《三田李氏宗谱》卷末《凡例》。

之穷也①。

明清徽州宗族及族人又将族谱作为贯彻执行礼教的重要载体：

  谱也者，礼之善物也②。

在明清徽州宗族及族人看来，族谱还是宗族统同辨异、征实象贤、立人道、统收宗族的重要工具：

  谱牒之作，所以原本始、收宗族、别尊卑、叙昭穆，而亲亲尊尊之情由是而生，则人道因之而立矣③。

  谱有四善：溯远以统同也，详迁以辨异也，献文以征实也，昭德以象贤也。远弗溯，本源湮；迁弗详，支派混；实弗征，稽证谬；贤弗象，光裕微。故四善，谱之珍也④。

2. 关于徽州族谱编纂的连续性与周期性

由于族谱的重要性，明清时期徽州宗族皆重视族谱的连续编纂。例如，程氏是徽州境内较为典型的望族之一，据明万历年间程氏族人程一枝说，自迁入徽州以来，直到他编纂《程典》为止，该族的族谱编纂几乎未曾中断过，徽州境内各分迁支派都较为重视族史的整理编纂工作：

  至东晋太守公以循吏留居新安，新安之有程氏，盖自太守始也。当梁陈之际，忠壮公有社稷功，与配太享，由是新安称大姓者莫能先焉。唐季，岩将公草创家谱，自忠壮以上缺而不录，盖其略也。有宋，都官忠彦捃摭载籍，网罗放失旧闻，整齐世次，以为之谱，上溯开国，下迄五季，本支百世，灿然可述。诸程言谱者多宗之，由宋而元，若黟南山森、祁门善和复、婺源

---

① 乾隆《歙淳方氏柳山真应庙会宗统谱》卷二，康熙三十九年吴苑《方氏族谱序》。
② 万历十年程涓《程典序》，万历《(休宁)程典》。
③ 嘉靖二十年范廷曜《新安范氏族谱会通序》，万历《休宁范氏族谱》。
④ 嘉靖二十年蔡经《新安范氏会通谱序》，万历《休宁范氏族谱》。

龙陂舜俞、龙山仲文及古城道懋、会里象贤、陪郭和卿,各往往述都官之旧以成书,不可胜记。惟大富营常卿会谱系颇著焉。明兴,歙槐塘文实会通谱,本都官而推广之,又记太守忠壮事实,名曰《世忠录》。家牒兹多于是矣。学士克勤则以都官为未信,纠合诸程,勒成统宗,其世系率托之陈留谱,不相与同,盖有意乎矫正之也。又搜纂先宗以来金石遗文,名曰《贻范集》。由是都官之谱遂暗而学士谱独章,诸程以谱名家者靡然乡风,于汊口则志坚,于率口则师鲁,于山斗则汝顺,于婺源高安则子文,于绩溪仁里则佐,时无不本之学士矣。是时,我族希明谱独尊尚都官,而曰:此吾家世传业也。嘉靖以还,婺源龙山仲复、溪源谨之、祁门善和时言、绩溪程里邦载,各为辨论若干篇,讥正学士得失,而大富营启曒疏通证明之语为最尽,又移书诸程,评议二家同异是非,诸程由此复宗都官。吾族国信、克正、得鲁续谱,各持所见,比辑二家,兼而存之,卒莫能明定也。是时,处士大用有孙曰一枝,生十有四年矣,始受尚书,略通大义。……一枝不让,乃据都官,采良卿、文实,摭学士,搜启曒,述希明、克正,兼综百氏,追迹故章之缺,始自东晋新安,接其后事,迄于当代,作《程典》①。

由上不难看出,尽管在族谱编纂过程中,徽州境内程氏宗族各派存在着一定的意见分歧,但并未影响他们在前人的基础上持续编纂的热情。

在祁门境内,该县倪氏宗族长期保持族谱编纂的传统:

宗谱创自永乐、景泰间,迨嘉靖文昌公、廷凤公,万历间道贤公、大谟公复各有续谱,迄崇祯朝本隽公、大司农实符公又重辑考订,彰明较著②。

明清易代之际,由于战争引致的社会动荡,使得族谱不能

---

① (明)程一枝《程典自叙》,万历《(休宁)程典》。
② 光绪《祁门倪氏族谱》卷上,康熙二十六年《修谱凡例》。

及时续修:"历数十载,世际鼎革,流离播迁,正复不少",至清康熙年间社会趋于稳定后,该族认为"若不及时纂辑,恐文献无征,今复遵前规编次,俾世系无讹,名分不紊"①。强调在既有谱牒的基础上重新加以续编。

在具体编纂时间上,明清徽州宗族各有自己的规定。明正统年间,休宁率东程氏族人程祖关认为:

> 尝闻先世有云:三世②不仕宦,三世不修谱,即为庸人矣。服膺斯言,每自警策③。

该族坚持"三世不修谱,即为庸人"的理念,主张按时编纂族谱。

清道光年间,歙县西沙溪汪氏宗族指出:

> 每见世家巨族修谱,若过百年,无从稽考,纵有大才亦难重葺,贵乎四五十年一修,见知确乎可凭,闻知亦能悉数。后来君子须按期早修,庶无遗失④。

该族提倡族谱编纂应以四五十年为一个编修周期,要求子孙按期早修,不致因时间流逝而出现"无从稽考"的现象。

清宣统年间,绩溪仙石周氏宗族则规定:

> 宗谱三十年接页,为小修;六十年重编,为大修。逾期不修,即为不孝子孙,务必按期举行,勿怠⑤。

该族以 30 年为一个编纂周期,强调按时续修族谱,将不按时修谱视为不孝行为。

此外,徽州汪氏宗族也规定:

> 吾谱限以三十年一修,六十年又再修,务须勤谨详注,不可延缓疏忽,缓则年远丁蕃,必致散佚无考,如有不遵此例者,即以不孝论⑥。

---

① 光绪《祁门倪氏族谱》卷上,康熙二十六年《修谱凡例》。
② 中国古代一般认为 30 年为一世。
③ 正统二年程祖关《率东家谱序》,明《休宁率东程氏家谱》。
④ 道光《新安歙西沙溪汪氏族谱·重修族谱凡例》。
⑤ 宣统《(绩溪)仙石周氏宗谱》卷二《凡例》。
⑥ 同治《汪氏家乘》卷首《凡例》。

该族以 30 年为一个修谱周期,对违反规定者以不孝论处。

族谱的按时编纂,有助于及时清理宗族内部的血缘世系,收到"俾世系无讹,名分不紊"①的实际功效,从而有助于徽州宗族加强对族人的软控制。

为了防止个别族人在族谱编修过程中故意作梗,敷衍了事,对于上述行为,徽州宗族一般皆强调给予严惩。如清宣统《(绩溪)华阳邵氏宗谱》所载《修谱条议》指出:

> 此次修谱原为维系祖宗一脉起见,理应孝敬,将事同襄盛举。倘有故行作梗或不终厥事者,是为忘祖,即以不孝论,应将其人本身以下削去,不入系图,以示痛绝,事关重大,罚规不得不严②。

该族试图通过严厉的惩罚措施确保族谱编纂的顺利进行。

3. 关于徽州族谱的编纂者

由于族谱编纂需要一定的知识基础作后盾,因此,在明清徽州宗族中,一般由宗族的知识精英阶层主持族谱编修工作,由他们掌握着族谱编纂的主导权与控制权。清同治年间,祁门武溪陈氏宗族规定:"修谱责令儒生正人秉笔,毋许苟且偏徇,有伤族义。"③该族要求由封建正统意识形态的信奉者——宗族知识精英秉笔编修。在文化与科举极为发达的明清徽州,宗族的知识精英阶层主要包括宗族官僚仕宦、乡绅、儒商及其他具有一定文化知识的族人。

徽州宗族官僚主持修谱的事例:明成化十八年(1482),休宁陪郭程氏宗族大官僚程敏政丁父忧居乡期间,利用其知识才华编纂成《新安程氏统宗世谱》。该谱规模较为庞大,"为卷凡二十有奇,会者四十四支,名之登于谱者逾万人,先墓之可共者五十三世"④,成为明代宗族谱牒编纂史上的一大壮举。

乡绅主持修谱的事例:明代,祁门奇峰郑氏族人郑岳,"正

---

① 光绪《祁门倪氏族谱》卷上,康熙二十六年《修谱凡例》。
② 宣统《(绩溪)华阳邵氏宗谱》卷首《修谱条议》。
③ 同治《祁门武溪陈氏宗谱》卷一《新编凡例》。
④ 成化十八年程敏政《新安程氏统宗世谱序》,明《休宁率东程氏家谱》。

德庚午(正德五年,1510),以儒士应试补邑庠生。……奇峰旧有谱,援宰相世系以侈其族,多舛缪弗征。公参考故典,据理悉删去之,断自迁祖者始。凡例登载,精确周致,无让诸名史"①。于此可见,族人郑岳利用自身掌握的文化资源,对本族族谱加以重新修订。

徽商主持修谱的事例:清代,中云王氏宗族族人王钦广,"以治生寄迹市间……立春祭以敬宗,葺谱系以收族"②。在经商之余,王钦广积极主持或从事族谱编纂工作。

明清时期,徽州族人积极主持或从事族谱编纂的相关事例不胜枚举。实际上,在绝大多数情况下徽州族谱编纂是宗族内部知识精英阶层集体合作的结果。如明崇祯年间,歙县郡北济阳江氏宗族重修族谱时,其具体分工为:

总理:裔孙族长、原任深州州判腾鲤(32世),郡庠生员秉厚(32世);

核实:新安卫指挥佥事玉成(33世)、钦依游击玉瀫(33世)、原任保定府经历守仁(34世);

编辑:邑庠生员国华(34世)、邑庠廪生德新(34世)、崇祯壬午科应天乡试举人德中(34世);

仝编:邑增广生铭勋(34世)、郡庠生员国铨(34世);

首事并校梓:裔孙腾鳍(32世)③。

该族族谱编修者多为宗族内部的中低级官员及中下级绅士,而族长则亲自主持族谱编纂的总理工作。

又如,明正德年间,徽州毕氏宗族编纂会通族谱时,其具体分工为:

总督各派编梓事:义官休宁闵川毕蕙、毕兰④;

---

① 嘉靖四十三年张灯《封文林郎金华府推官石潭郑公行状》,嘉靖《(祁门)奇峰郑氏本宗谱》卷四《文征》。
② 光绪《婺源县志》卷二十九《人物志·孝友》。
③ 崇祯《重修郡北济阳江氏宗谱》卷一之二。
④ 此二人为商人。

总裁：翰林院编修文林郎贵溪毕济川；

　　纂辑：太学生闵川毕郁、歙庠廪膳生毕琦、歙庠生毕璿、弋阳庠生方墩毕文达；

　　同修：儒士闵川毕蕃、徽郡北市毕文理、长陔毕章胜；

　　校正：承直郎宝庆府通判郡北市毕佐、乡贡进士贵溪毕济时、贵溪庠生毕达卿、儒士闵川毕鼎、毕助；

　　对读：儒士郡北市毕文琛、太学生毕铭、郡庠生毕鳌、闵川毕良、毕朗、毕腾；

　　催趱：义官郡北市毕文珎、儒士毕文玉、毕文玺、文瑛、毕方琏、方川毕文、嘉田毕惠生、毕顺理、闵川毕文昌、毕显、毕拱；

　　誊录：闵川儒士毕桓、毕超、郡北毕钰、毕钺、毕锜、长陔毕春晖、毕添荣①。

在毕氏宗族内部，参与族谱纂修的人员身份较为广泛，包括各支派的官员、绅士、商人等。

　　从社会控制的角度看，上述徽州宗族族谱的编纂者，在很多情况下又是宗族的领导者和宗族内部控制的具体实施者。在这一方面，尤以族房长等主持或监督族谱编纂为代表。除上述歙县郡北济阳江氏在族谱编纂时由族长担任总理工作的事例外，清嘉庆年间，绩溪城西周氏宗族重编祠谱时，"稽之五房分长，阖族斯文，厘定章程"②。因族谱编纂是全族的大事，故多由族房长亲自主持或参与监督。

　　4. 关于徽州族谱的内容

　　根据徐扬杰的归纳，宋以后中国族谱的基本内容主要包括：全族的世系和血缘关系图表；本族有史以来制定的各种家法族规、家训家范、祖宗训诫子孙的言论；祠堂、祖茔、族产公田的坐落方位、形胜地图，以及义田记、墓志铭、买地契；家族的历史等4个部分的内容③。徐氏关于族谱内容的归纳总结也基本

---

① 正德《新安毕氏会通族谱·执事名氏》。

② 光绪《绩溪城西周氏宗谱》卷首，嘉庆十年周荣《刻祠谱记》。

③ 参见徐扬杰：《中国家族制度史》，北京：人民出版社，1992年，第324～326页。

适用于明清时期的徽州族谱。除了翔实记载、保存宗族历史的功能之外,明清徽州宗族积极从事族谱编纂的另一重要目的是企图利用族谱实施族内控制,即如常建华研究指出的:由于崇奉理学、提倡孝治、推行伦理政治的需要,明清时代的族谱内容带有较为鲜明的政治化倾向[①]。大量事实表明,常氏这一结论也适用于同期徽州宗族社会的实际。

(二)明清时期徽州宗族族谱的控制功能

1. 从族谱凡例看明清时期徽州族谱对族人的控制

所谓族谱凡例,是指族谱中对族谱编纂的指导思想及族谱编纂时所遵循的具体准则、细则所作的规定性文字。族谱能否起到凝聚人心、控制族人、维系宗族制度的作用,关键在于它遵循什么样的指导思想和准则去编修[②]。明清徽州宗族对族谱编纂的指导思想及应遵循的准则、书法非常重视,在编纂族谱时都预先设置有"凡例"一项,并对之作有详细的交代和规范。徽州三田李氏宗族制定于明万历四十年(1612)、重梓于清乾隆三十六年(1771)、沿用于晚清光绪年间的族谱凡例即规定:

> 例也者,酌礼义之中而条约之,以示一定而不可移也。故法曰法例,乡曰乡例。矧谱有宗派,有世系,有迁徙,设不定例,则昭穆何由而叙,亲疏何由而别,是非何由而分,详者何以独详,略者何以独略,展谱者人或愦愦焉。今定凡例于前,庶览者如挈纲而振领云[③]。

此处的"凡例",实际上与"规范"构成同义语,具有"不可移"即不得随便变更的特征。该族通过凡例对族谱编纂加以约定和规范,收到了挈纲振领的功效。

清顺治《新安(休宁)富溪程氏本宗谱》所载《凡例》云:

[①] 参见常建华:《宗族志》,上海:上海人民出版社,1998年,第297~303页。

[②] 参见徐扬杰:《中国家族制度史》,北京:人民出版社,1992年,第326~327页。

[③] 光绪《三田李氏宗谱》卷末《凡例》。

> 谱法以明族属,辩少长,尚同姓,避讳名,为子孙者慎之①。

该族强调族人对谱法的严格遵守。

清宣统年间,绩溪仙石周氏宗族曾请当地郡学教授周山门先生制定谱例:

> 先生世传谱学,我族谱例经先生订定,极其精当,乃保族宜家、谨身寡过之要道也。世世子孙遵循罔替②。

该族将族谱义例视为保族宜家、谨身寡过的重要凭借,要求族人世世代代予以遵守。

随着时间的推移和族谱编纂经验的日益丰富,徽州各宗族的族谱凡例在大的原则上逐渐趋于一致,都强调在坚持为亲者讳、为尊者讳③的大原则下,做到血缘世系清晰,并对族人能否上谱、哪些人上谱等作出规定,即徽州宗族通过族谱凡例的制定,对族人的行为规范提出了一个最低限度的要求④。达不到要求的族人被剥夺上谱的权利,有的族人即使上了谱,倘若违背族谱义例,也会在以后续修时失去这种权利。这说明除了一

---

① 顺治《新安(休宁)富溪程氏本宗谱》卷一《凡例》。
② 宣统《(绩溪)仙石周氏宗谱》卷二《凡例》。
③ 为亲者讳、为尊者讳,是徽州血缘宗族从祖先崇拜的角度出发,为族谱编修规定的最重要的指导思想之一。如歙县棠樾鲍氏规定:"家乘书善不书恶,为亲者讳也。"(嘉庆《(歙县)棠樾鲍氏宣忠堂支谱》卷首《凡例》)休宁临溪吴氏规定:"谱称家史,史载善恶,而谱惟载善,为亲者讳也。"(崇祯《(休宁)临溪吴氏族谱·凡例》)休宁率东程氏规定:"谱惟载善不载恶,为亲讳也。"(明《休宁率东程氏家谱》卷一《凡例》)休宁富溪程氏规定:"谱,史例也,谱为一家之史,史则善恶俱载,谱则载善不载恶,为亲讳也。"(顺治《新安(休宁)富溪程氏本宗谱》卷一《凡例》)绩溪梁安高氏规定:"宗谱书美不书恶,亲亲也。"(光绪《(绩溪)梁安高氏宗谱》卷一《书法》)此外,有些徽州宗族强调谱书善恶备载,如歙县金川胡氏规定:"谱为一家之史,所以纪实而匪以崇美观也,故善恶备载,使知劝惩。"(民国《(歙县)金川胡氏宗谱》卷首《旧编凡例》)
④ 参见唐力行:《徽州宗族社会》,合肥:安徽人民出版社,2005年,第223页。

般的技术性问题之外,明清时期徽州族谱及其凡例所具有的价值判断即所谓"谱法劝惩"①的控制功能得到了强化。如清宣统年间,绩溪华阳邵氏宗族在《修谱则例》中指出:

> 人之有此身,则有此富贵贫贱,与其有身后之繁衍削弱至不齐者,良由祖宗之积德与子孙习俗之臧否验之也。故凡士庶家孝子慈孙恒思以集谱为重务,举凡有善可纪则法之,有不善可鉴则戒之,然后知谱之有关于风教为不浅矣。不宁惟是,或有先人作之于前而后人不思所以纂绪之,则先代之风韵宁不斩于五世之后乎,是修谱之法首在则例。则例维何?要必信以传信而疑以存疑,不虚美,不隐恶,谓之实录。有功德者则书之,有职守者则书之,使后之为子孙者知祖宗修德励行,而吾叨享富贵、族望兴隆,莫不由根本先固,枝叶从而畅茂也。又莫不以吾身数世以上固为吾所当法程者也,自吾数世以下安得不视吾侪为后世之规矩乎,将必思所以世济其美以承芳于奕叶者,皆由此观成之也。若所贻不善,内行多愧,如贵而不法,富而多骄,纵欲败度,坏伦纪纪,族则鸣鼓而攻,不与斯人为伍,以为后人之鉴戒,知此辈无可录之行,恐有覆宗之事,必要猛省自改,图盖前愆,克遵祖训,将来子孙蕃昌、门闾高大者,未必不由此一念之善、一身之行以基之也。所以修谱必贵于传实,明著褒贬,使一族之人恒怀为善惟日不足之惧,为足传也,若徒骋文辞,矜美饰行以示来兹,又岂敬祖法宗、激劝后人之意哉②!

由此不难看出,以绩溪华阳邵氏为代表的徽州宗族,对于族谱及其凡例所具有的敬祖法宗、劝善惩恶、激劝后人等功能的重视。而上述谱法劝惩的功能实际上就是通常所说的族谱的控制功能。

---

① 光绪《祁门善和程氏仁山门支修宗谱·凡例》。
② 宣统《(绩溪)华阳邵氏宗谱》卷首《修谱则例》。

明清时期，徽州族谱及其凡例所具有的价值判断的功能，主要体现为对恶的惩罚和对善的褒奖，即通过族谱对族人实施硬控制和软控制两个方面[①]。

首先，明清时期徽州宗族在族谱编纂过程中强调对恶的惩罚，坚持对族人实施硬控制。

在歙县境内，清乾隆年间，金川胡氏宗族在实施族内控制方面制定了所谓"六不书"条款，直到民国年间仍被族谱加以收录，在族内继续生效：

> 谱有六不书，凡此六者皆有玷于祖宗，有一于此，黜而削之。
>
> 一曰弃祖。弃卖祖坟地于异姓，货鬻族谱于非族者，谓之弃祖。
>
> 二曰叛党。前人叛逆抄没，而余党苟全于世者，谓之叛党。
>
> 三曰犯刑。积世恣恶，代遭刑狱者，谓之犯刑。
>
> 四曰败伦。彝伦渎乱，男女无别，禽心兽行者，谓之败伦。
>
> 五曰背义。不思祖宗义重，惟图苟行微躯，甘为下流者，谓之背义。
>
> 六曰杂贱。不肖无耻，甘与下贱为婚者，谓之杂贱[②]。

上述"六不书"条款，在明清徽州宗族社会中具有一定的代表性，对这一时期徽州社会中违背宗族伦理和危害宗族秩序行为的重要方面作了浓缩与概括，应该说这既是徽州宗族最为关注的方面，也是徽州宗族予以严厉惩罚和打击的方面。从某种意义上说，徽州宗族的硬控制措施在很大程度上也是针对上述行为的。

---

① 参见唐力行：《徽州宗族社会》，合肥：安徽人民出版社，2005年，第224页。

② 民国《(歙县)金川胡氏宗谱》卷首《旧编凡例》。此外，祁门《方氏宗谱·凡例》中也有类似记载，参见唐力行：《徽州宗族社会》，合肥：安徽人民出版社，2005年，第224~225页。

清乾隆《歙淳方氏柳山真应庙会宗统谱》所载《凡例》云：

> 倘不孝不义、行止有亏及败伦伤化者，黜而削之①。

该族主张对违背宗族伦理之人予以黜削。

而明正德《新安毕氏会通族谱》所载《凡例》，则主张对族人善恶之行皆予以记载：

> 人以善恶著名者，注之名下，所以示劝戒也。善者详书善，善之意长也；恶者不直言其实而书曰行微，为亲者讳也，其名小书以别之者，恶其乱族也。贫乏不支而为隶丐者，则书曰人微，亦小书其名以别之，恶其辱族也。皆不书世系，绝之也。事方外则直书曰为僧为道，名亦小书者，外之也②。

在具体记载过程中作了一定的技术性处理，其目的是通过对善与恶加以区别，使族人去恶向善、不乱族辱族，从而达到控制族人的目的。

在休宁境内，明弘治《休宁陪郭叶氏世谱》所载《凡例》云：

> 子孙无问隐显，有过恶不悛、蔑视同姓、伤悖伦理、侵犯先墓、鬻卖谱牒、毁弃手泽及昏不计良贱者，并黜不书③。

该族主张对危害宗族利益和宗族伦理的族人予以黜革不书的处罚。

明隆庆《休宁率口程氏续编本宗谱》所载《凡例》云：

> 子姓中无论隐显，有侵祖墓者，有弛祠祭者、鬻谱牒者、逆天伦者、自作不典者、婚姻不计良贱者，悉削不书。
>
> 有以贱为配者、改适者、女嫁非族者，悉削不书④。

---

① 乾隆《歙淳方氏柳山真应庙会宗统谱》卷一《凡例》。
② 正德《新安毕氏会通族谱·凡例》。
③ 弘治《休宁陪郭叶氏世谱·凡例》。
④ 隆庆《休宁率口程氏续编本宗谱·凡例》。

该族主张对犯有侵害宗族利益、违背宗族伦理、玷污宗族脸面等恶行的族人予以族谱除名的处罚。

据明万历年间编纂的《程典》记载,休宁泰塘程氏宗族规定:

> 其有犯前训者亦书之,能改则削之,久而愈甚,则不削而泯其名①。

该族通过对族人的恶行予以记载以示惩罚,不过仍给犯过族人留有一定的改过自新的余地,而对屡教不改者则予以族谱除名的处罚。

在婺源境内,据明万历《萧江全谱》记载,萧江氏宗族规定:

> 为僧道者书,奸生者书,戒之也②。

该族试图通过对出家、奸生等族人的记载,起到警戒后人的作用。

民国《(婺源)清华胡氏宗谱》所载《旧条例》规定:

> 所为大恶、为下贱者,只于其下标注,不书。
> 祖父原非为落下者,难掩玷先之辱,不书③。

对犯有大恶、从事下贱职业之人,该族族谱则不予收录。

在祁门境内,清康熙年间倪氏宗族所订《修谱凡例》指出:

> 配必书地书氏,再娶书继某氏。改醮者,义绝也,不书。有子而改醮者,于子下书某氏出,以子无绝母之义也④。

反映出该族对妇女改嫁持鄙薄的态度。

清光绪年间,善和程氏仁山门宗族在重修族谱时强调:

> 本谱谨遵前谱,其有犯十恶及弃卖祀产、祖墓、山

---

① 万历《(休宁)程典》志第三卷《宗法志》。
② 万历《萧江全谱》仁集一卷《例》。
③ 民国《(婺源)清华胡氏宗谱》卷首《旧条例十一条》。
④ 光绪《祁门倪氏族谱》卷上,康熙二十六年《修谱凡例》。

业、盗鬻新旧宗谱者,各派开报,会众集议,黜之示戒①。

该族主张对严重侵害宗族利益的不肖之徒予以黜革除名的处罚。

在黟县境内,西递明经胡氏宗族在清康熙五十九年(1720)十派会修统谱时所订《凡例》中规定:

> 族有恶逆显著者、弃毁祠墓者,讳其名,泯其行第、生殁、葬所,示弃也。鬻宗谱者、婚非族者,则纪其实,以讳其名,泯其行第、生殁、葬所,亦示弃也。妻无故,则例注其氏行、生卒、葬所,而并录其子孙,罪不及孥,亦迁善改过之门也②。

至道光年间该族壬派重修族谱时,对此条仍大加赞赏并予以保留:

> 按,前例之惩不肖者,有讳其名、泯其行字生殁而不纪其实者,有讳其名、泯其行字生殁而纪其实者,此酌其事之重轻,要在名分之必正,前贤岂过为刻哉?亦严非种必锄耳。《苏氏族谱亭记》所谓使夫人观之面热内惭、汗出而食不下者,亦此志也。今人虽有爱憎,莫能为之损益矣③。

西递明经胡氏对于本族恶逆显著者、弃毁祠墓者、鬻宗谱者、婚非族者等不肖子孙采取严厉的惩罚措施,在族谱编纂时根据情节严重程度,或予以实录记载,或予以隐恶不载。并指出族谱记载不肖族人的恶行及其惩罚措施的真实意图在于达到使其他族人"观之面热内惭、汗出而食不下"的目的。这是徽州宗族通过族谱这一文字载体教化、约束族人,实施族内控制的惯用方法,对族人起到极大的示警作用。

在绩溪境内,清乾隆《绩溪上川明经胡氏宗谱》所载《凡

---

① 光绪《祁门善和程氏仁山门支修宗谱·凡例》。
② 道光《(黟县)西递明经胡氏壬派宗谱·凡例》。
③ 道光《(黟县)西递明经胡氏壬派宗谱·凡例》。

例》云：

> 如务奇衺、戾世教者，不书。若犯盗败伦并恶迹昭人耳目者，削其名。
>
> 倘家贫无子而再醮者，则于夫之下书已娶，为夫明有偶也。若有子不安室而改适者，义与庙绝，不书①。

该族强调对犯有恶行、违背宗族伦理的族人予以族谱削名的处罚。

清光绪《（绩溪）梁安高氏宗谱》所载《书法》指出：

> 娶，书娶某处某官某公女，或但书某处某氏女适某地某官某，或但书某处某姓。娶再醮妇，翁虽显不书；女再醮，婿虽显不书②。

该族对改嫁妇女持鄙视态度，受其牵连而剥夺其生父和配偶事迹、名讳入谱的权利。

此外，该族还主张将触犯族规家法、被开除出族者予以除名：

> 男妇犯家法被出者，以○代姓名，申公义也③。

清光绪《绩溪城西周氏宗谱》所载《凡例》云：

> 妻所以承宗庙，初娶曰娶，再娶曰继，纳妾曰纳，以明嫡庶之分也。妾有子女则书，无则不书。
>
> 妻以罪出，及夫死改适，虽有子，夫年表下不书，以其与夫绝也，止于子年表下书某氏生。
>
> 男子辱身贱行，玷及祖先，并盗卖谱牒坟地，宜遵旧例削名不书④。

该族强调将违背宗族伦理和损害宗族利益的族人予以族谱除

---

① 乾隆《绩溪上川明经胡氏宗谱》卷一《凡例》。
② 光绪《（绩溪）梁安高氏宗谱》卷一《书法》。
③ 光绪《（绩溪）梁安高氏宗谱》卷一《书法》。
④ 光绪《绩溪城西周氏宗谱》卷首《凡例》。

名的处罚。

其次,明清时期徽州宗族在族谱编纂过程中强调对善的褒扬与激励,坚持对族人实施积极的软控制。

在歙县境内,清乾隆《歙淳方氏柳山真应庙会宗统谱》所载《凡例》指出:

> 懿行宿望必书,重彰善也。若勤劳祖庙、收族归宗、振兴祀事,则详书之,尚典型而嘉茂绩也。
>
> 学而入政,名登金榜,闺闱挺秀,巾帼完人,并为家国所重,宗祊之光。兹谱分支分门以下未续,后图不及尽载,统作《科第录》、《节孝志》,用彰既往,以励后来①。

该族强调对有功于宗族及为本族争得荣誉的族人予以大书特书,以彰励后人。

该族还规定:

> 各派历代修谱人物,特表于首卷,其序、跋、记、考以及恩纶、诰敕、传状、志铭、碑记、嘉言懿行文献,均应分卷纪载,阐扬祖德,佑启后人,第必慎选文与事之可传者录之②。

强调对阐扬祖德、劝导启迪后人的宗族文献予以收录。

清道光年间,歙县蔚川胡氏宗族所订《谱例大纲》指出:

> 凡忠臣孝子确立名节、操守谨严者,载其实行并传赞,所以励人心、维世道也。
>
> 凡女人不幸夫故、能守志矢柏舟者,人情之所难,而古今之所最重,宜录之以发幽光。
>
> 若齿高德邵、操履不逾、可为表率者,闲书之以示劝从。
>
> 科甲贵显,大小前程均属朝廷之名器,科甲、仕宦、贡监生员、人才荐举、员吏杂职以至貤封从祀、乡

---

① 乾隆《歙淳方氏柳山真应庙会宗统谱》卷一《凡例》。
② 乾隆《歙淳方氏柳山真应庙会宗统谱》卷一《凡例》。

饮大宾、介宾、耆宾、善人、老人并党正、乡约及旌表节妇、题表节孝,例得备书,以示来兹①。

该族强调对忠孝名节、齿高德邵之人、贞烈妇女等为宗族争得荣誉或德高望重的族人予以重点记载,以达到励人心、维世道、发幽光、示劝从等族内控制的效果。

该族还认为:

遗文著作,先代潜德之光,故旧谱所录上世传赞志铭存之。若近今文集、名公篇什,则分类悉载,庶知故家之文献足征也。他无关族义世道,概不录,省木灾云②。

强调族谱应对那些有关"族义世道"的素材予以收录,这也是徽州宗族实施内部控制的生动教材。

清宣统《古歙义成朱氏宗谱》所载《重理宗谱条例》云:

凡忠孝廉节,德行可风,俱堪为世法,向来有传者登之;无传者,或为立传,或为略载数言于本名下,皆所以示劝也③。

该族主张通过对忠孝廉节德行可风之人立传记载,以达到示劝之目的。

录诰敕者,所以记先人受朝廷之盛典也,名贤传状、序赞、赠诗、墓志、祭文,亦皆金石之遗,足以表扬先烈,故并载之,以冀子孙景仰而兴奋起之心④。

该族重视对表扬先烈、激励人心的宗族文献予以载录。

在休宁境内,明正德《新安休宁长垄程氏本宗谱》所载《凡例》云:

文翰,纪德行也。凡先世所得名公金石制作,编

---

① 民国《(歙县)蔚川胡氏家谱》卷二,道光二年《谱例大纲》。
② 民国《(歙县)蔚川胡氏家谱》卷二,道光二年《谱例大纲》。
③ 宣统《古歙义成朱氏宗谱》卷首《重理宗谱条例》。
④ 宣统《古歙义成朱氏宗谱》卷首《重理宗谱条例》。

录于后,以垂范方来①。

该族重视记载族人德行的文献所具有的垂范后人的作用。

明隆庆《休宁率口程氏续编本宗谱》所载《凡例》指出:

> 今立义例……间有功于祖墓及祠事者书,著述有实迹者书,有宦业历履者书②。

该族主张对有功于宗族及为宗族争得荣誉者予以记载。

据明万历年间编纂的《程典》记载,在休宁泰塘程氏族内:

> 立谱纪世系名字,以族之文而有行者掌之……其有事亲孝、事长弟、睦姻戚、和乡里,临财相让,临难相恤,修德务学,谨行体仁,为众所推者,则书之。累有可书者,没则为之立传于谱③。

该族对于认真遵守宗族秩序和践行宗族伦理的族人予以记载,并对事迹较为突出者予以立传嘉奖。

明崇祯年间,隆阜戴氏宗族在族谱中开设"登仕录"栏目,收录族中登仕版者115人。该族认为:

> 缨绂之荣何关于家史,而前人之勤施、后人之奋迹,皆可以思积累焉。故或以荐辟科目,或以材武舍选致身,虽不一途,要于光裕显扬无异也。睹是录而兴贤兴能,尚存乎来祀哉④!

于此可见,该族积极致力于教化和激励宗族后人以先贤为楷模。

与此同时,隆阜戴氏还在族谱中开设"懿行录"栏目,收录26位族人的懿行事迹,并附录记载贞节妇女34人、烈节妇女6人、义妇1人、孝妇1人,共42位妇女的事迹。该族认为:

> 士君子穷达则因乎时,德业则存乎己,坚伟烈而

---

① 正德《新安休宁长垄程氏本宗谱·凡例》。
② 隆庆《休宁率口程氏续编本宗谱·凡例》。
③ 万历《(休宁)程典》志第三卷《宗法志》。
④ 崇祯《休宁(隆阜)戴氏族谱》卷一《登仕录》。

抗姱修,皆保家之肖子也。敷求先世,采殊撷尤,仅得此数,足叹躬行之难,非古人不入兹录,以品定于终身也。至于栢舟矢操,之死靡它,虽曰幽贞,亦堪流风百世,即不能详列其事,而名氏犹存,庶几不与草木同斋矣①。

强调对忠孝节义事迹的记载,规劝后人作保家兴族的肖子。此外,明代编纂的《休宁率东程氏家谱》所载《凡例》云:

> 节孝,性之纲也,家之维也。凡孝子顺孙义夫节妇贞烈,皆为补传,振纲也。
>
> 彰善而旌义,好德之盛心也。故凡族有敦善尚义之人,必为立传以劝后也。
>
> 事非义弗成,今刻谱之费乐助以赀者,非义心之萌乎?乃为列名于左,昭义也②。

该族主张对族中节孝、敦善尚义、捐赀修谱之人予以记载,以收到彰善旌义的积极效果。

在婺源境内,明隆庆《(婺源)余氏统谱》所载《凡例》云:

> 忠孝节义之士以及孝妇节妇烈女,其有载名青史者,犹恨考之未悉。诸凡隐没在下、为舆论推服、名实可据者,各书行实,纪录于册,庶隐显存殁不至赘怨,而风化亦有可观。
>
> 士夫宦达在试录仕版者可稽,惟贡行监例,其平生行检及居官政绩必须记述,庶吉人君子无隐沦,善政善教皆可考③。

该族重视通过对有功于宗族及为宗族赢得荣誉的族人的特别记载,以达到正风化、行善政善教的目的。

清嘉庆《婺北燉煌郡洪氏支谱》所载《凡例》指出:

> 子孙繁衍,贤智愚不肖不等,其有忠孝节义、奇才

---

① 崇祯《休宁(隆阜)戴氏族谱》卷一《懿行录》。
② 明《休宁率东程氏家谱》卷一《凡例》。
③ 隆庆《(婺源)余氏统谱·凡例》。

异行、宦迹学业品诣超郡[群]者,固所备书。间有文章骚墨术业诸色人物,亦得各以所长附录①。

闺门为风化之首,安常处顺,志不胜志,间有苦节幽贞,为士大夫所能者扬之彤管,例亦宜之。兹家乘告竣,谨将合族列汇成一编,生卒月日,历节年所,各纪本氏名下。其年例已符律得请旌者,固宜特书。至饮冰茹蘖、抱痛穷天、格于例不能旌表者,尤当显微阐幽,用垂永久,以俟采风者择焉②。

该族强调对族中忠孝节义、德才卓异之人、仕宦及节烈妇女予以特别记载。

在祁门境内,清光绪《祁门善和程氏仁山门支修宗谱》所载《凡例》规定:

> 本谱凡祖宗诰敕、功德以及旧谱序文、仕宦赠遗、缙绅哀挽、村居景致、祠堂图记碑铭、列祖诗文遗稿,均经逐加修辑,并谱俱传,为子孙者皆当熟读世守③。

该族族谱所记载的关于宗族祖先的成功业绩及宗族制度设施的相关内容,是对族人进行教化的生动素材,有助于引导、约束、控制族人的行为。

在绩溪境内,清乾隆《绩溪上川明经胡氏宗谱》所载《凡例》规定:

> 凡男子不论仕隐,有存心光明、立身正大、可为子孙矜式,女子有妇德懿行、洁志坚操、可为闺阃模范者,据实备书。
>
> 其夫死而妻能守节无暇者,节妇类必列姓名。有文赞之佳者,附载以示表彰之意④。

该族强调对"可为子孙矜式"、"可为闺阃模范"的族中男女予以

---

① 嘉庆《婺北燉煌郡洪氏支谱·凡例·定书法》。
② 嘉庆《婺北燉煌郡洪氏支谱》卷末《列女》。
③ 光绪《祁门善和程氏仁山门支修宗谱·凡例》。
④ 乾隆《绩溪上川明经胡氏宗谱》卷一《凡例》。

详细记载,以示表彰。

清光绪《(绩溪)华阳邵氏宗谱》所载《谱法》指出:

> 家谱之作,虽为尊亲者讳,然尚贤而简不肖,则劝惩之意存焉。苟以一事讳之,则将无所激劝,而迁善改过之机阻矣,岂垂世之典哉!今日之谱虽不敢妄加褒贬以定是非,然亦不能尽无规勉……且明备圣学之谓贤,抱负经济之谓才,道义实有之谓德,取与不苟之谓义,事亲竭力之谓孝,侍长有礼之谓弟,居官尽职之谓忠,临乱不避之谓节,广施恩惠之谓仁,善决是非之谓智,不苟然诺之谓信,不枉是非之谓直。此数者或有一焉,则特笔以表之,或附之本传下,所以勉人向善之意①。

该族通过对族人之贤、才、德、义、孝、弟、忠、节、仁、智、信、直等品质或事迹的记载,突出显示了族谱劝人向善的规勉功能。

清宣统《绩溪城西周氏宗谱》所载《凡例》要求:

> 图系书名下,其人或科甲贡监、饮宾耆德,及节孝之类,遵前例注明,以示贵贵尊贤之意。
>
> 男子不论仕隐,妇人无论妻妾,凡有孝节懿行可为族党仪表者,例得立传赞以表章之。
>
> 忠孝节义、名臣隐逸、道学文艺及妇女节烈,宜分类立传②。

该族十分重视对本族贤贵之人的表彰。

清宣统《(绩溪)仙石周氏宗谱》所载《凡例》规定:

> 忠孝节义皆为立传,而事必以实,不可滥美,使负愧九泉而招人讪笑③。

该族强调族谱要为忠孝节义之人立传。

总之,明清时期徽州宗族通过对族谱的积极编纂,利用族

---

① 宣统《(绩溪)华阳邵氏宗谱》卷首《谱法·立谱大纲》。
② 光绪《绩溪城西周氏宗谱》卷首《凡例》。
③ 宣统《(绩溪)仙石周氏宗谱》卷二《凡例》。

谱劝善惩恶的舆论导向功能，从硬、软两个方面实现了对族人的控制①。

2. 通过强化族谱血缘谱系的纯洁性，实现对族人的控制

由于徽州自然地理条件的相对封闭，许多世家大族在迁至徽州后能够较好地保存本宗族的族谱文献："歙以山谷为州也，其险阻四塞几类蜀之剑阁矣。而僻在一隅，用武者莫之顾，中世以来兵燹鲜经焉，以故故家旧牒多有存者。"②而"故家旧牒多有存者"的客观条件，也使得徽州宗族在迁居地较为容易地重新编织起血缘谱系，而且这种谱系的优点在于历史悠久、世系清晰而不紊乱："族又各有宗谱，支派必分昭穆，以序高曾云礽，世系千年不紊，故皆比户可稽，奸伪无所托足"③；"其谱系悉分昭穆之序，毫不紊焉"④。相对于闽粤等地普遍流行的虚拟谱系、虚拟宗族来说，历史久远、世系齐整清晰、血缘纯洁度较高的徽州宗族谱系，更有利于在"奸伪无所托足"的前提下，实现维系宗族人心、统一族人意志、合族收族的目的。

明清时期，徽州宗族通过族谱收族，一般强调以始迁祖为中心，收合始迁祖以下的子孙。明崇祯年间，徽州郡北济阳江氏宗族规定：

> 郡北断始自凝一公，一切骈族他弊，俱不得阑入，则清白传也⑤。

该族族谱收录始迁祖凝一公以下的子孙，排斥异族伪冒。

清道光年间，徽州汪氏宗族认为族谱的重要功能之一即在于明世系、辨昭穆、防止异姓伪冒：

---

① 唐力行认为，在利用族谱实施族内控制过程中，徽州乡绅发挥了主导作用。参见唐力行：《徽州宗族社会》，合肥：安徽人民出版社，2005年，第214~230页。

② 乾隆《歙淳方氏柳山真应庙会宗统谱》卷二，万历二十一年方弘静《方氏家谱序》。

③ 乾隆《绩溪县志》卷一《方舆志·风俗》。

④ （清）尚祥卿《箴俗论》，康熙《黟县志》卷四《艺文》。

⑤ 崇祯□□年高弘图《郡北济阳江氏宗谱序》，崇祯《重修郡北济阳江氏宗谱》。

> 族之有谱,所以劈冒也。……吾族吴清山新安统宗祖祠,即郡邑志载澈公祠。祠之谱以明世系、辨昭穆,珍如拱璧,诚綦重矣①!

并认为:

> 冒认之弊,统宗难以及防,贵在各派各支邻近之族共体斯志,公同劈冒,自严纠察,不致张冠李戴,使统宗者为其朦混也。是又属各修支谱之为重矣②。

该族强调宗族内部各派都要认真履行纠察劈冒的义务。

对于那些存在"非吾族类"、谱系"讹舛失次"的族谱,徽州宗族则强调要予以彻底清查,以辨镜源流。清道光《新安歙西沙溪汪氏族谱》所载《重修族谱凡例》指出:

> 非吾族类概行清查删正,断不容紊乱宗支,以坏祖宗家法③。

据光绪《婺源县志》记载,婺源焦源吴氏族谱,"自前明来支派各修,讹舛失次",该族身兼商人与贡生双重身份的族人吴荣森,于清代"聚族议创为统宗,竟委穷源,世系不紊"④。对宗族血缘谱系进行了重新修整。

明清时期徽州宗族之所以如此重视血缘谱系的纯洁性,主要是因为纯洁、清晰的血缘谱系有助于增强宗族认同、凝聚宗族人心,对合族收族、实施族内控制具有极为重要的作用。而这一时期徽州宗族积极致力于防劈伪冒、强化血缘谱系的纯洁性这一实践活动的过程,实际上也是其对族人实施控制的过程。清乾隆《歙淳方氏柳山真应庙会宗统谱》所载《凡例》规定:

> 其有异姓承祧、无裨宗祊、徒紊宗脉者,已削不录。盖我祖不歆非类,律例亦严乱宗。以后更有犯

---

① 道光《新安汪氏宗祠通谱》卷末,道光二十年《汪氏宗祠通谱后序》。
② 道光《新安汪氏宗祠通谱》卷末,道光二十年《汪氏宗祠通谱后序》。
③ 道光《新安歙西沙溪汪氏族谱·重修族谱凡例》。
④ 光绪《婺源县志》卷三十四《人物志·义行》。

者,其支并削①。

该族主张通过削除异姓世系以确保本族内部宗脉不紊,此处防劈伪冒的过程,即是对族人实施控制的过程。

需要指出的是,明清时期徽州宗族围绕族谱管理以防止异族伪冒的实践活动,对本族族人的控制作用十分明显。

在歙县境内,清乾隆《歙淳方氏柳山真应庙会宗统谱》所载《凡例》指出:

> 家之有谱,如国之有史,所系匪轻。虑有不肖子孙,或奉守弗谨而失之,或贪牟货利而鬻之。如此者,众声其罪,追出原谱,仍逐出祠②。

该族主张将贪牟货利而私鬻族谱者逐出祠堂,开除族籍。

清道光年间,蔚川胡氏宗族所订《谱规》指出:

> 每年宗祠祭先之日,必考核全书,各支谱牒皆送至叙伦堂内,当面验过,然后各支复行领收,戒无私鬻。违则遍告同宗,呈公追究,并削其人世系,屏诸他乡。若藏贮不慎以致损坏及私行填改者,重罚不贷③。

该族族谱检查验收制度较为完备,将私鬻族谱者开除族籍,赶出村外,使之丧失在原宗族村落的居住权。与此同时,对私行篡改族谱者亦实施重罚。

在休宁境内,明成化年间,陪郭程氏宗族规定:

> 饮福之先,各将收到统宗世谱对众呈看,不持至者罚银五分,有损污者罚银一两,有失去者闻官追究,得获罚银十两,并入拜扫公用④。

该族主张对损坏族谱者施以经济处罚,对遗失族谱者予以"闻官追究"。

---

① 乾隆《歙淳方氏柳山真应庙会宗统谱》卷一《凡例》。
② 乾隆《歙淳方氏柳山真应庙会宗统谱》卷一《凡例》。
③ 民国《(歙县)蔚川胡氏家谱》卷二,道光二年《谱规》。
④ 成化十八年《重定拜扫规约》,弘治《休宁陪郭程氏本宗谱》附录《休宁陪郭程氏赡茔首末》。

明弘治《休宁陪郭叶氏世谱》附录的《领谱号》中指出:

> 谱牒成编,刻梓印本,惟吾同派,各受一帙,告于宗祖,贻厥子孙,什袭珍藏,传之永远。如有所失,族众诘之,或售于人,责令取赎,仍罚白银二十两入祭田,用以警将来①。

该族对将族谱私售于人者,责令取赎,并处以罚金。

明崇祯年间,古林黄氏宗族族人黄文明所订《祠规》之"谱牒当重"条云:

> 谱之所载,皆宗族父祖名号,为子孙者,目可得而见,口不可得而言。收藏贵密,各宜珍重,以便永远稽查。如有侵污,则系慢祖,众议酌罚,另择本房收管。或有不肖子孙卖谱盗写觅利,致使真赝溷淆,支派紊乱,得罪祖宗极矣,众共绌之,不许入祠拜墓,仍会族众追谱惩治②。

该族强调对保管族谱不善者、盗卖族谱牟利者予以严惩。

在祁门境内,清康熙年间,倪氏宗族规定:

> 族谱之修,所以惇伦彝、谨匪类也。支衍既繁,其间弊有不可胜言者,今九祠谱成之日,凡各祠所领以及好事愿领者,俱编成字号,某字号某人领,即将人名字号刊列于后,其板即公仝焚毁。所领之谱,每篇上必用某人领三字图章,日后有事稽查,如有一字号失落并改移不对者,定合众鸣官,逐出族外③。

至光绪年间重修族谱时,该族又规定:

> 谱书既已印订,其板即焚,各祠领谱谨遵旧例编成字号,每篇用某字号某人领印章。至递年冬至之日,各祠均将谱书带入统祠,公同照验,验毕,付原领者各自收藏,如有变移,合众逐出族外,仍须追还谱

---

① 弘治《休宁陪郭叶氏世谱》附录下《领谱号》。
② 乾隆《休宁古林黄氏重修族谱》卷首下《祠规·谱牒当重》。
③ 光绪《祁门倪氏族谱》卷上,康熙二十六年《修谱凡例》。

书。其人殁后,谱中不得载入①。

该族强调对遗失或私自篡改族谱者给予鸣官呈治、逐出族外、族谱除名等严厉的处罚。

在绩溪境内,清光绪《(绩溪)梁安高氏宗谱》所载《谱例》规定:

> 各派领谱,除公立谱约、各出领字,不得霉蠹遗失外,仍每年冬至各支祠会议一次,以严防检。而一年内生没娶葬,可于次日查明,收录宗祠。则三五年会议一次,即于此时通修谱稿。会谱时,有将宗谱损坏遗失者,照约领取罚不贷②。

该族强调对于损坏、遗失族谱的族人予以惩罚。

此外,明正德《新安毕氏会通族谱》所载《收掌名氏》,则对收掌族谱者提出了严格的要求:

> 不许涂抹改补及贪财转售他人,添刊世系,率乱宗族。如有此等,族众察出,将原售之人罚银十两入始祖师远公墓所公用,仍依会通世谱为据③。

该族强调对贪财转售族谱、致使世系紊乱者实行经济处罚。

清乾隆《新安徐氏宗谱》所载《凡例》云:

> 卖谱之禁须严,每见有非我族类,出身微贱,不知来历,偶尔暴富,即思冒入世族,而不肖支丁贪其多金,暗将领谱私卖,致下届续修,得以执谱插派,乱我宗支。倘各族有此不肖,一经察出,即鸣众斥逐出祠,其子孙永不得入谱④。

该族强调对私卖族谱、导致异族插派搅乱本宗血缘世系者,其本人斥逐出祠,其子孙永远不得入谱。

明清时期,徽州宗族通过对私鬻族谱行为的惩治与打击,

---

① 光绪《祁门倪氏族谱》卷上《重修族谱新增凡例》。
② 光绪《(绩溪)梁安高氏宗谱》卷一《谱例》。
③ 正德《新安毕氏会通族谱·收掌名氏》。
④ 乾隆《新安徐氏宗谱·凡例》。

既严厉地实施了对族人的控制,又有效地防止了异族的插派伪冒,这对于维护徽州宗族血缘秩序起到了一定的积极作用。

3.通过族谱的记载,及时准确地了解和掌握同居族人或支派、本族外迁族人或支派以及本族出继异姓的族人或支派的信息,实现联宗收族,或为联宗收族作准备,从而达到控制这些族人或支派的目的。

明清时期,徽州宗族通过族谱记载以收族,其第一个层面是收同居族人或支派,第二个层面是收外迁族人(出继异姓的族人除外)或支派,第三个层面是收出继异姓的族人或支派。值得注意的是,这一时期,徽州人因经商等原因而广泛外出或外迁,"其俗重商,四出行贾,多留不返。故东南郡国巨族,往往推本于歙"①,形成了"新安风俗性喜流寓"②这一颇为独特的社会人文景观。族人的频繁流动,使得宗族对他们的收合成为一大难题。对于这些流动不居的外出或外迁族人及形成的支派,徽州宗族通常动用血缘的因素即利用血缘载体——族谱作为联系纽带,加强与他们的联络和沟通,通过族谱收族,进而达到间接控制的目的。

(1)关于收同居族人或支派

明崇祯《(休宁)临溪吴氏族谱》所载《凡例》云:

> 收族之礼,先亲后疏,先近后远。谱我爵、德、齿三大房,自亲近始③。

该族强调按照血缘亲疏的次序记载宗族内部爵、德、齿三大房派的信息,以达到收族。

清康熙年间,歙县西沙溪汪氏宗族认为:

> 族之有谱,上以征祖宗之渊源,下以绵子孙之血脉,族大丁繁,非有谱以统之,何以光前而裕后也……将四十余年之人丁尽皆收续,一十八代之阙略备悉载登。今幸告成,由迁西沙溪以来,年历三百,丁发

---

① 陈去病:《五石脂》,南京:江苏古籍出版社,1985年,第306页。
② 道光《新安歙西沙溪汪氏族谱·重修族谱凡例》。
③ 崇祯《(休宁)临溪吴氏族谱·凡例》。

四千,支支祖妣循序而求,恍如列眉,派派子孙按籍而稽,快同指掌①。

该族强调对迁徙并定居于西沙溪的宗族子孙进行广泛记载,"谱以统之",以达到收族的目的。

清乾隆年间,歙县金川胡氏宗族在族谱凡例"尚同姓"条中规定:

> 同姓不可混也,是吾族者虽微不弃,非吾族者虽显不录,盖以明一本之亲而杜谬援之失也②。

该族强调通过对同宗族人的收录,以明一本之亲。

以上三个徽州宗族的记载较为笼统,实际上是以对同居族人的收合为主体。

(2)关于收外迁族人或支派

在歙县境内,清道光年间,西沙溪汪氏宗族的实际情形是:

> 吾族有经商为客,有携家侨寓,有置产迁居,如浙江、江西、河南、山东、湖广、广东、广西、四川及本省十四属府州县乡镇,自八十一世至八十八世在在都有,一处未到,遂不能全,所以家谱当三十年一修,庶见闻所及,方无遗漏。……收族之难也③。

该族强调对外迁族人的收合,并认为这也是收族的难点。

同一时期的蔚川胡氏宗族则认为:

> 迁徙宜载,凡本宗有迁徙者,备录其郡邑乡村于始迁之祖讳下,以为后日子孙会宗之符券④。

该族强调对族人流动与迁徙动向的及时掌握,而及时准确地把握住有关族人迁徙的信息,有助于日后联宗修谱、同宗结合等活动的开展,在某种意义上有助于控制或联合这些外迁族人及其在侨寓地所建的分支宗族。

---

① 康熙《谱成告祖文》,道光《新安歙西沙溪汪氏族谱》。
② 民国《(歙县)金川胡氏宗谱》卷首《旧族凡例》。
③ 道光《新安歙西沙溪汪氏族谱·重修族谱凡例》。
④ 民国《(歙县)蔚川胡氏家谱》卷二,道光二年《谱例大纲》。

在休宁境内，清顺治《新安(休宁)富溪程氏本宗谱》所载《凡例》云：

> 值此乱世，子姓文章已散四方，不得不亟亟搜求，详列居止，使后世有志祖宗者，咸有凭籍焉①。

该族强调对社会动荡之际流散各地族人信息的记载，以利于收族。

在婺源境内，明隆庆《(婺源)余氏统谱》所载《凡例》云：

> 迁徙内乡外郡，凡属远年近日迁居出继及商贾外方、娶妻生子之类，必登记详明，庶不至三五代后支派无稽②。

该族强调对外迁族人的相关信息予以详细登记，以利于日后收族。

明万历《萧江全谱》在谱例中规定：

> 萧江易姓数百岁矣，旧谱于迁徙之族不无遗漏，今请各系以其家乘质对，如合则录③。

该族强调在对迁徙之族信息准确把握的基础上进行收族。

民国《(婺源)清华胡氏宗谱》所载《旧条例》则规定：

> 有原系本枝、因散落在外者，后归，考是，源流不能接下，许于号后标题书入④。

该族强调对先前散落在外、后回归宗族的族人，在考辨世系真伪后进行收录，从而达到收族的目的。

在绩溪境内，清宣统《(绩溪)华阳邵氏宗谱》所载《凡例》云：

> 子孙有迁徙者，详注迁某处⑤。

---

① 顺治《新安(休宁)富溪程氏本宗谱》卷一《凡例》。
② 隆庆《(婺源)余氏统谱·凡例》。
③ 万历《萧江全谱》仁集一卷《例》。
④ 民国《(婺源)清华胡氏宗谱》卷首《旧条例十一条》。
⑤ 宣统《(绩溪)华阳邵氏宗谱》卷首《凡例》。

该族强调对外迁族人信息予以详细记载,以便于收族。

(3)关于收出继异姓的族人或支派

明清时期,因生活所迫或其他原因,徽州各宗族都或多或少有族人出继异姓宗族,对于这些被迫出继异姓的族人及形成的支派,徽州宗族多怀有同情的心态,期待有一天他们能回归原宗族。在族谱中对他们的出继及形成的支派情况和动向予以详细记载,即是为了实现收族的需要。清乾隆《歙淳方氏柳山真应庙会宗统谱》所载《凡例》规定:

> 支下有出继异姓者,有出为僧道者,有随母他适者,有赘居外家者,书之,不忍弃也。既未归宗,当比无传例①。

出于不忍割舍、抛弃的心态,方氏对出继异姓、随母改嫁而至他族、赘居外家的本族子弟及形成的支派予以记载。

清道光《新安歙西沙溪汪氏族谱》所载《重修族谱凡例》指出:

> 凡随母过继,依戚完姻,虽改名易姓,果系吾家支裔,真知灼见,无不备载,以征祖宗一脉相传,不忍轻弃②。

出于"不忍轻弃"的心态,该族对过继异姓并改名易姓的族人及形成的支派也加以详细记载。

此外,清同治年间编纂的《汪氏家乘》所载《凡例》云:

> 子孙有出继他姓与出赘为子者,皆当立图注明"出继"、"出赘"字样,庶日后归宗有可查考③。

该族强调编纂族谱时,要留意为出继与出赘他姓之人的日后归宗作准备。

---

① 乾隆《歙淳方氏柳山真应庙会宗统谱》卷一《凡例》。
② 道光《新安歙西沙溪汪氏族谱·重修族谱凡例》。
③ 同治《汪氏家乘》卷首《凡例》。

三、明清徽州宗族祖茔与族内控制

(一)明清时期徽州宗族祖茔概况

祖先崇拜是人类最原始的信仰之一,它来源于鬼魂崇拜。中国古人认为,人死后灵魂不灭,灵魂具有超人的能力,可以对活人施以祸福。对于祖先魂灵,人们怀有一种畏惧的、依赖的心态①。根据《礼记·郊特牲》的记载,人死后"魂气归于天,形魄归于地"。强调通过葬埋的途径掩藏死人的形体。到后来,又强调通过祖茔祭祀的形式招揽、愉悦祖先的魂灵,为宗族或族人祈福避祸。因此,祖茔祭祀在古代一直较为盛行。

在徽州,由于当地宗族及其族人对风水的极度信仰与推崇,以及对祖茔日益发挥的收拢人心、凝聚族人的作用的体认,及至明清时期,徽州境内甚至出现"吾徽有千年祖坟……他处无有也"②、"吾徽有千百年祖墓……他处无有也"③、"新安名家祖冢多有千余年祭扫不绝者"④、"俗重墓祭,往往始迁祖墓自唐宋迄今,犹守护祭扫惟谨"⑤的民俗景观。这一时期的徽州宗族对"祖宗体魄之所藏"⑥的祖茔的修建、保护及墓祭的定期举行更是非常重视:

> 徽俗重坟墓,树枝草石才动分毫,即称挖骸无踪,到官涕泣⑦。

> 婺俗最重先茔,唐宋以来,邱墓松楸,世守勿懈,

---

① 参见常建华:《宗族志》,上海:上海人民出版社,1998年,第112页。
② 康熙《徽州府志》卷二《舆地志·风俗》。
③ 许承尧撰,李明回等校点:《歙事闲谭》卷十八《歙风俗礼教考》,下册,合肥:黄山书社,2001年,第606页。
④ 乾隆《歙淳方氏柳山真应庙会宗统谱》卷一《凡例》。
⑤ 民国《歙县志》卷一《舆地志·风土》。
⑥ 乾隆《休宁古林黄氏重修族谱》卷首下《祠规·祠墓当展》。
⑦ (明)傅岩:《歙纪》卷五《纪政迹·修备赘言》。

或有私葬一棺,盗伐一株,即愤起讼端,累年不解①。

风水之说,徽人尤重之,其平时构争结讼,强半为此②。

俗多负气,讼起微秒,而蔓延不休。……顾其讼也,非若武断者流,大都坟墓之争,十居其七③。

坟地迷信受病亦深,祖坟荫木之争,辄成大狱④。

对危害宗族祖茔的行为,徽州宗族及其成员往往誓死力争。

在徽州人看来,祖先坟茔是宗族的根本。明万历年间,婺源萧江氏宗族认为:

坟墓为本根之地,子孙枝叶荣瘁所系⑤。

该族将坟墓视为宗族的本根之地。

清乾隆年间,歙县桂溪项氏宗族认为:

坟墓者,祖宗之形骸所托,灵爽所凭,渊源一线,命脉攸关。岁月既深,侵没尤易,子孙世世宜保护勿替也⑥。

鉴于祖茔对于宗族"命脉攸关"的重要性,该族强调对其进行认真保护。

清代,婺源虹关詹氏族人詹广榷,"壮贾姑苏,经营渐裕,首重本根,培植先茔荫木"⑦。将祖茔视为关系到宗族兴衰的根本。

---

① 光绪《婺源乡土志》第六章《婺源风俗》,第七十五课"续前四"。光绪《婺源县志》卷三《疆域志·风俗》则云:"尤重先茔,自唐宋以来,邱墓松楸,世守勿懈,盖自新安而外所未有也。"

② (清)赵吉士辑撰,周晓光、刘道胜点校:《寄园寄所寄》卷十一《泛叶寄》引《稗史》,合肥:黄山书社,2008年,第901页。

③ 许承尧撰,李明回等校点:《歙事闲谭》卷十八《歙风俗礼教考》,下册,合肥:黄山书社,2001年,第605页。

④ 民国《歙县志》卷一《舆地志·风土》。

⑤ (明)江一麟《祠规·守坟墓》,万历《萧江全谱》信集《附录》五卷《贞教第七》。

⑥ 乾隆《歙县桂溪项氏墓图》,附乾隆十三年项天瑞《清理记》。

⑦ 光绪《婺源县志》卷三十九《人物志·质行》。

(二)明清时期徽州宗族祖茔的控制功能

明清时期,作为徽州宗族最重要的控制设施之一的祖茔,其控制功能的发挥主要体现为三个方面:

1. 通过祖茔祭祀的定期举行,发挥控制族人的作用

在徽州宗族及族人看来,"墓茔乃亡者之依归,生者之荫庇"①。强调祖茔对于死去的祖先及活着的族人所发挥的"依归"、"荫庇"的双重功能。其中,对活着的族人所发挥的荫庇功能,主要是通过祖茔祭祀的途径得以实现的。明清时期,徽州宗族墓祭非常盛行。在休宁,"远近祖墓,春初有祭,清明有祭,自唐宋以来,树者封者可无失其故物"②。在婺源,"清明之墓祭与祠祭并行。祖父之近墓,则子孙春首必谒,岁暮必奠,省松楸,禁樵牧,有樵牧者,子孙仇之"③。在绩溪,"远近祖墓,献岁有谒,清明有祭,霜降送寒衣。自唐宋以来,树者封者可无失其故物,过墓思哀,人其省诸"④。通过墓祭,死去的祖先与活着的族人实现了沟通,并对活着的族人起到荫庇、控制的作用。休宁范氏宗族在祖茔遭遇元末战火破坏之后,担心与已故祖先的沟通渠道失畅以及造成族内伦常秩序的失控,明嘉靖年间,族中官僚士绅工部主事平仲公、逸士耕隐公等,"恐族属混淆,复修墓订谱以叙伦"⑤。试图通过祖茔的修复与祭祀,重新与死去的祖先恢复沟通,并实现规范族中伦常秩序的功能。明崇祯年间,休宁古林黄氏宗族族人黄文明所订《祠规》之"祠墓当展"条云:

> 贤子慈孙,入祖祠则知祖宗神灵之所依,过祖墓则识祖宗体魄之所藏,则祠祭墓祭如见宗祖一般⑥。

---

① 明《朱氏世谱·凡例》。
② 万历《休宁县志》卷一《舆地志·风俗》。
③ 康熙《婺源县志》卷二《疆域志·风俗》。
④ 乾隆《绩溪县志》卷一《方舆志·风俗》。
⑤ 嘉靖二十六年黄福《范氏重修瑶村祖墓表》,万历《休宁范氏族谱·谱茔》。
⑥ 乾隆《休宁古林黄氏重修族谱》卷首下《祠规·祠墓当展》。

该族强调通过墓祭的途径与已故祖先实现沟通。

明清时期，徽州宗族皆强调族人对于墓祭的参与，对不积极参与祭祀的族人实施惩罚，即对他们实施硬控制。明万历年间，休宁范氏宗族定期举行七族会祭祖墓的活动："清明前三日，七族照原额出银，各户早辰至统宗祠聚齐，往祭。"①该族硬性规定，始祖等墓的祭祀活动由宗族内部各支派采取统一行动。对于七世安节公瑶村祖墓，该族认为：

> 墓者，所以藏先君子之魄也。墓而不祭，非孝也；祭而不以类齐，非子孙也。子孙七族异居，岂可不皆赴祭会之时耶②！

强调墓祭是展示"孝"的一种途径，而异居各处的七族子孙积极参与墓祭，并通过"以类齐"，能够在一定程度上达到控制族人的目的。

清乾隆《重修古歙东门许氏宗谱》所载《许氏家规》之"清明墓祭"条指出：

> 吾宗坟墓非一处标祀，亦非一日所能遍也，有舟往者，有陆行者，是宜群族人而扫松楸也。……有登舟而不至墓所者，其罚同③。

该族强调族人对墓祭的积极参与，对未参与者进行罚胙处分。

通过祖茔祭祀控制族人，还体现为明清徽州宗族在墓祭时对礼仪控制的运用。明崇祯年间，歙县潭渡黄氏宗族规定：

> 合祀原属尊祖敬宗之举，须衣冠齐整、礼仪娴熟者，恪恭乃事，不得蹈习故常，聊备人数，有坏本派体面，且无以壮观瞻，各派宜痛惩已前陋习，共图维新④。

---

① 万历《休宁范氏族谱·谱茔》。
② 嘉靖四十五年范涵《复瑶村祖墓后序》，万历《休宁范氏族谱·谱茔》。
③ 乾隆《重修古歙东门许氏宗谱》卷八《许氏家规·清明墓祭》。
④ 雍正《歙县潭渡孝里黄氏族谱》卷五《明崇正[祯]庚辰各派更定祠规条款》。

在该族黄墩墓祠祭祀时,通过对祭祀礼仪的强调,达到控制与祭族人的目的。

清康熙年间,该族规定:

> 当祭扫之期,文会中应轮派四人,与七家头首同往墓所执事行礼,不可计胙之有无而甘为不孝之归也①。

重视墓祭礼仪的执行对于控制族人所发挥的积极作用,并强调祖茔祭祀是宗族礼仪的一种展示,宗族子孙不能只顾及胙肉的有无而决定是否与祭。

清乾隆《重修古歙东门许氏宗谱》所载《许氏家规》之"清明墓祭"条指出:

> 分胙之际,饮而丧仪,醉而败德,讥讪轮首,侮慢尊长,是宜查明,以罚其胙②。

该族强调对不遵守祖茔祭祀礼仪的族人进行罚胙处分。

2.围绕祖茔的保护,对损害祖茔的行为进行直接惩罚,对犯过族人实施硬控制

在歙县境内,清康熙年间编纂的《歙县汪氏崇本祠条规》规定:

> 两族二十四分以及各派祖茔来龙山朝山树木,倘有风雨摧损,俟守山人报明,两族公同砍伐归祠。支下子孙毋得觊地借端私取肥己,查出,会众祖前责逐出祠,仍将私得银两追出,为修祠之用。如恃强不遵,定行呈公究治。

> 两族来龙山朝山树木俱系祖宗培养,以荫子孙,关系非浅。如有私自借端砍伐者,亦照宗祠盗砍祖茔树木条例公究③。

该族强调对族人私自借端砍伐祖茔树木肥己者,予以责逐出祠

---

① 雍正《歙县潭渡孝里黄氏族谱》卷五,康熙四十六年《墓约》。
② 乾隆《重修古歙东门许氏宗谱》卷八《许氏家规·清明墓祭》。
③ 康熙《歙县汪氏崇本祠条规》。

或呈公究治的处罚。

清道光年间，蔚川胡氏宗族所订族规之"修坟墓"条规定：

> 坟墓乃祖宗所凭依之域，若平塌浅露，须于祭奠之日率众择土培之，不致暴露平没，启人窥伺。凡冢上木植、坟茔疆界，不时经理巡视，以防不肖之侵犯。若支下私伐丘木者，重罚之；侵葬者，倍罚改正。倘恃强不遵，族长呈公理论①。

该族强调对族人私伐丘木或侵葬者实施重罚。

在休宁境内，明万历《休宁范氏族谱》所载《林塘宗规》云：

> 唐宋以来旧业相传者若干墓，除各图山势地名载入家谱外，每年于清明前，家长照旧规率众，分行展墓，共伸孝思。内迁祖千九公及子圣甫公、孙廷瑞公为本村三大支众祖，尤当崇礼致敬。以上相传各墓地，若有本姓子孙侵葬盗卖，或外姓谋买占业者，各支下即会众检举，仗义鸣官。盖人各有祖，上下所同，害及祖宗，官亦心恻，必令改正退还乃已②。

该族主张将侵葬盗卖祖墓的族人呈官治罪。

在陪郭叶氏宗族内部，"自南唐以下诸处坟墓，前宋元以来后置立祭田，俱有规约"③。该族于明弘治年间编纂的族谱收录的《社会膳茔田山定议》指出：

> 窃恐子孙众多，贤愚难保，原置拜扫文簿，开载或有损失。今立合同，与诸房子孙收执，枝下子孙如有将各处祖茔地山，毋许侵葬损害。有犯，许众告官，历时改正。各处膳茔田土坟山，毋许盗卖，及众钱本侵欺执匿。如有此者，众执告官追给，仍将本人坐以不孝之律，不许入会④。

---

① 民国《(歙县)蔚川胡氏家谱》卷二，道光二年《规条·修坟墓》。
② 万历《休宁范氏族谱·谱祠·林塘宗规》。
③ 弘治《休宁陪郭叶氏世谱》附录下《社会膳茔田山定议》。
④ 弘治《休宁陪郭叶氏世谱》附录下《社会膳茔田山定议》。

该族强调对侵葬盗卖祖墓者实施呈官治罪的处罚。

明代,休宁李氏宗族规定:

> 各墓林安葬坟穴已定,以坟心为率,三面各开交,后面来龙不得侵凿。及众存□□山内如有风水,毋许先期开占,必待临时作迁,各房毋得阻当。其昭穆不应,亦无许安葬。违者,经公理告,准不孝论①。

该族强调对族人私自侵葬墓林的行为以不孝论处。

在祁门境内,明隆庆年间编纂的《(祁门)文堂乡约家法》规定:

> 各处祖坟,为首人须约聚斯文,如礼祭扫。遇有崩坏堆塞,即时修理,毋得因循。
>
> 本里宅墓来龙朝山水口,皆祖宗血脉、山川形胜所关,各家宜戒谕长养林木,以卫形胜。毋得泥为己业,摇损盗砍,犯者,公同重罚理治②。

该族强调对危害祖茔风水的族人予以重罚。

明代,奇峰郑氏宗族规定:

> 其墓田、墓地、坟山,子孙须至贫极微弱不得变卖,其富强者不得占据入己,以绝祖宗祭祀,均为不孝③。

该族主张对变卖、私占祖茔产业的族人以不孝论处。

在绩溪境内,清宣统《(绩溪)华阳邵氏宗谱》所载《新增祠规》云:

> 君子为官室不斩丘木,重先兆也。不能自立,稍不如意,每归怨于祖,或发其冢而鬻其地,或妄信堪舆家言,谓某房吉某房凶,遂至此房欲改葬而彼房强阻,一切凶煞水蚁置诸不问,竟听其父祖骸骨损坏,忍心

---

① 王钰欣、周绍泉主编:《徽州千年契约文书》(宋元明编)卷五,《正统休宁李氏宗祠簿》,石家庄:花山文艺出版社,1991年,第98页。
② 隆庆《(祁门)文堂乡约家法·文堂陈氏乡约》。
③ 《正德—嘉靖(祁门奇峰)郑氏誊录簿》,南京大学历史资料室藏。

害理,莫此为甚。倘族中有此等不肖子,亟宜会同族众力攻其罪,并罚洋二十元充公,以示惩儆①。

该族强调对私鬻祖茔产业、侵葬祖茔的族人予以谴责问罪,并给予一定的经济处罚。

此外,明代,徽州朱氏宗族规定:

> 吾朱氏宗主之墓,土名处所皆纪于谱,为子孙者当毋分世远迩,每于清明令节须当祭扫,勿令失业。如远世之墓,后世子孙知而不标挂而使损坏者,其不孝莫甚焉②。

该族强调对保护祖茔不力者予以处罚。

清光绪《三田李氏宗谱》所载《家规》之"先茔"条强调:

> 祖宗祖茔非但为子孙风水,实安先人体魄。近见有等倍众顾私者,每将众共祖坟傍穿己亲墓穴,孰知祖宗不安,己亲未必便利,更有惑于方术之士迁移改筑者,俱以不孝治。
>
> 子孙有盗葬祖坟者,族众齐集,押本人即时掘起,如本人逃匿,即押其兄弟子侄起掘,随鸣官以不孝论③。

该族主张对盗葬祖坟的族人予以告官论罪的处罚。

3. 通过祖茔祭祀规条、祖墓议约等制度规定,对祖茔及其祭祀进行规范管理,对违反规条的族人实施处罚与控制

在休宁境内,明弘治年间,陪郭叶氏宗族通过制定规条的形式筹集祖茔祭祀经费:

> 天顺间,众因买田标挂拜扫,盖有人心之异者分为三股,已经四十余年,致疏族义者有矣,可不念哉!

---

① 宣统《(绩溪)华阳邵氏宗谱》卷首《新增祠规》。
② 明《朱氏世谱·凡例》。
③ 光绪《三田李氏宗谱》卷末《家规·先茔》。

兹于戊午年①,志道②会集宗族长幼定议,将前三股田亩仍归于一,众皆悦而从之。立簿为规,开载数目,每岁租赋之入收贮一处。又以同宗之人但遇诞子者,则曰庆喜,出银一钱资于其中,以为增益之用。毋许以一违众,及私于己。如有此等,众即惩治,执正于官,以复规约③。

该族强调对违反祖茔祭祀规约的族人实施惩治,并借助官府强制力来恢复规约的效力。

在休宁范氏宗族内部,"瑶村清明墓祭,向无定主,惟近墓宗家岁荐常事,各族属间一行之"。明嘉靖二十四年(1545),范氏"会七族合祭于墓,嗣复约七族子孙各捐金三两,为粢盛恒产,置簿,立祭规,轮流主祭"④。该族通过订立祖茔祭规,运用制度化的手段确定并规范了宗族墓祭的主祭班次。

清乾隆年间,休宁月潭朱氏族人朱元安,"偕弟元宁公至婺源稽考图册,得举公墓于荒垅中。首倡捐赀修葺完整,并会婺邑族人拜始祖茶院府君墓下。又捐举公墓田,严定祀规,岁往致祭,更清厘税亩,请示勒石,俾后世子孙永守勿替"⑤。相关族人通过严格制定祖茔祭祀规条,以确保祖茔祭祀的顺利进行。

在歙县境内,明嘉靖四十年(1561),溪南吴氏宗族在订立的《祖墓议约》中规定:

> 今后子孙但有故违此约私砍柴木者,被获送官,以不孝论罪。倘有各枝子孙见知,互相容隐,均亦不孝,罚银五两。及知他人偷砍受赂卖放者,罚亦如之。其获赃具指名来报者,赏银一两。
>
> 拿获盗木人等,敢有强梁不服,在义约者鸣鼓攻

---

① 即弘治十一年,1498年。
② 叶志道为弘治年间叶氏族谱编纂者,身份为商人,曾在闽中、鄱浙间经商,获利颇丰。又据弘治《休宁陪郭叶氏世谱》卷二《续谱纪实》载:"休宁朱紫坊派:五十二世强宗,字志道,嵩寿公长子,行廿八。生永乐己亥。"
③ 弘治《休宁陪郭叶氏世谱》附录下《社会膳茔田山定议》。
④ 万历《休宁范氏族谱·谱茔·瑶村墓主祭班次》。
⑤ 民国《新安(休宁)月潭朱氏族谱》卷九《提举公派托公下存玹公支》。

之。如有推却偩众,是无祖宗之人,真畜类也①。

该族重视通过制定《祖墓议约》的途径,以实施对不法族人的控制。

四、小　结

明清时期,徽州宗族的控制设施主要有祠堂、族谱、祖茔等,它们是徽州宗族实现祖先崇拜、实施族内控制的重要凭借。通过以祠堂、族谱、祖茔与族内控制为视角,我们对明清时期徽州宗族内部控制设施及其所发挥的控制作用进行梳理后,可得出以下结论:

首先,明清徽州宗族祠堂的控制功能有日益强化的趋势。这一时期徽州宗族通过祠堂实施族内控制主要体现为:第一,通过祠堂祭祀仪式的举行及相关祭祀制度的执行,以融洽宗盟、收拢人心、增强宗族凝聚力,进而达到尊祖敬宗、合族收族、控制族人的目的。第二,通过以祠堂为舞台进行族内教化和普法宣传活动,实施宗族内部控制的功能。第三,通过祠堂执法实施对族人的硬控制。第四,族内纠纷调解、统一族人意志以按时缴纳赋税、族内赈济等其他控制功能的实施,也多以祠堂为中心,在祠堂内进行。第五,徽州宗族还围绕宗族祠堂的管理开展族内控制活动。

其次,明清徽州宗族通过族谱实施族内控制主要体现为:第一,徽州宗族通过族谱及其凡例的制定对族人实施控制。这一时期徽州族谱及其凡例具有极强的劝善惩恶的价值判断功能,即徽州宗族常常通过族谱对族人实施硬、软控制。第二,通过防劈伪冒、强化血缘世系的纯洁性等途径,加强宗族认同,凝聚宗族人心,实现对族人的控制。第三,通过族谱的记载,及时准确地了解和掌握同居族人或支派、本族外迁族人或支派以及本族出继异姓的族人或支派的信息,实现联宗收族,或为联宗

---

① 《崇祯(歙县溪南)吴氏文契誊录簿》,南京大学历史系资料室藏。

收族作准备,从而达到控制这些族人或支派的目的。

最后,明清徽州宗族通过祖茔实施族内控制主要体现为:第一,通过祖茔祭祀的定期举行,发挥控制族人的作用。这一时期,徽州宗族强调族人对于墓祭的积极参与,对不参与祭祀的族人实施惩罚,即对他们实施硬控制。通过祖茔祭祀控制族人,还体现在徽州宗族在墓祭时对礼仪控制的运用上。第二,围绕祖茔保护,对损害祖茔之人进行直接的惩罚,即对犯过族人实施硬控制。第三,通过祖茔祭祀规条、祖墓议约等制度化的规定,对祖茔及其祭祀进行规范与管理,对违反规条的族人实施处罚与控制。

明清徽州宗族内部的
控制手段及其运用

一、明清徽州宗族内部的制度
控制手段及其运用

此处所谓制度,是指明清时期以徽州宗族及其成员的集体名义制定并颁布的,用以对族内全体或部分成员的行为进行制约与调节、对族内相关事务进行规范与调整的各种规章的总称。而制度控制手段即是指这一时期徽州宗族及其成员利用自身所制定的各种规章制度,对族内全体或部分成员的行为进行制约与调节、对族内相关事务进行规范与调整的途径和方式。

在明清时期徽州宗族内部所制定的用以制约与调节族内全体或部分成员的行为、规范与调整族内相关事务的各种规章制度中,以族规家法与合同条约为其主要代表。此处所讨论的制度控制手段,主要是指运用族规家法与合同条约来实施宗族内部控制的途径和方式。

所谓族规家法,是指明清时期徽州宗族领导层或相关族人,为维护宗族社会秩序的稳定,以国家法律、民间习惯、纲常礼教等为原型,经过删减增补、加工整理而成的,在宗族内部具有普遍约束力和控制力的各类宗族法规[①]。而族规家法控制

---

① 参见朱勇:《清代宗族法研究》,长沙:湖南教育出版社,1987年,第9页。

手段,即是指这一时期徽州宗族及其成员利用族规家法,对族内全体或部分成员的行为进行制约与调节、对族内相关事务进行规范与调整的途径和方式。

所谓合同条约,是指明清时期以徽州宗族及其成员的集体名义制定并颁布的,用以对族内全体或部分成员的行为进行制约与调节、对族内相关事务进行规范与调整的各类契约、协定的总称。而合同条约控制手段,即是指这一时期徽州宗族及其成员利用自身所制定的各种合同条约,对族内全体或部分成员的行为进行制约与调节、对族内相关事务进行规范与调整的途径和方式。

(一)族规家法[①]控制手段及其运用

明清时期,徽州宗族的族规家法内容丰富、种类繁多,有族规、宗规、家规、祠规、家法、家训、祠训等。作为徽州宗族内部一项极为重要的制度设计和制度规定,虽然在各宗族内部,其规范与调整的对象和范围不尽相同,但都具有较强的约束力与控制力。族规家法控制手段是明清时期徽州宗族内部使用频率较高、实施效果较为明显的控制手段之一。

1. 族规家法的性质

明清时期,许多徽州宗族及族人对于族规家法的性质作了解说。明万历年间,休宁商山吴氏族人吴应试认为:

> 夫祠之设,朱考亭所以权庙制而申士庶之孝养也;祠之规,陆象山所以通宗法而著合族之章程也[②]。

明万历《休宁范氏族谱》所载《宗规》指出:

> 规者,矩之别名也。圆之则规,方之则矩,一也。规则运之以情立法,矩则絜之以义推心,亦一也。观

---

① 赵华富曾对明清徽州族规家法进行过较为系统的研究,参见赵华富:《徽州宗族研究》,合肥:安徽大学出版社,2004年,第362～424页。此处则选择以社会控制为视角,对这一时期徽州宗族族规家法的控制功能加以讨论。

② 万历三十一年吴应试《宗法规条序》,明《(休宁)商山吴氏宗法规条》。

谱者谛观于宗规,斯知作者之意乎①。

清宣统《(绩溪)华阳邵氏宗谱》所载《新增祠规》指出:

祠规者,所以整齐一族之法也②。

上述徽州宗族或族人认为,族规家法作为宗族内部一项重要的制度规定,是整齐宗族的章程、规矩、大法,强调其权威性与规范宗族事务的作用。

而清宣统年间编纂的《(绩溪)仙石周氏宗谱》则将族规家法置于族谱的首编:

祖训家法录于首编,每年正月识字者宣讲,男东女西共听,以示警惕③。

该族强调族规家法的权威性,并重视宗族内部普法宣传活动的开展。

值得指出的是,族规家法自身的制度权威性,在很大程度上决定了其规范与调节宗族内部社会行为以及实施族内控制的权威性。

2. 族规家法的取材来源

明清时期,徽州各宗族族规家法的内容因时因地因族而异,所订条款不尽一致,但归纳而言,族规家法多取材于国家法律、前代祖训家规、异姓宗族的族规家法成例、民间习惯、纲常礼教等内容,且各有侧重。

在祁门境内,明嘉靖年间,清溪郑氏宗族制定族规时,"上遵国法,远稽祖训,近采众议,酌成家规"④。该族的族规是以国家法和前代祖训为蓝本,近采众议,制定而成。清光绪年间,金溪金氏宗族则直接收录《范文正公家规》13条⑤,大规模地照抄照搬范仲淹宗族的族规家法条文,其目的是借此以为本家族的行动指南。

---

① 万历《休宁范氏族谱·谱祠·宗规》。
② 宣统《(绩溪)华阳邵氏宗谱》卷首《新增祠规》。
③ 宣统《(绩溪)仙石周氏宗谱》卷二《凡例》。
④ 万历《祁门清溪郑氏家乘》卷四《郑氏家规》。
⑤ 光绪《(祁门)京兆金氏统宗谱》卷二《家训十条》。

在休宁境内,明成化年间,陪郭程氏居乡官僚程敏政,在族人程岘所订赡茔录的基础上,对该族的赡茔条规加以续订:

> 取处士旧规而裁酌之,稍寓宗法,为合族之本,兼用乡例,通随俗之宜,举废典以广孝思,庶几祖宗之所以望其子孙,与子孙之所以报其祖宗者,两得之也①。

程敏政以旧规约为基础,结合民间俗例,制定了新的规条。

明万历《休宁范氏族谱》在记述统宗祠规时指出:"右宗规十六款,总之皆尊遵圣谕之注脚。"②明万历年间,商山吴氏所订宗法规条,"其义独取今圣谕孝顺数事"③,"是规也,即古乡司徒、党正之遗,而今朝乡约之设、圣谕谆谆之象指也"④。明崇祯年间,古林黄氏宗族祠规制定者黄文明指出:"右祠规一十六款,非明⑤臆说,皆推圣谕之遗意也。"⑥上述三个明代徽州宗族的族规制订,皆以朱元璋圣谕六言为指导。

据清雍正《(休宁)茗洲吴氏家典》记载,茗洲吴氏所订《家规》共计80条,其中有41条录自浦江义门郑氏所订《家规》:

> 予见名门右族莫不有规,然往往掊撦名言,组织成文,不一传俱覆瓿矣。惟郑氏规都是实事,辞意和平,恺恻动人,昔抑庵公手录弦诵已久,兹就其所当行、所能行者,录四十一条,复损益增入三十九条,共计八十条。俾族人朝夕观省,着力奉行,庶几于四礼有所裨益。若其罅漏疏失,则在后之人实心任实事,随时随事,斟酌增损焉⑦。

----

① 成化十八年程敏政《续定赡茔录序》,弘治《休宁陪郭程氏本宗谱》附录《休宁陪郭程氏赡茔首末》。
② 万历《休宁范氏族谱·谱祠·统宗祠规》。
③ 万历三十一年吴应试《宗法规条序》,明《(休宁)商山吴氏宗法规条》。
④ (明)邵庶《商山吴氏宗法序》,明《(休宁)商山吴氏宗法规条》。
⑤ 即指祠规制定者黄文明。
⑥ 乾隆《休宁古林黄氏重修族谱》卷首下《祠规》。
⑦ 雍正《(休宁)茗洲吴氏家典·凡例》。

该族还指出：

  吾家立春之祭，其正享、配享皆效仿郑氏家规，审慎斟酌而后定①。

在制定本族的宗族法时，该族积极借鉴徽州境外的异姓宗族族规家法的条款。

在婺源境内，明万历年间，萧江氏族人江一麟所订《祠规》，"首以太祖高皇帝圣谕，遵王制也。……圣训六条，无非化民成俗，为善致祥"②。该族族规家法的制定，坚持以明太祖朱元璋的圣谕六言为指导。明代，沱川余氏族人余准，"仿浦阳郑氏家法立规七章，世为子孙守"③。该族族规的制定，模仿、借鉴了浦江义门郑氏家法。明代，李坑李氏族人李大全，"卒之日，手录前贤积善格语，令子孙守为家法"④。先贤格言成为李坑李氏宗族族规家法取材的来源之一。

在绩溪境内，清宣统年间华阳邵氏宗族《新增祠规》，"皆从旧牒祠规、前贤宗规，与夫近事之宜整者，酌量参订，通族核定以示劝诫"⑤。该族的《新增祠规》，主要取材于本族旧祠规和历代前贤宗规，并结合当时宗族内部的实际状况制定而成。

在歙县境内，清乾隆年间，东门许氏宗族官僚许登瀛参照旧谱规约制定义田条规："以上诸条，俱从旧谱规约内扩充行之，匪敢独出己见也。"⑥该族新的宗族规约是根据旧族规家法条款加以变更制定而成的。清道光年间，蔚川胡氏宗族"僭采有关伦理切日用者，分为十五条，俾子姓有所持循，绍先世之美于不替"⑦。该族族规家法取材于纲常伦理等内容。

3. 族规家法的制定

明清时期，徽州宗族的族规家法主要由族长、房长、斯文等

---

① 雍正《(休宁)茗洲吴氏家典》卷一《家规》。
② 万历《萧江全谱》信集《附录》五卷《贞教第七》。
③ 乾隆《婺源县志》卷十九《人物志·孝友》。
④ 康熙《婺源县志》卷十《人物志·义行》。
⑤ 宣统《(绩溪)华阳邵氏宗谱》卷首《新增祠规》。
⑥ 乾隆《重修古歙东门许氏宗谱》卷八《宗祠新置义田规约》。
⑦ 民国《(歙县)蔚川胡氏家谱》卷二，道光二年《规条》。

宗族领导层、知识层负责制定，他们是徽州宗族中的上层人士和精英分子，往往掌握着宗族内部事务的主导权和话语权。在歙县境内，潭渡黄氏宗族大宗祠规条计32则，乃八堂尊长及文会诸公于清康熙五十三年(1714)议定①。该族德庵府君支下五门门长、文会则于清康熙五十八年(1719)在祠中列祖之前公同议定祠规23则②。宗族内部的族长、房(门)长、族老、文会诸公等拥有议定族规家法的权力。清宣统《古歙义成朱氏宗谱》在论述"祠规"时指出："以上八条，均系族众妥议，余难胪列细载，一切准情度理而行，无违，切切。"③此处所谓经由全体族众妥议，是指在宗族领导层的直接过问下，族规家法的制定以族内民主的形式与面目出现，而最终的决定权与控制权仍掌握在宗族领导层手中。

在休宁境内，明代，西门邵氏宗族族人邵棠，"幼从金栗斋少府授毛诗……首义建大宗祠，三年告成，又为立祠规以贻来者"④。月潭朱氏宗族的朱世龙，明隆庆至崇祯年间人，邑大宾、光禄寺署丞，"同兄齐龙公、伯珊公创造宗祠，及裁定春秋祀典，型仁讲让，议旌议罚，规条明备"⑤。上述休宁境内两个宗族的族规家法主要由族中知识阶层负责制定。

在婺源境内，清代，上槎口程氏宗族邑庠生程锦渠，"葺家谱，立祠规，置祀田，示不忘本也"⑥。清代，清华汪氏族人汪廷训，"好读书，善属文，屡试不售……倡新祠宇，保祖墓，立祠规，以垂永久"⑦。清代，和村詹氏族人詹廷芳，"弱冠游庠，有孝行。村族多瘠农，芳倡立祠规，殷实乐施者祔祀"⑧。清代，诗春施氏族人施用琨，"幼习诗书，家贫，未获卒业。持躬方正，训蒙善

---

① 雍正《歙县潭渡孝里黄氏族谱》卷六《公议规条》。
② 雍正《歙县潭渡孝里黄氏族谱》卷六《康熙己亥公立德庵府君祠规》。
③ 宣统《古歙义成朱氏宗谱》卷首《祠规》。
④ (明)许国《邵封公述斋先生传》，万历《休宁县志》卷六《人物志》。
⑤ 民国《新安(休宁)月潭朱氏族谱》卷五《提举公派采公下存玺公支》。
⑥ 光绪《婺源县志》卷二十九《人物志·孝友》。
⑦ 乾隆《婺源县志》卷二十六《人物志·质行》。
⑧ 光绪《婺源县志》卷三十八《人物志·质行》。

诱。晚年经理祠务,酌定规条,祀奉孔明,堪传永远"①。清代,沱川余氏族人余朝读,"少业儒,以家贫淡于进取……曾倡建支祠寝室,任劳任怨,并立祭扫条规,至今遵守勿替"②。清代,城西金氏族人金昌鉴,"少弃儒,佐父服贾……族故有祠,祀典常缺,鉴与衿耆倡建条规,兴举祀事"③。清代,思溪俞氏国学生俞树经,"舌耕以供甘旨……支祖缺祭,爰集同志兴祀典,立规条,以垂久远"④。上述婺源境内各宗族的族规家法皆由族中绅士及知识阶层等负责制定。

4. 族规家法的执行

明清时期,由于徽州宗族族规家法以维持既定的宗族社会秩序为直接目的,起到支持国家政权施政、维护封建统治的重要作用,因此,对它的遵守与执行是以宗族自身力量和国家力量⑤

---

① 光绪《婺源县志》卷四十《人物志·质行》。
② 光绪《婺源县志》卷三十五《人物志·义行》。
③ 光绪《婺源县志》卷三十八《人物志·质行》。
④ 光绪《婺源县志》卷四十《人物志·质行》。
⑤ 明万历年间,歙县朱氏宗族的族长朱明景等人为加强族规的权威性和加大执行的力度而向知县"恳申祠规,赐示遵守"并最终获得"县给告示"的活动,就是徽州族规家法的执行得到国家政权强制力的支持的一个生动事例:

县给告示

直隶徽州府歙县,为恳申祠规,赐示遵守事。据二十一都五图约正朱文谟同族长朱明景等连名具呈前事,呈称:本家子侄,丁多不一,恐有不务生理、横暴乡曲、不孝不悌、忤尊长、违禁、赌博、酗饮、嫖荡、斗打、争讼等情,祠立家规,犯者必戒。恐有刁顽违约,不服家规诫罚,仍肆强暴,不行改正,虑恐成风,后同族长粘连祠规呈叩天台,伏乞垂恩准申祠规赐印、赐示、刻扁[匾]张挂,以警[儆]效尤,概族遵守等情,据此,拟合给示严禁。为此示仰朱姓通族人等知悉,务宜遵守家规,敢有违约不遵者,许约正、族长人等指名呈来,以凭究处,以不孝罪论,决不轻恕。特谕。

右仰知悉

(全印)

万历二十六年八月十八日给

告示县押

资料来源:《朱氏祠志》,转引自张海鹏、王廷元主编:《明清徽商资料选编》,合肥:黄山书社,1985年,第32~33页。

作为其强制执行的保证①。

在歙县境内,清康熙年间,潭渡黄氏宗族所订《德庵府君祠规》规定:

> 支下子孙务须永远遵守,如有紊乱祠规、变坏成例及玩忽怠惰不遵者,俱以不孝论②。

清康熙年间编纂的《歙县汪氏崇本祠条规》规定:

> 崇本宗祠公议载簿条约,分颁两族各派,凡我族属务宜恪遵,以正彝伦,以敦风化。
>
> 前两族公议诸款,如有不遵公罚者,执条议会众呈公究治③。

上述两个徽州宗族皆强调对族规的认真遵守与执行,并规定,在宗族无力解决不肖族人违犯族规家法正式条款的时候主动邀请官府的介入,试图凭借政权强制力的支持,以确保族规家法能够得到顺利的实施与执行。

在休宁境内,明代编纂的《(休宁)商山吴氏宗法规条》指出:

> 祠规虽立,无人管摄,乃虚文也。须会众公同推举制行端方、立心平直者四人,支内每房推选一人为宗正副,总理一族之事。遇有正事议论,首家邀请宗正副裁酌,如有大故难处之事,会同概族品官、举监生员、各房尊长,虚心明审,以警人心,以肃宗法④。

该族强调由宗正副、品官、举监生员、各房尊长等宗族上层人士和精英分子来确保族规的顺利执行。

在祁门境内,奇峰郑氏于明正德十年(1515)冬,建成宗族祠堂一本祠,即始祖大司徒祠:

---

① 参见朱勇:《清代宗族法研究》,长沙:湖南教育出版社,1987年,第9页。
② 雍正《歙县潭渡孝里黄氏族谱》卷六《康熙己亥公立德庵府君祠规》。
③ 康熙《歙县汪氏崇本祠条规》。
④ 明《(休宁)商山吴氏宗法规条》。

> 佥谋所以敦本合族之道,于是立堂规以训诸族人,又推耆德三人以行之。凡族之人有不平,必请命三人者而听曲直焉,兹族老所由名也。故以子姓之蕃,无少长贤愚,见之礼必恭,忿必思难,而昔之强者、狡者、冥玩而无识者,皆知劝遵约束,无敢越厥志,固不俟爵位之荣、冠服之异,宛若有官守者①。

在该族内部,由族老负责执行家规,并在维持族内社会秩序方面收到了一定的成效。

明万历年间,清溪郑氏宗族为确保族规得到切实遵守与顺利执行,曾由该族族老郑之珍等将它进行压缩改编、摘其精华收录在族谱中,"以便观守"。在万历年间所编家乘中,该族对族规的编纂、族规的功能及其遵守与执行等作有如下交代:

> 吾家自祖以来,其奉先睦族遇下,各有定额,但行之既久,不能无弊,其通变损益以趋时者,今日不得不然也。于是上遵国法,远稽祖训,近采众议,酌成家规。夫规之为言戒也,又言式也。事有不趋于时、不合于理,不可纵也,故戒之。戒之而趋于时、合于理,可世守矣,故式之。此规之所由立而人之所当遵也。其或有干于此者,则礼罚炳炳在也。条陈于后,期毋犯。
>
> 右家规立自嘉靖三十五年,屡经佥议,逐条斟酌,至后益加详妥。兹因家乘既成,摘其要略附梓于末,以便观守云。
>
> 时万历十四年丙戌孟冬月吉旦族老之珍(以下人名从略)共立②

清溪郑氏的族规是经过多次讨论、逐条斟酌后才最终定型的,对它的遵守与执行,则由族老等人负责监督。

在绩溪境内,清光绪年间,华阳邵氏宗族鉴于"立规难,行

---

① 正德十五年郑建《寿族老以安公六十序》,嘉靖《(祁门)奇峰郑氏本宗谱》卷四《文征》。

② 万历《祁门清溪郑氏家乘》卷四《郑氏家规》。

规尤难"的客观实际,为了确保族规的顺利执行,曾订立有《祠规合议》。其具体内容如下:

> 立合议邵宗祠派下人等,缘本祠越主事毕,公议重订祠规,以期通族亲睦,勉为盛世之良民,作祖宗之令子。顾立规难,行规尤难,一或有不肖者,任意阻挠以行其私,则祠规破坏,百弊丛生,通族之人莫不并受其害。爰集族众将祠规公同核定,缮列粉牌,悬挂祠内,俾有遵循,用垂久远。并立合议一样四纸,各存一纸,附列条款,永远存照。条款列后:
> 一、合议四纸,宗祠存一纸,上、中、下三门各存一纸。
> 一、祠中公事必须同心协力,秉公办理,不得偏执异议。至私事禀祠,祠中议事者必与两造无嫌疑,方得与议,否则当回避远嫌。
> 一、倘有违祠规者,即应集众会议,依规办理,不得畏难退缩。
> 光绪三十三年丁未冬月　日　邵宗祠集众合议①

该族通过宗族合约的形式,对重新议定祠规的原因、目的、祠规的遵守及相关处罚条款作了规定,强调对违反族规者,"应集众会议,依规办理",按照族内既有程序和相关条款予以严惩,以避免使族规失之具文。

清宣统《(绩溪)仙石周氏宗谱》所载《家法》规定:

> 家法以尊治卑,不得以卑治尊。凡族中子弟犯家法者,叔伯父兄得以家法治之。②

该族强调由族中尊长负责族规家法的执行。

在婺源境内,据明万历《萧江全谱》记载,萧江氏宗族认为:

> 苟不立之宗规,何所约束群情,萃涣修睦,作求世德,引诸有永,故特立规若干条,勒之贞珉,昭示族众……

---

① 宣统《(绩溪)华阳邵氏宗谱》卷首《祠规合议》。
② 宣统《(绩溪)仙石周氏宗谱》卷二《周氏宗谱家法》。

凡我父老子弟各宜涤心体悉,实践力行①。

该族强调全体族人都要重视对族规的践行。

上述明清时期徽州宗族族规家法的执行过程,也即是对族内社会行为和社会秩序进行规范与调整、对族人实施约束与控制的过程。大量事实表明,明清时期徽州宗族社会秩序能够总体上长期保持和谐稳定的态势,在很大程度上是与这一时期族规家法的有效执行分不开的。

5.族规家法的主要控制功能

(1)从族规家法的主要内容看其规范与控制范围及功能

明清时期,徽州宗族族规家法的内容十分丰富,虽然各族由于自身的实际情况不尽相同,族规家法的关注重点与控制重点不尽一致,但通过对各宗族族规家法的分析,还是能够看到其所存在的共性的一面。需要指出的是,此处所讨论的族规家法,主要是指对一族事务进行规范与调整、适合宗族全体成员的宗族规章制度,对宗族内部专门性的规条则不作分析。通过对徽州宗族族规家法主要条款的分析,大致可看出其规范宗族行为与实施族内控制的一般情形。此处,试列举明清时期徽州6个宗族的族规家法的条款作一概要分析与说明:

①明万历年间,休宁范氏宗族所订《统宗祠规》,包括"圣谕当遵"、"祠墓当展"、"族类当辨"、"名分当正"、"宗族当睦"、"谱牒当重"、"闺门当肃"、"蒙养当豫"、"姻里当厚"、"职业当勤"、"赋役当供"、"争讼当止"、"节俭当崇"、"守望当严"、"邪巫当禁"、"四礼当行",共计16条②。

②明万历年间,婺源萧江氏宗族所订《祠规》,包括"尊祠宇"、"守坟墓"、"守祀田"、"厚风俗"、"正闺门"、"崇礼教"、"育人才"、"慎嫁娶"、"时供赋"、"谨财用"、"止词讼"、"御群下",共计12条③。

③明崇祯年间,休宁古林黄氏宗族所订《祠规》,包括"圣谕当遵"、"祠墓当展"、"族类当辨"、"名分当正"、"宗族当睦"、"谱

---

① 万历《萧江全谱》信集《附录》五卷《贞教第七》。
② 万历《休宁范氏族谱·谱祠·统宗祠规》。
③ 万历《萧江全谱》信集《附录》五卷《贞教第七》。

牒当重"、"闺门当肃"、"蒙养当豫"、"姻里当厚"、"职业当勤"、"赋役当供"、"争讼当止"、"节俭当崇"、"守望当严"、"邪巫当禁"、"四礼当行",共计16条。清乾隆年间,该族重修族谱时又增订祠规16条,具体包括"敦孝悌"、"崇信义"、"明礼让"、"重廉耻"、"尊祖训"、"礼高年"、"慈卑幼"、"恤孤寡"、"隆师傅"、"慎交游"、"戒赌博"、"息争竞"、"厚风俗"、"给祭胙"、"饬保甲"、"严禁蓄"①。

④清乾隆年间,歙县东门许氏宗族所订族规,包括"尊崇族长"、"公举族副"、"整饬宗祠"、"彰善瘅恶"、"元旦团拜"、"庆赏元霄"、"春秋祭祀"、"春祈秋报"、"清明墓祭"、"经理祭田"、"举行冠礼"、"正始闺门"、"男女婚嫁"、"居丧吊丧"、"养正于蒙"、"振作士类"、"居家孝弟"、"敦义睦族"、"交邻处友"、"抚孤恤寡"、"表彰节义"、"剖决是非"、"救家恤患"、"各治生业"、"擅兴词讼"、"游戏赌博"、"制御仆从"、"小过鞭扑"、"送官惩治"、"祭器乐器",共计30条②。

⑤清光绪年间,徽州彭城钱氏宗族所订族规,包括"隆孝养"、"宗友爱"、"笃义方"、"睦宗族"、"正婚姻"、"重丧祭"、"重宗祧"、"别内外"、"定尊卑"、"务正业",共计10条③。

⑥清宣统年间,歙县义成朱氏宗族在族谱中收录《朱氏祖训》12条,具体包括"孝顺父母"、"友爱兄弟"、"和睦族邻"、"区别男女"、"保守坟茔"、"谨循礼节"、"辨正名分"、"专务本业"、"崇尚朴业"、"敬重师傅"、"戒勿争讼"、"整理公堂"④。

从上举6个徽州宗族的族规条目归纳来看,主要涉及:第一,有关宗族控制设施与宗族产业的条款,如"展祠墓"、"重谱牒"、"守祀田"、"给祭胙";第二,有关宗族内部伦常秩序与社会秩序的条款,如"辨族类"、"正名分"、"睦宗族"、"肃闺门"、"厚风俗"、"敦孝悌"、"重廉耻"、"尊祖训"、"礼高年"、"慈卑幼"、"止争讼"、"严守望"、"饬保甲"、"御群下";第三,有关宗族成员

---

① 乾隆《休宁古林黄氏重修族谱》卷首下《祠规》。
② 乾隆《重修古歙东门许氏宗谱》卷八《许氏家规》。
③ 光绪《徽州彭城钱氏宗谱》卷一《家规》。
④ 宣统《古歙义成朱氏宗谱》卷首《朱氏祖训》。

行为规范与社会交往的条款,如"勤职业"、"崇节俭"、"禁邪巫"、"行四礼"、"崇礼教"、"崇信义"、"慎嫁娶"、"慎交游"、"戒赌博";第四,有关宗族教育的条款,如"豫蒙养"、"育人才"、"隆师傅";第五,有关宗族社会保障的条款,如"恤孤寡"、"救家恤患";第六,有关生态环境保护的条款,如"严禁蓄";第七,有关处理与官府关系的条款,如"守国法"、"供赋役";第八,有关处理与异姓宗族关系的条款,如"厚姻里"。

由上可见,作为宗族内部最重要的制度规定,明清时期徽州宗族的族规家法所涉及的范围非常广泛,大凡与徽州宗族的生存发展、社会秩序、社会关系相关的领域,都是徽州宗族关注的重点对象,同时也是徽州宗族着力规范与控制的重点范围。

从功能论的角度讲,上述明清时期徽州宗族族规家法的控制功能主要可归结为:

第一,维护宗族内部伦常秩序与社会秩序的稳定。如明清时期徽州各宗族都在族规家法中设置有"辨族类"、"正名分"、"睦宗族"、"肃闺门"、"厚风俗"、"敦孝悌"、"重廉耻"、"尊祖训"、"礼高年"、"慈卑幼"、"止争讼"、"严守望"、"饬保甲"、"御群下"等条款,并强调对这些条款的遵守与执行,这对于维持宗族内部伦常秩序与社会秩序的稳定起到了一定的积极作用。

第二,维护国法与支持政权施政的功能。明清时期徽州各宗族都怀着小心谨慎的心态处理与国家政权之间的关系,在族规家法中主要体现为,时刻强调与敦促族人要遵守王法,要及时足额保质保量地完纳国家赋税、承充各种徭役。在徽州各宗族的族规中,都设置有"国法当遵"、"赋役当供"一类的条款,要求族人当顺民、当良民。

第三,其他有关宗族成员日常行为规范与社会交往的条款、处理与异姓宗族关系的条款、宗族控制设施与宗族产业的条款、宗族教育的条款、宗族社会保障的条款、宗族生态环境保护的条款,都是从某一特定领域或专门方面对族人进行规范与控制的正式的制度规定,也具有较强的约束力和控制力,从而有助于这些领域内社会关系的调整和社会秩序的维护。

(2) 从族规家法看明清时期徽州宗族制度控制手段的层次性及繁琐性

这里试以明代休宁范氏宗族族规家法的制定为例加以说明。在明代,休宁范氏宗族内部制度设计十分严密,多数家庭制定了家规,各级祠堂也制定了自己的祠规,形成了家规—族规(支祠祠规)—统宗之规(统宗祠规)层级控制的结构特征。此外,还有保墓规条、祭祀规条等各种类型的专项条规。上述各种类型的族规家法,使得该族族人被置放于一张经过精心严密编织的控制网络之中。由于这些规条内容十分重要且颇具典型性,现具引于下,并稍作分析。

① 七族统宗之规

> 谱有统宗祠,有林塘宗祠,祠各有规。兹刻统宗祠者何?林塘之宗规,规林塘者也,小宗之所有事也。统宗之规,规七族者也,大宗之所有事也。矧林塘宗规既刻布矣,统宗为族愈众,为俗愈参差不齐,众则情易涣俗,参差则传易伪。且谱之简帙重大,编号分藏,世守惟谨,非可以朝夕披阅、出入得携笥中者。夫谆谆谕之,尚虑不免于愆忘,况耳目罕及乎!用是特刻此规,遍谕族彦,使贤智各因便迪其宗人,而有志向限颛蒙亦缘此刻,渐知祠中大理,触目警心,弦韦在佩。若饥之于食,渴之于饮,冬夏之于裘葛,小用则小效,大用则大效,极之为忠臣义士、孝子顺孙、节妇烈女,以期不负先宗止善之训,皆此为筌蹄矣。或谓规中款目,有从俗而省者,有据情而更者,有雅言而非迂者,有俚言而非凿者,因机利导,于国乎何有①?

休宁范氏的统宗祠规是从大宗的角度出发,对始祖以下全体族人实施规范与控制的规章制度,即所谓"统宗之规,规七族者也,大宗之所有事也"。从控制对象看,其实施规范与控制的对象最为广泛,涉及始祖以下的七族子孙。

---

① 万历二十三年范涞《摘刻统宗祠规引》,万历《休宁范氏族谱·谱祠》。

②林塘宗规

明万历二十二年(1594),赐进士出身、工科都给事中、侍经筵官、前翰林院庶吉士休宁人邵庶,应同邑林塘范氏宗族之邀,为该族族规作序。在邵庶所作序中,对林塘范氏宗族的族规作了详细的说明:

>　　宗规者何?以规宗也。宗何以规?规而后宗也。盖吾邑有林塘范氏宗云,宗有始者,有委者,有始始也者,有委委也者,不为之规,何以宗焉。范之始为唐宣歙观察公,范氏凡七族,胥以为宗,而林塘为特著。成化间故有宗规,今晞阳观察公起,而规始备也,则始始委委之义也。有能绍明世、述先猷、启后绪、本幽明,礼乐之际,其在斯乎,其在斯乎!昔夫子观乡而易王道舆情,积习与岁时更始。上日,宗庙子姓咸集,尊在则宣圣谕,亲在则申约法,被衮伐钺徇于众庶,闻之而有不劝且惩者,非夫也。作元旦规第一、元夕第二。雨露既降,凄怆何其,百世不迁之主嵬然中龛,分支考妣左右飨焉。主鬯有仪,分献有节,洋洋乎羹墙见矣。作清明祭第三。桃阁之祭桃,年而一举,左右龛主以派递迁。古有乡先生祭社之典,有其举之,谦让未遑,岂尚俟百年累世之积乎!作桃祭第四、配祭第五。斋明盛服,俨若著存,几筵之设,准诸庙主,品物必虔,较量必审,馂惠后焉。作祭仪、祭席第六。什物严扃,不可以假,簿籍而时修焉。祭田粢盛所自出,祭赀财用所自裕,量入为出,积扐为盈,司计者务在得人。先文正有遗筴焉,表其人以劝来者。作祭器第七、祭田第八、祭用第九、经义第十。周礼重世墓,率官府掌之,原祭非礼,议者嗤其不达。俗泥堪舆,久事浮屠,始则慎重,久则因循,概于严祀邀福,二者交病。作墓祭第十一、十二,速葬第十三。俗之靡人久矣,族指万亿,亡良冥蹈,宁保无二三中才之养,贤者责焉。作谕俗豫教第十四。冠婚丧祭,准诸典礼,士农工商,执一业以终世,庶几哉秉礼宗乎!作四礼四民第十五。男正

位外,女贞先焉,忠孝节义率于是出,训诫奖劝之方,当亟讲矣。作男女训第十六。毗邻世讲,襄凤亲焉。小人难养,昔谈尚之。作睦里驭下第十七。死者以行讳,生者以行名,尊名谱世,于礼意深乎,叙讳于祝,追远斯详,登名于牒,仿伪斯密。作讳行第十八。土谷明馨,春秋昭报,族厉之祭,以消诊禳福,岁时赖焉。作社祭、厉祭第十九。里名林塘,木气升而水德王,助顺效灵,章章较著。作塘祭第二十。呜呼,备矣。观察自序而别家国之分,有难易叹焉。讵谓国疏而家亲乎哉,不佞不谓,然匪规,宗之难以宗,规宗之难也;匪宗,规宗之难以身,规宗之难也;匪身,规宗之难以宗,规身之难也。族属繁矣,恣睢者托之乎豪举,俭啬者托之乎本实,要以不逊固陋,流弊亡极,两者交相为病,难矣。逾礼凌节则反之以朴,难上困下则进之以礼,不有躬行,孰与顾化,即谆谆督责,多言何有,不亦难乎! 宗之悚然惧者,吾约法申乎未也;宗之瞿然感者,吾礼物齐乎未也;宗之忻然忘者,吾精诚格乎未也。故让如田氏,忍如公艺,躬行如万石,尚论者难之。气抗万乘而通之九族则拂,勇夺三军而施之五服则穷,故有毛属里离,拊肝胆而使臂指亡,所事忍且让,则尤难之。难者也,观察公兢兢名实,清修无上,始为剧邑,继典名郡,既而枭江以西,全省业已易,施之国约而齐之家,夫何难于三者,以身而规宗足法,以宗而规身亦亡乎不法矣。始唐观察公而委之,由今观察公而始之,将范氏之宗永永,其有兴矣。有能绍明世、述先猷、启后绪、本幽明,礼乐之间,其在斯乎,其在斯乎①!

林塘范氏是休宁境内范氏七大支派之一,"范氏凡七族,胥以为宗,而林塘为特著"。休宁范氏的林塘宗规即是在统宗祠规之

---

① 万历二十二年邵庶《新安林塘范氏宗规序》,万历《休宁范氏族谱·谱祠》。

外,林塘族派针对本族实际而重新加以订立的用以约束与控制本派族人的规章制度。从内容与体例看,林塘宗规的制度设计较统宗祠规更加丰富和严密,对本派族人的控制也更加细密和严厉。

③怡乐堂家规与继善堂家规

《怡乐堂家规》是由休宁林塘范氏宗族商人范岩周①制定的用以约束本家子弟的规章制度。据记载,范岩周"虽在旅寓,每不忘亲……于时子姓日蕃,旧室隘,不忍析居。正德戊寅(正德十三年,1518),率伯叔祖父建厅堂一区,颜曰'怡乐'。……爰立家规二十条,大都训子孙修身齐家、敦宗睦族。凡男妇不率教者有罚,诸条训皆以身先之,令悬而不犯,庭无哗言"②。

《怡乐堂家规》的具体内容多有遗失,至范涞编修族谱时只剩下三章。现存《怡乐堂家规》的主要内容为:

> 家训三章:凡为同居者,父子有亲,兄弟有义,长幼有序,朋友有信,夫和妻柔,姑慈妇听。士勤诗书,农勤稼穑,工勤造作,商勤经营。无好赌博,无好争讼,无酣声色,无惑异端。过失相规,患难相恤,强不欺弱,富不欺贫。家训具在,永不可违。幽有鬼神,明有法度,崇善抑恶,祖宗无私。
>
> 监事戒谕:凡吾门子弟,士农工商,各勤其业,长幼内外,各守其礼,苟或疏违,有家法在。
>
> 监家戒谕:凡为吾门女妇,孝顺舅姑,和睦妯娌,善相夫子,勤理家园。若听此言,是为贤妇,不听此言,是为恶妇③。

《继善堂家规》是林塘范氏宗族内部某家长制定的用以约束本家子弟的规章制度。所存内容为:

> 凡为吾家子弟者,忠君孝亲,敬兄爱弟,睦族恤邻,修身善世,闺阃如宾,风化是系,勿听妇言,传之后裔。

---

① 即万历《休宁范氏族谱》编纂者范涞的祖父。
② 万历《休宁范氏族谱·谱传·中支林塘族》。
③ 万历《休宁范氏族谱·谱祠·怡乐堂家规》。

凡为吾家妇女者,敬奉祭祀,孝事公姑,和处妯娌,顺相丈夫,女工习尚,中馈勤劬,慈俭贞洁,贤妇之模。

再训妇女二条:妇有四德。一曰妇德,谓:德性和顺,贞洁幽静,凡家内事务,俱尽为妇女道理。二曰妇言,谓:低声下气,无粗言恶语,不说人家长短是非;或教招子女,责戒童婢,亦不敢怒詈悍打,恐公姑伯叔听闻,惟从容训戒之。三曰妇容,谓:早起梳洗,整肃衣服,不尚华丽,不嫌旧补,只在洁净;凡出入视听,端庄稳重,相待亲族宅眷,通有礼数。四曰妇功,谓:专心针指纺绩,不好戏笑,照管菜园,料理厨下,精洁茶饭酒馔,以奉祭祀宾客,及家中常膳,丰俭有节,不厌勤劳,惟恐懒惰落人后,古今贤妇皆是如此。妇有三从。在家从父,出嫁从夫,子既长成,夫不在家者,从子。何谓之从?凡外事听其主张,不可干预,凡内事有关家务者,亦必说知商量而行,不可任性执拗,失妇人顺从之道。晓得三从,方成四德。谚云:家道旺,内助贤。各须记之①。

④其他家规

休宁林塘范氏宗族商人范鉧,"自少至老,持己庄严,不失尺寸。申明家规数条,以率同堂,又以率同族,又因之以勗同居邻里。处人气象訚訚,子弟奉令惟谨,见之辄屏立,无敢倾侧喧诙。村落肃雍者数十余年"②。商人范鉧通过制定家规以约束本家子弟,收到了较为明显的效果。该族族人范岩祯,"资颖敏,好学,尝讲道于君子之门。……立家规训子弟,联属族众"③。

上举事例只是休宁范氏宗族内部个体家庭所制定的家规的一个缩影。可以说,各个个体家庭制定家规以约束本家子弟,在休宁范氏宗族内部具有一定的普遍性。

通过上述分析,可以看出,休宁范氏族人从家庭到房族再到宗族,要受到各种层次的族规家法的约束与控制,这在一定

---

① 万历《休宁范氏族谱·谱祠·继善堂家规》。
② 万历《休宁范氏族谱·谱传·中支林塘族》。
③ 万历《休宁范氏族谱·谱传·中支林塘族》。

程度上体现了明清时期徽州宗族社会中以族规家法为主要代表的制度规章对族人控制的严密性与繁琐性。

(二)合同条约①控制手段及其运用

明清时期,徽州宗族及其成员为了实现某一或某些特定目标而订立了大量内容丰富、类型多样、涉及领域宽泛的各类合同条约,使徽州宗族社会中各类行为主体之间的关系呈现出较为鲜明的合同化或条约化的特征。这种合同化或条约化特征,既体现在宗族内部不同支派之间,同一支派内不同房分之间,宗族内部个体成员与宗族、支派、房分之间,以及宗族内部个体成员之间,又体现在异姓宗族之间、异姓宗族支派、房分之间,某姓宗族个体成员与异姓宗族、支派、房分之间,异姓宗族个体成员之间,还体现在宗族与官府等其他社会组织或行为主体之间,等等。概言之,上述合同化或条约化特征主要存在于个体成员之间、团体之间,以及个体成员与团体之间。大量事实表明,宗族控制的合同化、条约化已在很大程度上成为明清时期徽州宗族实施族内控制的一种重要途径和方式。与族规家法的控制功能相比,明清徽州宗族制定的各类专门性的合同条约的控制功能,具有管理与控制的范围更集中、目标针对性更强的特点。以下试列举明清徽州宗族内部合同条约的主要类型加以讨论:

---

① 学界对明清时期徽州合同条约的研究成果较多,此处是在既有研究基础上,以社会控制为视角,对明清徽州宗族内部合同条约进行讨论。此处的"条约",常常与"合同"、"契约"、"规约"、"义约"、"议约"、"文约"、"合议"、"规条"、"规例"、"条例"、"条规"等构成同义语。明清徽州文书中多有提及"条约"者,如《万历八年祁门洪氏宗族族人洪时可等立朋充合同》(南京大学历史系资料室藏)称:"所有条约逐一开列于后。"《万历十六年休宁张氏族人张纪等为修建祠堂订立筹款合同》(王钰欣、周绍泉主编:《徽州千年契约文书》(宋元明编)卷六,石家庄:花山文艺出版社,1991年,第75~78页)称:"今众的议约数款,日后子孙永远遵守,以作收拾之费。……但有拒拗不遵条约者,众攻,罚银壹两,仍依条例。"《万历二十一年祁门谢棹等立〈忠孝议约〉》(王钰欣、周绍泉主编:《徽州千年契约文书》(宋元明编)卷六,石家庄:花山文艺出版社,1991年,第442~446页)称:"自立文约之后,各宜谨守条约,毋得复蹈前辙。"

1. 戒卖祖议约

为了防止族人出卖宗族利益,明清时期徽州宗族常常通过订立戒约等方式,对此类危害宗族利益的行为予以限制与打击,对相关族人予以制裁。如休宁龙湾黄氏宗族,对本族不肖子孙为了谋取个人私利而帮助属于同宗的五城黄氏族人受贿卖祖、使异姓宗族得以伪冒插派的行径加以打击,并于晚明弘光元年(1645)三月通过集体订立《龙湾祠议约》的形式对族人予以警戒。该族所订《龙湾祠议约》的主要内容如下:

> 五城受贿卖祖汝寿、嘉璘等,妄传谤帖,藐视吾乡。本族必有不肖子孙得银附和,以致汝寿、嘉璘得肆奸谋。众议察实指名,革出本祠。汝寿、嘉璘等,合族鸣之公庭,对谱理论,真伪自明。毋使卖祖欺族,玷污祖宗,以为后来卖祖之戒。得栗树坦卖祖银者,天诛地灭,前程不吉,男盗女娼,雷霆击死。祖宗有灵,速宜报应。
>
> 弘光元年三月　日具　明德、顺德、如楣、道贯等众白①

该族为了防止异姓宗族浑水摸鱼、伪冒插派,保持宗族血缘的纯洁,试图通过订立合同议约的形式对族人的卖祖行为予以打击和控制。

2. 祖墓保护与墓祭规约

明清时期,徽州宗族十分重视墓祭与祖墓保护维修,并常常通过订立相关规约的形式确保上述目标的实现,对保护祖墓不力者及不参与墓祭或墓祭敷衍了事、玩忽职守者予以处罚。歙县西沙溪汪氏宗族族长和四门门长等于明嘉靖十八年(1539)九月订立的《先茔便览义约》,即是一份较为典型的祖墓保护规约。该规约主要内容为:

> 西溪汪自九七宣教公于至正辛卯由古城山而迁居焉,公生三子四孙,厥后繁衍,世称四门。每岁清明,例编标挂头家六名,递年照序轮流征收租利,至期买办祭仪,标挂唐宋元皇明历代祖墓。嘉靖丙申,仲

---

① 弘光《左田著宗全书》,明弘光元年刊本,安徽省图书馆藏。

滑轮管标挂,至岑山渡少卿夫人墓,看佯山界,孙家坦上原有坟一穴,今盗改葬于本宗山脚,当将文书查看,伊见文书清白,语塞。又如,王村上店宋赠右中大夫墓,被王家筑墙侵界,仲滔回详看,前人将坟墓山场田地粮税分装各户,以致事无规一,众失经管。若王墓庙香灯田被沈家盗鬻,崇福寺宋通判夫人金氏祠香灯田被僧盗卖,洪田垅金家园风水被许氏盗葬,西王村坟地失业数多,此前数项,俱以清理管业。若在城富积坊白紧地,至今失业,难以查理。成化年间,吾祖仕佐公为族长,深以此为虑,与副族长伯美公议。及是,伯美公慨力任其事,遂挨查字号,理清亩步,置立《膳茔文簿》,惜乎未布,族知源委者少。仲滔除分装、新收、开除及历代文书详见、伯美公《膳茔簿》不录外,今将各处祖墓山场图画其形于前,查理田地山塘字号、亩步、四至、土名,及佃户各处膳茔租利、紧要合同文约并递年标挂定例于后,录成一册,名曰《西溪汪氏先茔便览》。置立一样六本,编为礼、乐、射、御、书、数字号,各支照序收执一本。至清明标挂及讨租时,各带随身,到彼将簿一览,疆界了然,庶使吾姓子孙人人得以咸知源委,且使佃户坟邻得以旁观,不起欺瞒侵占之心。会告族众,咸曰:甚善。虽当示法于时,尤当垂戒于后,族众若不严立禁约以警其后,如城东白莲巷祖坟山地,古城关族竟卖他姓,至今为梗。凡为吾姓子孙,清明之时,头家六人到祖墓所,非止标挂,务要依簿看佯疆界、祖墓、庄屋。倘有损坏,出帖会众及时修理,如被人侵占,即将文簿寻伊眼同查看,办理明白,毋得因循废事。倘后各支子孙设有贫窘者,山场田地止许卖与本支本宗,毋许魁卖他姓,非惟侵祖害事,抑且惹起争端。如有不遵故违禁约者,费此赴官呈告,以弃祖卖地不孝论罪,仍责令取赎还众。各门尊长亲笔签名画号,使吾姓子孙世世永远遵守执照。

嘉靖十八年九月十五日　七十岁族长广生(押)

八十五岁致仕官濂(押)　八十一岁门长华隆(押)

>　　八十岁门长仲涝（押）　　八十四岁门长景春（押）
>　　七十四岁门长悌（押）　　七十岁纂录仲潜（押）①

该族以族长和四门门长为首订立的保护祖墓义约，对族人保护祖墓的义务作了严格规定："凡为吾姓子孙，清明之时，头家六人到祖墓所，非止标挂，务要依簿看倖疆界、祖墓、庄屋。倘有损坏，出帖会众及时修理，如被人侵占，即将文簿寻伊眼同查看，办理明白，毋得因循废事。"对贫困族人因生计所迫而出卖山场田地的行为也作了严格限制："倘后各支子孙设有贫窘者，山场田地止许卖与本支本宗，毋许魃卖他姓。"并对违反宗族条约规定、弃祖卖地的族人，通过告官治罪的途径予以严惩："如有不遵故违禁约者，赍此赴官呈告，以弃祖卖地不孝论罪。"由上可见，该规约对族人具有较强的约束和控制作用。

而该族于明万历二十二年（1594）八月，由族长汪岩武、门长汪大和等人领头制定的祭祀条约——《义约》，则对族内祖墓祭祀的相关事宜作了严格的制度规定。该《义约》主要内容为：

>　　歙西沙溪善福里人立义约族长汪岩武等，为纠合族众，永祭祀，以保祖墓事。切思尊祖敬宗乃人道之大伦，祭祀以礼实朝廷之令典。吾祖人鉴公始迁西沙溪，遗有奉祀田地山塘一百余亩，先人立有成规，遵行已久。夫何世变浇漓，人心不古，近日六分头首不体旧规，怠慢废礼。岩武等思念祖宗功德难忘，后人守成不易，若不议立成规，诚恐日久人蕃，益滋弊端，或生他患。今合各门长及族中贤达商议设立成规条款，备载《膳茔便览》内，使各枝子孙知有事规，毋得怠慢废礼，有坏前人成法。如有恃强玩法欺公者，赍此赴官，惩治不恕。今恐无凭，立此义约，永远为照。
>　　（此处从略）
>　　万历二十二年八月中秋日西沙溪族长　岩武
>　　　　　　　　　　　　　　　　　门长　大和

---

①　道光《新安歙西沙溪汪氏族谱》卷十二，嘉靖十八年《先茔便览义约》。

岳寿
普晓
德光
守谕①

鉴于社会变迁引发的"人心不古"以及墓祭执事人员"不体旧规,怠慢废礼"等情况,该族领导层通过及时制定祭祀条约的方式,对上述行为予以纠正:"使各枝子孙知有事规,毋得怠慢废礼,有坏前人成法。如有恃强玩法欺公者,赍此赴官,惩治不恕。"对不执行宗族法相关规定的族人予以赴官惩治的制裁,其控制色彩较为强烈。

与歙县西沙溪汪氏重视墓祭一样,明成化十八年(1482),休宁陪郭程氏宗族官僚程敏政居乡期间,曾为本族重定祠墓拜扫规约。其《重定拜扫规约》的主要内容为:

一、先儒论大家巨室必立小宗法乃可以合族,今定议兵马府君一支位下长房嫡子一人,立为小宗子,族长一人辅之,祭享居族人之首,燕饮居族人之上,重承祖也。小宗子不在,介子或族长代之。

一、凡先墓金业已定,族中有私售者、有盗葬者,众以告于小宗子及族长,会众执令改正,不服者以不孝闻官,削名于谱。其先墓失业或因不肖子孙私售,近代子孙能取赎者,听其自业。

一、族众每人出银二钱,每岁轮当首者,以所鸠银两任从生理利息,供祭扫之用,本钱不得擅动,动者,每一钱罚银一两,入拜扫本内。

一、每岁族众止以清明日拜扫一次,其中元及十月一日,欲自备礼于本生亲墓者听,不在众例。

一、先墓既多,难于遍历,远者,隔一日前,当首之人同本支下子孙先行拜扫,其清明正日,当首之人同族众诣各墓行礼,至南山堂,点心取齐,团回标挂,还至尚书里本家,设南节公以下神位,叙族行礼,饮福而散。

---

① 道光《新安歙西沙溪汪氏族谱》卷十二,万历二十二年《义约》。

一、祭仪依文公《家礼》，饮福每人点心四枚，每桌菜果肉四品，酒不过五行。山林守墓者，给盐包饼食，从者饮馔，随宜俵散。

一、当拜扫之日，子孙有因饮博生事及和讼等项在家不行拜扫者，出外六十里之内不趋赴者，罚银一钱，入拜扫用。委有事故者，先报知，不在罚例。年六十以上、七岁以下者不拘，商三年而不归者，罚银一两，入拜扫用。

一、族众有生子者、娶妻者，出银一钱，入拜扫用。

一、族中有丧即吊，置籍记之，殡已出而不吊者，罚银一钱，入拜扫用。有丧之家，或果合、或点茶为礼，不必设酒食、分孝帛。如有异姓亲戚，听从乡例。

一、饮福之先，各将收到《统宗世谱》对众呈看，不持至者罚银五分，有损污者罚银一两，有失去者闻官追究，得获罚银十两，并入拜扫公用。

一、二夫子祠堂，每年正月一日，当首与各支子孙俱要赴庙行礼。

一、祭器七卓[桌]，帛厢一个并爵，当首于本家支用，礼毕，点数交还。文公《家礼》一部，当首时常请族中子弟演习，务要如仪，毋得喧扰亵慢。

今具各年轮当首于后：（以下从略）①

该规约对程氏宗族族人参与祠墓拜扫的有关事宜进行了具体严格的规范，要求族人积极参与墓祭拜扫并严格按照朱熹《家礼》举行墓祭仪式，对私售盗卖祖茔产业的行为予以严惩，对墓祭经费提出了具体筹措办法，并规定小宗子及族长对违反拜扫规条之人拥有处罚权。该规约适用于整个程氏宗族，是一份规定十分细致、控制十分严密的宗族规章制度，具有极强的约束力和控制力。

3. 会社规约

明清时期，徽州各类会社较为发达，而且各类会社基本都

---

① 成化十八年《重定拜扫规约》，弘治《休宁陪郭程氏本宗谱》附录《休宁陪郭程氏赡茔首末》。

订有规约,作为其开展活动和进行内部管理的规则与准绳①。各类会社规约对其参与成员都具有一定的约束和控制作用。此处仅对明清徽州宗族内部订立的文会规约、义社会约的控制功能稍作讨论。

(1)文会规约

文会即文人聚会之团体组织。在徽州,单姓村落的文会一般由同一宗族的文人组成,众姓村落的文会常常由复数宗族的文人参与。文会经费主要来源于文人的捐献。文会具有为科举考试作预备演练、亲善、调解纠纷等功能②。明清时期,徽州宗族出于振兴科举等目的,常常通过订立文会规条以约束和控制参与文会组织的族人。

明代,绩溪城西周氏族人周士暹等23人兴立宗族文会,并由周士暹初定文会规条。"暹承先志,偕伯仲叔季及诸同人,各捐己资,生利置产,上奉帝君,下为会文之费"③。该族所订文会规条主要内容为:

> 入会出银三则:有余者出银三两,次二两,又次一两,违者,不许入会。
>
> 在会内入泮,有余者出银一两,次出八钱,又次六钱,补廪者出银一两五钱,出贡者出银二两,中举者出银三两,由此而上者,有加无减。如未入会,入泮后入会,必须加倍。
>
> 每年司值四人,收租存贮公所,办祭输粮,公同支用,事竣算帐,如有私自支用,公仝议罚,入众公用。
>
> 存贮银两借去收入,必须四人同见,不得私自专行,更不得侵渔吞噬。如违,革出会外,永不许入,仍

---

① 参见卞利:《明清徽州的会社规约研究》,安徽大学徽学研究中心编:《徽学》第4卷,合肥:安徽大学出版社,2006年。

② 参见唐力行:《徽州宗族社会》,合肥:安徽人民出版社,2005年,第216～217页;卞利:《明清徽州社会研究》,合肥:安徽大学出版社,2004年,第89～90页;[日]涩谷裕子:《明清徽州农村的"会"组织》,周绍泉、赵华富主编:《'95国际徽学学术讨论会论文集》,合肥:安徽大学出版社,1997年。

③ 光绪《绩溪城西周氏宗谱》卷二十《文会》。

要追出侵渔吞噬之数。

祭神福物必洁,衣冠必整,如拜跪逾分及不到者,罚银五分,入众公用。

会文原为鼓吹休明作兴,后辈在会内者固不必言,即未入会者,亦准来会作文,只不得与祭颁胙。

会文定四仲月十五日为期,如遇祭祖,后二日可也。作文二首,俱要完篇,遵有赏,违有罚①。

到了清代,该族文会规条又增补了以下一些条款:

每年租息公举会内诚实廉能者收贮,除办祭输粮、颁胙散福,余存公匣,以备乡会试盘费之用,毋许侵蚀挪借。

三年所余酌存数金,备送中举盘费,仍照入闱者多寡分送。中举每人送银八两,中进士者及鼎甲、翰林、拔贡上京朝考者,俱照中举例分送。

逢恩科,若公匣无余积,动支三年所余,两科分给。

赴闱盘费,临期赍赠,毋许预支。不赴闱者,不给。倘已领盘费捏故不往者,将盘费追出,仍罚诣祖前跪香一炷。

收支帐三年一结,各项清汇一单,实贴祠内,俾阖族皆知。所收谷麦,照祠例交帐,毋得收多报少,虚开款项,如有此情,查出见一罚十,入会公用②。

由上可知,明清时期,绩溪城西周氏兴办宗族文会的主要目的是振兴宗族科考。该族对文会的经营管理十分严格,对入会成员实施严厉的控制,对违反会规的族人所制定的处罚措施较为严密,包括罚诣祖前跪香、经济处罚、革除出会等。

清光绪年间,绩溪梁安高氏"以愚者可学而智者愈无不可学"③为宗旨,兴立宗族文会——学愚文会。并制定了文会规

---

① 光绪《绩溪城西周氏宗谱》卷二十《文会》。
② 光绪《绩溪城西周氏宗谱》卷二十《文会》。
③ 光绪《(绩溪)梁安高氏宗谱》卷十一《学愚文会序》。

条,其中《文会贴例》规定:

> 孤子读书已作文者,每年贴笔墨钱一两。
> 文会每年会课,或由本族前辈出题阅卷,或请他姓饱学,由首事预备师生茶饭酒席。取超等者给膏火钱八百文,特等六百文,一等四百文。
> 文童县试贴钱四百文,覆试一场贴钱二百文。
> 府试贴钱六百文,覆试一场贴钱二百文。
> 院试贴钱六百文。
> 生员考优、拔贡贴银四两。
> 生员下科贴银四两。
> 举人会试贴银十两。
> 进士殿试贴银十两①。

《文会捐例》规定:

> 生员补廪捐银二两,出五贡者捐银四两,中式进士捐银四十八两。
> 文会专植人文,凡捐职及应武试不贴。
> 经费或不足,须核计历年出息,照额减折摊发②。

该族通过订立文会规条的方式,使资助、津贴族人参与科考制度化,以确保宗族科举的兴盛。

此外,如婺源西谷俞氏宗族附贡生俞友仁,"尤喜栽培后进,倡输五百金兴炳蔚文社,酌赍奖励,悉有规条"③。婺源甲道张氏宗族的张织云,"壮岁游庠,乡闱屡荐。……倡兴文会,斟酌条规,同人推服"④。

可以说,通过制定文会规条以振兴宗族文教事业,在明清时期徽州宗族社会中具有一定的普遍性,不过其中所包含的一些控制条款,对相关族人是有一定约束力的。

---

① 光绪《(绩溪)梁安高氏宗谱》卷十一《文会贴例》。
② 光绪《(绩溪)梁安高氏宗谱》卷十一《文会捐例》。
③ 光绪《婺源县志》卷三十五《人物志·义行》。
④ 光绪《婺源县志》卷三十三《人物志·义行》。

(2) 义社会约

社神信仰是明清时期徽州宗族社会中一种较为重要的民间信仰,徽州宗族常常通过社祭实施族内控制。为确保宗族社祭的顺利进行,徽州宗族一般通过制定条约的形式对社祭活动加以规范与控制。如休宁陪郭程氏宗族于明弘治年间订立陪郭义社会约,对本族社祭加以规范。该《会约》主要内容为:

　　一、每年春祈秋报祭品、祝文,悉遵洪武礼制。

　　一、在会二十八户,所出银两,收积社内,每年当首领去加息三分,遇春秋二戊,交与下次当首。内户添丁助银三分,亦同交付生息,不许隐匿侵欺,违者,一罚倍十。

　　一、在会人户,每遇二戊,亲赍楮币一付,至当首家取齐行礼,俱以巳时为约,有不至者,罚银三分入众。

　　一、元宵节各户备红烛一对,定重六两,送当首家献神。当首家烛,听在重大。

　　今具各年轮当首于后:(此处从略)

　　以上自丁巳年①重定,周而复始②。

该族重视通过经济处罚措施的执行,以确保社祭经费的充裕和族人对社祭活动的参与,对在会人户的约束和控制较严格。

4. 宗族内部管业合同

明清时期,徽州宗族内部不同支派或族人之间为了产业管理而订立管业合同,对各自的权利和义务加以规范和调整。清光绪二十六年(1900)七月,祁门八都邱氏宗族内部乐义堂、积善堂两祠秩下支丁,因祖上曾遗留祀山一号,由于"各房契据难以查核,屡屡争竞,火根不断",为避免日后纷争,在族人调解下订立管业合同:

　　立合议同人乐义、积善堂两祠秩下支丁人等,缘因先年天德公遗下五房祀山一号,坐落八都三保,土

---

① 即明弘治十年,1497年。
② 弘治《休宁陪郭程氏本宗谱》附录《会约》。

名石砻里，俗名母道坞，又名车培口。其山自先人迁居以来，各房契据难以查核，屡屡争竞，火根不断。本年七月间，分此山股分，难计多寡，两祠人等又系相争。今承蒙族中劝谕调和，以作三股分派，各安石为界。乐义堂得壹股，积善堂得贰股，日后各管各业，不得争多争少，亦不得以少争多。所先年留下契据，凭客中众族概行烧毁，日后查出不作行用，以此合议两纸为凭。欲后有凭，立此合议，各执壹纸永远存照。

再批：乐义堂身得壹股，安界至田，壹亩七分田绳直上为界。又照。

  光绪二十六年巧月立合议乐义堂、积善堂秩下支丁
           邱联焕（押）
            联灏（押）
            宗代（押）
            联阶（押）
           邱步芝（押）
      凭客中众族程德门（押）
           邱占鳌（押）
         保正陈树明（押）
         代笔邱青云（押）[①]

该合同对邱氏宗族内部两大派的产业股份进行了重新分配与确认，并立石为界，"日后各管各业，不得争多争少，亦不得以少争多"。合同的订立，对两派皆具有一定的约束力和控制力，有助于维护宗族内部既定的经济秩序。

此外，当宗族内部发生产业管理或产业侵害纠纷时，相关当事人也常通过订立合同条约的方式，对各自的权利和义务加以规范与调整。明万历七年（1579）三月，徽州程氏宗族族人程应举与程良弼、程诤等围绕葬坟、侵业而发生纠纷，在亲族里约的调处下，双方当事人订立经公合同：

---

① 刘伯山主编：《徽州文书》第1辑，第6册，《祁门八都邱氏文书》之《清光绪二十六年巧月乐义积善堂两祠秩下支丁人等立合同议约》，桂林：广西师范大学出版社，2004年，第171页。

立合同人程应举、程孟连、程诤等，原程孟连与程诤父程琛兄弟叔侄等，将土名金狗坑卖与程应举兄弟，自有契墨四至，经业贰拾年余无异。近因程良弼、程诤等称系傍祖安葬，复至本山葬坆壹所。应举状告本县。今亲族里约叶茂芝、叶恺、程琚、程泮、程满佑、程承龙等查勘其山卖契，只存坆坵伍所，余山并无存留。其新葬坆见开明堂，原是程应举用工间做基坦，众行劝谕，两愿处息。当令程良弼、程诤等出银伍两正，内壹两□偿应举山价，肆两偿应举砌做基坦工食。其新葬坆当凭三面丈量立界，自坆脑而上，计尺数捌尺，坆下依明堂塝脚为界，横过穿心，共计丈尺陆丈。所是界内坆地，一听良弼等标挂为业，其余山地并栽种茶木等件，并是程应举兄弟管业存留，良弼、程诤叔侄人等毋得越界侵害。所是程良弼、程诤等原存坆坵伍所，照旧标业。各毋占各及，于新旧坆脑顶处所并不挖损。今愿立此合同，并画图填注丈尺于后，各照遵守，并毋许生情异说。如违，甘罚白银伍两公用，仍凭此合同为定。为此，愿立经公合同二张，各执一张为照。

万历七年三月二十六日立合同人程应举（押）
　　　　　　　　　　同立合同人程孟连（押）
　　　　　　　　　　　　　　程良弼（押）
　　　　　　　　　　　　　　程　瑢（押）
　　　　　　　　　　　　　　程　诤（押）
　　　　　　　　　　　　　　程　楚（押）
　　　　　　　　　　　亲眷叶茂芝（押）
　　　　　　　　　　　　　　叶　恺（押）
　　　　　　　　　　　乡里程　琚（押）
　　　　　　　　　　　　　　程　泮（押）
　　　　　　　　　　　　　　程满佑（押）
　　　　　　　　　　　　　　程成龙（押）
　　　　　　　　　　　书人程　浩（押）
　　　　　　　　　　　书图程　棠（押）

程国卿(押)①

该族内部的争讼双方,通过订立合同的方式规范了各自的权利界限,并在订立合同后请求县衙钤印,通过寻求公权力的支持,以使宗族内部订立合同这一民间契约行为在一定程度上具备了官方法律的效力,从而对双方当事族人具有更大的约束力和控制力。

5. 国税缴纳与宗族祭祀合同

明清时期,徽州宗族多强调忠孝两全其美,对缴纳国税的重视是宗族所谓的"忠"的体现,而对祖先祭祀的重视则是所谓的"孝"的体现。为了确保"忠"与"孝"双重目标的实现,徽州宗族常常通过订立合同条约的形式对族人的行为加以规范与控制。祁门安山谢氏族人谢棹等于明万历二十一年(1593)正月订立的《忠孝议约》即是这方面一个较为典型的事例:

> 安山谢棹、国用、国泰、学禄、朝钦、寄春、祖春、廷茂等,窃见天下之道二:忠与孝而已矣。储蓄素办,所以备国课于将来;祭扫尽诚,所以报祖功于既往,此诚仁孝之所用心而尊君敬祖者所当亟讲而求也。若不预立规条以垂世,世何以报圣明而妥先灵乎! 为此集众商确:四大房二户官丁向照私丁均派朋充,因人分不齐,竟致迁延后期,吏胥叫嚣之扰难免矣。四大房敦本之礼,虽有成约,第时异势殊,人心玩忽,不诚不洁之……议将承祖遗田内取贰拾壹秤输办供解递年清明祭扫,亦将承祖遗田内取壹拾伍秤以供祀典。议照二户人丁,每年递着叁人为首,照后条例管办。植下子孙无问老幼,议各出分金为进祀会之用。间有不敷,向上之辈,各发善念,凭意乐助,赞成巨典。有心怀乐义而阻于力量之弗逮者,开乐义之门以俟后日之进,则植本固而发源深,虽岁时有丰歉,而供费无缺失矣。至此,则忠孝少伸于万一,而仁人孝子吾侪不亦

---

① 王钰欣、周绍泉主编:《徽州千年契约文书》(宋元明编)卷三,《万历七年程应举等立经公合同》,石家庄:花山文艺出版社,1991年,第53页。

可效乎哉！自立文约之后，各宜谨守条约，毋得复蹈前辙。倘有不肖子弟鼠目寸光，不知大体，变乱是非，破坏前事，听众呈官理论，仍甘罚白银伍两公用。再，有子弟除为祖保冢外，徒逞血气，轻举生事，致惹官非，各坐己认，众毫不管。此系一念至诚，布公论列，如生妄议，不惟难逃理论，天地鬼神共鉴之。

　　　万历贰拾壹年孟春月初九日立文约人谢棹（押）（以下人名从略）[①]

在该族内部，从"忠"即"备国课"的角度讲，"四大房二户官丁向照私丁均派朋充"，存在"因人分不齐，竟致迁延后期，吏胥叫嚣之扰难免"的尴尬局面；从"孝"即"报祖功"的角度讲，"四大房敦本之礼，虽有成约，第时异势殊，人心玩忽"，祖先祭祀趋于疏放和流于形式。为了应对上述国与家两个层面出现的问题，该族商讨出以下举措，并通过宗族议约的形式加以规范：第一，从祖先遗产田业中，拨出一定的份额作为储备基金，以供缴纳国税和宗族祭祀的开销；第二，"植下子孙无问老幼，议各出分金为进祀会之用"，采用集体分摊的办法筹集资金。对族内交不起费用的贫困族人，该族提倡族内乐善好施者进行适当捐助，以确保资金能及时收缴到位。对于宗族集体订立的条约，该族提醒族人要认真遵守，并制定了相应的惩罚措施。从中不难发现，该族试图借助官府力量以治理宗族越轨者的深刻用意。安山谢氏通过订立宗族条约的方式，从"忠"与"孝"即尊君与敬祖两个方面，对本族缴纳国税和祖先祭祀两大事项作了约定，对相关族人皆具有约束和控制作用。

6. 里甲职役合同

赋税和徭役是封建王朝存在的经济基础，是其命脉之所系。明清时期，特别是明代，封建政权通过实施里甲制度以征发赋税徭役，维持国家机器的正常运转。在徽州宗族社会中，里甲制得到了较好的贯彻执行，特别是得到了徽州宗族的密切

---

① 王钰欣、周绍泉主编：《徽州千年契约文书》（宋元明编）卷六，《万历二十一年祁门谢棹等立〈忠孝议约〉》，石家庄：花山文艺出版社，1991年，第442～446页。

配合，取得了一定的实效。现存的徽州宗族为承充里甲职役而订立的合同较多，为我们展示了明清时期里甲制在徽州社会推行过程中当地宗族积极应对的一些侧面。试举例说明。

(1)《万历二年(1574)三月十九日休宁县五都四图张氏宗族支丁张汉等立里长合同》

> 五都四图立合同张汉、张海、张潮、张涛、张济五人，所因今轮大造增图，奉例告准分析。原议已役有人，但壹拾捌岁，议价成丁出银壹两，增粮壹石，出银叁两，如少，照石扣算，依前承里一例办出贮众，常柱勿词。幸准张汉编充五都四图六甲里长，张文瑑、文瑅二人析作一户，张海告入一户，张积万新立一户。虽分四户，一祖亲枝，里甲朋充里长，日后不许生情异说。今凭中证将四户丁粮各算各认明白，粮差杂派，各户照数办纳，不得干累。凡事务处苦乐均平，无许推挐靠损。其里役递年催征甲首一应等项钱粮，议定五人挨次，一人管办一年，支持该役里长并甲首往来茶水。其府县递送清理无军匠结状一应酒肴所费盘缠，皆照丁粮出办。轮该当役之年，议是某某承役，务可禀公，无许徇私利已，生事累众。如有此等，罚出白米叁石，入众公用。恐后无凭，立此合同一样五纸，一人各执一张存照。
>
> 　　　　　　　万历贰年三月十九日立合同人张汉(押)
> 　　　　　　　　　　　　　　　　　张海(押)
> 　　　　　　　　　　　　　　　　　张潮(押)
> 　　　　　　　　　　　　　　　　　张涛(押)
> 　　　　　　　　　　　　　　　　　张济(押)
> 　　　　　　　　　　　中见人代书金子实(押)①

该族内部成员张汉等通过订立合同的方式对里甲承充作了规范与调整，确定由族内新立四户朋充里长职役，并对各自应承

---

① 《万历二年三月十九日休宁县五都四图张氏宗族支丁张汉等立里长合同》，南京大学历史系资料室藏。

担的义务作了限定。对违反合同的人,给予"罚出白米叁石,入众公用"的处罚。该合同对确保合同签订当事人完成承充里甲职役任务,具有一定的积极作用,特别是其中有关经济处罚的规定,对当事族人具有一定的控制作用,在一定程度上有助于确保里甲制的顺利推行。

(2)《万历八年(1580)五月二十八日祁门洪氏宗族族人洪时可等立朋充合同》

立合同人洪时可、洪时陈、洪应辰、洪应采等,今因九甲程汝良扳充里役,自量一人不能承当,又恐人心涣散,众议将洪恩南户承役,共立合同条则一样四纸,以便遵守。务宜同心一气,共承此役,毋得规避强梗,致生异议。如有此等情由,罚米五十石公用。所有条约逐一开列于后:

计开:

一、排年,四分轮流承当一年,每年议贴艮叁两。

一、见年,每分轮管一次,粘[拈]阄为定,每次议贴艮贰拾两。

一、津贴银照依税粮多寡为则,日后消长不一,照则增除。

一、每年各人在甲钱粮,以票至之日为始,一月纳一半,二月纳完,毋得延捱贻累。如过期不纳,代为充赔者,照依当店起息算还,亦毋得延至半年。违者,外罚艮壹两。

一、现年除书画卯画、催征钱粮、勾摄公事,俱系轮当者承管。其有清军清匠、解军、缉捕盗贼,并额外飞差,俱众朋管,毋得阻挠坐视。

一、报殷实及劝借等项,俱照税粮派认。

一、丁粮有在别甲者,倘后扳扯里长,俱众处分。

一、粮长、收头并册年审图使用,俱众管理。

一、轮当者遇收均徭艮,外贴艮贰两,收军需艮,外贴艮壹两。

万历捌年五月二十八日立合同人洪时可(押)

第三章 明清徽州宗族内部的控制手段及其运用 207

洪时陈（押）
洪应辰（押）
洪应采（押）
凭中代书人洪应绂（押）①

为了完成承充九甲程汝良里役的任务，该族内部商订由洪恩南户承役，并通过订立合同条约的方式对承役支丁进行约束："务宜同心一气，共承此役，毋得规避强梗，致生异议。如有此等情由，罚米五十石公用。"津贴里甲职役条款的相关约定和有关经济处罚的规定，使得该合同条约的控制作用较为明显。

(3)《崇祯十一年(1638)七月十五日徽州某县詹氏宗族詹思忠等房立里甲排年合同》

十七都七图立议约合同人詹思忠、詹思康、詹大同、詹一鹏，今有本家四房承高祖仕敬公遗下本图八甲里长，原系四房均当，后一鹏房粮丁稍减，本家义让，思忠等三房已曾充过数轮。今鹏房粮丁复旺，自愿照旧四房轮充。来年己卯岁，一鹏房充当，再己丑岁思忠房充当，以足前数。此后周而复始，己亥岁思康房充当，己酉岁大同房充当，己未岁一鹏房充当，己巳岁思忠房充当。凡遇应充之房，一切等费俱系该房自办，不得扳累他房。其排年亦是四房轮充。今立合仝之后，务宜遵守，不得返[反]悔。如有返[反]悔者，甘罚白米贰拾石公用，仍依此议为据。今恐无凭，立此合同一样九张，各执一张存照。

崇祯十一年七月十五日立合同人詹思忠（押）（以下人名从略）②

该族内部四房，为承充高祖仕敬公遗下本图八甲里长职役，通过订立里甲排年合同的方式对各房轮充进行了约定，对不遵守

---

① 王钰欣、周绍泉主编：《徽州千年契约文书》（宋元明编）卷三，《万历八年洪时可等立朋充合同》，石家庄：花山文艺出版社，1991年，第62页。
② 《崇祯十一年七月十五日徽州某县詹氏宗族詹思忠等房立排年合同》，南京大学历史系资料室藏。

合同者则给予一定的经济处罚,该合同对四房相关承役族人皆具有一定的约束和控制作用。

(4)《顺治十四年(1657)五月歙县石门朱氏族众朱时登等立承当里役排年合同》

立议规条朱时登、朱兼周等,今有本家八甲里长朱仝庆轮直[值]五月初十夏至现年上役,各房立议拈阄管月,毋得推捱。各项事宜开列于后:

一、议凡勾摄兵马盗贼、积米营草、官府下乡、意外飞差、回呈大事,俱是通众嘀议,照管均派,支持酒食,公众备办,不得偏累管月之家。

一、议催征各甲钱粮差人酒食,出卯打发,尽是管月支应。

一、议县差扦票,催该图总数钱粮,分限打发,众派酒食,管月支应。

一、议倘钱粮催征不足,官刑管月,公众贴纹银壹两使费。

一、议贴役银公众同讨公用,不得私入己囊。

一、议抄户房钱粮营米总数使费,公众开出。

一、议闰月催粮,通众支应,领差各甲及官前应卯,临事众议,公斗工食帮贴,一人出身答应。

一、正月梦正管,二月可遇管,三月兼周管,四月时登管,五月初一兼周管、十五可泗管,六月可远管,七月时登管,八月可吉管,九月时登管,十月时化管,十一月时可管,十二月时修管。

以上八议俱系眼同公论,开写面立合同二张,各执一张存照。

顺治十四年五月　　　日立议合同人朱时登(押)
　　　　　　　　　　　　　　　　朱兼周(押)
　　　　　　　　　　　　　　　　朱时修(押)
　　　　　　　　　　　　　　　　朱时可(押)
　　　　　　　　　　　　　　　　朱时化(押)
　　　　　　　　　　　　　　　　朱可远(押)

朱可吉
朱可遇(押)
朱可泗(押)
朱梦正(押)①

(5)《康熙三十七年(1698)正月歙县石门朱氏族众朱明先等立里役合同》

　　立议合仝人朱明先、圣源、鳞长、子正、端卿,今承祖一图八甲里役,由恐人心不一,今合众啇议规例开列于后:

　　一、议营米,倘米紧急,今议阄定经管各甲营米,即经管之人充垫,不得推诿。

　　一、议各甲分催钱粮,如欠艮者,挨□□□。

　　一、议管月照粮派定月脚,料理催征,毋得推辞。

　　一、议管月比卯,倘或卯期不到者,下卯补比,不得累及下卯之人。

　　一、议阄定经管各甲催征钱粮,仝本身钱粮完清,倘有飞差使费,一概不管。

　　一、议十甲、九甲合众催征钱粮,倘营米不足者,照粮派出充垫。

一甲 明先管	五甲 子正管、子昭管
二甲 鳞长、希扬、端卿管,熊飞、公儒仝管	六甲 潘氏吉嫂管
三甲 圣源管	七甲 端卿、熊飞、公儒管
四甲 爌长管	八甲、九甲、十甲 众仝管
正月 圣源　五月 熊飞	十月 子正、子昭
二月 希扬　六月 潘氏	十一月 端卿等管二十日,众管十日
三月 端卿　七月 爌长	
四月 公儒　八月 圣源、子正管,初一到十五止	
	十二月 鳞长

康熙三十七年正月　日立朱仝庆　朱明先(押)　朱瑞征(押)
　　　　　　　　　　　　　　　朱圣源(押)　朱端卿(押)
　　　　　　　　　　　　　　　朱鳞长(押)　朱熊飞(押)

---

① 《顺治十四年五月歙县石门朱氏族众朱时登等立承当里役排年合同》,南京大学历史系资料室藏。

　　　　　　　　　朱子正（押）　朱公儒（押）
　　　　　　　　　朱子□（押）　朱阿潘（押）①

　　由上可见,该族内部于清顺治、康熙年间,通过订立合同的方式,对宗族承充八甲里长职役的人员安排、津贴事项等作了明确规定,其目的是统一族人意志、采取一致行动。该合同对确保族人及时完成里甲职役具有一定的约束和控制作用。

　　(6)《雍正六年(1728)二月廿九日徽州某县李氏宗族户丁李圣文等立里役排年合同》

　　　　立议墨人李恒茂户丁李圣文、李宪章、李桂喜等,今轮现年里役,因国珍往外,三人合心协力。国珍分内田税三户柒亩五分,日期工食使费,公派银叁两柒钱伍分。众所存里长山价本利银叁两贰钱,该国珍分下壹两伍钱,仍少贰两贰钱伍分,三股均赔。日期三股均当,各人日期海行费用,叁钱之内,值日承当料理,叁钱以外,照粮分下均派,无得执拗。各人分下工食,圣文该银壹两伍钱玖分,认国珍分下□钱伍分;宪章工食贰钱肆分,认国珍分下柒钱伍分;桂喜工食银伍钱柒分,认国珍分下柒钱伍分。三面言定,日后不得反悔,□得生情异说。恐后无凭,立此议墨一样三张,各执一张存照。

　　　　圣文:三月初贰、初七、初八、初十、十乙、十三、十四、十八、十九、廿乙、廿四、廿八、廿九、卅;五月初三、初四、初五、初七、初九、十二、十三、十六;八月初乙、廿、廿二、廿三、廿六、廿七、廿八;八月廿五、初四、初九、廿四、十三、十五、十八、十七、廿乙、廿三、廿六、廿八、廿九、廿二;十一月廿九、十三、十七、廿乙、廿六、初七、十、廿八、初二、初乙、初　初十、廿五。

　　　　宪章:三月初三、初四、贰拾叁、廿六、廿七、十五;五月初八、初十、十四、十五、廿;八月十九、初乙、初三、初七、廿三、廿四;十一月初三、初九、十二、十六、十九、廿三;十二月前半月、初九、十三、初六、初八众存。

　　　　桂喜:三月初乙、初五、初六、初九、十二、十六、十七、廿二、廿

―――――――――――
　①《康熙三十七年正月歙县石门朱氏族众朱明先等立里役合同》,南京大学历史系资料室藏。

五;五月初二、十乙、十七、十八、十九、廿乙、廿四、廿九、初六;八月廿五、初八、初十、十二、十乙、廿七、初二、十六;十一月初八、十五、廿四、十八、廿二、廿七、卅、初五、初六;十二月前半月、初三、十乙、十四、十五。

雍正六年二月廿九日立议墨人　李圣文（押）
宪章（押）
桂喜（押）
中见人　程天允（押）①

该族内部因承充里役之人李国珍往外，不能正常承充现年里役，在家的族人李圣文等三人"合心协力"顶充，通过订立合同的方式确定三人之间工食使费等费用分摊及具体的承充日期安排，并强调"三面言定，日后不得反悔"。该里役排年合同对李氏三位相关族人皆具有约束和控制作用。

7. 保甲差役合同

保甲制度是封建官府推行的用以维护地方社会治安和社会秩序的一种控制制度。明清时期，特别是清代，保甲制在徽州的推行得到了当地宗族的密切配合，徽州宗族族规家法多设有严守望、行保甲的条款，强制族人认真承充保甲差役。徽州宗族常通过订立合同的方式对族人承充保甲差役予以规范与调整。清康熙三十三年（1694）十一月，歙县石门朱氏宗族成员朱明先等集体订立的轮充保长差役合同即为一例：

> 立议约人朱明先、朱圣源、朱鳞长、朱子射、朱端卿，今议轮当保长，甲下支丁众议，照股拈阄轮管月为定。
> 一、议倘有官府下乡、兵丁住[驻]扎等项大事，管月之人会众商量料理。
> 一、议保内倘有人命盗贼大事，众人齐出力料理，不得累及管月人。
> 一、议过山轿礼，管月人讨来，存众收帐，提防保内飞差使用，不得入己。
> 一、议各村帮贴旧规礼，管月人讨来，收众账，公

---

① 《雍正六年二月廿九日徽州某县李氏宗族户丁李圣文等立里役排年合同》，南京大学历史系资料室藏。

支公用。

一、议保内倘有是非具投小事,管月人公处,大事会众商量。

一、议打发四季补上过图飞差小费,则管月之人抄牌支帐,大费会众人发。以上数行事务,悉宜同心合智当役,不可违乱。倘有负约者,会众公罚。

　　　朱明先十二月、正月(押)　　　朱熙生(押)
　　　朱圣源八月、十月(押)　　　　朱梦兆(押)
　　　朱鳞长二三月、四五月(押)　　朱怀珍(押)
　　　朱子射十一月、七月(押)
　　　朱端卿六月、九月(押)
　　康熙三十三年十一月初一日立
　　　众当一年,捐艮乙两二钱与端卿买锣一面①

该族族人朱明先等通过订立合同的方式,对本族轮充保长差役的相关事项作了规定,并指出:"以上数行事务,悉宜同心合智当役,不可违乱。倘有负约者,会众公罚。"表明该合同对于相关当事族人具有一定的约束和控制作用。

8. 筹款合同

明清时期,徽州宗族常常通过订立合同的方式筹集资金,以实现特定的目的和需要。明万历八年(1580)闰四月,祁门奇峰郑氏宗族郑任等因山场被族人郑学相越界强砍,欲行告官惩治,为筹集经费而订立齐心合同:

　　奇峰郑任兄弟、化叔侄、公安弟侄、天锡、永锡、宗锡等,原承祖买受十四都会后堨头坑,长养杉木在山,今被郑学相越界强砍本家前木肆伯[佰]余根。切思承祖管业四代,砍木二次刍用,共被伊欺占,情理推寄。共业人眼同商议,要行闻官。预立文约,照各山分敷合盘验。各宜依期出办,入匣听用,毋得推捱误事。倘用银紧要之时,随各充用,候本山砍木加利养

────────
① 《康熙三十三年十一月初一日歙县石门朱氏族众朱明先等立轮充保长合同》,南京大学历史系资料室藏。

还,立此为照。
（此处从略）
万历捌年闰四月十七日立约人郑任（押） 佐（押）
化叔侄（押）
天锡（押）
宗锡（押）
永锡（押）
公安（押）
公佑（押）①

该齐心合同要求"照各山分敷合盘验。各宜依期出办,入匣听用,毋得推捱误事"。根据各人股份的多少分摊费用,强调相关族人统一行动,积极筹措资金,以免推捱误事。该合同对各合同订立人即"共业人"皆具有较强的约束力和控制力。

9.祠堂管理条约

祠堂是明清徽州宗族内部最重要的物质设施之一,是这一时期徽州宗族用以实施族内统治的重要场所。徽州宗族围绕祠堂管理订立了大量的合同条约。此处试举几例。

(1)祠堂修建筹款条约

明万历十六年(1588)八月,休宁张氏宗族族人张纪等为修建祠堂集体订立了筹款条约：

> 所建厅二次斗银尚不能完备,若行再派,其中多有才力不齐者,今众的议条约数款,日后子孙永远遵守,以作收拾之费。其银俱期三朝日兑出,附[付]与管年人,眼同交附[付]执匣者收贮。如迟一日,罚银壹钱。但有拒拗不遵条约者,众攻,罚银壹两,仍依条例。但厅屋并内器完备外,同众商定另行修整朝山明堂水口等支公用,不许妄动支费。如有擅自妄动者,罚银伍两入众。立此条款,永远遵守。

---

① 《万历八年闰四月十七日祁门奇峰郑任等立兴山长养合同》,南京大学历史系资料室藏。

计开条款于后:
一、议初产得男者出添丁纹银壹两整。
一、议初产得男者折酒席纹银壹两整。
一、议初产得女者折酒席纹银壹两整。
一、议先男后女者,再及次女,俱不在此议。
一、议次男致十男出添丁纹银伍钱整。
一、议次男致十男折酒席纹银贰钱整。
一、议女聘公堂纹银壹两整。
一、议女聘折酒席纹银壹两整。
一、议未造厅,女先聘者,起嫁日补公堂纹银壹两整。
万历拾陆年八月十五日立条款人张纪(以下人名从略)①

该族为建祠堂厅屋,虽在族内进行过两次摊派,但费用征集仍未达到预期目的。为能及时筹集到祠堂设施的修理款项,该族决定改弦更张,另寻他途,将集体摊派改为征收子女诞生、女儿婚聘、出嫁喜银。并集体订立条约数款以进行重新约定,对不遵条约者则进行相应的经济处罚。该筹款条约对相关族人皆具有约束力和控制力。

(2)祠堂祭祀配享规约

明清时期,徽州宗族祠堂供奉配享祖先神主有一定的标准和规则,或基于血缘的因素,如供奉始迁祖及一定世代的先祖,或根据族人对宗族的贡献大小,如供奉科举成功者、乐善捐输者等。对此,徽州宗族多通过订立宗祠祭祀配享规条的方式加以规范。明崇祯八年(1635)正月,歙县东门许氏以族长许允谅为首重新订立了本族宗祠祭祀配享规条,即《宗祠订正祭祀配享定规》:

族长允谅等,今因修谱,知我许自忠烈远公六世孙规公时羁旅宣歙,至孙太庙斋郎会公始由池迁歙之东门。后四世孙宾公又由东门迁歙北之宁泰乡,迨至

---

① 王钰欣、周绍泉主编:《徽州千年契约文书》(宋元明编)卷六,《万历十六年休宁张氏〈建厅簿〉》,石家庄:花山文艺出版社,1991年,第75~78页。

九世暹公复居城东故址，历宋元明，子姓繁衍，为郡之望，皆始迁祖之庇荫也。今阅洪武十四年族长荣甫公等标祀定规，首载始祖会公墓在歙南浦口金钗坞，暹公墓在问政山姚家坞等墓。前元，族长寿甫公已定祭祀标挂之礼。今宗祠故有会公大像座安楼上，祭时不便奉移，故春秋二祭惟以暹公飨中堂，以大承事、三进士二祖配飨，而会公反附祭焚帛。夫宗祭复居东门之世孙，而附祭始迁东门之烈祖，于礼不合，亦宗祠一大缺典也。因思像固难移，主则可出，今定设立始祖会公牌位，祭则出主正堂，以暹公支祖配飨，庶本源兼举，礼义俱全矣。我高阳之许得列国梁者，以唐之相族故也，今太傅国公于神庙朝，九年辅相，七疏建储，去就争而前星定，天下称贤焉，可谓于宗有光矣。且已崇祀宫墙，允宜配飨家庙。因定来兹有能起家甲科、砥砺名行、祠名宦、祀乡贤者，悉如大傅例配飨始祖。其有孝子顺孙、节烈妇之可旌者，入主附祀，不待出赀，我宗祠之出赀入主，置买祭田。本欲血食永延，岂期末世有不肖者将已亲属无嗣之主更易别亲，何异夺此亲之饮食以杀之而食他亲者有焉。甚至以己祖宗之主贸易他人，更其名以飨祭，不啻扼祖宗之喉，夺其食以弑之而食他人者有焉。图数金之便宜，使他人为馁鬼，卖者固恶，买者尤凶，固人鬼所共愤也。除已往觉而改正旧主外，倘有再犯此弊，非我族类也。主仍改旧，人共斥之。

　　右四条，大为礼纲，小亦礼纪，皆集众思而归之至当者。爰命侄志古次第书之，与合族遵守无斁。
明崇祯八年乙亥春正月望日族长 允谅
　　　　　　　同族人　鸣和　希德　志古
　　　　　　　　　　　志才　志伸　志仁
　　　　　　　　　　　光勋　士桢　士鼎①

---

① 乾隆《重修古歙东门许氏宗谱》卷八，崇祯八年《宗祠订正祭祀配享定规》。

该合同规约是从遵循礼制的角度出发制定祠堂祭祀规则的:"夫宗祭复居东门之世孙,而附祭始迁东门之烈祖,于礼不合,亦宗祠一大缺典也。因思像固难移,主则可出,今定设立始祖会公牌位,祭则出主正堂,以暹公支祖配飨,庶本源兼举,礼义俱全矣。"并规定,以后宗族中"有能起家甲科、砥砺名行、祠名宦、祀乡贤者,悉如大傅例配飨始祖。其有孝子顺孙、节烈妇之可旌者,入主附祀,不待出货,我宗祠之出货入主,置买祭田"。对有功于宗族或为宗族赢得荣誉的族人,予以免费入主附祀的褒奖。对于某些不肖族人"将己亲属无嗣之主更易别亲"或"以己祖宗之主贸易他人"的做法,除"主仍改旧"外,还予以严厉惩罚。该规约对相关族人具有较强的约束与控制作用。

10. 佃仆供养规条

明清时期,徽州宗族在婚丧嫁娶及祭祀等宗族红白事中都要使用鼓乐,而鼓乐服务则多由宗族佃仆等贱民阶层提供。为了确保鼓乐服务人手的供养,徽州某些宗族通过订立佃仆供养规条的方式,对相关事宜作了专门的规定。清乾隆二十八年(1763)十一月,徽州某宗族敦叙堂上、下两门联合订立教鼓手合议规条即是一例:

> 立合议敦叙,今为合村议教鼓手规条,遵前祖规,派丁轮流供给。其师傅俸金费用顶项,上门认银拾肆两,余银两门均认,毋得反悔。所有条规开载在后,或有力量不足及不遵依祖规供给者,日后婚姻丧祭毋得唤用。倘必要用,税乐金壹两入贮,毋得询[徇]情。今欲有凭,立此合议存照。
> 一、议幼丁供起,六十岁者免。
> 一、议乐器各门年首掌管,不许私借。
> 一、议税金两门均分入匣,不得私收,察出加罚。
> 一、议经理办事人芳名列后。
> 乾隆廿八年十一月　　　日立合议敦叙堂
> 　　　　　支丁　　廷耀(押)　　自诚
> 　　　　　　　　　兼三(押)　　华赐
> 　　　　　　　　　弘士　　　　玉声

　　　　　　　　隆吉（押）　殿晨（押）
　　　　　　　　振明（押）　誉五（押）
　　　　　　　　志中（押）　本立
　　　　　　　　我济（押）　君义（押）
　　　　　　　　万山
　　　　　　　　在明（押）
　　　　　　　　献奇（押）
　　任事　鲁山　隆吉　卫民　　振明　希周
　　　　　公衔　焕文　于周（押）弘载　万山
　　　　　芳林　万友　思义　　佐周　光美
　　　　　邦瑞　锦文　友珍　　孚万　丹岩①

该族上、下两门在遵循祖规的基础上订立了供养鼓手的若干专门条款，对经费分摊、经费使用、乐器保管等作了详细的规定，该合议规条对上、下两门皆具有约束和控制作用。

除上述所举十种合同条约外，明清时期徽州宗族社会中还有出于各种特定目的而制定的各种类型的合同条约，这些合同条约也都对或制定者、或参与人、或全体族人、或部分族人，具有一定的约束和控制作用。

通过合同条约实施族内控制与管理，有助于规范与调整明清徽州宗族内部有关成员的权利和义务，有助于规范与调整这一时期徽州宗族内部的财产、婚姻、继嗣、身份、治安、公益等各种社会关系和社会行为，在一定程度上也有利于维持这一时期徽州宗族社会秩序的稳定有序和徽州社会的持续繁荣。

总之，明清时期徽州宗族所采用的族规家法、合同条约等制度控制手段是一种正式的制度化控制手段，即以明文规定的形式规范与调整宗族成员的行为与宗族社会秩序。通过正式制度的形式以确保宗族内部控制的顺利执行，是这一时期徽州宗族社会管理与控制正规化、制度化、常态化的体现。通过宗族成员集体商讨并制定的正式的制度规定，可确保徽州宗族社

---

① 王钰欣、周绍泉主编：《徽州千年契约文书》（清民国编）卷一，《乾隆二十八年敦叙堂立合议书》，石家庄：花山文艺出版社，1991年，第345页。

会管理与控制功能的正常发挥,而不致流于形式或无所作为。

二、明清徽州宗族内部的物质利益控制手段及其运用

所谓物质利益控制手段,是指公开地或含蓄地提供某些好处以换取人们对社会与政治秩序的接受[①]。从类型上说,它是一种经济控制的手段,而在明清时期它更多地是以社会保障[②]的形式出现的。作为一种社会稳定和控制机制,明清时期徽州城乡居民的社会保障是以民间的宗族保障为主的[③]。这一时期,徽州宗族积极实行宗族内部社会保障措施,通过物质救济救助等手段,以实现族内控制和宗族社会秩序的稳定[④]。此外,这一时期的徽州宗族还通过物质奖励措施的实行以实现对族人的软控制。除制度控制手段外,物质利益控制手段也是徽州宗族常用的一种社会控制手段。

---

① 参见王国斌著,李伯重、连玲玲译:《转变的中国——历史变迁与欧洲经验的局限》,南京:江苏人民出版社,1998年,第103页;万明主编:《晚明社会变迁问题与研究》,北京:商务印书馆,2005年,第302页。

② 根据现代社会保障制度的理论,社会保障制度是资本主义市场经济发展的产物,在其发展过程中相继出现了社会救济、社会保险、社会福利等几种形式。其中,社会保障最初的萌芽形态是社会救济,真正意义上的社会保障制度是从社会保险制度的建立开始的。实际上,在传统社会中也存在着社会保障制度,由于受社会经济发展水平的制约,传统社会中的社会保障制度尚处于一种水平较低的初级阶段,社会救济是其主要形态和主要内容。明清时期徽州宗族的社会保障即是以社会救济为其主要内容和主要形态。参见孙光德、董克用主编:《社会保障概论》,北京:中国人民大学出版社,2000年,第3~40页。

③ 参见唐力行:《徽州宗族社会》,合肥:安徽人民出版社,2005年,第247~248页。

④ 在徽州境外,如江南地区等徽商的经商地,宗族商人也积极致力于当地的社会慈善事业,通过各种慈善设施的建设和运作对族人与同乡等人群实施社会救助。参见范金民:《清代徽州商帮的慈善设施——以江南为中心》,载《中国史研究》,1999年第4期。

(一)明清时期徽州宗族族人的贫困状况

明清时期,由于人口的自然繁衍和膨胀,导致徽州人地矛盾进一步加剧,加上自然灾害等因素的影响,使徽州社会的生存环境和生存状况变得较为恶劣,部分徽州人甚至长期处于贫困状态之中。这一时期徽州宗族社会中粮食等物质资源贫乏状况和民众生活贫困状况,在文献中有较多的反映①。

明弘治《徽州府志》云:

> 本府万山中,不可舟车,田地少,户口多,土产微,贡赋薄,以取足于目前日用观之则富郡,一遇小灾及大役则大窘②。

清康熙《休宁县志》云:

> 徽州介万山之中,地狭人稠,耕获三不赡一。即丰年亦仰食江楚,十居六七,勿论岁饥也③。

在休宁境内:

> 邑山多田少,粒米是急,日仰给东西二江,一遇公禁私遏,旬日之艘未至,举皇皇枵腹以待④。

> 休邑山多田少,土瘠产微,而吾乡为尤甚。岁丰,未能供食之半⑤。

---

① 据《资治通鉴》卷二百三十七《唐纪五十三·宪宗元和三年(808)》记载:元和三年秋,"以右庶子卢坦为宣歙观察使。……坦到官,值旱饥,谷价日增,或请抑其价。坦曰:'宣、歙土狭谷少,所仰四方之来者;若价贱,则商船不复来,益困矣。'既而米斗二百,商旅辐凑"。(北京:中华书局,1956年,第16册,第7653页)由上可见,早在唐代元和年间,徽州境内就已存在"土狭谷少"的问题,当遇到自然灾害时,往往会发生粮食短缺、民生困苦的情况。可以说,徽州境内粮食短缺、民生困苦的情况,是一个长期存在的历史性的问题,到了明清时期,由于人口增长的压力加大,这一问题更显突出。
② 弘治《徽州府志》卷二《食货一》。
③ 康熙《休宁县志》卷七《汪伟奏疏》。
④ 康熙《休宁县志》卷一《方舆志·风俗》。
⑤ 雍正《休宁孚潭志》卷三《食货志》。

在祁门境内：

> 厥田高亢，依山而垦，数级不盈一亩，快牛利刹不得用，入甚薄。岁禩，粉蕨葛佐食，即丰年，谷不能二之一。
>
> 土瘠民贫，岁入无几，多取给于水碓、磁土①。
>
> 祁邑田少山多，时逢荒歉，皆取给于江西之饶河。邻有遏籴之时，祁民则坐以待毙②。

在婺源境内：

> 农终岁勤劬，亩不获一口之入。土瘠而硗，犁仅一咫⋯⋯子妇拮据，场仅告涤，瓶已云空，冬月多掘蕨根以充食，至夏麦登，则屑粃杂米，名曰干粮，戴星负薪，走市觅米，妇子忍饥以待，不幸为负租家夺，则数腹皆枵。农之苦孰有如婺者③。

在黟县境内：

> 厥土刚而不化，农人终岁勤劬，亩收不给，多远取于池、饶。贫不能负者，仰采岩谷薇葛以充④。
>
> 黟为山邑，田少于山，土地瘠确，高地种荍麦，低地种秔稻，芝麻芦穄，各适土宜。而米谷一宗，每年所收，仅供数月之粮。加以土人耕种不得法，锄犁徒把健妇，粪种不师草人，以至所入益寡。虽遇丰年，犹虞欠收，乞籴邻封，成为惯例⑤。

在许多地方，物质资源极度贫乏，倘若得不到外部的支持，部分徽州人则几乎不能存活下去。这是正常年景下徽州宗族的生存状态。而自然灾害背景下的物价状况似乎更能说明受

---

① 同治《祁门县志》卷五《舆地志·风俗》。
② 《祁门倪氏族谱》卷续，转引自张海鹏、王廷元主编：《明清徽商资料选编》，合肥：黄山书社，1985年，第10页。
③ 光绪《婺源县志》卷三《疆域志·风俗》。
④ 顺治《黟县志》卷一《地理志·风俗》。
⑤ 《黟县乡土地理·物产》，转引自张海鹏、王廷元主编：《明清徽商资料选编》，合肥：黄山书社，1985年，第11页。

灾时徽州宗族族人的艰难处境。由于徽州原本就是一个严重缺粮的地区，倘若遇到自然灾害的侵袭，这种粮食短缺的局面则更为严峻，而这种严峻局面反映在族人日常生活中就是粮价飞涨、米比金贵。如在休宁境内：明正德十四年(1519)，"大旱，斗米一钱二分"；嘉靖二年(1523)，"民饥，斗米一钱五分"；嘉靖二十四年(1545)，"亢旱，大饥，斗米二钱"；万历十六年(1588)，"春大水，夏旱饥，斗米一钱六分"①。在祁门境内：明万历二十六年(1598)，"大饥，米价暴腾，民窘甚"②；清顺治三年(1646)，"浮寇大发，阻祁水道，斗米价值一金。强有力者从歙、黟、石埭负贩至祁，穷民多饿死"③。在婺源境内，清乾隆年间发生大饥荒，境内米价大涨："癸亥、辛未江湾大祲，米石逾三金"；"癸亥岁歉，斗米三百钱"；"癸亥大饥，斗米三百钱"④。

此处试以明万历十六年(1588)休宁斗米一钱六分为例来说明当时米价的上涨幅度。根据彭信威的研究，明万历年间全国的平均米价为每石六钱八分，以明制1石为10斗计算，则万历十六年休宁米价是全国平均米价的2.35倍⑤。而根据孔潮丽的计算，万历十六至十七年间，徽州6县的米价涨幅平均达到164%⑥，也即是说，为全国平均米价的2.64倍。这从另一个角度说明，在灾荒年份，徽州族人的生存处境更加艰难，境内需要救助的灾民、饥民的规模也当较平常年景更为庞大。

此外，由于宗族各门房支派及各个体族人自身发展的不平衡，明清时期徽州宗族内部存在着较为严重的贫富两极分化现象，在宗族内部也始终存在着一个规模较为庞大的贫困人群，鳏寡孤独贫穷落魄之辈、经商失意事业失败之人等往往都暂时或长期地成为宗族内部的弱势群体，在某种意义上说，这一时

---

① 万历《休宁县志》卷八《通考志·機祥》。
② 康熙《祁门县志》卷一《田赋·恤政附》。
③ 康熙《祁门县志》卷一《祥异》。
④ 乾隆《婺源县志》卷二十三《人物志·义行》。
⑤ 参见彭信威：《中国货币史》，上海：上海人民出版社，1988年，第706、722页。
⑥ 参见孔潮丽：《1588—1589年瘟疫流行与徽州社会》，载《安徽史学》，2002年第4期。

期徽州宗族族人的贫困现象无处不在。

文献记载表明,明清时期,徽州宗族社会中部分族人的贫困引发了一系列的社会问题,这些社会问题常常令宗族感到不安。明崇祯年间,祁门境内发生饥荒,"斗米值四钱,弱者忍死,强者思乱"①。由于米价暴涨、民不聊生、"强者思乱",社会动乱迫在眉睫,宗族社会秩序面临挑战。在黟县境内,清乾隆七年(1742),夏旱伤禾,米价涌贵。"次年春,邑之无藉假米贵为由,乘机盗砍山树及坟荫木,峻法严惩,始各敛迹"②。在灾害之年,许多不法之人盗砍山树及护坟荫木,破坏了宗族正常的社会秩序,危害了宗族的根本利益。

而一些徽州宗族更看到了族人因为贫困干起了伤风败俗、从事贱业等有损宗族尊严与脸面的事情。清同治《祁门武溪陈氏宗谱》所载《新编凡例》云:

> 族内之人有贫富不等,如鳏寡孤独之辈,族中有余饶者当拯助之,不可任其浮沉,以坏家风也③。

该族试图通过宗族救济以避免或减少族人因贫困而败坏家风的事情发生。

清光绪《三田李氏宗谱》所载《家规》之"睦乡里"条指出:

> 族中有孤独无依者,使各房力能扶助之,则周其急,或收养于家,任以细事而衣食从优,毋致与佣工者伍④。

该族通过宗族救济以避免族人因贫困而从事"与佣工者伍"等有损宗族脸面的低贱职业。

上述事例表明,如果没有发达的社会保障机制特别是宗族保障机制,徽州宗族部分贫困人口的生存、宗族社会秩序的维持都会成为严重的问题。可以说,明清时期徽州宗族社会能够经常战胜困难、渡过难关、维持社会正常的惯性发展,是与宗族

---

① 康熙《祁门县志》卷二《名宦》。
② 乾隆《黟县志》卷一《纪事》。
③ 同治《祁门武溪陈氏宗谱》卷一《新编凡例》。
④ 光绪《三田李氏宗谱》卷末《家规·睦乡里》。

社会中发达的社会保障机制分不开的。

(二)明清时期徽州宗族对社会救济的重视

在徽州宗族看来,从血缘和道义的角度讲,救济贫困族人是宗族及其他族人特别是族中富人义不容辞的义务,这也是徽州宗族睦族收族的基本要求。

在歙县境内,清雍正《歙县潭渡孝里黄氏族谱》所载《家训》之"亲睦"条云:

> 族人乃一本所生,彼辱则吾辱,当委曲庇覆,勿使失所,切不可视为途人,以忝吾祖。
> 其鳏寡孤独及老幼无能者,尤当量力赒急①。

该族强调对宗族弱势人群实施救济的必要性。

该族还规定:

> 族内有孝子顺孙、义夫节妇,此其人砥德砺行,有关风化甚大。各堂长及斯文会倡众殷勤慰问,使人知所激劝。遇郡邑甄举,阖族绅衿父老连名呈报,以祈奖异,有不足者,酌捐钱谷佐之②。

该族重视为族人提供旌表等方面的经济资助。

清乾隆《重修古歙东门许氏宗谱》所载《许氏家规》之"救家恤患"条指出:

> 今后凡遇灾患,或所遭之不偶也,固宜不恤财、不恤力以图之,怜悯救援,扶持培植,以示敦睦之义③。

该族要求族人提供救济,以帮助宗族弱势人群渡过难关。

该族还呼吁族人救济孤儿寡妇,对欺虐孤寡的族人则予以严厉制裁:

> 父之于子而见其成人,妇之于夫而及尔偕老,是处人伦之幸,道之常也。不幸而值其变固,有无父而

---

① 雍正《歙县潭渡孝里黄氏族谱》卷四《潭渡孝里黄氏家训·亲睦》。
② 雍正《歙县潭渡孝里黄氏族谱》卷四《潭渡孝里黄氏家训·亲睦》。
③ 乾隆《重修古歙东门许氏宗谱》卷八《许氏家规·救家恤患》。

孤、无夫而寡者焉,此穷民无告、王政之所必先焉者。其尤宜怜恤也,为何如哉!世之凶暴无耻者,欺人之孤,虐人之寡,恣贪饕之惨而夺其资。其孤寡者,含恨饮忿而卒于无所控诉也,彼人之心忍乎哉!殊不知天道昭明,殃庆各以类,至积恶余殃,不于其身必于其子孙,虽欲悔祸,将何及耶!今后凡遇孤儿寡妇,恩以抚之,厚以恤之,扶持培植,保全爱护,期于树立,勿致失所,为之婚嫁,为之表彰,伯叔懿亲不得而辞其责也,敢有蹈前之弊,或访而知,或诉于祠,众执而治,于孤寡者审处之,俾善其后①。

该族的族内救济有一套较为具体的做法:

> 族中有志守节贤妇,及年老孤贫无依者,每名每月给以口粮五钱。岁暮,阖族贫士与亲邻,由亲及疏,自四金起至五星止,皆送炭赀。其有婚娶无力者,查明,助以四金。殁而不能殓者,给棺一具,衣衾银一两。无力葬者,自置地葬,助以二金。无地葬者,置义冢二所,听其安葬。
>
> 冬月量制男女布棉袄若干,查族中寒苦者,登簿给领,以三年为率,四年再给,不得频年冒领也②。

该族主张针对不同的弱势人群,提供不同类型的宗族救济。清嘉庆《歙县桂溪项氏族谱》所载《凡例》云:

> 睦族敦宗,乡间是尚,恤茕赈乏,仁义其滋。里中义田之举,所以嘉惠通族之鳏寡孤独废疾者,至优至渥,诚善事也③。

该族强调恤茕赈乏、嘉惠族内鳏寡孤独废疾之人是敦宗睦族的善事,提倡族人多行义举。

在休宁境内,明万历《休宁范氏族谱》所载《统宗祠规》之

---

① 乾隆《重修古歙东门许氏宗谱》卷八《许氏家规·抚孤恤寡》。
② 乾隆《重修古歙东门许氏宗谱》卷八《宗祠新置义田规约》。
③ 嘉庆《歙县桂溪项氏族谱》卷首《凡例》。

"宗族当睦"条指出：

> 鳏寡孤独，王政所先，况吾同族得于耳闻目击者乎，则恤之。贫者恤之善言，富者恤之财谷，皆阴德也。衣食窘急，生计无聊，虽或自取，命运亦乖，则周之。量己量彼，可为则为，不必望其报，不必使人知，吾尽吾心焉。……引伸触类，为义田义仓、为义学、为义冢。教养同族，使生死无失所，皆豪杰所当为者①。

该族强调族人不论贫富，都要竭尽所能为族中鳏寡孤独之人提供救助，使他们身前死后都能得到赈恤。

据明万历年间编纂的《程典》记载，明代，休宁泰塘程氏宗族通过"岁行周恤之礼以给族人"，使族内救济经常化、制度化。其具体做法是：

> 凡同族者，自十亩百金之家以上，随其财产厚薄，岁出银谷以为积贮，俾族长与族之富者掌之。立簿二本，籍其数，以稽出入，岁量族人所乏而补助之，其赢则为棺椁衣衾，以济不能葬者。若嫁娶者、产子者、死丧者、疾病者、患难者，皆以私财相赠②。

在该族内部，各类弱势人群或经济匮乏之人都能得到一定的救助。

清雍正《（休宁）茗洲吴氏家典》所载《家规》规定：

> 族内贫穷孤寡，实堪怜悯，而祠贮绵薄，不能赒恤，赖族彦维佐输租四伯［佰］，当依条议，每岁一给。顾仁孝之念，人所同具，或贾有余财，或禄有余资，尚祈量力多寡输入，俾族众尽沾嘉惠，以成巨观③。

该族呼吁宗族中的商人、官僚等为族内贫穷孤寡之人提供经济救助。

清乾隆《休宁古林黄氏重修族谱》所载新订《祠规》之"恤孤

---

① 万历《休宁范氏族谱·谱祠·统宗祠规·宗族当睦》。
② 万历《（休宁）程典》志第三卷《宗法志》。
③ 雍正《（休宁）茗洲吴氏家典》卷一《家规》。

寡"条指出：

> 鳏寡孤独乃天下之穷民，圣王发政施仁，在所必先。矧痛痒相关，尤有不容恝置者乎。善睦族者，当思穷于天弗穷于人，穷于外弗穷于内，置义田以赒恤之，时馈问以安辑之，俾得各保其生，毋致向隅莫告，亦仁人君子推广孝思之一端也①。

该族呼吁族人救助族中鳏寡孤独者，以使他们的生存能得到保障。

在黟县境内，清光绪年间，鹤山李氏宗族所订《家典》指出：

> 今日之族有亲疏也，而自祖宗均爱之意推之，则颠连无告者在所当恤也。此吾何以反复义田之举，深觉其言之有味也。考文正当时义庄，每人日食米一升，岁衣缣一匹，嫁娶丧葬皆有给助。今无大力者未易办此，然鳏寡孤独废疾亦当量有以资之。呜呼！顾安得此仁心为质者，起而体祖宗之意，收恤宗族，以大其一体之仁也哉②！

该族强调通过创设义田为族中鳏寡孤独废疾之人提供生存保障。

在绩溪境内，清光绪《绩溪县南关许余氏惇叙堂宗谱》所载《惇叙堂家政》之"救荒之用"条指出：

> 每遇荒年，如既无义仓又无祀租可拨，族长、祠董会计合族富户，捐资以保合族贫户，断不至家家赤贫，家家无粮。务求一族之富人能保全一族之贫民，不使一人独受饥寒。富者有钱出钱，有谷出谷，倘明明有钱有谷，为富不仁，凡以上各条，从中违拗，以致祖训家政徒为具文，贫民求生无路，则由本族持此谱呈官

---

① 乾隆《休宁古林黄氏重修族谱》卷首下《祠规·恤孤寡》。
② 民国《黟县鹤山李氏宗谱》卷末《家典·置义田议》。

求究,以不孝不义之罪治之①。

该族主张采取富户帮贫户、富者济贫者的做法实施族内救济,并对为富不仁者实施制裁。

(三)明清时期徽州宗族社会救济的主要内容

1. 通过义田实施宗族救济

义田是指为赡养或救恤宗族设立的田产。明清时期,徽州宗族或族人十分重视义田赡恤宗族的功能,纷纷予以捐输设立。通过义田实施宗族救济,帮助贫困族人和弱势人群渡过难关或摆脱困境,以软控制的方式达到维持宗族社会秩序稳定的目的。

【歙县的事例】

(1)棠樾鲍氏

体源户田:清乾隆、嘉庆年间,由棠樾鲍氏宗族商人鲍启运连续多年捐赀设置,共有707余亩。其救助对象为族内鳏寡孤独之人。该族规定:

> 以其岁之入养宗人之鳏寡孤独者……田既归宗祠,惟宗祠主之,请与宗人约,凡体源户田率以为我族鳏寡孤独者长久经费,不得藉祖宗公事移用侵削,我后人亦不得过问,违者,呈官治之②。

主张将义田交由宗祠经营管理,强调专款专用,族人不准挪移他用乃至侵夺。

敦本户田:清乾隆、嘉庆年间,由棠樾鲍氏宗族商人鲍启运连续多年捐赀设置,共有500余亩。主要用于荒年接济族中贫困之人,采用平价粜谷给族人的办法。在《敦本户田记》中交代了设立该义田的缘由与目的:

> 第吾邑地硗,族丁繁盛,其间贫乏者,每届青黄不接之际,众口嗷嗷,一本关怀,疚心遗训,亟又置敦本

---

① 光绪《绩溪县南关许余氏惇叙堂宗谱》卷八《惇叙堂家政·救荒之用》。

② 嘉庆《(歙县)棠樾鲍氏宣忠堂支谱》卷十九《义田·体源户田记》。

户田五百余亩。所收租息,以体源、敦本两户应纳钱粮营米作为价值,逢春粜与族人,每谷一升取钱不过四五文,已足完粮,而贫族不无有裨朝夕。其体源户钱粮既归敦本户代纳,敦本收租杂费即向体源项下支销,取其两相维系,久而勿坠。……所有敦本户田并续增体源户田悉归宗祠,既归宗祠,即为公物,我后人不得过问,族人亦不得藉端擅卖,违者,呈官治之。两户田凡共一千二百余亩,零星收置历十七载①。

敦本户田为鲍氏宗族后续置产,该义田也交由宗祠经营管理,不准族人借端擅卖。

节俭户田:清嘉庆年间,棠樾鲍氏宗族商人鲍志道妻汪氏将一生节俭所蓄捐为公产,设立节俭户田,专门用于救济宗族妇女。在《节俭户田缘由》中交代了汪氏设立义田的初衷:

因己一生亲历之苦,念及众房女眷之苦,特捐置田一百亩,取名节俭户,以惠族妇。……置大买田一百亩,税立鲍节俭户,每年租谷归宣忠堂司祠与司年公管,房长稽查。除应完钱粮营米及交租租酒、晒晾沿箪贮篓等费,多余之谷,记明簿扇,尽贮宣忠堂仓内,俟次年青黄不接时公同开仓,按宣忠堂三大房女眷公分。除去不要此谷者,总按要者名数均匀分派,所有男丁童稚暨未出嫁女一概不与。以汝嫂系妇人,只惠及妇人一辈②。

节俭户义田的救助对象,只限定为鲍氏宗族内部的妇女,只惠及妇人这一群体,在青黄不接时发放租谷。

(2)潭渡黄氏:分守武汉黄道黄履昊,独捐己资,置田于东乡之梅渡滩、西乡之莘墟等处,以岁之收获给其族之四穷③。

(3)西溪南吴氏:奉宸卿吴禧祖、中宪大夫吴之鸢、吴之骏、资政大夫吴邦佩、赠编修吴邦伟,共捐资万数千缗,置田千余

---

① 嘉庆《(歙县)棠樾鲍氏宣忠堂支谱》卷十九《义田》。
② 嘉庆《(歙县)棠樾鲍氏宣忠堂支谱》卷十七《祀事》。
③ 道光《歙县志》卷六《恤政志·附义田》。

亩。岁收其入,于季春、孟冬之月,给之族之颠连无告者,助丧助葬,立法如范氏义庄事。始于乾隆之三年,田购于宣城之沚水①。

(4)大阜潘氏:潘琮置田三十二亩九分零,岁收其入,以给其族之贫乏者②。

(5)唐模许氏:清代,族人许以诚"念族巨丁蕃,不乏寒窘,乃法范庄意,率同堂诸昆弟置义田"③。

(6)东门许氏:清代,官僚许登瀛"置义田,设义学,乍兴一族,泽被三党。族中节妇孤儿,与出嫁守志以及贫乏无依者,生有月粮,寒有冬衣,死有棺衾,葬有义冢,嫁有赠,娶有助,莫不一一均沾其惠"④。

(7)明义士李天祥、佘文义、谢显佑、许禾、程钧、吴荣让,均置义田以赡其族⑤。

【休宁的事例】

(1)博村范氏:明代,族人范德芳"置义田五十亩于祠中"⑥。

(2)上山吴氏:明代,族人吴继良"买义田百亩"⑦。

(3)居安黄氏:明代,盐商黄侃"居家收族,独建大宗祠,置……义田宅"⑧。

(4)月潭朱氏:清代,族人朱士铨"善治生,大其家,思先人遗言,缩节食衣,经数十年,置田三百五十余亩,立周义等户"⑨。

【婺源的事例】

(1)云川王氏:清代,族人王良货"尝慕范希文遗事,置义田二十余亩以赡族人,急者赒之,灾者恤之。其尤贫不能具棺,则

---

① 道光《歙县志》卷六《恤政志·附义田》。
② 道光《歙县志》卷六《恤政志·附义田》。
③ 道光《歙县志》卷八《人物志·孝友》。
④ 《许氏阖族公撰观察蓬园公事实》,乾隆《重修古歙东门许氏宗谱》。
⑤ 道光《歙县志》卷六《恤政志·附义田》。
⑥ 万历《休宁县志》卷六《人物志·乡善》。
⑦ 万历《休宁县志》卷六《人物志·乡善》。
⑧ 万历《休宁县志》卷六《人物志·乡善》。
⑨ (清)邵世恩《任衡朱公义田记》,民国《新安(休宁)月潭朱氏族谱》卷二十二下《新文翰》。

倍给不少靳"①。

（2）桃溪潘氏：清代，庠生潘殿昭"捐赀倡率族人共立义田，以赒给老幼废疾"②。

（3）仁村胡氏：清代，商人胡世闹"尝因岁歉平粜，输数百金入祠，公置义田为久远计"③。清代，贡生胡徽光"捐金四百置义田，入祠赡族"④。清代，族人胡以和"置义田百余亩以周贫族"⑤。

（4）清源江村江氏：清代，族人江伯元"置义田六十亩，每岁周族穷乏"⑥。

（5）梅田程氏：清代，族人程兆渭"倡置义田，立祀典，以培植根本为心"⑦。

（6）桂岩戴氏：清代，商人戴逢交"承祖志输田入祠，积贮为救荒计"⑧。

【祁门的事例】

（1）大沙源王氏：明代，族人王万昌"输田二百亩，以赡族之孤寡"⑨。

（2）胡村胡氏：明代，商人胡天禄"输田三百亩为义田，请缙绅先生序之，订为条例。烝尝无缺，塾教有赖，学成有资。族之婚者、嫁者、丧者、葬者、娶妇无依者、穷民无告者，一一赈给，大约皆师范希文法"⑩。

（3）檡墅洪氏：清代，族人洪世迎"与族中声、业兄弟二人，

---

① 康熙《婺源县志》卷十《人物志·义行》。
② 乾隆《婺源县志》卷十七《人物志·学林》。
③ 乾隆《婺源县志》卷二十三《人物志·义行》。
④ 光绪《婺源县志》卷三十三《人物志·义行》。
⑤ 光绪《婺源县志》卷二十九《人物志·孝友》。
⑥ 乾隆《婺源县志》卷二十三《人物志·义行》。
⑦ 光绪《婺源县志》卷四十《人物志·质行》。
⑧ 光绪《婺源县志》卷二十九《人物志·孝友》。
⑨ 民国《祁门县志·氏族考·大沙源王氏》。
⑩ 康熙《祁门县志》卷四《孝义》。另据谢存仁《胡慕峰义田记》记载，胡天禄"输田百五十亩于族，岁得谷三百石，以时祀事，聚子姓，使塾者有供，庠者有饩，贫有资，婚有助，鳏寡孤独疲癃废疾者有养，等级分数具在规籍中"。（康熙《祁门县志》卷六《艺文》）两种记载的数字稍有出入。

输租百余亩,创置义田,以助祭祀,以恤孤寡"①。

(4)石坑张氏:清代,族人张为镇"输义田数十亩,以恤族之孤寡"②。

【绩溪的事例】

孔灵汪氏:清代,族人汪之鉴"创置义田以供祭祀"③。

除了义田之外,还有族人通过捐输义租、义米、银钱实施宗族救济。例如:在婺源境内,清代,桂岩戴氏宗族庠生戴庆生"尤笃意周恤族邻,输租二百秤入祠,为岁歉平粜之助,贫者赖之"④。清代,思溪俞氏族人俞俊琪"慕范公义田,输租二百,当青黄不交济族饥困,率以为常"⑤。清代,甲道张氏族人张织云"念族繁田少,荒年苦无告籴,毅然捐谷三囷防备灾侵,减价平粜,乡沾其惠"⑥。清代,城西程氏族人程祖训"祠租歉薄,训输租三百秤、银二百两以资膏火"⑦。

在黟县境内,清康熙六十一年(1722)春,"富民输粟助赈,夏秋丰收。前年六月至秋,大旱八十余日,豆蔬俱无。至春,民益饥,乡之富人各周其亲族,城中大户富贾输银籴米,贮广安寺助赈"⑧。清乾隆三十年(1765),夏旱,米贵,黟民饥乏,十都汪潢、汪尚丰、汪燮、汪世麟、汪光豫共捐银1200两,赈给本族贫婆。"先数年前,汪良琼、汪燮、汪世麟等已两行之,兹三见矣。又,汪世麟捐田百亩入祠为义田,亲支汪文烈董其事。每遇荒歉,出息以周族人之困。又,县城内余廷立携子应庚在湖广贸易,其子妇吴氏出银四伯[佰]两,以周族人。又,三都汪元佑、汪邦栋等买米数百石在宗祠中平粜"⑨。在灾害饥荒之年,徽州各宗族特别是族内富人,通过捐输米谷等形式积极开展族内救

---

① 道光《祁门县志》卷三十《人物志·义行》。
② 道光《祁门县志》卷三十《人物志·义行》。
③ 乾隆《绩溪县志》卷八《人物志·乡善》。
④ 乾隆《婺源县志》卷二十三《人物志·义行》。
⑤ 乾隆《婺源县志》卷二十三《人物志·义行》。
⑥ 光绪《婺源县志》卷三十三《人物志·义行》。
⑦ 光绪《婺源县志》卷二十六《人物志·风雅附》。
⑧ 乾隆《黟县志》卷一《纪事》。
⑨ 乾隆《黟县志》卷一《纪事》。

济,以帮助贫困族人渡过难关。

2.通过义仓实施宗族救济

义仓是指存留赡族谷米的仓储,在徽州有时也称社仓。南宋时,朱熹曾创立社仓法,将义仓之法用于乡党,是一种民间自救制度①。朱熹的社仓法对视朱熹为乡贤和骄傲的徽州社会影响较大,徽州各地"仿朱子之意而不泥其法,与邑中常平相辅而行。常平主积以备歉,社仓主贷以利农,取息不多,春夏之交,农民藉以济乏,而无告贷素封倍称偿息之苦","若夫都鄙之间,贮缓备急,则又莫善于义仓"②。正是由于义仓或社仓具备上述优点,明清时期徽州境内许多宗族对此加以借鉴,通过设仓贷粮以救助族人,实施族内救济和宗族内部的软控制。

【歙县的事例】

(1)桂溪项氏:清嘉庆元年(1796),上门29世项士瀛兄弟遵照祖父遗命建设仓屋,内进楼堂三间,置重墙,外两庑,设廒六间,每廒可贮谷250石,又三间为每秋佃户交谷之所。宗族义仓的具体位置在村心函三堂之右,救济对象为族中鳏寡孤独四穷无告之人③。该族义仓"仿朱子社仓之意,丰年蓄而凶年平价出之"。嘉庆六年(1801),平粜88日,折银235两。嘉庆七年(1802),平粜45日,折银112两④。

(2)潭渡黄氏:该族族人天寿公为赡族而设置义仓:

> 少读义田记,慕范文正公之事,晚岁割田百余亩以赡族之贫者,故建义仓以为出入之所,且请于官,别立户收税,以为永久之计。有司上其事,抚台锡扁嘉奖,鼓乐导送,以为里俗之劝⑤。

---

① 参见常建华:《宗族志》,上海:上海人民出版社,1998年,第329~330页。
② 光绪《婺源县志》卷十六《食货志·储蓄》。
③ 嘉庆《歙县桂溪项氏族谱》卷二十二《义田·义仓图》。
④ 嘉庆《歙县桂溪项氏族谱》卷二十二《义田原始》。
⑤ 道光《潭滨杂志》中编《义仓》。

【婺源的事例】

（1）江湾江氏：清代，庠生江源进"尝输腴田百亩有奇为义田，置大厦为义丰仓，以贮仓谷，公之村内江、滕二族及异姓细民，丰积歉散"①。清代，族人江国锟为村中义丰仓捐数百金以备赈②。清咸丰年间，义丰仓仓屋被太平军焚毁，至光绪七年（1881），江姓醵赀赎旧田租复置③。清代，监生江仕任"晚因子文烶未娶而没，不忍瓜分其产，尽以输公，颜曰'永济仓'，为救荒备"④。清代，族人江维祖支孙捐输义田建义济仓⑤。清代，贡生江鳌"父仕任，志切救荒，输租立永济义仓，章程甫定而病危，鳌克承之，终身经理不倦。现置租千有余秤，遇荒平粜，族以无饥"⑥。

（2）词源王氏：清代，族人王朝玥建景义仓⑦。

（3）济溪游氏：清代，监生游本钊建义丰仓，"悯凶年贫者乏食，捐田若干亩入祠为义仓，以周窘困"⑧。

（4）方坑江氏：清代，国学生江廷炉捐田十亩倡立义仓⑨。

（5）李坑李氏：先是，族无义仓，岁歉民困。清代，郡廪生李林乔"仿社仓遗法，倡捐义仓，力为经纪。今宗祠萃德堂已成两局，是以人不知饥"⑩。

（6）平盈方氏：清代，商籍庠生方补堂"倡首起义塾，立义仓，总理宗祠，清剔凤负，岁添租谷"⑪。清代，例贡生方书侨曾

---

① 乾隆《婺源县志》卷二十三《人物志·义行》、卷十二《食货志·储蓄》。
② 光绪《婺源县志》卷三十四《人物志·义行》。
③ 光绪《婺源县志》卷十六《食货志·储蓄》。
④ 乾隆《婺源县志》卷二十三《人物志·义行》。
⑤ 乾隆《婺源县志》卷十二《食货志·储蓄》。
⑥ 光绪《婺源县志》卷三十三《人物志·义行》。
⑦ 乾隆《婺源县志》卷十二《食货志·储蓄》。
⑧ 乾隆《婺源县志》卷十二《食货志·储蓄》、卷二十三《人物志·义行》。
⑨ 乾隆《婺源县志》卷二十六《人物志·质行》。
⑩ 乾隆《婺源县志》卷二十五《人物志·文苑》。
⑪ 光绪《婺源县志》卷二十六《人物志·文苑》。

输田入义仓①。在义仓经营管理方面,南乡三十六都方姓合族捐输田亩钱谷,立义济户,积贮平粜②。

(7)上溪头程氏:清代,族立义仓,庠生程朝阳"输田数亩,嘱子丹圃请示勒石"③。清代,族人程怡炫"尝集同志创建义仓,置田数十顷,族中贫乏均有赖焉"④。清代,上溪头程氏本仁堂合族建恒丰仓⑤。

(8)漳溪王氏:清代,工部虞衡司员外郎王廷享"输谷二千入家祠,置仓曰'肇丰',每岁出陈易新,以防荒歉"⑥。

(9)庆源詹氏:清代,族人詹启胜母汪氏命其倡捐田30亩入祠孳殖。"嗣经司理善筹,散户襄助,积累巨赀,建仓置产,每当青黄不接时,减价平粜,族赖以济饥,皆汪氏命子倡首之功,至今感德无已"⑦。

(10)桃溪潘氏:清代,邑庠生潘承祖于族内创义仓⑧。清代,族人潘元旷"创义输金,市米平粜。余赀复立积仓,经理一本朱子遗法,贫窭赖济"⑨。

(11)东溪头程氏:清代,族人程茂梓"幼读书,以贫易业,家渐充,自奉甚约,见义必为。尝欲创建义仓,遘病不起,嘱其子世炘、世炳曰:予一生勤劳,所置薄产,足供尔辈衣食。尚存银一千六百两,欲建义仓,有志未逮,尔辈须陆续置田,约满五十亩,并建仓屋,归于族众,以备荒歉。必成吾志,毋怠。时二子尚幼,及长,奉命举行。岁歉,藉举火者不下千指,族中德之"⑩。

(12)新源俞氏:清代,族人俞秩宗曾经商淮扬间,及老归

---

① 光绪《婺源县志》卷二十六《人物志·风雅附》。
② 光绪《婺源县志》卷十六《食货志·储蓄》。
③ 光绪《婺源县志》卷二十六《人物志·风雅附》。
④ 光绪《婺源县志》卷四十《人物志·质行》。
⑤ 光绪《婺源县志》卷十六《食货志·储蓄》。
⑥ 光绪《婺源县志》卷二十九《人物志·孝友》。
⑦ 光绪《婺源县志》卷三十四《人物志·义行》。
⑧ 乾隆《婺源县志》卷二十三《人物志·义行》。
⑨ 乾隆《婺源县志》卷二十三《人物志·义行》。
⑩ 乾隆《婺源县志》卷二十三《人物志·义行》。

里,"疾革,犹以族多贫窭,荒岁艰于自给,属子镛兴立社仓赈粜"①。

(13)段莘汪氏:清代,商人汪锡致富后捐赀立义仓②。清代,登仕佐郎汪汝淦"尝念族祖双池公乏嗣,祀典阙如,捐租五十秤附存义仓,递年定期特祭"③。

(14)丰田俞氏:清代,族人俞文定"输谷平粜,谷尽,典贷买米以济。又捐租倡首,劝同族建义仓,亲任经理,积谷数百石,灾侵有备"④。

(15)虹钟坦洪氏:清代,国学生洪光耀"与兄共置义田,岁饥仿社仓法,按户周给,人感其德"⑤。

(16)城东董氏:清代,国学生董昌玙"少负长才,佐父经纪","岁荐饥,与绅士捐米平粜,颇仿朱子南康遗法"⑥。

(17)沱川余氏:清代,邑庠生余思仁授徒多所成就,以生殖余赀建义仓⑦。

(18)盘山程氏:族内故有前明时所建义仓,年久颓废。至清代,族人程用时"倡捐重造,委身经理,不辞劳瘁。贫乏沾德惠,寒畯就栽培,时与有力"⑧。清代,商人程世杰置田300余亩立义仓,"丰年积贮,遇凶祲,减价平粜"⑨。

(19)鸿村洪氏:清代,监生洪光甸"倡捐千金,偕族人设义丰仓,经理十余载,减价平粜。所赢,置田八十余亩,谷贮义仓备赈,自是人不知饥"⑩。

(20)上鸿村洪氏:清代,商人洪腾云勤劳服贾,"族中义仓

---

① 乾隆《婺源县志》卷二十三《人物志·义行》。
② 乾隆《婺源县志》卷二十三《人物志·义行》。
③ 光绪《婺源县志》卷三十四《人物志·义行》。
④ 乾隆《婺源县志》卷二十三《人物志·义行》。
⑤ 乾隆《婺源县志》卷二十六《人物志·质行》。
⑥ 光绪《婺源县志》卷二十四《人物志·学林》。
⑦ 光绪《婺源县志》卷二十六《人物志·风雅附》。
⑧ 光绪《婺源县志》卷三十八《人物志·质行》。
⑨ 光绪《婺源县志》卷三十三《人物志·义行》。
⑩ 光绪《婺源县志》卷三十三《人物志·义行》。

义冢,偕众增修,贫乏赖之"①。

(21)渔潭程氏:清代,族人程士怀"倡建社仓,多输积谷,以备凶荒"②。

(22)中云王氏:清代,族人王锡昌经商楚汉,家渐饶裕,"本里创建义仓,输田十余亩"。清代,族建义仓,国学生王鸿基"输田十余亩,赞成其美"。清代,族人王考祥因父故弃举子业,理家政,"尝念族大户稠,与同志创常美仓,储谷备荒"③。

(23)桂潭董氏:清代,商人董梯云"业茶稍裕,置产悉与兄均。桂潭地狭田稀,云捐赀置义仓,值岁饥,减价平粜,族赖以安"④。

(24)汪口俞氏:清代,商人俞鸿仪,"族推司义仓,廉慎公正。乙卯,大水饥,仓积告罄,复与素封市谷平粜,族人赖以不困"⑤。

(25)古汀源石氏:清代,登仕佐郎石光海"尝创立义仓积粟,族内遇荒无饥人"⑥。

(26)理田李氏:清代,族人李满春"念族大人繁,须积谷筹备,因创建义仓,首捐银三百两"⑦。该族的集成仓由族人"醵赀公建,仓附大祠"⑧。

(27)梅田薛氏:清代,薛姓合族捐置义仓,"备岁歉,兴文教"⑨。清代,商人薛邦彦"尝捐赀创建义仓,遇荒平粜,一族均沾其惠"⑩。清代,商人薛光鸿"尝悯族人鬻薪易米,午犹未炊,倡立义仓,首捐谷三百石,劝众集成,以备岁荒"⑪。

---

① 光绪《婺源县志》卷三十三《人物志·义行》。
② 光绪《婺源县志》卷三十四《人物志·义行》。
③ 光绪《婺源县志》卷三十四《人物志·义行》。
④ 光绪《婺源县志》卷三十四《人物志·义行》。
⑤ 光绪《婺源县志》卷三十四《人物志·义行》。
⑥ 光绪《婺源县志》卷三十四《人物志·义行》。
⑦ 光绪《婺源县志》卷三十四《人物志·义行》。
⑧ 光绪《婺源县志》卷十六《食货志·储蓄》。
⑨ 光绪《婺源县志》卷十六《食货志·储蓄》。
⑩ 光绪《婺源县志》卷三十四《人物志·义行》。
⑪ 光绪《婺源县志》卷三十五《人物志·义行》。

(28) 龙腾俞氏：族人俞镛、俞芬、俞文蔚捐置均和仓，俞大寿捐仓屋基地，计田一顷三十四亩五分一厘七毫，粮归均和户完纳，租谷备赈宗族①。清代，族人俞文蔚"尝与族中同志创建义仓，以备荒歉"②。

(29) 长溪戴氏：清代，族人戴德苍"尝念村四面崇山峻岭，千家无田，遇荒年燃眉莫济，与族中德循、元珑创建义仓，首捐租谷三百石，孳息置产"③。

(30) 梅溪吴氏：清代，商人吴文纯"建义仓，置租约三千余金，以备荒歉"④。清代，郡廪生吴俊家贫，藉馆谷养亲，"族欲立义仓，奖劝以成"⑤。

(31) 项村项氏：清道光年间，商人项国修"创立义仓，首捐谷百余石，复藉众力输助，得谷二百石。修独孳息二十年，置田产，建仓廒，岁给贫户，乡里尸祝之"⑥。

(32) 荷田方氏：该族善庆祠后裔创建善裕仓，有田产250余亩，"岁歉平粜，并津贴考费"⑦。清代，族人方润"劝族中殷实创立义仓，时家拮据，亦捐百金襄助"⑧。清代，族人方士焯经商粤东30余年，"归家建义仓，修桥路，善举多赖襄成"⑨。

(33) 溪头程氏：清代，族人程世炘"佐父倡建义仓，输谷备赈"⑩。

(34) 荷源方氏：清代，族建义仓，族人方涣捐输八百金，"每岁暮必散钱米以周贫乏，历数十年不衰"。清代，附贡生方丰学佐父经营，"义仓初置，捐赀四百金"。清代，族建义仓，族人方

---

① 光绪《婺源县志》卷十六《食货志·储蓄》。
② 光绪《婺源县志》卷三十四《人物志·义行》。
③ 光绪《婺源县志》卷三十四《人物志·义行》。
④ 光绪《婺源县志》卷三十四《人物志·义行》。
⑤ 光绪《婺源县志》卷三十四《人物志·义行》。
⑥ 光绪《婺源县志》卷三十五《人物志·义行》。
⑦ 光绪《婺源县志》卷十六《食货志·储蓄》。
⑧ 光绪《婺源县志》卷三十五《人物志·义行》。
⑨ 光绪《婺源县志》卷四十《人物志·质行》。
⑩ 光绪《婺源县志》卷三十五《人物志·义行》。

士选、士进兄弟各输千金①。

(35)鸿川洪氏：清代，国学生洪作枢与族人洪光旬创立义丰仓，"减价平粜，历久不废"②。

(36)虹川洪氏：清咸丰年间，商人洪国桢与弟国珍、国珪，共输银千两建积丰义仓，以济荒歉③。

(37)晓起汪氏：清咸丰年间，岁歉，合族啼饥，族人汪允璋"创建义仓，储谷济乏，名曰'世丰'"④。

(38)游山董氏：清代，族人董树畅"念村遇岁歉告籴无从，因创建义仓，积谷筹备。家不甚丰，首捐银租共二百金，劝合族量力勉输，襄成善举"⑤。

(39)梅田汪氏：清代，族立义仓、义学，乡宾汪从熙捐百余金⑥。

(40)甲路张氏：立立仓，四十三都甲路张起鸿捐千金入敦裕众置田⑦。

(41)西翀田齐氏：族众输租同建同庆仓⑧。

(42)东㽛坑江氏：江氏宗族惇叙堂支众建义远仓⑨。

(43)东词源王氏：族人王钊支裔公建集积仓，有田产二顷三十六亩零⑩。

(44)东汪口俞氏：合族捐银万余，建造永川义仓，并设置田产⑪。

(45)读屋泉孙氏义仓：孙姓众捐，籴谷贮徽远堂后寝，岁歉平粜⑫。

---

① 光绪《婺源县志》卷三十五《人物志·义行》。
② 光绪《婺源县志》卷三十五《人物志·义行》。
③ 光绪《婺源县志》卷三十五《人物志·义行》。
④ 光绪《婺源县志》卷三十五《人物志·义行》。
⑤ 光绪《婺源县志》卷三十五《人物志·义行》。
⑥ 光绪《婺源县志》卷三十九《人物志·质行》。
⑦ 光绪《婺源县志》卷十六《食货志·储蓄》。
⑧ 光绪《婺源县志》卷十六《食货志·储蓄》。
⑨ 光绪《婺源县志》卷十六《食货志·储蓄》。
⑩ 光绪《婺源县志》卷十六《食货志·储蓄》。
⑪ 光绪《婺源县志》卷十六《食货志·储蓄》。
⑫ 光绪《婺源县志》卷十六《食货志·储蓄》。

(46)金溪程氏义仓:族人程思梅建,置田三十余亩。田皆思梅堂兄楢经理,楢复捐田十五亩二分①。

(47)太白潘氏:族人潘庆仁、常珑、常柱、有深等创建芳溪义仓,合族捐输田租,立永丰等户,岁歉平粜,并给考费②。

(48)符竹汪氏:族人汪邦衡等创建竹溪义仓,合族捐输,备赈养士③。

(49)沙溪程氏义仓:程姓合族捐输,备赈养士④。

(50)赋春某姓永丰义仓:清同治十二年(1873),合族捐建,置田积谷,平粜赈荒⑤。

(51)善远仓:上鳙众置,积谷备荒⑥。

(52)同庆义仓:在四十五都冲田,甲戌年众立⑦。

【绩溪的事例】

南关许余氏:晚清时期,该族在地方官宁国人周赟的建议下设立义仓:

> 城南许余氏,绩之望族也。族有宗祠报功祠,祠有谱牒,有文会,外有显宦富商,而独无义仓。予恐其好施善贾名天下而不善于求福也,因以朱子求福之法为之序,而劝立义仓焉。
>
> 一、义仓仿朱子社仓法,苟诚心乐善,虽寒士亦能为之。
>
> 一、先捐已资为仓,存祠堂公屋内,而后捐谷。其捐钱者亦代为买谷而记谷数。有不愿捐而愿寄者,约以不论久近,年荒还本。
>
> 一、所收之谷,无论为捐为存,一概春粜秋籴,夏放秋收,稍取其息,四五年谷必倍之。

---

① 光绪《婺源县志》卷十六《食货志·储蓄》。
② 光绪《婺源县志》卷十六《食货志·储蓄》。
③ 光绪《婺源县志》卷十六《食货志·储蓄》。
④ 光绪《婺源县志》卷十六《食货志·储蓄》。
⑤ 光绪《婺源县志》卷十六《食货志·储蓄》。
⑥ 光绪《婺源县志》卷十六《食货志·储蓄》。
⑦ 光绪《婺源县志》卷十六《食货志·储蓄》。

> 一、谷多之后，非特赈饥备荒，凡一族之鳏寡孤独及亲老子女多，一人力作，事畜不赡，与夫遇水火灾病告贷无门者，皆有以赈济之。务求一族之人无饥寒愁苦、流离乞丐、辗转沟壑及不得已而男为盗贼、女失身者，而后兴立义仓之心庶几无憾。
>
> 一、本族既保其鳏寡孤独仰事俯畜，水火灾病皆有以赈济之，而不至饥寒愁苦、流离乞丐、辗转沟壑、为盗失身等事。本族既赡而有余力，则以推恩于族之乡邻亲戚，使本族之义仓子母相生，而延恩泽于无穷，且使他族慕而仿之，愈以行良法于靡尽。自近而远，同登仁寿，倡首者之子孙何患不富贵绵远哉①！

周赟既从理论上对设立义仓的益处作了说明，又在义仓制度设计方面为许余氏宗族提供了一些具体的思路。

为了保证义仓救济制度的顺利实行，许余氏宗族还通过宗族法的形式对义仓救济加以规范：

> 凡家贫孤儿寡妇与疲癃残疾，及年壮遇灾遇病、素行归真、衣食无赖而无服亲者，祠董拨祀租以赈之。如祀租无余，于合族上户及其近房派送月米。在节妇则尤当加礼，其寡妇与疲癃残疾俱赈之终身。孤子、病人以年长病好为度，孤子日后发财，则捐资为义田义仓以济后之贫者②。

该族强调受到宗族义仓救济的族人，倘若日后发家致富，需捐资创设义仓以救济其他贫困族人。该族还规定：每年冬至会谱，"如有霉烂、破损、涂污、遗失不全，照违误轻重、家资厚薄公议取罚。罚款买谷入义仓"③。将罚款收入用于购买义仓谷。

上述徽州宗族及其成员积极创办义仓或为义仓捐粮捐资的做法，增强了宗族社会保障的物质经济基础，是徽州宗族团

---

① 光绪《绩溪县南关许余氏惇叙堂宗谱》卷八，周赟《义仓序》。
② 光绪《绩溪县南关许余氏惇叙堂宗谱》卷八《惇叙堂家政·赈贫之用》。
③ 光绪《绩溪县南关许余氏惇叙堂宗谱》卷十《冬至祠堂会谱例》。

结、救助、控制族人的重要手段。

3.通过学田、义学、义租等实施宗族救济

明清时期,在徽州教育日渐发达的同时,教育的经费开支也呈现出逐渐增长的趋势。徽州宗族要将族人培养为一个合格的科举成功者或有用之才,往往要花费很大的代价。而各类名目繁多的教育花费和开支,对于培养族人、造就科举成功者实在不可缺少。清光绪年间黟县鹤山李氏宗族《家典》所载《置学田议》,对徽州宗族用于教育方面的开支作了一个大致的胪列,可资参考:

> 族之兴也,必有贤子孙为之纲纪。子孙之贤,必先纳之党塾之中,俾读圣贤之书,明义理之归,授之成法,置之岁月,涵育熏陶,而后人才有所成就。然方其入学也,有修脯执贽之仪,有礼傅膳供之费。及其长而能文也,则有笔札之资、图籍之用、膏火之需;其出而应试也,则有行李往来之供;其从师访友也,则有旦夕薪水之给、朋友庆吊酬酢之情,故欲教之使之有所成就,尤必先有以资其养,使之有所藉赖而卒其业。是故得所养,则所谓修脯执贽、礼傅膳供、笔札膏火、行李往来、旦夕薪水、庆吊酬酢之费,皆有所出。其暴弃者不足道。有志之士则莫不诗书风雅,大之观光上国,作宾王家;次亦侧身庠序,不失为识理之君子。不得所养,则费无所出,其昏愚者不足论。聪明才俊之子,埋没于贫窭之中者,不知凡几矣。即有一二自好者流,饥寒迫其中,衣食乱其性,谋道之心不敌谋生之念,则往往辍其好修之志。及无聊不平,则易他途以自营其衣食者,又不知凡几矣。如是而犹望贤子孙以光先德,此不易得之数也。伊川先生曰:士农不易业,既入学则不治农,然后士农判。在学之养,若士大夫之子不虑无养,虽庶人之子,既入学则亦必有养,明乎人有养而后定志于学也。今欲其定志于学而无以资之,亦殊非祖宗所以培植人才之至意也。吾族自先世以来无学田,或其时有未便,或其志有未逮,皆不可

知。其在今日族将大矣,岂必尽有以资之,豪杰之士
虽无文王犹兴,亦岂必藉祖宗膏火之资而后奋发兴
起,而在善体祖宗之意,以教育一族之人才,自宜创立
学田,垂之永久,使世世子孙有所凭藉而为善①。

在鹤山李氏宗族看来,上述名目繁多的教育花费,对于振兴宗族教育、培养合格人才、造就科举仕宦之才十分必要。而对于宗族贫困家庭和贫困学人来说,这实在是一项沉重的经济负担。倘没有外来经济援助,实现个人的人生目标和理想,对于宗族贫困家庭和贫困学人来说往往会成为一句空话。有鉴于此,明清时期,徽州宗族及其族人经常通过捐输学田、兴办义学等途径,为贫困族人的日常教育或参加科考提供经济资助,这是徽州宗族在教育领域内实施救助的一种体现。

在歙县境内,明代,长陔毕氏族人毕良,"性聪慧,笃志书史,心立外慕。尝建义学,割田延师训宗衸弟子"②。

清雍正《歙县潭渡孝里黄氏族谱》所载《家训》之"亲睦"条指出:

子姓十五以上、资质颖敏、苦志读书者,众加奖
劝,量佐其笔札膏火之费,另设义学以教宗党贫乏
子弟③。

该族还规定:

宗祠钱粮丰裕之日,酌助本族贫生赴试卷资④。

清乾隆《重修古歙东门许氏宗谱》所载《许氏家规》之"振作士类"条则指出:

今后凡遇族人子弟肄习举业,其聪明俊伟而迫于
贫者,厚加作兴,始于五服之亲。以至于人之殷富者,
每月给以灯油笔札之类,量力而助之,委曲以处之;族

---

① 民国《黟县鹤山李氏宗谱》卷末《家典·置学田议》。
② 正德《新安毕会通族谱》卷十《隐德志》。
③ 雍正《歙县潭渡孝里黄氏族谱》卷四《潭渡孝里黄氏家训·亲睦》。
④ 雍正《歙县潭渡孝里黄氏族谱》卷六《公议规条》。

之斯文又从而诱掖奖劝之,庶其人之有成,亦且有光于祖也①。

在休宁境内,明代编纂的《(休宁)商山吴氏宗法规条》提出:

> 凡在学家事贫乏,有志向上,勤苦读书,每岁祠中量给纸笔灯油之费②。

清雍正《(休宁)茗洲吴氏家典》所载《家规》指出:

> 族中子弟有器宇不凡,资禀聪慧而无力从师者,当收而教之。或附之家塾,或助以膏火,培植得一个两个好人作将来模楷,此是族党之望,实祖宗之光,其关系匪小③。

在婺源境内,清代,太白潘氏合族创建太白精舍,并设置义田百亩以资来学④。清代,龙山程氏贡生程涵辉"念族中子弟无力从师,文风未振,捐田二十亩倡兴义学,尤为宗族利赖焉"⑤。清代,车田洪氏商人洪志学,服贾勇于为善,"堂弟志仁,幼时家贫,几废学,助之膏火赀,遂领乡荐"⑥。清代,城北王氏族人王国晁,家故饶而啬于自奉,"尝输田家塾以佐膏火"⑦。清代,仁村胡氏族人胡以和设置"膏火田廿余亩,以资后学"⑧。

在祁门境内,明代,李氏宗族族人李璨尝割田20亩作为其子李汛的读书费用。后李汛领乡荐,将此田捐入宗族创办的李源书院,资助族中子弟能读书者⑨。清乾隆年间,奇岭郑氏宗族

---

① 乾隆《重修古歙东门许氏宗谱》卷八《许氏家规·振作士类》。
② 明《(休宁)商山吴氏宗法规条》。
③ 雍正《(休宁)茗洲吴氏家典》卷一《家规》。
④ 乾隆《婺源县志》卷八《建置志·学校》。
⑤ 光绪《婺源县志》卷三十五《人物志·义行》。
⑥ 光绪《婺源县志》卷三十三《人物志·义行》。
⑦ 乾隆《婺源县志》卷十九《人物志·孝友》。
⑧ 光绪《婺源县志》卷二十九《人物志·孝友》。
⑨ 道光《祁门县志》卷十一《舆地志·古迹》。

邑增生郑华邦,"在族兴立塾学,嘉惠寒儒,永垂为例"①。

在绩溪境内,清光绪《绩溪县南关许余氏惇叙堂宗谱》所载《惇叙堂家政》之"助学之用"条指出:

> 族中子弟读书三五年,如果天资高妙与天资平等而志大心专者,其家贫无力,则祠董于祀租每年拨助学资。如祀租无余,则于上户亲房劝其扶助,中举则偿其本②。

上述徽州各宗族及其成员通过兴办义学、捐输义田、义租等形式,对贫困族人施以教育救助,使其中不少人实现了自己的人生目标和理想,在某种意义上也壮大了所在宗族自身的实力。宗族教育救助,有助于凝聚族中贫困学人的人心,是徽州宗族常用的一种控制族中知识分子的手段。

4. 通过义屋实施宗族救济

义屋是指宗族或其成员为贫困族人提供的房屋。明清时期,徽州宗族及其成员往往出资出力,为那些流离失所、无屋居住的贫困族人建造义屋或提供居所,以实施族内救济。

在歙县境内,明代,竦塘黄氏宗族内部某族人"大出其囊装,首创屋为堂为楼为室为仓庾七十七所,灶井之溷厕称是,聚其族而居"③。

在休宁境内,明代,隆阜戴氏族人戴仰"输赀建义屋数十间,以睦亲族"④。明代,上山吴氏族人吴继良"构义屋数百楹"⑤。

在婺源境内,清代,思溪俞氏商人俞德祖"输田数十亩分给族中贫老,购两大厦,一居族老无依男,一居族老无依妇"⑥。

在祁门境内,明代,胡村胡氏宗族商人胡天禄"出千金作室

---

① 道光《祁门县志》卷三十《人物志·义行》。
② 光绪《绩溪县南关许余氏惇叙堂宗谱》卷八《惇叙堂家政·助学之用》。
③ (明)王世贞:《弇州四部稿》卷十五《竦塘黄氏义田记》。
④ 崇祯《休宁(隆阜)戴氏族谱》卷一《懿行录》。
⑤ 万历《休宁县志》卷六《人物志·乡善》。
⑥ 光绪《婺源县志》卷三十三《人物志·义行》。

城中,与同祖者居之"①。

明清时期,徽州宗族通过建造义屋、提供居所等救济手段,可使部分族人免于流离失所,从而有助于维持宗族内部社会秩序的稳定。这也是徽州宗族实施族内控制的一种手段。

5.通过义冢实施宗族救济

义冢是指为埋葬无葬地之人(包括族人和本宗族以外的人)而设立的坟地、墓山。明清时期,徽州宗族及其成员通过向贫困无葬地之人提供义冢的形式实施族内或社区救助,以帮助他们渡过难关,从而达到收拢人心、凝聚贫困族人的目的。这是徽州宗族社会中常用的一种软控制手段。

在歙县境内,清雍正《歙县潭渡孝里黄氏族谱》所载《家训》之"亲睦"条提出:

> 当置立义冢一所,听无地者安葬,如无槥椟,劝募给之②。

据方志记载,明清时期歙县境内由宗族及其成员创设的义冢还有:

> 一、朱氏义冢在汪村林。成化间,环溪朱克绍捐资买地为之,复买地二亩,资其租入为祀事。
> 一、于氏义阡在赵家坦。成化十八年,新安卫千户于明捐资买山地一十余亩,遇贫不能葬者给棺瘗之,有司为之立籍。
> 一、鲍氏义冢在富亭山。宏[弘]治初,棠樾鲍珍买地五亩,任贫无地者葬之,无棺者给之。
> 一、程氏义冢在小母堨。乾隆三十五年,槐塘程谦牧奉父永洪遗命,买山税十五亩五分,呈县立案,税粮自纳,任民埋葬。
> 一、洪氏义冢在三十二都一啚。阳川洪兆潜买地若干亩,任贫无地者葬之。
> 一、鲍氏义冢在新馆大坦上。乾隆四十一年,里

---

① (明)谢存仁《胡慕峰义田记》,康熙《祁门县志》卷六《艺文》。
② 雍正《歙县潭渡孝里黄氏族谱》卷四《潭渡孝里黄氏家训·亲睦》。

人鲍曾蕙捐资买地八亩零,任贫无力者埋葬。

一、程氏义冢在江村锦里坦。里人程文萼捐资买山二亩三分,以济贫寒之葬而无地者。

一、江氏义冢在招姑亭之王村山。里人江启缙买山税一亩,以济贫寒者埋葬①。

在休宁境内,明代,居安黄氏宗族盐商黄侃,"居家收族,独建大宗祠,置……义冢"②。

在黟县境内,清乾隆三十年(1765)十二月,知县孙维龙谕令各宗族及其族人瘗埋境内暴露棺骸。次年二至七月,共埋1108余棺,"邑之巨姓又各自收葬其族人,及好义捐赀收埋者不下千棺,自此各乡山麓已无暴露棺骸矣"③。于此可见,"邑之巨姓"即当地的大族,通过设立义冢以收葬族人的举动,积极配合了官方的倡议,收到了一定的成效。

(四)明清时期徽州宗族社会救济的条件限制

明清时期,徽州宗族一般多根据自身的经济状况对族内弱势群体实施较为广泛的经济救助,然而随着这一时期宗族政治化倾向的加强,许多宗族在实施族内救济时增设了各类附加条件以约束、控制族人。其中,最值得注意的是徽州宗族对各类救助对象所设置的诸多限制性条件,而大量禁止性与惩罚性的条款设定是其重要特征。

1. 歙县棠樾鲍氏

清乾隆、嘉庆年间,歙县棠樾鲍氏为救助族内鳏寡孤独四穷之人制定了《公议体源户规条》,对分配条件作了详细规定:

一、发谷日期,每月定于初一日,如次年正月,即先期于头年十二月二十五日预发。

一、每人每月给谷三斗,闰月如之。

一、谷系给本族鳏寡孤独四穷之人,须合例者,不

---

① 道光《歙县志》卷六《恤政志》。
② 万历《休宁县志》卷六《人物志·乡善》。
③ 乾隆《黟县志》卷一《纪事》。

得徇情滥给。

一、四穷及废疾与例相符给谷者，执事之人知会督总，给与经折。孤子注明年庚，以备查考，再行给谷，以专责成。

一、四者之外，有自幼废疾不能受室、委实难于活命者，一例给发。

一、鳏独年至六十岁给领食谷后，有愿继与为子者，亦一体给领，全其宗祧，其子年至十八岁，停止。其父母仍照例给发。

一、孀居有子，俟其子年至二十五岁，停止。二十四岁有，二十五岁无。

一、孤子年至十八岁，停止。十七岁有，十八岁无。

一、孤女出嫁日，停止。

一、族人或有流荡他方、久无音信者，其父母妻子不得捏称物故，援例食谷，总以访有实据，本家迎过魂后方准给领。

一、食谷之人有病故者，给谷三十六斗，以为身后使用。孤子女自十五岁以内者，给谷二十四斗；十岁以内者，给谷十八斗；五岁以内者，给谷九斗。其谷于下月初一日给领。

一、孀居住居母家者，准其领给。寄居亲戚者，不准领给。妾住母家，不准。

一、四穷合例之人，总以自宋至今住居本村者，准其领给。

一、盗卖祖坟公产、盗砍荫木者，永不准给。

一、孀居年少时不愿食谷，出村佣食，及至年迈归家再行请领者，永不准给。

一、鳏独孤子有干犯长上、行止不端者，停给三年，改过，三年后再给。

一、妇人打街骂巷、不守规法者，停给一年，改过，次年再给①。

该族在对族内鳏寡孤独四穷之人实施赈济时,强调要按照宗族内部既定的成例进行,如"谷系给本族鳏寡孤独四穷之人,须合例者,不得徇情滥给"、"四穷及废疾与例相符给谷者,执事之人知会督总,给与经折"、"鳏独年至六十岁给领食谷后,有愿继与为子者,亦一体给领,全其宗祧,其子年至十八岁,停止。其父母仍照例给发"、"族人或有流荡他方、久无音信者,其父母妻子不得捏称物故,援例食谷,总以访有实据,本家迎过魂后方准给领"、"四穷合例之人,总以自宋至今住居本村者,准其领给"等条规中,都提到了一个"例"字,就是强调赈济要"合例"、"与例相符"、"照例"、"援例",即应符合宗族已有的约定俗成的惯例和先例。这种在宗族内部长期存在并被长期坚持执行的赈济成例,对受济族人而言是具有较强的约束和控制作用的。该族还就受济对象应具备的条件作了严格而详细的规定,其中特别强调受济族人的道德品质问题,对于盗卖祖坟公产、盗砍祖坟荫木、干犯长上、行止不端、打街骂巷等违背宗族伦理和宗族社会秩序、损害宗族利益的族人,则被排斥在救济范围之外。情节特别严重的,永远剥夺受济权利,情节不是十分严重且知过能改者,有时也给予一定的改过自新的机会。

与此同时,清乾隆、嘉庆年间,该族还为救济荒年族中贫困之人制定了《公议敦本户规条》,对救助条件作了详细规定:

一、春籴之设,以体源、敦本两户钱粮营米为谷价,早完国课,永利族贫,仍储谷备荒,法至善也。规条详列于后,惟冀永远遵行勿替,以无负谋者敦宗筹远之苦心,举族幸甚。

一、不论男女大小口一例籴给,其小口年至三岁准籴。

一、盗卖祖坟公产、盗砍荫木者,永不准籴。

一、聚赌无论骰子、跌钱、看牌,概不准籴,改过,

---

① 嘉庆《(歙县)棠樾鲍氏宣忠堂支谱》卷十九《义田·公议体源户规条》。

次年准籴。

一、酗酒打降者,不准籴,改过,次年准籴。

一、男妇有干犯长上、品行不端及好与人寻事争斗者,停籴三年,改过,三年后准籴。

一、妇人打街骂巷、不守规法者,停籴一年,改过,次年准籴。

一、有用人者不准籴,如出嫁女归宁在家及妻之母相依者,不以用人论。女与妻母不准籴,本家听籴。此外,另有亲戚及帮工者,即与用人无别,该户概不准籴。

一、自宋住居本村者方准籴。

一、族人贸易来去无定,届期亲身报名,准籴,期后来者不补①。

该族在对饥荒年份族中贫困之人进行救济时,对盗卖祖坟公产、盗砍荫木、聚众赌博、酗酒打降、干犯长上、品行不端、好与人寻事争斗、打街骂巷等违背宗族伦理、扰害宗族社会秩序、损害宗族利益的族人,给予剥夺受济权利的处罚,对情节较轻且知过能改者则留有改过自新的余地。

2. 歙县桂溪项氏

清嘉庆年间,歙县桂溪项氏在族内制定了义租分配规条,包括《分给条规》、《不给规》两种,对义租分配的条件作了详细的规定,从中可见该族通过严格的制度设计以约束、控制族人的真实意图。该族义租《分给条规》主要内容为:

一、公议每人每季支干谷四斛,定期三、六、九、十二月初五日缴票领谷,又随付下一季票,不预支,不积存。

一、乏嗣男妇,男年过六十五岁,妇年过六十岁,贫寒不能自赡者,给养终身。

一、男人年虽未合,若系笃疾残废不能自食其力者,照给。

---

① 嘉庆《(歙县)棠樾鲍氏宣忠堂支谱》卷十九《义田·公议敦本户规条》。

一、妇人丧夫、年在三十六岁以内、无子守志者,给养终身。抚孤者,孤与母并给,孤照幼男式。孤年至二十一岁,并母亦停止不给,以孤成立当奉养也。孤或痴迷笃疾,则不与成立者比,给发,照议随时变通。

一、幼男三岁以下,八岁以上,半给,每季支干谷二斛交;九岁至十四岁,则全给;十四岁后停止,扣存。十五、六、七、八岁,该给之谷,于公厫候其娶妻有日,一尽给付,不准他事支借。

一、给谷男妇设有病故,支谷八斛殡葬,缴票。

一、孤儿父母俱亡、贫寒无依者,有服属收养,亦照给。

一、妇人守志乏嗣,继族子承祧,关系最大,所继之孤自应照规给养,然必告之祖庙,明诸族房,立有凭约,方为慎重。若仅女流口头相许,类多翻悔,及长大乖离,则公家给养,继母抚字,均成虚掷。为母者仍然无所依倚,岂能复按规给养终身耶。继子不合例,不给。

   计开今查明
   门 世 某人 现年   岁
   门 世 某妻 氏现年 岁 年守志
   门 世 某子名 现年   岁 年 月生
  嘉庆 年 月 门长某 亲房某 公同查开①

该族义租分配《不给规》则规定:

一、本人丰足有力者,不给,或本人不愿领,亦从其便。

一、男妇素行有亏、曾经祠厅革退者,虽合条规,亦不给。

一、妇人丧夫守志,有成人之子,不给;有子非笃疾而不养其母,亦不给;有翁姑而不侍奉者,不给。

一、妇人守志抚孤,给母子外,余子半给,女不给。

以上各定规,各门自将本人按款核实,符合方可

---

① 嘉庆《歙县桂溪项氏族谱》卷二十二《义田·分给条规》。

开送司事,然后给票发谷①。

结合上述两类规条的具体内容来看,该族对于获得救济的族人的年龄、品德、素质、生存状况、赈济数量、操作办法等都作了详细规定,其中特别重视族人的道德品质、血缘状况等条件的限制,如"继子不合例,不给"、"男妇素行有亏、曾经祠厅革退者,虽合条规,亦不给"等规定具有较强的劝惩功能,对族人具有较强的约束力和控制力。

3. 歙县虹梁村程氏

据清代后期编纂的《歙县虹梁村程氏德卿公匦规条》记载,该族通过公匦制度对孤寡废疾等族人颁发义租以实施救济:

> 匦内发义租,凡支下年十六岁以下之孤及寡而无子者,或有子而未出幼者,六十岁以上无人奉养者,及有废疾者,每年九月十五日匦内给发租谷一担②。

该族还规定:

> 如有既受祖宗矜恤而不安分守己、违法不端者,公同停其义租③。

对不安分守己、违法不端的族人则剥夺其受济权利。

(五)明清时期徽州宗族的物质奖励措施

与宗族救济重在接济、救助的功能不同,物质奖励主要是一种物质的或经济的激励奖劝措施,通过这一措施可实现"提供某些好处以换取人们对社会与政治秩序的接受"④的目的。物质奖励是物质利益控制手段的重要内容,从类型上说,物质奖励既是一种经济控制手段,有时也是一种事前的积极的软控制的方式。在明清徽州宗族社会中,它主要体现为:宗族通过颁胙发包等物质刺激和奖励手段吸引族人参与祭祀等集体活

---

① 嘉庆《歙县桂溪项氏族谱》卷二十二《义田·不给规》。
② 《歙县虹梁村程氏德卿公匦规条》。
③ 《歙县虹梁村程氏德卿公匦规条》。
④ 参见王国斌著,李伯重、连玲玲译:《转变的中国——历史变迁与欧洲经验的局限》,南京:江苏人民出版社,1998年,第103页。

动,或通过对那些有功于宗族或为宗族争得荣誉的族人施加物质奖励来鼓励其他族人加以效仿,以实现对族人的软控制。

1. 歙县的事例

在歙县境内,明清时期,桂溪项氏宗族通过设置祭筵的方式以褒奖族中"有功祠事者":

> 酬功之典,前人以建祠为重,故于有功祠事者则酬之,盖因缔造艰难而能急公以助其祠之成,自不得不为之报,然必定以捐输之额,不及额者,不能滥邀,盖亦严矣①。

该族强调对于"能以宗祠为切,解囊急公",有功于祠堂建设者,"援例以酬"②。该族有一套具体的做法:"建祠之时,凡捐输百两以上者,议给祭筵一席,以酬其功。"明崇祯年间,"通族祭祖日公众议定:凡出百金进主者,祠中永备桌席袝祭,其神主永远不祧"。这一做法,一直延续至清嘉庆年间,"故至今奉为成规,输银壹百两,方准给祭筵一席,不及数者,不得袝席,遵循已久,盖祖制不可违也"③。

此外,清乾隆年间,该族还根据形势发展的需要,为捐输银两数量特别巨大的族人设置大酬功之条:

> 祖制输银百两以上者,春秋祠祀准袝祭筵壹席,此酬功定规也。惟是急公祠墓,不吝囊金,捐逾千两及数千两以上者,业大功隆,已非寻常可比。若循照百两一席,则酬之不胜酬,泛而无纪,亦觉非体,且更无以昭特出而崇报享也。乾隆二十一年十一月,会同族长圣立门仲茂、门长上门廷禄、上族门景昭、中门永承、易魁门云从、下门非石、裕公门巷亭、嘉会门斌玉、均安门友清等,在祠集议,特添立大酬功之条,则功业既迈于等夷,酬报独隆于有众,亦所以重杰出之彦而大鼓舞之意耳。

① 乾隆《歙县桂溪项氏崇报堂祠谱》卷上《凡例》。
② 乾隆《歙县桂溪项氏崇报堂祠谱》卷上《凡例》。
③ 嘉庆《歙县桂溪项氏族谱》卷二十二《祠祀·酬功》。

一、旧规酬功五百两者,每百两给桌面一席。每席专享一人,并无两人合席。此系祖制,尽善尽美,宜永远遵循,不得更张。

一、今议酬功一千两以上者,另文特祭,给桌面二席。本人与配各一席,此以特祭为重,如有两配三配者,亦一席共享。后同。

二千两以上,本人与配特祭外,上追祭一代,共给桌面四席。每代二席。后同。

三千两以上,本人与配特祭外,上追祭二代,共给桌面陆席。

四千两以上,本人与配特祭外,上追祭三代,共给桌面八席。

五千两以上,本人与配特祭外,上追祭三代,下荫一代,共给桌面十席。

一、追祭之席,如前人已有酬功者,准其以次递追,上至高祖而止,不得过越以逾礼制。其或上追不去则准下荫,席多者先尽其子,余及其孙,荫席以长不以幼,以嫡不以庶,子孙虽多不得争荫。

一、酬功席面,旧规每席给银二钱五分,听本家自备。顺治丙戌以后,因祠费不敷,将此停止。今俟族谱告成之日,仍照旧遵行。其千两以上大酬功,自乾隆丁丑年春祭为始,每席遵照旧规给银,仍分送羊豕胙,公议存照①。

该族通过对有功于宗族的族人给予一定的物质奖励,对其他族人起到了一种激励和鞭策的作用,从而有助于宗族制度的建设和巩固以及宗族自组织程度的强化。

为了激励后人积极投身举业、为宗族争光,该族还特别设置功名胙,以褒奖科举仕宦之人:

凡支丁入泮者,不论文武,每祭加给猪胙一斤,祭饼一双。

---

① 嘉庆《歙县桂溪项氏族谱》卷二十二《祠祀·大酬功议》。

> 凡科拔、岁、副、贡廪生,每祭加给猪胙一斤半,祭饼二双。
>
> 凡乡试中式举人,每祭加给猪胙二斤,祭饼二双。
>
> 凡会试中式进士,每祭加给猪胙四斤,祭饼四双。
>
> 凡入词垣、点部属,每祭给胙照进士规外,于饮福时另设正席一筵,设而不坐,饮毕,司事遣价送于其第。
>
> 凡入仕职官,八、九品照生员规,五、六、七品照举人规,四品以上照进士规给胙。不论吏员捐纳,皆同。其由科目出身筮仕者,给科甲胙,不另给职官胙。
>
> 凡捐职及捐贡监生,由生员报捐者给胙,仍照生员规。由贡廪生报捐者仍照贡廪规,其由俊秀报捐者,不给。
>
> 凡封翁照其子入仕品职给胙,但须其子已登仕版方给,若捐职请封典者,不给。凡仕宦致仕或告病告养、丁忧引年者,均照原品规给,若犯贪墨、蠹民不法、镌职者,停给。
>
> 凡以上人员,居住本村,或游宦游学在外,所加之胙仍照规给;若寄居外村、外籍,来里与祭,照规给,不与祭,不给。
>
> 元旦利市金花饼,照祭胙式,一概递加给①。

此外,该族还为科举仕宦之人赠送旗帐或给旗匾银,以示祝贺与奖励:

> 凡支丁入泮者,祠送旗帐贺,折送银二两四钱。
>
> 乡试中式举人,祠给旗匾银二十四两,副榜半之,总匣支封,司年专送。
>
> 会试中式进士,祠给旗匾银四十两。
>
> 殿试入词垣、点部属,祠给旗匾银八十两,不另给进士旗匾②。

---

① 嘉庆《歙县桂溪项氏族谱》卷二十二《祠祀》。
② 嘉庆《歙县桂溪项氏族谱》卷二十二《祠祀·奖励功名》。

通过上述物质褒奖措施的实行,可起到引导和激励族人积极投身于科举仕宦、为宗族争光的作用。

除桂溪项氏外,在歙县境内还有一些宗族通过物质奖励措施对族人实施软控制。如据清康熙年间编纂的《歙县汪氏崇本祠条规》记载,在歙县汪氏族内:

> 乡绅举贡监生员与祭,颁腥胙一斤,以重士子,以鼓后学。
>
> 派下应试诸生科试卷赀壹两,院试童生卷赀叁钱,其封签上俱书元卷一册。会试考选路金叁两,其封签上书尚书全部。其新发登仕籍者举贺,俱照旧规。俟文会田产归会之日,仍系本会自行支送①。

通过对族中参与科举之人的颁胙、提供盘缠路费支持,以及对科举成功者的祝贺,可以看出该族对科举的重视及鼓励后学的用意。

清康熙年间,潭渡黄氏宗族所订《德庵府君祠规》规定:

> 俟本祠钱粮充足之时,生童赴试应酌给卷赀,孝廉会议应酌给路费,登科登甲、入库入监及援例授职者,应给发花红,照例输赀。倘再有余,应于中开支修脯,敦请明师,开设蒙学,教育各堂无力读书子弟②。

该族强调通过物质资助和奖励措施,以激励族人积极投身于科举仕宦生涯。

清乾隆《重修古歙东门许氏宗谱》所载《许氏家规》之"表彰节义"条指出:

> 吾宗以忠厚传家,而立节守义者亦多。今特疏名于簿籍,第其事势之难易列为二等,剂量胙之厚薄,每祭必颁以分之,用示优待之意,抑亦表彰之义也③。

---

① 康熙《歙县汪氏崇本祠条规》。
② 雍正《歙县潭渡孝里黄氏族谱》卷六《康熙己亥公立德庵府君祠规·议鼓励教育子弟》。
③ 乾隆《重修古歙东门许氏宗谱》卷八《许氏家规·表彰节义》。

该族通过颁胙的方式,以表彰节义之人。

该族还规定:

> 立经学一处,延请文行兼优者为师训导,每岁束脩以三十六金为率,供给十二金。族中能成篇者,愿入经学,到祠公同文会诸公面试准入。每月在馆公立两粥一饭,火食每日以二分为率。三、八作文期,每位给肉四两,外助诸生纸笔,应县府试者卷赀三钱,院试者五钱,乡试者四金,不在馆肄业者亦助二金。立蒙学一处,延请老成盛德者为师训导,每岁束脩以二十四金为率,供给十二金。外助诸童纸笔书本,月试日程,岁有课试,庶几成人有德,小子有造,吾宗文教日益振兴也①。

通过设立经学、蒙学,延请名师,提供学习资助等举措,鼓励族人积极接受教育,参加科考。

2. 绩溪的事例

在绩溪境内,据清光绪《绩溪城西周氏宗谱》记载,该族对祭祀时颁胙发包的规则作了详细规定。其中,《冬至发胙定例》规定:

> 宗子与礼生及分献老人临祭时,各饮猪羊血酒。举司值善书者恭录祝文三章、祭能干祝文一章,给猪油一斤。新配纸角并胙票,亦系录祝文者添写。
>
> 宗子给猪首一个,定七斤,不足肉补,外散福。分献二人,各给猪胙一斤。
>
> 读祝礼生三人,各给银锭麻饼一对,每对重半斤。
>
> 与祭派丁十五岁至五十九岁,给猪半斤,未上丁者不给。
>
> 六十岁与祭者,外散福,不与祭者不给。
>
> 七十岁给猪羊胙共一斤,外散福,不与祭亦给胙,散福。
>
> 八十岁送猪羊胙共二斤,外散福。

---

① 乾隆《重修古歙东门许氏宗谱》卷八《宗祠新置义田规约》。

九十岁送猪羊胙共四斤,外散福。

一百岁鼓乐送猪羊胙各八斤,散福,棹盒一席,酒四壶。

六十岁以上举报乡大宾者,捐银六两,外加胙四斤。举报饮宾者,捐银一两,外加胙半斤。

应考童生给猪羊胙一斤,外散福,不与祭者不给。

生员给猪羊胙二斤,外散福。

廪生给猪羊胙三斤,外散福。

恩、拔、副、岁贡给猪羊胙四斤,外散福。

举人给猪羊(胙)八斤,外散福。

进士给猪羊胙十六斤,外散福。

鼎甲及翰林鼓乐送胙,猪羊各二十四斤。出仕州县以上,送猪羊胙十二斤。科甲出身者,外照本身加胙。

道府以上,送猪羊胙二十四斤,科甲出身,外照本身加胙。

三品以上,毋论出身,通用鼓乐送猪羊全副。

监生照生员例给胙,散福。

捐贡生给猪羊胙三斤,外散福。

吏员捐职者照生监例给胙,散福,未捐职者不给。

杂职九品出仕者给胙四斤,未出仕者给胙二斤。

杂职八品出仕者给胙八斤,未出仕者给胙四斤。

杂职七品出仕者给胙十二斤,未出仕者给胙六斤。

杂职六品出仕者给胙十六斤,未出仕者给胙八斤。

捐职五品出仕者给胙二十斤,未出仕者给胙十斤。

捐职四品出仕者给胙二十四斤,未出仕者给胙十二斤。

八品以上科甲出身者,外照本身加胙。

以上俱照前例,先捐资,后给胙。不捐者,虽与祭亦不给胙。如有应试出仕不得与祭者,俱照例给全胙。在家不与祭,俱给半。有功名又年七十者,两项胙并给。

司值、查察每人给猪羊胙一斤,外散福。不诣祠办事者不给,仍罚大周对一千。旧例各给胙二斤半,今因人多酌减。首事各给猪胙一斤。

发胙刀手给胙二斤。

以上各胙猪羊肉,照胙多寡配搭,司值、查察执秤,毋任拣择。

司值、查察于祭之明日,诣祠盘算各账,中午各给荤面一碗,下午仝首事散全碗①。

而该族《发丁包及老人斯文定例》则规定:

宗子主祭,给包胙三对。

分献二人,各给包胙二对。

与祭派丁十五岁至五十九岁,给包胙一对。

六十岁与祭者,给包胙二对,不与祭不给。

七十岁给包胙三对,不与祭亦给。

八十岁者送包胙四对。

九十岁送包胙五对。

百岁送包胙二十对。

应考童生与祭者,给包胙二对,不与祭不给。

生员给包(胙)三对。

监生照生员例给胙。

吏员捐职有部照者,照生监例给胙,未捐职者不给,旧例并无此项,今酌增。至乡约耆老,照本身给胙。

例贡生与廪生给包胙四对,恩、拔、副、岁给包胙五对,出仕者照出身倍给。

举人给包胙七对。

进士给包胙十四对。

鼎甲及翰林送包胙二十八对。

出仕州县以上送包胙十二对,府道以上送包胙二

---

① 光绪《绩溪城西周氏宗谱》卷首《祠规》。

十四对,科甲出身者外照本身加胙,三品以上,毋论出身,送包胙五十二对。

杂职八、九品照吏员给胙,出仕现任者倍胙。七品以上俱照举人例给胙,出仕现任者倍胙。

以上与祭者给全胙,不与祭者俱给半。出仕及应试不得与祭者,俱照例给全胙。有功名年登七十以上者,虽不与祭,斯文、老人两项胙并给①。

从上述祭祀颁胙规定看,绩溪城西周氏宗族内部呈现出较为鲜明的重功绩、重功名、重长老的特征。此外,还有一个共性特点,那就是重视族人的等级身份,而这种等级身份是通过物品数量等级的划分来体现的。

除在祭祀方面对科举仕宦之人予以奖励外,该族还规定:

送乡会试赴闱盘费,乡试现有老配、新立上京户所置田产,并文会租息,汇积三年,照人多寡分送。会试定于祠内每人送元银二十四两,上京户内每人送十六两,文会内每人送八两。中进士者,祠内送银四十八两,鼎甲及翰林照例倍给。拔贡上京朝考者,祠内送银二十四两,上京户、文会俱照会试例分送,永为定例。

贺新生,宗祠定例照新生人数,每名于公匣内贴钱三钱,仍到者各出分资。如遇便班演戏,宗祠外贴油火杂费钱一两。

濂溪书院虔供道国元公神位,每年春分、冬至前酌定祭期,特行祭礼,以昭祀事。捐资置产,立一文会,每月齐传阖族应试生童,诣院会课二次。课日供给饭食,课文延访名师,酌送束脩,寄呈评阅,定名出榜,列前五名者,给赏纸笔,以示奖励。如有在家不到课者,着会首访查记名,春冬两季并不给胙②。

该族对族人的日常学习、科举考试,以及对于科举成功者,都提

---

① 光绪《绩溪城西周氏宗谱》卷二十《老配享》。
② 光绪《绩溪城西周氏宗谱》卷首《祠规》。

供各种类型的物质帮助或物质奖励,在宗族内部起到了示范和激励作用。

此外,据清咸丰《绩溪黄氏家庙遗据录》记载,绩溪黄氏宗族为族人参加科考提供一定的路费盘缠支持:

> 一、文童院试,给制钱一百四十文。
> 一、生员岁科,给制钱一百四十文。
> 一、生临[监]入闱,给制钱一千四百文。
> 一、副榜入闱,给制钱一千四百文。
> 一、拔贡上京,给制钱一万四千文。
> 一、举人会试,给制钱一万四千文①。

该族为族人参与科考提供路费盘缠支持的举动,既是一种经济支持,在某种意义上更是一种物质奖励举措。

3.休宁的事例

清雍正《(休宁)茗洲吴氏家典》所载《家规》指出:

> 立春祭后一日,以祖考贤良作宰用设敬老育贤之席,以夫人贞节起家用颁胙于族之孀妇,褒既往,劝将来,寓意甚深,后人当世守之②。

该族通过向族中孀妇颁胙,以褒奖她们的守节行为,这对于加强宗族妇女的控制有着重要的示范作用。

清乾隆《休宁古林黄氏重修族谱》所载新订《祠规》之"给祭胙"条规定:

> 祭祖所用猪羊,除元旦八桌桌面胙俱有主祭、陪祭、分献、执爵等支丁领去外,清明、冬至桌面胙仍余什之四五,尽听祠长分给。其羊胙在元旦亦听祠长分给,若清明、冬至所余尚多,猪胙每分给一斤八两,羊胙每分给二斤③。

该族通过颁胙的途径,以吸引族人参加宗族祭祀活动。

---

① 咸丰《绩溪黄氏家庙遗据录》卷一《祠制·逢考盘缠》。
② 雍正《(休宁)茗洲吴氏家典》卷一《家规》。
③ 乾隆《休宁古林黄氏重修族谱》卷首下《祠规·给祭胙》。

4. 祁门的事例

清同治《祁门武溪陈氏宗谱》所载《新编凡例》云：

> 子弟能立志读书，有功族间，不愧家声，族众每有科派，免其一丁出办。常考应试盘费，取于公众，成名加胙①。

该族通过免除徭役、资助盘费、成名加胙等举措，激励族人立志于读书与科考，为宗族争光。

三、明清徽州宗族内部的文化控制手段及其运用

所谓文化控制手段，是指利用人类在长期的共同生活中创造的、为人类所共同遵从的行为准则和价值标准对社会成员进行控制的方式。文化控制手段具有非直接强制性、自觉性、广泛性等特征②。在明清徽州宗族社会中，对族人发挥控制作用的文化手段，主要有以朱熹《家礼》为代表的儒家礼的规范、社会舆论、民间信仰、传统习俗，等等。

（一）以礼治族

1. 朱熹《家礼》的社会控制功能

所谓礼，其最初的含义是指远古时代祭祀鬼神以求得保佑的一种仪式。随着社会的发展，礼的性质发生了变化，从单纯事神转向事人，成为政治、经济和社会生活中所应遵循的行为规范③。而作为社会行为规范的礼，更是一种较为常用的行之有效的社会控制手段。即如《孝经》所云："安上治民，莫善于礼。"此外，礼还与法、俗、乐等相辅而行，构成礼—法、礼—俗、

---

① 同治《祁门武溪陈氏宗谱》卷一《新编凡例》。
② 参见郑杭生主编：《社会学概论新修》，第3版，北京：中国人民大学出版社，2003年，第407页。
③ 参见田成有：《乡土社会中的民间法》，北京：法律出版社，2005年，第45～46页。

礼—乐等社会控制的模式①。

　　礼所具备的社会控制功能,受到历代统治阶级和以士大夫为代表的有识之士的高度重视。及至宋代,随着民间礼教的日益强化,涌现出了大量的家礼、乡礼类著述。其中尤以南宋朱熹《家礼》最为著名,影响也最大。朱熹《家礼》在对历代礼书的观点进行系统总结的基础上,将国家礼制的部分内容通俗化、普及化,使之更易为民众所接受,也较易于民间的具体操作和实践②。由于朱熹制定《家礼》的一个极其重要的目的是为复活与推行宗族制度服务,因此,在宗族历史较为悠久、宗族统治相对强固,同时也是朱熹祖籍地的徽州地区,朱熹《家礼》对当地的宗族制度的发展和繁荣产生了至为深远的影响。自南宋以降,徽州宗族的各项活动已较为普遍地遵循朱熹《家礼》中的原则性规定和具体要求,徽州宗族文化深深地烙上了朱熹思想的印记。如康熙《婺源县志》记载说:

> 自唐宋以来,卓行炳文固不乏人,然未有以理学鸣于世者。至朱子得河洛之心传,以居敬穷理启迪乡人,由是学士争自濯磨,以冀闻道风之所渐,田野小民亦皆知耻畏义③。

于此可见,朱熹理学以及作为践行其理学思想的《家礼》,已成为改变南宋以后徽州宗族社会人文面貌的重要工具。

---

　　① 参见杨志刚:《礼与传统的创造性转化》,载《复旦学报》(社会科学版),1993年第3期;《中国礼仪制度研究》,上海:华东师范大学出版社,2001年,第20页。
　　② 参见杨志刚:《中国礼仪制度研究》,上海:华东师范大学出版社,2001年,第23页。
　　③ 康熙《婺源县志》卷二《疆域志·风俗》。

至明清时代,由于封建统治阶级以及士大夫的积极提倡①,礼的规范,其中特别是以朱熹《家礼》为代表的儒家礼仪制度,在维持和协调徽州宗族社会人伦等级关系,实施宗族内部控制,从而达到宗族社会秩序稳定和统治牢固方面,发挥了更为重要的作用。如民国时期,歙县人许承尧在总结徽州宗族制度发达的原因时曾指出:

　　　　吾神州凤重宗法,而徽尤甚,尊祖敬宗收族之谊,炳炳于礼经,吾群之昌大荣固实利赖之。至于新安则里各别姓,姓各有祠,祠各有谱牒,阅岁千百,厘然不紊,用能慈孝敦睦,守庐墓,长子孙,昭穆相次,贫富相保,贤不肖相扶持,循循然彬彬然序别而情挚。试稽其朔,固由考亭先生定礼仪,详品节,渐渍而成俗,吾徽人食考亭之泽深且远,宜今之旅于外者,为馆舍必尊祀考亭也②。

由此可见,朱熹理学及朱熹《家礼》,已成为南宋以后徽州宗族组织和宗族制度发展繁荣的重要精神动力和制度依据。

　　明清时期,徽州宗族及其族人乃至徽州境内的地方官,对礼的控制功能已有较为深刻的认识。如清康熙年间,休宁茗洲吴氏族人吴嘉默曾指出:

　　　　盖自天高地下,万物散殊,而礼制行焉,故曰:礼者,天地之序也。又曰:礼者,理也。先王知理之不可

---

① 在徽州境内,宋元时期,当地宗族以朱熹《家礼》为中心进行以礼治族的制度设计与实践活动已有所开展。但这一活动的普遍化则当以明代特别是明代中期以后徽州境内宗族组织和宗族制度的普遍发展为契机。常建华认为:"明朝政府以及士大夫对朱熹《家礼》特别是祭礼的提倡,贯穿有明一代,明中后期进一步深入民间。"(常建华:《明代宗族研究》,上海:上海人民出版社,2005年,第34页)应该说,明清时期徽州境内《家礼》的"复活"和普及化过程,除了朱熹《家礼》主要是为推行宗族制度而制定、易于操作和实践以及徽州宗族的自身努力等因素之外,在很大程度上还与明清两朝国家政权所实施的鼓励与提倡朱熹《家礼》的文化政策是分不开的。

② 民国《新安(休宁)月潭朱氏族谱》卷首,民国二十年许承尧《月潭朱氏族谱序》。

> 易也,乃设其器、制其物、为其数、立其文,以待其有事,而为其起居出入、吉凶哀乐之具,盖其本在于养人之性,而其用在于言动视听之间,家国天下均莫能离也①。

在吴氏看来,礼所具有的控制功能,对上至国家下至个体家庭,都须臾不可缺离。

据文献记载,明清时期徽州各宗族所遵循的礼,主要是指朱熹《家礼》。如据清康熙年间所编方志记载:

> 安民善俗莫善于礼,婺所习有文公《家礼》②。
> 吾徽文公之乡,仪礼多文公遗③。

于此可见,朱熹《家礼》对于安民善俗所起的积极作用。

而对于徽州宗族来说,他们更看重的是朱熹《家礼》所发挥的规范与控制宗族日常社会秩序的功能。清雍正《(休宁)茗洲吴氏家典》所载《凡例》指出:

> 范家以四礼,曰冠昏丧祭。文公著为《家礼》,炳如日星矣。兹复有《家典》者何?遵行《家礼》,率以为常,故曰典也。笔之书者何?惧一行之不久而辍,非敢于《家礼》有所损益也。合于人情,宜于土俗,俾知《家礼》一书若衣服饮食不可一日离焉耳④。

清雍正十一年(1733),"新安郡守"窦容恂在为《茗洲吴氏家典》所作《序》中称:

> 昔紫阳朱夫子生长新安,其所学惟正心诚意而切于日用,则《家礼》一书班班可考⑤。

在明清徽州宗族乃至地方官看来,《家礼》已成为"合于人情,宜于土俗"、"切于日用"、"不可一日离"的"范家"治族的有

---

① 康熙五十二年吴嘉默《序》,雍正《(休宁)茗洲吴氏家典》。
② 康熙《婺源县志》卷二《疆域志·风俗》。
③ 康熙《祁门县志》卷一《风俗》。
④ 雍正《(休宁)茗洲吴氏家典·凡例》。
⑤ 雍正十一年窦容恂《序》,雍正《(休宁)茗洲吴氏家典》。

效工具。

正是基于上述功用,在明清徽州宗族社会中一度形成了对朱熹及其《家礼》极为崇拜的风气:

> 我新安为朱子桑梓之邦,则宜读朱子之书,服朱子之教,秉朱子之礼,以邹鲁之风自待,而以邹鲁之风传子若孙也。乃今之行礼者,莫不崇尚朱子……今夏至其地(指茗洲),见其父老秉礼而服义,其子弟循矩而蹈规,一族如一家,而且以讲学为菽粟布帛,朔望有塾讲,四季有族讲,雍容于一堂之上……大要以朱子为宗旨而旁及于近世诸大儒之书,以四礼为大纲而致谨乎步趋进退周旋之际,祛世俗之谬伪,行古道于今日①。

因此,徽州宗族的制度建设多是以朱熹《家礼》为中心开展的,如在被称为"礼教族"的休宁茗洲吴氏内部,清康熙、雍正年间问世的《家典》,即是在"远稽三礼,近考文公《家礼》,旁证郑氏《家规》"②的基础上制定而成的,其中很多内容是对朱熹《家礼》内容的诠释,或为朱熹《家礼》作辩护。

2. 徽州宗族围绕朱熹《家礼》的制度设计与以礼治族的实践

明清时期,徽州宗族多围绕朱熹《家礼》来进行本族内部的制度设计和制度建设,并且在族规家法中都有关于族人遵守朱熹《家礼》的规定和要求,希望通过对朱熹《家礼》的积极践行以达到控制族人的目的。经朱熹精心加工而成的《家礼》,其内容主要体现在冠礼、婚礼、丧礼、祭礼等四个方面,而这也恰恰是

---

① 康熙五十年李应乾《序》,雍正《(休宁)茗洲吴氏家典》。
② 康熙五十二年李菁《序》,雍正《(休宁)茗洲吴氏家典》。

最切合徽州宗族需求的方面①。不过，由于宗族情况的错综复杂，各宗族在以礼治族的实践中，对礼的内容取舍有别，有的是从综合角度全面强调，有的则就某一两个方面重点切入，因而呈现出不同的特点。以下试就明清时期徽州宗族围绕朱熹《家礼》的制度设计和以礼治族的实践情形作一梳理与分析。

（1）关于冠婚丧祭等礼的综合性设计和规定

①冠婚丧祭四礼

明正德年间，绩溪南关许余氏宗族所订家规之"崇重礼教"条规定：

> 冠婚丧祭，所以纪纲人道之始终者也，以后有事，一一遵用文公家训以行，至于丧祭用僧道，最宜痛革，不许崇尚，有坏风教②。

该族强调通过实行朱熹《家礼》，以维持宗族纲纪和风教。

---

① 除冠婚丧祭等礼外，徽州宗族还要求族人对历史上曾实行过的诸多古礼予以遵守，如休宁茗洲吴氏曾在族内举行先圣释菜礼："先圣释菜礼，除族讲外，凡童子入塾，首春塾师开馆，及仕进皆行之，不得怠忽。"（雍正《（休宁）茗洲吴氏家典》卷一《家规》）又如，与男子行冠礼相对应，徽州某些宗族通过行笄礼以示女子成人。在歙县，"女子将嫁而笄，尚循古礼，行之无替"。（乾隆《歙县志》卷一《舆地志·风土》）该县潭渡黄氏规定："女子二十始笄，今婚嫁多不能如期，似亦宜以十六岁加笄。"（雍正《歙县潭渡孝里黄氏族谱》卷四《潭渡孝里黄氏家训·教养》）在休宁，茗洲吴氏规定："女子年及笄者，母为选宾行礼。"（雍正《（休宁）茗洲吴氏家典》卷一《家规》）此外，徽州宗族及其成员还积极参加由地方官府定期举行的乡饮酒礼活动。在明清时期，徽州地方官每年正月十五、十月初一于儒学举行乡饮酒礼，其主要目的在于别善类、尊高年、尚有德、兴礼让，实际上是利用长老的正面榜样去引导、规范、控制民众的思想和行动。在举行乡饮酒礼时，十分强调对宗族伦理的提倡，实为一次儒家礼仪及宗族伦理灌输的过程。从某种意义上说，在官方主导下宗族长老参与这一礼仪活动的过程，实际上是官方通过宗族长老为媒介，向宗族族人又一次施加影响、间接实施控制的过程。（参见万历《休宁县志》卷一《舆地志·风俗》；万历《绩溪县志》卷七《学校志·乡饮》；乾隆《绩溪县志》卷三《学校志·县学》、卷二《食货志·恤政》）在一定程度上可以说，在实施族内控制方面，明清时期徽州宗族对儒家礼的利用是全方位的。

② 光绪《绩溪县南关许余氏惇叙堂宗谱》卷八，正德十三年《惇叙堂旧家规十条·崇重礼教》。

明万历《休宁范氏族谱》所载《统宗祠规》之"四礼当行"条指出：

> 先王制冠婚丧祭四礼以范后人，载在《性理大全》及《家礼仪节》者，皆奉国朝颁降者也。民生日用常行，此为最切。惟礼则成父道，成子道，成夫妇之道，无礼则禽兽耳。且礼不伤财，不废时，不失事，至易至简，不知何故不肯遵行。吾族禁邪巫，守正礼，自祖宗相传以来，见于藤溪陈氏所称述者，可按谱而知。惟在子孙之所效法焉。试言效法之大要：冠则宾不用币，归俎止肴品果酒，不用牲，惟从俭。族有将冠者，众则同日行礼。长子众子各从其类，赞与席如冠者之数。祝词不重出，加冠醮酒，祝后次第举之。拜则同庶人三加之礼。初用小帽、小深衣、履鞋，再用折巾绢、深衣皂靴，三用方巾或儒巾，服或直身，或襕衫员领，皆从便。婚则禁同姓，禁服妇改嫁，恐犯离异之律。女未及笄，无过门，夫亡无招赘、无招夫养夫，受聘择门第，辨良贱，无贪下户货财，将女许配，作贱骨肉，玷辱宗祊，不顾廉耻，自犯祠谱两出之条。丧则惟竭力于衣衾棺椁，不作佛事，棺内不得用金银玉物。吊者止款茶，途远待以素饭，不设酒筵。服未除，不嫁娶，不听乐，不与宴贺，衰绖不入公门。葬必择地，避五患，不得泥风水徼福，至有终身不葬，累世不葬。不得盗葬，侵祖葬，水葬，尤不得火化，犯律斩罪。祭则聚精神，致孝享，内外一心，长幼整肃，具物惟称家有无，不得为非礼之礼，此皆孝子慈孙所能尽力者。至于四礼节目，亦当备知[①]。

该族重视通过"冠婚丧祭四礼以范后人"，实现族内控制，并对冠婚丧祭四礼予以系统诠释，对族人容易违礼的方面则予以提醒和警戒。

明万历年间，萧江氏宗族族人江一麟所订《祠规》之"崇礼

---

① 万历《休宁范氏族谱·谱祠·统宗祠规·四礼当行》。

教"条指出：

> 我族自敔公以来颇称殷盛，诸凡孙子更宜礼义相先，谦恭和厚。冠婚丧祭一遵文公《家礼》。出入进退，往来交际，与凡家常起居，事上接下，不可轻率放旷，愆仪败度，有失世家体面，得罪亲朋①。

在礼仪制度方面，该族遵循朱熹的设计，并强调通过实行朱熹《家礼》以维持宗族礼仪和世家体面。

清宣统《古歙义成朱氏宗谱》所载《朱氏祖训》之"谨循礼节"条指出：

> 予族庙祭，每岁之祭以四：清明、中元、冬至、腊底，或荤或素，皆称三献礼。子孙齐集，皆衣冠肃穆焉。而清明先期又各墓标祀，其他外神明随诞期会祝，有常仪。冠礼不行，嫁女父醮，其女行笄礼：昏自定庚、约聘、约采、请期、辞堂、及笄总六礼，而后迎昏、庙见、合卺，及听拜见舅姑各尊长以正夫妇之位，谓为分大小。其童养媳亦行笄礼，在本翁醮之。庙见、合卺后皆同。丧则老者告终，即去辞老，以生礼见殁用纸，丰者用绵。入棺开堂，无论男妇长幼，俱早晚作吊及送殡，无不同。妇女皆戴麻巾、麻笄，主人不给帛，不备食，然亦称家有无，礼节如此。大概一从简易，似一家人相晋接。诚恐将来风俗渐漓，人心不古，必以前人所行为不足法，或更为变易，岂不自谓脱过前人，然而揆之文公《家礼》，未必无刺谬也。务实者必不乐此，探本者必不肯为此，故善徇时好，不如善守先典之为循分也，善用新奇，不如善率故常之为得真也②。

该族对族中冠婚丧祭四礼的相关仪节作了详细的设计和规定，并强调以朱熹《家礼》为参照，在行礼过程中坚持以循分守真为原则。

---

① （明）江一麟《祠规·崇礼教》，万历《萧江全谱》信集《附录》五卷《贞教第七》。

② 宣统《古歙义成朱氏宗谱》卷首《朱氏祖训·谨循礼节》。

②婚丧祭礼

清道光《婺源长溪余氏正谱》所载《祖训》指出：

> 婚丧祭,称家有无,只宜朴实为上,勿习世俗浮华,有违《家礼》①。

该族强调婚丧祭礼以遵守朱熹《家礼》为原则。

③丧祭礼

万历《绩溪县志》卷二《舆地志·风俗》云："近士大夫家丧祭遵文公《家礼》,不用浮屠。"万历《祁门县志》卷四《人事志·风俗》指出：祁门境内,"丧祭多用文公礼"。在上述二县境内,丧祭礼多遵循朱熹《家礼》的规定。

清嘉庆《黟县南屏叶氏族谱》所载《祖训家风》之"敦正道"条云：

> 居乡不奉淫祀,丧祭不尚佛事,即春秋祈报有在祀典者,迎神演戏不趋浮靡,惟尽诚敬而已②。

该族要求按照朱熹《家礼》的精神举行丧祭礼。

清光绪《三田李氏宗谱》所载《祖训》之"重丧祭"条则云：

> 至若丧祭之仪,文公《家礼》具在,遵而行之足矣③。

该族强调丧祭之礼遵朱熹《家礼》而行。

(2)关于冠礼的设计及其实践

明万历《休宁范氏族谱》所载《林塘宗规》云：

> 惟冠礼未甚举行,殊非家训。盖乡之盛衰系于人之贤否,成人之道自冠礼始,不可忽也。今幸复有行者,宾赞之谢,诚朴为文,亦无大费,各父兄迭相效法,渐成礼教,庶挽颓风④。

---

① 道光《婺源长溪余氏正谱》卷首《祖训》。
② 嘉庆《黟县南屏叶氏族谱》卷一《祖训家风·敦正道》。
③ 光绪《三田李氏宗谱》卷末《祖训·重丧祭》。
④ 万历《休宁范氏族谱·谱祠·林塘宗规》。

在族内，一些个体家庭一度未行冠礼，该族强调要通过恢复冠礼以实现"礼教"。并规定："男子年十五至二十皆可冠，身及父母无期功丧始行。"①对行冠礼的年龄、时机作了设定。

清雍正《（休宁）茗洲吴氏家典》所载《家规》规定：

> 子弟年十五以上，许行冠礼，须能诵习讲解、醇谨有度者，方可行之，否则迟之。弟若先能，则先冠，以愧之。
>
> 子弟当冠，须延有德之宾，庶可责以成人之道，其仪式尽遵文公《家礼》。
>
> 子弟已冠而习学者，须沉潜好学，务令所习精进，有日异而月不同之趣。若因循怠惰，幼志不除，则去其帽如未冠时，通则复之②。

该族对族中子弟举行冠礼的年龄、素养品质、仪式等都有具体的设计和规定，对素养品质达不到条件或虽行冠礼但"因循怠惰，幼志不除"者，予以推迟或去帽的惩罚。

清雍正《歙县潭渡孝里黄氏族谱》所载《家训》之"教养"条云：

> 至十六岁方行冠礼，照所定冠仪遵行。……子弟未冠者，不得以字称，必延聘明师教以孝悌忠信为主③。

该族对举行冠礼的年龄作了规定，以行冠礼作为成人的标志。

清乾隆《重修古歙东门许氏宗谱》所载《许氏家规》之"举行冠礼"条指出：

> 冠者，成人之道也，方童子之时加冠于首而责其成人，顾不以礼率之，申命以戒之，盛服以期待之，而遽欲其尽成人之道，不亦难乎！吾宗于此礼，上世每袭行之，迩年以来因循废弛，先王盛典湮没，于巨族甚

---

① 万历《休宁范氏族谱·谱祠》。
② 雍正《（休宁）茗洲吴氏家典》卷一《家规》。
③ 雍正《歙县潭渡孝里黄氏族谱》卷四《潭渡孝里黄氏家训·教养》。

可惜也。今后春秋二祭,礼生习礼,定于前期二日演习冠礼,务要节文习熟,礼度闲雅。将冠之子弟与其秉礼之父兄、族长正副集众于祠,举而行之,庶童子知所以为成人,而他日所就未可量也。然此特有力而秉礼者之事,至于无力者,从俗可也①。

冠礼在该族一度终止之后又重新加以实行,该族强调根据个体家庭自身的经济实力以决定举行与否,执行时比较灵活。

清道光《婺源长溪余氏正谱》所载《祖训》云:

子弟当冠,须延有德之宾,庶可责其成人②。

该族强调要为族中子弟及时举行冠礼。

清光绪《三田李氏宗谱》所载《家规》之"冠婚"条指出:

子孙年及十六以至二十,宜行冠礼,其仪式并依文公《家礼》③。

该族强调对适龄范围内的本族子弟,按照朱熹《家礼》规定举行冠礼仪式。

清代后期编纂的《歙县虹梁村程氏德卿公匣规条》规定:

新冠到墓标祀者,司匣须查明宗祠上过冠礼,然后发胙。如未上冠,不准给发④。

该族以举行冠礼作为成人的标志,只有举行冠礼者方可获得宗祠发胙的权利。在这里,践行礼仪成为族人是否享有权利的一种衡量标准。

而在黟县鹤山李氏宗族内部,"冠礼久废,时俗惟于娶亲前一日,请族中尊长加冠于首,略存古礼之遗"⑤。至晚清时期,该族又一度恢复冠礼的部分仪式。

(3)关于婚礼的设计及其实践

---

① 乾隆《重修古歙东门许氏宗谱》卷八《许氏家规·举行冠礼》。
② 道光《婺源长溪余氏正谱》卷首《祖训》。
③ 光绪《三田李氏宗谱》卷末《家规·冠婚》。
④ 《歙县虹梁村程氏德卿公匣规条》。
⑤ 民国《黟县鹤山李氏宗谱》卷末《家典》。

明代编纂的《(休宁)商山吴氏宗法规条》规定：

> 婚礼不贺，古之典也，又况贺而谑乎？始进不正，防微谓何？伦理所关，反古宜亟。自今新娶者众与行合卺礼，毋得效世俗入房戏谑，违者议罚。余仪遵文公礼式①。

该族重视按照朱熹《家礼》的仪节举行婚礼，在行合卺礼时，不准族人入房戏谑，以免违背宗族伦理。

据清雍正《(休宁)茗洲吴氏家典》记载，休宁茗洲吴氏宗族对于违背婚礼的各种恶俗给予了较为充分的揭示：

> 慨自昏礼不明，有阴阳拘忌、选命合昏、男妇失时者；有自幼许字、指腹为昏致疾病贫窭、背信爽约者；有门第非偶、妄自缔昏者；有过听媒妁之言、不以性行家法为务、而惟依财附势是急者；有弃亲丧之礼而讲合卺之仪、宽括发之戚而修结发之好者；有张鼓吹、演戏剧以娱宾亲者；有男女混杂、行类禽兽、如世俗所谓闹房者；有往来礼节不周、更相责望、遂致乖争者。种种恶习，不可枚举②。

并认为：

> 有一于此，便非古道。是在读书好礼之君子，痛革时俗之非，而后考古昏礼之意，行媒受币，日月告君，斋戒告鬼神，为酒食以召乡党僚友，俾男正位乎外，女正位乎内，将天地之大义、人伦之大经，王化从此始，礼乐从此兴，家之盛衰，国之治乱，皆于是乎在也③。

该族呼吁以宗族士大夫为代表的读书好礼之君子，致力于朱熹《家礼》所规定的正统婚礼的提倡，以达到"为夫者以敬持身而

---

① 明《(休宁)商山吴氏宗法规条》。
② 雍正《(休宁)茗洲吴氏家典》卷四《昏礼议》。
③ 雍正《(休宁)茗洲吴氏家典》卷四《昏礼议》。

帅其妻,为妻者以敬守身而顺其夫"①这一宗族婚姻家庭秩序和谐稳定的目的。

该族还强调:

> 昏姻乃人道之本,俗情恶态,相沿不改,至亲迎醮啐、奠雁授绥之礼,人多违之。今一去时俗之习,其仪式悉遵文公《家礼》。
>
> 新妇入门合卺,本家须烦持重者襄礼,照所定仪节举行。一切亲疏长幼不得效恶俗入房耍闹,违即群叱之②。

指出婚礼必须以朱熹《家礼》为指导,摒除时俗恶习,行合卺礼时不准入房戏闹,以免违背宗族伦常秩序。

(4)关于丧礼的设计及其实践

明隆庆年间编纂的《(祁门)文堂乡约家法》指出:

> 亲丧,人子大事,当悉如文公《家礼》仪节襄事,不得信用浮屠,以辱亲于非礼,以自厎于不孝。
>
> 古者丧家三日不举火,亲朋裹粮赴吊。今后有丧之家,不得具陈酒馔,处人以非礼③。

该族强调按照朱熹《家礼》仪节举行丧礼。

清雍正《(休宁)茗洲吴氏家典》所载《家规》指出:

> 丧礼久废,多惑于佛老之说,今皆绝之。其仪式悉遵文公《家礼》。
>
> 子孙临丧,当务尽礼,不得惑于阴阳,非礼拘忌,以乖大义④。

族中丧礼多惑于佛老之说,长期停废不举,至康熙、雍正年间,该族予以重新拨正,强调按照朱熹《家礼》的仪式举行。

清道光《婺源长溪余氏正谱》所载《祖训》云:

---

① 雍正《(休宁)茗洲吴氏家典》卷四《昏礼议》。
② 雍正《(休宁)茗洲吴氏家典》卷一《家规》。
③ 隆庆《(祁门)文堂乡约家法·文堂陈氏乡约》。
④ 雍正《(休宁)茗洲吴氏家典》卷一《家规》。

> 丧礼仪制须遵儒礼,世俗多信浮屠,追荐超度,悖谬之甚,宜皆屏绝①。

该族强调丧礼要屏绝浮屠之说,按照朱熹《家礼》等儒家礼节举行。

晚清时期,黟县鹤山李氏宗族则力辟丧礼遵从浮图之说:

> 浮图之说,先儒辨之甚详,辟之甚严,后世之士宜其尊守礼法,不致陷亲于不义矣。……浮图之说入人之深,鲜有觉而悟者,殊不知治丧而用浮屠,无论丧礼不足观,就使衰麻哭泣备物祭奠一一秉礼,而其陷亲不义不孝之罪,上通于天,已无可逭者,又况从其教,弃理灭义、诞妄不经、无一可观者乎。有心世道者不深恶而痛绝之,永断其根株,是又与于不孝之甚者也,亦乌足以正人心、挽风俗于隆古也哉。是故礼意坏,急以三年动天性之本然,邪说行,先以辟邪作丧礼之干城,一法一戒,一复一除,而后丧礼庶几其可观也。在昔伊川先生治丧不用浮屠,悉力闲辟,闻其教者咸思屏除化之,数十年几遍一族,此最是风俗好处②。

该族还强调要在本族内部革除丧礼遵从浮图之弊:

> 今吾族宜亟起而行之,以革敝俗。如有不遵者,则阖族罢其吊奠,弗与为礼,仍于其丧毕之日,鸣鼓而呵责,削去祭胙,以深愧之③。

(5)关于祭礼的设计及其实践

明成化年间,休宁陪郭程氏宗族规定:"祭仪依文公《家礼》。"④该族祭祀遵循朱熹《家礼》的仪节。

明万历年间,在休宁泰塘程氏宗族内部:

---

① 道光《婺源长溪余氏正谱》卷首《祖训》。
② 民国《黟县鹤山李氏宗谱》卷末《家典·不作佛事议》。
③ 民国《黟县鹤山李氏宗谱》卷末《家典·不作佛事议》。
④ 成化十八年《重定拜扫规约》,弘治《休宁陪郭程氏本宗谱》附录《休宁陪郭程氏赡茔首末》。

> 元旦,合族集宗祠,致祭忠佑、忠壮、岩将、军谋四公,仪节告文略如朱氏《家礼》。……东密、溪口致祭仪节告白,一如《家礼》①。

该族主张按照朱熹《家礼》的仪节举行祭祀活动。

在祭礼方面,同一时期的休宁范氏宗族,对于时祭、忌祭、墓祭、灶祭、社祭、厉祭、五祀祭、八腊祭、焚黄祭等也都有较为详细的规定,基本上遵从朱熹《家礼》的精神和原则以及有关儒家礼的规范②。

清康熙年间,歙县潭渡黄氏宗族大宗祠及德庵府君祠,"其元旦谒祖团拜及春秋二祭,悉遵朱子《家礼》"③。该族祠堂祭祀遵循朱熹《家礼》的相关规定。

清雍正《(休宁)茗洲吴氏家典》所载《祭田议》指出:

> 治人之道,莫急于礼。礼有五经,莫重于祭。祭也者,非自外至者也,自中出生于心也。心怵而奉之以礼,是故先王萃合人心,总摄众志,既立之庙,又定之祭④。

由于祭礼具有"萃合人心,总摄众志"的作用,该族强调对祭礼的重视:

> 四时祭祀,其仪式并遵文公《家礼》。
>
> 祭礼并遵文公家式,只用素帛明洁,时俗所用纸钱锡箔之类,悉行屏绝。丧礼吊奠亦只用香烛纸帛,毋杂冥宝经文⑤。

要求按照朱熹《家礼》的设计举行祭礼。

清光绪《三田李氏宗谱》所载《家规》之"祀厅"条指出:

> 立祖先神主于厅堂,凡我子孙出入必告,朔望必

---

① 万历《(休宁)程典》志第八卷《祭祀志》。
② 万历《休宁范氏族谱·谱祠》。
③ 雍正《歙县潭渡孝里黄氏族谱》卷六《祠祀》。
④ 雍正《(休宁)茗洲吴氏家典》卷二《祭田议》。
⑤ 雍正《(休宁)茗洲吴氏家典》卷一《家规》。

谒,时食必荐,生忌必祭。其祭仪必遵文公《家礼》,不可怠忽简略①。

该族主张按照朱熹《家礼》的仪节举行祭祀活动。

从上可以看出,在明清时期的徽州,无论是对礼的全面复兴,还是对礼的某些方面的局部强调,无不以遵行朱熹《家礼》作为实施族内控制的重要举措。

值得指出的是,某些徽州宗族还根据朱熹《家礼》的精神并结合本族实际,制定了本宗族的家礼。在这方面,清光绪年间绩溪南关许余氏宗族所订《惇叙堂家礼》是一个较为典型的事例。该族所订《惇叙堂家礼》包括以下内容:

冠礼:

> 冠所以责成人之义,男子年十六至二十、无期以上丧,皆可行也。冠礼废,天下无成人。唐时士大夫家行之者鲜,至有宋而复以冠为重,其仪注备载朱文公《家礼》,宜仿照行之。至其加冠及命字之词,或将就为易解吉语,亦可其三加礼,或从省为一加亦可。

> 近世冠礼虽不盛行,而女子许嫁未有不笄者,但笄是合髻之簪,世俗误以纷为笄,纷与簪同音,所谓假髻,乃妇人加于髻上之饰耳。又世俗醮女之礼大重,使女南面端坐,母拜而整席拜而进酒,哭而整席哭而进酒,尊行卑,吉行凶礼,非礼之至。在女子既笄将嫁,端坐而醮之,此俗实难顿改。母立而祝之,使小辈进酒可也。将有远行,潸然出涕,固人情所不能禁者,奈何大作哭声乎?是在礼法之家变通行之,毋大违礼可也。

婚礼:

> 凡婚娶须门户相对,嫁女宜稍胜于我者,娶妇宜稍不如我者,女家稍不如男家,免新妇骄傲翁姑夫婿也。嫁女论礼而不论财,娶妇论德而不论色,不可慕

---

① 光绪《三田李氏宗谱》卷末《家规·祀厅》。

人之豪势而存倚傍之心,不可羡人之富而起沾染之见,凡存此心、起此见,皆近于无耻也。至于婚姻之礼,原不能不从俗,但俗之大违乎礼者亦不可从。如山乡嫁女于婿,临行时女母以锁钥置女鞋中,并以假发长跪号泣,以纳婿袖中,非礼可笑,礼法者断不可行。

新妇三日行庙见礼,《家礼》增新婿满月至妇家行庙见礼,此礼甚正,足补《礼经》之缺,最宜行之。凡我族新婿自亲迎后第二次来,嫁女之主人先告祠首启祠门,引婿以香拜见祖宗。虽嫁女者因贫未能请酒,祠首不得为难。至再醮之婿,虽豪富不许行庙见礼,所以正纲常、重名节也。

丧礼:

丧事在宣歙间有三大非礼,断不可从。第一是作佛事,谓之超度。试思父母行善,何劳超度?父母若行恶,惟有行善以解父母之恶,又岂此辈所能超度?临丧不哀,妄信邪说,大非礼一。第二是亲房家家不举火而就食于丧家,丧家以酒肉燕客。夫孝子三日不食,亲邻当具馈粥以劝之食,奈何幸人之灾为醉饱计乎?至远来吊客亦止当具蔬食以待之。奈何每夕轰饮,同于喜庆,大非礼二。第三是惑于风水,停丧不葬。夫亡者以归土为安,人家祸福由于善恶,故阴地由于心地,心地好当得好地,十日内亦可得好地,心地恶当得恶地,一百年还得恶地,断非地师所能代谋。不求心地而求阴地,以亲死为求福计,大非礼三。凡孝子当去此三大非礼而后可言丧礼。

凡棺椁衣衾,称家之贫富,却不可以金玉入殓。

丧礼孝子朝夕哭奠,并无祭礼。丧主三年不祭祖庙,而况新丧,其哭奠当用一司祝及执事一二人。司祝并不读祭文,但每次哭奠之先,代孝子盥洗行香以降神。因孝子不栉沐,手不净,不能行香灌地也。执事代进酒肴,每日二次,无所谓祭也。在亲友吊死设祭,则用礼生以乐侑食,然礼生以当素服,世俗以吉服为丧祭,礼生及孝子主祭行礼,皆大非礼。

进主是吉礼,然必供灵于家,三年服满,然后行之。

改葬是凶礼,改葬父母,虽已满服,仍服凶服。改葬有服之祖,虽不及见其没,亦服其服而迁之。凡改葬起迁,则凶服下棺,即全换吉服,此所以异于新丧也。

凡忌日亦素服,不饮酒,不听乐,不与庆贺。倘五服内有于此日婚娶,彼既不避我父母之忌辰,我亦不必与彼之庆事。惟祖以上忌日,五服婚娶不必避,而是日亦不当与庆事,次日乃往。

祭礼:

祠堂春秋之祭,照《家礼》行三献及侑食之礼。祭主有三:一是宗长,亦曰宗子,乃本族长房之长子;二是族长,乃班辈最长者;三是年长、班辈虽不尊而年齿冠一族者。然年长或有或无,非所重也。主祭以宗子为重,族长陪祭。如宗长、族长不能行礼,则使族之有衣冠者代祭,而祝版祭主仍书宗子、族长之名。我族虽分许、余二姓于筮仕税户则,然至入祠堂不分许、余。但自斗保公以下作一家论,止一宗长、一族长,倘余姓谓在余是宗长而欲立两宗长者,余姓即为不孝。若合族论辈,余姓是族长而许姓谓余姓不得为两姓族长,许姓亦为不孝。凡入祠堂但作一家而论,方是孝子慈孙。

祠堂,所以序昭穆,徽宁恶俗有祠堂捐钱配享之例,钱多中座,钱少旁座,无钱不得入配,以致子中座而父旁座,孙配享而祖不得入祠,悖礼灭伦,莫此为甚!凡我族祠堂止论昭穆,由中而边,但龛座易满,以五世为限,六世则毁,永不许开捐钱配享之例。

每年清明扫墓,凡发祥之祖由合族祠首虔备牲仪,合族同往。各房由各房公堂举办,各家私墓,不论远近,清明必至。

　　凡神主当由祠堂措资做成白坯,其趺与龛座配定,安座上方,不倾倒。由丧家领去,自行油漆,主额以朱漆,以金贴皇清字。主面用油粉,字用墨写,庶乎易世可以改题,加封可以改题。如有封有官者,于皇清下接书某封或某官显考某号神主,妣则接书某封显妣夫人若孺人某氏神主,旁书孝男某奉祀。无官,书处士,妣亦书孺人,其讳与生没娶葬,子女均填于夹里。

　　祠堂及各家六祀神位,以金为字,书本祠或本宅中。霤门户行井灶之神位,世俗不奉六祀,乃以僧道寺观之神供之于祠堂家宅,大不相宜。所谓非其鬼而祭之也。凡六祀,每祭祖必先具仪祭之,每祭墓必先具仪祭司土之神,礼也。

庆礼:

　　凡父母生辰,长子整席请父母坐,长子夫妇及群弟夫妇为一行,男东妇西,子妇为一行,皆北面再拜兴,长子奉酒跪父母前,从俗进颂祝之词,父母受酒。众皆跪,长子复位,再拜兴,礼毕。如兄嫂生辰,弟率妻先行礼,兄嫂立而答,礼毕。子侄以下行礼,乃坐受之。

　　凡贺岁,父母坐,子孙一辈为一行,同拜讫,第一行男东妇西立。第二行拜如前,以次拜讫。东西男妇相对揖,礼毕。祠堂合族元旦行礼仿此,但族长不座,第一行拜后皆立,东序西面。第二行拜讫皆立,西序东面,以次拜讫,同揖而退①。

　　该族所订的《惇叙堂家礼》,包括冠礼、婚礼、丧礼、祭礼、庆礼等五个方面的内容,对相关制度、仪节、礼的执行等都作了详细的设计和规范,从而使该族族人深陷于由各种礼编织而成的控制网络之中。由此也可看出,礼的控制在明清时期徽州宗族社会

---

　　① 光绪《绩溪县南关许余氏惇叙堂宗谱》卷八《惇叙堂家礼》。

控制体系中占有极为重要的地位。

3. 徽州宗族通过对礼仪的执行与监督以控制族人

明清时期,徽州宗族积极致力于宗族礼仪的制度化建设,形成内容上繁复庞杂、形式上规整统一的宗族礼制。对于徽州宗族而言,他们看重的往往并不是礼制条文本身,而是礼制的具体执行以及由此带来的族人得以有效管理与控制、宗族社会秩序得以有效协调与规范的积极成果。因此,出于上述目的,徽州宗族十分重视通过对礼仪的执行与监督,以控制族人、维持宗族社会的日常秩序。

明隆庆年间编纂的《(祁门)文堂乡约家法》规定:

> 每轮会之家,酌立纠仪二人,司察威仪动静,以成礼节,庶不失大家规矩①。

在该族举行乡约会时,立纠仪以监督族人遵守礼节规范。

明万历《休宁范氏族谱》所载《祀仪》指出:

> 礼莫严于祀,祀本之孝诚而发之仪节。仪节乃祀典之可按而循者,无贤愚共守之。有其文,无其诚,孝子慈孙犹不若是恝,况乎并其文而失之也,则仪之所当慎审矣②。

该族强调对祭祀仪节的认真执行和监督。

休宁范氏还于万历年间制定了《统宗祠祀仪》和《林塘宗祠祀仪》。其中博村母族《统宗祠祀仪》所规定的祭祀仪节为:

> 春正三日统宗祠祭世祖仪节:通(赞)排班,班齐,捧龙牌,执事二人,抬香案、圣谕牌,置庭中,跪,与祭者俱北向跪,宣圣谕,以音响洪亮子弟一人,在龙牌左立,南向,高声宣读孝顺父母、尊敬长上、和睦乡里、教训子孙、各安生理、无作非为六句。俯伏兴,鞠躬,五拜,三叩头,兴,平身,各退廊立,撤龙牌,行大祭礼③。

---

① 隆庆《(祁门)文堂乡约家法·会诫》。
② 万历《休宁范氏族谱·谱祠·祀仪》。
③ 万历《休宁范氏族谱·谱祠·统宗祠祀仪》。

林塘支族制定的《林塘宗祠祀仪》的祭祀仪节为:

> 新正谒祖仪节:先燃香明烛,具馔席,斟酒齐备。通(赞)排班,班齐,鞠躬,拜兴,拜兴,拜兴,拜兴,平身,化财,揖,平身,阖龛门,捧龙牌,执事二人,抬香烛案、圣谕牌,置庭中,宣圣谕,以音响洪亮者一人,在龙牌左立,南向,高声宣读孝顺父母、尊敬长上、和睦乡里、教训子孙、各安生理、毋作非为六句。鞠躬,拜兴,拜兴,拜兴,拜兴,拜,三叩头,兴,平身,礼毕,执事撤龙牌,各就坐①。

由上可见,通过对祭祀仪节的遵守,该族较好地达到了控制族人、维持族内社会秩序的目的。

清康熙年间,歙县潭渡黄氏宗族在祠堂祭祀方面规定:

> 其祭日,文会务须先到,检点礼仪,并立纠仪二人纠察,以免祭时僭越失仪②。

在该族内部,由宗族文会及纠仪监控仪式的执行,通过仪式控制来避免僭越失仪行为的发生。

为了实现礼的控制功能,徽州宗族还在族内定期演习家礼,并让宗族子弟亲临现场观看家礼的排演。休宁陪郭程氏于明成化年间制定的《重定拜扫规约》规定:

> 文公《家礼》一部,当首时常请族中子弟演习,务要如仪,毋得喧扰亵慢③。

该族要求宗族子弟按照朱熹《家礼》的仪节予以认真演习。

清雍正《歙县潭渡孝里黄氏族谱》所载《家训》之"教养"条云:

> 子弟五岁以上,每谒祖讲书,及忌晨祭祀,务令在

---

① 万历《休宁范氏族谱·谱祠·林塘宗祠祀仪》。
② 雍正《歙县潭渡孝里黄氏族谱》卷六《康熙己亥公立德庵府君祠规·议祭祀》。
③ 成化十八年《重定拜扫规约》,弘治《休宁陪郭程氏本宗谱》附录《休宁陪郭程氏赡茔首末》。

旁观看学习,使之见惯①。

清嘉庆《(歙县)棠樾鲍氏宣忠堂支谱》在"祀事"方面强调:

> 未冠八岁以上,即命与祭,俾自幼习知礼节②。

于此可见,在日常祭祀过程中,通过让年幼子弟观看礼仪排演,使他们自幼便受到礼的浸染。在上述两个徽州宗族中,礼仪教育和礼仪控制实际上是从孩童抓起的。

此外,有些徽州宗族还重视通过对礼的深入研讨,以加深族人对礼的控制功能的认识。如清雍正《(休宁)茗洲吴氏家典》所载《凡例》云:

> 礼之不明,由于学之不讲,祖孔宗朱,讲习讨论,浚其源以达其流,培其根以茂其枝,则礼之行也不难矣③。

该族强调通过对礼的讲习讨论,使之得到有效推行。

4. 徽州宗族以礼治族的客观效果

明清时期徽州宗族极为重视以朱熹《家礼》为指南,积极进行以礼治族的实践活动。根据徽州方志风俗志的大量记载,在许多徽州宗族社区中已经形成以礼治族的良好风俗,这也从一个侧面表明,这一时期徽州宗族以礼治族的主观努力取得了一定的成效。

在绩溪境内,据明万历九年所修方志"风俗"记载:

> 近士大夫家丧祭遵文公《家礼》,不用浮屠④。

说明至迟在明万历初,该县境内宗族士大夫之家丧祭礼已较多地遵循朱熹《家礼》的有关规定。

在祁门境内,据明万历十八年所修方志"风俗"记载:"丧祭多用文公礼。"⑤说明至迟在明万历前期,该县境内许多宗族已

---

① 雍正《歙县潭渡孝里黄氏族谱》卷四《潭渡孝里黄氏家训·教养》。
② 嘉庆《(歙县)棠樾鲍氏宣忠堂支谱》卷十七《祀事·值年规例》。
③ 雍正《(休宁)茗洲吴氏家典·凡例》。
④ 万历《绩溪县志》卷二《舆地志·风俗》。
⑤ 万历《祁门县志》卷四《人事志·风俗》。

在丧祭礼方面遵循朱熹《家礼》的有关规定。

在休宁境内,据明万历三十五年所修方志"风俗"记载:

> 邑中亲丧旧尚简易,嘉隆以来多遵文公《家礼》,厚薄虽称家,而衣衾含殓,人子务自致焉。
>
> 邑中士大夫家间行之,齐民未遑也。然必卜日命冠,拜于天,拜于祖,拜于父母兄长,中外戚属咸称贺焉,重成人也。即未一一如礼,而礼意未尽废也。
>
> 昏礼合二姓之好,上承宗庙,下继后嗣,无贵非耦也。邑中姓多故族,世系历唐宋以来,两姓缔盟,必数百年昏姻之旧。倘族类异等,即家巨万、列朝绅,蹇修不得通好焉。一或滥盟,举宗群然摈之,微独议昏即里社好会无相及也。既盟之后,及期举六礼①。

说明在明嘉靖、隆庆年间,该县境内不少宗族家庭已按照朱熹《家礼》的规定举行丧礼。至迟在万历中后期,该县宗族士大夫之家已间或有举行冠礼的习俗,而普通百姓之家则较少行礼;有不少宗族重视婚礼的举行。值得注意的是,该县境内诸多宗族相互之间结成世代婚姻,而世婚制的盛行在一定程度上推动了宗族对婚礼的遵守与过分讲求②。

此外,在休宁县孚潭宗族社区中:

> 父母初丧,袒免徒跣,讣告四方,五服内外,旦夕哭临,孝子受之则止。年来不作佛事,或于出殡时陈设祭筵,不过牺牲奠帛、引赞读祝而已,亦无鼓乐演剧、夸张华丽之事,颇得《家礼》遗意。
>
> 择妇……其纳采、问名、亲迎之仪,略同《家礼》③。

至迟在清雍正年间,以许氏为代表的社区内各宗族,已经按照朱熹《家礼》的精神举行丧礼和婚礼。

---

① 万历《休宁县志》卷一《舆地志·风俗》。
② 关于明清时期徽州宗族特别是世家大族之间结成世婚制的情况,可参阅拙文《以歙县虹源王氏为中心看明清徽州宗族的婚姻圈》,载《安徽史学》,2004年第6期。
③ 雍正《休宁孚潭志》卷三《风俗》。

在婺源境内,据清康熙八年所修方志"风俗"记载:

> 礼以冠为始。先一日,肃宾,至期,冠而命之以字,或为说以明其字之义,重成人也。
>
> 婚礼尚门阀,轻聘纳①。

说明至迟在清康熙初期,在该县境内许多宗族中已有行冠礼的习俗,并且流行重视门当户对、轻视财产的婚礼风俗。

在歙县境内,据清乾隆二十六年所修方志"风土"记载:

> 婚礼:俗不亲迎,惟新妇三日庙见,拜谒舅姑,诸家人以次及,乃宴新妇于堂,始服妇职。其议婚之始也,致酏食鲜腥于女家,名曰探宅,即古问名意。既而纳聘,既而迎娶,前后凡三礼。而吉期则以骈丽语启之,祔于纳聘之函中。
>
> 祭礼:俗守文公《家礼》,小异大同。祭先以春秋二仲,或亦有举于至日者,殊僭。祭墓于季春,举增封也。祭社于戊,从令典也。祭神于秋成,隆报赛也。五祀独隆于灶,不知其所自始矣②。

说明至迟在清乾隆中前期,议婚、纳聘、迎娶、庙见等婚礼程序,以及祭礼的相关礼仪,已盛行于该县境内许多宗族之中。

值得指出的是,随着社会的变迁,徽州境内某些礼仪的执行也存在着被忽视甚至被篡改的现象。如在歙县境内,据清乾隆二十六年所修方志"风土"记载:

> 冠俗久不行,然支幼入祠尚曰冠丁,醵金于社亦曰冠金,则亦冠之遗意也③。

说明至迟在清乾隆中前期,该县境内冠礼已停废很久,但是,冠礼的精神及其变体形式在某些宗族中尚有部分遗存。

而在歙县东门许氏宗族内部,则早在乾隆年间以前已一度终止冠礼的执行:

---

① 康熙《婺源县志》卷二《疆域志·风俗》。
② 乾隆《歙县志》卷一《舆地志·风土》。
③ 乾隆《歙县志》卷一《舆地志·风土》。

> 吾宗于此礼,上世每袭行之,迩年以来因循废弛,先王盛典湮没,于巨族甚可惜也①。

在丧礼方面,时至清乾隆年间,该县境内的不少宗族家庭违背朱熹《家礼》的精神,崇尚浮屠之习:

> 丧礼,俗尚七七,崇浮屠,非制也。鼓吹迎宾,顿忘哀戚,蔑礼甚矣。惟计状推服长为主丧,庶几长长之义焉②。

上述现象的普遍存在,在以地方官和士大夫为主体的县志编修者看来,"非制也"、"蔑礼甚矣",已令他们感到某种不安。

在休宁境内,明万历年间,范氏宗族内部某些个体家庭也一度停止冠礼的执行:"惟冠礼未甚举行,殊非家训。"③

不过,从总体上看,明清时期徽州宗族认真践行朱熹《家礼》的原则和精神,从而实现宗族内部的有效治理,仍是其主流。如前述休宁范氏在冠礼执行中止后,积极号召族人复行冠礼:

> 盖乡之盛衰系于人之贤否,成人之道自冠礼始,不可忽也。今幸复有行者,宾赞之谢,诚朴为文,亦无大费,各父兄迭相效法,渐成礼教,庶挽颓风④。

该族坚持以复兴冠礼、移风易俗为己任。

大量事实表明,在明清徽州境内,类似于休宁范氏宗族的所作所为绝非个别行为,而是一种普遍存在的社会现象。

(二)社会舆论

所谓社会舆论,是指多数人对社会生活中发生的事件或行为等发表的具有一定倾向的议论、意见和看法。它是蕴藏在人们思想深处的共同心理倾向,是一种巨大的精神力量,对社会

---

① 乾隆《重修古歙东门许氏宗谱》卷八《许氏家规·举行冠礼》。
② 乾隆《歙县志》卷一《舆地志·风土》。
③ 万历《休宁范氏族谱·谱祠·林塘宗规》。
④ 万历《休宁范氏族谱·谱祠·林塘宗规》。

成员的价值取向和行为方式产生着较大的影响。社会舆论的社会控制作用机制,即社会舆论的社会控制功能的发挥,是通过广为传播的舆论,造成一种社会氛围,使得处在这种氛围中的社会成员自觉或不自觉地服从舆论的导向与制约。其具体作用方式是带有价值判断的社会评价,对某种具体的价值观或行为方向进行褒扬、赞赏,或进行批评、谴责①。此处拟采用社会舆论和社会控制的相关理论,对明清时期徽州宗族社会舆论及其控制功能作一分析。

明清时期,受宗族制度的高度发达、理学的极度兴盛以及乡绅势力的不断壮大等因素的作用和影响,徽州境内宗族社会舆论十分发达。如这一时期徽州各宗族社区中的文会,即是一种较有影响的社会舆论评价和控制机构,而通过文会进行评议则是当地社区内一种较为流行的社会舆论评价和控制方式。清乾隆年间,歙县人方西畴所作《新安竹枝词》记载说:"雀角何须强斗争,是非曲直有乡评。不投保长投文会,省却官差免下城。"②在歙县境内,"各村自为文会,以名教相砥砺。乡有争竞,始则鸣族,不能决则诉于文会,听约束焉。再不决,然后讼于官,比经文会公论者,而官藉以得其款要过半矣。故其讼易解"③。作为一种社会舆论评价和控制的机构与平台,文会成为普通族人依赖的重要对象,当发生纠纷时,他们以文会为民间裁判的首选,而不是主动寻求属于官方行政系列的保甲长加以解决,这在一定程度上反映了文会在徽州民众心目中所具有的重要位置。当遭遇纠纷时,徽州民众首选文会,在客观上也减少了官方的行政开支及成本,收到了所谓"省却官差免下城"的良好效果。而当民间调解机制完全失效必须经官解决时,文会评议所形成的建议或意见即所谓"公论",则对官府的裁判产生

---

① 参见郑杭生主编:《社会学概论新修》,第3版,北京:中国人民大学出版社,2003年,第408页。

② 许承尧撰,李明回等校点:《歙事闲谭》卷七《新安竹枝词》,上册,合肥:黄山书社,2001年,第207页。

③ 许承尧撰,李明回等校点:《歙事闲谭》卷十八《歙风俗礼教考》,下册,合肥:黄山书社,2001年,第602页。

着重要影响。既然能对官府施政产生较大的影响,则可见明清徽州民间宗族社会舆论的发达程度及其威力已非同一般!

晚清民国时期歙县人许承尧认为,徽州境内社会舆论的发达与当地聚族而居的生存居住模式有较大关联。他以明清时期各行政衙门中常见的"书吏操纵之弊"为例加以说明:

> 书吏操纵之弊,是处皆然,徽俗则否。充是役者,大都巨姓旧家,藉蔽风雨,计其上下之期,裹粮而往,惴惴焉以误公为惧。大憨巨猾,绝未之闻。间有作慝者,乡党共耳目之,奸诡不行焉。则非其人尽善良也,良由聚族而居,公论有所不容耳①。

在聚族而居的生存居住方式之下,由于"乡党共耳目之"、"公论有所不容"等较为强势的社会舆论环境的影响,徽州境内的书吏或普通族人,即使是非善良之辈,也不敢轻易为非作歹。

值得注意的是,深受聚族而居这一生存居住模式的影响,徽州境内的社会舆论多属于宗族舆论,或是在宗族舆论的基础上有了一定程度延伸的乡族舆论。

明清时期,在徽州宗族社会中,"月旦评"、"乡评"等社会舆论评价和控制机制逐渐形成,并对族人发挥着积极有效的控制和引导作用。例如,在明代休宁范氏宗族内部,有所谓"月旦评"形式的宗族舆论评价和控制机制:

> 平居,子弟恂恂受约束,即或为不义,众有月旦评,不义者亦窃悚惕自耻。名教维系,和气致祥,以故冠盖相望,丰积蝉联,其所养者素也②。

通过"月旦评"这一舆论评价和控制机制,对族中不义之人或不义行为予以批评、谴责,有效地控制了不义行为的蔓延,对其他族人也起到了一定的警示作用。

在休宁范氏中支博村族内,明代,该族商人范世璜的事迹也曾受到"月旦评"的高度评价:

---

① 许承尧撰,李明回等校点:《歙事闲谭》卷十八《歙风俗礼教考》,下册,合肥:黄山书社,2001年,第602页。
② 万历《休宁范氏族谱·谱居·林塘图说》。

惠三十九处士,名世璜,字维鸣,别号云台,继庵公三子。幼习儒,知文章大意……后屡试不利,辄从故业。继庵公素饶,客于闽,以海澨起家,迨维鸣时,正式微,而维鸣之于贾也,犹之于文,惟以信义行之,若垂时上下、操取予之术,非其所优,故所得亦莫能振乎先世。而月旦叙及长者行履生平无妄语、无妄行、无妄交,则维鸣当之无愧矣①。

明代,该族族人范温的事迹也得到了"月旦评"的推重:

仁三公,名温,字公厉……敦厚雅训,确守先烈遗风,不诡随于俗,月旦重之②。

在明代婺源城西汪氏宗族社区中,也有"月旦评"这一形式的舆论评价和控制机制,该族族人汪敬良的孝行曾受到"月旦评"的积极评价:"(汪敬良)幼失恃,事父及继母,曲尽子职,乡旦尝以闵子评之。"③

与"月旦评"相类似,在徽州宗族社会中,还有一种被称为"乡评"的社会舆论评价和控制机制。在明代歙县路口胡氏宗族社区中,族人胡宝,"兄婴痼疾,宝左右扶持,与同起居,十数年不息,乡评重之"④。在明代婺源汪口俞氏宗族社区中,族人俞铉,"痛父早卒,事母以孝闻。次弟无子,割产植弟嗣。躬创祖祠,率置祭田。岁饥,怜穷乏,宁瘠己活人。终其身,馈金不受,喜愠不形,凌犯不较,厚德孚于乡评"⑤。在明代绩溪城西周氏宗族社区中,族人周光,"惟务俭勤,不事华靡,公平正直之操孚于舆论,孝友姻睦之行协乎乡评"⑥。在清代婺源篁里曹氏宗族社区中,该族绅士曹鸣鹤,"功在宗族,遇孤惸穷厄救恤之惟恐后。为人排解不惜捐橐,远近赖之。至若孝友兼笃,父母兄

---

① 万历《休宁范氏族谱·谱传·中支博村族》。
② 万历《休宁范氏族谱·谱传·中支博村族》。
③ 康熙《婺源县志》卷十《人物志·质行》。
④ 道光《歙县志》卷八《人物志·孝友》。
⑤ 康熙《婺源县志》卷十《人物志·质行》。
⑥ 光绪《绩溪城西周氏宗谱》卷首《乡善》。

弟人无间言,尤为乡评推重"①。在清代婺源浯村汪氏宗族社区中,该族郡庠生汪瑨,"家贫,母老弟幼,舌耕供给……至培祖墓,创义仓,常为乡评所称美"②。在清代婺源清华戴氏宗族社区中,该族商人戴大启,"随父贾乐邑……同祖窀穸,力为营葬。有欲赁宗祠业茶者,启谓祖灵不安,愿如其值以敷祠用。其勇于为善,允协乡评"③。在清代婺源高沧王氏宗族社区中,该族耆老王光喜,"处家居乡有质行,无过举,膺选被荣,乡评以为允协焉"④。在清代婺源城北张氏宗族社区中,族人张应连,"康熙辛丑岁旱饥,连减升斗以济亲乏。甲子,邑大水,竭蹶倾囊,给葺亲友房屋。一生节概,素协乡评"⑤。在清代婺源旃坑江氏宗族社区中,族人江可荣,"周急恤困,率多义举,乡评重之"⑥。在清代婺源中云王氏宗族社区中,族人王有弼,"遇公事辄以身先。董祠务,自一世至十五世俱立墓表,俾世守无忘。广增祀产,助成合族彬雅孝睦之风。乡评推许,邑荐宾筵"⑦。在清代婺源游汀张氏宗族社区中,族人张有瑜,"为房兄某偿粮逋,以免追呼。兄某无依,终老扶持。邻村汪某债迫鬻妻,瑜悯情惨,输己田三亩代偿,全其夫妇,乡评义之"⑧。在清代婺源环川詹氏宗族社区中,族人詹高,"敬宗族,解纷争,卒为乡评推许"⑨。上述诸人的义行皆得到了所在宗族社区"乡评"的积极评价,这对于抑制族人为恶和不义行为、引导族人向善起到了积极作用。

明清时期,徽州宗族对于"月旦评"、"乡评"等社会舆论评价和控制机制所发挥的作用十分重视,一些徽州宗族还在族规家法中对此予以强调。清乾隆《重修古歙东门许氏宗谱》所载

---

① 康熙《婺源县志》卷十《人物志·义行》。
② 光绪《婺源县志》卷三十五《人物志·义行》。
③ 光绪《婺源县志》卷三十九《人物志·质行》。
④ 乾隆《婺源县志》卷二十五《人物志·质行》。
⑤ 乾隆《婺源县志》卷二十五《人物志·质行》。
⑥ 乾隆《婺源县志》卷二十三《人物志·义行》。
⑦ 乾隆《婺源县志》卷二十六《人物志·质行》。
⑧ 乾隆《婺源县志》卷二十六《人物志·质行》。
⑨ 光绪《婺源县志》卷三十九《人物志·质行》。

《许氏家规》之"剖决是非"条指出：

> 是非者，天下之定理，人心之公论，有是必有非，此是必彼非。但人情好胜，颠倒是非，欲逞其一已之私，而听断剖决是非，难徇乎一偏之见。苟偏党阿徇，有一毫私意存乎其间，则差谬舛错，人心之所以不服，而讼狱之所以不平也。今后须秉至公，务合舆论，庶彼无所隐其情，而我不至枉其实。所谓公论起于乡评，而况族谊之重乎？此在长者慎之。①

该族强调尊长在剖决是非、实施族内调解时，应重视"乡评"，力求做到客观公正、"务合舆论"。

根据笔者对徽州方志、族谱、文书等文献中有关宗族社会舆论内容的记载的初步梳理与归纳，可得出这样一种认识：明清时期徽州宗族社会舆论，从总体上讲主要包括褒扬、赞赏与批评、谴责两大类型，其中以褒扬、赞赏类为主体，所占的比重较大，而以批评、谴责类的社会舆论为辅，所占比例则相对较小（具体参见表3—1《明清时期徽州宗族社会舆论事例表》）。这在一定程度上可能与方志、族谱等文献所具有的"扬善隐恶"的编纂原则和取向有关。但无论是褒扬、赞赏还是批评、谴责，明清时期徽州宗族社会舆论都发挥了积极的社会控制作用。

表3—1 明清时期徽州宗族社会舆论事例表

序号	年代	所在宗族	名讳	身份	事迹	资料来源
1	明代	歙县路口胡氏	胡宝	不详	有善行，好施予，尤厚于宗族。兄婴痼疾，宝左右扶持，与同起居，十数年不息，乡评重之。	道光《歙县志》卷八《人物志·孝友》
2	明代	歙县郡城上北街毕氏	毕德暲妻汪氏	妇女	年十七，德暲卒，守节终身，族人美之。	正德《新安毕氏会通族谱》卷十二《贞节志》
3	清代	歙县唐模许氏	许以诚	不详	念族巨丁蕃，不乏寒窘，乃法范庄意，率同堂诸昆弟置义田，俾孤嫠得坚志节。凡婚丧殓皆有侪助，族里均德之。	道光《歙县志》卷八《人物志·孝友》

---

① 乾隆《重修古歙东门许氏宗谱》卷八《许氏家规·剖决是非》。

续表

序号	年代	所在宗族	名讳	身份	事迹	资料来源
4	明代	休宁博村范氏	范桂芳	不详	生平足不入市,表里始终如一,乡族称善人。	万历《休宁县志》卷六《人物志·期寿》
5	明代	休宁博村范氏	齐安公配程氏、齐安公子钏配程氏	节妇	及笄,先后于归范门,各不幸失所天,家且窘甚,各以节操著闻乡里,勤纺纫茹苦,妇姑一心,时称两难。计其守节之岁皆二十七。……卒之日,无老少疏戚,未有不咨嗟传颂者。	万历《休宁范氏族谱·谱传·宗妇节烈》
6	明代	休宁博村范氏	范世璜	商人	惠三十九处士,名世璜,字维鸣,别号云台,继庵公三子。幼习儒,知文章大意……后屡试不利,辄从故业。继庵公素饶,客于闽,以海濒起家,迨维鸣时,正式微,而维鸣之于贾也,犹之于文,惟以信义行之,若垂时上下、操取予之术,非其所优,故所得亦莫能振乎先世。而月旦叙及长者行履生平无妄语、无妄行、无妄交,则维鸣当之无愧矣。	万历《休宁范氏族谱·谱传·中支博村族》
7	明代	休宁博村范氏	范温	不详	仁三公,名温,字公厉……教厚雅训,确守先烈遗风,不诡随于俗,月旦重之。	万历《休宁范氏族谱·谱传·中支博村族》
8	明代	休宁博村范氏	范添	不详	仁五公,名添,字公益……处丰亨之际,介然有守,不习纨袴风,以德馨熏族里,至今为美谈。	万历《休宁范氏族谱·谱传·中支博村族》
9	明代	休宁范氏	范大辉配王氏	商人妇	忠七处士,名大辉,别号双桥……嘉靖甲子年三十七,客卒。室人王氏年方三十,寡居,家业渐替,能冰檗自励,白首愈坚,里巷以贤闻。	万历《休宁范氏族谱·谱传·小支传》
10	明代	休宁闵口吴氏	范氏	商人妇	博村中支泽芳公之仲女也……公择婿闵口吴镜,吴长二岁。及归,琴瑟在御。隆庆丁卯,吴病于闽客馆,竟不起,妇年二十五,膝下仅一女,无子,妇矢志不二。家且窘,赖其长兄范世球归夫柩。以礼襄事,操节愈励,乡党每为美谈。	万历《休宁范氏族谱·谱传·宗女节烈》

续表

序号	年代	所在宗族	名讳	身份	事迹	资料来源
11	明代	休宁闵川毕氏	毕智英	不详	敦重严谨,性行端洁,治生业以辛勤为本,训子孙以至诚为先,遇族事不畏艰险,分争言不避斧钺,乡间称之。	正德《新安毕氏会通族谱》卷十《隐德志》
12	明代	休宁厚村孙氏	孙文俸	不详	事亲孝,与兄佐、佳、仲四昆五世同居,有百忍遗风……训子姓睦亲收族,舆论孚之。	万历《休宁县志》卷六《人物志·期寿》
13	明代	婺源汪口俞氏	俞铉	不详	恬介醇厚,贫而好行其德。痛父早卒,事母以孝闻。次弟无子,割产植弟嗣。躬创祖祠,率置祭田。岁饥,怜穷乏,宁瘠已活人。终其身,馈金不受,喜愠不形,凌犯不较,厚德孚于乡评。	康熙《婺源县志》卷十《人物志·质行》
14	清代	婺源汪口俞氏	俞孚光	太学生	仁本堂祖祠倾圯,议欲创新,而苦于地隘。光居室毗连,慨然割其地以益祠基。所居勾股参错,安之若素,偿以善价,坚谢不受,族人义之。	乾隆《婺源县志》卷二十三《人物志·义行》
15	清代	婺源汪口俞氏	俞国泰	不详	精形家术,祖茔赖妥。余如葺祖庙、恤宗族,时论咸称完人。	光绪《婺源县志》卷三十八《人物志·质行》
16	明代	婺源城西汪氏	汪敬良	不详	素行醇朴,性嗜诗书。以家政旁午未卒业。幼失恃,事父及继母,曲尽子职,乡旦尝以闵子评之。	康熙《婺源县志》卷十《人物志·质行》
17	清代	婺源城西汪氏	汪之烈	不详	捐金百两葺理祠宇,族窶绝世,荒税遗累,置租九十余,生殖供课,宗人称之。	乾隆《婺源县志》卷二十《人物志·孝友》
18	清代	婺源城西汪氏	汪国林	郡庠生	捐宅以拓宗祠,鬻田以偿兄债,敦伦饬行,族里交推。	乾隆《婺源县志》卷二十六《人物志·质行》
19	明代	婺源沱川余氏	余准	不详	设义阡,置义仓,殡无棺,赈匮乏,族人德之。	乾隆《婺源县志》卷十九《人物志·孝友》
20	清代	婺源沱川余氏	余凤喈	不详	有族叔贫,而愿货助使毕婚,宗党啧啧称其义。	乾隆《婺源县志》卷二十《人物志·孝友》

续表

序号	年代	所在宗族	名讳	身份	事迹	资料来源
21	清代	婺源沱川余氏	余宗燮	国学生、商人	尝客金陵……输赀入祠,为长久祭扫之计,族党称之。	乾隆《婺源县志》卷二十六《人物志·质行》
22	清代	婺源沱川余氏	余觐光	国学生、商人	中年服贾汉阳,携往治生,且利周三族焉。既归,倡捐购地,重建敦复堂,并置祀产以妥其先,费不足,鬻己田继之。至于捐金平粜,修治道路,助贫完婚,族党至今道之。	光绪《婺源县志》卷二十九《人物志·孝友》
23	清代	婺源沱川余氏	余锦文	附贡生	尝有祖墓诡生茔售者,文觉,给契价而寝其谋……他如完婚息讼,埋胔赈饥,均为舆论称美。	光绪《婺源县志》卷三十五《人物志·义行》
24	清代	婺源段莘汪氏	汪思孝	商人	樵渔贾贩……爰置义田六十亩以赡族中之乏,又置十五亩开义塾,延师以训贫子弟之不能教者。远近士绅闻风慕义,歌颂不衰。	康熙《婺源县志》卷十《人物志·义行》
25	清代	婺源凤山查氏	查志晟	不详	捐金倡建支祠,以安宗祐[祜],族人至今诵其义。	康熙《婺源县志》卷十《人物志·质行》
26	清代	婺源凤山查氏	查昭珍	不详	昆弟四,珍行三。年三十,两兄继亡,一孤方周,一孤遗腹,两嫠惸然,家甚窭,勉力支撑,抚孤植节。无何,季又殒,复遘孤鳌,珍竭蹶卵翼,并底于成,姻族间大为推重。	乾隆《婺源县志》卷二十《人物志·孝友》
27	清代	婺源篁里曹氏	曹鸣鹤	绅士	功在宗族,遇孤惸穷厄救恤之惟恐后。为人排解不惜捐橐,远近赖之。至若孝友兼笃,父母兄弟人无间言,尤为乡评推重。	康熙《婺源县志》卷十《人物志·义行》
28	清代	婺源清华胡氏	胡振先	邑庠生	入邑庠,每试辄夺帜,负笈从学者皆成名。居乡抑抑不敢上人,常为排难解纷,虽捐己财而不恤。事亲诚孝,克笃友恭,合族以长者称。	康熙《婺源县志》卷十《人物志·义行》

续表

序号	年代	所在宗族	名讳	身份	事迹	资料来源
29	清代	婺源清华胡氏	胡鼎	儒士	幼读《孝经》、《小学》，辄有心契。祖遗手泽及百家书，咸阐发蕴奥。订寰过格，夜必计过，无憾而后安。……葺仁德祠，续纂族谱，咸务敦本，宗党称之。	乾隆《婺源县志》卷二十《人物志·孝友》
30	清代	婺源清华胡氏	胡永选	不详	输修祖祠，助婚娶，恤死殡，族党称之。	乾隆《婺源县志》卷二十六《人物志·质行》
31	清代	婺源清华胡氏	胡廷俊	主簿衔	生平义举甚多，祖祠被毁，捐赀重造……又置祀产以妥先，立膏田以劝学。至于乏嗣荒坟，树碑省奠，妇孺至今称道不衰。	光绪《婺源县志》卷三十五《人物志·义行》
32	清代	婺源清华戴氏	戴大启	监生、商人	随父贾乐邑……同祖窀穸，力为营葬。有欲赁宗族业茶者，启谓祖灵不安，愿如其值以敷祠用。其勇于为善，允协乡评。	光绪《婺源县志》卷三十九《人物志·质行》
33	清代	婺源诗春施氏	施时升	商人	历游吴越燕赵间，先业由之益廓焉。……有姊氏三人，适而未育，年皆不永，升悼其乏祀，为祔于考妣侧，岁时必奠。宗祠祀典，复输租以益其费，族人义之。	康熙《婺源县志》卷十《人物志·义行》
34	清代	婺源诗春施氏	施廷寮	商人	家窘，贸易通州……年近七旬，归故里，倾囊中金为祖母建节孝坊，数代先茔购地祔葬，立祀典，还宿逋，通族钦重之。	光绪《婺源县志》卷三十五《人物志·义行》
35	清代	婺源绣溪孙氏	孙文炜	商人	少孤且贫，炜自弱岁时，即力持勤俭，遂能光大先业。因以敦本睦族为己任，置祀田以永蒸尝，助婚娶以绍宗祊，族人至今诵之。	康熙《婺源县志》卷十《人物志·义行》
36	清代	婺源云川王氏	王良贷	不详	尝慕范希文遗事，置义田二十余亩以赡族人，急者赒之，灾者恤之；其尤贫不能具棺，则倍给不少靳。有所余，修桥治途，戒子孙毋私一粒。凡族内外啧啧称颂。	康熙《婺源县志》卷十《人物志·义行》

续表

序号	年代	所在宗族	名讳	身份	事迹	资料来源
37	清代	婺源理田李氏	李宸藻	岁贡生	食饩郡庠,试辄高等。晚以义经领岁贡……综理宗祠,纲维公慎,克缵先劳。解纷息讼,牙角以弭。七旬考终,族党咸思慕之。	乾隆《婺源县志》卷十八《人物志·文苑》
38	清代	婺源理田李氏	李根淑	儒士	幼习举业,念父独创支祠,当备祠规以启后人,遂倡众捐赀,经营祠蓄,肄业者资膏火,及应试资斧,荒年平粜。兄早丧,孤值[侄]甫二龄,抚如己子,族人称之。	乾隆《婺源县志》卷二十五《人物志·质行》
39	清代	婺源理田李氏	李超群	不详	兄经商粤东,父年老,偶外出,倾跌即陨,群闻耗奔救。俗以尸入室不祥,劝就途中殓殡,群泣不从,乃自负父归。丧祭尽礼,族老称善,以为足以风世云。	光绪《婺源县志》卷三十四《人物志·义行》
40	清代	婺源桃溪潘氏	潘殿昭	庠生	父仲升隐居,家计日促,殿昭与妻张氏竭力供甘旨,抚从侄,为婚娶,族党咸称之。	乾隆《婺源县志》卷十七《人物志·学林》
41	清代	婺源桃溪潘氏	潘德升	不详	身端矩范,居乡以敦伦整俗为己任。倡兴祠宇,修祀典,葺远墓,赈荒歉。遇牙角,不吝赀解息。年七十二,族推典型。	乾隆《婺源县志》卷二十五《人物志·质行》
42	清代	婺源溪头程氏	程兆第	邑庠生	务本敦伦,尊祖敬宗,督建祠宇,规画周详。遍历远代祖茔,详经界,志祀典,立碑碣,图形势,辑唐宋元明为《保祖全书》六卷。立本族墓祭,以子孙年四十者供岁祀,牲馔礼制,祠墓并赖,同宗各派咸推重之。	乾隆《婺源县志》卷二十《人物志·孝友》
43	清代	婺源上溪头程氏	程怡炫	捐职从九	督造统祠,数年不倦,宗族至今称之。	光绪《婺源县志》卷四十《人物志·质行》

续表

序号	年代	所在宗族	名讳	身份	事迹	资料来源
44	清代	婺源平盈方氏	方英愉	儒士	国初,父任都纲,愉念亲老,弃举业代劳,急公御敌,昼夜尽瘁。兄弟五,父分赀产各约万金,以二弟出绍稍薄。及父没,愉不忍,复请族老立墨均之。五弟幼,婚教成立。四弟早世,又抚孀成其节。有房兄贫老,招与同居。多存祀产,敬宗睦族,舆论归之。	乾隆《婺源县志》卷二十《人物志·孝友》
45	清代	婺源长溪戴氏	戴祚	贡生、司训	弱冠列郡庠,援列恩贡……膺贡,授司训九江德化县……居恒好行其德,助婚丧,恤贫寡,宗族称之。	乾隆《婺源县志》卷二十《人物志·孝友》
46	清代	婺源长溪戴氏	戴慎徽	国学生	赋性孝友,仗义疏财,家故非素封,克自树立,生计渐裕。族中婚嫁丧葬有绌于财者,辄量力周给。诸多善举,族众称之。	乾隆《婺源县志》卷二十三《人物志·义行》
47	清代	婺源汾水吕氏	吕文旦	儒士	族孤或艰婚娶,辄资助焉……生平葺祠纂谱,置田隆祀,排难息争,乡族钦服。	乾隆《婺源县志》卷二十《人物志·孝友》
48	清代	婺源汾水吕氏	吕浦	贡生	祖祠毁坏,慨然倾囊输金以新栋宇,经理众务数十年,百废具举,族党咸推重之。	光绪《婺源县志》卷三十五《人物志·义行》
49	清代	婺源汾水吕氏	吕德楚	商人	弃儒就商,后生理稍裕。值嘉庆甲戌水灾荒歉,邻里啼饥,楚倾家赈济,全活不少,合族咸称义士。	光绪《婺源县志》卷三十四《人物志·义行》
50	清代	婺源城北王氏	王熙	不详	性诚笃,事亲养志,友爱昆季,抚两世孤侄,俾克成家。尤重先茔,厚粢产,勤修岁事。其睦族惠姻,解纷息竞,信义所格,舆论归之。	乾隆《婺源县志》卷二十《人物志·孝友》
51	清代	婺源城北王氏	王之春	庠生	生平守方正规,双杉修谱,推春秉笔,义例森严,勒为成书,合族重之。	乾隆《婺源县志》卷二十六《人物志·质行》

续表

序号	年代	所在宗族	名讳	身份	事迹	资料来源
52	清代	婺源城北王氏	王起遇	不详	少际时艰,与伯兄勤俭创垂。尝代父总理祠务,修祖墓,扩祀产,公正谨慎,族里重之。	乾隆《婺源县志》卷二十五《人物志·质行》
53	清代	婺源城北王氏	王廷煊	国学生	历葬祖棺,捐田裕祀,家虽贫,好义之心未尝少息,族里嘉之。	光绪《婺源县志》卷三十八《人物志·质行》
54	清代	婺源城北张氏	张应连	不详	康熙辛丑,岁旱饥,连减升斗以济亲乏。甲子,邑大水,竭蹶倾囊,给葺亲友房屋。一生节概,素协乡评。	乾隆《婺源县志》卷二十五《人物志·质行》
55	清代	婺源词川王氏	王天庚	国学生	施药恤灾、平粜捐济诸义举,族里尤多颂之。	乾隆《婺源县志》卷二十《人物志·孝友》
56	清代	婺源词川王氏	王天梧	监生	少业儒,兼以医方济世。经理祠务,增置祭田。岁饥,辄筹画赈粜。诸侄早世,抚遗孤底于成立,乡里嘉之。	乾隆《婺源县志》卷二十六《人物志·质行》
57	清代	婺源词坑王氏	王鸿馆	商人	弃儒就商……居乡解息纷竞,周乏泽枯,凡义举无不踊跃,乡论韪之。	乾隆《婺源县志》卷二十六《人物志·质行》
58	清代	婺源秋溪李氏	李光栋	商人	家壁立,痌瘵治生……置租数十,永隆祀典,族人称之。	乾隆《婺源县志》卷二十《人物志·孝友》
59	清代	婺源秋溪詹氏	詹添麟	国学生、商人	比壮,贾于粤,家道饶裕,疏戚告贷,悉为周恤。里中沿河要道,麟先输五百金劝同志量捐襄葺……年逾四旬,病革,悉检积券焚之。其善行洵孚舆论焉。	光绪《婺源县志》卷三十五《人物志·义行》
60	清代	婺源官源汪氏	汪涵熙	不详	孝养孀母,完嫂节操,周乏瘗骸,解纷息竞,族里推重。	乾隆《婺源县志》卷二十《人物志·孝友》
61	清代	婺源盘山程氏	程曾衿	庠生	创立祀田,解排纷难,为房弟完娶,宗人称之。	乾隆《婺源县志》卷二十《人物志·孝友》

续表

序号	年代	所在宗族	名讳	身份	事迹	资料来源
62	清代	婺源凤砂汪氏	汪世蕃	不详	舞勺失怙,孝养孀母,抚四幼弟成立。积逋独偿,不以贻累。弟侄婚娶,皆身任其责。更捐赀葺祠修谱,族称孝友云。	乾隆《婺源县志》卷二十《人物志·孝友》
63	清代	婺源轮溪洪氏	洪登潮	商人	少读书,以亲老就商致养,甚得欢心。悼弟早世,嫠矢节,所承产悉让嫠,复益己田八亩,命三子绍弟后。有祖屋与堂弟三人同业,弟欲拆毁转售,潮不忍毁,招与同居,生慰死痰,获保祖遗。其他周乏恤灾,息争释难,族里称之。	乾隆《婺源县志》卷二十《人物志·孝友》
64	清代	婺源高安程氏	程懋林	不详	族弟懋鼎孤贫无依,扶植成人,族党咸称德焉。	乾隆《婺源县志》卷二十《人物志·孝友》
65	清代	婺源高安下市李氏	李彬豹	不详	输地输金,倡建祖祠,祠成,复首输赀谷以供祀典,族人义之。	乾隆《婺源县志》卷二十六《人物志·质行》
66	清代	婺源大畈汪氏	汪腾龙	商人	家故贫,佣于亲戚,贷赀经营……弱冠游庠,后诸弟感兄友爱,协力佐理,门内雍雍,承堂上欢。两遇岁侵,慨然捐米倡众平粜,族党称之。	乾隆《婺源县志》卷二十二《人物志·孝友》
67	清代	婺源大畈汪氏	汪隆勋	国学生	输建众祠,捐田建水口桥,族众皆推其义。	乾隆《婺源县志》卷二十六《人物志·质行》
68	清代	婺源大畈汪氏	汪启逊	商人	十二岁,往海阳,佣于商家……嗣与程某共贾,获利……支祠圮坏,输赀重建;祖茔被侵,极力保全,族人至今犹称道之。	光绪《婺源县志》卷三十五《人物志·义行》
69	清代	婺源莘田金氏	金大济	郡增生	先世祠宇湫隘,济创输辟建,馆谷所积,囊为之竭,族人矜式其行。	乾隆《婺源县志》卷二十二《人物志·孝友》

第三章 明清徽州宗族内部的控制手段及其运用 299

续表

序号	年代	所在宗族	名讳	身份	事迹	资料来源
70	清代	婺源云邱滕氏	滕昌柏	商人	励志经营，家渐饶裕……族之穷无告者，必量力周恤之；贫不能葬者，买地悉为掩埋。诸凡敦伦慕义，事难枚举，族邻称之。	乾隆《婺源县志》卷二十二《人物志·孝友》
71	清代	婺源延村金氏	金联甲	太学生	修宗谱，兴文社，至今犹载口碑。	光绪《婺源县志》卷三十《人物志·孝友》
72	清代	婺源延村金氏	金怡熙	儒士	肄业成均，两膺房荐未售……助地建祠，修宗谱，排难解纷，人咸推重焉。	光绪《婺源县志》卷三十九《人物志·质行》
73	清代	婺源考川胡氏	胡庆琰	不详	族建明经书院，修统谱，琰倍任勤劬，捐赀不惜，宗人嘉其光大前猷。	乾隆《婺源县志》卷二十五《人物志·质行》
74	清代	婺源考川胡氏	胡之珥	不详	敦伦睦族，同建书院，济急周贫，瘞乏嗣冢，立碑为识，乡里称善。	乾隆《婺源县志》卷二十五《人物志·质行》
75	清代	婺源严田朱氏	朱汝霖	儒士	笃志读书，年卅六始入泮，试优等，以砚田自给。居乡无怨尤，遇争讼必力解。修谱理祠，悉出公正，至今人犹称之。	光绪《婺源县志》卷三十九《人物志·质行》
76	清代	婺源城南金氏	金万祜	不详	稍长，善酿酒，家亦渐裕……族之贫不能葬者，为买地立义冢，族人义之。	乾隆《婺源县志》卷二十三《人物志·义行》
77	清代	婺源济溪游氏	游光鼎	商人	值甲寅寇难，徙居邑治东溪，因弃儒勤理生计。尤敦本笃宗，族祠岁举祀祭，尝患供事者畔簿正，多苟简，乃绘刻图式，定品数，预颁，俾遵守，自是无敢袭越，族人重之。	乾隆《婺源县志》卷二十二《人物志·义行》
78	清代	婺源旃坑江氏	江可荣	不详	周急恤困，率多义举，乡评重之。	乾隆《婺源县志》卷二十三《人物志·义行》

续表

序号	年代	所在宗族	名讳	身份	事迹	资料来源
79	清代	婺源旃坑江氏	江尚炘	不详	恪守父训,四世同居,综理祠务,公直尤著,族里群推重焉。	乾隆《婺源县志》卷二十六《人物志·质行》
80	清代	婺源在城程氏	程应鹄	不详	轻财重义,尝创建祖墓祠,挥千金不惜……至戚友乡邻,有求必应,负欠不追,背德不校,舆论称之。	乾隆《婺源县志》卷二十三《人物志·义行》
81	清代	婺源在城程氏	程占鳌	附贡生	咸丰间,族有盗卖祀租者,呈官究追,案久未结。鳌念情关一脉,阴为赎回,由祠徵戒,重整祖规,以勉拖累。后家落,弟相继亡,鳌抚恤幼孤,婚教咸立,宗族推重之。	光绪《婺源县志》卷三十五《人物志·义行》
82	清代	婺源在城郑氏	郑钢	国学生、商人	少读书,以家计艰遂就商,赀裕……郑氏宗祠初建西关外,叠遭洪水泛入,族以祖灵不安,欲移置之。钢慨然输屋为祠址,鸠工落成,族人称其义。	光绪《婺源县志》卷三十四《人物志·义行》
83	清代	婺源兴孝坊石氏	石世芳	儒士、医生	习儒兼医,施药济众……所居屋为祖遗,嫡裔世守,芳曰:吾分应得,如宗祠未建何?醵之族众,择日建祠,并谕光典输金,躬自督理,阅两载告成。时芳年逾七秩,犹矍铄襄事,朝夕匪懈,族党咸加钦敬。	乾隆《婺源县志》卷二十三《人物志·义行》
84	清代	婺源中云王氏	王有粥	乡宾	性质直,遇公事辄以身先。董祠务,自一世至十五世俱立墓表,俾世守无忘。广增祀产,助成合族彬雅孝睦之风。乡评推许,邑荐宾筵。	乾隆《婺源县志》卷二十六《人物志·质行》
85	清代	婺源中云王氏	王锡炽	监生	理祠务,息争讼,乡党交称。	光绪《婺源县志》卷四十《人物志·质行》

续表

序号	年代	所在宗族	名讳	身份	事迹	资料来源
86	清代	婺源中云王氏	王大谟	商人	自少佐父理家政,居市廛,谦退有礼,操心恺恻。族某有数子,贫不能育,已鬻其季于人,谟见而怜之,持金赎回,携儿返。族某愀然曰:儿来无以活,奈何?谟复使已肆习贾十余年,乃遣归营生,乡里咸称其厚德。	光绪《婺源县志》卷三十四《人物志·义行》
87	清代	婺源游山董氏	董宏骞	商人	孝事孀母,友恭伯兄,勤任经营,俾伯兄专习举业,获入宫墙,且式好至老,从无间言,乡族咸推重之。	乾隆《婺源县志》卷二十六《人物志·质行》
88	清代	婺源虹瑞关詹氏	詹肇阶	商人	九岁失怙,两兄俱商赣州。侍其母俞……迨两兄相继殁,率诸侄以信义著闻于赣,赣之权子母者重累贫民,阶恒更张之。其后折券弃债约千金,赣民颂德。居家谨饬,弱不胜衣。至于倡修祖祠,买米平粜,输地建亭,则又踊跃赴事,惟恐人之有闻,时论多之。	乾隆《婺源县志》卷二十六《人物志·质行》
89	清代	婺源思溪俞氏	俞文曜	不详	尝捐赀助建祠宇,修整要路,设夜灯,掩暴骸,善端不一,族邻重之。请于学宪刘,奖额曰"乡耆硕望"。	乾隆《婺源县志》卷二十六《人物志·质行》
90	清代	婺源孔村潘氏	潘祖进	不详	家无余财而好善举,村内道路倾圮,鬻产捐修,凡可利人,为之弗倦,族人推之。	乾隆《婺源县志》卷二十六《人物志·质行》
91	清代	婺源孔村潘氏	潘秉润	不详	居乡排解,禁赌禁山,任劳任怨,族人称之。	光绪《婺源县志》卷三十《人物志·孝友》
92	清代	婺源孔村潘氏	潘应寿	儒士	力贫嗜学,历试优等,授徒四十余年,造就多士。值冬归,族某鬻妻偿逋,倾束脯慰留,俾完聚,族人至今称之。	乾隆《婺源县志》卷二十三《人物志·义行》
93	清代	婺源江湾江氏	江得兆	国学生	经理祠务,出入必谨,族中咸推重焉。	光绪《婺源县志》卷三十《人物志·孝友》

续表

序号	年代	所在宗族	名讳	身份	事迹	资料来源
94	清代	婺源江湾江氏	江衢	庠生、商人	赡养孀嫂,俾终完节。重造家庙,增置祀田,族党均以廉能称之。	光绪《婺源县志》卷三十五《人物志·义行》
95	清代	婺源龙尾江氏	江文炳	监生	家中落,犹弃产输数百金襄成支祖祠宇。生平温厚正直,遇有纠纷,经其排释,无不帖然,至今族党思之。	光绪《婺源县志》卷三十三《人物志·义行》
96	清代	婺源豸下潘氏	潘有宜	国学生	尝输地以造祖祠,捐金以济平粜,族人嘉之。	光绪《婺源县志》卷三十三《人物志·义行》
97	清代	婺源龙腾俞氏	俞光炎	不详	尝经理祠务,产日充裕,输银四百两入祠,培山木,葺津渡,宗族翕然称之。	光绪《婺源县志》卷三十四《人物志·义行》
98	清代	婺源凤岭程氏	程作求	庠生	家贫,舌耕养亲……居乡修祠辑谱,排难解纷,桑梓推重。	光绪《婺源县志》卷三十八《人物志·质行》
99	清代	婺源漳溪王氏	王大炎	商人	幼业儒,长贸易……族中议建祖祠,力肩其任,外事概谢不预。公慎共矢,勤劳罔懈,三年告竣,不居其功,族人趌之。	光绪《婺源县志》卷三十八《人物志·质行》
100	清代	婺源中平祝氏	祝必兴	商人	家贫,惟佣值以给。后商吴越,困稍纾。有堂叔年近八旬,二子相继亡,次媳胡氏存一孤,犹襁褓,无以聊生。兴延叔和胡氏同爨,养老全节,抚孤婚教,族党称之。	乾隆《婺源县志》卷二十三《人物志·义行》
101	清代	婺源上鸿村洪氏	洪瑞兰	郡庠生	倡同族捐金立义冢会,以为经久计。晓溪为东北通衢,行人病涉,竟有失足溺毙者,兰心恻之,以岁入馆金造木桥,并输租以供修葺之费,族邻重之。	乾隆《婺源县志》卷二十三《人物志·义行》
102	清代	婺源上鸿村洪氏	洪荣凯	不详	村有桥会,几废,凯独任经理,蓄木置锁,人不病涉,族党嘉之。	乾隆《婺源县志》卷二十三《人物志·义行》

续表

序号	年代	所在宗族	名讳	身份	事迹	资料来源
103	清代	婺源鸿川洪氏	洪钟吉	议叙九品	秉性浑厚,倡立祀典,积谷备赈,蓄养树木,造渡成梁,释争排难,族里称之。	光绪《婺源县志》卷四十《人物志·质行》
104	清代	婺源高沧王氏	王光喜	耆老	乾隆元年,恩诏民八十以上齿德兼优者,赐八品顶带。光喜年八十一,处家居乡有质行,无过举,膺选被荣,乡评以为允协焉。	乾隆《婺源县志》卷二十五《人物志·质行》
105	清代	婺源庆源詹氏	詹之桂	儒士	童试冠军,邀旷世奇才之誉。家渐落,遂不赴试,一以启迪来学为心。谓居家亦为政,教人先德行、后文艺,至老,姓字从未入公庭,一乡咸推典型。	乾隆《婺源县志》卷二十五《人物志·质行》
106	清代	婺源庆源詹氏	詹智	庠生	从兄幼子孤贫自鬻,智卖己产赎归,俾种祀田,得完室家,育子孙,族人称之。	乾隆《婺源县志》卷二十六《人物志·质行》
107	清代	婺源富村吴氏	吴一昆	不详	族有贫鬻女为婢,昆倾橐赎还,为择配。捐置祀田,岁供祭扫,尤重儒崇道,助新文庙,资应试费,舆论归之。	乾隆《婺源县志》卷二十六《人物志·质行》
108	清代	婺源游汀张氏	张有瑜	不详	为房兄偿粮逋,以免追呼。兄某无依,终老扶持。邻村汪某债迫鬻妻,瑜悯情惨,输己田三亩代偿,全其夫妇,乡评义之。	乾隆《婺源县志》卷二十六《人物志·质行》
109	清代	婺源臧坑臧氏	臧宗宪	不详	辛丑旱荒,给米赈族,并置义田数亩,以资肄业膏火、应试盘费,至今人咸颂之。	乾隆《婺源县志》卷二十六《人物志·质行》
110	清代	婺源芳岩洪氏	洪士迟	不详	兄弟同居六十余载,庭无间言。尝建黄泥石埸,溉田数百余亩,周贫济涉,乡族交推。	乾隆《婺源县志》卷二十六《人物志·质行》
111	清代	婺源冲山王氏	王尚垦	太学生	葺祖墓,置祭田,劳不自伐,一皆归美于伯父,族里嘉之。	乾隆《婺源县志》卷二十六《人物志·质行》
112	清代	婺源甲道张氏	张启心	商人	性仁慈,贸易市廛……嗣家馨,犹勉力济困扶危,培植祀典,族党均称之。	光绪《婺源县志》卷三十五《人物志·义行》

续表

序号	年代	所在宗族	名讳	身份	事迹	资料来源
113	清代	婺源浯村汪氏	汪瑨	郡庠生	家贫,母老弟幼,舌耕供给……至培祖墓,创义仓,常为乡评所称美。	光绪《婺源县志》卷三十五《人物志·义行》
114	清代	婺源环川詹氏	詹高	不详	敬宗族,解纷争,卒为乡评推许。	光绪《婺源县志》卷三十九《人物志·质行》
115	清代	婺源洙坦西坑程氏	程发彩	商人	以勤俭起家……至族戚纷争,悉心规劝,务使解释。自殁至今阅三十年而口碑犹在。	光绪《婺源县志》卷四十《人物志·质行》
116	清代	婺源清源王氏	王用彬	商人	贾无私蓄……置田租输为祀产,宗族称道弗衰。	光绪《婺源县志》卷四十《人物志·质行》
117	清代	婺源庐源詹氏	詹嗣煌	商人	嗣服贾稍裕,好推解先人……本支有遗骸暴露,代为埋瘗,族里常高其义云。	光绪《婺源县志》卷三十三《人物志·义行》
118	清代	婺源石碧夏氏	夏荣纯	不详	道光乙未,岁歉,里中啼饥,纯奔走东西营运,不惮辛勤,减价平粜,宗党德之。	光绪《婺源县志》卷三十五《人物志·义行》
119	明代	绩溪市中胡氏	胡永茂	儒士	幼业儒……割田赒族之贫者,舆论重之。	万历《绩溪县志》卷十《人物志·乡善》
120	明代	绩溪瀛川章氏	章姚	不详	建宗祠,修祖墓,阖族称孝。	康熙《绩溪县志续编》卷三《人物志·孝友》
121	明代	绩溪龙川胡氏	胡良忠	不详	天性孝友,父逢聘乡教守贫,良忠竭力奉之,抚育二弟,自置产三股均分,族人义焉。	乾隆《绩溪县志》卷八《人物志·乡善》
122	明代	绩溪城西周氏	周光	不详	惟务俭勤,不事华靡,公平正直之操孚于舆论,孝友姻睦之行协乎乡评。	光绪《绩溪城西周氏宗谱》卷首《乡善》

续表

序号	年代	所在宗族	名讳	身份	事迹	资料来源
123	清代	绩溪市东李氏	李清邦	不详	尝捐资修建宗祠,族人义之。	乾隆《绩溪县志》卷八《人物志·乡善》
124	清代	绩溪仁里程氏	程时俊	商人	宽厚孝友,成业海州,均分二弟,抚犹子成人,族人义之。	康熙《绩溪县志续编》卷三《人物志·乡善》
125	清代	绩溪城北舒氏	舒时雅	不详	秉衷正直,处事谦和,捐赀倡济,事亲竭力,族党咸称,亲友俱羡。	康熙《绩溪县志续编》卷三《人物志·乡善》
126	清代	绩溪旺川曹氏	曹天眷	县学生	叔国亨临殁,子炬文在襁褓中,任其抚孤,俾其成立。家业较拓,通族义之。	乾隆《绩溪县志》卷八《人物志·乡善》
127	清代	绩溪坦川汪氏	汪光松	不详	仲弟亡,无出,应光松子继。季弟与争产值千余金,遂让之,族人咸称其友。	乾隆《绩溪县志》卷八《人物志·乡善》
128	明代	徽州黄氏			七保垄上新设坟,路上人人口公平,栗坦真是没来历,如何做出这般行！强认他祖是我祖,窃人官衔壮家声,樵夫牧子谁不识,哲人智士都了明。前人作计非不巧,而今皮肉一旦挠,六邑遍知呵呵笑,将来渐渐江姓皎。元和自有真嫡派,伪黄焉能混入界,泾渭昭然分彼此,含羞忍耻真丑态。	弘光《左田著宗全书·本都谣》
129	明代	休宁范氏			平居,子弟恂恂受约束,即或为不义,众有月旦评,不义者亦窃悚惕自耻。名教维系,和气致祥,以故冠盖相望,丰积蝉联,其所养者素也。	万历《休宁范氏族谱·谱居·林塘图说》

由表3-1可见,明清时期徽州宗族社会舆论关注的领域较为广泛,涉及宗族救济、宗族建设、维护宗族伦理、稳定族内

社会秩序、缴纳国税、增进族谊、支持宗族公益事业、妇女控制、佃仆控制等多个方面。社会舆论所具有的潜移默化的教育作用和众口一词的制约力量,使之成为维持社会规范的重要手段,对人们的影响和约束力尤为强大①。因此,明清徽州宗族通过对各种符合儒家正统思想和正统伦理的价值观或行为方式的褒扬与赞赏,以及对违反儒家正统思想和正统伦理的价值观或行为方式的批评与谴责,在本宗族内部或社区中形成了一种广为传播的带有倾向性的社会舆论氛围,使得处在这种氛围中的宗族成员自觉或不自觉地服从着社会舆论的导向与控制。

(三)民间信仰

信仰是一种精神理念,指人们对某种非现实力量或某种价值体系的极度信服和崇拜,并甘愿受其支配甚至为之献身。民间信仰则是指在长期的历史发展过程中,民众中所自发形成的神灵崇拜观念及相关的行为习惯、仪式和制度②。在明清徽州宗族社会中,民间信仰控制主要是指当地民众对各种神灵的崇拜和信服,并受其影响和支配的过程。卞利指出:"徽州人所信仰的神灵之多,名目之繁,实在是不胜枚举。"③明清时期,徽州宗族及其成员信仰的神灵主要包括元天上帝神、月神、土地神、城隍神、水火神等自然神灵,汪华、程灵洗、张巡、许远等乡土英雄神灵,祖先神灵,以及行业神灵,等等④。明清时期,徽州人信仰各种神灵的一个重要特征是他们多出于实用功利的目的,即

---

① 参见田成有:《乡土社会中的民间法》,北京:法律出版社,2005年,第49页。

② 参见郑杭生主编:《社会学概论新修》,第3版,北京:中国人民大学出版社,2003年,第407~408页;卞利:《明清徽州社会研究》,合肥:安徽大学出版社,2004年,第191页。

③ 卞利:《明清徽州社会研究》,合肥:安徽大学出版社,2004年,第208页。

④ 参见卞利:《明清徽州社会研究》第11章"明清徽州的民间信仰",合肥:安徽大学出版社,2004年。

上述信仰都带有很强的功利性和实用性①。上述各种神灵信仰对徽州宗族的族人产生了一定的控制作用,许多徽州人在这些神灵面前亦步亦趋。

在上述神灵中,以祖先神灵最为重要,这是徽州宗族极度重视祖先崇拜的体现②。明清时期,徽州宗族主要通过祠堂祭祀与祖茔祭祀等多种方式实现祖先崇拜,并运用祖先的名义最终达到控制族人的目的。在第二章讨论明清时期徽州宗族的控制设施时已有所涉及,于此不赘。

(四)传统习俗

传统习俗即风俗习惯,是指人们在长期的社会生活中自发形成、代代相传并自觉遵从的行为方式的总和③。它是人们内在的心理结构与人情世道的体现,与日常生活亲和,具有道德伦理和文化价值意义,对社会的控制有极大的坚韧性和持久性。在封建时代的俗、礼、法三者中,传统习俗最为稳定,对社会的控制也最为持久④。明清时期,徽州宗族社会中的风俗习惯较为发达,且具有较强的地域性特征,大凡衣食住行、婚丧嫁娶、生儿养老、待人接物、时岁节庆等日常生产生活领域,都形成了自己的民俗习惯。如就经济民俗而言,明清时期徽州宗族在土地租佃和买卖方面形成了一田多主、大买小买、活卖绝卖、找价等一系列富有特色的习俗⑤,这些民俗对族人的日常社会经济生活产生了一定的约束和影响。传统习俗的社会控制作

---

① 参见卞利:《明清徽州社会研究》,合肥:安徽大学出版社,2004年,第192~193页。

② 朱勇将祖先崇拜视为一种宗教,认为清代全国各大宗族基本上都通过推行尊祖教以实施对族人的精神文化生活控制。参见朱勇:《清代宗族法研究》,长沙:湖南教育出版社,1987年,第61~66页。

③ 参见郑杭生主编:《社会学概论新修》,第3版,北京:中国人民大学出版社,2003年,第407页。

④ 参见田成有:《乡土社会中的民间法》,北京:法律出版社,2005年,第48页。

⑤ 参见卞利:《明清徽州社会研究》第10章"明清徽州山区的经济民俗",合肥:安徽大学出版社,2004年。

用的机制是从众行为,在潜移默化中徽州宗族族人的言行举止便受到各类风俗习惯的约束与控制,但有时人们往往并没有受束缚和控制的感觉,而是一种心甘情愿的举动。

四、明清徽州宗族内部的强制惩罚控制手段及其运用

明清时期,徽州宗族是按照一定的规章制度和行为规范进行宗族内部管理和运作的,宗族成员对于族内各类规章制度和行为规范的认真遵守与服从,是徽州宗族社会正常运转的重要保证。然而,这一时期徽州宗族内部各类违反规章制度和行为规范的越轨行为却经常发生,徽州宗族对于这类越轨行为常采用强制惩罚的手段加以控制和打击。此处所说的徽州宗族内部的越轨行为,主要是指宗族成员偏离或违反各类宗族规章和规范的行为,此外也包括一切不按常规办事的行为。对于徽州宗族来说,越轨行为是一种对宗族社会共同生活和宗族自身发展起阻碍作用的消极现象,因此,它也是徽州宗族进行控制的主要对象。明清时期,徽州宗族根据族人越轨行为的情节轻重主要采取以下一些控制和制裁措施。

(一)斥责羞辱

明清时期,徽州宗族常常通过对越轨族人的训斥切责和羞辱,促使他们弃恶从善、改过自新,从而重新返回到遵守宗族规范的正常轨道上来,这是宗族内部一种较轻的处罚措施。

在歙县境内,清康熙年间,潭渡黄氏宗族所订《祠约》规定:

> 祠中兴利除害、修坠起废之事,许诸族人于祭期陈议。若言不及公、借私怨以启争端者,众斥之[①]。

清康熙年间,该族所订《德庵府君祠规》指出:

> 向来租粒俱收归司年之家,以致强有力者并非司

---

① 雍正《歙县潭渡孝里黄氏族谱》卷六,康熙四十六年《祠约》。

年,擅自收去。……应照大宗祠例,本年与下轮司年眼同公收公贮,司年者不许私收颗粒,违者斥罚①。

据清康熙年间编纂的《歙县汪氏崇本祠条规》记载,汪氏宗族在文会田产管理方面规定:

倘会内之人有将会内田产各事私为废弛,不惟在会者为之理论,即两族派下子孙皆可共攻,以垂永久②。

上述两个徽州宗族主张对越轨族人进行斥责或加以攻击。在休宁境内,明代编纂的《(休宁)商山吴氏宗法规条》规定:

为子孙致祭于祖宗,乃分之常也,务相虔修祀,以尽子孙报本之道。今所立规,礼有定式,物有定品,富者不可繁缛太过,贫者不得鄙陋不及。如有临期托故不行、祇应不如仪者,是乃背祖忘本之人,众加叱责,仍令照旧供事。

今后族中凡有义举,众当协力赞襄,其有设法阴坏者,宗正副即会族众昭告始祖前,量情轻重责罚,以警其余③。

清雍正《(休宁)茗洲吴氏家典》所载《家规》规定:

卑幼不得抵抗尊长,其有出言不逊、制行悖戾者,姑诲之,诲之不悛则众叱之。

新妇入门合卺,本家须烦持重者襄礼,照所定仪节举行。一切亲疏长幼不得效恶俗入房耍闹,违即群叱之。

子孙有妻子者,不得便置侧室,以乱上下之分,违

---

① 雍正《歙县潭渡孝里黄氏族谱》卷六《康熙己亥公立德庵府君祠规·议收租》。
② 康熙《歙县汪氏崇本祠条规》。
③ 明《(休宁)商山吴氏宗法规条》。

者,责之①。

上述两个徽州宗族主张对违背祭祀规定、违背婚礼规定、抵抗尊长等越轨族人予以斥责。

(二)罚拜罚跪

明清时期,在徽州宗族内部通过在祠堂祖宗面前和大庭广众之下,对越轨族人进行罚拜罚跪等轻微体罚和精神羞辱,促使他们弃恶从善、改过自新,从而重新回归到遵守宗族制度规范的轨道上来。

在休宁境内,明代编纂的《(休宁)商山吴氏宗法规条》规定:

> 正月元日……至祠拜祖,如有来迟及不待礼毕而先回者,罚在祖前拜八拜,赎罪改过,祠簿记名。

> 凡在祭时跛立傍语、顾盼谑笑、当拜不拜及执事礼仪不恭、赞引错喝者,皆慢上而忽众也。皆整班纠仪举,祭毕,罚神前拜八拜赎过②。

该族主张对不认真参加祠堂祭祀的越轨族人实施祖前罚拜的处罚。

在绩溪境内,清光绪《绩溪城西周氏宗谱》所载《祠规》规定:

> 祭祖重典,理宜虔肃,与祭子孙俱走旁门,毋许向中门中阶直趋而进,亦毋许喧哗,违者罚跪。

> 衣冠不备,不敢以祭,宗子主祭及分献老人,各宜衣冠齐整。阖族斯文穿公服,整冠带。与祭子孙亦宜各整衣冠,毋得脱帽跣足,违者罚跪③。

该族强调对违背祠堂祭祀礼仪的越轨族人实施祖前罚跪的惩罚。

---

① 雍正《(休宁)茗洲吴氏家典》卷一《家规》。
② 明《(休宁)商山吴氏宗法规条》。
③ 光绪《绩溪城西周氏宗谱》卷首《祠规》。

(三)杖责

杖责,即用竹板棍棒等对违规越轨族人施加责罚,这是明清时期徽州宗族内部经常使用的一种体罚措施。

在歙县境内,清乾隆《重修古歙东门许氏宗谱》所载《许氏家规》强调:

> 族长总率一族,恩义相维,无不可通之情。凡我族人知所敬信,庶令推行而人莫之敢犯也。其有抗违故犯者,执而笞之①。

> 凡因小过情有可宥者,而欲尽抵于法,亦非所以爱之也,莫若执之于祠,祖宗临之,族长正副斥其过而正之,棰楚以加之,庶其能改,而不为官府之累②。

该族主张对违背族长权威或犯其他过错的越轨族人予以笞杖的惩罚。

在绩溪境内,清光绪《(绩溪)梁安高氏宗谱》所载《家法》规定:

> 凡小子无知,得罪尊长,或与女子戏谑,及窃人物件者,其父兄随时在家自加杖责,仍令长跪服罪。

> 成人以上,得罪于父母尊长,窃取族内物件,在族外有奸淫事迹,与族内妇女笑谑,聚赌。以上由分长或族长引入支祠或宗祠,祖前杖以竹板,杖之轻重多寡,视其罪之大小、身之强弱③。

该族强调对得罪父母尊长、盗窃、奸淫、与女子戏谑、聚赌等越轨族人实施祖前杖责的处罚。

(四)经济处罚

经济处罚是明清时期徽州宗族广泛使用的一种惩罚族人的手段,主要包括罚银、罚谷、罚米、罚胙、罚饼、罚戏、责令赔偿

---

① 乾隆《重修古歙东门许氏宗谱》卷八《许氏家规·尊崇族长》。
② 乾隆《重修古歙东门许氏宗谱》卷八《许氏家规·小过鞭扑》。
③ 光绪《(绩溪)梁安高氏宗谱》卷十一《家法·杖责罚跪》。

等,徽州宗族试图通过各种类型的经济处罚以使越轨族人遵守宗族既定的社会规范。

在歙县境内,明清时期,潭渡黄氏宗族内部有不少经济方面的处罚规定:

> 遇春秋二祭日……其年幼子孙祭祖,每名不到罚谷三升,如偏执不出,罚胙不给。
>
> 凡遇春秋二祭日,乃礼仪相先之地,衣冠揖逊之所,受胙子孙及头首五名,各具本等衣冠,俱诣孝子祠中以序鹄立,严肃祭拜,毋许亵狎喧哗。如一名不到者,罚银五分,入祠公用。
>
> 其清明拜扫之际,务要亲身到墓所祭拜,轮流头首果值他出,务浼亲房弟侄代之,亦毋许婢仆来替。如有不遵约束、恃强混扰者,罚银五分,入祠公用①。
>
> (黄墩墓祠)标挂之期定于二月二十日,各派先期取齐,诘朝到祠行礼,风雨不移,如有一名不到,罚银一两,入祠公用②。
>
> 借端动支祠中钱粮者,倍罚。
>
> 收支账目有失记者赔补,浮冒者查出倍罚③。
>
> 祠中祀产虽俱刊簿,如有余赀,仍须勒石祠中。如佃户恃顽抗租,即鸣诸族众,公同理论。倘朦胧含忍,以致失业者,查出倍罚④。
>
> 祠宇锁钥共九个,管年派祭完,封锁匣中,交守祠人收。派内子孙或有公务拆开,事完仍行封锁。如或大意有失,检点察出,罚银若干。
>
> 祠屋日久不无颓圮,管年派祭日同众议价修理,无得袖手推诿。其簿内现在家伙,上下首眼同查交,

---

① 雍正《歙县潭渡孝里黄氏族谱》卷六《祠祀》。
② 雍正《歙县潭渡孝里黄氏族谱》卷五,崇祯十三年《各派更定祠规条款》。
③ 雍正《歙县潭渡孝里黄氏族谱》卷六《公议规条》。
④ 雍正《歙县潭渡孝里黄氏族谱》卷六,康熙四十六年《祠约》。

如有损坏,责令管年经手赔偿①。

该族主要通过罚谷、罚胙、罚银、赔偿损失等各类经济处罚手段的执行,以确保祠堂祭祀及祠堂管理的顺利进行。

清康熙年间编纂的《歙县汪氏崇本祠条规》规定:

> 祠内银两存贮公匣置产,毋许将银私放图利。如查出匣内存银缺数,罚加一半,连本利即追回交出另管。

> 祭田租利首事轮管,务期秉公支销。祭后五日,即将账目交清,如有徇私并逾期不交者,两族公罚银壹两,修葺祠宇②。

该族强调对族产经营管理玩忽职守者实施罚银的惩罚。

清代后期编纂的《歙县虹梁村程氏德卿公匣规条》规定:

> 颁胙定于标祀日午后,鸣锣一次,执筹至公所,报名领取。倘遗失胙筹,每根罚银五钱③。

该族对越轨族人实施罚银的处罚。

在休宁境内,明代编纂的《(休宁)商山吴氏宗法规条》规定:

> 亲序不明,徽俗大弊,贻笑他邦甚焉。不美如女夫有子婿之称,外甥为女之子,表侄为妻兄弟之子,两姨夫之子皆是也,岂可以女婿坐于岳父岳母之上,外甥坐于外祖母舅之上,表侄坐于姑夫姨夫表伯母之上,此固习俗相传,大乖礼法。今后本族但遇前项各亲来会,惟以等级序坐,不须过逊。本族有往各亲之家者,亦照等级序坐,不宜僭越。如有过逊及僭越者,察出量力科罚,入祠公用。

> 祭祖日取元宵、冬至二节……于祭前二日,首家

---

① 雍正《歙县潭渡孝里黄氏族谱》卷五,崇祯十三年《各派更定祠规条款》。
② 康熙《歙县汪氏崇本祠条规》。
③ 《歙县虹梁村程氏德卿公匣规条》。

> 议选知礼有衣服者,开名各送一帖,使得办衣演习,至期供事……如临期误事及在家不至祠祭拜者,罚银照前。
>
> 清明祭墓,惟易村窎远,祭品须整肃,与下首面称查明而去,免至彼处临请坟邻不洁,自取轻慢。上下手各择贤能一人同行,每人给饼二双,毋得假委幼童伴仆虚应故事,违者,罚银乙钱。
>
> 祭品临祭之日侵晨,上下手面称查数。倘不精、不烂、不准、不如仪式,下手举明,即罚上手之家。如通同互隐,众人查出,二家并罚。
>
> 祠中田地山塘屋赁等租、新立水牌,俱轮首家经收,必须一一如数取完。如若懒惰不行取讨,欠缺之数尽是首家赔补充足。
>
> 祠中正月半算帐,上下手交替将前数项入祠银查清,并一年收支,与下手核实上簿。或有收支不明、越例浪费,毋得通同容隐,日后查出,两家均罚认赔。
>
> 祠中祭器等及匣内笔墨物并祠堂门钥,俱该年祭首承管收藏,上轮下接交替之时,照草查点明白,下首批笔单后,某人收明无失。如有损坏遗失,经手人修赔,私自取用并借他人者,罚银三钱①。

该族强调对序坐失次、祭祀越礼失仪、祠产经营管理玩忽职守等越轨族人,实施罚款或赔偿的经济处罚。

据明万历《休宁范氏族谱》记载,在休宁范氏宗族内部,有以下规定:

> 祠银积聚甚艰,浪费甚易,剂量盈缩,惟尊长力主之,子姓亦宜相体。目今余银不复分领,固省唇舌,然节年置祭田,又恐本银渐少。今议即以万历二十年为准,本银若干,毫厘不动,以后每年只支利息,除修理祠墓桥梁及祠中正项公用外,余剩利多寡,尽数买好田地,毋得妄费。其见领银人户有并还本者,即通众

---

① 明《(休宁)商山吴氏宗法规条》。

议选各房生意顺遂、信行端厚之人，领放生息，亲笔登簿，照期交纳。其一切收支帐目，经手者亦明白开簿，一年一揭总，清明日凭众稽查。凡祠内有犯约应罚者，初犯俱罚米一斗，再犯二斗，以次递增。米照时价纳银，通登名于簿纪过①。

本阁为祀先正寝，乃子孙肃敬之处，毋得款客用匠，并童孩奴妾喧哗，以致亵渎祖宗，阴取罪谴。支年之家常加扃锁，惟朔望及时祭及各忌辰，许领锁钥开门启龛参拜。事毕，掩龛，慎防火烛，看净即锁门交钥匙。如过夜不锁者，领钥之家罚银五分，警众②。

（谱牒）如有鼠侵油污、磨坏字迹者，罚银一两入祠外，另择本房贤能子孙收管，登名于簿，以便稽查③。

该族强调对祠产经营、祠堂管理、谱牒保管过程中的越轨族人实施罚米、罚银等经济处罚。

明天启元年(1621)，休宁程氏所订《清明挂柏簿》规定：

如支年者坟墓不修，礼仪不备，铺设不齐，邀卒[率]不齐，结算不清，交管违期，及祭器物件失所损坏者，会中共罚艮五钱。各户不交纸钱者，罚饼一双。在家不亲到拜祖、又不浼人代拜者，罚其胙肉入众，仍罚艮五分④。

该族对越轨族人实施罚银、罚饼、罚胙肉的处罚。

在祁门境内，明万历《祁门清溪郑氏家乘》所载《祀产条例》规定：

如有不孝不义盗卖祀产，听自为首之人捡举，责

---

① 万历《休宁范氏族谱·谱祠·林塘宗规》。
② 万历《休宁范氏族谱·谱祠·怡乐堂祀先阁条例》。
③ 万历《休宁范氏族谱·谱祠·统宗祠规·谱牒当重》。
④ 王钰欣、周绍泉主编《徽州千年契约文书》(宋元明编)卷八，《天启元年休宁程氏立〈清明挂柏簿〉》，石家庄：花山文艺出版社，1991年，第273页。

令取赎,仍行犯一赔九①。

该族对盗卖祀产的越轨族人实施责令取赎、加倍赔偿的处罚。

清同治《祁门武溪陈氏宗谱》所载《新编凡例》云:

> 修谱须串定图记字号,以发各房收领。每年六月六日,各持宗谱会集晒霉,倘天阴雨,另择晴日,毋得懈怠,如有油污、水湿、损坏不全者,众罚银十两入祭。
>
> 谱中历代考妣,有名氏失系者,有葬墓阙志者,及未冠婚而亡者,因年代久远,无从觅查。今合议择地土名石碑圩,封筑总墓,设位普祭,刻期每年清明前一日并及三元佳节,齐赴其所,扫拜祭奠,不可荒怠。如违期不赴者,众罚银二两入祭②。

该族强调对族谱保管不善、祭祀违期不赴的越轨族人实施罚银的处罚。

在绩溪境内,清光绪《绩溪城西周氏宗谱》所载《祠规》规定:

> 祠于号簿外,又刊有源流底簿。……如有粗心讹写、并未收钱、徇情私填者,查出,春冬两季并不给胙。
>
> 每年祠首,议定年逢四十岁者,无论斯文派丁,一仝协力承办。倘有实往在外不能来祠办事、并无亲丁帮代者,照旧例贴九七色银八钱与本班首事,为收租中伙之资,不得拗众。违者,罚胙十年,以作贴例。至乡居隔城二三十里外者,两熟收租来往不便,或酌派与乡间租一二处收齐,发担交祠。两祭来祠办事,每人日给饭食钱五分,开支众账。如有故实不得离身者,亦贴九七色银八钱,均着亲房举报,毋许规避,如有规避,照贴例倍罚。
>
> 祠内寸木寸石,派下子孙不得私自盗取,亦毋许出借,如有此情,较所取之物议罚,轻则罚大青金一

---

① 万历《祁门清溪郑氏家乘》卷三《祀产条例》。
② 同治《祁门武溪陈氏宗谱》卷一《新编凡例》。

把,重则罚戏一台,断不徇情。

> 祠门锁钥,值年头首仝查察执管,除会文并公事外,毋得擅开私借,堆入物件,及二熟私晒谷麦,衙门搭班唱戏。如违,罚戏一台,并罚大青金一把,对祖烧化①。

该族对于族产经营管理与祠堂管理玩忽职守的越轨族人处以罚胙、罚银、罚戏等惩罚。

(五)逐出祠堂

逐出祠堂是指徽州宗族将本族严重越轨族人赶出祠堂,剥夺他们参与宗族祭祀等族内集体活动的权利,是一种较为严厉的惩罚。有的宗族规定族人生死不得进入祠堂,实际上是开除其族籍,使其丧失本宗族成员的资格。

在歙县境内,清康熙年间编纂的《歙县汪氏崇本祠条规》规定:

> 两族各门支祠祭产,如有支下不肖子孙通同盗卖质当者,两族集祠鸣鼓共攻,与受俱照宗祠条议永远逐出,毋许入祠②。

该族主张将盗卖质当祭产的越轨族人逐出祠堂。

在休宁境内,月潭朱氏宗族曾将行为不端、不守妇道、不孝瞽姑的族人开除出族,例如:33世朱思榛,因不端出族;34世朱玉德,娶余氏,因不守妇道被出;36世朱上珍,娶詹氏,因不孝瞽姑出族③。

在祁门境内,明隆庆年间编纂的《(祁门)文堂乡约家法》规定:

> 凡有奸盗诈伪、败坏家法、众所通知者,公举逐出

---

① 光绪《绩溪城西周氏宗谱》卷首《祠规》。
② 康熙《歙县汪氏崇本祠条规》。
③ 民国《新安(休宁)月潭朱氏族谱》卷十六《提举公派存玺公下学铉公支》、卷十七《提举公派存莹公下金爵公支》、卷十五《提举公派存玺公下文镛公支》。

祠外,不许混入拜祭,玷辱先灵①。

该族主张将奸盗诈伪、败坏家法的越轨族人逐出祠堂。

在黟县境内,清嘉庆《黟县南屏叶氏族谱》所载《祖训家风》之"杜匪类"条规定:

> 支丁间有不遵祖训者,定行斥逐。生不入祠,死不列主,族中喜忧贺吊,俱不得与,永垂家法,以示惩戒②。

该族主张将不遵祖训的越轨族人逐出祠堂。

在绩溪境内,清光绪《绩溪城西周氏宗谱》所载《祠规》指出:

> 每年上粮例系上年还半,下年还清。……例定:头年收租,坐完次年钱粮,已预备一年,更不得拖欠。如有拖欠钱粮者,革出,不许入祠③。

该族强调将拖欠钱粮的越轨族人逐出祠堂。

清光绪《(绩溪)梁安高氏宗谱》所载《家法》指出:

> 殴打有服尊长者,逐革(如因尊长殴其父母及病醉病狂不在此例);盗卖宗谱及祖坟地基,砍卖祖坟切近荫木致伤祖坟者,逐革;在族内奸淫乱伦明确者,男女并出。以上三条,俱永不归宗。
>
> 在族内奸淫行迹未著,将男子逐革;在族外行窃者,逐革;素性凶暴、殴斗伤人者,逐革;行止诡异、交结邪匪者,逐革。以上四条,若能在外改过自新,仍许亲房保其回族归宗。或生前未及回族,而终身不至为大非者,死后仍许归宗④。

该族主张将犯有各类严重越轨行为的族人给予逐出祠堂的处罚。

---

① 隆庆《(祁门)文堂乡约家法·文堂陈氏乡约》。
② 嘉庆《黟县南屏叶氏族谱》卷一《祖训家风·杜匪类》。
③ 光绪《绩溪城西周氏宗谱》卷首《祠规》。
④ 光绪《(绩溪)梁安高氏宗谱》卷十一《家法·逐出革胙》。

(六)族谱削名

明清时期,徽州宗族将族人予以族谱削名或削除世系的处罚,实际上是将严重越轨族人开除出族,使其丧失族籍,这是徽州宗族对严重越轨族人实行的一种较为严厉的惩罚措施。

在歙县境内,清道光年间,蔚川胡氏宗族所订《规条》指出:

> 若妇人狮吼,致内外不分,惟家之索,试问其夫安在?有于此者,族房长公治其夫,令治其妻,以端风化,违则削其世系①。

该族主张将身为监护人但对悍妇管教不力的丈夫予以削除世系的处罚。

> 苟利其货财,以致阀阅不称、良贱不伦者,众议罚其改正,违则削其宗系②。

该族强调将婚娶越轨且屡教不改者削除世系。

在祁门境内,清康熙年间,倪氏宗族所订《修谱凡例》规定:

> 弃卖祖坟山业、盗鬻祀租及犯大过恶者,众议黜而不书,以示炯戒③。

该族对弃卖祖坟山业、盗卖祀租、犯大过恶等严重越轨族人实施族谱削名的处罚。

在黟县境内,清光绪年间,黟北查氏宗族族谱所载《续修例言》规定:

> 本人若得罪名教,或被革于父,被革于族,书公摈,仍削其生年不书,讥有忝所生。或陷身法网,暴卒于官,书瘐死,仍削其卒年不书,讥不得其死。其逃归黄墨者,书自弃为僧道,讥外教也。若天主教之类,外国所尚,以中国而崇外教,亦犹之乎外国人耳,谱全削

---

① 民国《(歙县)蔚川胡氏家谱》卷二,道光二年《规条·正风化》。
② 民国《(歙县)蔚川胡氏家谱》卷二,道光二年《规条·重婚姻》。
③ 光绪《祁门倪氏族谱》卷上,康熙二十六年《修谱凡例》。

之,遂其志也①。

该族主张对得罪名教、陷身法网、暴卒于官、逃归黄墨、崇奉外教等越轨族人,实施族谱削除生卒年或削名等惩处。

(七)以不孝论

不孝自唐代以来就被历朝封建统治者列为十恶之一,属于封建时代的大罪。明清时期徽州宗族借用这一罪名对越轨族人实施处罚,但在徽州宗族那里,该罪名的外延被扩大化,超出了封建国家法中的不孝罪的外延。各宗族关于不孝罪的理解也不尽相同,较为宽泛。

在歙县境内,清康熙年间,潭渡黄氏宗族所订《德庵府君祠规》规定:

> 如有紊乱祠规、变坏成例及玩忽怠惰不遵者,俱以不孝论②。

该族主张对不遵守族规家法的越轨族人以不孝论处。

在休宁境内,明弘治《休宁陪郭程氏本宗谱》所载《祭田合同》云:

> 我陪郭程氏,自唐兵马府君南节公以下诸处坟墓,宋元以来置立祭田,具有规约。窃恐子孙众多,贤愚难保,原置拜扫文簿一扇,或有损失。今立合同,与诸房子孙收执。如有将在内田土盗卖及将存众钱本侵欺者,各执赴官陈告追给,仍将本人坐罪不孝,毋许入会者③。

该族主张对盗卖祭田产业及侵吞宗族公产的越轨族人以不孝论处。

明代编纂的《(休宁)商山吴氏宗法规条》规定:

> 凡族中有交结异姓伤残手足者,此皆悖逆祖宗之

---

① 民国《黟北查氏族谱》卷上,光绪十八年《续修例言十七条》。
② 雍正《歙县潭渡孝里黄氏族谱》卷六《康熙己亥公立德庵府君祠规》。
③ 弘治《休宁陪郭程氏本宗谱》附录《祭田合同》。

辈,倘以事犯,祠中当以不孝论。

  凡各支祖坟,倘有不肖子孙盗卖及有富豪谋买,或恃强侵葬,甚至斩棺裁脉,紊乱昭穆者,此皆欺蔑祖宗之徒。倘有犯,宗正副据实呈治,以不孝论①。

该族主张对交结异姓伤害族人、盗卖侵葬祖坟等越轨族人以不孝论处。

清雍正《(休宁)茗洲吴氏家典》所载《家规》规定:

  丧事不得用乐,不得饮酒食肉,违者不孝②。

该族将丧事期间用乐、饮酒食肉视为不孝。

(八)处死

处死是明清时期徽州宗族社会中处罚最重的一种惩治措施,该措施在明代徽州部分宗族的族规家法中有所体现,如对于一些犯有严重越轨行为的族人"令自引决"③、"令即时自尽"④,即令相关族人自杀,或"告祖捶杀之",即直接加以处死,这种规定在清代较少见。徽州宗族对处死族人一般都较为谨慎。

在祁门境内,明万历《祁门清溪郑氏家乘》所载《祀产条例》规定:

  如有敢恃强梁,听众立文,排名花押,告祖捶杀之⑤。

该族主张对族中强梁分子,经过一定程序后予以捶杀。

明隆庆年间编纂的《(祁门)文堂乡约家法》规定:

  凡境内或有盗贼生发,该里捕捉既获,须是邀同排年斟酌善恶,如果素行不端,送官惩治,毋得挟仇报

---

① 明《(休宁)商山吴氏宗法规条》。
② 雍正《(休宁)茗洲吴氏家典》卷一《家规》。
③ 万历《萧江全谱》信集《附录》五卷《贞教第七》。
④ 隆庆《(祁门)文堂乡约家法·文堂陈氏乡约》。
⑤ 万历《祁门清溪郑氏家乘》卷三《祀产条例》。

复,骗财卖放,或令即时自尽,免玷宗声①。

该族强调令犯有盗窃行为的族人"即时自尽",以免玷污宗族的名声。

(九)呈官治罪

明清时期,徽州宗族皆重视宗族内部自治,对于族内越轨行为的控制及越轨族人的惩治,一般都主张在本族内部加以解决。然而,在许多宗族内部常存在一些屡教不改或品行极端恶劣之辈,虽经宗族严厉惩处,但却依然我行我素。在这种情况下,徽州宗族常常不得不借助于官府的权威和强制力量加以解决,而且基本上都能得到官府的支持。这是存在于徽州宗族与封建官府之间的一种较为经常的互动形式。

在歙县境内,清康熙年间编纂的《歙县汪氏崇本祠条规》规定:

> 派下以强凌弱,以长欺幼,以下犯上,及撒泼生事者,两族集祠公处,以敦族谊。如恃顽不听尊长处分,会众呈公究治②。

该族主张将违背宗族伦理且恃顽不听尊长处分的越轨族人呈官究治。

在休宁境内,明末,程氏宗族规定:

> 坟陵荫木,律有明禁,况支下子孙岂可觊觎,但有私自盗砍者重罚,不服者呈治,更不得藉口众事支用,妄生异端③。

该族主张将私自盗砍坟陵荫木的越轨族人送官惩治。

该县范氏族人范道生娶妻金氏:

---

① 隆庆《(祁门)文堂乡约家法·文堂陈氏乡约》。
② 康熙《歙县汪氏崇本祠条规》。
③ 王钰欣、周绍泉主编:《徽州千年契约文书》(宋元明编)卷八,《天启元年休宁程氏立〈清明挂柏簿〉》,石家庄:花山文艺出版社,1991年,第274~275页。

> 嘉靖丙辰(嘉靖三十五年,1556),以病卒,金年二十六,家贫,茹苦守节,抚一子已冠,冥顽不克自立。即壮强,犹与无籍辈花酒败家声,金涕泣道之不悛,屡阻屡逆,甚至独犯其母。……族人以风化所关,闻之邑大夫,逮子于狱①。

在宗族的主导下,将忤逆不孝之人送官治罪。

此外,清光绪《徽州彭城钱氏宗谱》所载《家规》之"重丧祭"条云:

> 如有不孝子孙盗资[卖]坟地者,鸣官究治②。

该族主张将盗卖坟地的不孝子孙送官府惩治。

(十)综合性处罚措施

明清时期,在徽州宗族内部往往根据族人所犯越轨行为的情节轻重,制定诸如斥责羞辱、罚拜罚跪、杖责、经济处罚、逐出祠堂、族谱削名、以不孝论、处死、呈官治罪等各种类型的处罚措施,对类别不同或程度不同的越轨行为,分别采用不同的制裁措施。值得注意的是,有时徽州宗族对同一种越轨行为采用多种处罚措施,以维护宗族的秩序和利益。

在歙县境内,清康熙年间编纂的《歙县汪氏崇本祠条规》规定:

> 祠内田产钱粮租息,上下手必须交割清白,倘支下子孙假借公事为名,通同作弊,将祠内田产租息妄行借当侵渔,即时会众呈公警治。与受者驱逐出祠,并子孙永远毋许入祠③。

该族对经营管理族产而徇私舞弊的族人,采用呈官治罪、驱逐出祠、连带惩罚子孙的制裁手段。

清康熙年间,潭渡黄氏宗族所订《墓约》规定:

---

① 万历《休宁范氏族谱·谱传·宗妇节烈》。
② 光绪《徽州彭城钱氏宗谱》卷一《家规·重丧祭》。
③ 康熙《歙县汪氏崇本祠条规》。

> 各处祖墓最严，侵葬盗卖，律有明条，如有干犯，必会众呈公，务使侵葬者起柩，盗卖者勒限赎归，仍于谱系削名，尽法重处①。

该族在制裁侵葬盗卖祖墓的族人时，将呈官治罪、族谱削名等处罚方式结合起来。

清乾隆《重修古歙东门许氏宗谱》所载《许氏家规》之"正始闺门"条云：

> 所谓妇有长舌，为厉之阶，不事姑嫜，不顺夫子，仇妯娌而欺比邻，慢尊长而贼奴婢，放纵无耻而坏我门风，嫉妒尤甚而索人宗嗣，妇道至此，为之夫与为之舅者，尚优容之以长其恶，其于正始之义何有哉！吾宗不幸而有此妇，初犯责其夫，再犯戒其妇，三犯谕其父母，告诸宗庙而出之②。

该族在制裁不孝妇女时，将斥责其夫、劝诫其妇、理谕其父母、开除其妇出族等处罚方式相结合。

清宣统《古歙义成朱氏宗谱》所载《祠规》规定：

> 不孝父母，不敬伯叔，不和兄弟，及败坏祖产，玷辱家声与奸淫犯义等事，即邀同族众，早为戒约，如实不悛，即禀官究治，或逐出不许入祠，毋令效尤，致他人沾染③。

该族将呈官治罪、逐出不许入祠等处罚措施相结合。

在休宁境内，明代编纂的《(休宁)商山吴氏宗法规条》云：

> 圣谕四[六]言，至大至要，木铎以徇道路，妇畯亦当禀持。即有至愚至鲁之辈，纵难事事孝顺，亦岂可作忤逆，虽难事事尊敬，亦岂可肆侵侮，虽难事事和睦，亦岂可日寻争斗，虽难事事尽善，亦岂可甘为奸盗诈伪，致庭内有被捶之老人，门前有尊拳之鸡肋，道途有冤号

---

① 雍正《歙县潭渡孝里黄氏族谱》卷五，康熙四十六年《墓约》。
② 乾隆《重修古歙东门许氏宗谱》卷八《许氏家规·正始闺门》。
③ 宣统《古歙义成朱氏宗谱》卷首《祠规》。

> 之负贩,淫溺有家鸡野鹜之喻、当炉倚门之渐。以若所
> 为上玷祖德,辱及门风,贻诮路人,彼顽悑不知怪,为之
> 族长、宗正者,宁无觍乎? 今后有此辈,初当理谕之,不
> 改,鸣鼓攻之,三不改,合族赴公廷首,治之不贷①。

该族在处罚玷污祖德、败坏门风的越轨族人时,根据情节轻重,将理谕、鸣鼓攻之、呈官治罪等制裁方式相结合。

清雍正《(休宁)茗洲吴氏家典》所载《家规》规定:

> 遇疾病,当请良医调治,不得令僧道设建坛场,祈
> 禳秘祝。其有不遵约束者,众叱之,仍削除本年祭胙
> 一次②。

该族在处理生病妄信僧道的族人时,将斥责、罚胙等处罚方式相结合。

> 子孙赌博无赖及一应违于礼法之事,其家长训诲
> 之,诲之不悛则痛棰之,又不悛则陈于官而放绝之。
> 仍告于祠堂,于祭祀除其胙,于宗谱削其名,能改者
> 复之③。

该族在处罚赌博无赖等违背礼法之事的越轨族人时,将训诲、体罚、呈官治罪、罚胙、族谱削名等多项制裁措施结合起来。

(十一)较为笼统的处罚规定

明清时期,一些徽州宗族对违规越轨族人的处罚规定得较为笼统,如只是提到"公罚"、"议罚"、"违者公罚"、"违者议罚"、"凭众从重议罚"、"违者罚之"等字样,并未作细致的交代,这可能是因为在这些宗族内部已形成约定俗成的处罚惯例,故由宗族根据族人违规越轨情节适时灵活地作出相应的处罚。

在歙县境内,清康熙年间,潭渡黄氏宗族所订《德庵府君祠规》规定:

---

① 明《(休宁)商山吴氏宗法规条》。
② 雍正《(休宁)茗洲吴氏家典》卷一《家规》。
③ 雍正《(休宁)茗洲吴氏家典》卷一《家规》。

(卖谷麦豆粟)概要现银归匣，不得赊欠，违者公罚①。

本祠照宗祠例设立租簿，五年一本，每逢甲逢已之年倒换，给领新簿，将旧簿归匣。其上下轮交簿不清，或逢甲逢已之年不预请填给倒换，及收租时不照簿先清上年租尾而只收本年之租者，俱公罚②。

本祠粜卖租粒及一应银两，俱应凭众公同入匣封锁，寄贮殷实之家。如有应用之项，凭众酌量多寡，同门长、文会开匣称给司年之手支用。匣内贮簿一本，即填明系某人某人同称发，如有私开私发者，公罚……今于康熙五十八年设立新簿，头首出入帐目，定于每岁二月初一日将上年帐目、经手出入数目誊清交递下首，违者公罚③。

本祠钱粮户头半系祖宗的名，岂可拖欠，使祖宗受追呼之辱。应于开征日先完一半，至开忙日完清，俱要司年之人亲身赴柜投纳，即领收附归匣。如有拖欠及希冀邀赦者，凭众从重议罚④。

本祠旧例，每岁于花朝日算帐，腊月初二日刷帐，每次开支日费二钱，俱尽日之力秉公查刷。自此例一废，遂生种种侵蚀之弊，嗣后应并为一次，每岁于二月初一日议谷价之日，齐集文会、门长、上下轮司年，将上年出入钱谷帐目秉公查算，准开支日费四钱，俱要尽日之力查刷，如有虚应故事者，公罚⑤。

---

① 雍正《歙县潭渡孝里黄氏族谱》卷六《康熙己亥公立德庵府君祠规·议卖谷麦豆粟》。

② 雍正《歙县潭渡孝里黄氏族谱》卷六《康熙己亥公立德庵府君祠规·议租簿照宗祠例》。

③ 雍正《歙县潭渡孝里黄氏族谱》卷六《康熙己亥公立德庵府君祠规·议银两归匣》。

④ 雍正《歙县潭渡孝里黄氏族谱》卷六《康熙己亥公立德庵府君祠规·议完纳钱粮》。

⑤ 雍正《歙县潭渡孝里黄氏族谱》卷六《康熙己亥公立德庵府君祠规·议查刷帐目》。

该族订立的《公议规条》规定：

> 祠中家伙不许支下借用，祠内不许支下晒物，祠前不许一切人等打晒，违者议罚。
>
> 遇大雨，司年者开祠，细看寝室堂庑，有漏湿处，以石灰画地为记，俟天晴召匠收拾。至春秋二祭日，族众细加察视，有应修而不修者，公罚司年。
>
> 春秋二祭日，文会诸公务于辰刻入祠查阅账目，酌议公事，如迟，议罚。
>
> 立纠仪二人，查察子姓于行礼时挽越不敬，并未冠子弟及闲杂人等升堂混扰，违者，记名议罚①。

该族于康熙年间所订《祠约》则规定：

> 子孙入祠，列祖在上，岂容亵玩，务须恭敬慎重，整肃衣冠，不得嬉笑嫚语。其司年者于朔望前一日必督率守祠人，洒扫堂室，揩抹几案供器，务俾洁净，违者议罚。
>
> 祭之为义，内以尽志，外以尽物。凡祠中所定仪品，务须遵式置备。若物品不充数，烹炮不如法，洗涤不洁，陈列无序，许纠仪举罚。其行祭子姓各照本等衣冠，贫者布韦粗旧无妨。惟居丧者则易服从吉，以祭祖乃吉礼之大者，尊无二上故也。若礼度有愆及一切失容之事，均应议罚②。

由上可见，该族对族人的各类越轨行为皆强调"公罚"、"议罚"，但对具体制裁措施未作详细交代。

在休宁境内，明万历《休宁范氏族谱》所载《统宗祠祀仪》云：

> 今众会议，祖家即照瑶村茔祭户名簿内长、中二支，每年各轮一户，协力管办。各器用及赞祝执事子弟齐备，使路远各族岁无烦难，庶几情义两尽。其各

---

① 雍正《歙县潭渡孝里黄氏族谱》卷六《公议规条》。
② 雍正《歙县潭渡孝里黄氏族谱》卷六，康熙四十六年《祠约》。

族轮年之家,定于初二日午间到祠料理,一切祭事,虔恭如礼,亦无得草率迟误,自取公罚①。

清雍正《(休宁)茗洲吴氏家典》所载《家规》规定:

祭灶、祀社、乡厉外,不得妄举淫祀,违者罚之。

子孙以理财为务者,若沉迷酒色,妄肆费用,以致亏陷,父兄当核实罪之。

子孙进退皆务尽礼,不得引进娼优,讴辞献妓,娱宾狎客,上累祖宗之家训,下教子孙以不善,甚非小失,违者罚之②。

上述两个徽州宗族都强调对越轨族人实施处罚,但具体制裁措施不详。

在绩溪境内,清光绪《绩溪城西周氏宗谱》所载《祠规》规定:

非祠内公事,一切众姓神会,毋得擅开散福,免致失脱物件,损伤桌凳,大者火烛之虞,司值首事不得徇情,致干公罚③。

清宣统《(绩溪)华阳邵氏宗谱》所载《修谱条议》云:

凡一切事务必须由众议公妥善,方可举行,倘有故意违误,应集众议罚④。

上述两个徽州宗族虽强调对越轨族人实施处罚,但制裁的具体细节未作交代。

五、小　结

明清时期徽州宗族内部的控制手段主要包括制度控制手

---

① 万历《休宁范氏族谱·谱祠·统宗祠祀仪》。
② 雍正《(休宁)茗洲吴氏家典》卷一《家规》。
③ 光绪《绩溪城西周氏宗谱》卷首《祠规》。
④ 宣统《(绩溪)华阳邵氏宗谱》卷首《修谱条议》。

段、物质利益控制手段、文化控制手段与强制惩罚控制手段等，它们在维护这一时期徽州宗族的社会秩序和宗族利益方面发挥了很大的作用。

首先，制度控制手段是指明清徽州宗族及其成员利用自身所制定的各种规章制度，对族内全体或部分成员的行为进行制约与调节、对族内相关事务进行规范与调整的途径和方式，其中以族规家法控制手段与合同条约控制手段为其主要代表。

族规家法控制手段所发挥的控制功能主要体现为：第一，作为宗族内部最重要的制度规定，族规家法所涉及的面非常广泛，大凡与宗族的生存发展、社会秩序相关的领域，都是徽州宗族着力规范与控制的重点对象与重点范围。从功能论的角度讲，族规家法的控制功能主要可归结为：维护宗族内部伦常秩序与社会秩序的稳定；维护国法、支持政权施政；对宗族相关特定领域进行规范与控制。第二，族规家法控制手段具有较为明显的层次性和繁琐性。许多宗族往往在个体家庭中制定有家规，各级祠堂中制定有祠规，形成家规—支祠祠规—统宗祠规层级控制的结构特征。此外，还有保墓规条、祭祀规条等各种类型的专项条规。各种类型的族规家法使得徽州宗族的族人被置放于一张精心严密编织的控制网络之中。由于明清徽州宗族族规家法以维持既定的宗族社会秩序为目的，起到支持国家政权、维护封建统治的重要作用，因此，对族规家法的遵守与执行是以宗族自身力量和国家力量作为其强制执行的保证。而徽州宗族族规家法的执行过程也即是对族内社会行为和社会秩序进行规范与调整、对族人实施约束与控制的过程。明清徽州宗族社会能够长期保持和谐稳定与惯性发展的态势，与这一时期族规家法的有效执行是密不可分的。

明清时期徽州宗族制定的合同条约主要包括戒卖祖议约、祖墓保护与墓祭规约、会社规约、宗族内部管业合同、国税缴纳与宗族祭祀合同、里甲职役合同、保甲差役合同、筹款合同、祠堂管理条约、佃仆供养规条，等等。与族规家法控制手段相比，合同条约控制手段具有管理与控制的范围更集中、目标针对性更强的特点。宗族内部控制的合同化、条约化是这一时期徽州宗族实施族内控制的一个重要特征。

徽州宗族所采用的族规家法、合同条约等制度控制手段是一种正式的制度化控制，即以明文规定的形式来规范与调整宗族成员的行为与宗族社会秩序。通过正式制度的形式以确保族内控制的顺利执行是明清时期徽州宗族社会管理与控制正规化、制度化、常态化的体现。通过宗族成员集体商讨并制定的正式的制度规定，在很大程度上确保了明清徽州宗族社会管理与控制功能的正常发挥，而不致流于形式或无所作为。

其次，物质利益控制手段是指公开地或含蓄地提供某些好处，以换取人们对社会秩序与政治秩序的接受。从类型上说，它是一种经济控制的手段，而在明清徽州，它更多的是以社会保障的形式出现的。作为一种社会稳定和控制机制，明清徽州境内的社会保障以宗族保障为主体。这一时期，受人地矛盾的加剧、自然灾害的频发等因素影响，徽州社会的生存环境和生存状况较为恶劣，部分徽州人长期处于一种贫困状态之中。徽州宗族社会中部分族人的贫困，引发了违背宗族伦理、损害宗族脸面、危害社会秩序等一系列令宗族感到不安的社会问题。为了捍卫宗族伦理和脸面、维护宗族社会秩序的稳定，明清徽州宗族非常重视对族内鳏寡孤独贫困等弱势群体开展救济。这一时期，徽州宗族通过义田、学田、义学、义仓、义屋、义冢、义租、义米等物质手段来实施族内救济，较好地达到了控制族人、稳定秩序的目的。随着明清时期宗族政治化倾向的加强，许多徽州宗族在实施族内救济时增设受济族人的年龄状况、居住状况、血缘状况、道德品质、素质等各类附加条件或附加条款以约束、控制族人，而大量禁止性与惩罚性的条款的设定是其重要特征。

在进行族内救济的同时，徽州宗族还通过物质奖励的办法实施族内控制。物质奖励是一种物质的或经济的激励措施，是物质利益控制手段的重要内容。在明清徽州宗族社会中，它主要体现为：宗族通过颁胙发包等物质刺激和奖励手段来吸引族人参与祭祀等宗族集体活动，或通过对那些有功于宗族或为宗族争得荣誉的族人施加物质奖励来鼓励其他族人加以效仿，以实现对族人的软控制。

再次，文化控制手段是指利用人类在长期的共同生活中创造的、为人类所共同遵从的行为准则和价值标准对社会成员进行控制的方式。在明清徽州宗族社会中，对族人发挥控制作用的文化手段主要有以朱熹《家礼》为代表的儒家礼的规范、社会舆论、民间信仰、传统习俗，等等。

礼治发达是明清徽州宗族社会的一个重要特征，礼的规范在徽州宗族社会中发挥着重要作用。徽州宗族特别重视以朱熹《家礼》为代表的儒家礼的规范的社会控制功能的发挥，并对朱熹《家礼》等儒家礼制加以积极利用。这一时期，徽州宗族在族规家法中都有关于族人遵守朱熹《家礼》的规定和要求，希望通过对朱熹《家礼》的践行达到控制族人的目的。朱熹《家礼》的内容主要体现在冠、婚、丧、祭等方面，而这也是最切合明清徽州宗族需求的方面。除积极践行朱熹《家礼》以实施族内控制外，有些徽州宗族根据朱熹《家礼》的精神并结合本族的实际，制定出本宗族的家礼，通过对相关制度、仪节、礼的执行等方面的设计和改造，使族人深陷于由各种礼编织而成的控制网络之中。为了有效实现礼的控制功能，明清徽州许多宗族还在族内定期演习家礼，并让宗族子弟亲临现场观看家礼的排演。

由于宗族制度的高度发达、理学的极度兴盛以及乡绅势力的不断壮大等因素的作用和影响，明清时期徽州境内宗族社会舆论十分发达。在徽州各宗族社区中盛行的文会，即是一种较有影响的社会舆论控制机构。徽州社会舆论的发达，还与聚族而居的生存居住模式有较大关联。深受聚族而居的影响，徽州境内的社会舆论多属于宗族舆论，或在此基础上所作的延伸——乡族舆论。这一时期徽州宗族社会舆论关注的领域较为广泛，涉及宗族救济、宗族建设、维护宗族伦理、稳定族内社会秩序、缴纳国税、增进族谊、支持宗族公益事业、妇女控制、佃仆控制等多个方面。从总体上讲，明清徽州宗族社会舆论包括褒扬、赞赏与批评、谴责两大类型，其中以褒扬、赞赏类为主体，所占的比重较大，而以批评、谴责类的社会舆论为辅，所占比例相对较小。徽州宗族通过对各种符合儒家正统思想和正统伦理的价值观或行为方式的褒扬与赞赏，以及对违反儒家正统思想和正统伦理的价值观或行为方式的批评与谴责，在本宗族内部或社区中形成一种广为传播的带有倾向性的社会舆论氛围，使得处在这种氛围中的宗族成员自觉或不自觉地服从着社会舆论的控制。

在明清徽州宗族社会中,民间信仰控制主要是指当地民众对各种神灵的崇拜和信服,并受其影响和支配的过程。这一时期徽州人的民间信仰具有神灵多、名目繁、功利性强的特点。各种神灵和迷信信仰对徽州宗族族人产生了一定的控制作用,许多人在这些神灵面前亦步亦趋,受到神灵的控制。在各种神灵中,以祖灵最为重要,这是徽州宗族祖先崇拜的体现。明清时期,徽州宗族主要通过祠堂祭祀、祖茔祭祀等多种方式实现祖先崇拜,并运用祖先的名义实现对族人的控制。

明清徽州宗族社会中的风俗习惯较为发达,且具有较强的地域性特征。徽州宗族社会中的传统习俗的控制作用机制是从众行为,在潜移默化中徽州宗族族人的言行举止便受到各类风俗习惯的约束与控制,但人们往往并没有受束缚和控制的感觉,而是一种心甘情愿的举动。

最后,明清时期徽州宗族内部各类违反宗族规章和规范的越轨行为经常发生,对于徽州宗族来说,越轨行为是一种对宗族社会共同生活和宗族自身发展起阻碍作用的消极现象,因此,它也成为徽州宗族进行控制的主要对象。徽州宗族对于各类越轨行为常采用强制惩罚的手段加以控制和打击。这一时期,徽州宗族根据族人越轨行为情节轻重的不同,主要采取斥责羞辱、罚拜罚跪、杖责、经济处罚、逐出祠堂、族谱削名、以不孝论、处死、呈官治罪等处罚措施,对不同的越轨对象采用不同的制裁措施。有时徽州宗族对同一种越轨行为也采用多种处罚措施并举的办法加以遏制与打击,以维护宗族的秩序和利益。

明清徽州宗族内部控制的
主要领域和内容

一、明清徽州宗族内部的社会秩序控制

(一)伦常秩序控制

所谓伦常,即封建伦理道德以君臣、父子、夫妇、兄弟、朋友为五伦,以为这是不可改变的常道,因称"伦常",而伦常秩序,是指由上述五伦所规定和确立的封建伦理道德秩序和人际关系秩序①。明清时期,徽州宗族成员从其出生那天起,即在宗族伦常关系的网状结构上确定了与自己身份相对应的节点。这一时期,徽州宗族十分重视宗族内部的伦常秩序,在宗族内部对尊卑长幼、嫡庶亲疏等具有不同伦常身份的人提出不同的规

---

① 与伦常秩序相关的重要概念有三纲、五常、人伦等。三纲是指封建社会中三种主要的道德关系。《白虎通·三纲六纪》:"三纲者,何谓也? 君臣、父子、夫妇也。"《礼记·乐记》:"然后圣人作为父子君臣以为纪纲。"孔颖达疏引《礼纬含文嘉》:"君为臣纲,父为子纲,夫为妻纲。"纲是提网的总绳,为纲,是居于主要或支配地位的意思。五常一指仁、义、礼、智、信,又指"五伦"。人伦指封建社会中人与人之间的关系和应当遵守的行为准则。参见徐复等编:《古汉语大词典》第 234 页"伦常"条、第 50 页"五伦"条、第 30 页"三纲"条、第 54 页"五常"条、第 337 页"人伦"条,上海:上海辞书出版社,2000 年。

范和要求,并极力通过伦常秩序以实施族内控制。此外,徽州宗族还以族规家法强制调整伦常关系,使宗族成员的等级性伦常身份具有法律意义①。伦常秩序控制成为明清时期徽州宗族内部社会秩序控制的重要内容之一。

1.通过族规家法实施伦常秩序控制

明清时期,徽州宗族十分重视人伦关系,将人伦视为人与动物的根本区别。清光绪《(绩溪)梁安高氏宗谱》所载《高氏祖训》云:"人伦有五,曰父子、君臣、夫妇、兄弟、朋友。人而无伦,何异禽兽?"②清光绪《绩溪县南关许余氏惇叙堂宗谱》所载《家训》之"首明伦理"条指出:"人与禽兽不同,皆因人有伦理,禽兽无伦理,所以人要有伦理才算得个人。"③一些徽州宗族还将三纲五常等伦常规范看作族人日常生活中不可缺少的东西:"三纲五常之道犹布帛菽粟,不可一日而缺,匹夫匹妇皆其所能知能行者也。世道赖以扶持,人纪赖以揭立。"④试图通过三纲五常等伦常规范以实现扶持世道、揭立人纪的目的。大量事实表明,明清时期徽州许多宗族在族规家法中对族人遵守伦常规范提出了严格的要求,并试图凭借宗族法的权威以调适族内伦常关系与控制族内伦常秩序。明清徽州宗族通过族规家法实施族内伦常秩序控制,主要体现在以下方面:

(1)正名分

明清时期徽州族规家法中关于上下、尊卑、长幼等关系的名分规定,是宗族领导者和封建统治阶级的意志和要求的具体体现。明正德年间,绩溪南关许余氏宗族所订家规之"明正伦理"条强调:

> 凡我一家之中,必父父子子、兄兄弟弟、夫夫妇妇各安其位,斯可也。如生我者为父母,及诸伯叔父母

---

① 参见朱勇:《清代宗族法研究》,长沙:湖南教育出版社,1987年,第21~25页。
② 光绪《(绩溪)梁安高氏宗谱》卷十一《高氏祖训十条·严闺阃》。
③ 光绪《绩溪县南关许余氏惇叙堂宗谱》卷八《家训·首明伦理》。
④ 正德《新安毕氏会通族谱》卷十二《贞节志》,附录《毕拱母程节妇传》。

皆是父。我生者为子孙,及诸堂从子孙皆是子也。先吾生者为兄,后我生者为弟。父母生育一体,而分由亲及疏,虽堂伯叔缌麻兄弟,无不怡怡有恩。若夫男正位乎外,女正位乎内,非其配偶,不敢犯礼以相从。上自夫先祖之名讳,子孙不得重犯取名,下至于卑贱之呼唤,必须另为别样,勿使贵贱混淆,如此则名分以正。名分既正,则伦理以明,伦理既明,则家可得而齐矣①。

该族试图通过正名分、明伦理、维持伦常秩序的有序和稳定,以达到齐家治族的目的。

为了达到上述目的,绩溪南关许余氏宗族还通过家训的方式用通俗易懂的文字对族人进行伦常教化:

> 人与禽兽不同,皆因人有伦理,禽兽无伦理,所以人要有伦理才算得个人。读书的贵重,无非他知道伦理。你们农工商贾,妇人女子,目不知书,果能知道伦理,一切事都照伦理做去,便是一个好人,与读书人一样。假如读书人心知伦理,做事不依伦理,反不如你们了。天地中间人都是五伦中间人。一是君臣。君是君王,臣是官员,君王要仁爱百姓,要做仁君,不可做昏君。臣子要尽忠报国,要做忠臣,不可做奸臣。君明臣忠,叫做君臣有义。二是父子。父亲要爱惜儿女媳妇,必须教训儿女媳妇学好,儿女媳妇要孝顺,还要自己学好。父亲要做慈父,不要做狠父,儿子媳妇要做孝子孝妇,不要做逆子逆妇。父慈子孝,叫做父子有亲。三是夫妇。做丈夫的须知道淫为万恶之首,必须守正。如果艰于子嗣,可以娶妾,切不可好色行邪。妇人要从一而终,以贞节为贵。丈夫要做义夫,不可做鄙夫,妇人要做贤妇,不可做淫妇。夫义妇顺,叫做夫妇有别。若夫妇无别,便是禽兽。四是兄弟。

---

① 光绪《绩溪县南关许余氏惇叙堂宗谱》卷八,正德十三年《惇叙堂旧家规十条·明正伦理》。

> 做兄长要爱惜弟弟，做弟的要敬重兄长，须想我小时父母养育我们的恩勤，切不可听妇言、争家业。兄爱弟、弟敬兄，叫做长幼有序。至于一房一族都要有大有小，才是长幼有序。五是朋友。凡亲戚也在朋友之内，交朋友要交好人，不可交坏人。待朋友要言而有信，不可口是心非。朋友有善事当劝他做去，有坏事当阻挡他不要做。以信义相结，终身不变，叫做朋友有信。有这五样伦理，我子孙男妇大小肯依伦理做事，便是个好人，天地要保佑他，他本身必有好处，子孙必然昌盛。若灭伦悖理，与禽兽一样，天地不容，算不得我的子孙①。

在该族看来，遵守五伦、按照伦理做事的族人便是"好人"，受到天地的保佑。若违背伦理，天理难容，便是"恶人"，理当开除出族。

明万历《休宁范氏族谱》所载《统宗祠规》之"名分当正"条指出：

> 同族者实有兄弟叔侄名分，彼此称呼自有定序。晚近世风俗浇漓，或狎于亵昵，或狃于阿承，乃有称朝、称官、称某老者，意虽亲而反疏之，非礼也。至于拜揖必恭，言语必逊，坐次必依先后，不论近族远族，俱照叔侄序列，情实亲洽，心更相安。名门故家之礼，原是如此。又有尊庶母为嫡、跻妾为妻者，大乖纲常，反蒙垢笑。又女子已嫁而归，辄居客位，是何礼数？吉水罗念庵先生宅，于归宁之女，仍依世次别设一席，可法也。若同族义男亦必有约束，不得凌犯疏房长上，有失族谊，且寓防微杜渐之意②。

该族族谱编修者范涞的祖父通奉大夫盺云府君，也曾订家训三章以规范家庭内部伦常秩序：

---

① 光绪《绩溪县南关许余氏惇叙堂宗谱》卷八《家训·首明伦理》。
② 万历《休宁范氏族谱·谱祠·统宗祠规·名分当正》。

> 凡为同居者,父子有亲,兄弟有义,长幼有序,朋友有信,夫和妻柔,姑慈妇听①。

由上可见,休宁范氏十分重视以正名分为途径来实现宗族内部伦常秩序的稳定。

明崇祯年间,休宁古林黄氏族人黄文明所订《祠规》之"名分当正"条指出:

> 一族之中叔侄兄弟,名不正则言不顺,晚近诸傲风沿,此或阿谀以为固然,彼或狎昵以为常态,岂礼也哉?故族不问远近、席次先后,俱照班行序列。礼既画一,情亦相安,故家名族礼宜如此。又有尊庶为嫡、跻妾为妻者,纲常大坏,只贻讥耳。且有同族义男凌犯疏房贫弱,本主恬不知怪,反为护短,族谊败乱,莫此为甚,且其渐尤不可长,急宜正之②。

该族强调通过正名分以实现宗族内部伦常秩序的和谐。

清嘉庆《黟县南屏叶氏族谱》所载《祖训家风》之"正名分"条云:

> 尊卑有等,长幼有伦,毋论礼见燕见,进退威仪,言论称谓,各从其职,毋敢亵狎③。

该族强调族人要对尊卑长幼及相互之间既定的言论称谓等族内伦常规范和伦常秩序予以遵守。

清宣统《古歙义成朱氏宗谱》所载《朱氏祖训》之"辨正名分"条指出:

> 名分者,世教之大防,人伦之要领也。名不正则情不顺,分不明则理不足。情与理亏,而措之天下,何者?非背谬之行,盖尊卑长幼之间不别之为尊卑、为长幼,则名失。名既失,遂不循尊卑长幼之节,而分亦失。若是者,总由僭侈之习与亵狎之私,渐而干之,遂

---

① 万历《休宁范氏族谱·谱祠·怡乐堂家规》。
② 乾隆《休宁古林黄氏重修族谱》卷首下《祠规·名分当正》。
③ 嘉庆《黟县南屏叶氏族谱》卷一《祖训家风·正名分》。

> 至目无法纪者,有然甚矣。人而不顾名分,自古弑逆大故类皆由此酿成。先王虑此,为之正君名而天戚定,正臣名而天职定,正父名而天恩定,正子名而天性定。定轻重则权名,定长短则度名,定方圆平直则规矩准绳名,觚以名觚,鼎以名鼎,故名一定,斯循而责实,顾而思义,将随分安之,又何事不尽厥职也。吾欲汝正名分者,当守其分以慎其名,于尊我者尊之,长我者长之,卑幼我者爱畜之,臣当忠,子当孝,伦纪当整饬,凛凛于称谓之际不敢混,斯循循于实践之地不敢违,使辨之不早,不几几一苟而.无不苟哉,亦惟正焉已矣①。

该族将名分视为世教大防和人伦要领,重视通过正名分以实现宗族内部伦常秩序乃至封建国家统治秩序的有序与稳定。

(2)别内外

明清时期,徽州宗族在夫妇这一伦中强调夫妇有别、夫妇必须分工。清宣统《古歙义成朱氏宗谱》所载《朱氏祖训》之"区别男女"条云:

> 《家人》之象曰:男正位乎外,女正位乎内,位分内外,若不两安乎内外之位,不得谓正。但吾山居人家,冬则女亦知织,夏则男亦知耕。使必别其何者为男之位,何者为女之位,转不如合操躬作者,随出入之候以分其勤。然而勤劳可共任也,进退可共依也,而阴阳终不可易也。盖妇从夫者也,倡而后随,依而为媚,故《书》言观型,《礼》言无违,夫子为得其道,所以夫妇一伦,必有别也②。

该族坚持男主外、女主内的家庭分工,强调夫唱妇随、夫妇有别,这也是徽州宗族通过夫权实施对族中妇女管理和控制的重要方面。

---

① 宣统《古歙义成朱氏宗谱》卷首《朱氏祖训·辨正名分》。
② 宣统《古歙义成朱氏宗谱》卷首《朱氏祖训·区别男女》。

(3) 别嫡庶

明清时期,徽州宗族重视嫡庶之别,坚持重嫡长、轻支庶的伦常原则。清乾隆年间,歙县桂溪项氏宗族修谱"凡例"云:

> 嫡长之重,所以别支庶也。庶子为兄,嫡子为弟,而必先列嫡长于前而后以次递列者,庶不先嫡,正宗祧也①。

该族强调在族内区分嫡庶,以达到正宗祧的目的,这是徽州宗族在男系血缘方面的一种较为严格的伦常要求与规定。

在对妇女的伦常要求方面,明清徽州宗族多严格遵守妻妾嫡庶之间的界限,强调维持和巩固妻妾嫡庶相互之间的伦常差别与伦常名分。

明万历《休宁范氏族谱》所载《统宗祠规》,严格坚持妻妾嫡庶之别,对族中"尊庶母为嫡、跻妾为妻"这一类违背纲常的行为大加挞伐:"又有尊庶母为嫡、跻妾为妻者,大乖纲常,反蒙垢笑。"②

清雍正《(休宁)茗洲吴氏家典》所载《家规》云:

> 侧室称呼及一应行坐之礼,不得与正室并③。

该族强调妻妾即正室、侧室之间的等级差别。

该族在祠堂神主供奉规制方面则指出:

> 私室不奉神主,虽庶母亦列祠堂,习俗相沿久矣。然以庶母之主竟与嫡母雁行,甚且以庶母之氏姓标于嫡母之楝,嫡庶不辨,名分不严,莫此为甚。今议:以前庶母之在庙应祧者,祧其存者,另置一龛于西序之末,以后庶母之入庙者,皆登庶母之座,终其子之身,即奉主埋墓侧,不得杂处,以乱祠规④。

主张对"嫡庶不辨,名分不严"的神主供奉越礼违制现象予以

---

① 嘉庆《歙县桂溪项氏族谱》卷首《凡例》,附《(乾隆)庚辰谱凡例》。
② 万历《休宁范氏族谱·谱祠·统宗祠规·名分当正》。
③ 雍正《(休宁)茗洲吴氏家典》卷一《家规》。
④ 雍正《(休宁)茗洲吴氏家典》卷二《庶母另列一龛议》。

纠正。

清道光《新安歙西沙溪汪氏族谱》所载《重修族谱凡例》指出：

> 妻妾嫡庶，关系匪轻。凡元配曰娶，元配殁而复娶曰继，元配未殁而娶曰侧。如以妾为妻，以庶僭嫡，向有苟且徇情，今必严加删正①。

该族重视妻妾嫡庶之别，在修谱时，对以妾为妻、以庶僭嫡等违背宗族伦常秩序的情形予以修正。

清道光年间，歙县蔚川胡氏宗族认为：

> 嫡妾继庶之间，至难处也。嫡为正，妾为副，名分昭然，固不可紊也。然定分之间，亦自有别。若正室已育子而纳偏房，则在可重可轻之列。若正妻不育，中年置妾，则无后为大。嫡而贤，幸也；嫡而妒，是绝夫嗣也，甚属可恶，即出之，殊不为过。然妻之妒与否，亦必宗族大众实核之，方可信，否则爱妾者亦多，不可遽为嫡罪也。至于前妻已有子媳，复得继娶之母，贤而相恤者少，不贤而隔瘼[膜]视者多。大约枕边之言，掩袖之毒，不惟溺爱，亦且蒙惑矣。长者必明辨之，不使负伯奇之冤于地下。如继母贤而子媳傲，则不孝有所归，当公治其罪②。

该族强调嫡妾继庶之间应坚守各自的名分，和谐共处，以维持宗族伦常秩序的稳定。

(4) 敦孝悌

孝悌也作"孝弟"。《论语·学而》云："其为人也孝弟。"朱熹注："善事父母为孝，善事兄长为弟。"《孟子·梁惠王上》则强调"申之以孝悌之义"。敦孝悌包括善事父母、善事兄长两个方面的内容。

明清时期，徽州宗族强调族人要敦孝悌，孝顺父母，和睦兄

---

① 道光《新安歙西沙溪汪氏族谱·重修族谱凡例》。
② 民国《(歙县)蔚川胡氏家谱》卷二，道光二年《规条·防继庶》。

弟。清雍正《歙县潭渡孝里黄氏族谱》所载《家训》之"孝敬"条云：

> 孝弟之道，圣经贤传载记甚详，其《曲礼》、《小学》尤于子弟之职切近，须时时玩绎，事事遵循，更当深求其中义理而出之以至诚，不可仅袭仪文末节，反失天性正爱①。

该族要求族人重视孝弟之道的践行。

清乾隆《重修古歙东门许氏宗谱》所载《许氏家规》之"居家孝弟"条云：

> 孝也者，善事父母之谓也；弟也者，善事兄长之谓也。是盖不学而知，不虑而能，自一念之善充之，则可以至于尧舜。尧舜之道，孝弟而已矣，此之谓也②。

该族要求族人居家孝悌，善事父母兄长。

清乾隆《休宁古林黄氏重修族谱》在新订《祠规》之"敦孝悌"条中指出：

> 事亲从兄，良心真切，尧舜之道不外是焉。圣谕十六条首著"敦孝悌以重人伦"，良有以也。近世舍近图远，忽易趋难，致根本有亏，枝叶旋萎，岂知行远自迩，登高自卑，离孝悌而谈仁义，譬诸无源之水，见其立涸耳。《书》云：惟孝悌于兄弟，施于有政。又《论语》云：孝悌，为仁之本。盖言孝悌之不可不敦也。三复斯言，能无猛省③。

该族重视以康熙圣谕十六条中"敦孝悌以重人伦"为指导，要求族人能够做到用真心"事亲从兄"。

清道光年间，歙县蔚川胡氏宗族所订《规条》之"孝父母"条指出：

> 父母天伦之大，为子媳者当念身所自出，承欢奉

---

① 雍正《歙县潭渡孝里黄氏族谱》卷四《潭渡孝里黄氏家训·孝敬》。
② 乾隆《重修古歙东门许氏宗谱》卷八《许氏家规·居家孝弟》。
③ 乾隆《休宁古林黄氏重修族谱》卷首下《祠规·敦孝悌》。

养。凡衣食随力营办,毋使有饥寒之累,疾病则急为调理,朝夕不离,勿致抱终天之恨①。

该族要求子媳孝顺父母,尽心力承欢奉养。

该族所订《规条》之"友兄弟"条指出:

> 兄弟吾人手足,妯娌情义一同,或前后异母,或嫡庶异等,总是同气连枝。若溺于财产,听妻妾言,以起离间之端,伤残骨肉,于友于之谓何,其何以对父母也?为兄弟者,兄贵爱其弟,弟务敬其兄,慎勿重锱铢、听妇言。兄弟既翕,则妯娌相观而化②。

强调兄弟妯娌之间应和睦相处,遵守既定的伦常秩序。

清光绪《(绩溪)梁安高氏宗谱》所载《高氏祖训》之"孝父母"条云:

> 天地生人,父母生子,是天地乃众人之父母,父母即一身之天地。人安可不敬天地,子安可不孝父母……孝为百行之原,欲行善必从孝始也③。

该族强调族人要像敬天地那样孝父母。

清光绪《绩溪县南关许余氏惇叙堂宗谱》所载《家训》之"孝父母"条云:

> 人人皆父母所生,要以尽孝为本。……大约要三桩完全,才是孝子。第一是爱父母。……第二是敬重父母。……第三要守身④。

该族强调族人通过爱戴父母、敬重父母、守身,以尽孝道。

该族还指出:

> 五伦第四是兄弟,宗族即是兄弟,有祖辈的兄弟,有父辈的兄弟,有我同辈的兄弟。一族便是一大家,

---

① 民国《(歙县)蔚川胡氏家谱》卷二,道光二年《规条·孝父母》。
② 民国《(歙县)蔚川胡氏家谱》卷二,道光二年《规条·友兄弟》。
③ 光绪《(绩溪)梁安高氏宗谱》卷十一《高氏祖训十条·孝父母》。
④ 光绪《绩溪县南关许余氏惇叙堂宗谱》卷八《家训·孝父母》。

> 一家和睦一家好，一族和睦一族好。我族许、余名为两姓，实是一姓，当初我祖以甥承继舅家，是恩深义厚，子孙无论为许为余，仍昭班辈如一家人。倘若以两姓而生嫌隙，各立门户，便是不孝。与外姓结怨尚且不可，况同族何忍结怨，愿世世子孙保全祖宗的恩义①。

强调族人兄弟之间和睦相处，不得互生嫌隙，乃至结怨，违背伦常秩序。

清光绪《三田李氏宗谱》所载《祖训》之"敦孝弟"条云：

> 孝弟是人生要务，为子弟者须及时自尽，故谨身节用以养父母，则宗族称其孝；式好无尤以睦兄弟，则乡党称其弟。若家庭之内诟诤时闻，则大本已亏，其余不足观也矣②。

该族重视通过敦孝悌以和睦宗族，维持宗族内部伦常秩序和谐与稳定的大局。

清宣统《古歙义成朱氏宗谱》所载《朱氏祖训》之"孝顺父母"条云：

> 为人子者，当念身从何处来，无父母则无此身；又当念身从何长，非父母则谁乳之、谁抱之，必不能长此身。故父母有子，则谓其身有托，是以子为代老也；子有父母，则谓其身有依，是以父母为荫庇也。……夫孝顺，德也，使徒有衣食而无诚意以将之，亦未必能得父母之心。盖父母之心无刻不在子之身，苟人子之心亦无刻不体父母之心，则心与心固结不可解，虽菽水亦足言欢，虽芦衣亦并知暖，斯天性之谊笃，斯天伦之乐真③。

该族要求族人时时刻刻想着父母的养育之恩，用孝顺父母的实

---

① 光绪《绩溪县南关许余氏惇叙堂宗谱》卷八《家训·睦宗族》。
② 光绪《三田李氏宗谱》卷末《祖训·敦孝弟》。
③ 宣统《古歙义成朱氏宗谱》卷首《朱氏祖训·孝顺父母》。

际行动以抚慰父母之心。

该族还指出：

> 同为父母所生者谓之兄弟,兄弟如手足也。手无足不能行,足无手不能运,体虽分四,而其与为左之右之者,则如一。兄弟之亲,何以异此夫,亦谓兄为父母遗体,弟亦为父母遗体,以父母视我兄弟为同体,我以父母之体视兄弟,必不至为异体,体不异则心自不容异,心不异而其骨之肉之血之脉之也,当无不通。……愿汝曹体父母之心,爱我兄弟,即爱我父母也;并体我一身之心,和我兄弟,即和我手足也。是友于之谊,不可不急讲也①。

要求族人重视兄弟手足之情,维护兄弟和睦。

(5)重视尊卑长幼秩序

尊卑长幼秩序是明清时期徽州宗族内部伦常秩序的重要内容,徽州宗族十分重视族人对这一秩序的遵守。

明正德《新安休宁长垅程氏本宗谱》所载《凡例》云：

> 凡称呼若在己长上者,俱依某行伯叔之称,若在己卑下者,俱依某行侄、侄孙之称,务稽彝伦以合礼法②。

该族重视称谓在宗族尊卑长幼伦常秩序中的作用,强调称谓要符合礼法。

明正德年间,绩溪南关许余氏宗族所订《惇叙堂旧家规》之"敬老慈幼"条指出：

> 宗族间尊卑少长,其序固有定分而不可紊者,或有尊长年少,卑者年长,而至于年高有德者,在尊者亦须礼敬,不可少有凌忽之心③。

---

① 宣统《古歙义成朱氏宗谱》卷首《朱氏祖训·友爱兄弟》。
② 正德《新安休宁长垅程氏本宗谱·凡例》。
③ 光绪《绩溪县南关许余氏惇叙堂宗谱》卷八,正德十三年《惇叙堂旧家规十条·敬老慈幼》。

该族要求族人遵守宗族内部的尊卑少长秩序和既定名分,不得紊乱既定的伦常秩序和名分。

清雍正《歙县潭渡孝里黄氏族谱》所载《家训》之"孝敬"条云:

> 子孙须恂恂孝友,实有孝行里门家风,见兄长坐必起,行必以序,应对必以名,毋以尔我。诸妇并同①。

该族强调族中子弟、妇女对兄长的遵从,在日常生活中按照伦常秩序的要求规范自己的言行举止。

> 子侄虽年至耄耋,凡侍伯叔俱当隅坐随行,不得背礼贻讥②。

该族要求年长族人对伦常秩序予以遵守,强调不可因自己年高而违背血缘伦常秩序。

清乾隆《休宁古林黄氏重修族谱》在新订《祠规》之"礼高年"条中指出:

> 若乃小子而狎侮老成,狂童而藐忽衰耄,儇薄成习,非所以老吾老也,又何能及人之老。岂知达尊有三,齿居其一,为后生者宜加敬礼③。

该族重视对族中高年长者的尊敬,告诫族人不得违背长幼之礼。

在重视"礼高年"的同时,该族还强调"慈卑幼":

> 老安者必少怀,敬老者必慈幼。古人施及氓隶,况戚属乎。族中之分卑而年幼者,正当加意抚绥,以示造就玉成之意。倘或恃尊凌卑,挟长凌幼,揆诸慈以蓄众之义,甚无当也④。

在该族看来,通过对卑幼之辈的怀柔安抚,能更好地达到卑幼

---

① 雍正《歙县潭渡孝里黄氏族谱》卷四《潭渡孝里黄氏家训·孝敬》。
② 雍正《歙县潭渡孝里黄氏族谱》卷四《潭渡孝里黄氏家训·孝敬》。
③ 乾隆《休宁古林黄氏重修族谱》首下《祠规·礼高年》。
④ 乾隆《休宁古林黄氏重修族谱》卷首下《祠规·慈卑幼》。

对高年长者服从的目的。

清道光《婺源长溪余氏正谱》所载《祖训》云：

> 本族兄弟叔伯相呼，各以其字称呼。称兄曰某字兄，称弟（曰）某字弟，叔伯命曰某字侄，侄称伯叔曰某字伯父、某字叔父。毋以尔我乱称，况别混耶？庆吊平辈用叩，小辈则更宜再叩，长辈答以长揖。坐序行第不分主客，序齿不序爵①。

该族在称呼、庆吊、坐序方面，要求族人遵守尊卑长幼秩序。

清光绪《徽州彭城钱氏宗谱》所载《家规》强调：

> 叔侄自有定分，侄孙年至五六十以上而叔祖尚在童年，不可以年长故藐视尊长②。
>
> 兄弟伯叔，大伦至亲。故为子侄者，须尽敬老事长之道，与夫隅坐徐行之礼。至于为尊长者，亦尚[当]持己以正，训诲戒导，交相友爱，尊卑有等，而和气致祥矣③。

该族重视在族内确定尊卑秩序，以实现"和气致祥"的和谐秩序为归宿。

2.通过设置排行实施族内伦常秩序控制

宗族是一种血缘组织，在宗族内部根据血缘关系确定的排行，代表着一种伦常秩序，它为宗族各成员在族内设立了特定的位次，并规定这种伦常秩序丝毫不得紊乱。明清时期，徽州宗族常通过在族内设定排行这一制度化的举措，确定族人在血缘谱系中的位次，以实施伦常秩序控制。各宗族一般将所设定的排行收录于族谱中，有的还制作成排行匾张挂于祠堂等宗族公共场所，以示族人遵守。徽州宗族通过排行的设定，使族人

---

① 道光《婺源长溪余氏正谱》卷首《祖训》。
② 光绪《徽州彭城钱氏宗谱》卷一《家规·定尊卑》。
③ 光绪《徽州彭城钱氏宗谱》卷一《家规·宗友爱》。

在族中的血缘伦常位次得以彰显①。

清康熙年间,祁门倪氏宗族所订《修谱凡例》云:

> 子姓派行,必先定某字名,祠便于依次取名,免致临期紊乱。今议二十三世以昭字为始,取"昭前人伟望,启永世隆昌"十字,俟此十世荣登,后起者不妨再议②。

该族强调通过设定排行以确定个人在宗族中的血缘伦常位次。

清乾隆《重修古歙东门许氏宗谱》所载《昭穆字序》云:

> 夫家庙之礼,昭穆系焉,昭穆之序,字列别焉。故昭与昭齿,昆季不得紊其列;穆与穆齿,先后不得乱其宗。昔以奇偶数别昭穆,即古取幽明之义也。今自七暹公以下及八世孙始立,以字序之,乃规公二十二世孙也。先以"祖宗积德,智仁睿义,忠和子姓,传芳易直,慈良敦厚"二十字垺之,每世一字。兹又取以"燕翼贻谋,咸沐千秋,庆泽光前,裕后攸绵,万祀祥麟"二十字续之。今字定,名分亦定矣。虽未识面而相觏询及字行,则昭穆洞然,不待燕毛而齿自序也。字列序而尊卑定,昭穆明而宗族亲,彝伦其无攸斁乎③!

该族通过设定排行使族内名分与伦常秩序得以进一步确立和彰显,达到了"字列序而尊卑定,昭穆明而宗族亲"的和睦宗族、稳定伦常秩序的目的。

在婺源清华胡氏宗族内部:

> 命名列行,自十三世祖起,先代编字流传云:"崇嗣起昭光,昕晖培巨泽,本炽垒钟深,枝燔基鉴滉,秀炜班银汉,材勋垺锦漪,历秋等镐洛,述烈在铬汌,桂荣封锡永,杏燕玉銮游,彩焕垂钧藻,来熏绕镇流。"今

---

① 徐斌则将明清时期宗族设定辈分派语、设置排行的做法视为宗族组织化的重要标识。参见徐斌:《宗族组织化的重要标识:辈分派语》,载《光明日报》,2008年1月20日第7版"史学"专栏。
② 光绪《祁门倪氏族谱》卷上《康熙丁卯修谱凡例》。
③ 乾隆《重修古歙东门许氏宗谱》卷八《昭穆字序》。

> (指清乾隆年间)其数将满,复拟五言四句续之:"穆熙嘉录济,树美理钦承,棠灿周铨治,椿煌璧镜澄。"①

该族主张通过命名列行、设定排行字序,以确定个人在宗族伦常网络中的位次。

清道光年间,歙县蔚川胡氏宗族所订《谱例大纲》云:

> 行第者,所以序昭穆也,宜取式欧苏二家,其次序照依世数,次第列之②。

该族强调通过设置排行,确定族人在宗族血缘谱系中的位次,以此来严格规范宗族内部的伦常秩序。

在绩溪黄氏宗族内部:

> 明隆庆收族未定排行,以至各派名目私取,恐后修谱历世愈远,紊乱难查,故立排行匾,四言八句,计三十二字,第现在各派二十四、五、六、七世,人丁甚繁,兼之已故者不少,未便更换,仍听各派照旧取名。今(指清咸丰年间)酌定二十八世以后,凡属三公支派,不得乱取,如有违幻[拗]者,以不孝罪论③。

该族通过设定排行、树立排行匾,防止各派私取名目、违反伦常秩序,对不遵守排行而乱取名讳字号者,以不孝论处。

清宣统《古歙义成朱氏宗谱》所载《世递派行》云:

> 谱者,鸠一宗而纪其世系也。派行者,合一族而序其昭穆也。名分所在,虽贵显亦不可逾,况瓜绵椒衍,派别支分,非有以联缀而统属之,何由知为同宗为界线乎?派行明而昭穆不至混淆,世系愈征不紊,由一世而至十世,由十世而递传百世,承承继继,逮千万世,不一以贯之也耶④!

该族强调通过设定派行,以达到序明昭穆、严正世系、维持名分

---

① 民国《(婺源)清华胡氏宗谱》卷首《乾隆壬午七修凡例九条》。
② 民国《(歙县)蔚川胡氏家谱》卷二,道光二年《谱例大纲》。
③ 咸丰《绩溪黄氏家庙遗据录》卷一《祠制·排行》。
④ 宣统《古歙义成朱氏宗谱》卷首《世递派行》。

的目的。

清宣统《(绩溪)仙石周氏宗谱》所载《排行正讹》云：

> 排行者,所以明世次、序昭穆也。盖我祖自迁仙石以来,相传至今,凡三十余世,未编次序,所有排行皆参差紊乱,如二十四世志杰公与十三世志宣公同一"志"字而不避犯上,如二十七世国字辈与二世祖国公同一"国"字而不知隐讳,如二十八世德字辈与三世祖德正公同一"德"字而不顾混淆。今之纂修谱牒,一一考正,将志宣公易继宣公,将"国"字改换"邦"字,"德"字改换"定"字,其余悉循旧例。后世子孙务宜鉴其来由,毋以排行为讹谬也①。

在该族内部,由于"凡三十余世,未编次序,所有排行皆参差紊乱",导致不同世代族人的名字相互之间存在犯讳、混淆、讹谬的情形,使得宗族伦常秩序发生部分紊乱。

在总结以往的教训之后,仙石周氏在本族内部为男性成员、妇女、未嫁女子分别设定了排行：

男排行：

> 安全景福,保大延芳(35世安字起);忠孝笃义,成家之光(50世光字再起)②。

妇排行：

> "凤仙宝秀,梅菊荷香(35世凤字起);卿云珠玉,姊妹娥芳(50世芳字再起)。"妇人取名,以夫名居上,而排行字在下。如夫名安和,则妇名和凤。书木主、棺木、坟面,一见而知为三十五世安和之妻。真良法也!且免姑妇尊卑同名之嫌,尤为宗族不易之定法③。

---

① 宣统《(绩溪)仙石周氏宗谱》卷二《仙石周氏善述堂排行》,附《排行正讹》。
② 宣统《(绩溪)仙石周氏宗谱》卷二《仙石周氏善述堂排行》。
③ 宣统《(绩溪)仙石周氏宗谱》卷二《仙石周氏善述堂排行》。

女排行：

"和平美顺，娇惠淑贞；妫姜宜子，兰桂薇音。"女子有排行，字亦居下，虽远嫁，相见问名，即知尊卑[1]。

该族通过为男性成员、妇女、未嫁女子分别设定排行，较为细致地确定了个人在宗族伦常网络中的位次，收到了世次明、昭穆序的积极效果。

3. 对违背伦常秩序的族人施以惩罚

由于伦常秩序对宗族的生存与发展至为重要，明清时期，徽州宗族非常重视族人伦常教育与实践活动。据清雍正《歙县潭渡孝里黄氏族谱》记载，在潭渡黄氏宗族内部有这样的规定：

凡书属于伦常者，不可不着意看，又不可徒看而不思躬行[2]。

子弟……不得目观非礼及妖幻符咒之书，凡涉戏谑淫亵语者，即焚毁之[3]。

该族强调族人要多读有关伦常方面的书，并重视书本知识与伦常实践的结合，不读违背封建伦常之书。

在徽州宗族看来，族人遵守伦常秩序是他们的分内之事，而违背伦常秩序则属于必须严加控制、纠正和打击的越轨行为。清乾隆年间，徽州汪氏宗族对本族旧修族谱中存在的"以弟继兄，以兄为父"的渎伦现象十分重视，予以纠正：

旧谱有下绍之例，以弟继兄，以兄为父，渎伦甚矣。我国朝明伦重本，革去其弊，煌煌乎典至巨也。兹遵公例，下绍者复归本支，天理人伦一居于正，生死两无所恨，何至有渎伦之患[4]。

该族通过对违背伦常秩序行为的纠正，再次使族内的"天理人伦一居于正"。

---

① 宣统《(绩溪)仙石周氏宗谱》卷二《仙石周氏善述堂排行》。

② 雍正《歙县潭渡孝里黄氏族谱》卷四《示子修等读书之道》。

③ 雍正《歙县潭渡孝里黄氏族谱》卷四《潭渡孝里黄氏家训·教养》。

④ 乾隆《汪氏通宗世谱》卷首《凡例》。

据清雍正《歙县潭渡孝里黄氏族谱》记载,潭渡黄氏规定:

> 子姓有不孝不悌、败伦伤化、确有证据者,公议责逐①。

该族主张将不尽孝悌、败伦伤化的族人逐出祠堂。

清乾隆《重修古歙东门许氏宗谱》所载《许氏家规》之"居家孝弟"条云:

> 吾族之人率其日用之常,其谁不为孝悌,苟拘于气禀,染于习俗,灭天理而伤人伦,亦不免于不孝不悌也。但其始于小过,渐流于恶,不可不开其自新之路。今后于不孝不悌者,众执于祠切责之、痛治之,庶几惩已往之愆,图将来之善。昔为盗蹠而今亦可为尧舜之徒矣。其或久而不悛、恶不可贷者,众鸣于公,以正其罪②。

该族主张对灭天理、伤人伦、不尽孝悌的族人予以严惩。

明清徽州宗族一般都反对族人出家为僧道,认为入僧道之门就是轻人伦、弃人伦:

> (释道)二氏以静慧空虚为本,轻人伦而重山居,其教然耳。及其后也,因山居而寺观兴焉,因轻人伦而父子夫妇之道废焉③。

鉴于此,徽州宗族多将族人以僧道为业者从族谱世系中予以除名,以示惩罚。如清乾隆年间,婺源清华胡氏族谱所载《七修凡例》指出:

> 世系者,世世相系也,其无后者则止而不续……从释老者如之④。

清光绪《(绩溪)梁安高氏宗谱》所载《书法》要求:

---

① 雍正《歙县潭渡孝里黄氏族谱》卷六《康熙己亥公立德庵府君祠规·议惩恶》。
② 乾隆《重修古歙东门许氏宗谱》卷八《许氏家规·居家孝弟》。
③ 嘉靖《徽州府志》卷二十二《寺观》。
④ 民国《(婺源)清华胡氏宗谱》卷首《乾隆壬午七修凡例九条》。

出家为僧道者不书,而于其父小传注子某出家①。

明清时期,徽州宗族通过积极的制度设计,为具有不同伦常身份的族人制定了各种行为规范,并通过对这些行为规范的积极实践,在很大程度上实现了对族内伦常秩序的控制与调适,较好地达到了维持宗族内部伦常秩序稳定的目的。值得注意的是,在实施族内伦常秩序控制时,徽州宗族对明清封建政权制定的相关法律条文、宣扬的宗法伦理意识形态,采取较为积极主动的效仿和接受的姿态。这方面的事例较多,如清光绪《徽州彭城钱氏宗谱》所载《家规》云:

孝为百行之原,不孝者,律有明条,此人人所共知也。故为子孙者常念罔极之恩,须知孝养之义②。

该族特别提到对封建政权制定的相关法律条文的遵守。

清乾隆《休宁古林黄氏重修族谱》新订《祠规》云:

事亲从兄,良心真切,尧舜之道不外是焉。圣谕十六条首著"敦孝悌以重人伦",良有以也③。

该族主张以康熙帝圣谕十六条为指导,实施族内伦常秩序控制。

清乾隆年间,徽州汪氏则举起"国朝明伦重本"的大旗,对旧谱中存在"以弟继兄,以兄为父"的渎伦现象加以纠正④。

上述徽州宗族主动接受和效法封建政权制定的相关法律条文与宣扬的宗法伦理意识形态的行为,既是徽州宗族能动地适应明清官方正统意识形态的反映,也是这一时期徽州族权与封建政权良性互动的体现。

(二)血缘秩序控制

宗族是以父系血缘关系为纽带而形成的社会人群共同体,

---

① 光绪《(绩溪)梁安高氏宗谱》卷一《书法》。
② 光绪《徽州彭城钱氏宗谱》卷一《家规·隆孝养》。
③ 乾隆《休宁古林黄氏重修族谱》卷首下《祠规·敦孝悌》。
④ 乾隆《汪氏通宗世谱》卷首《凡例》。

血缘是宗族存在的基础和宗族构成的要件之一，也是宗族区别于其他社会组织形态最重要的标识之一，而血缘秩序稳定与否则在很大程度上成为衡量宗族内部凝聚力及其各类功能发挥的一个主要标志。明清时期，徽州境内宗族组织极为发达，各宗族十分重视血缘认同及族内血缘秩序的建构与维护。但与此同时，徽州社会中也存在着大量的异族伪冒、异族承祧宗祧等冲击或破坏宗族血缘秩序的现象。针对上述情形，徽州宗族往往通过反对异族伪冒、反对和限制异族承祧、提倡族内承祧等积极的主观努力，以维持和控制宗族内部的血缘秩序。

1. 通过反对异族伪冒，以控制宗族内部血缘秩序

异族伪冒主要是指异姓或同姓不同宗的宗族或其成员的伪冒篡宗行为，它对徽州宗族固有的血缘秩序构成严重冲击，是明清时期徽州宗族着力防范与控制的主要对象之一。

明清时期，徽州社会中存在着大量的同姓同宗的宗族，他们属于同一始祖繁衍下来的子孙，在宗族裂变后，经过一定时间的积累而形成新的宗族。与此同时，在异姓宗族之外，徽州社会中也存在着一定数量的同姓异宗的宗族或个人，主要包括仆从主姓与异族改姓等情形，虽然它们表面上都拥有一个共同的姓氏符号，但实质上却属于不同的宗族系统。此处所说的异族伪冒，即是指异姓或同姓不同宗的宗族或其成员对本族的篡宗行为。这种篡宗伪冒行为在明清徽州具有一定的普遍性，如明正德《新安毕氏会通族谱》所载《凡例》云：

> 篁墩毕姓，以近师远公墓，故冒姓者多，真伪不可辨。如徽城上北街亲支毕姓，毕姓者一，乃祥卿公子孙世居此地。其余冒其姓者二：一匠一军，系异姓充役，界限明甚，后人毋忽[①]。

清乾隆年间，婺源清华胡氏族谱所载《七修凡例》也指出：

> 各处胡氏多称出常侍公之后，难免冒滥之弊[②]。

[①] 正德《新安毕氏会通族谱·凡例》。
[②] 民国《（婺源）清华胡氏宗谱》卷首《乾隆壬午七修凡例九条》。

针对各种篡宗伪冒行为的不断蔓延,明清时期,徽州宗族多通过族谱编纂的严格管理以防止异族伪冒,并在族规家法中强调对异姓或同姓异宗异族的伪冒行为予以坚决遏制和打击,以捍卫本族内部血缘秩序的稳定。

在歙县境内,清嘉庆《歙县桂溪项氏族谱》所载《凡例》指出:

> 同姓固古所敦,而非族则古所辨。我桂溪由临淮而睦而歙,源流一线,不敢妄攀古人,亦不欲轻联异本。故湘公谱著《姓同非族考》,庚辰谱著《同姓备考》,均有深心。今仍照旧登载,并附此番所驳认族者,以备参核①。

该族本着不妄攀古人和轻联异本的心态,通过编定《姓同非族考》、《同姓备考》对同姓异宗现象予以揭示,并收录在族谱中作为族人参考的依据。

到了清嘉庆年间重修族谱时,桂溪项氏对于旧谱攀附同姓异宗或搞不清来历的同姓显赫人物的做法予以检讨,并将其从族谱中加以删除:

> 旧谱有同姓人物一条,声名卓越,固为姓字之光,然未审所自,究有攀附之迹。梁伯鸾不因人热,狄襄武不祖梁公,古今称英识焉。今特删去②。

在休宁境内,明万历《休宁范氏族谱》所载《统宗祠规》之"族类当辨"条云:

> 类族辨物,圣贤不废。世以门第相高,间有非族认为族者,或同姓而杂居一里,或自外邑移居本村,或继同姓子为嗣,其类匪一,然姓虽同而祠不同入,墓不同祭,是非难淆,疑似当别。倪称谓亦从叔侄兄弟,后世若之何?此谱中所以严为之防,非得已也。神不歆

---

① 嘉庆《歙县桂溪项氏族谱》卷首《凡例》。
② 嘉庆《歙县桂溪项氏族谱》卷首《凡例》。

非类,处己处人之道当如是也①。

该族强调严防同姓异族的篡宗伪冒行为,以维持本族血缘秩序的稳定。在休宁范氏看来,"此谱中所以严为之防,非得已也"。即通过族谱严防伪冒行为,这也是宗族不得已之举。

休宁范氏上述所谓的"不得已",明嘉靖年间就曾在该族发生过:

> 今有居瑶村范姓者,皆佣艺善工石,乡人号为打石范也。嘉靖辛丑(嘉靖二十年,1541),博村裔孙珪重建府君墓碑,族众垒石垣其墓,禁防樵牧之患。第因徽俗多以门地相尚,适振玉者冒于礼义,伪驾讼端,欲冒认府君为祖,讼诸公庭②。

休宁范氏的祖先瑶村府君范品,被由青阳迁来的同姓不同宗的"打石范"所冒认。"盖自祖墓被污,讼于公庭,三年之久,所费千金有奇"③。在经过三年诉讼、花费千余金之后,才得以胜诉,使"打石范"篡宗的图谋落空。

明崇祯年间,休宁古林黄氏族人黄文明所订《祠规》之"族类当辨"条云:

> 史曰:非我族类,其心必异,且神不歆非类。末世有认非族为一族者,或有同姓杂居里闬者,或有继别姓为后者,有继同姓为后者,种种不一,世远易淆,谱内正当严为剖析注明,使源流清白,指掌可辨,非敢以门第相矜也。爱己适以爱人,于此两尽④。

该族在族谱中对同姓异宗予以辨正,以确保宗族血缘的纯洁和血缘秩序的稳定。

明崇祯《休宁(隆阜)戴氏族谱》所载《凡例》云:

---

① 万历《休宁范氏族谱·谱祠·统宗祠规·族类当辨》。
② 隆庆元年范德芳《复瑶村府君墓事略》,万历《休宁范氏族谱·谱茔》。
③ 隆庆元年范德芳《复瑶村府君墓事略》,万历《休宁范氏族谱·谱茔》。
④ 乾隆《休宁古林黄氏重修族谱》卷首下《祠规·族类当辨》。

> 谱曰休宁戴氏,见有同邑同姓不得入兹谱者,皆非名家子也①。

该族在编纂族谱时严防同姓异宗的伪冒。

该族还主张通过族谱的严格管理以防伪冒,并对假谱予以穷治不贷:

> 谱成散讫后,原板俱削,以防私伪。且每谱一部必编某号,注付某人,图书封固,然后散给,仍开总单请府县照印交贮公所存验,日后如有图书昏错及总单内无名者,定系假谱,即当穷治②。

明代编纂的《休宁率东程氏家谱》所载《凡例》云:

> 我率东虽出一支而房派颇繁,今所续谱不得不编号分领,庶后无转鬻之嫌、冒族之谬也③。

该族强调通过严格族谱管理制度以防止冒族的发生。

据明万历《程典》记载,休宁泰塘程氏宗族认为:

> 收的族者,祖吾祖也,仁也;辨非族者,使人各祖其祖也,义也。仁而笃则义益严,义而正则仁益广,是故谱之义有大本焉④。

该族将收的族、辨非族,维护宗族血缘秩序的清白与稳定视为修谱之大义。

在婺源境内,清代,清华胡氏宗族规定:

> 有原系本枝、因散落在外者,后归,考是,源流不能接下,许于号后标题书入。如非本宗附合者,不书⑤。

该族对同姓不同宗之人予以排斥不收。

---

① 崇祯《休宁(隆阜)戴氏族谱·凡例》。
② 崇祯《休宁(隆阜)戴氏族谱·凡例》。
③ 明《休宁率东程氏家谱》卷一《凡例》。
④ 万历《(休宁)程典》志第三卷《宗法志》。
⑤ 民国《(婺源)清华胡氏宗谱》卷首《旧条例十一条》。

该族还认为：

> 旧谱皆前人手录，以字迹难假，杜冒滥也。今卷帙浩繁，领谱者多，不得不用刻板。印给毕即毁其板，以千字文编号，某字下注某派某公下领，俾各派通知散谱之数，另刻字号条记，用硃墨钤盖，庶私鬻者不得以行奸，同志其共珍之①。

强调通过严格族谱管理制度，以避免私鬻族谱、紊乱宗族血缘世系的现象发生。

清代，婺源考川胡氏宗族内部曾发生同姓篡宗伪冒现象："时有冒宗双湖者，佐同侄郡庠天望呈禀余学宪，得正。"②该族士绅代表邑庠生胡廷佐、郡庠生胡天望等则直接投身到反对冒宗的斗争中，他们通过禀呈官府、借助官方的力量与权威对冒宗行为予以打击。

在祁门境内，清光绪年间，倪氏宗族重修族谱时强调：

> 兹谱恪遵尚书公成例，只收本支。其有冒本支而无确据者，不敢混收，间有钻谋谱据而身家不清白者，亦不敢混收，庶家法克端，毋贻乱宗之咎③。

该族主张通过对族谱收族的严格管理，以防止乱宗、混淆宗族血缘世系的情况发生。

清光绪《祁门善和程氏仁山门支修宗谱》所载《凡例》云：

> 本谱所有本宗过继，必昭穆相应者，于继子名下注明继某第几子，仍于本生名下注明出继与某，失序者改正。其自外派继来者，尤必详书郡邑并其宗谱世次、祖父行名，有出继外派及随人而去者皆应如之，以杜滥冒之弊④。

该族通过对本宗及同宗外派的过继行为予以准确记载，以禁止

---

① 民国《（婺源）清华胡氏宗谱》卷首《乾隆壬午七修凡例九条》。
② 乾隆《婺源县志》卷二十五《人物志·质行》。
③ 光绪《祁门倪氏族谱》卷上《重修族谱新增凡例》。
④ 光绪《祁门善和程氏仁山门支修宗谱·凡例》。

滥冒。

在绩溪境内,清光绪《绩溪仁里程继序堂专续世系谱》所载《凡例》云:

> 谱内所注迁外,今日未续世系者,异日倘来认族,听其自为一支,不得与我宗混,以防冒乱①。

为防止冒乱,该族对外迁支派的回宗认族行为采取谨慎态度。该族还规定:

> 支派给领谱牒,或某公某派众领,或某派某人领,编写号数,并加戳记,总载谱末,以便核对,以防移易冒乱②。

通过族谱的严格管理,以防发生移易冒乱、混淆宗族血缘秩序的行为。

清宣统《(绩溪)华阳邵氏宗谱》所载《凡例》云:

> 族有无后者,旧谱图系下书止,以防伪增冒认③。

清宣统《(绩溪)仙石周氏宗谱》所载《凡例》云:

> 旁亲无后,即继嗣亦绝望者,下注止字,以杜冒伪④。

上述两个徽州宗族通过在族谱世系图表中进行特别的技术处理,以防异族伪增冒认。

清乾隆年间,徽州徐氏宗族为了防止伪族执谱插派、紊乱宗支,确保本族血缘的纯洁性,在族谱卷末不厌其烦地详列歙县、休宁、祁门、黟县等各邑异派,由此也可窥见徽州境内各宗族同姓异派异族复杂情形之一斑:

> 一、歙东和村有二徐,其一不知来历,其一为歙州总管进公之后。

---

① 光绪《绩溪仁里程继序堂专续世系谱》卷首上《凡例》。
② 光绪《绩溪仁里程继序堂专续世系谱》卷首上《凡例》。
③ 宣统《(绩溪)华阳邵氏宗谱》卷首《凡例》。
④ 宣统《(绩溪)仙石周氏宗谱》卷二《凡例》。

一、歙东桂林对河方村徐族系摘公之后，另有一支祖宋晞稷公。

一、歙东有西坡徐氏，不知来历。

一、歙西古城关徐氏有家庙，自淳安蜀口分支，宋福衍公开族。

一、歙西凌村塝徐氏有刻谱，系开化县南墩派，另有一徐非同族。

一、歙西唐美村徐氏有刻谱抄本，系丹阳派宋徽言公之后。

一、歙西岩镇对河徐氏，乃江西派。

一、歙南杞子里徐氏不知来历，家藏有傅溪族金字谱并古遗像。

一、歙南古巷口、丰隆岭徐氏共一支，俱莫考其由来。

一、歙南结林徐氏有写谱，工整尚实，由婺源分支，先世于明洪武时官府经历，居此。

一、歙南隐里族石桥上另有三徐，其一徐人众，向有徐皮江骨之谣，曾买方村所领南陵统宗谱一本，又一徐非上户，惟村头靠山二家系韶铿族迁此。

一、歙南车子坑，又名查落坑，有徐氏，不知来历。私买有徐村旧刻谱二部，认皇呈族道傍里一派，曾有夏川族人来引进。

一、歙南佘源徐氏，大抵皆异派。

一、休宁北城、东市、石羊干及南乡博村徐氏共一支，非我同派。昔城西曾有冒西门道公裔，与石羊干等族联宗者。尝观其写谱。

一、休宁有黄泥突徐，有渭桥箬笠山徐，有汪家岭徐、大佛阁徐，俱不知来历。

一、休宁北门外老柏墩徐氏，系江西派。

一、休宁西乡谒岭下、温坑山墓边各徐，俱非我族。

一、休宁西乡中村徐氏，又名洽里，有抄傅溪金字族谱，讹错甚多，且不成字，其旧祀簿以宜公为一世祖。正谱未载,莫辨真伪。

一、祁门花桥徐氏,族大丁繁,非我同派。

一、祁门东、北城俱有徐氏,昔年颇多显达,非我同派。

一、祁门华里徐氏,昔年亦有显者,非我同派。

一、祁门东城外另有徐氏,入武库一人,乃江西派。

一、祁门城东十五里长州徐氏,始祖严州将士曰明公之后。

一、黟县东皋有蕾村徐氏,久无来历,前曾冒大塘族,又冒西南门族,俱不遂。

一、黟县田背徐、枫树干徐,俱非我同派。

一、淳安县梓桐源口,地名西湖岭,有徐氏数家,本歙东和村支,昔居皇呈族之下汪村,私买有徐村明嘉靖时写谱底一本,自加友师名来认皇呈族新屋底派者。

外,歙南溪、东坝、里尖山下三徐,与汉洞徐共一派,而汉洞徐今尤式微。予尝往访前三徐,阅其祀簿,无远代祖,第其地近徐潭,未必定是异派,然今此已无从稽,后此更将安访?禋识①。

上述徐氏族谱中所记载的徽州境内的异派大致可分为三类情况:不知其来历,为异派;知其来历,为异派;未能确定是否为异派。关于不厌其烦地详细记载异派的目的,诚如徐氏自己所言:"卷末详列各邑异派,所以益清本派也。不惟使日久无插派之弊,更可免下届续修复往稽考,各邑须查明载入。"②即主要是出于厘清本派、防止插派,维持本族血缘秩序稳定的需要。

此外,徽州三田李氏宗族认为:

清迁派,盖以谨源流、杜冒认也。故谱牒之修,在会者悉以考实,不轻收入。其或涉于遥远而不及会,

---

① 乾隆《新安徐氏宗谱·新安徐氏异派别纪》。
② 乾隆《新安徐氏宗谱·凡例》。

狃于薄俗而不知会,厄于贫困而不能会,则仍存迁派以俟后会详收。若名不正、言不顺及自以为是而妄云宗者,则直削之,不与此谱①。

该族主张通过清迁派达到谨源流、杜冒认、正本清源、防非族伪冒的目的,从而有助于维持宗族血缘秩序的稳定。

值得指出的是,在明清徽州宗族社会中,仆从主姓,奴仆伪冒插入主家族谱、混淆主家宗族血缘世系的情况也较为普遍。仆从主姓是徽州宗族社会中较为盛行的一种民俗惯例,佃仆或家奴通过改从主姓获得与主家同样的姓氏符号,实际上经历了一个由异姓到同姓的过程。而获得与主家同样的姓氏符号,则在某种程度上为其篡宗伪冒行为提供了便利条件。如祁门左田黄氏宗族的家奴江瑞英等,原系龙源僮仆,于元末至正年间因兵火之乱"匿江冒黄"②,改从主姓。至明代,这些黄姓家奴乘家主落难之际,"乃敢乘不测之机,肆无主之志,占祖遗之产,惧清查之患,竟尔逞奸背义,于弘治年间插入休邑五城宗人黄云苏《统宗会谱》,将主汝贤妄称伊祖"③。通过贿赂的手法插入五城宗谱,达到冒宗的目的。后经徽州黄氏各支派多年的共同奋争,方才恢复血缘世系的清白④。

2. 通过反对和限制异族承祧,以控制宗族内部血缘秩序

按照宗法制度的设计和规定,一个宗族之下的每个男性成员在其过世之后,都应有人来承继他的宗祧。本位宗祧由嫡子承继,众子则不断另立宗祧。如果一个男性成员没有亲生儿子,就要通过立继的方式,以确定其宗祧承继人。为保持宗族血缘关系的纯洁和稳定,过继与承继必须在本族范围内实行,

---

① 光绪《三田李氏宗谱》卷末《凡例》。该凡例于万历四十年(1612)制定,乾隆三十六年(1771)重梓。
② 《左田著宗全书跋》,弘光《左田著宗全书》。
③ 弘光《左田著宗全书·栗树坦背义辩》。
④ 参见弘光《左田著宗全书》。

这是立继的一个基本原则①。从总体上说,明清时期徽州宗族大多能坚持同族内部宗祧承继,反对与控制异姓异族承继,以维持宗族内部血缘秩序的稳定。这方面的事例较多,此处选取明清时期黟北查氏宗族宗祧承继一例以作说明。参见表4—1。

表4—1 明清时期黟北查氏宗族宗祧承继一览表

序号	承祧情形	涉及人数	涉及世系	涉及异姓宗族	所占比例
1	族内承继	41	第14、31、34—39世		80.39%
2	异姓入继	3	第37、38世	胡氏宗族1例、不知姓氏宗族2例	5.88%
3	出继异姓	7	第31、37、38世	太邑前村汤氏、华亭县清村汪氏、梓岭吴氏、黄村口胡氏、黟城程氏、黟城某氏、卢村前门某氏	13.73%

资料来源:民国《黟北查氏族谱》卷下《世系》。

由表4—1统计可以看出,明清时期黟北查氏宗祧承继包括族内承继、异姓入继、出继异姓三种类型,其中以族内承继占绝对多数,比例为80.39%,出继异姓的事例占13.73%,异姓入继所占比例较小,为5.88%,只是一种补充。从某种意义上说,黟北查氏宗祧承继的事例可被视为明清时期徽州宗族宗祧承继的一个缩影。

对于徽州宗族来说,确保血缘的纯洁性是其存在的重要基础,因此,尽管由于种种因素的制约而不得不从异姓宗族中输入男丁,但控制其人数规模则时刻不敢放松。对于异姓入继这一点,明清徽州宗族十分在意。这一时期,徽州宗族主要通过

---

① 参见栾成显:《明清徽州宗族的异姓承继》,载《历史研究》,2005年第3期。文中指出:由于封建时代社会经济和医疗卫生条件的局限性,高出生率常常伴随着高死亡率,婴儿死亡率高,加上人口平均寿命较短,往往造成宗族内部继子乏人、嗣续维艰的现象,使得无后族人迫不得已而向异族寻求宗祧承继人。此外,由于族内矛盾、财产继承等原因,本族内部即使有可继之子,仍常出现异姓承继现象。需要指出的是,文中指出的上述现象,是徽州宗族及其成员多在迫不得已情形之下的一种选择,这与徽州宗族捍卫血缘纯洁性、维持血缘秩序稳定的初衷是相背离的。应该说,明清时期徽州宗族捍卫血缘纯洁性、维持血缘秩序稳定的努力一直在进行着,尽管受各种因素的影响在某些宗族中有时效果并不理想。

族谱的严格编纂与管理以及族规家法的强制性惩罚措施的执行来控制异姓异族的入继。明清徽州宗族对异姓异族承继宗祧及其控制,主要分为以下两种类型:

(1)对于异姓入继,族谱一概不予收录,或规定不准入继异姓,对收养异姓为子者予以严惩,这是一种较为严厉的做法

在歙县境内,清乾隆、嘉庆年间,桂溪项氏宗族规定:

> 水盆抱养,赘婿为子,皆异姓乱宗,一概不书①。
> 抚养异姓,一概不录,以杜乱宗之阶②。

该族强调族谱对异姓入继为子一概不予载录。

清道光《新安歙西沙溪汪氏族谱》所载《重修族谱凡例》云:

> 别族或有异姓入继、非种不锄者,吾家则皆一本相承耳。惟期传家清白,虽多,亦奚以为③?

该族以传家清白、血缘纯洁相标榜,对异姓入继持反对的态度。

清宣统《古歙义成朱氏宗谱》所载《祠规》强调:

> 本身无子,应立昭穆相当之人,不得收养异姓,以致紊乱宗支④。

该族明确规定不准收养异姓为子。

在休宁境内,明隆庆《休宁率口程氏续编本宗谱》所载《凡例》云:

> 异姓来继者,不书。乞养不明者,不书⑤。

明正德《新安休宁长垄程氏本宗谱》所载《凡例》云:

> 异姓来继与出继异姓者,俱不入例⑥。

上述两个徽州宗族皆规定族谱对异姓入继者不得收录。

---

① 嘉庆《歙县桂溪项氏族谱》卷首《凡例》,附《(乾隆)庚辰谱凡例》。
② 嘉庆《歙县桂溪项氏族谱》卷首《凡例》。
③ 道光《新安歙西沙溪汪氏族谱·重修族谱凡例》。
④ 宣统《古歙义成朱氏宗谱》卷首《祠规》。
⑤ 隆庆《休宁率口程氏续编本宗谱·凡例》。
⑥ 正德《新安休宁长垄程氏本宗谱·凡例》。

在祁门境内，明天顺年间，武溪陈氏《家谱定规》规定：

> 有子应继者，毋得抱养他姓之子，侵其祖产，以乱宗枝。及招赘女婿必另择基址，不许紊乱我家①。

该族同治年间的族谱《新编凡例》则规定：

> 不可养他姓之子、戚属之儿，紊乱宗支②。

清光绪《祁门善和程氏仁山门支修宗谱》所载《凡例》云：

> 至若甥继一条，和溪谱虽有其例，厥后并无其人，从此永革，后不复循，致启争端。其果有实生暧昧、父实子之者，不拘妻妾，无凭查黜。至恩养异姓或随母来归，又何不摈斥而致牵扯以坏宗祧乎③！

上述祁门境内的两个宗族，皆规定不准入继异姓。

在黟县境内，清道光《（黟县）西递明经胡氏壬派宗谱》所载《凡例》云：

> 异姓入继，我族向无此例，凡我宗枝皆当永矢弗谖也④。

清嘉庆《黟县南屏叶氏族谱》所载《祖训家风》之"饬风化"条规定：族内不收义子，"违者斥逐"⑤。

清光绪年间，鹤山李氏宗族所订《家典》云：

> 收养异姓，即为乱宗，律令昭垂，自应严禁。我族虽间有收养外姓为己子者，然宗派所关，不得不严，异日当公同议禁，以免宗族淆乱⑥。

上述三个徽州宗族皆强调对异姓入继乱宗予以严禁，或对违规收养义子者予以斥逐。

---

① 同治《祁门武溪陈氏宗谱》卷一，天顺元年《家谱定规》。
② 同治《祁门武溪陈氏宗谱》卷一《新编凡例》。
③ 光绪《祁门善和程氏仁山门支修宗谱·凡例》。
④ 道光《（黟县）西递明经胡氏壬派宗谱·凡例》。
⑤ 嘉庆《黟县南屏叶氏族谱》卷一《祖训家风·饬风化》。
⑥ 民国《黟县鹤山李氏宗谱》卷末《家典》。

在绩溪境内,清光绪《绩溪县南关许余氏惇叙堂宗谱》所载《宗祠规约》之"妄行过继"条云:

> 过继之事,国家已有成例。爱继、应继,例之所准也。异姓过继,例之所禁也①。

该族强调遵守国家相关法律规范,反对异姓过继。

清光绪《绩溪仁里程继序堂专续世系谱》所载《凡例》云:

> 若抱养螟蛉,则宗法所不容混②。

该族反对异姓入继,以免混淆宗法。

清宣统《(绩溪)仙石周氏宗谱》所载《凡例》云:

> 本族家法,异姓不得乱宗,倘有螟蛉,一概不书③。

该族反对异姓乱宗,对异姓乱宗者族谱一概不予收录。

清光绪《绩溪城西周氏宗谱》所载《祠规》云:

> 同姓不宗及义子外姻入继者,均不许入祠④。

清宣统《(绩溪)华阳邵氏宗谱》所载《新增祠规》规定:

> 断不许擅令异姓入绍,及螟蛉他人子,以乱宗祐。违者,不得入祠⑤。

上述两个徽州宗族强调,对擅令异姓入继之族人及异姓入继者本人,给予剥夺入祠权利的处罚。

此外,清乾隆年间,徽州汪氏各宗派在所编统宗谱中规定:

> 至于养子,或属螟蛉,或以婿绍翁,以甥绍舅,一切外氏概摈不录⑥。

清同治《汪氏家乘》所载《凡例》云:

---

① 光绪《绩溪县南关许余氏惇叙堂宗谱》卷十《宗祠规约·妄行过继》。
② 光绪《绩溪仁里程继序堂专续世系谱》卷首上《凡例》。
③ 宣统《(绩溪)仙石周氏宗谱》卷二《凡例》。
④ 光绪《绩溪城西周氏宗谱》卷首《祠规》。
⑤ 宣统《(绩溪)华阳邵氏宗谱》卷首《新增祠规》。
⑥ 乾隆《汪氏通宗世谱》卷首《凡例》。

> 无子者本应立兄弟之子为嗣,即或弟亦一子,兼祧可也,俟添丁再行分嗣。但近世有以异姓之子为嗣者,吾谱于宗规已申明禁,无论螟蛉、赘婿,概不入谱。兹特不惮烦琐,谆谆告诫,嗣后切勿开异姓篡宗之渐①。

徽州汪氏为防止异姓篡宗,对异姓入继者一概摈斥不录。

(2)对于异姓入继,在族谱中采取另类处理的方式加以记载,这是徽州宗族在维持血缘秩序方面所采取的一种相对变通的办法

在歙县境内,清道光年间,蔚川胡氏宗族制定的《谱例大纲》云:

> 若以异姓之子承继者,则书某地某人之子某绍某人嗣。抱血孩者,则书抱养。讨异姓者,则书乞养某姓某承祀。则既不视其失嗣,又于祀义有别,而不淆矣②。

该族对异姓入继者直接予以记载,态度较为宽松。

在休宁境内,明崇祯《休宁(隆阜)戴氏族谱》所载《凡例》云:

> 如祀异姓之子,则名上必加戴字,以见来袭我姓也。不明著其原姓者,为人亲讳也③。

该族主张在族谱收录过程中,对异姓入继者采用变通办法加以处理。

清康熙年间,月潭朱氏宗族规定:

> 今来绍者,于本支下不载,另载于本支谱末,亦以示后之君子别嫌明微之意云尔④。

该族采取变通方式,将异姓入继者集中收录于本支谱末,以

---

① 同治《汪氏家乘》卷首《凡例》。
② 民国《(歙县)蔚川胡氏家谱》卷二,道光二年《谱例大纲》。
③ 崇祯《休宁(隆阜)戴氏族谱·凡例》。
④ 民国《新安(休宁)月潭朱氏族谱》卷七《文志公外姓绍谱》。

备核查。

在婺源境内,明万历年间,萧江氏宗族规定:

> 养异姓为子者书,出绍异姓者书,慎婚姻也①。

该族出于宗族联姻考虑,对养异姓为子者予以记载。

清嘉庆《婺北燉煌郡洪氏支谱》所载《凡例》云:

> 其有异姓入继者,以嬴易吕,实紊宗盟,例应概行改正。第摘继或奕叶已更显,削则荒邱乏主,姑别书法以宽既往,遵定例以杜将来。虽螟蛉似我,毋辜螺嬴苦衷,而狼[狠]子野心,究竟马牛不类。公议:此届续修之后,异姓断不准拦入,现在异姓入继又复中止,竟以本姓转绍者,定行削去②。

在该族内部,对此前已存在的异姓入继加以记载,对本次修谱后发生的异姓入继则不予收录,对异姓入继有一个由宽变严的趋势。

清同治《(婺源)腴川程氏宗谱》所载《清源录序》云:

> 我族自先世以来,间有异姓入绍者,世系之下,注明本姓。祀祖之日,不派主祭,祖例如此。前次修谱因之,此次续修宗谱,恪遵祖例,异姓继支,照旧登谱,注明本姓。祀祖之日,不派主祭、分献、大赞,其余执事,酌派襄事。倘继支又有乏嗣,立继本宗者,是异姓之义已绝,本宗之谊复联,照本宗入继之例办理。且如祖父等有功于国家,合邀荫袭酬庸例,以宗枝承之,异姓入继者不与③。

在腴川程氏看来,异姓入继乃属权宜之计、不得已之举,但对异姓入继者的权利进行各种限制:祭祀时不派主祭、分献、大赞,不准荫袭酬庸,标明其姓氏符号以突出外姓标识,有相当的歧视成分。

---

① 万历《萧江全谱》仁集一卷《例》。
② 嘉庆《婺北燉煌郡洪氏支谱·凡例·严继嗣》。
③ 同治《(婺源)腴川程氏宗谱》附录《清源录序》。

清光绪年间,婺北庐源詹氏宗族规定:

> 谱所以明世系,如有继支,或本宗,或异姓,责成各派注明,不得混淆①。

该族主张对异姓入继予以注明,以便与同宗继支相区分。

清代,清华胡氏宗族规定:

> 异姓承继者有三:良家子则书,贱家、逆家子不书,觅寄不明者不书②。

该族主张对异姓承继者,根据来源情况的不同而给予区别对待,重视对良家子的收录。

在黟县境内,据民国《黟北查氏族谱》所载《清道光壬午婺源谱凡例》云:

> 乏嗣继子,应也。若养异姓子以乱族者,律有明条,其子归宗,今相沿已久,焉能摈斥。有继外姓之子以为子者,则书继某氏某人子为嗣,故从择继之条。随母带来子以为子者,则书扶养某氏某人为嗣,姑从爱继之说,但日后两家子姓慎结婚姻③。

清道光年间,属于黟北查氏一脉的"婺源谱"对宗祧承继的规定相对宽容,对异姓入继予以记载。

到了光绪年间,黟北查氏族谱的《续修例言》则规定:

> 继子仍前谱之旧,以应、爱为断。今于继同姓者书继书嗣,若子异姓则书以某村某姓子为子,不曰为嗣,而曰为子,彼固视以为子则子之,而不得许其为继,并不得予其为嗣,正以恶其爱之不得其正耳。子随母下堂,子曰抚某姓子为子,指同居继父言也。不同居,原不同居黜勿书。子无来历,子曰以异姓子为子,凡拾逸姓者皆是,既非我族类,则变其文以书之,不得已也。若书曰奸生子,必有据,始直书,其莫须

---

① 光绪《婺源詹氏宗谱》卷首,光绪二年婺北庐源绿树祠《局规》。
② 民国《(婺源)清华胡氏宗谱》卷首《旧条例十一条》。
③ 民国《黟北查氏族谱》卷上《录清道光壬午婺源谱凡例十三条》。

有、将毋同之辞概斥不受①。

该族主张在收录异姓子时,根据情形的不同而采取变通办法。

在绩溪境内,清乾隆《绩溪上川明经胡氏宗谱》所载《凡例》云:

> 其有故立异姓,与随母之子,及舍本宗而立旁宗,并昭穆不顺者,俱书妄摘,示不当摘也。至他姓来继者,书来绍,示不当绍也②。

该族通过"书妄摘"、"书来绍"的记载方式,以示入继不当,含有贬斥之意。

此外,明正德《新安毕氏会通族谱》所载《凡例》规定:无嗣而立后者,"以异姓之子为后,则书曰纳某氏某为后,讥其乱宗系也"③。该族在族谱中对异姓入继予以记载,但含有贬义,其目的是讥嘲其紊乱宗系,有警示族人的作用。

清乾隆《汪氏通宗世谱》所载《凡例》云:

> 宗谱联疏为亲,约远于近,使我汪氏的支的派相亲相睦,派之非者,不得入也。兹查旧谱注外氏来绍者颇多,夫绍以外氏,则泾以渭浊,混淆甚矣。将欲削而除之,则相沿已久,势既有所不能,将欲涂去外氏字样,则鱼目混珠,理又有不可。惟一仍其旧,以俟后之公论可耳④。

徽州汪氏宗族出于一种无可奈何的心态,对异姓入继者照旧予以收录,态度较为宽容。

3. 通过提倡族内承继并设定各种限制,以控制宗族内部血缘秩序

从总体上说,族内承祧是明清时期徽州宗族宗祧承继的主要方面,徽州宗族通过积极提倡族内承继,并对之设定各种限

---

① 民国《黟北查氏族谱》卷上《光绪壬辰续修例言十七条》。
② 乾隆《绩溪上川明经胡氏宗谱》卷一《凡例》。
③ 正德《新安毕氏会通族谱·凡例》。
④ 乾隆《汪氏通宗世谱》卷首《凡例》。

制条件,以实现对宗族血缘秩序的控制。

(1)族内立继与承继由家族长及族贤等主持,族内承祧受到宗族领导者的控制与干涉

在歙县境内,清道光年间,蔚川胡氏所订《规条》之"植贞节"条规定:对妇女苦志守节者,"倘夫亡未及立嗣,家长从公为之定继,毋许越祧争夺"①。该族主张由家长为守节妇女立嗣定继,以防止越祧争夺、紊乱承祧秩序。

该族还规定:

> 倘无子者,须照例立继承宗,或应或爱,从公论断,不得参以私议。
> 其应继之例自有昭穆明条,若应继或嫌贫不继,不应继而贪利争继,族中长者、贤者当谕以公论②。

强调族内承祧,或应继,或爱继,均从族人公断,不得自作主张。对于嫌贫不继及贪利争继者,由族中长者、贤者进行劝阻。

在婺源境内,清代,平盈方氏宗族的族人方易来:

> 以县试冠军入泮,秋闱屡邀房荐。昆弟四人,易来居三,两兄均多男,惟弟祜来早故未育。易来急欲为立嗣,延族长及知事向两昆曰:弟往矣,忍令叹馁而于地下乎?两昆各将子入绍,一为应,一为爱,情理两全③。

作为一族首领的族长,在族内宗祧承继方面扮演着重要角色,族人立嗣往往要延请族长参与。

(2)必须遵循由亲及疏和昭穆相当的原则

明清时期,徽州宗族内部承祧一般要求遵循由亲及疏的原则,即按照血缘亲疏的次序选立宗祧承继人,而且强调昭穆相当,不得违背世系辈分。

在歙县境内,清乾隆《歙淳方氏柳山真应庙会宗统谱》所载《凡例》云:

---

① 民国《(歙县)蔚川胡氏家谱》卷二,道光二年《规条·植贞节》。
② 民国《(歙县)蔚川胡氏家谱》卷二,道光二年《谱例大纲》。
③ 光绪《婺源县志》卷三十八《人物志·质行》。

> 继嗣必以序承,间有世次差紊者,已从改正①。

在族内承祧方面,方氏宗族坚持由亲及疏的顺序和原则。

清道光年间,蔚川胡氏宗族制定的《谱例大纲》规定:

> 无子者,许令同宗昭穆相当之侄承继。先尽同父周亲,次及大功、小功、缌麻。如俱无,方许其择立远房及同姓昭穆克当者为嗣②。

强调族内承祧遵循由亲及疏、昭穆相当的次序和原则。

该族又规定:

> 无子立嗣,本上为祖宗,次为身后计也。若继不得于所后之亲,听其别立,或择贤择能。所亲所爱者,若于昭穆伦叙不失,不许宗族指以次序告争。
>
> 若应继之人平日本有嫌隙,则于昭穆相当亲族内择贤择爱听从其便,不得希图财产勒令承继,或怂恿择继③。

主张在应继阶段即在五服亲属中仍然选立不到合适的承祧人,则进入爱继阶段,即从五服之外的同宗亲属中选立昭穆相当之子孙作为宗祧承继人。在爱继阶段,只要昭穆相当,可以不受次序的限制而自由选择继承人④。

在绩溪境内,清乾隆《绩溪上川明经胡氏宗谱》所载《凡例》云:

> 凡立继须于亲房昭穆行次应立者立之,亲房无可继者,方择远房立之⑤。

该族主张按昭穆行次由亲及疏立继。

清光绪《(绩溪)梁安高氏宗谱》所载《书法》云:

---

① 乾隆《歙淳方氏柳山真应庙会宗统谱》卷一《凡例》。
② 民国《(歙县)蔚川胡氏家谱》卷二,道光二年《谱例大纲》。
③ 民国《(歙县)蔚川胡氏家谱》卷二,道光二年《谱例大纲》。
④ 关于应继与爱继的讨论,参见朱勇:《清代宗族法研究》,长沙:湖南教育出版社,1987年,第47~48页。
⑤ 乾隆《绩溪上川明经胡氏宗谱》卷一《凡例》。

至远房过继,务必昭穆相当,如昭穆不明,冒继者不收①。

该族要求族内承祧严格遵守昭穆行次。

明经胡氏龙井派宗族则认为:

　　夫族中过房有以侄孙为子者,其弊则所生兄呼过房弟为叔;又有以侄曾孙为子者,其弊则所生父呼过房子为叔;又有以弟为子者,其弊则同父弟呼过房兄为侄。名之不正,若此为甚。……降尊为卑与升卑为尊,其乱昭穆等耳,礼莫大于分,分莫大于名,可不慎哉②!

该族强调族内承祧不能颠倒尊卑、紊乱昭穆、干碍名分。

在绩溪南关许余氏宗族内部,太平天国战乱之后宗祧承继发生极大的混乱:

　　至兵后族中继立,往往糊涂妄继,有抛亲继疏,志在继产,有跨祧远房为兼祧,有一继两家为兼祧。今理世系,概删改之。间有以兵后人丁稀少从权办理者,皆不甚越礼,如提起殇丁以继孙之类。此后殇丁亦不准提,凡抛亲继疏、抛长继次、一子继两家、跨祧远房,皆不准。至他祠入继各家,世数讹错不同,不得入继,恐颠倒尊卑。惟水村与本祠最亲,世数明白,如昭穆相当、年齿相符,准其过继。必议拟其人于宗祠功劳如何,不准滥继③。

清光绪年间,该族规定,只准本祠族人与水村同宗支派之间发生过继行为,而且必须具备昭穆相当、年齿相符的条件。

此外,明代编纂的《朱氏世谱》所载《凡例》云:

　　本宗无子,他支来继者,注云□□为之子来继。本生注云出继某兄弟为嗣,不许以弟为子,以侄为叔,

---

① 光绪《(绩溪)梁安高氏宗谱》卷一《书法》。
② 民国《(绩溪)明经胡氏龙井派宗谱》卷首《论过房》。
③ 光绪《绩溪县南关许余氏惇叙堂宗谱》卷十《宗祠规约·妄行过继》。

混淆昭穆,国有正法①。

该族强调族内承继不许违背昭穆次序。

(3)禁止为争夺财产而承继

明清时期,徽州宗族一般皆反对或禁止族人为争夺财产而承继。清道光年间,歙县蔚川胡氏宗族规定:

> 倘有滥将夭殇捏造名字,假添生卒,冒昧承祧,希图产业者,一经查出,或被人告理,定行斥削。
>
> 立继本以承宗为要,非为产业也。但前人已定者,或有不能尽照例者,亦姑仍前书之,不必又改,恐启争端,反为伺窃者得计②。

该族强调立继以承祧为根本,不能只看重财产,并对贪图财产而立继者予以斥削。

清光绪《祁门倪氏族谱》所载《新增凡例》云:

> 本支殁后无传,择取旁支委曲承祧,原为异日嗣续计,不得藉此觊觎妄争业产③。

该族严禁族人借承祧之名行觊觎争夺产业之实。

清宣统《(绩溪)华阳邵氏宗谱》所载《新增祠规》云:

> 盖承继所以承祧,非承产也。应继则无论继产有无,皆应承继。若爱继必视继产厚薄,酌贴本生父若干,一贴之后,本生父不得干豫继产。其亲房应继,本生父贫苦者,亦视此为准的④。

该族强调承继是为了承祧而非承产,反对族人在承继宗祧时过于看重财产因素。

(4)长子、独子承祧问题

明清时期,徽州宗族一般规定长子不得出继。清光绪年间,鹤山李氏宗族所订《家典》指出:

---

① 明《朱氏世谱·凡例》。
② 民国《(歙县)蔚川胡氏家谱》卷二,道光二年《谱例大纲》。
③ 光绪《祁门倪氏族谱》卷上《重修族谱新增凡例》。
④ 宣统《(绩溪)华阳邵氏宗谱》卷首《新增祠规》。

> 长子出继显然背礼。程子有言:长子不得出继,
> 为父后故也。若长兄绝世,弟子入继,则当以长子承
> 重,继祖之宗也①。

该族将长子出继视为违背儒家礼制的行为。

就独子来说,徽州宗族多坚持独子不得出继。清嘉庆《歙县桂溪项氏族谱》所载《(乾隆)庚辰谱凡例》云:

> 其无可继而书侄奉祀者,盖因独子不能出继而
> 然也②。

该族强调在无嗣立继时,独子不能出继。

但由于种种原因,徽州宗族往往允许独子兼祧。清道光年间,歙县蔚川胡氏宗族制定的《谱例大纲》云:

> 如可继之人亦系独子,而情属同父周亲两相情愿
> 者,取其服中甘结,亦准其承继两房宗祧③。

该族主张在其服中之人立下甘结、办理相关手续后,允许独子兼祧。

(5) 其他控制条款

明清时期,徽州宗族对不肖继子常予以退继重立,对他们的控制较严厉。清宣统《(绩溪)华阳邵氏宗谱》所载《新增祠规》云:

> 至立继之后,或继子游荡破产,准其禀明宗族退
> 继,另立继子④。

该族主张对游荡破产的不肖继子予以辞退。

总的看来,明清时期,徽州宗族尽管遇到或面临着宗法关系松弛、从内部开始瓦解等影响宗族发展的不利因素,但通过自身的主观努力及自身所拥有的适应社会变迁的应变力,依旧

---

① 民国《黟县鹤山李氏宗谱》卷末《家典》。
② 嘉庆《歙县桂溪项氏族谱》卷首《凡例》,附《(乾隆)庚辰谱凡例》。
③ 民国《(歙县)蔚川胡氏家谱》卷二,道光二年《谱例大纲》。
④ 宣统《(绩溪)华阳邵氏宗谱》卷首《新增祠规》。

获得了一定的发展,较为顽强地保持住了"发展的趋势"①。大量事实表明,明清时期,徽州宗族通过各种形式的制度设计以及对各类制度、规范的积极实践,在反对异族伪冒、限制异族承祧、提倡族内承继等方面取得了一定的成效,总体上达到了维持族内血缘秩序稳定的目的。

(三)社会秩序控制

明清时期,徽州宗族一般皆重视宗族内部社会秩序的和谐与稳定,往往通过制定族规家法等宗族规章制度来规范和控制宗族内部的社会秩序。

1. 严禁盗窃

明万历《休宁范氏族谱》所载《林塘宗规》云:

> 奸盗,听族长、房长率子弟以家法从事②。

该族强调对犯有盗窃行为的人,用家法惩处。

在绩溪境内,清乾隆《绩溪上川明经胡氏宗谱》所载《凡例》云:

> 若犯盗败伦并恶迹昭人耳目者,削其名③。

该族主张对偷盗之人予以族谱除名的处罚。

清光绪《(绩溪)梁安高氏宗谱》所载《家法》规定:

> 窃人物件者,其父兄随时在家自加杖责,仍令长跪服罪。
>
> 成人以上……窃取族内物件……以上由分长或族长引入支祠或宗祠,祖前杖以竹板④。
>
> 在族外行窃者,逐革⑤。

---

① 栾成显认为:"商品经济的发展,社会的变迁,必然对宗法关系有所冲击。宋代以后的宗族既有发展的趋势,也有从内部开始瓦解的倾向。"(栾成显:《明清徽州宗族的异姓承继》,载《历史研究》,2005年第3期)
② 万历《休宁范氏族谱·谱祠·林塘宗规》。
③ 乾隆《绩溪上川明经胡氏宗谱》卷一《凡例》。
④ 光绪《(绩溪)梁安高氏宗谱》卷十一《家法·杖责罚跪》。
⑤ 光绪《(绩溪)梁安高氏宗谱》卷十一《家法·逐出革胙》。

该族强调对行窃者实施杖责、出族等严惩。

此外,绩溪明经胡氏龙井派宗族规定:

> 天地之间,物各有主。乃有不轨之徒,临财起意,纳履瓜田,见利生心,整冠李下,鼠窃狗偷。此等匪人宜加惩戒。如盗瓜菜稻草麦杆[秆]之属罚银五钱,盗五谷薪木塘鱼之属罚银叁两,入公堂演戏示禁。其穿窬夜窃者,捉获有据,即行黜革①。

该族主张以经济处罚和黜革等方式来控制与惩治族人的盗窃行为。

2. 严禁凶暴恶行

明万历《休宁范氏族谱》所载《林塘宗规》云:

> 吾家伦理,上赖祖宗垂训,礼法森严,子姓雍肃,向来并无不孝不弟、暴横败伦、酗酒撒泼、引诱唆讼、奸盗诈伪等事故……以后子孙如有经犯前项过恶,即系忤逆祖宗,非我族类。除奸盗听族长、房长率子弟以家法从事外,余犯与众黜之,生不得齿于宗间,殁不得祔于家庙②。

该族主张对暴横之徒实施严惩。

清光绪《(绩溪)梁安高氏宗谱》所载《家法》云:"素性凶暴、殴斗伤人者,逐革。"③该族主张将凶暴之徒驱逐出族。

此外,绩溪明经胡氏龙井派宗族规定:

> 身体发肤受之父母,不敢毁伤。乃暴戾之徒,逞英雄之概,凶毙无词;恃气矜之隆,恶终弗顾;自召其殃,甘投法网。此等并皆黜革④。

---

① 民国《(绩溪)明经胡氏龙井派宗谱》卷首《明经胡氏龙井派祠规·瘅恶四条·贼匪》。
② 万历《休宁范氏族谱·谱祠·林塘宗规》。
③ 光绪《(绩溪)梁安高氏宗谱》卷十一《家法·逐出革胙》。
④ 民国《(绩溪)明经胡氏龙井派宗谱》卷首《明经胡氏龙井派祠规·瘅恶四条·凶暴》。

该族主张通过打击族人的凶暴恶行,以维持宗族内部社会秩序的和谐。

3. 严禁健讼

明清时期,徽州宗族社会中往往因田宅、山林、坟地、水利、租佃、债务、婚姻、继子等利益分配或利益争夺而发生各种类型的纠纷,使原本好讼的徽州健讼风气更加浓烈①。健讼对徽州宗族社会秩序的和谐与稳定构成了威胁,因而也引起徽州宗族的关注。从总体上讲,徽州宗族对健讼持反对的态度,在宗族法中都强调族人要息争讼,不得轻易卷入诉讼。

清乾隆《重修古歙东门许氏宗谱》所载《许氏家规》之"擅兴词讼"条指出:

> 讼也者,鸣己之不平,而亦人情之所不得已者也。可已不已谓之好讼,反覆讦告谓之健讼,故讼卦无吉。又曰:终讼凶戒之也[讼则终凶,戒之也]。凡我族人事之有不平,情或出于不得已,请众于祠,备述颠末,自鼠牙雀角以至财产帐目,族长正副剖析是非,直为处分,各得其平,退无后言,无棰楚之苦,无犯罪之罚,夫复何故而擅兴词讼乎②!

该族要求族人将族中细事争执交由族长在族内加以调处解决,不得擅兴词讼,破坏宗族社会秩序。

清乾隆《休宁古林黄氏重修族谱》所载新订《祠规》之"争讼当止"条云:

> 家有讼事,费盘缠,费奔走,无论曲直得伸何如,即歇家之笼络、胥皂之讥呵,已自百样难堪,甚至破家辱亲,祸及身后,几见会打官司人家长进否,皆缘一点客气所致。……设或万不得已,事关祖宗父母兄弟妻子,亦要自作主见,早知回头,切勿听讼师棍党挑唆撮

---

① 关于徽州健讼的原因,参见下利:《明代徽州的民事纠纷与民事诉讼》,载《历史研究》,2000年第1期。
② 乾隆《重修古歙东门许氏宗谱》卷八《许氏家规·擅兴词讼》。

弄,究竟钱财他人赚去,祸患自己承当,有何趣味①?

该族认为诉讼费钱费力、破家辱亲、祸及身后,提倡通过说理规劝等方式以控制族人争讼。

清光绪《绩溪县南关许余氏惇叙堂宗谱》所载《家训》之"息争讼"条云:

> 我新安沐朱子遗泽,称文物之邦,而讼风反甚于他处,大抵为风水居其半。如果已葬祖茔被占而讼尚属万不得已,若因求地葬祖而与人结讼,岂不可笑?你看古来那[哪]有因讼得地而昌盛的,惟有已葬祖坟命盗等事不得不讼,其余田地银钱都算小事,不必结讼。至于已聘妻媳被占似乎有理,但已聘而愿改婚,其家无耻,其女已不贞,我且不屑娶,何讼之有?况一切小忿致讼,至于破家荡产,辱身失名,自害害人,到后始悔,何不早先思量②?

该族主张通过细心说理、耐心劝导,以避免族人陷于结讼争讼,维持宗族内部人际关系和社会秩序的和谐。

此外,明清时期族谱、方志等徽州社会舆论的重要载体,对于那些安分守己、常年不参与诉讼、不打官司的族人,在传记中予以广泛记载,以示褒扬,从而起到一种舆论导向的作用。例如:清代,绩溪市北舒氏族人舒万启,"只字不入公门"③;清代,绩溪市东胡氏族人胡之荣,"服贾养亲……终身无一字入公门"④。清代,婺源香山俞氏族人俞廷魏,"比长,游于粤,稍有居积……年跻八十,无只字入公门"⑤。清代,婺源古汀石氏族人石继绳,"家世贫苦,年十二,父病笃,卖薪供汤药……生平无一字入公门"⑥。上述徽州族人,以不面官府、不打官司为荣,这也

---

① 乾隆《休宁古林黄氏重修族谱》卷首下《祠规·争讼当止》。
② 光绪《绩溪县南关许余氏惇叙堂宗谱》卷八《家训·息争讼》。
③ 乾隆《绩溪县志》卷八《人物志·乡善》。
④ 乾隆《绩溪县志》卷八《人物志·乡善》。
⑤ 乾隆《婺源县志》卷二十六《人物志·质行》。
⑥ 光绪《婺源县志》卷三十八《人物志·质行》。

是徽州宗族追求族内秩序和谐、追求无讼的理想境界的生动事例。

4.通过规劝族人安分守己、和睦宗族以控制宗族内部社会秩序

要求族人安分守己当良民,这是明清徽州宗族规范和控制族内社会秩序最省事省力的办法。在徽州宗族看来,倘若每个族人都能安分守己,则族内社会秩序和谐的目标自不难实现。这方面的事例较多,如明代,休宁李氏宗族规定:"五房人事务要安分守己,如有小人妄犯贪谋排陷,各房同心以援。"①该族要求全体族人安守本分。而明代,婺源萧江氏宗族则将要求族人安分守己的条款用诗歌的形式加以通俗化,以便族人掌握:

> 天之生人来,各自有定分。智力难强求,强求亦无用。
>
> 念吾与尔母,一生守本分。手畔分毫无,亦自安贫困。
>
> 全不去忮求,分外有寻趣。后来虽显达,常自愧尔俸。
>
> 恐吃儿孙饭,后来遭困顿。儿曹宜戒慎,天道有盈损。
>
> 世间不义财,真如土与粪。浅水长长流,过分不安稳②。

除要求族人安分守己外,和宗睦族也是徽州宗族在规范与控制族内社会秩序方面对族人的基本要求。清乾隆《重修古歙东门许氏宗谱》所载《许氏家规》之"敦义睦族"条云:

> 族之人,其初一人也,一气流传,至于云仍而不可穷也,是可无敦睦之义乎!其必喜相庆,戚相吊,岁时问遗,伏腊宴会,排难解纷,周急爱护,以分相临而恩必洽也,以文相接而情必通也。族人群聚,一家人父

---

① 王钰欣、周绍泉主编:《徽州千年契约文书》(宋元明编)卷五,《正统休宁李氏宗祠簿》,石家庄:花山文艺出版社,1991年,第98页。
② 万历《萧江全谱》信集《附录》五卷《贞教·安分》。

子之相亲也，是敦义睦族之道，祖有明训，可以世守而服行之也①。

该族要求族人恪守敦义睦族之道，以维持族内秩序的和谐。

清光绪《(绩溪)梁安高氏宗谱》所载《高氏祖训》之"睦宗族"条云：

> 人在世上，要一团和气，四海之内皆兄弟也，而况宗族一脉，安可不睦？所当敬老慈幼，怜孤恤寡，劝善戒恶，排难解纷，万一有不平，只宜凭长辈理论。至于结讼争斗，与他姓且不可，而况同族，尤当切戒②。

该族强调和睦宗族，严禁族人之间结讼争斗，以维持宗族社会秩序的和谐稳定。

清光绪《三田李氏宗谱》所载《祖训》之"睦宗族"条云：

> 凡处宗族务宜敬老慈幼，恤寡扶孤，不可以贵骄贱、富骄贫、强凌弱、众暴寡。更有分虽卑而齿已长，则老者也，宜待以高年之礼；齿未长而德可纪，则贤者也，宜待以尊贤之礼。至若称呼之间，自有定分，不可称某官某老以及绰号别名相亵狎。凡我后嗣，苟能体此以行，自无不和之人、不亲之族，而里且仁让可风矣③。

该族主张通过积极推行和睦宗族的措施，以实现宗族社区变成仁里的目标。

此外，该族还要求族人相处时以礼待人，不可仗势欺人：

> 吾族贫富不一，凡遇族人务要尽礼，不可挟势凌轹④。

5. 主张族内纷争应及时加以解决，以避免宗族内部社会秩序的恶化

---

① 乾隆《重修古歙东门许氏宗谱》卷八《许氏家规·敦义睦族》。
② 光绪《(绩溪)梁安高氏宗谱》卷十一《高氏祖训十条·睦宗族》。
③ 光绪《三田李氏宗谱》卷末《祖训·睦宗族》。
④ 光绪《三田李氏宗谱》卷末《家规·睦乡里》。

明清时期,徽州宗族一般皆强调族人和谐相处,不得轻易诉诸争端。而当族人因各种原因发生纠纷时,徽州宗族多主张由族内及时加以解决,以避免宗族社会秩序的恶化。

在休宁境内,明代编纂的《(休宁)商山吴氏宗法规条》云:

> 本族支派四房,间有愚昧,不思一本之义,或立各门之私,几有一言一动,辄便恃强欺弱,倚众暴寡,必以取胜为荣,诚上不体祖宗垂裕之心,下不念子孙绥和之意,岂有识见者之所为哉!今后倘有此等事情,宗正副会族长公同酌议,分别是非曲直,责备本门之贤者,务使和释宁靖,不诸事少年以退①。

该族强调对族中恃强欺弱、倚众暴寡等破坏宗族社会秩序之人,由宗族领导层初步裁判后,再交由本门加以劝释。

在婺源境内,清道光《婺源长溪余氏正谱》所载《祖训》云:

> 族内倘因财产口过互相是非,必须听从贤明族长公议释判,毋得遽尔闻公,以失族谊。倘族长不明或有心袒护,必致一面不服,贻笑他村,为族长者能无愧乎?务要平心决断,以全族好,以息讼端②。

该族主张当族人发生纠纷时,由族长公正裁决,以敦族谊、全族好、息讼端为终极目标。

在歙县境内,清康熙年间编纂的《歙县汪氏崇本祠条规》规定:

> 两族支派虽分,本源则一,毋以一言一事便生嫌隙。凡有事,静俟尊长议论已毕,然后参酌可否,务期合理,毋得各执己见③。

该族强调族人之间不得因小事而产生恶感和仇怨,待人处事应以族中尊长的决定为准绳,不准族人各执己见。

在黟县境内,清嘉庆《黟县南屏叶氏族谱》所载《祖训家风》

---

① 明《(休宁)商山吴氏宗法规条》。
② 道光《婺源长溪余氏正谱》卷首《祖训》。
③ 康熙《歙县汪氏崇本祠条规》。

之"和宗族"条云：

> 族内偶有争端，必先凭亲族劝谕理处，毋得遽兴词讼。前此我族无一字入公门者，历有年所。乾隆四十六年，邑侯殷公以"安分乐业"扁额表闾。族中士庶以舞弄刀笔、出入公门为耻，非公事不见官长，或语及呈词讼事，则怩怩而不宁，诚恐开罪宗祖，有忝家风①。

该族强调当族内发生争端时，先经亲族劝谕调处，不得轻易开启讼端。

在绩溪境内，清乾隆《绩溪上川明经胡氏宗谱》所载《家规》之"睦亲党"条云：

> 至于族间有事忿争，犹同室之斗也，当与平心调处，谕以至情，而为彼永绝讼端。其在本人，尤当禀明宗长，静听区分。纵少有不平，亦宜解忿息争，委曲顺从。即此便是曲体祖宗之心，而为敦睦之道矣。万勿轻讼公庭，以一时之不忍，小则徒费钱谷，大则破产倾家，况伤同本之谊，使子孙世世相仇，难以修好，慎之戒之②。

该族强调族中纷争应当听从族长调处，不得轻易兴讼，以加剧族人之间的仇怨。

6. 对破坏宗族内部社会秩序的行为加以惩罚

明清时期，徽州宗族一般主张通过教化、调解等方式对族人的纠纷加以调处，将族内纷争及时加以消除，以恢复和维持宗族内部社会秩序的和谐与稳定。但另一方面，徽州宗族又对富欺贫、强凌弱、尊凌卑、众暴寡、少犯长、邪害正等危害或破坏宗族社会秩序的族人实施惩罚，以控制宗族内部的社会秩序。

在祁门境内，清同治《祁门武溪陈氏宗谱》所载《新编凡例》云：

---

① 嘉庆《黟县南屏叶氏族谱》卷一《祖训家风·和宗族》。
② 乾隆《绩溪上川明经胡氏宗谱》卷一《明经胡氏家规十二条·睦亲党》。

> 吉凶庆吊之际，酒筵之间，尊卑有分，上下相安，不可以贵凌贱，以众暴寡，以尊辱卑，以强欺弱，有此者，众罚之①。

该族主张对"以贵凌贱，以众暴寡，以尊辱卑，以强欺弱"等破坏宗族社会秩序的人实施惩罚。

在绩溪境内，清宣统《（绩溪）华阳邵氏宗谱》所载《新增祠规》云：

> 族中以强欺弱，倚众暴寡，恃尊凌卑，以幼犯长，靠富欺贫，捏故占产，诬人名节，挑弄是非，唆讼滋事，盗窃损物，以及一切犯法违理不平之事，凡此恶习最为大害，准被害者禀祠，亟应会众研究。实则由祠示罚，令向祖前焚香谢罪，酌量情节轻重，轻则罚洋五元，重则二十元充公。如所禀属虚，即照此例反坐，以惩诬害。倘不受罚，由祠呈官究治，庶得稍挽敝风，免玷祖先②。

该族主张对"以强欺弱，倚众暴寡，恃尊凌卑，以幼犯长，靠富欺贫，捏故占产，诬人名节，挑弄是非，唆讼滋事，盗窃损物"等破坏族内社会秩序的人，根据情节轻重实施惩罚。

二、明清徽州宗族内部的生活方式控制

明清时期，徽州宗族对族人的职业选择、婚丧嫁娶、衣食住行、闲暇娱乐、行为举止、社会交往（扩大至族际交往）等生活方式的各个方面都有所规范与控制。

（一）职业控制

明清时期，徽州宗族一般皆要求族人务本业，反对族人游手好闲、不务正业、从事贱业。此处所谓"本业"，主要是指士、

---

① 同治《祁门武溪陈氏宗谱》卷一《新编凡例》。
② 宣统《（绩溪）华阳邵氏宗谱》卷首《新增祠规》。

农、工、商四种职业,也就是传统社会中所谓的"正业",而"贱业"则是指上述四种职业以外损害宗族脸面的所谓低贱职业。明清时期,徽州宗族往往通过族规家法的制定和执行等途径,对族人的职业选择和职业规划进行规范和控制。

1. 要求族人从事四民正业、勤修职业

明清时期,徽州宗族往往将务本业即从事四民正业视为宗族生存的重要条件,如在祁门平里胡氏宗族内部,"当明季时,有懋敬者,一堂五代,亲见一百零八丁,可谓盛矣。今则仅十余人,一族之盛衰,虽随世运转移,而培植生产,务本业,厚教化,尤为重要"①。在该族看来,从事士、农、工、商等本业是决定宗族盛衰存亡的重要因素之一。平里胡氏的择业观念在明清徽州宗族社会中具有相当程度的代表性,可以视为这一时期徽州宗族职业观的一个缩影。

在歙县境内,清乾隆《重修古歙东门许氏宗谱》所载《许氏家规》之"各治生业"条云:

> 生业者,民所赖以常生之业也。《书》之所谓厚生,文正之所谓治生,其事非一而所以居其业者有四,固贵乎专,尤贵乎精,惟专而精,生道植矣。士而读期于有成,农而耕期于有秋,工执艺期于必售,商通货财期于多获,此四民之业,各宜治之以生者也。上而赋于公,退而恤其私,夫是之谓良民。出乎四民之外而荡以嬉者,非良民也,宜加戒谕②。

该族要求族人选择士、农、工、商等正业,勤于治生,并力求做到既专又精。

清道光年间,歙县蔚川胡氏宗族所订《规条》指出:

> 四民职业,立身成家之本。天姿秀美者,读书得名,邦家之光,宗族之荣。次则力田,丰年亦农夫之庆。又次执艺营生,挟赀贸易。
>
> 所谓四民,职业也。为父兄者,各因其材,慎择师

---

① 民国《祁门县志·氏族考·平里胡氏》。
② 乾隆《重修古歙东门许氏宗谱》卷八《许氏家规·各治生业》。

友,毋从匪彝。为弟子者,务宜专精其业,重望成名①。
该族将士、农、工、商视为立身成家的根本,要求族人根据自身实际选择职业,并做到勤修职业、专精其业。

而清宣统《古歙义成朱氏宗谱》所载《朱氏祖训》之"专务本业"条关于族人职业选择的认识和体会,则在明清徽州社会中具有一定的典型性:

> 民之业有四,民之职有九,而天下断无无事之民,故虽闲民亦未必无所事事。然而,心专者自入巧,艺多者断不精,此又一人当习一事,而知不器之君子为难能。吾等山僻庄居,大概农夫多、樵子多,若稍为俊异,又为服贾他乡者多,工艺亦间有之,而惟诗书之士不多。观此,《管子》所谓"士之子恒士,农之子恒农"者欤!夫民之业既分,则必各事其事,而后其事理;亦必各功其功,而后其功成。俗语曰:"行行出状元",言乎居业者造其极,即莫与争能也。使浮慕于其外,谓此业不足为,辄见异而思迁,恐迁之又不足为,是谓不安分。使浅尝于其中谓此业不能为,每偶涉而即止,既止矣,更何能为?是谓不成器。人而不安分、不成器,尚得谓为人乎哉?譬如,为士者谓士人,为农者谓农人,为工商者谓工人、谓商人,极之秋之奕人,扁以医人,皆习一技以专家,而千百世后犹得指其人而目之为圣手、为贤师,岂必学道之君子乃可与为圣贤哉!使学道而不专其业,仍不如一材一艺之所习者,录其功能,犹得称奇焉,殊卓卓也。故无论所托为何业,业所业,即无庸负所业,斯其人以一业成,衣之食之均有藉也;无论所任为何职,职尔职,绝不敢旷尔职,斯其人不以一职限,而制之作之,迁地皆能良也。盖天生是人,必有以置乎是人,彼所爱之业皆天之业之也,所居之职皆天之职之也。人可违天哉?天行固健也,使

---

① 民国《(歙县)蔚川胡氏家谱》卷二,道光二年《规条·劝职业》。

> 违天而游手好闲,乃自弃于天,而非天之所不容者哉①!

该族要求族人选择从事士、农、工、商正业,强调族人要勤修职业、精通本业,做到专、精结合;认为只要族人从事的是正当行业并尽心去做,就能达到"行行出状元"的目的。

在休宁境内,明万历《休宁范氏族谱》所载《林塘宗规》云:

> 士农工商,各习所业,安生理,以遵圣谕,乃祖宗垂训大要。四民之外俱属异端,家法所禁②。

该族要求族人选择从事士、农、工、商四种职业,认为这是"遵圣谕"即遵从明太祖朱元璋圣谕六条的需要,将士、农、工、商四种职业之外的一切行当皆视为异端,并通过制定相关的宗族法规加以禁止。

该族成员昤云府君曾制定怡乐堂家规,要求族人力行本业,"士勤诗书,农勤稼穑,工勤造作,商勤经营";并戒谕族人:"凡吾门子弟,士农工商,各勤其业;长幼内外,各守其礼。苟或疏违,有家法在。"③通过族规家法的制定与执行,来对族人的职业进行规范和控制。

明崇祯年间,休宁古林黄氏族人黄文明所订《祠规》之"职业当勤"条指出:

> 四民所业不同,皆是本职。惰则废,勤则修。内而父母妻子之倚赖,外而族里亲知之谈柄,可不勉哉!故士先德行,切勿因读书识字,遂玩法舞文,颠倒是非。青衿不可出入衙门,仕宦不得贪贿贴玷,即农工商贾俱不得息事偷安,冶游荡费④。

该族要求族人以士、农、工、商为本业,勤于职业,遵守职业道德。

---

① 宣统《古歙义成朱氏宗谱》卷首《朱氏祖训·专务本业》。
② 万历《休宁范氏族谱·谱祠·林塘宗规》。
③ 万历《休宁范氏族谱·谱祠·怡乐堂家规》。
④ 乾隆《休宁古林黄氏重修族谱》卷首下《祠规·职业当勤》。

清雍正《(休宁)茗洲吴氏家典》所载《家规》云：

> 举业，发圣贤之理奥，为进身之阶梯，须多读经书，师友讲究，储为有用，不得冒名鲜实，不得纷心诗词，及务杂技，令本业荒芜①。

该族要求子弟认真习读经书，从事举业，并做到心无旁骛。

对不能读书而又无田可耕的子弟，该族提出要引导他们从事商业，并为其从商创造必要的条件：

> 族中子弟不能读书，又无田可耕，势不得不从事商贾，族众或提携之，或从它亲友处推荐之，令有恒业，可以糊口，勿使游手好闲，致生祸患②。

该族强调族人在士、农之业无望的情况下，应以选择从事商业经营作为谋生的手段。

在婺源境内，明成化年间，严田李氏族人李珠，"遇乡之子弟有不务生理者，即诲之曰：人以治生为先务，夙夜不起，日无恒功；春日不耕，秋无蓄积；幼时不学，老无闻知。因而知改者十常八九"③。该族通过教化的方式劝诫乡族子弟勤于治生，各安生理，收到了积极的成效。

清道光《婺源长溪余氏正谱》卷首《戒逸》云：

> 士农工商，庶民各居，农勤于耕，商勤于途，工勤绳墨，士勤典谟。惰业嬉游，流为下愚，日无所事，闲民之徒，食饱煖衣，禽兽不如，忘善作恶，谁之过欤，心逸日休，何如读书④。

该族要求族人勤修士、农、工、商正业，切戒无所事事。

在黟县境内，清嘉庆《黟县南屏叶氏族谱》所载《祖训家风》之"安生业"条云：

> 族中子弟，士农工商，各有恒业，非年高稚弱及有

---

① 雍正《(休宁)茗洲吴氏家典》卷一《家规》。
② 雍正《(休宁)茗洲吴氏家典》卷一《家规》。
③ 民国《(婺源)星江严田李氏宗谱》卷一《家传》。
④ 道光《婺源长溪余氏正谱》卷首《戒逸》。

事羁留而在家闲游者,老成必督责焉①。

该族要求族人从事士、农、工、商正业,反对族人游手好闲,并要求族中老成之人对在家闲游无业者予以督责。

在绩溪境内,清光绪《绩溪县南关许余氏惇叙堂宗谱》所载《家训》之"务正业"条云:

> 在后世子孙必务正业,正业止有士、农、工、商四条路。至于地理医道,虽非邪术,恐学之不精,误人不少,切不可图其事之安逸而轻学以害人,受人饮食财物而反害人,不如乞丐②。

该族要求族人选择士、农、工、商正业,戒学地理(风水)医道之术。

清光绪《(绩溪)梁安高氏宗谱》所载《高氏祖训》之"兴文教"条云:

> 四民皆是正业,然不读书则不知礼义,故凡为农、为工皆当读书,虽不望成名,亦使粗知礼义,不至为非。至于子弟佳者,则为之读书,使家贫无力,宗族宜加意培植,盖族内有读书人,则能明伦理,厚风俗,光前而裕后,其关系非浅,又不但科第仕宦为宗族光已也③。

该族强调通过读书、受教育等途径,为族人从事本职工作提供必要的知识基础。

清宣统《(绩溪)华阳邵氏宗谱》所载《新增祠规》指出:

> 吾族贫瘠当勤树艺,查闽省有地瓜,川省有石绵,山左有美绵,浙江有茶子,皆易种而多获。如此等类,宜访觅教种,俾通族之人皆得地利以裕生计,将见事畜有资。稍知自爱者必不肯为非,且游闲无业之辈,尽纳之于树艺之中,一切弊害不革自除,易浇漓而归

---

① 嘉庆《黟县南屏叶氏族谱》卷一《祖训家风·安生业》。
② 光绪《绩溪县南关许余氏惇叙堂宗谱》卷八《家训·务正业》。
③ 光绪《(绩溪)梁安高氏宗谱》卷十一《高氏祖训十条·兴文教》。

仁厚,庶足以光一族,仰对祖先①。

该族规劝族人勤树艺,积极从事农业生产,并认为选择从事农业生产,可消除族人的游闲失业,解决族人的就业问题。

2. 强调家长对子弟进行职业规划和职业教育

明清时期,徽州宗族十分重视对其成员进行职业规划和职业教育,并在进行职业规划时对士、农、工、商各业确定一个先后主次的顺序。对此,明末歙县知县傅岩曾指出:"徽俗训子,上则读书,次则为商贾,又次则耕种。"②于此可见,读书为上、商贾为次、耕种又次已经成为明清时期徽州宗族社会中长期传承的一种民俗。大量事实表明,对于子弟的职业选择和职业教育,徽州宗族往往强调根据其资质差异等实际情况的不同而予以有区别的对待。

在歙县境内,清雍正《歙县潭渡孝里黄氏族谱》所载《家训》之"教养"条云:

> 若二十岁以外学业无成者,令其学习治家理财之方,其向学有志者,勿拘此例③。

该族强调以科举仕宦为第一选择,对子弟学业无成、科举无望者则教以治家理财的方法,使他们掌握谋生的手段。

在休宁境内,清雍正《(休宁)茗洲吴氏家典》所载《家规》规定:

> 子孙自六岁入小学,十岁出就外傅,十五岁加冠入大学。当聘致明师训饬,必以孝弟忠信为主,期底于道。若资性愚蒙,业无所就,令习治生理财④。

该族强调根据"资性"对族人进行职业规划和教育,主张以读书科举为上,对学无所成的子弟,教以治生理财的谋生手段。

在绩溪境内,明正德年间,南关许余氏宗族所订《惇叙堂旧

---

① 宣统《(绩溪)华阳邵氏宗谱》卷首《新增祠规》。
② (明)傅岩:《歙纪》卷五《纪政迹·修备赘言》。
③ 雍正《歙县潭渡孝里黄氏族谱》卷四《潭渡孝里黄氏家训·教养》。
④ 雍正《(休宁)茗洲吴氏家典》卷一《家规》。

家规》之"严谨训诲"条规定：

> 子弟七岁以上则入小学，从师读书习礼，收其放心，养其德性，使知孝弟忠信礼义廉耻之事。其聪明者，使之业儒，其[期]于有成，以光大门闾。其庸下者，亦教之以农工商贾，各事生业，不得游手好闲①。

该族强调家长应根据子弟"聪明"、"庸下"等资质的不同，对其进行职业规划，为其提供基本的职业教育，让他们拥有一份相对固定的职业。

清宣统《(绩溪)华阳邵氏宗谱》所载《新增祠规》指出：

> 中人之性，得教则习于善，失教则流于恶，为父兄者各宜督之，使归于仁厚，各习一业，切不可听其游手好闲、烟赌酗酒，以入不肖之途②。

该族强调父兄家长应对子弟进行必要的职业规划和职业引导。

此外，清光绪《徽州彭城钱氏宗谱》所载《家规》之"务正业"条规定：

> 士农工商，各有一业，子弟年长，不可任其游荡，流于匪类。使之各执一艺，以为终身衣食之资。谚云：卖田卖地难卖手艺。为父兄者，不可不早为之计也③。

该族强调父兄家长要为子弟的职业早作规划。

该族还要求父母对子女"尤必戒导督责，毋容放荡。视其材质高下，随其材器而造就之可耳"④。强调家长应根据子弟"材质高下"进行职业规划和培养。

清光绪《三田李氏宗谱》所载《家规》之"训子姓"条云：

> 子弟年过二十或三十以外，学问不就者，则令治

---

① 光绪《绩溪县南关许余氏惇叙堂宗谱》卷八，正德十三年《惇叙堂旧家规十条·严谨训诲》。
② 宣统《(绩溪)华阳邵氏宗谱》卷首《新增祠规》。
③ 光绪《徽州彭城钱氏宗谱》卷一《家规·务正业》。
④ 光绪《徽州彭城钱氏宗谱》卷一《家规·笃义方》。

家理事,不可居无职业,游荡自恣,违者,罪其父母①。

该族强调父母应对子弟进行必要的职业规划。

除男子外,女性是明清时期徽州宗族中的另半边天。这一时期,许多徽州宗族重视对本族女子进行职业教育和培训,如明正德年间,绩溪县南关许余氏宗族所订《惇叙堂旧家规》之"严谨训诲"条规定:

> 至于女子,必教之以谨言慎行,精于女工,勤于纺绩,使知布帛之艰难。饮食祭祀,虽非所事,亦可预知,他日适人必执妇道②。

该族要求对本族女子进行女工纺绩、饮食祭祀等日常生活技能的教育与培训,使她们掌握一些基本的生产生活本领。

3. 严禁族人从事贱业、恶业,对从事贱业、恶业者施以惩罚

在明清徽州宗族的惯性思维中,僧道、吏胥、屠竖、地保、娼优隶卒、医卜星相等职业或行业,是遭人鄙视唾弃的所谓贱业、恶业、邪道,故而各宗族多在族规家法中制定相关条款予以严禁,对子弟从业者施以惩罚。

在歙县境内,明末,知县傅岩在对境内民情风俗进行调查后指出:

> 打行赌博、奸淫教唆之风日炽,打行近盗,赌博近贼,奸淫近杀,教唆近刑,此恶业也。虽是本性愚昧,为人引诱,总由父母从婴孩时失于教训③。

在傅岩看来,宗族子弟为人引诱而从事打行赌博、奸淫教唆等恶业,其主要根源之一在于为父母者从小疏忽了对子女的教育所致,强调父母应从小即对子女进行教育和控制。

清雍正《歙县潭渡孝里黄氏族谱》所载《家训》之"教养"条规定:

---

① 光绪《三田李氏宗谱》卷末《家规·训子姓》。
② 光绪《绩溪县南关许余氏惇叙堂宗谱》卷八,正德十三年《惇叙堂旧家规十条·严谨训诲》。
③ (明)傅岩:《歙纪》卷五《纪政迹·修备赘言》。

> 子弟毋使习学吏胥,以坏心术。虽当贫乏,不得令入寺观为僧为道,自斩嗣续①。

该族禁止族人习学吏胥、为僧道,从事低贱职业。

清道光年间,蔚川胡氏宗族所订《规条》云:

> 倘职业不习,四民无与,好游荡,交匪类,败家声,是父兄之教不先,而子弟之率不谨也,初则戒惩,再则削逐②。

> 至于不务生理,哄人嫖赌,破人财产,起灭兴贩,窃盗诈伪等类,律有明条,官法甚严,切宜谨戒③。

该族强调对不习四民职业、结交匪类、从事窃盗诈伪等贱业、恶业者,初犯则予以戒惩,屡教不改的,则给予削逐出族的严厉惩罚。

在休宁境内,明万历《休宁范氏族谱》所载《统宗祠规》之"职业当勤"条规定:族人应选择士、农、工、商为职业,"不得越四民之外,为僧道,为胥隶,为优戏,为椎埋屠宰等件。犯者,即系故违祖训,罪坐房长"④。当族人从事僧道等贱业时,要对负有教育责任的家长施以惩罚。

清雍正《(休宁)茗洲吴氏家典》所载《家规》云:

> 子孙毋习吏胥,毋为僧道,毋狎屠竖,以坏乱心术,当时以仁义二字铭心镂骨,庶或有成⑤。

该族禁止族人从事吏胥、僧道、屠竖等贱业。

在祁门境内,明隆庆《(祁门)文堂乡约家法》规定:

> 每会行礼后,长幼齐坐,晓令各户子姓各寻生业,毋得群居博奕燕游,费时失事,渐至家业零替,流于污下,甚至乖逆非为等情。本户内人指名禀众,互相劝

---

① 雍正《歙县潭渡孝里黄氏族谱》卷四《潭渡孝里黄氏家训·教养》。
② 民国《(歙县)蔚川胡氏家谱》卷二,道光二年《规条·劝职业》。
③ 民国《(歙县)蔚川胡氏家谱》卷二,道光二年《规条·树行检》。
④ 万历《休宁范氏族谱·谱祠·统宗祠规·职业当勤》。
⑤ 雍正《(休宁)茗洲吴氏家典》卷一《家规》。

戒，务期自新。如三犯不悛，里排公同呈治①。

在该族举行乡约会时，告诫族中子弟各寻生业，不得游手好闲，费时失事，从事贱业。对违犯宗族法不听劝阻者，由里甲排年禀呈官府予以严治。

在黟县境内，清嘉庆《黟县南屏叶氏族谱》所载《祖训家风》之"饬风化"条规定：

> 子弟不为优隶，不充当地保，违者斥逐②。

该族强调对于充当优隶、地保的族人，给以斥责和驱逐出族的惩处。

在绩溪境内，清光绪《(绩溪)梁安高氏宗谱》所载《高氏祖训》之"守正业"条指出：

> 人家子弟，无论贫富智愚，皆不可无业，无业便是废人。又不可不守正业，不守正业便是莠民。正业不外士、农、工、商，因材而笃皆可成家立业，安可自甘污贱，为娼优隶卒，以玷辱门庭。至于医卜星相，虽非邪术，亦不可轻学，盖其术不精，因而误人惑人，则亦非正道矣③。

该族将正道正业与邪道贱业进行职业对比，规劝族人走正道、守正业，严禁从事娼优隶卒等贱业。

由上可见，职业规划和职业选择已成为明清时期徽州族人生命历程中的重要内容之一。这一时期，徽州宗族从各个方面对其成员的职业规划和职业选择进行积极的干预和控制，并形成所谓是非、善恶、好坏等较强的价值取向和价值判断，这是其内部事务管理与控制功能得到进一步强化的体现。从客观效果讲，徽州宗族要求族人从事四民正业，勤修职业；强调家长对子弟进行职业规划和职业教育；反对族人从事贱业、恶业，对从事贱业、恶业者施以惩罚等职业控制措施，对于促进这一时期

---

① 隆庆《(祁门)文堂乡约家法·文堂陈氏乡约》。
② 嘉庆《黟县南屏叶氏族谱》卷一《祖训家风·饬风化》。
③ 光绪《(绩溪)梁安高氏宗谱》卷十一《高氏祖训十条·守正业》。

徽州宗族社会经济文化的持续发展和繁荣起到了一定的积极作用。但毋庸讳言,选择士、农、工、商四业固然是无可非议的正当之途,但鄙视和排斥士、农、工、商之外的一些正当职业和行业的观念则是不可取的,这是封建社会中一些落后的价值观念在明清徽州宗族社会中的折射和反映,是时代的局限使然。

(二)婚姻控制

在封建宗法社会中,婚姻的本质是为了传宗接代,是宗族的行为。诚如《礼记正义》所云:"昏姻者,将合二姓之好,上以事宗庙,而下以继后世也。"由于婚姻是宗族的基础,事关重大,因而受到宗族的极大关注,明清时期,徽州宗族即从多个方面对族人的婚姻行为予以规范和控制。

1. 择配标准

明清时期,徽州宗族多在族规家法中对族人婚姻的择配标准进行规范,一般皆强调门当户对、良贱不婚、同姓不婚,反对婚嫁论财、卖女为妾及指腹为婚。此外,徽州宗族还强调婚配对象的个人素质等条件。上述婚配方面的一系列规范,特别是其中的禁止性规定,对于礼俗环境下的普通族人具有较强的约束和控制作用。

在歙县境内,"婚配论门户,重别臧获之等。即其人盛资富厚行作吏者,终不得列于辈流"[①]。明清时期,当地婚姻强调门当户对及良贱不婚。

清乾隆《重修古歙东门许氏宗谱》所载《许氏家规》之"男女婚嫁"条指出:

> 婚姻嫁娶,以及时为贵,方聘定许配之初,尤宜慎择,必其年相若而德相似也。上世以来专尚阀阅,阀阅相宜,贫可也,吾不能厚而亦不责人之厚也。阀阅非宜,虽富不可也,吾以厚望之而彼将以厚责之。所谓婚姻论财之俗,既辱门第,又取讥笑,惟求其富,不

[①] 许承尧撰,李明回等校点:《歙事闲谭》卷十八《歙风俗礼教考》,下册,合肥:黄山书社,2001年,第605页。

论阀阅,今时之弊也。吾岂愿族人而有是哉?戒之慎之①。

该族强调婚姻要门当户对、阀阅相宜,反对婚姻论财。

清道光年间,蔚川胡氏宗族所订《谱例大纲》规定:

> 婚姻乃伦常之大,嫁娶宜严,不论贫富,贵择门第②。

该族强调婚姻应重视门第,坚持门当户对。

清乾隆年间,桂溪项氏宗族修谱"凡例"云:

> 婚姻为万福之原,礼所最重,名分宜严③。

该族强调婚姻应重视门当户对等名分要求。

在休宁境内,"邑中姓多故族,世系历唐宋以来,两姓缔盟,必数百年昏姻之旧。倘族类异等,即家巨万、列朝绅,寨修不得通好焉。一或滥盟,举宗群然摈之"④,"择妇必选名门,贫富在所勿论"⑤。明清时期,当地世婚制盛行,大族之间结成世代婚姻。在婚姻过程中,重视门当户对及良贱不婚。

清雍正《(休宁)茗洲吴氏家典》所载《家规》规定:

> 昏姻必须择温良有家法者,不可慕富贵以亏择配之义。其豪强逆乱、世有恶疾者,不可与议⑥。

该族重视择配对象的家教、品质,反对婚嫁论财。

在婺源境内,明万历年间,萧江氏族人江一麟所订《祠规》之"慎嫁娶"条规定:

> 凡嫁娶须择门第相等并父母性行醇笃者,方许结婚。毋贪厚奁重费,毋为鬻骨重索,惟求婿妇得人,自

---

① 乾隆《重修古歙东门许氏宗谱》卷八《许氏家规·男女婚嫁》。
② 民国《(歙县)蔚川胡氏家谱》卷二,道光二年《谱例大纲》。
③ 嘉庆《歙县桂溪项氏族谱》卷首《凡例》,附《(乾隆)庚辰谱凡例》。
④ 万历《休宁县志》卷一《舆地志·风俗》。
⑤ 雍正《休宁孚潭志》卷三《风俗》。
⑥ 雍正《(休宁)茗洲吴氏家典》卷一《家规》。

可相安,克昌家道①。

该族要求婚姻应重视门第相当,重视联姻双方当事人及其父母家人的品质,不得贪财。

清道光《婺源长溪余氏正谱》所载《祖训》云:

> 娶妇须择其贤,嫁女须佳婿方许,毋以贫富计利,亦不得以女许配贱性[姓]及娶贱姓之女②。

该族重视婚配对象的个人条件,反对良贱为婚。

在祁门境内,明万历年间所修方志"风俗"条云:"婚姻论门第,辨别上中下等甚严。"③重视门第相当,坚持良贱不婚。

清同治《祁门武溪陈氏宗谱》所载《新编凡例》云:

> 婚姻嫁娶,必择门当户对,不可久图富贵而违婚礼,又不可与下贱为婚以玷辱宗祖也。各宜慎之④。

该族强调婚姻应坚持约定俗成的礼仪制度——"婚礼",应重视门当户对,反对婚嫁论财,坚持良贱不婚。

清咸丰年间,该县历溪王氏宗族内部订立的《同心合文契》,则为我们提供了一个徽州宗族严厉打击婚嫁越轨者的生动事例:

> 立同心合文人王福寿公秩下洪锦等,原身族自四世祖卜居历溪,一脉流传,清白传家。《王氏统宗谱》载明:义子异姓不得紊乱宗支,婚姻不缔于不重之门。祖规森严,谁敢逆犯。今我族合修宗谱告成在即,逆裔(王)清池抱来异姓之子,业已控告在案,不能入谱;至缔婚于不重之门,前圣玑结婚于汤姓,众心不服,遭[造]成人命,累死数人,祖祀神会败尽,前车可鉴。况合都四村公立合文,杜禁结婚于不重之门。今我族

---

① (明)江一麟《祠规·慎嫁娶》,万历《萧江全谱》信集《附录》五卷《贞教第七》。
② 道光《婺源长溪余氏正谱》卷首《祖训》。
③ 万历《祁门县志》卷四《人事志·风俗》。
④ 同治《祁门武溪陈氏宗谱》卷一《新编凡例》。

(王)际旸等各自数家,恃强不遵,复娶于张、汤二姓,以致大众议论旸等诣祠削除,不载入谱,固是美举。身等诚恐伊等狼心莫测,事后生波,凡我同人不得不预立章程。伊等如有恃强逞凶等事,大家俱要入局,不得退缩。推重一人,其费用尽系中秋神会出备,不得累及出身之人。禀案者务要同心协力,不得临事退缩。敷合者务要费用随时,不得推故短见。讼完之日,誓神交帐。今立同心合文一样三纸,同人合一,两祠各收一纸,出身人收一纸,存照。

  咸丰六年九月初二日 立同心合文人王福寿公秩下洪锦、修耀、修齐……计二十四人①

历溪王氏宗族严格坚持"婚姻不缔于不重之门"即良贱不婚的原则,对于和小姓缔结婚姻的族人,实行族谱除名的惩罚。在此过程中,宗族社区内的各姓宗族"合都四村公立合文,杜禁结婚于不重之门",采取了联手打击的策略。为了防范缔婚于小姓的婚嫁越轨者"事后生波",该族还为以后发生诉讼等事项预先订立了相关章程,以示决心。

在黟县境内,清乾隆年间所修方志"风俗"云:"婚配论门第,重别臧获之等,即其人盛赀厚富行作吏者,终不得列于辈流。"②当地婚姻强调门第相称,坚持良贱不婚。

在绩溪境内,清乾隆年间所修方志"风俗"云:"婚娶论门第,治袿裳装具,量其家以为厚薄,重别臧获之等。"③当地婚姻强调门第相当,反对婚嫁论财,主张良贱不婚。

清光绪《(绩溪)梁安高氏宗谱》所载《高氏祖训》之"正婚姻"条指出:

  男女居室,人伦之始,要门户相当,家风清白。

  娶妻求淑女,不要美色,不图厚奁;嫁女择佳婿,

---

① 《同心合文契》,转引自张海鹏、王廷元主编:《明清徽商资料选编》,合肥:黄山书社,1985年,第32页。
② 乾隆《黟县志》卷二《风俗》。
③ 乾隆《绩溪县志》卷一《方舆志·风俗》。

莫结势豪,莫贪厚聘①。

该族强调婚姻嫁娶应重视门当户对及婚配对象的个人条件。

该族还规定:

> 至同姓不婚,我高氏曾以胡姓入继,故高、胡永不为婚。后有入继者,当永以为法,不可隐匿,违悖祖训②。

> 本族自胡姓,以甥继舅,则高、胡不婚,子孙永以为法③。

作为同姓不婚原则的一种延伸,该族曾因以胡姓入继,强调高、胡永不为婚。

清乾隆《绩溪上川明经胡氏宗谱》所载《胡氏家规》之"重婚姻"条云:

> 又有于襁褓时轻许为婚,并有指腹为婚者,及其既长,或因家贫,或因恶疾,以致退悔连狱者多矣。今后男女为婚,俟其长,虽曰天合,庶无后悔④。

该族反对襁褓时轻许为婚及指腹为婚的恶俗。

此外,清光绪《三田李氏宗谱》所载《祖训》之"谨嫁娶"条指出:

> 古者男女之族各择德焉,不以财为礼,故男婚女嫁必于名门素有家教者以偕伉俪。若彼强暴污乱及世有恶疾者,毋与议焉。尤不可贪利,将女字下户。使慕一时之财,而以女字下户,纵人言不足恤,则祖宗九原之下能毋恫乎!凡我后人,敬之慎之⑤。

该族反对婚嫁论财,坚持良贱不婚。

---

① 光绪《(绩溪)梁安高氏宗谱》卷十一《高氏祖训十条·正婚姻》。
② 光绪《(绩溪)梁安高氏宗谱》卷十一《高氏祖训十条·正婚姻》。
③ 光绪《(绩溪)梁安高氏宗谱》卷一《书法》。
④ 乾隆《绩溪上川明经胡氏宗谱》卷一《明经胡氏家规十二条·重婚姻》。
⑤ 光绪《三田李氏宗谱》卷末《祖训·谨嫁娶》。

明清时期,徽州宗族十分重视通过强制性惩罚手段对违反婚礼婚俗规定、损害宗族尊严和利益的族人予以惩治,希望通过严厉处罚的方式,以实现对宗族婚姻的控制,达到宗族的理想预期。

在休宁境内,明正德《新安休宁长垄程氏本宗谱》所载《凡例》云:

> 嫁娶,厚人伦也。自今男女婚姻务求故旧,今后若嫁者不计良贱,两家不许往还。若娶者不计良贱,女流不与会礼①。

该族主张对婚嫁不计良贱者予以一定的处罚。

在婺源境内,明万历年间,萧江氏族人江一麟所订《祠规》之"慎嫁娶"条规定:

> 其有卖女为妾,贻辱家门,竟削本枝,不许入祠②。

该族对卖女为妾之人予以族谱削除世系并革出祠堂的处罚。

明隆庆《(婺源)余氏统谱》所载《凡例》指出:

> 婚姻,礼之大者。其娶妇弱吾家者,先贤有训,在所当遵。如嫁女于下贱,则匪惟上玷宗祖,而门祚衰微实自此始。本人名下明注其事,更不复载其支派,所以重婚姻也③。

该族主张将因嫁女于下贱之辈而损害宗族尊严和脸面的族人,在族谱中削除世系。

在歙县境内,清雍正《歙县潭渡孝里黄氏族谱》所载《家训》之"修齐"条指出:

> 婚姻乃人道之本,必须良贱有辨,慎选礼仪不愆、温良醇厚、有家法者,不可贪财慕色,妄偶滥配,聘娶

---

① 正德《新安休宁长垄程氏本宗谱·凡例》。
② (明)江一麟《祠规·慎嫁娶》,万历《萧江全谱》信集《附录》五卷《贞教第七》。
③ 隆庆《(婺源)余氏统谱·凡例》。

优伶臧获之女为妻。违者,不许庙见①。

该族强调婚姻按照宗族既定礼法进行,对违背相关礼法者实施惩罚。

清道光年间,蔚川胡氏宗族所订族规之"重婚姻"条认为:

> 婚姻,宗族之门楣所系至重,故婚娶者不但取其阀阅,尤当择良善。有家教人家,则妇之事舅姑必孝,事丈夫必敬,自不肯毁行辱身以违姆训。若豪强、逆乱、刑人、恶疾之家,其女多非柔顺,鲜有不欺丈夫而傲舅姑者,断不可轻结丝萝。族女字人,不第求其胜吾家者,更须选觅佳婿而归之,庶女终身仰望。苟利其赀财,以致阀阅不称、良贱不伦者,众议罚其改正,违则削其宗系②。

该族强调对于婚配阀阅不称、良贱不伦者,先罚其改正,违反不改者,削其世系。

在绩溪境内,清乾隆《绩溪上川明经胡氏宗谱》所载《胡氏家规》之"重婚姻"条指出:

> 倘有不肖子弟贪财灭义,不别清污,如娼优隶卒等类,妄为结纳,玷污宗祊者,宗众当令其改适。
> 迩来一种陋俗,或兄接弟妇,弟接兄妻,皆败常坏俗,族长当严戒之③。

该族主张对婚姻行为中贪财灭义、不别清污者,强令其解除婚约;对于婚姻行为中败坏伦常风俗之人,则由族长加以严戒。

清宣统《(绩溪)华阳邵氏宗谱》所载《新增祠规》规定:

> 至婚姻嫁娶须择阀阅相当者,不可下配匪伦,致辱祖先。违者,即不得入祠④。

---

① 雍正《歙县潭渡孝里黄氏族谱》卷四《潭渡孝里黄氏家训·修齐》。
② 民国《(歙县)蔚川胡氏家谱》卷二,道光二年《规条·重婚姻》。
③ 乾隆《绩溪上川明经胡氏宗谱》卷一《明经胡氏家规十二条·重婚姻》。
④ 宣统《(绩溪)华阳邵氏宗谱》卷首《新增祠规》。

该族主张将婚配良贱不伦者革出祠堂。

此外,清光绪《徽州彭城钱氏宗谱》所载《家规》之"正婚姻"条云:

> 凡嫁娶须择门楣相对、家世清白者,断不可草率了事,致辱门庭。违者,革出祠外①。

该族坚持门当户对、家世清白的婚配原则,主张将违反上述原则之人革出祠堂。

2. 婚龄

明清时期,徽州各宗族关于子弟结婚年龄的规定不尽相同,但多主张婚姻嫁娶要及时举行,不可过早或过迟。

清乾隆《重修古歙东门许氏宗谱》所载《许氏家规》之"男女婚嫁"条认为:"婚姻嫁娶,以及时为贵。"②该族强调婚配要及时举行。

清光绪《(绩溪)梁安高氏宗谱》所载《高氏祖训》之"正婚姻"条认为:"男婚不宜过早,女嫁不可太迟。"③该族强调婚姻要适时,既不可过早也不可过迟。

清光绪《三田李氏宗谱》所载《家规》之"家长"条规定:

> 子弟年二十以至三十,为家长者方可与毕婚,早则非特教之以偷,且或伤生,甚非细故④。

出于生理方面的考虑,该族要求族中子弟年龄在20岁以上方可结婚。

清光绪年间,鹤山李氏宗族所订《家典》认为:

> 古者男子三十而娶,女子二十而嫁,近世嫁娶多早,此中有关男女寿夭及子孙体气之强弱,现律亦有早婚之禁。愿我族人各体此意,斟酌适中行之⑤。

---

① 光绪《徽州彭城钱氏宗谱》卷一《家规·正婚姻》。
② 乾隆《重修古歙东门许氏宗谱》卷八《许氏家规·男女婚嫁》。
③ 光绪《(绩溪)梁安高氏宗谱》卷十一《高氏祖训十条·正婚姻》。
④ 光绪《三田李氏宗谱》卷末《家规·家长》。
⑤ 民国《黟县鹤山李氏宗谱》卷末《家典》。

出于族人生理和寿命方面的考虑,该族禁止早婚。

在婚配对象的德行和年龄之间,明清徽州宗族更看重德行,如清乾隆《绩溪上川明经胡氏宗谱》所载《胡氏家规》之"重婚姻"条认为:

> 婚姻者,人道之始,择德为上,论年次之,故凡议婚者,嫁女必胜吾家,娶媳视吾敌体①。

该族强调应优先考虑婚配对象的品德,再考虑其年龄因素。

(三)丧葬丧事控制

明清时期,徽州宗族一般提倡及时安葬死去的亲人,丧葬丧事节俭操办,要求丧葬丧事遵依以朱熹《家礼》为代表的儒家礼的规范,按照礼制举行,即这一时期的徽州宗族主要是利用礼来规范与控制丧葬丧事。

在歙县境内,清雍正《歙县潭渡孝里黄氏族谱》所载《家训》之"孝敬"条规定:

> 居丧则不得徇俗,不得用乐,不得效释老之法,若夫非礼禁忌尤为不可。其百日内不得饮酒食肉、安卧高坐,服未阕者不得谒客赴宴,及释服从吉,参预喜庆筵席②。

该族按照儒家礼的规范,对族人居丧期间的生活作了特别的安排,多为禁止性规定,对族人颇具约束和控制作用。

清乾隆《重修古歙东门许氏宗谱》所载《许氏家规》之"居丧吊丧"条认为:

> 居丧者,人子之不幸,而吊丧者,人情之不容已。古人每用赙仪,所以厚死丧之家,今人赙仪盖不受,而所以款吊丧者,深贻遭丧之累,其在我许尤甚。娶[聚]议有酒,三日有饭,送殡有饭,谢礼有酒,糜费不

---

① 乾隆《绩溪上川明经胡氏宗谱》卷一《明经胡氏家规十二条·重婚姻》。

② 雍正《歙县潭渡孝里黄氏族谱》卷四《潭渡孝里黄氏家训·孝敬》。

费,劳扰不堪,中家以下力竭于供亿。至于殡葬送死,
乃从薄,不亦见之左乎!承讹习舛,盖谓上世之所已
行,不可改也。殊不知礼以义起而亦可以义裁之也。
时俗于绢帛之类悉从节省,而款族人吊丧之费独不可
以裁革乎?今后居丧者不必勉强备此,而吊丧者亦不
必责人以此①。

该族强调族中各家庭居丧吊丧应以节省为主,裁革冗费,以减轻族人负担。

在休宁境内,明万历《休宁范氏族谱》所载《林塘宗规》指出:

> 送死大事,尤甚于养生,必葬之以礼,然后送死之
> 事始毕。徽俗拘溺风水,忍弃亲棺于厝地,富者贪穴
> 徼福延以岁月,贫者役志营生忘其根本,至有终其身
> 而不葬者,父母生子谓何?言之汗出,闻之酸心。今
> 请王坦厝基已满,疾风折树可虞,府县以孝教民,明文
> 催葬且急,各宜自省,称家有无,速行安葬,以毕人子
> 大事,庶食可下咽,寝可安枕耳。或厝后无子孙者,众
> 为瘗之②。

该族主张丧葬按照礼制举行,要求及时安葬,反对停丧不葬。

清乾隆《绩溪上川明经胡氏宗谱》所载《胡氏家规》之"慎丧葬"条云:

> 父母病革,正人子永诀之时。凡一应衣衾棺木,
> 必须亲手检点,竭力尽情,不使少贻后日之悔。……
> 乃今人每每高葬,以待卜地,竟有延之数十年而不葬
> 者。夫卜地不过为昌后计耳,然欲以祖父之骸骨为后
> 人获福之具,固已惑矣。至吉穴难逢,久之葬倾棺朽,
> 露骨抛骸,为人子孙又何忍也。嗣后凡有亲没者,即
> 当安葬,如必欲卜地,亦须急于寻求,早妥魂魄,毋得

---

① 乾隆《重修古歙东门许氏宗谱》卷八《许氏家规·居丧吊丧》。
② 万历《休宁范氏族谱·谱祠·林塘宗规》。

悠忽,以干不孝之罪①。

该族要求族人亲没不得过于迷信风水,刻意寻求吉穴,应当及时予以安葬。

此外,清光绪《三田李氏宗谱》所载《家规》之"谨丧事"条规定:

> 新丧之家,三日不举火,各房每日送粥一桶,素菜四盘,以给其子姓一日之食。
>
> 新丧家下男女,无外大小亲疏,俱要全家斋戒满七,孝子百日,虽有故出外亦然。其服制并依文公《家礼》。
>
> 临丧无分亲疏皆当尽礼,不得惑于阴阳之说,非礼拘忌,以乖大义。孝子服未阕者,不得闻乐赴宴②。

该族要求丧葬丧事按照朱熹《家礼》的原则和精神予以操办,不得违礼乖义。

清光绪《徽州彭城钱氏宗谱》所载《家规》之"重丧祭"条规定:

> 凡治丧祭之道,一遵文公《家礼》,衣食棺椁,称家无有。父母坟墓及时茔葬,毋惑于地理之说,以致停丧多年,不能入土,大罪恶极,惨不可言。至于祭祀必竭诚致敬,如在其上③。

该族强调按照朱熹《家礼》的相关设计和规定举行丧祭,要求族人亲没不得迷信风水,停丧不葬,而应及时安葬。

(四)生活消费控制

明清时期,徽州境内一方面物质资源及生产生活资源相对匮乏,另一方面,在迎神赛会、诉讼、婚嫁等方面徽人则形成了

---

① 乾隆《绩溪上川明经胡氏宗谱》卷一《明经胡氏家规十二条·慎丧葬》。
② 光绪《三田李氏宗谱》卷末《家规·谨丧事》。
③ 光绪《徽州彭城钱氏宗谱》卷一《家规·重丧祭》。

争胜浪费的传统,如在黟县境内,"俗喜淫祀,所趋事而尊崇者,不在祭法之列。其赛会迎送,互相较胜,不惜多金以彰其费"①,"嫁女、与人斗讼、为神会祈祷俳优之戏,则不惜破产縻费以相从事焉"②。此外,随着部分徽商经营事业的成功,他们也将外地许多奢侈浪费的生活习俗带回徽州。针对上述情况,徽州宗族从长远利益出发,在族规家法中多要求族人在生活消费方面做到崇尚勤俭节约,反对族人追求奢侈浪费的生活方式。

在歙县境内,清雍正《歙县潭渡孝里黄氏族谱》所载《家训》之"教养"条规定:

> 子弟……当思家业之成,难如升天,须以俭素是绳是准,不得与人炫奇斗胜,彼以其奢,我以吾俭。年未二十五者,衣皆布素,即使富贵高年,亦不得以绸帛为亵衣行缠等类,暴殄天物③。

该族要求族中子弟在生活消费方面,当思创业之艰难,以俭素为准绳,并对其所着衣装作出了详细规定。

该族还要求族人在与亲宾姻族交往过程中注意节俭:

> 若远客来访,当以诚意延款,虽至亲亦宜停宿外馆,命子弟照应茶汤灯火,点视床帐被褥,务要合宜,饮食但须洁净,不可过于丰腆[腆],以开奢华风气。即有喜庆之事亦不得广设筵席,肆意屠宰,以伤天和。至于姻族馈送,切不可过奢,亦不可过简,又不可视贫而加薄,因富而加厚④。

强调在"奢"与"简"之间坚持适中原则。

清道光年间,蔚川胡氏宗族所订族规之"训勤俭"条认为:

> 立身治家之道,莫要于勤俭。士勤读,农勤耕,女勤纺绩,不待言矣。然勤而不俭,虽勤无益也。如岁

---

① (清)尚祥卿《箴俗论》,康熙《黟县志》卷四《艺文》。
② 乾隆《黟县志》卷二《风俗》。
③ 雍正《歙县潭渡孝里黄氏族谱》卷四《潭渡孝里黄氏家训·教养》。
④ 雍正《歙县潭渡孝里黄氏族谱》卷四《潭渡孝里黄氏家训·修齐》。

> 时神会、宾客燕饮之类,虽在所不能免,然适中则可,若率从华艳饰观,适足以耗财而已。今凡庆吊往来之礼、酒酌筐篚之仪,即不可过鄙,总惟诚意为先,二篚亦可用享,苟竟尚浮华,反蹈文盛之弊。若庆吊宜行而傲惰无礼,又为村夫野子,宜勉之戒之①。

该族强调宗族内部的各项生活消费的开销应坚持勤俭原则,量力而行。

明代,该县郡城上北街毕氏族人毕可华,"性宽宏平恕,尝用善言勤俭举教乡族,人多化之"②。注意在日常生活中用勤俭的理念教化乡族,并收到了较好的效果。

在休宁境内,明万历《休宁范氏族谱》所载《统宗祠规》之"节俭当崇"条指出:

> 人生福分,各有限制,若饮食衣服、日用起居,一一朴啬,留有余不尽之享,以还造化,优游天年,是可以养福。奢靡败度,俭约鲜过,不逊宁固,圣人有辨,是可以养德。多费多取,至于多取不免奴颜婢膝,委曲徇人,自丧己志;费少取少,随分随足,浩然自得,是可以养气。且以俭示后,子孙可法,有益于家,以俭率人,敝俗可挽,有益于国③。

该族强调在生活消费方面注意节俭,有"养福"、"养德"、"养气"三大益处,从而有利于个人、宗族和国家。

然而,世人因为好门面、讲排场的缘故,往往不行节俭:

> 其弊在于好门面一念。始如争讼好赢的门面,则罄产借债,讨人情,钻刺不顾利害吉凶礼节。好富厚的门面,则卖田嫁女,厚赂聘媳,铺张发引,开厨设供,倡优杂遝,去鲜散帛,浪用绫纱。又如招请贵宾,宴新婿,与搬戏许愿,预修祈福,力实不支,设法应用,不知

---

① 民国《(歙县)蔚川胡氏家谱》卷二,道光二年《规条·训勤俭》。
② 正德《新安毕氏会通族谱》卷十《隐德志》。
③ 万历《休宁范氏族谱·谱祠·统宗祠规·节俭当崇》。

挖肉做疮,所损日甚。此皆恶俗,可悯可悲①。

该族告诫族人在日常生活消费方面,要摒除奢侈浪费的恶俗,以崇尚节俭为荣。

明崇祯年间,休宁古林黄氏族人黄文明所订《祠规》之"节俭当崇"条指出:

> 今人病痛在好装门面,一应吉凶礼节,开厨设供,演戏会客,浪费卖弄,饰人耳目,不知受损实多。且人生福分有限,于此可以养福,故与其不逊也,宁固。贤智者,士民之倡也,愿共我族挽之②。

该族告诫族人在日常生活消费方面,应崇尚节俭,远离浪费。

到了清乾隆年间,该族新订《祠规》之"厚风俗"条云:

> 奢俭之分,风俗攸关。今有余之家,类多穷奢极欲,昼夜呼卢长饮,期功之服不废丝竹,甚非所以崇美德、示将来也。乃更有长发皂衣,故炫新奇,如此流传,恐风俗难骤复于淳古,司祠者宜常训迪之③。

强调通过提倡节俭的生活方式,以在族内养成良好风俗。

清雍正《(休宁)茗洲吴氏家典》所载《家规》在男女婚聘方面提出要求:

> 男女聘定仪物,虽贫富不同,然富者亦自有品节限制,用色缯多不逾十,或仪代,或花,或果饼钗钏之类,亦随时,不得过侈。其贫者量力而行。至遣女妆奁,富者不得过费以长骄奢,贫者则荆钗裙布可也④。

该族强调应坚持节俭、量力而行的原则,认为在日常生活消费方面,即使富有人家也应有所节制,不得过于奢侈。

在祁门境内,明天顺年间,武溪陈氏宗族所订《家谱定

---

① 万历《休宁范氏族谱·谱祠·统宗祠规·节俭当崇》。
② 乾隆《休宁古林黄氏重修族谱》卷首下《祠规·节俭当崇》。
③ 乾隆《休宁古林黄氏重修族谱》卷首下《祠规·厚风俗》。
④ 雍正《(休宁)茗洲吴氏家典》卷一《家规》。

规》云：

> 男女婚嫁不得大肆筵宴，务尚浮华，只称家之有无，毋得屠宰牛马，僭用海味①。

该族强调男女婚嫁应崇尚节俭，不可过于铺张、浮华。

在黟县境内，清光绪年间，鹤山李氏宗族所订《家典》规定：

> 族中有家庭寒素者，当清心节音、经营足食之路，于接待宾客、吊丧问疾、时节馈送之事，一切均可不讲。然所谓不讲者，非绝其事也，谓不必以货财为礼耳。如吊丧则以先往后罢为助，宾客则樵苏供爨清谈而已，馈送则仅以土物一二将意而已。如此，则于礼不废而于财不匮。人固不宜以物轻情薄让我，我亦无须乎外强中干，以贻他日财用不继之患②。

该族强调族中寒素家庭应当注意节俭，做到既不废礼又不费财。

在绩溪境内，清乾隆《绩溪上川明经胡氏宗谱》所载《胡氏家规》之"崇朴俭"条云：

> 节以制用，量入为出，但使丰约得宜，不为滥觞无益之举，而惟常存古朴之风以示后人，则所谓质心行事，而万年垂裕之道必出于此③。

该族要求族人在日常生活消费方面，节以制用，量入为出，崇尚朴素节俭。

此外，清光绪《三田李氏宗谱》所载《祖训》之"尚勤俭"条云：

> 勤俭为起家之本，亦安见有不勤不俭而能大振家声者，故我子孙不可偷安怠惰以荒职业，不可淫侈奢

---

① 同治《祁门武溪陈氏宗谱》卷一，天顺元年《家谱定规》。
② 民国《黟县鹤山李氏宗谱》卷末《家典》。
③ 乾隆《绩溪上川明经胡氏宗谱》卷一《明经胡氏家规十二条·崇朴俭》。

靡以耗物力。至若家常之食用,则孟子时礼之言可法焉①。

该族要求族人崇尚勤俭节约,不可偷安怠惰、淫侈奢靡。

值得指出的是,族人的文化娱乐生活也是徽州宗族日常生活消费的一个重要组成部分。明清时期,徽州宗族多在族规家法中对族人的日常文化娱乐生活加以规范和控制。

清雍正《歙县潭渡孝里黄氏族谱》所载《家训》之"教养"条云:

> 至于俗乐戏术,诲淫长奢,不可令子弟观听肄习。
> 其棋枰双陆、词曲虫鸟之类,皆足以蛊心惑志,废事败家,一切皆当弃绝,不得收畜②。

该族不准族中子弟观听肄习"俗乐戏术"。因担心蛊惑心志、废事败家,也不准族人接触棋枰双陆、词曲虫鸟等文化娱乐项目。

该族还规定:本族妇女"不得出村游戏,如观剧、玩灯、朝山、看花之类,倘不率教,罚及其夫"③。对妇女的日常文化娱乐生活加以限制。

清雍正《(休宁)茗洲吴氏家典》所载《家规》规定:

> 俗乐之设,诲淫长奢,切不可令子孙听,复肄习之。
> 棋枰双陆、辞曲虫鸟之类,皆足以蛊心惑志,废事败家,子弟当一切弃绝之④。

在日常文化娱乐生活方面,该族不准族人观听肄习俗乐及习学棋枰双陆、辞曲虫鸟等。

该族还对妇女的文化娱乐生活进行干预与控制:

> 妇女宜恪守家规,一切看牌嬉戏之具,宜严

---

① 光绪《三田李氏宗谱》卷末《祖训·尚勤俭》。
② 雍正《歙县潭渡孝里黄氏族谱》卷四《潭渡孝里黄氏家训·教养》。
③ 雍正《歙县潭渡孝里黄氏族谱》卷四《潭渡孝里黄氏家训·修齐》。
④ 雍正《(休宁)茗洲吴氏家典》卷一《家规》。

禁之①。

清光绪年间,黟县鹤山李氏宗族所订《家典》规定:

> 妇女宜恪守家规,一切打纸牌、唱小调,宜严禁之②。

该族也禁止族中妇女打纸牌、唱小调,妇女的文化娱乐生活受到较为严格的控制。

(五)行为举止控制

明清时期,徽州宗族在行为举止方面一般要求族人讲求信用,重视廉耻,并对族人日常行为举止的诸多方面作了禁止性规定。

清雍正《歙县潭渡孝里黄氏族谱》所载《家训》之"教养"条规定:

> 子弟……不得从事交结,以保助闾里为名而恣行己意,以致轻冒刑宪,堕圮家业。若奉延宾客,唯务诚悫,不可强人以酒,自亦不宜沉酣杯杓,喧呶鼓舞,不顾尊长。处事接物当务谨慎,不可置纤巧之物务以悦人,以长华丽之习,不得惑于邪说,溺于淫祀,以邀福于鬼神。
>
> 子弟幼者必后于长者,言语必有伦序,应对宾客不得杂以里俗方言,不得戏谈乐道、议人短长,不许谈人闺阃,即他省外府者,亦不得轻信妄谈,不得谑浪败度,背手跷足,勾肩搭背,以陷于轻僈。不得信口歌唱,率意胡行,以致流为游手游食之人③。

该族对族人日常行为举止的诸多方面作了禁止性规定。

清乾隆《休宁古林黄氏重修族谱》所载《祠规》之"崇信义"条指出:

---

① 雍正《(休宁)茗洲吴氏家典》卷一《家规》。
② 民国《黟县鹤山李氏宗谱》卷末《家典》。
③ 雍正《歙县潭渡孝里黄氏族谱》卷四《潭渡孝里黄氏家训·教养》。

> 待人以信,处事以义,乃应事接物之切务。倘长浮夸而参意见,则物多携贰,事鲜权衡,何以树道揆而昭法守。故子弟无论智愚,皆当笃以信义,俾知人有所恃以为固,事有所准以为平,然后忠信笃敬,蛮貊可行,慎毋自溃厥防,沦胥莫挽①。

要求族人在待人处事方面讲求信义。

该族还规定:

> 天下之事莫非有激而成,自廉耻道丧,遂至无所不为矣。夫学问无耻则甘为下愚,品行无耻则甘为不肖,古来忠义激发或至蹈水火而不顾者,惟有以养其羞恶之心,此浩然一往,所以常伸于天地之间也。存之则进于圣贤,失之则入于暴弃,乃系人禽分界,不可不知②。

要求族人在学问品行等方面重视廉耻。

(六) 社会交往控制

1. 对族人的社会交往进行规范和控制

明清时期,徽州宗族比较注意对族人的社会交往进行规范和控制,一般要求族人谨慎交往,厚待朋友,亲近礼法之士,远离僧道、斋婆、尼姑、跳神卜妇等邪巫之人。并要求族人在社会交往中重视礼让,反对恃势、恃力、恃财。

在休宁境内,明万历《休宁范氏族谱》所载《统宗祠规》之"邪巫当禁"条规定:

> 今后族中凡遇僧道诸辈,勿令至门。凡超荐、诵经、拜北斗、披剃等俗,并皆禁绝。违者,祠中行罚。……至于妇女,识见庸下,更喜媚神徼福,其惑于邪巫也,尤甚于男子。且风俗日偷,僧道之外又有斋婆、卖婆、尼姑、跳神卜妇、女相、女戏等项,穿门入户,人不

---

① 乾隆《休宁古林黄氏重修族谱》卷首下《祠规·崇信义》。
② 乾隆《休宁古林黄氏重修族谱》卷首下《祠规·重廉耻》。

> 知禁，以致哄诱费财。甚有犯奸盗者，为害不小，各夫
> 男须皆预防，如严守望家，数察其动静，杜其往来，庶
> 免后患。此亦是齐家要紧一事①。

该族从齐家的目的出发，要求族中男女不得与僧道、斋婆、卖婆、尼姑、跳神卜妇、女相、女戏等邪巫之人进行交往。

明崇祯年间，休宁古林黄氏族人黄文明所订《祠规》之"邪巫当禁"条云：

> 律禁师巫邪术，今人殊不为意。……习俗日趋日
> 下，超荐、诵经、祷祠等事，比比皆然。僧道之外，又有
> 斋婆、尼姑、跳神卜妇等项穿门撞户，不知禁忌，诱哄
> 欺诳，甚有奸盗，种种非僻之事，须眉丈夫当痛戒预
> 防。凡遇此等邪说，严加叱逐，庶免意外之侮②。

该族要求族人远离僧道、斋婆、尼姑、跳神卜妇等邪巫之人，以免遭受意外之侮，损害宗族的尊严和脸面。

到了清乾隆年间，该族新订祠规之"明礼让"条规定：

> 终身让路不枉百步，终身让畔不失一段，况敬人
> 者人恒敬之，亦何取盛气凌人者乎。故谦受益，满招
> 损，《书》有明征；而德言盛，礼言恭，《易》垂大训。士
> 君子型方训俗，亦惟以礼自闲，庶不至贻讥《相鼠》。
> 其或怙多成习，敖辟居心，自启纷争，终亏《大雅》③。

要求族人在社会交往中重视礼让，以礼自闲。

在与朋友相处方面，该族新订祠规之"慎交游"条规定：

> 朋友为五伦之一，所以辅仁。故尊卑贵贱所处不
> 同，皆有与居与游者以收切磋琢磨之益。然而益者三
> 友，损者三友，圣训尝兢兢焉。倘不慎厥交游，一味拍
> 肩执袂以为好，其不至比匪贻讥者，几何矣。甚且破
> 家荡产，骨肉参商，未受其益而先受其损，亦何乐乎。

---

① 万历《休宁范氏族谱·谱祠·统宗祠规·邪巫当禁》。
② 乾隆《休宁古林黄氏重修族谱》卷首下《祠规·邪巫当禁》。
③ 乾隆《休宁古林黄氏重修族谱》卷首下《祠规·明礼让》。

有交游哉,尚其慎以择之①。

要求族人慎择朋友,谨慎交游。

清雍正《(休宁)茗洲吴氏家典》所载《家规》规定:

> 妇人亲族有为僧道者,不许往来②。

该族不准族人与有为僧道之人的联姻宗族往来。

该族还规定:

> 延迎礼法之士,庶几有所观感,有所兴起,其于学问资益非小,若咙词幻学之流,当稍欸之,复逊辞以谢绝之。

> 女子小人最能翻斗是非,若非高明,鲜有不遭其聋瞽者,切不可纵其往来,一或不察,为祸不浅③。

要求族人多与礼法之士交往,不要轻易与女子小人交往。

在歙县境内,清雍正《歙县潭渡孝里黄氏族谱》所载《家训》之"修齐"条云:

> 亲宾交际,宜亲近礼法之士,俾子姓有所观感兴起,其于律身治家资益非小。……若亲宾之中有嗜僻习幻之流,恐致鼓诱子弟,概当逊辞谢绝,勿使往来④。

该族强调族人在社会交往过程中要谨慎,要亲近礼法之士,远离嗜僻习幻之流。

在婺源境内,清道光《婺源长溪余氏正谱》所载《祖训》之"毋恃势"条云:

> 从来恃势家而今安在?凡子弟辈血气方刚之时,或恃力,或恃财,纵情一往,不自敛饬,每自取败。又安知仍有势之强于我、财之多于我,不亦可以恃势恃财欺制我,以此反想,方可为守身保家之道⑤。

---

① 乾隆《休宁古林黄氏重修族谱》卷首下《祠规·慎交游》。
② 雍正《(休宁)茗洲吴氏家典》卷一《家规》。
③ 雍正《(休宁)茗洲吴氏家典》卷一《家规》。
④ 雍正《歙县潭渡孝里黄氏族谱》卷四《潭渡孝里黄氏家训·修齐》。
⑤ 道光《婺源长溪余氏正谱》卷首《祖训·毋恃势》。

该族要求族人在社会交往中不得恃势恃财。

在绩溪境内,乾隆《绩溪上川明经胡氏宗谱》所载《胡氏家规》之"黜异术"条规定:

> 凡僧尼巫觋之属,最易蛊惑人心,不可与之入门,小则滋祸福之惑,大则为奸盗之媒,不严绝之,是养乱也①。

该族要求族人远离僧尼巫觋之人,不得与他们进行交往。

此外,清光绪《三田李氏宗谱》所载《祖训》之"崇礼让"条云:

> 故我子孙凡处乡里务宜礼让相先,不可以贤智先人,尊卑长幼各尽其礼,如是而风俗犹有不醇者,未之有也②。

该族要求族人在社会交往过程中重视礼让。

在与朋友交往方面,该族则要求族人敬重、厚待朋友:

> 朋友来会,延至书舍款待,不许子弟导入私室,尤不可相与戏谑,至失久敬之道。
>
> 燕集亲朋子弟,俱要衣冠侍侧,燕毕而退,毋得叛乱酒席,有失观瞻③。

值得注意的是,明清徽州宗族还通过浅显的诗歌这一通俗易懂的形式对族人的社会交往进行规劝,如明代婺源萧江氏宗族规劝族人"慎交"的诗歌云:

> 吾生无过人,所幸得良友。不识琴与棋,不贪花共酒。穷则谈文义,达则讲治理。到处有佳朋,要在能择取。切莫亲便佞,多为势利诱。酒食先馈遗,言语相缪绸。机括一相投,便自遭毒手。或引走花街,或牵见损友。骨肉反伤残,身名因之朽。几见世宦

---

① 乾隆《绩溪上川明经胡氏宗谱》卷一《明经胡氏家规十二条·黜异术》。
② 光绪《三田李氏宗谱》卷末《祖训·崇礼让》。
③ 光绪《三田李氏宗谱》卷末《家规·厚亲朋》。

家,遭此家难守。儿辈宜记取,出入须佳友①。

该族要求族人谨慎交友,选择"佳友"。

在祁门京兆金氏宗族内部,清代,该族族人 82 世应前公②,曾作有《吃亏歌》以训子孙。其略曰:

> 吃得亏,吃得亏,退斋遗训见箴规;
> 道我聋,笑我痴,心存忠厚有天知。
> 逞势力,占便宜,子孙偿报未为迟;
> 圣贤事,由此基,吾愿尔等谨志之③。

要求族人在社会交往中敢于吃亏,不逞势力,不占便宜。

2. 对族际交往进行规范和控制

宗族之间的社会交往,即族际交往,是族人社会交往的放大和逻辑延伸。与重视对族人的社会交往进行规范和控制相一致,明清时期,徽州宗族还十分重视宗族自身与其他异姓宗族的社会交往,并在族规家法等各类规章中作了相应的规定,以对族际交往进行规范和控制。

明清时期,徽州社会中宗族数量繁多,在各宗族聚族而居的大前提下,许多宗族之间相互结成邻里关系。除了那些单姓宗族村落之外,绝大多数村落中都居住有一个以上的复数宗族,如明代万历年间休宁油潭村,"村之同居有黄、程、徐、吴、陈、师诸姓。范之居又东邻于黄,南抵古路渠,亦与黄为界"④。在该村居住有范、黄、程、徐、吴、陈、师等 7 姓宗族。由于各宗族相互杂处,因而他们十分重视处理彼此之间的关系,族际关系和族际交往在其社会关系网络中占有极为重要的地位。除了与同居于一地的宗族进行交往外,徽州宗族还与自己的姻戚宗族及其他无亲属关系的宗族结成各种各样的社会关系。这一时期徽州宗族处理族际关系和族际交往的基本原则是以礼相待、以和为贵、友好共处。上述原则在各自宗族的族规家法

---

① 万历《萧江全谱》信集《附录》五卷《贞教·慎交》。
② 应前公,字国泰,生于乾隆五年(1740)。
③ 光绪《(祁门)京兆金氏统宗谱》卷四《祁门润公三房世系》。
④ 万历《休宁范氏族谱·谱居·油潭图说》。

中多被加以规定,并以具体条文的形式要求族人认真加以遵守。

在歙县境内,清雍正《歙县潭渡孝里黄氏族谱》所载《家训》之"教养"条规定:

> 待亲族乡邻,宁我容人,毋使人容我,切不可先操忽人之心,以招人之侮己也①。

该族强调在与亲族乡邻交往时,要以宽容大度的心态和胸怀对待他们,并对他们给予足够的尊重。

该族族人黄寿奴,在发家致富后,则重视对亲族邻里的施济:

> 其于治家理财咸得其道,赀产视旧有加。尝谓其子曰:吾闻古人于财积而能散,且吾一乡之中亲则三族,疏则邻里,今幸稍有赢余,量其等差而周施之,不犹愈于陈腐无用以获遣[谴]于名教乎。小子志之,以传子若孙可也。由是乡族咸蒙其惠②。

黄寿奴在与乡族交往过程中,通过施舍等物质利益的赠予,使宗族邻里关系得到改善与巩固。

清乾隆《重修古歙东门许氏宗谱》所载《许氏家规》之"交邻处友"条云:

> 居必有邻,人必须友,以成是二者,保家淑身之道也。交邻以和睦,交友以信义,所谓患难相恤,疾病相扶持,皆和睦之积也,抑亦有相周之义焉。所谓德业相劝,过失相规,皆信义之推也,抑亦有通财之义焉。吾之贫也,将有望于人,吾之非贫也,得不施之于人乎,否则凌虐比邻,非所以自固,昵比匪人,非所以自淑,是在交与者慎之择之③。

该族强调在与邻族交往时,应以和睦交邻,不得凌虐比邻。

---

① 雍正《歙县潭渡孝里黄氏族谱》卷四《潭渡孝里黄氏家训·教养》。
② 雍正《歙县潭渡孝里黄氏族谱》卷九《黄彦康处士行状》。
③ 乾隆《重修古歙东门许氏宗谱》卷八《许氏家规·交邻处友》。

该族还规定：

> 其在异姓亦须忍让，甚不得已乃始经公，亦必闻于众而后出词，庶免擅兴之罪①。

主张在与异姓宗族相处过程中，坚持以忍让为主、以和为贵，迫不得已时方可诉诸官府。

清宣统《古歙义成朱氏宗谱》所载《朱氏祖训》之"和睦族邻"条认为：

> 古交邻之道，大事小，小事大，二者尽之。若统吾宗而言，吾为巨族；若判吾支而论，吾又为弱家。是所以自处者难，即所以处人者亦不易。盖亢焉不可，卑焉又不能也。使持己稍有不正，则罪我者多；使待人稍有不公，则责我者众。要惟以至诚出之，则亦未有不以至诚报之者，而后耦俱乃无猜焉。或一言偶触，或一事偶睽，或比而不周，或同而不和，大抵齿之刚不如舌之柔，火之烈不如水之懦。以刚与烈处邻族，断难服其心，心不服则必亢；以柔与懦处邻族，自足摄其志，志既摄则易平。何也？柔懦乃所以令人玩，不令人争；令人怜，不令人忌。故《坤》之德，顺也，两顺则厚可载物也；《兑》之德，说也，两说则泽可交益也②。

该族强调在与邻族交往时，应坚持不卑不亢，以柔懦处邻族，戒以刚烈处邻族。

在休宁境内，明万历《休宁范氏族谱》所载《统宗祠规》之"姻里当厚"条规定：

> 姻者，族之亲，里者，族之邻，远则情义相关，近则出门相见。宇宙茫茫，幸而聚集，亦是良缘。况童蒙时，或多同馆，或共嬉游，比之路人迥别。凡事皆当从厚，通有无，恤患难，不论曾否相与，一切以诚心和气遇之。即使彼曾待我薄，我不可以薄待，久之且感而

---

① 乾隆《重修古歙东门许氏宗谱》卷八《许氏家规·擅兴词讼》。
② 宣统《古歙义成朱氏宗谱》卷首《朱氏祖训·和睦族邻》。

> 化矣。若恃强凌弱,倚众暴寡,靠富欺贫,捏故占人田地风水,侵山林疆界,放债行利,违例过三分息,滚骗敛怨,皆薄恶凶习,天道好还,尤急戒之①。

该族强调在与姻亲之族和邻族交往时,应厚待姻亲邻里之族,不得恃强凌弱、倚众暴寡、靠富欺贫。

此外,该族在统宗祠祭祀完毕后,还延请邻近异姓宗族参与会餐:"祭毕,外族会馁,本村作主,随席多寡陪。"②通过邀请外族参与会餐的联谊活动,以加强彼此间的关系。

明万历《休宁范氏族谱》所载《林塘宗规》则认为:

> 邻舍皆我同里,在祖宗时,待之各有恩信,有礼义,故彼虽属中户贫户,莫不赖我庇植,感我德意,一切约束,相率顺从,非独畏我财力之众有以压之也。年来族中子弟,间有自恃上户家声,每与谯诃,一言不合,辄逞怒詈骂,甚则殴之,或虚张驾言恐吓之,纵未诈财,已为招怨。况复有酒店赔礼自致轻亵者,如何服人?各门中但遇有此等子弟,须极言禁止,使其省悟。虽云宽待各邻舍,实所以厚待我子弟也,倘村邻委果强梁,犯非其分,则法网难逃,彼将自取,于我何尤③。

在与邻族交往过程中,该族长期坚持以恩信礼义善待邻族,收到了较好的效果。后来族中一些子弟依恃族大户众的优势,欺压那些属于中户贫户的邻族,该族基于"宽待各邻舍,实所以厚待我子弟"这样一种认识,及时要求对这种行为予以遏制。

明崇祯年间,休宁古林黄氏族人黄文明所订《祠规》之"姻里当厚"条云:

> 姻者,族之亲,里者,族之邻,情义相关,出门相见,比之行道迥别。凡事皆当从厚道,通有无,恤患难,一以诚心和气为主。即人负我,我终不可负人,慎

---

① 万历《休宁范氏族谱·谱祠·统宗祠规·姻里当厚》。
② 万历《休宁范氏族谱·谱祠·统宗祠祀仪》。
③ 万历《休宁范氏族谱·谱祠·林塘宗规》。

勿凌弱暴寡,倚富欺贫,侵人田地风水,占人基业界址,违禁放债。此皆凶恶薄习,须知天道好还,无往不复①。

该族强调在与姻亲里邻宗族交往时,要以诚心和气为主,要厚道相待,不得侵害对方的利益。

在绩溪境内,明正德年间,南关许余氏宗族所订《惇叙堂旧家规》规定:

> 我人亲亲之义笃于三族,父族、母族、妻族是也。今人但知其一不知其二焉。妻子之亲人皆知所以厚,父母之亲尤所当厚,与夫伯叔兄弟姑姊娣侄之亲亦当以礼遇之②。

该族强调对父族、母族、妻族等姻戚宗族要以礼相待,予以厚处。

清宣统《(绩溪)仙石周氏宗谱》所载《周氏祖训》之"睦宗族"条规定:

> 凡与邻村他姓,一亲二邻,多要和气,不可结怨③。

该族强调在与异姓宗族交往时,应做到和气相待,切忌相互结怨。

在婺源境内,清道光《婺源长溪余氏正谱》所载《祖训》之"戒争讼"条云:

> 争之不异必然致讼,讼岂盛德事哉?盖讼者之言辞皆虚浮无实之语,足以坏心术、费财倾家,诚为无益。纵有外侮,亦宜以静制动,若以无理讼人,尤为不可④。

该族强调在与异姓宗族交往时,族人即使遇到外侮,也要以静

---

① 乾隆《休宁古林黄氏重修族谱》卷首下《祠规·姻里当厚》。
② 光绪《绩溪县南关许余氏惇叙堂宗谱》卷八,正德十三年《惇叙堂旧家规十条》。
③ 宣统《(绩溪)仙石周氏宗谱》卷二《石川周氏祖训十二条·睦宗族》。
④ 道光《婺源长溪余氏正谱》卷首《祖训·戒争讼》。

制动,切不可无理挑起争端。

此外,有些徽州宗族还与姻戚宗族之间通过互赠礼物的形式,以加强与增进族谊。如清光绪《三田李氏宗谱》所载《家规》之"厚亲朋"条规定:

> 妇家父母每遇大寿,送礼八色、寿文一轴。
> 妇家每遇端阳年节,送礼四色或二色,女家亦如之。
> 女婿初来,送彩缎二端,外甥初来,止送衣件等物①。

该族强调通过在日常交往中或岁时年节互赠礼物的方式,也即通过礼物的互动,拉近与亲朋之族间的距离。

明清时期,徽州宗族之间往往会因各种利益纷争而发生矛盾和冲突,当冲突发生时,许多宗族主张冷静处理以平息争竞。此外,徽州宗族社会中的民间调解力量也积极参与到宗族冲突的调解中来,其中,通过第三方进行调解是缓解异姓宗族冲突、恢复异姓宗族正常交往的一种有效途径。如婺源人叶智成,"立承义堂,为朱、俞、程、叶四姓事有曲直,悉为调停"②。通过设立专门的机构以调解宗族之间的纠纷与冲突,这是徽州境内较为有效的宗族调解机制之一。清代,汾水吕氏宗族的商人吕成和,"与兄稔协力经营……邻乡许、李二姓争山,讼不解,和以己赀买许山与李,争乃息"③。徽商通过出钱的方式,对异姓纷争予以调解。清代,虹钟坦洪氏族人洪尚初,"邻地两姓讼连结,阴出金排解"④。通过暗中出钱的方式,为异姓宗族解讼。清代,诗春施氏族人施应炎,"浑厚质朴,善排解,有胡、方两姓争界,经年未决,炎为折中,立碑分界,两相悦服"⑤。通过第三方的"折中"排解,使宗族纠纷得以调解。而清代婺源新田张氏

---

① 光绪《三田李氏宗谱》卷末《家规·厚亲朋》。
② 光绪《婺源县志》卷三十九《人物志·质行》。
③ 乾隆《婺源县志》卷二十二《人物志·孝友》。
④ 乾隆《婺源县志》卷二十三《人物志·义行》。
⑤ 光绪《婺源县志》卷四十《人物志·质行》。

族人张应璠,"里居群姓错聚,倡以亲睦,牙角潜消"①。通过倡导各族之间的亲睦,将彼此间的纷争冲突消解于萌芽状态。

需要指出的是,尽管明清时期徽州宗族一致强调在与其他宗族交往时应坚持以礼相待、以和为贵、友好共处,但在遇到宗族根本利益被侵害的情况下,如涉及宗族的尊严和伦理纲常等重大事件,徽州宗族往往要求族人同仇敌忾,将宗族的荣誉和利益放在首位,不准族人有丝毫的退让和懈怠。

明万历年间,休宁茗洲吴氏宗族规定:在遇到外侮时,"倘事系众族、有关祖宗纲纪、义不容已者,须协力御之,毋得推托不理"②。

清康熙年间制定的《歙县汪氏崇本祠条规》规定:

> 凡遇外侮以及族内公事,始须其难其慎,如不得已致讼,所需盘费等项,各分派应任事之人使用,毋得规避推诿,致令独累一人。
>
> 两族倘遇外侮必致呈公,有名器者并司年上下首及各门司年者协力共攻,不得推诿③。

上述两个徽州宗族皆强调在遇到事关宗族根本利益的"外侮"时,族人应步调一致,"协力御之",不得规避推诿。

在强调以礼相待、以和为贵、友好共处的同时,徽州宗族还开展各种类型的友好合作以实现互惠互利,并通过相互之间订立合同条约的方式对这种合作加以规范和控制,这是徽州宗族处理族际交往和族际关系的又一项重要内容。

清乾隆年间,黟县境内王仁德堂、方大义堂、胡善庆堂、方嘉乐堂、谢致义堂、江嘉庆堂、蒋余庆堂等7姓宗族共同参与成立丰登路会,通过"会"这一组织形式进行经济交往和经济合作,相互之间以订立合同的形式,对各自的权利与义务加以约定。该合同的内容如下:

---

① 乾隆《婺源县志》卷二十《人物志·孝友》。
② 万历《(休宁)茗洲吴氏家纪》卷七《条约》,转引自常建华:《宗族志》,上海:上海人民出版社,1998年,第451页。
③ 康熙《歙县汪氏崇本祠条规》。

　　　　　立议合同丰登路会等,缘受买山业乙处,土名木坑,问字　号,业税三亩。现养树木成林,松杉杂木并盛,柴薪竹草茂密。内有熟业茶颗,一应在内。今因吴应日缺用,出卖与丰登路会众姓等名下为业。公议买为公业,公议长远公养。所买山业之价,众等公议派丁兑价,税系收入胡国珍户内输纳。但有照派出钱者,业属有分;执而不出钱者,公禁毋许入山。如违,鸣官究治。列名执单,裕于各姓合墨之内。嗣后不但此业无分,且并风门锁亦毋许入山。再议,刮柴山中晒,恃蛮魆挑,察出鸣众公罚。其山业蓄养树林摘茶之息已及兹派丁余钱,公议入会生利,以备兑粮。仍递年同眼算明登账,不得私肥。再,无知入山侵害,察出公罚。恐后无凭,立此合墨一样九张,各姓执一张,永远存照。

　　再批:山中所出之息,照银两多寡分。胡善庆出银五两,方大义出银三两,方乐善出银三两,谢致义出银壹两,江、张二姓出银壹两伍钱,王仁德出银三两,蒋余庆出银壹两,散姓出银两钱。

　　再批:新契一纸、新推单一纸、老契加契二纸、典约一纸,方大义当收去。(押)

　　　　　　　　　　　　　　　　　　　王仁德(押)
　　　　　　　　　　　　　　　　　　　方大义(押)
乾隆四十六年五月　日立合同丰登路会胡善庆(押)
　　　　　　　　　　　　　　　　　　　方嘉乐(押)
　　　　　　　　　　　　　　　　　　　谢致义(押)
　　　　　　　　　　　　　　　　　　　江嘉庆(押)
　　　　　　　　　　　　　　　　　　　蒋余庆(押)[1]

由上可知,除各姓宗族祠堂集体参与路会外,还有各散姓宗族的成员参与其中。该合同对丰登路会内部山业经营方面的经济交往和权利分配作了规范,对各姓宗族而言,皆具有一定的约束和控制作用。

----

[1] 刘伯山主编:《徽州文书》第1辑,第5册,《黟县十都丰登江氏文书》之《清乾隆四十六年五月丰登会等立议合同》,桂林:广西师范大学出版社,2004年,第95页。

此后,清道光年间,黟县境内的方、江、胡、蒋等众姓宗族,又通过订立合同、成立七成堂的形式在山场经营管理方面进行合作:

> 立合墨众姓公议列名七成堂,所买朱宗元山一处,土名北山,坐字贰千五伯六十五、六、七、八四号毗连,计山税一亩贰分正。契载胡姓名下,税议收入胡国珍户内丁七成堂名下输纳。所买山价费用俱系众姓出资,永为烟火山场。在议者流芳千古,议外之人不得混入山场割柴,以及割柴在山晒者不得魆担。如违恃强,鸣众理论。仍存余剩钱文,眼同注簿发领,公议周年贰分行息,永远裕课保山,植茂养生之源。立议之后,拈阄轮流接管,契据税单粮票簿据贮匣,及受领钱文逐项不得遗漏等情。递年六月初一,风雨无阻,例行仙姑之期。值年者三日前具帖通知各股早晨在丰登社内齐集,眼仝开匣算账登簿,本息一并交付下首收领。如过期未归者,公举照钱倍罚。倘有一股不到,附议罚钱乙千文充公,无得推委误众。恐后无凭,立此合同一样十一张,各执一张,永远存照。
>
> 各姓出钱列于(后):
> 方嘉乐出钱贰千文　　江嘉庆出钱壹千叁百文
> 方大义出钱贰千文　　谢致义出钱陆伯文
> 胡善庆出钱贰千文　　青龙桥出钱柒伯文
> 蒋余庆出钱贰千文　　汪光烈出钱叁伯文
> 王仁德出钱贰千文　　散　姓出钱陆伯文
> 吴承德出钱肆伯文
>
> 　　　　　　　　　　　吴承德(押)
> 　　　　　　　　　　方嘉乐(押)　江嘉庆(押)
> 　　　　　　　　　　方大义(押)　谢致义(押)
> 道光九年十月　日立合墨七成堂等胡善庆(押)　青龙桥(押)
> 　　　　　　　　　　蒋余庆(押)　汪光烈(押)
> 　　　　　　　　　　王仁德(押)　散　姓(押)
> 　　　　　　　　　众委书笔胡兆麒(押)①

---

① 刘伯山主编:《徽州文书》第1辑,第5册,《黟县十都丰登江氏文书》之《清道光九年十月方江胡蒋等众姓立合墨》,桂林:广西师范大学出版社,2004年,第143页。

七成堂是各姓宗族为了特定目的而临时设立的机构,此处实际上是一个纳税符号。通过以七成堂为平台,方嘉乐堂、江嘉庆堂、方大义堂、谢致义堂、胡善庆堂、蒋余庆堂、汪光烈堂、王仁德堂以及青龙桥、散姓等各姓宗族实现了经济交往和有效合作。该合同对上述各宗族之间的族际交往和利益协调皆具有约束和控制作用。

时至清光绪年间,江、方、胡等各姓又以七成堂为平台,进行宗族社区迎神赛会方面的合作,并通过订立合同的方式对各自的权利和义务加以约定:

> 立合同议墨江、王、方、方、胡、蒋,颜曰七成堂,历数百载有仙圣姑神会,合作六关。各关均有合同,照阄值年,为首出帖,各阄统陪迎接。不期于咸丰拾壹年间,各关合同被贼遭失,世喜神像无虑。迄今各关众等协力同心,复聚齐集,开光使用。合派对天拈阄:壹阄王德和,贰阄方乐善,叁阄胡善庆,四阄方大义,五阄江嘉庆,六阄蒋余庆。仍遵古制,照阄值年,为首出帖,各阄统陪迎接,无争无阻,和气致祥。人喜不计其重轻,神欢无论其多寡。有则加勉,无则从心。有子曰:礼之用,和为贵。先王之道斯为美,小大由之。合议之后谨遵,率由旧章,自有枝繁叶茂。所有七成堂租苗山业、禁规载明于后。恐口无凭,立此合同议墨壹样六张,各执壹张,永远存照。
>
> 再批:合众议准,神像历年永远坐入丰登社庙内。右边昔有石碑在庙,递年各关迎神不过六月朔日,送神不过十月朔日。又照。
>
> 江嘉庆堂(押)
> 方乐善堂(押)
> 光绪五年五月　日立合同议墨胡善庆堂(押)
> 王德和堂(押)
> 方大义堂(押)
> 蒋余庆堂(押)
>
> 七成堂租苗山业并禁规列左:
> 一、土名蒋尔康家豆租。

一、蒋连喜家豆租。

一、正坑背山业。

一、仙圣基坦山业。

一、乌龟降山业。

一、圹坞山业。

一、禁境内倘有客姓入来,每家借居并上山斫柴,贴钱五百文,交值年为首。临期近神日收无误。不贴,要挖神像轿。

一、禁租苗无论关内关外,抗吞不忍。倘上有遗失,日后查出公罚①。

江、王、方、方、胡、蒋等 6 姓宗族,以七成堂为平台,在仙圣姑神会组织中"合作六关"进行交往与合作,其中所订合同禁规对各姓宗族皆具有较大的约束与控制作用。

在休宁境内,明清时期,该县十三都三图汪、吴、王等 3 姓宗族的族际交往和合作主要是在祝圣会组织内部展开的,这也是徽州异姓宗族在迎神赛会等民间信仰领域中开展的交往和协作行为。他们主要是通过定期或不定期地订立合约的方式,对会中的重大议题进行规范或调整,以确保会组织的有效运作及 3 姓宗族合作的顺利进行。根据不同时期的祝圣会簿的记载,由汪、吴、王 3 姓宗族共同联合举办的祝圣会,其中以汪、吴 2 姓宗族为主导,王姓前期认真参加,后期似乎逐渐退出了该组织。从会簿中的"众议"内容看,异姓宗族主要是开展经济方面的交往,共同关注的主要是经济方面的事项以及祝圣会的具体运作。此外,会簿中提及的"前例"、"定规"等内容,实际上也是汪、吴、王 3 姓宗族共同制定的条例,对相互之间的交往和合作,具有较为明显的制约与控制作用②。

---

① 刘伯山主编:《徽州文书》第 1 辑,第 5 册,《黟县十都丰登江氏文书》之《清光绪五年五月江方胡等姓立合同议墨》,桂林:广西师范大学出版社,2004 年,第 266 页。

② 详参《崇祯十年至康熙祝圣会簿》、《清康熙祝圣会簿》、《清康熙至嘉庆祝圣会簿》、《清道光廿四年—三十年祝圣会簿》、《光绪三十年至民国三十年祝圣会簿》,南京大学历史系资料室藏。夏爱军对上述各时期的《祝圣会簿》有所介绍,参见夏爱军:《明清时期民间迎神赛会个案研究——〈祝圣会簿〉及其反映的祝圣会》,载《安徽史学》,2004 年第 6 期。

三、明清徽州宗族内部的社会问题控制

社会问题有广义与狭义之分,广义的社会问题,泛指一切与社会生活有关的问题,狭义的社会问题特指社会的病态或失调现象。此处讨论的主要是狭义的社会问题,指的是在社会运行过程中,由于存在某些使社会结构和社会环境失调的障碍因素,影响社会全体成员或部分成员的共同生活,对社会正常秩序甚至社会运行安全构成一定威胁,需要动员社会力量进行干预的社会现象①。根据上述定义,明清时期徽州宗族内部的社会问题主要包括赌博问题、溺女问题、假命图赖问题、生态环境恶化问题等。

(一)赌博问题控制

明清时期,在许多徽州宗族内部,族人的赌博活动较为盛行,各宗族族人的赌博行为往往汇合成一股潮流,形成宗族内部乃至宗族社区中较为严重的社会问题。明清徽州境内赌博这一社会问题的严重性和危害性十分突出,这可从历届地方官对禁赌的强调和重视中见其端倪。

在祁门境内,明嘉靖年间,知县钱同文在任上曾"褒节孝,惩凶恶,禁赌博,革酒肆"②,将禁赌作为施政的一大重点。

在绩溪境内,明万历年间,知县秦聚奎在任上曾"折豪右,惩赌博,恤孤独,禁假命"③,将禁赌作为施政的四大重点之一。时至清前期,该县知县高孝本也曾于任上"严禁赌博,民为改辙"④,依然将禁赌作为治理地方的一个重点。

在歙县境内,明崇祯年间,知县傅岩曾审理过较多赌博或

---

① 参见郑杭生主编:《社会学概论新修》,第 3 版,北京:中国人民大学出版社,2003 年,第 358 页。
② 万历《祁门县志》卷三《人物志·良牧》。
③ 乾隆《绩溪县志》卷六《秩官志·名宦》。
④ 乾隆《绩溪县志》卷六《秩官志·名宦》。

与赌博有关的案件。傅岩指出:

> 赌风日炽,亡赖恶棍串党置立药骰筹马局,诱人子弟,倾荡家产,甚有沦为奸盗,而犯者比比①。

> 迩来国敝民贫,侈俗不改,徽俗演戏,恶少科敛聚观,茹盗赌斗,坐此日甚。近复有地方棍徒,招引流娼,假以唱戏为名,群集匪人,惑诱饮博,以致游闲征逐,驰骛若狂。大则窝引为非,小则斗争酿衅,大为地方之害,合行严禁②。

> 徽俗,呼卢之客未有不为盗者,不可胜诛③。

在该县,赌博之风炽烈,并且引发了族人因赌博而倾荡家产、沦为奸盗、窝引为非、斗争酿衅等较为严重的社会问题。

此外,明崇祯年间,歙县境内的赌博活动还引发了一系列的次生危害和次生社会问题:

> 如程俊之者……以赌博霸奸汪黑之妻。……为地方之害④。

因赌博而发生欺男霸女的恶劣行径。

> 本县设法招集商船,今江浙新谷已登,外贩将至,四乡亦渐有雨,苦守不过半月,粮食自足,不谓数日以来民情反不安静,强借强抢,在在告急,此皆赌博棍徒,该乡约里稔知姓名,但因避祸结舌,不知指名擒捕正法,大恶服辜,棍堂鼠窜不出矣,安能复生祸乎⑤?

因赌博而引发强借强抢、扰乱社会生活秩序的问题。

> 审得郑可登、郑可魁,堂兄弟也。樗蒱之戏,可魁田入登手,即券载方姓,方又转吴,何其速也。魁父德理归往收租,忽有吴姓之人至田,与角口不胜,默默而

---

① (明)傅岩:《歙纪》卷五《纪政迹》。
② (明)傅岩:《歙纪》卷八《纪条示·逐流娼》。
③ (明)傅岩:《歙纪》卷九《纪谳语》。
④ (明)傅岩:《歙纪》卷六《纪详议·申报打行》。
⑤ (明)傅岩:《歙纪》卷八《纪条示·申禁抢借》。

去,情可知矣。细研佃户胡岩老云,累年输租与理,而登称田系崇祯七年出卖,魁输租久,其转卖吴,亦魁居间,其为枭卢无疑。于是,登父德熙以奸妾控指可魁卖酒,兄弟轮奸。讯之,名荷花,挈瓶出酤,此岂小星行径哉。熙误于救败矣。至德纯贴词,称殴叔,纯辩其投匿,或德理之虚张疑兵乎?田着可登赎还,仍与魁并惩,理、熙扺牍,各儆①。

因赌博而引发财产纠纷等问题。

审得许明道以赌博告其子,并及七人,内分二人作证,临审止到三人,问其余,则云与子俱逃矣。又云皆系吴君美开单,是君美必相袒,何不细讯其住址乎?诡名无疑也。汪明瑞酒家当市,向为呼卢辈所需,年终,明道子永升以十五爆竹而勒其谢二钱已奢矣。犹父子诬之,意在舍己以累人,刁棍之谋甚巧。明道既无义方,又驾虚控,明瑞曲蘖为累,失交匪人,均稍杖②。

因赌博而引发民事纠纷等问题。

在婺源境内,"赌风亦盛,每有借酬神演戏为名大开赌局,坐是无业游民流为匪类"③。因赌博导致无业游民流为匪类,严重干扰和威胁地方社会治安。

在休宁境内,据万历《休宁县志》记载,当地的赌博活动十分猖獗:"至有沉湎陆博,以曲蘖当饔飧,掷骰为赌,愚富儿以竞胜。"④在该县范氏宗族社区内:

近习则有一二不然者,强暴弱,智绐愚,殴詈生户,庭追呼烦,郡邑状友抟师,鸱张蛊惑,昼酣夜赌,不务治生。嫉心胜则以直为曲,党心胜则以媸为妍。交游匪类,邪慝易兴,视尊年之训诲、乡约之叮咛如风过

---

① (明)傅岩:《歙纪》卷九《纪谳语》。
② (明)傅岩:《歙纪》卷九《纪谳语》。
③ 光绪《婺源乡土志》第六章《婺源风俗》,第七十七课"续前六"。
④ 万历《休宁县志》卷一《舆地志·风俗》。

耳,甚且仇之。雁罪孽,颓家声,甲颜不悔①。

因赌博而引发荒废生业、交游匪类等社会问题。

除了上述事例,这一时期徽州宗族内部和宗族社区中的赌博问题的普遍性和严重性,还可从相关文献记载中屡屡出现的徽州宗族族人的禁赌活动窥其一斑。此处选择以清代婺源县族人的禁赌为例加以说明。参见表4—2。

表4—2 清代婺源县境内宗族族人禁赌事例表

序号	所在宗族	名讳	身份	事迹	资料来源
1	孔村潘氏	潘秉润	不详	居乡排解,禁赌禁山,任劳任怨,族人称之。	光绪《婺源县志》卷三十《人物志·孝友》
2	孔村潘氏	潘有光	监生	居乡……请示禁赌,善举多端,乡间称颂。	光绪《婺源县志》卷三十九《人物志·质行》
3	甲村李氏	李荣椿	邑庠生	于村内立敦本会,禁赌博,养柴木,请示勒石,乡人德之。	光绪《婺源县志》卷二十五《人物志·文苑》
4	沱川余氏	余凤书	岁贡、训导	村居解纷难,禁樗蒲,兴文社,劝树畜,治家俭约。	光绪《婺源县志》卷二十六《人物志·文苑》
5	沱川余氏	余席珍	邑庠生、商人	承先人遗业服贾景镇……居乡禁赌博,养杉苗,立茶亭,修桥路,息争讼,济人之事靡不勉力为之。	光绪《婺源县志》卷三十五《人物志·义行》
6	沱川余氏	余增孝	商人、儒士	祖规禁赌博,孝总司其事,不辞劳怨,顽梗多折服焉。	光绪《婺源县志》卷四十《人物志·质行》
7	严田李氏	李属春	廪生	请示禁赌养生,以维持风化为己任。	光绪《婺源县志》卷二十六《人物志·风雅附》
8	严田李氏	李棣沾	郡庠生	禁聚赌吸烟,不避嫌怨。	民国《(婺源)星江严田李氏宗谱》卷十二《世系》

---

① 万历《休宁范氏族谱·谱居·林塘图说》。

续表

序号	所在宗族	名讳	身份	事迹	资料来源
9	诗春施氏	施学文	邑庠生	村中无赖演剧聚赌,呈官究治,以挽颓风。	光绪《婺源县志》卷二十六《人物志·风雅附》
10	游山董氏	董帷	商人	奉杨邑侯示,严禁赌博,勒石以垂久远,阖族戴之。	光绪《婺源县志》卷二十六《人物志·风雅附》
11	婺源李氏	李振熿	附贡生	时有痞徒于距村二里汇川地方频年演剧聚赌,熿请示勒石严禁。	光绪《婺源县志》卷二十六《人物志·风雅附》
12	新源俞氏	俞炳	监生、商人	经商吴楚……晚年家居多义举,防闲后进,禁止呼卢,力挽末俗颓风,犹有老成矩矱。	光绪《婺源县志》卷三十《人物志·孝友》
13	延川金氏	金咸熙	不详	父病,昼夜侍侧,父知不起,谓熙曰:向欲禁赌博、培荫木,今已矣。翼日殁,哀毁逾礼。服阕,讲求严禁,卒成父志。	光绪《婺源县志》卷三十《人物志·孝友》
14	明堂里叶氏	叶兹堡	商人	居家……加禁赌博,山场请示勒石。	光绪《婺源县志》卷三十四《人物志·义行》
15	明堂里叶氏	叶昭镛	国学生	尝捐赀请示栽植杉松苗木,严戒斗叶呼卢,时自稽查,力为诏勉。	光绪《婺源县志》卷三十三《人物志·义行》
16	桃源詹氏	詹应埋	佣工	建祠宇,修道梁,禁河潭,兴醮会,查烟馆,逐赌场,均能敦本培风,为乡表率。	光绪《婺源县志》卷三十五《人物志·义行》
17	汜川余氏	余德基	职监、商人	家稍裕,即为村栽树植竹以开财源,禁赌养生以培元气,豪强犯禁,诣县请示,不避怨劳。	光绪《婺源县志》卷三十五《人物志·义行》
18	龙腾俞氏	俞希祖	庠生	里有将聚樗蒲罔利者,惧祖梗其事,夜饵以金,祖正色麾之,直言规戒,其人惭惧,自是不敢为非。	光绪《婺源县志》卷三十九《人物志·质行》
19	甲道张氏	张文标	佾生	郡邑试屡列前茅,五取佾生,为学益力。居乡……捐赀培植山林,养生禁赌,有维风化者尤多。	光绪《婺源县志》卷三十九《人物志·质行》

续表

序号	所在宗族	名讳	身份	事迹	资料来源
20	江村汪氏	汪章焯	不详	议叙八品，恤贫乏，焚积券，及请示养生禁赌等事，绰有父风。	光绪《婺源县志》卷三十九《人物志·质行》
21	莘田王氏	王应元	医生	两试不售，遂专习岐黄，医不受谢……至于聚赌毒河，遵例严禁，是又有功于人心风俗者。	光绪《婺源县志》卷四十《人物志·质行》
22	婺源詹氏	詹笠亭	不详	立文会，禁赌博，与族兴利除害，凡关本原名教之大者，靡不勇为。	光绪《婺源詹氏宗谱》卷首二《诰授奉直大夫詹君笠亭先生暨淑配余宜人六十双寿叙》

由表4-2可以看出，由于各宗族内部乃至宗族社区中赌博问题的普遍性、严重性及危害性，清代婺源县境内许多宗族的绅士、商人等宗族精英人士都积极投身到禁赌的行列中。

针对日益严重的赌博问题，明清徽州宗族多在族规家法中强调禁赌，并对参赌族人实施严惩，以控制赌博活动的蔓延。

在歙县境内，清雍正《歙县潭渡孝里黄氏族谱》所载《家训》之"教养"条云：

> 至若不务生理，或搬斗是非，或酗酒赌博，或诓骗奸盗，或党恶匿名，一应违于礼法之事，当集众诫之。如屡诫不悛，呈公究治，不可姑容①。

该族强调对赌博之人进行劝诫，对屡教不改者交官府治罪。

清乾隆《重修古歙东门许氏宗谱》所载《许氏家规》之"游戏赌博"条规定：

> 构徒聚党，登场赌博，坏人子弟，而亦自坏其心术，破毁家产，荡析门户。若此之流，沉溺既久，迷而弗悟，宜痛戒治，使其改行从善②。

---

① 雍正《歙县潭渡孝里黄氏族谱》卷四《潭渡孝里黄氏家训·教养》。
② 乾隆《重修古歙东门许氏宗谱》卷八《许氏家规·游戏赌博》。

该族强调对沉溺于赌博者应当痛加戒治,使其弃恶从善。

在休宁境内,清乾隆《休宁古林黄氏重修族谱》所载新订《祠规》之"戒赌博"条指出:

> 天下之足以坏人心术而裂人防检者,莫甚于赌博。一入其中,即贤智且不免,况下愚乎。能使士荒其学,农妨其耕,一切百工技艺莫不因之而自隳厥业。甚至亡身丧家,为禂[祸]最烈,盖嗜利之心动于中,而角胜之习侈于外,虽驱而纳诸罟擭陷阱之中而莫之知避矣。为父兄者宜防微杜渐以绝其源,为子孙者宜清心寡欲以端其本,庶不至堕入迷途,贻羞里闬①。

在预防赌博方面,该族强调为父兄者应对族中子弟予以警戒,防微杜渐以绝其源。

在黟县境内,清嘉庆《黟县南屏叶氏族谱》所载《祖训家风》之"禁邪僻"条指出:

> 族中邪僻之禁至详,而所尤严者赌博。赌博之禁业经百余年,间有犯者,宗祠内板责三十,士庶老弱,概不少贷。许有志子弟访获,祠内给奖励银二十两。恐年久禁弛,于乾隆十四年加禁,乾隆四十三年加禁,嘉庆十四年又加禁。历今恪守无违,后嗣各宜自凛②。

该族强调对赌博之人,无论士庶老弱,都在宗祠内加以板责;鼓励族人相互监督,对访获检举赌博的族人祠内给予物质奖励;为防止年久禁弛,该族还多次对赌博予以"加禁"。

此外,清光绪《三田李氏宗谱》所载《家规》之"训子姓"条指出:

> 子孙不肖莫甚于赌博,即乞丐盗贼皆由此起。有犯此者,族众鸣官惩治。其开场窝赌,公逐出祠③。

该族主张将参赌者鸣官惩治,开场聚赌窝赌者逐出祠堂。

---

① 乾隆《休宁古林黄氏重修族谱》卷首下《祠规·戒赌博》。
② 嘉庆《黟县南屏叶氏族谱》卷一《祖训家风·禁邪僻》。
③ 光绪《三田李氏宗谱》卷末《家规·训子姓》。

第四章　明清徽州宗族内部控制的主要领域和内容　433

除了通过制定宗族法对赌博之人给予直接惩治外,明清时期,许多徽州宗族还在处理屡禁不止的赌博问题时主动邀请官府的介入,试图凭借官府强制力对赌博活动予以打击。清代,婺源长溪余氏针对当地宗族社区内日益严重的赌博等社会问题,曾主动请求官府出面帮助治理:

> 禀为物力艰难已极,乡风薄恶日滋,上恳宪恩,赐示严禁,以端风化,以厚民生事。习俗为政治之源,士绅有维持之责,凡为乡里所深忧者,敢请胪陈而悉禁之。窃惟耕织绘图,丁宁力作,岁时讲约,申禁非为。何期游手之徒相聚抽头之宅,摊财下注,十室九空,喝雉呼卢,千金一掷。他若摹牌斗沸,无非设扆张猩,繁矣有徒,皆然无畏。或矜门第,明开饮博之场;或厕衣冠,魁赌块苦之地;或居酤之结伙朋、谋局骗,三五成群;或子女以为囮,密室深宵,百千献媚;或借钱粮为孤注,挂拖欠于百家;或将口食抵输筹,忍饥寒于二老;设奸薮,长盗竿,破家资,坑国课,此赌博之宜禁也。……恭际宪天莅政,旧染更新,请给示以通知,饬勒碑以垂久,责令沱川约甲具还甘结遵依,庶僻壤穷乡渐成乐土,而光天化日永沐仁恩矣①。

在列数了赌博所造成的社会危害后,长溪余氏宗族希望官府同意该族勒石刻碑,对赌博等社会问题加以禁止,并请求官府责令宗族社区中的乡约保甲等基层组织对赌博问题加大治理的力度。

清同治年间,由于赌博问题严重损害了祁门十九都淑里地方黄氏所在宗族社区的社会风气与社会秩序,为禁止日益猖獗的赌博活动,以黄氏宗族为主体的士绅与普通民众禀告官府,寻求官府提供必要的支持。在黄氏宗族的请求下,祁门知县特地颁布了禁赌告示:

> 特授祁门县正堂加十级随带加一级世袭云骑尉周,为给示严禁等事。据十九都淑里监生黄尚仁,监

---

① 道光《婺源长溪余氏正谱》卷首《沱川禁目连戏请府示公呈》。

生黄永贞,武生黄升廷,耆民黄正富,民人黄永通、黄尚章、黄松能、胡洋生呈称:切思民各有业,废业由于荒嬉,恐因子弟无知,或被引诱勾留。入其彀中,则是耗财之地;陷于阱中,难为脱网之身。甚至伦常败坏,同场莫辨尊卑。夫赌博有输有赢,输者筹谋百计,横逆多端,所以子弟放滥,未始不起于赌博。伊等村居淑里地方,一河之岸,原共一社,近来子弟间有闲游,或恐赌钱废时失业,是以合社公同商量:东至乌株岭及蟹坑岭,西至林村直至李坑岭,南至南坑岭,北至峰英尖等处地方,概行禁止赌博。然规条虽立而约束未必尽遵,倘稍因循,必终废弛,始则伤风败俗,继则成群效尤。非奉赏示,难束民心,吁恳给示,永禁赌博,以靖地方,以保身命,将使人皆乐业,合地相安,群黎戴德,等情到县。据此,除批示外,合行给示严禁。为此,示仰十九都乌株岭、蟹坑岭、李坑岭、南坑岭、峰英尖、林村等处地方居民人等知悉:自示之后,尔等务宜恪遵规条,永远禁止,毋得仍在该处开场聚赌。倘有不法之徒,胆敢不遵约束,许尔等指名扭禀送县,以凭从严究办,决不姑宽。各宜凛遵毋违。特示。

  右示严禁

  同治八年六月　十六　日示

  告示

  仰地保实贴　　毋损①

在禁赌告示中,祁门地方官府要求当地居民恪遵规条,不得仍在宗族社区中开场聚赌。对不遵约束的不法之徒,允许当地宗族指名扭禀送县,予以从严究办。

  大量事实表明,经过宗族的积极努力以及官府的介入,明清时期,徽州宗族内部和宗族社区中的赌博之风得到了一定程度的遏制,赌博作为一种社会问题也得到一定程度的缓解。

---

① 王钰欣、周绍泉主编:《徽州千年契约文书》(清民国编)卷三,《同治八年祁门县告示》,石家庄:花山文艺出版社,1991年,第48页。

(二)溺女问题控制

明清时期,徽州宗族内部及宗族社区中因生活贫困等原因而发生的溺女现象大量存在,许多女孩在刚一出生时便被夺去生命,溺女甚至成为徽州境内某些地区(如婺源)较为盛行的一种民间风俗,溺女问题也一度成为徽州境内较为突出的社会问题。从笔者掌握的材料看,在明清徽州境内,似乎以婺源县的溺女问题最为严重,当地溺女问题的严重性甚至受到过嘉庆皇帝的直接关注。清嘉庆二十年(1815),婺源县花园阳村坞人吴新庆,鉴于"婺俗贫多鬻妻溺女"这一社会问题的严重性,只身一人"赴都叩部"反映情况,受到嘉庆帝的重视。嘉庆帝在上谕中指出:

> 阴阳化生,人道之始。若民间生女皆弃而不育,则生息何由而繁。夫妇列在五伦,非实犯七出之条者,岂可轻弃。如该民人所称,该处地方产女之家,因贫起见,往往溺毙。夫妇每因小故辄相离异,实属恶俗。着将该民人原呈发交百龄查办,先出示严行禁止,并设法妥为化导,以革浇风而正伦纪。其各省有似此者,均着一体示禁。民人吴新庆着都察院饬令自行回籍,钦此①。

在嘉庆帝看来,清中叶婺源民间溺女行为实为一种恶俗,是一种性质较为恶劣的社会问题,要求由官府出面加以禁止。

此外,明清时期婺源境内溺女问题的普遍性和严重性还可从当地宗族族人禁溺女的各项举措中窥其端倪。参见表4—3。

表4—3 明清时期婺源境内各姓宗族族人禁溺女事例表

序号	所在宗族	名讳	身份	事迹	资料来源
1	长溪戴氏	戴雪寿	不详	乡俗多溺女,给助养赡费,全活之。	乾隆《婺源县志》卷二十三《人物志·义行·补遗》

---

① 光绪《婺源县志》卷三十四《人物志·义行》。

续表

序号	所在宗族	名讳	身份	事迹	资料来源
2	长溪戴氏	戴尚容	儒士	少习儒……悯末俗溺女，捐金置田，以资贫家养育，颜其会曰"济阴"，全活甚众。	乾隆《婺源县志》卷二十二《人物志·孝友》
3	长溪戴氏	戴升平	庠生	居心仁厚，戒溺女，好放生。	光绪《婺源县志》卷二十六《人物志·风雅附》
4	长溪戴氏	戴湛恩	儒士、塾师	以舌耕稍裕，遇溺女者商诸妻，抱养嫁之。	光绪《婺源县志》卷四十《人物志·质行》
5	北山头齐氏	齐元宏	不详	戒俗溺女，给之资养，多所保全。	乾隆《婺源县志》卷二十《人物志·孝友》
6	虹钟坦洪氏	洪尚智	州吏目	悯俗溺女，资助全活。	乾隆《婺源县志》卷二十三《人物志·义行》
7	虹钟坦洪氏	洪立峥	不详	家非素封，而勉于为善。悯贫户溺女，捐赀助之养育。	乾隆《婺源县志》卷二十三《人物志·义行》
8	桃溪潘氏	潘世沄	商人	服贾……立义会以救溺女。	乾隆《婺源县志》卷二十三《人物志·义行》
9	孔村潘氏	潘淦	职监	（继）母欲戒溺女，淦则给银，每三两。	光绪《婺源县志》卷三十《人物志·孝友》
10	汾水吕氏	吕珏	郡庠生	立保婴会以戒溺女，刊送《百祥集》以劝为善。	光绪《婺源县志》卷二十五《人物志·文苑》
11	漳溪单氏	单作霖	增生	凡建祠辑谱，会文养生，施槥拯溺，常捐赀领袖，善与人同。	光绪《婺源县志》卷二十六《人物志·文苑》
12	桂岩戴氏	戴鸿泽	附贡生	道光间，邑侯赵示禁溺女，泽输租数十秤为倡。	光绪《婺源县志》卷二十六《人物志·风雅附》
13	潢川黄氏	黄梦光	岁贡生、候选训导	录《戒溺女文》以劝世。	光绪《婺源县志》卷三十《人物志·孝友》

续表

序号	所在宗族	名讳	身份	事迹	资料来源
14	清华胡氏	胡廷俊	候选主簿、商人	少孤,弃举业,佐兄经营……族有孪生女孩,为贫将溺者,助赀抚养。	光绪《婺源县志》卷三十三《人物志·义行》
15	磻溪余氏	余铭	国学生	里中数姓聚处,俗多溺女,刻文劝戒之。其极贫女者,每给银二两助妆。自是数姓互养为媳,风俗还醇。	光绪《婺源县志》卷三十三《人物志·义行》
16	明堂里叶氏	叶昭镛	国学生	输租百秤倡立义仓,减价平粜,将所粜项给产女家,禁其溺陨。	光绪《婺源县志》卷三十三《人物志·义行》
17	明堂里叶氏	叶兹堃	商人	居家,继父志培植育婴会,无论贫富给赀遣嫁。	光绪《婺源县志》卷三十四《人物志·义行》
18	中云王氏	王联辉	国学生	婺俗贫多溺女,倡立保婴会以资女家。	光绪《婺源县志》卷三十四《人物志·义行》
19	中云王氏	王考祥	不详	立保婴会,酾金拯溺。	光绪《婺源县志》卷三十四《人物志·义行》
20	中云王氏	王燃	庠生	承父志倡集育婴会,以拯溺女,乡人德之。	光绪《婺源县志》卷三十八《人物志·质行》
21	臧坑臧氏	臧清越	农民	尝输金倡育婴社,多活人。	光绪《婺源县志》卷三十八《人物志·质行》
22	臧坑臧氏	臧起巽	不详	乡有溺女俗,巽集乡人立育婴会,此后无淹毙者。	光绪《婺源县志》卷三十八《人物志·质行》
23	臧坑臧氏	臧耀祖	国学生	村有溺女,倡捐立会。	光绪《婺源县志》卷三十八《人物志·质行》
24	在城程氏	程祖铭	府同知	婺俗,贫家生女多不举,或弃于路,祖铭手定育婴局规,有抱养者给银若干,活甚众。	光绪《婺源县志》卷三十四《人物志·义行》

续表

序号	所在宗族	名讳	身份	事迹	资料来源
25	在城金氏	金大增	国学生	俗多溺女,每赠赀以劝,戒之为善,类出至诚。	光绪《婺源县志》卷三十八《人物志·质行》
26	读屋泉孙氏	孙有燨	四品衔、商人	幼读书,以父抱疾弃儒就贾,赀渐饶……族之贫乏者周之,溺女者拯之。	光绪《婺源县志》卷三十五《人物志·义行》
27	诗春施氏	施明礼	贡生、商人	少孤贫,后商于景镇,赀裕归里……闻村妇有溺女者,给赀养育。	光绪《婺源县志》卷三十五《人物志·义行》
28	花园阳村坞吴氏	吴新庆	农民	幼业农,志趣超凡。婺俗,贫多鬻妻溺女,庆心悯焉,以佣赴余赀济人缓急。	光绪《婺源县志》卷三十四《人物志·义行》

按,除序号1戴雪寿为明代末年人外,其余皆为清代人。

由表4—3可以看出,明清时期,婺源境内各宗族中的绅士、商人、农民等宗族精英分子及普通族人,纷纷通过捐赀救助,倡立保婴会、育婴会、育婴社等途径,对宗族内部的溺女之家加以救助,对溺女行为加以遏制。除上述通过经济手段来控制溺女行为外,在该县磻溪余氏宗族社区中,各宗族之间还通过"互养为媳"的办法来遏制溺女行为:"里中数姓聚处,俗多溺女,(磻溪余氏族人余铭)刻文劝戒之。其极贫育女者,每给银二两助妆。自是数姓互养为媳,风俗还醇。"①数姓宗族通过联姻的方式,使当地各宗族内部和宗族社区中的溺女问题得到了一定程度的缓解与控制。

除婺源外,明清时期绩溪境内的溺女问题也非常突出,该县宗族对这一社会问题颇为关注,并多在族规家法中对溺女行为加以禁止,使当地的溺女问题得到了一定程度的控制。

清光绪《(绩溪)梁安高氏宗谱》所载《高氏祖训》之"禁溺女"条指出:

---

① 光绪《婺源县志》卷三十三《人物志·义行》。

> 故宗族中有溺女者,其罪通天。虽别人戒杀放生,皆是无益。盖在他处有育婴堂,尚免载滑。吾乡无之,惟赖宗族设法禁止,随时告诫,功德无量①。

该族强调对于溺女行为,宗族要时刻告诫族人加以禁止。

清光绪《绩溪县南关许余氏惇叙堂宗谱》所载《家训》之"禁溺女"条则对徽州境内的溺女行为予以猛烈抨击:

> 徽宁第一恶俗在自溺其女,彼本性凶恶莫过,豺狼虎豹尚不自食其子,人而自溺其女,比豺狼虎豹更凶。若不禁止,成何宗族?彼溺女的解说,一说不育女好早生男,一说免赔嫁资,一说贫不能养,都是胡说。人家求子当誓心行善,杀女求子,岂不上犯天怒?嫁资厚薄各视力量,忍下手杀他,难道不忍薄他的妆奁?至于生女必有乳,乞丐的妇女常时有褴褛沿门,难道住家的偏养不起?想到把呱呱婴女投下水时光景,口不忍说,耳不忍闻,溺女之人凶恶已极。古人说,不孝之人人人得而诛之,如今溺女之人亦人人得而诛之者也。凡我子孙永远禁戒,同登仁寿②。

该族要求在本族内部对溺女行为予以永远禁戒。

此外,绩溪明经胡氏龙井派宗族的祠规则规定:

> 至若子固当孝,亲亦宜慈。产多毙女,贫困鬻男,岂非左计,为父母者如有此事,众共辱之③。

该族强调全体族人对溺女的父母予以羞辱,以控制族中为父母者的溺女恶习。

(三)假命图赖问题控制

明崇祯年间,歙县知县傅岩曾指出:

---

① 光绪《(绩溪)梁安高氏宗谱》卷十一《高氏祖训十条·禁溺女》。
② 光绪《绩溪县南关许余氏惇叙堂宗谱》卷八《家训·禁溺女》。
③ 民国《(绩溪)明经胡氏龙井派宗谱》卷首《明经胡氏龙井派祠规·瘅恶四条·忤逆》。

> 徽俗轻生，尸亲因以为利，借命图赖，甚至聚集抢
> 掳无干亲族，亦有倚此居奇兴讼索诈者，重创坐诬，此
> 风少息①。

由此可见，这一时期歙县境内通过借命图赖敲诈勒索、借以获利的盛行程度。

此处所说的借命图赖，又称"假命图赖"，即借轻生对他人进行讹诈勒索，这是明清时期徽州宗族社会中一度较为盛行的一个社会问题。由于其社会危害性较大，历届地方官都强调予以打击。在绩溪境内，明万历年间，知县李右谏、秦聚奎皆曾在任上"禁假命图赖"②。至清顺治年间郭四维任知县时，"惩治假命，民无轻生"③，仍将禁治假命图赖作为施政的一个重点。

在休宁境内，该县范氏宗族社区内也有假命图赖问题：

> 里有假死命诬人者，被诬之人惶惧，夜怀二十金
> 求救于王父（指范氏族人范岩周），以王父三老，言出
> 而人信之。王父叱其人于外，遥谓曰：用贿则实，谁为
> 若解者，归听公论，勿复尔。其人惭而退，诬者闻之亦
> 惧，事遂得解④。

因假命图赖而使被诬之人惶惧不安，严重影响了宗族社区中的人际关系和谐及社会秩序稳定。

针对假命图赖行为的危害性，明清徽州宗族多强调予以严厉打击。如明代，休宁商山吴氏在宗族法中规定：

> 愚夫愚妇，每因小忿意在诈骗，或服毒自缢，或投
> 水沉身，图赖他人。如遇明公在上，察其真情，未必能
> 中彼伤，而愚命则自殒矣。纵得烧埋，竟于死者何益，
> 反复思之，诚为可哀。各宗正副倘遇情出迫切之人，
> 兴言及此，作速以理，省会规戒。如其执迷不听而甘
> 自弃者，宗正副会同族长、品官、举监生员人等，备情

---

① （明）傅岩：《歙纪》卷五《纪政迹》。
② 乾隆《绩溪县志》卷六《秩官志·名宦》。
③ 乾隆《绩溪县志》卷六《秩官志·名宦》。
④ 万历《休宁范氏族谱·谱传·中支林塘族》。

呈治本犯家长①。

在该族看来,倘若发生族人假命图赖事件,作为监护人的家长脱不了干系,宗正副会同族长、品官、举监生员等宗族精英人士对家长予以治罪,即通过强调家长的督教权以期禁止族人的假命图赖行为。

(四)生态环境恶化问题控制

徽州是一个典型的山区,明清时期,该地区的生态状况相对较为脆弱,但长期以来并未引发严重的区域性的环境危机和环境问题。然而这种状况在清代中期随着棚民的大量涌入而一度发生改变,这一时期棚民的营山活动引发了徽州历史上罕见的生态环境恶化危机。

受经济利益的驱使,外来棚民在农业方面选择从事毁林开荒,锄种苞芦、青靛、生姜、山药、麻、粟等粮食作物或经济作物;在手工制造业方面主要从事挖煤烧炭、烧制砖瓦石灰等活动。在经营方式上,棚民主要采取简单粗放、掠夺式的刀耕火种手段。棚民的上述做法,严重破坏了徽州山区的植被,一度造成了大范围极度严重的水土流失问题,此外还产生了相当严重的恶性循环和连锁反应,引发了诸如河道淤塞、水利设施遭毁、水旱灾害频发、农田被压、坟茔受损、民居遭毁、土壤沙化、地力下降、环境污染等一系列较为严重的生态问题,这对徽州宗族的生存与发展产生了严重影响。

针对这一罕见的生态环境危机,徽州宗族为了保护自己的家园,采取了一系列控制措施,以遏制生态环境的进一步恶化。这些控制措施②主要包括驱禁棚民、成立养山会保护山林、呈官封禁、调整产业种植结构等。

---

① 明《(休宁)商山吴氏宗法规条》。

② 正常情况下,有些徽州宗族还在族规中立有"严禁蓄"条以保护本族的生态环境,如乾隆《休宁古林黄氏重修族谱》卷首下《祠规·严禁蓄》规定:"岑山水口堤河干荫木,禁蓄有年,蔚蔚菁菁,实增吾乡景色矣。但恐日久法弛,今议祠中专雇一人看守,著令写立包揽一纸,存于祠匣。如遇盗砍等事,庶有责成。"

1. 驱禁棚民

由于徽州宗族是棚民营山活动最直接的受害者,因而他们也是地方社会中驱逐棚民的中坚力量。在祁门境内,清乾隆三十年(1765),大批棚民涌入该县善和程氏宗族聚居村落六都村,开山种植苞芦,造成该村境内发生严重水土流失,致使当地河道淤塞、水运受阻、米价腾贵,农田受压、耕农失业,桥崩屋坏、栖息遭危,给该族利益带来巨大损害。程氏族人程国华遂于嘉庆年间"不惮首事,偕仲叔与族内诸君子控告于官",在地方官府督拆下,"各棚咸敛迹就退,期年而境内肃清"①,使宗族社区的生态环境恶化状况得到了一定程度的控制。又如,黟县境内桃源山一带,为"阖邑关拦水口",清嘉庆年间,棚民汪宾等入山凿石烧煤,种植苞芦,给当地生态环境造成破坏。为驱逐棚民、保护水口,境内余、程、胡、江、汪、何、孙、方、吴、叶、金、许、詹、徐、朱、韩、舒、卢等19姓44家宗族祠堂、3名监生、1名举人及3名普通族人,联名上书禀请地方官府驱禁棚民,"树千年之德政,保一邑之生民,恩赏示谕,内外民人毋许入山,一切屠害勒石永禁"②。于此可见,徽州宗族及其士绅等人群在驱棚运动中发挥了积极的作用。

2. 成立养山会保护山林

祁门县十九都下箬溪王氏宗族聚居地,原本处于"山多田少,地窄人稠,昔年未经开种,无不衣食余饶"的相对理想状态,清乾嘉年间,外来棚民入境毁林开荒,种植苞芦,彻底改变了这种理想的状态:

> 我环溪基迁于宋,迹发于明,聚族而居,历年有所,向来田少山多,居人之日用饮食,取给于田者不敌取给于山,当年兴养成材,年年拼取,络绎不绝,所以家有生机,人皆乐利。今(指清嘉庆年间)则两源山场荒芜已极,东锄西掘,日耗月亏,陆道良田,堆沙累石,

---

① 光绪《(祁门)善和程氏宗谱》卷一《村居景致》,附《驱棚除害记》。
② 《嘉庆十年知县苏禁水口烧煤示》,嘉庆《黟县志》卷十一《政事志》。

致使烹茶水浅,举爨薪稀,事害于人,莫此为甚①。

缘承祖居下若[箬]溪,山多田少,地窄人稠,昔年未经开种,无不衣食余饶。自乾隆三十年以后,异民临境,遍山锄种,每遇蛟水,山崩土裂,石走沙驰,堆积田园,国课永累。且住后来龙山,一族公业,尽皆锄种,人居其下,命脉攸关。此日坑河满积,一雨则村内洪水横流,祠前沙石壅塞,目击心伤,人皆切齿②。

特别令人不能容忍的是,"坑河满积,一雨则村内洪水横流,祠前沙石壅塞",山坡滚下的沙石污泥曾一度壅塞了王氏宗族的祠堂——履和堂。

为了控制宗族聚居地生态环境的进一步恶化,王氏宗族内部发起成立了环溪王履和堂养山会,以保护山林免遭乱砍滥伐。该族养山会《条规》规定:

棚民现在所种族内之山,俱要入祠承佃,扞插苗木,自今以后,秩下人等再不得私自召种,如违,定行禀究③。

对于族人私自召棚民垦种,进行严格控制。

3. 呈官封禁

在黟县境内,一些饱受棚民开山之苦的宗族在驱棚后仍担心山场再次落入棚民之手,于是他们纷纷将宗族山场产业呈请入官封禁,以便能得到地方官府的保护。清道光四年(1824),在该县石山一带,棚民汪灶贵等开煤烧灰,争殴滋事,被知县驱逐后,当地族人主动呈请入官封禁,得到了官府的积极配合:

吴灿章、吴大照、吴培煌等将公共水龙坑、金铺坞、鼠山等处山业,恐族人盗租,情愿呈请入官封禁。吕前宪(指知县吕子珏)亲诣该处勘明四至,钉立界石,即将各户应纳粮银拨入官粮名下完纳。详请宪

---

① 嘉庆《(祁门)环溪王履和堂养山会簿》之嘉庆十九年王兆瑚、王沛金《序》。

② 嘉庆《(祁门)环溪王履和堂养山会簿·合同文约》。

③ 嘉庆《(祁门)环溪王履和堂养山会簿·条规》。

示,永行严禁,俱蒙各大宪批准①。

此后,又有武生吴彪、监生吴延汝、六都文会绅士等,"将产煤各山邀集各山主,无论公业私产,开出土名,一并呈请封禁"②。

又据记载:

> 今绅士等公禀,各山主愿将该处所有分受己业一概产煤之山,各捐入碧阳书院,仍令司事绅士查照字号、亩数,钉立界石,收税完粮,以为公业。即有分受未输者,亦属公共山场,不得违例私召,可永保护③。

通过将宗族山场产业或"分受己业"入官封禁的办法,有效控制了棚民的垦山活动,从而有助于遏制当地生态环境的恶化。

4. 调整产业种植结构

在祁门境内,曾长期遭受棚民开山困扰的善和程氏宗族,在驱棚后总结经验认为:

> 欲图安久之策,莫若因山泽之资,谋兴养之利。兴养则山成材山,人怀乐土,家裕户饶,公私两益④。

该族主张恢复传统的林业生产,以控制生态环境的恶化。

此外,在驱棚后,徽州地方官府、宗族在产业种植结构方面,一致强调"改种蔬果茶柯树木,不得仍种苞芦"⑤,劝导民众"蓄养竹木柴薪,以收自然之利"⑥。这种产业种植结构的适时调整,也有助于促进徽州山区生态环境的改善。

---

① 《署府传给六都通都文会请禁挖煤示》,同治《黟县三志》卷十一《政事志·附禁》。

② 《署府传给六都通都文会请禁挖煤示》,同治《黟县三志》卷十一《政事志·附禁》。

③ 《署府传给阖邑请禁挖煤示》,同治《黟县三志》卷十一《政事志·附禁》。

④ 光绪《(祁门)善和程氏宗谱》卷一《村居景致》,附《驱棚除害记》。

⑤ 《禁租山开垦示》,嘉庆《黟县志》卷十一《政事志》。

⑥ (清)胡元熙《黟山禁挖煤烧灰说》,同治《黟县三志》卷十五《艺文志·政事类》。

四、小　结

明清时期，徽州宗族内部社会控制主要涉及宗族社会秩序控制、宗族生活方式控制、宗族社会问题控制等领域和内容。

1. 在宗族社会秩序控制方面，明清徽州宗族主要关注对宗族内部的伦常秩序、血缘秩序及社会秩序进行控制

就伦常秩序控制而言，徽州宗族主要通过族规家法的规定、设置排行等途径实施族内伦常秩序控制。

就血缘秩序控制而言，徽州宗族主要通过反对异族伪冒、反对和限制异族承继宗祧、提倡同族内部宗祧承继等途径，以规范与控制宗族血缘秩序。

就社会秩序控制而言，徽州宗族主要通过制定族规家法来规范和控制宗族社会秩序，对族内盗窃行为、凶暴恶行、健讼等进行重点控制；通过规劝族人安分守己、和睦宗族，以控制宗族内部社会秩序；主张宗族内部纷争由族内及时加以解决，以遏制宗族内部社会秩序的恶化。

2. 在宗族生活方式控制方面，明清徽州宗族十分重视对族人的职业选择、婚姻生活、丧葬丧事、生活消费、行为举止、社会交往等进行规范与控制

就职业控制而言，徽州宗族要求族人从事四民正业、勤修职业，强调家长对子弟进行职业教育，反对从事贱业、恶业。

就婚姻控制而言，徽州宗族多在宗族法中对族人婚姻的择配标准进行规范，强调门当户对、良贱不婚、同姓不婚，反对婚嫁论财、卖女为妾及指腹为婚，重视婚配对象的个人素质。在婚龄方面，主张婚嫁应适时举行，不可过早或过迟。

就丧葬丧事控制而言，徽州宗族提倡及时安葬死去的亲人，节俭操办丧葬丧事，要求丧葬丧事遵依以朱熹《家礼》为代表的儒家礼的规范，按照礼制举行。

就生活消费控制而言，徽州宗族要求族人能够崇尚勤俭节约，反对族人追求奢侈浪费的生活方式，同时对族人特别是族中妇女的一些日常文化娱乐活动也进行干预和控制。

就行为举止控制而言，徽州宗族要求族人讲求信用，重视廉耻，并对族人日常行为举止的诸多方面作了禁止性规定。

就社会交往控制而言，徽州宗族要求族人谨慎交往，厚待朋友，亲近礼法之士，远离僧道、斋婆、尼姑、跳神卜妇等邪巫之人，并要求族人在社会交往中重视礼让，反对恃势、恃力、恃财。徽州宗族十分重视宗族自身与其他异姓宗族的社会交往，并在族规家法等各类规章中作了相应的规定，以对族际交往进行规范和控制。

3. 在宗族社会问题控制方面，明清徽州宗族十分重视对赌博、溺女、假命图赖、生态环境恶化等社会问题进行控制

就控制赌博而言，针对赌博问题的严重性和危害性，徽州宗族多在族规家法中强调禁赌，并对参赌族人予以严惩，以控制赌博活动的蔓延。此外，许多徽州宗族还主动邀请官府介入，凭借官府强制力对赌博活动予以打击。

就控制溺女而言，徽州宗族多在族规家法中对溺女行为加以禁止，并通过捐赀救助、倡立保婴会、育婴会、育婴社等途径对溺女之家进行救助，对溺女行为加以遏制。此外，有些宗族还通过"互养为媳"即通过联姻的方式来遏制溺女行为。

就控制假命图赖而言，徽州宗族多在宗族法中强调予以严厉打击，并强调家长在禁止族人假命图赖方面的督教权。

就控制生态环境的恶化而言，徽州宗族主要采取驱禁棚民、成立养山会保护山林、呈官封禁、调整产业种植结构等一系列控制措施，以遏制生态环境的恶化。

下 编

族权与政权互动视角下的明清徽州乡村社会控制:以保甲制推行为中心

明清徽州保甲制度的推行与保甲组织编制

一、明清徽州保甲制度的推行

保甲制度正式创立于北宋王安石变法时期,是宋以降由官方自上而下推行的一种按照户籍编制来统治人民的基层行政组织制度和社会管理控制制度,属于国家政府法定的制度。保甲制度的推行和实践,是通过保甲组织进行的,而保甲组织则是一种国家政府法定制度下的准基层行政组织①,承担着基层社会中各种政治、社会、经济的职能。对于保甲制度和保甲组织的研究与考察,构成了中国政治史和社会史研究的重要层面②。明清时期,封建统治者继续重视保甲制度的推行,并根据社会形势的变化而作出更新和调整。

(一)明清封建政权推行保甲制概况

有学者认为,明初封建统治者即曾推行过保甲法,但由于

---

① 周绍泉认为:"保甲是为防范盗贼、强盗而由官府编制的联防组织","以实际社会生活中的一家一户(烟户)为单位编制的"。参见周绍泉:《透过明初徽州一桩讼案窥探三个家庭的内部结构及其相互关系》,安徽大学徽学研究中心编:《徽学》2000 年卷,合肥:安徽大学出版社,2001 年,第 97 页。

② 参见申立增:《清代乡里制度研究综述》,载《首都师范大学学报》(社会科学版),2004 年增刊(中国近现代史研究专辑)。

里甲制的大力推行而致使保甲中止。明中叶以后,随着里甲组织政治统治机能的衰退,加上农民起义频发、倭寇侵扰不断、社会矛盾尖锐、社会动荡加剧,原先以弭盗安民为主要目的的保甲组织,在全国许多地方日益兴起①。

到了清代,封建统治者十分重视推行保甲制以维持社会秩序,并根据社会的变迁不断丰富和调整保甲制度的内容,使保甲制不断得到完善。

顺治元年(1644),朝廷令归附州县官民人等"编置牌甲,令安故业"②,并要求:

> 各府州县卫所属乡村,十家置一甲长,百家置一总甲。凡遇盗贼、逃人、奸宄窃发事故,邻佑即报知甲长,甲长报知总甲,总甲报知府州县卫。府州县卫核实,申解兵部。若一家隐匿,其邻佑九家、甲长、总甲不行首告,俱治以重罪不贷③。

关于顺治年间保甲的推行,《清史稿》也有记载:

> 世祖入关,有编置户口牌甲之令。其法,州县城乡十户立一牌长,十牌立一甲长,十甲立一保长。户给印牌,书其姓名丁口。出则注所往,入则稽所来。其寺观亦一律颁给,以稽僧道之出入。其客店令各立一簿,书寓客姓名行李,以便稽察④。

康熙九年(1670),朝廷颁布的康熙帝《圣训十六条》中即有"联保甲以弭贼盗"⑤一条,专门是针对推行保甲的。康熙四十七年(1708),朝廷重申保甲之法:

> 部臣议奏,弭盗良法,无如保甲,宜仿古法,而用

---

① 栾成显:《明代黄册研究》,北京:中国社会科学出版社,1998年,第126~127页;《〈康熙休宁县保甲烟户册〉研究》,载《西南师范大学学报》(人文社会科学版),2006年第6期。
② 《清世祖实录》卷六,顺治元年秋七月丙戌。
③ 《清世祖实录》卷七,顺治元年八月癸亥。
④ 《清史稿》卷一百二十《食货一·户口》。
⑤ 《清朝文献通考》卷二十一《职役考一》。

以变通。一州一县城关各若干户,四乡村落各若干户,户给印信纸牌一张,书写姓名、丁男口数于上,出则注明所往,入则稽其所来,面生可疑之人,非盘诘的确,不许容留。十户立一牌头,十牌立一甲头,十甲立一保长。若村庄人少,户不及数,即就其少数编之。无事递相稽查,有事互相救应,保长、牌头不得借端鱼肉众户。客店立簿稽查,寺庙亦给纸牌,月底令保长出具无事甘结,报官备查,违者罪之①。

雍正四年(1726)四月,雍正帝颁布谕旨,指出:

> 弭盗之法,莫良于保甲。朕自御极以来,屡颁谕旨,必期实力奉行。乃地方官惮其繁难,视为故套,奉行不实,稽查不严。又有藉称村落畸零,难编排甲;至各边省,更藉称土苗杂处,不便比照内地者。此甚不然。村落虽小,即数家亦可编为一甲。熟苗熟僮即可编入齐民。苟有实心,自有实效。嗣后,督抚及州县以上各官,不实力奉行者,作何严加处分;保正、甲长及同甲之人,能据实举首者,作何奖赏;隐匿者,作何分别治罪……著九卿详议具奏②。

对地方官推行保甲不力予以斥责,要求各级地方官员"实力奉行"。

同年七月,雍正帝再次下旨吏部议复保甲之法,吏部遵照皇帝谕旨,议定了保甲法:

> 十户立一牌头,十牌立一甲长,十甲立一保正。其村落畸零及熟苗熟僮,亦一体编排。地方官不实力奉行者,专管、兼辖、统辖各官,分别议处。再,立民间劝惩之法,以示鼓励,有据实首告者,按名奖赏,隐匿者,加以杖责③。

---

① 《清朝文献通考》卷二十二《职役考二》。
② 《清世宗实录》卷四十三,雍正四年四月甲申。
③ 《清世宗实录》卷四十六,雍正四年七月乙卯。

不久,吏部:

> 又奏准,直省督抚,转饬府州县等官,将绅衿之家一例编次保甲,听保甲长稽查。如有不入编次者,该地方官详报题参,比照脱户律治罪。地方官瞻徇情面,不据实详报者,照徇庇例议处①。

乾隆二十二年(1757),朝廷更定保甲之法:

> 顺天府五城所属村庄暨直省各州县乡村,每户岁给门牌,十户为牌畸零散处,通融编列,立牌长;十牌为甲,立甲长,三年更代。十甲为保,立保长,一年更代。士民公举诚实识字及有身家之人,报官点充,地方官不得派办别差。凡甲内有盗窃、邪教、赌博、赌具、窝逃、奸拐、私铸、私销、私盐、踩曲,贩卖硝磺,并私立名色敛财聚会等事,及面生可疑、行迹诡秘之徒,责令专司查报。户口迁移登耗,责令随时报明,于门牌内改换填给②。

这一年更定的保甲法,共计 15 条,内容涉及许多方面,与徽州地方有关的大致有以下诸条:①直省所属每户岁给门牌,牌长、甲长三年更代,保长一年更代。凡甲内有盗窃、邪教、赌博、赌具、窝逃、奸拐、私铸、私销、私盐、踩曲、贩卖硝磺,并私立名色敛财聚会等事,及面生可疑之徒,责令专司查报。户口迁移登耗,随时报明,门牌内改换填给。②绅衿之家,与齐民一体编列。③凡客民在内地贸易,或置有产业者,与土著一律顺编。④各省山居棚民,按户编册,地主并保甲结报。⑤内河船只,于船尾设立粉牌,责令埠头查察。其渔船网户、水次搭棚趁食之民,均归就近保甲管束。⑥寺观僧道,令僧纲、道纪按季册报。其各省回民,令礼拜寺掌教稽查。⑦外来流丐,保正督率丐头稽查,少壮者递回原籍安插,其余归入栖流等所管束③。

诚如学者所言,至清乾隆年间,在全国范围内,从乡村到城

---

① 光绪《钦定大清会典事例》卷一百二十七《吏部》。
② 《清朝文献通考》卷十九《户口考一》。
③ 《清史稿》卷一百二十《食货一·户口》。

市,由内地至边疆,包括少数民族在内,保甲制得到了大力推行和全面实施①。此后,保甲制在清廷的不断督促检查之下基本巩固下来②。

需要指出的是,明清时期,徽州境内保甲制的推行,就是在上述封建政权于全国范围内推行保甲制度的大背景下进行的,明清封建政权关于保甲制的相关政策和举措,对徽州境内保甲制度的推行影响较大。

(二)明清徽州境内保甲制的推行

1. 明代徽州境内保甲的推行

就明代徽州而言,早在成化年间,当地即有推行保甲活动的记载:

> 新安世家,金氏其一也。予昔游庠,今都宪欧阳公宰邑,举乡约保伍法,辟乡之有贤行、为众服者为之长,金某府节推公之子亿公在辟中,先子承德君亦与焉③。

> 先君姓汪,讳凤英,字大祥,世居鹏源……提学副使安福欧阳公昔宰休宁,举乡约保甲之法,闻其贤,辟为约长④。

上引两条材料中的欧阳公,名旦,江西安福人,明成化十七年(1481)进士,出任休宁知县,成化二十三年升任云南道监察御史。由此可见,欧阳旦于成化年间担任休宁知县期间曾在当地推行过保甲,并将保甲的推行与乡约相结合。休宁境内的一些

---

① 栾成显:《〈康熙休宁县保甲烟户册〉研究》,载《西南师范大学学报》(人文社会科学版),2006年第6期。

② 冉绵惠、李慧宇:《民国时期保甲制度研究》,成都:四川大学出版社,2005年,第55页。

③ (明)汪循:《仁峰集》卷九《西山金氏族谱序》,《四库全书存目丛书》集部,第47册,济南:齐鲁书社,1997年。

④ (明)汪循:《仁峰集》卷十九《述先君承德郎事实》,《四库全书存目丛书》集部,第47册,济南:齐鲁书社,1997年。

大族及族人之"有贤行、为众服者"也给予了密切的配合①。

到了明正德年间，休宁境内又有推行保甲的活动，如：

> （休宁范氏族人）勉庵公，名显礼，一名祥生，字云瑞，行元五，景华公长子。……遇事不随不固，为世通儒。里党士游其门者，皆知向方，凡琢够匠心，耻剿陈语。有《勉庵稿》藏于家。晚年，值饶贼逼境，力率乡人立保伍法，昼夜侦巡，扰攘中犹吟咏不辍②。

此处"饶贼逼境"事件，是指明正德年间江西饶州人王浩八等在万年县姚源洞一带起义后，逼近徽州之事③。由上可知，正德年间，在遇到农民起义冲击的非常时刻，徽州一些地方的乡绅曾"力率乡人立保伍法，昼夜侦巡"，通过推行保甲，以加强乡村社会的治安。

不过，从严格意义上说，前述明成化、正德年间徽州地方官和乡绅推行保甲的举动，似乎还属于零星的行为，并不普遍。

明代徽州境内保甲的大规模的制度化的推行，大体上与全国许多地方同步，这是一种由官方积极倡导、率先垂范、自上而下的实践过程。总体上看，明嘉靖年间是徽州保甲推行的兴起期，万历以降则是徽州保甲的普遍推行期，即所谓"保甲之法，明季视为泛常"④，这与当时徽州境内一些地方社会秩序动荡、治安形势严峻有关。在徽州境内保甲推行过程中，地方官员的积极倡导与率先垂范是主要动力。

嘉靖年间，徽州境内保甲制度的推行、保甲组织的设置等由知府何东序率先倡导，并陆续在各县推行：

> 嘉靖间，奉知府何东序议行保甲，以备防守。令民每十甲作为一约，于内公选殷实公正、平日为乡党

---

① 参见王裕明：《〈仁峰集〉与明中叶徽州社会》，载《安徽大学学报》（哲学社会科学版），2005年第5期。

② 万历《休宁范氏族谱·谱传·中支汊口族》。

③ 据沈起炜编著的《中国历史大事年表（古代）》（上海：上海辞书出版社，1983年）第438~439页记载，正德七年（1512），王浩八曾东走徽州一带，受招降，未几再起。

④ 康熙《绩溪县志续编》卷二《政治志·保甲》。

所推服者二人为约正副,率领众人。每约置有柄大牌,阴书百家姓名,送县标押。仍照牌填写一张,送官类总备查。每十家置锣二面、铳二把,闲暇操演。一遇警报,约正副持牌号召,鸣锣大呼,并力追捕。其约正副量给冠带衣巾并印信帖文,少假事权,以示宠异①。

这一时期,在徽州境内特别是广大乡村中,保甲制推行的主要目的是"以备防守",即主要是出于治安方面的考虑,它的一个重要特点,是与乡约的实践紧密结合,即重视"立乡约导之使人于善,编保甲闲之使不为恶"②,将乡约重教化与保甲重治安的不同功能有机结合起来,这一做法也为此后徽州境内许多地方推行保甲时所继承。按照知府何东序的设计,乡约组织的首领约正副也是保甲组织的实际首领,他们拥有"率领众人"、追捕盗贼等实际"事权"③。

在嘉靖年间知府何东序倡率之后,万历初年,徽州知府古之贤颁行《保甲条约》,倡行保甲。又据万历《绩溪县志》记载:

万历二年,奉兵道冯明文:每里之中选取有身家德行之人二名,充为捕诘官。仍于地方选出子弟兵二十名,逢五逢十练习技艺一次,余日各安生理。一遇有警,鸣锣为号,子弟兵、保甲人等各赴捕盗官处齐集应援④。

兵备道冯某关于每里之中设置捕诘官的倡议,是对保甲制推行予以进一步完善的重要举措。

文献记载表明,明嘉靖以后徽州各县保甲制度推行与保甲组织设置的诱因和具体做法,既有相似之处,又有自身特点。

在休宁境内,万历年间,知县李乔岱根据"休居万山中,民性健悍,且西南接江浙境,无赖子出没靡常,盗贼多有"的客观

---

① 万历《绩溪县志》卷六《政治志·保甲》。
② 万历《绩溪县志》卷六《政治志》。
③ 万历《绩溪县志》卷六《政治志·保甲》。
④ 万历《绩溪县志》卷六《政治志·保甲》。

现实,积极推行保甲:

> 遂议劝谕扞卫法,合乡约、保甲并行之。设立合一条规,首申以六谕,附以律章,约以十三条,终以劝罚。纲目明备,刊布全书,风示境内,远近民踊跃趋之,迄今遵行弗替①。

知县李乔岱沿袭嘉靖年间知府何东序的做法,将乡约与保甲结合并行,收到了一定的成效。

在绩溪境内,万历年间,随着商业经营活动的活跃,特别是当地典当业的发展,导致"赃有所投",盗窃行为频繁发生。地方官为维护社会治安,严行保甲制:

> 绩俗尚礼义,饬廉耻,鲜为盗者。迩以歙人典质射利,赃有所投,盗窃辄发。知县陈嘉策肃禁令,严捕缉,殄灭黥,配不贷,遂屏迹焉②。

知县陈嘉策推行保甲的实践,一度收到了盗窃"屏迹"的积极效果。

在祁门境内,万历年间,"民以细故构衅,(知县陈翀奎)令约保劝化,不为之理"③。崇祯年间,"时邑盗炽,昼攫金,(知县)令各里保俾自相擒捕,至讯之,罪当者折其足,毙之狱,无烦文移,四境帖然"④。地方官重视利用保甲,以维持地方社会秩序。

在该县,一份《祁门县仆人陈社魁等立限约》文书揭示了天启年间当地保甲推行的实态:

> 立限约仆人陈社魁同侄陈周发,今因身不合于天启五年二月,将祖母棺木一具,私厝洪主祖坟边旁,二载不报,意图侵葬。因事发觉,已另(立)还服罪文约,求主山地安葬祖母。今因目下日期未卜,托中愿立限约,请主眼同保甲长等,将棺木封号暂厝主山,即择吉

---

① 万历《休宁县志》卷二《建置志·约保》。
② 万历《绩溪县志》卷六《政治志·保甲》。
③ 康熙《祁门县志》卷二《名宦》。
④ 康熙《祁门县志》卷二《名宦》。

日请主到山验葬,不得私行搬移。如擅移不报,即系侵葬是的,听主递官理治无词。今恐无凭,立此限约为照。

天启六年二月廿二日立限约仆人　陈社魁

同侄　陈周发

中见保长　饶宗仁

甲长　毕天浩

义兄　胡社志

胡社夏①

天启年间,祁门境内保甲制度得到了有效推行,当地保甲组织的首领保甲长,成为乡村社会中普通百姓依赖的重要对象。

在婺源境内,隆庆五年(1571),知县吴琯"设保甲,置乡约,遍访善恶,得其实,躬巡村落中,弗率者系于约所,同众面诘,置之法,不少贷,四境肃然"②,致力于推行保甲,并将保甲的推行与乡约相结合。地方官吴琯亲临宗族乡村、"躬巡村落中"的举动,对于保甲组织和乡约组织控制职能的发挥起到了积极作用,其表现即是所谓的"四境肃然",社会秩序井然有序。

在黟县境内,万历年间,知县甘士价"心怀仁恕,法锄强梗","严保甲以束民心"③,致力于保甲的推行。万历年间,知县王家光,"至七都霞川汪氏,见其居犹先朝旧创,□质不镂,排保甲遍迹山岩"④。所谓"排保甲",表明在霞川汪氏宗族聚居地保甲得到了推行。

在歙县境内,崇祯年间,知县傅岩鉴于"流寇之乱起于西北,蔓扰中原"⑤等日趋严峻的社会形势,致力于推行保甲。傅岩的具体做法是将保甲的推行与乡约甚至里甲相结合。他认

---

① 安徽省博物馆编:《明清徽州社会经济资料丛编》第1集,《祁门县仆人陈社魁等立限约》,北京:中国社会科学出版社,1988年,第460~461页。

② 康熙《婺源县志》卷六《官师志·名宦》。

③ 顺治《黟县志》卷四《职官志·名宦》。

④ 顺治《黟县志》卷一《地理志·风俗》。

⑤ (明)傅岩:《歙纪》卷八《纪条示·团练乡勇》。

为,"国家设立乡约保甲,此乃圣祖寓兵于农妙用"①,而明太祖圣谕六言中的"各安生理"与修武备、严保甲是相通的:

> 修武备即是各安生理。士农工商道不相通,惟武事四民俱不相碍。今与百姓约一乡之中,照保甲各出一后生,每清晨齐执器械,或于空地,或于大路傍立定,保甲长击鼓三通,呐喊三声,即各归本业,日以为常,则耳闻金鼓,目见旗枪,不以为怪。行之既久,俱有精力,图事速成,真生理一助也。只要勤谨为主,捉空乘暇,演习讲论,初不教你遗却正务,岂不是各安生理②。

傅岩对保甲的操练提出了要求:

> 保长会同乡约里排,将保内各户壮丁堪充乡兵者开报,各自认备器械,酌量住址远近,就便团聚操练。本县单车亲阅赏劝。其有膂力过人、习熟武艺、通晓火器者,约里保长具揭开报,以凭录用③。

傅岩还认为"乡约宣讲圣谕,稽察善恶,为化民成俗首务"④,主张"翻刻《乡约全书》,附以修备赘言,遍给各乡,于保甲、乡兵讲武之法兼行"⑤。

由上可见,傅岩将举行保甲作为乡约约定的重要内容,乡约的主要任务之一是推行保甲,维持治安,主张在乡约的框架内推行保甲,并将保甲与乡约相结合。

此外,为抵御农民起义军作准备,傅岩还提出将保甲的推行与团练相结合:

> 为今日计,惟乡自为守,人自为力,舍练乡勇,无他策矣。已经申严保甲,出示去后,四乡远未见举行。除置簿遍告乡绅,听自令丁壮预备外,合再遍示在城

---

① (明)傅岩:《歙纪》卷五《纪政迹·修备赘言》。
② (明)傅岩:《歙纪》卷五《纪政迹·修备赘言》。
③ (明)傅岩:《歙纪》卷八《纪条示·严保甲·选练乡兵》。
④ (明)傅岩:《歙纪》卷五《纪政迹》。
⑤ (明)傅岩:《歙纪》卷五《纪政迹》。

在乡各保内精壮人丁,自相劝勉,推举大村镇一二百人,小村镇数十人,或附近联络共百余人,多寡各听其便,十人中举一人为什长,百人立一人为团长,长百夫即武科举庠士、异途有识略者皆可自任。或极大镇有数百,则立一乡总,或借重本乡缙绅,自允约束者听之巡司,信地则责之巡司,各令自认器械,农隙之日,随便习学武艺,团聚操练。有事传呼共应,人人皆兵,无事则有备安居,家家乐业①。

按照傅岩的设计,团练乡勇、习学武艺成为保甲的重要内容。

2. 清代徽州境内保甲的推行

清朝建立后,徽州地方官为稳定社会秩序,继续推行保甲制度,而且将这种制度一直延续到清末。

在绩溪境内,顺治十年(1653),"知县朱国杰编立门牌,佥点保正、甲长,严敕举行,嗣后因之"②。到雍正年间,"知县李世敦、王锡蕃奉例令各甲设立烟户牌,夜则悬灯击柝,更换巡警,要道增立栅栏,严行启闭,至今(指乾隆年间)仍之"③。清初该县保甲的推行,是与当地不断出现社会动荡的形势密切相关的,保甲的推行被视为维持社会治安的一种惩前毖后的举措:

绩溪虽居深山中,而唐季有黄巢之寇矣,南宋有张琪之寇矣,元有蕲黄之寇矣,明有倭之寇矣,国朝有罗其熊之寇矣。大者残破,小者侵掠,宁无惩其前而毖其后乎④!

在黟县境内,乾隆三十一年(1766)春,"知县孙维龙奉抚藩二宪檄,躬履四乡清查保甲"⑤。

在婺源境内,清乾隆年间所编县志对该县为何推行保甲作了详细分析:

---

① (明)傅岩:《歙纪》卷八《纪条示·团练乡勇》。
② 康熙《绩溪县志续编》卷二《政治志·保甲》。
③ 乾隆《绩溪县志》卷四《武备志·捕察·保甲附》。
④ 乾隆《绩溪县志》卷四《武备志·捕察·保甲附》。
⑤ 乾隆《黟县志》卷一《户口》。

> 我婺尤称隘塞，界接衢饶，界以外皆崇山复岭，林树丛蔚，人烟断绝者恒数十里而遥，以故萑苻时得恣其出没，此兵防所宜亟讲也。
>
> 与兵防相表里以为功者，其在严保甲、联灶丁乎！保甲之法不足以制贼也，而足以戢贼之萌蘖、斩贼之根株①。

县志指出山区地理环境的复杂是导致盗贼出没，进而推行保甲的重要原因。

那么，究竟该如何推行保甲并使之达到预期的效果呢？县志另有一番交代：

> 今严饬保甲，按户编籍，出必稽户丁所自往，入必稽行旅所自来，则游惰警而内贼无自生，盘诘严而外贼无所匿，线索除，虽大盗不敢轻入。
>
> 保甲非整饬有素，恐故事具文无用也②。

而当遇到紧急情况时，县志则提出，乡村社会中的各处保甲组织应相互救援，共同御敌："一乡有警，各乡之保甲救之。"③

到了清光绪年间，婺源知县方某还曾主张将团练乡兵与编查保甲相结合，"团练与保甲相辅而行"：

> 钦加同知衔赏戴花翎特授婺源县正堂加十级纪录十次方，为照会事。照得团练、保甲事宜，迭奉督抚宪严札，钦奉上谕通饬举办之件，节经先后出示晓谕，并照会五乡绅董，各在案。兹据五乡绅董来城集议定妥，准于城乡设立五乡公所，一局为团练保甲总局，又择四乡适中冲要之地，东乡上东一局，设中平，下东一局，设词坑口；西乡上西一局，设镇头，下西一局，设彰睦；南乡外南一局，设太白司，内南一局，设中云；北乡

---

① 乾隆《婺源县志》卷十三《兵防志·防守·旧兵防论》。
② 乾隆《婺源县志》卷十三《兵防志·防守·旧兵防论》。
③ 乾隆《婺源县志》卷十三《兵防志·防守·旧兵防论》。另据乾隆《婺源县志》卷八《建置志·公署》记载，在该县县治西，设置有与保甲相关的机构——保正所。

上北一局,设花桥,中北一局,设清华,下北一局,设思口,各等处。统计五乡十局,名曰练局。雇丁操练,均归公举正绅管带。所有旗帜、号衣、器械等件,由城乡公所制就,颁发各局应用。至练局之外,又每乡设数团局,团而不练,仿十家牌法编成牌甲,十家立一牌长,十牌立一甲长,十甲立一经董,公举团总、团长经理,由县颁发循环簿扇,交各练局,分送各团局董事,饬令各都图经董按户填载男妇丁口、籍贯、年岁、执业等项,呈县备查。务令认真举办,庶有团以清内奸,有练以扞外侮,则团练与保甲相辅而行,实于地方大有裨益,想贵绅董无不乐与有成也。除出示晓谕外,合行照会。为此,照会贵绅董,希即查照邀集各都图董事至各练局和衷商议,分设团局,务期实事求是,不分畛域,不持成见,以仰副督抚宪绥靖地方之意。望切望切。须至照会者。

    右照会乡贵绅董
    光绪二十五年　月　　日照会①

在休宁境内,清初即大力推行保甲:

  国朝尤严保甲之令。康熙九年颁圣谕十六条……廖令复实心举行,劝善化暴,奸宄潜踪。

  今严行保甲之法,与乡约正副共相核举,正合今十六条规式。鼎革之初所以弭盗而安民,承平之后所以安民而弭盗②。

到了咸丰年间,在太平天国起义影响之下,社会秩序出现了剧烈动荡,一些宗族乡绅为保卫桑梓而致力于保甲的推行。如该县月潭朱氏33世士瀛公(1814～1861),附贡生,例授修职郎,候选训导,"会太平军兴,伏莽乘机窃发,公为保卫桑梓计,

---

  ① 王钰欣、周绍泉主编:《徽州千年契约文书》(清民国编)卷三,《光绪二十五年婺源县令办团练保甲照会》,石家庄:花山文艺出版社,1991年,第350页。
  ② 康熙《休宁县志》卷二《建置志·约保》。

编查保甲,督练乡兵,一方赖以暂安"①。

在祁门境内,咸丰年间,为抵御太平军,知县唐治"劝助军饷,编查保甲,举行团练"②。

二、明清徽州保甲组织的编制

(一)明代徽州境内保甲组织的编制

明代徽州地方官十分重视保甲组织的编制,嘉靖年间,徽州知府何东序倡行保甲,主张将保甲组织的编制与乡约组织结合起来③。绩溪县在推行保甲时,遵循知府何东序的要求,"令民每十甲作为一约"④,将当地保甲组织的编制与乡约紧密结合。到了崇祯年间,歙县知县傅岩"严行保甲,十家为甲,十甲为保"⑤,即以10户为1甲,10甲为1保。遗留下来的一份明万历年间歙县保甲人户牌的文书,也揭示了晚明徽州境内保甲编制的一些侧面:

```
歙县   乡地名  系二十五都一图第   保
保长   程隆源
保副
    一户  张付年 岁身    系 都 图 生
弟              子                 侄
妇女    口雇工      人
万历三十三年叁月二十二日
```

---

① 民国《新安(休宁)月潭朱氏族谱》卷十四《提举公派存玺公下安仁公支》。
② 民国《祁门县志·艺文考》。
③ 嘉靖《徽州府志》卷三《风俗》云:"约会依原保甲,城市取坊里相近者为一约,乡村或一图或一族为一约,其村小人少附大村,族小人少附大族,合为一约。"表明乡约会的编排是以保甲为基础的。
④ 万历《绩溪县志》卷六《政治志·保甲》。
⑤ (明)傅岩:《歙纪》卷五《纪政迹》。

县①

由上可见,清代保甲人户牌中登记的一些基本要素,在晚明已经部分出现。

(二)清代徽州境内保甲组织的编制

出于稳定社会秩序、巩固统治的需要,清政权十分重视保甲组织的编制:

> 凡编保甲,户给以门牌,书其家长之名与其丁男之数,而岁更之。十家为牌,牌有头;十牌为甲,甲有长;十甲为保,保有正,稽其犯令作匿前匪者而报焉。城、市、乡、屯、灶、厂、寺、观、店、埠、棚、寮、边徼,皆编之②。

对此,徽州地方社会也予以积极的响应。在歙县境内,清顺治年间当地的做法是:"近制,每十家为一甲,十甲为保。"③在祁门县境内,康熙五十二年(1713)当地的做法是:"城市乡村、各都图保甲、烟灶丁口、寺庙僧道编造册内,毋许隐匿。十家编一甲,立一甲长,十甲编一保,立一保长。"④光绪五年(1879)当地的做法是:"现办保甲,按十户立一牌长,十牌立一甲长,十甲立一经董。"⑤在休宁县境内,光绪十年(1884)当地的做法是:"举办保甲,按十户立一牌长,十牌立一甲长,责成逐户挨查。"⑥在绩溪县境内,光绪十六年(1890)当地的做法是:"现办保甲,

---

① 王钰欣、周绍泉主编:《徽州千年契约文书》(宋元明编)卷三,《明万历三十三年歙县潘氏保甲人户牌》,石家庄:花山文艺出版社,1991年,第338页。
② 光绪《大清会典》卷十七《户部》。此处引用时,删去了原书注释。
③ 顺治《歙县志》卷六《兵防志》。
④ 王钰欣、周绍泉主编:《徽州千年契约文书》(清民国编)卷一,《康熙五十二年祁门县编十家保甲牌》,石家庄:花山文艺出版社,1991年,第166页。
⑤ 王钰欣、周绍泉主编:《徽州千年契约文书》(清民国编)卷三,《光绪五年祁门县十家门牌》,石家庄:花山文艺出版社,1991年,第111页。
⑥ 王钰欣、周绍泉主编:《徽州千年契约文书》(清民国编)卷三,《光绪十年休宁县十家牌》,石家庄:花山文艺出版社,1991年,第165页。

按十户立一牌长,十牌立一甲长,十甲立一经董,责成挨户编填连管。"①

与清代保甲制推行和保甲组织编制的实践紧密相关,地方官府和保甲组织还组织编造了保甲门牌、十家门牌、保甲册、循环册等门牌册籍,从中也可窥见清代保甲编排以及官府对地方社会控制的一些具体细节。

1. 保甲门牌

保甲门牌由官府发给每户,登录每户户长的姓名、籍贯、年龄、生理以及亲属、附住、雇工等各类丁口的详细情况,总的要求是户内"男妇大小丁口"俱要登录,不得遗漏一人。此牌被要求悬挂门首,以便每日稽查。

保甲门牌在清代徽州多有发现,如光绪十六年(1890)三月休宁县颁给胡天祥的门牌:

钦加同知衔特授休宁县正堂水,为给发门牌事。案奉臬宪张札饬,以各属详报盗劫之案,层见叠出,亟应厘定章程,清查保甲,以靖盗源而卫民生。兹特由司拟定保甲章程,业经详送抚宪批示核准通行,饬即遵照发来章程,督率绅董实力举办,切勿视为具文,特札等因到县。奉此,除登填户册外,合行给发门牌。为此,牌仰该户收执。嗣后该户遇有迁移生故、婚嫁增减以及出外雇工、贸易等事,即告知董保,在于户册内添删更正,并将门牌一律改正。其迁移出境者,即将门牌缴销。外来之户,随时编入牌甲,请发门牌,如法悬挂。倘各户有门牌遗失者,准其声[申]请补给,毋得违误。其各凛遵。切切。颁牌。

南乡二十五都四图瑶溪村　第一甲第十一牌
董　　甲长　　牌长杜谦　　距城三十里
一户胡天祥功名　年二十六岁　县人系　业开店 在家
房屋系　业房主　处人
祖父　祖母　庶祖母　氏年　岁

---

① 王钰欣、周绍泉主编:《徽州千年契约文书》(清民国编)卷三,《光绪十六年绩溪县十家牌》,石家庄:花山文艺出版社,1991年,第181页。

第五章　明清徽州保甲制度的推行与保甲组织编制　465

　　父　　　母余氏　庶母年六十三岁
　　妻戴氏　妾　年二十一岁
　　　子　年　　岁媳　氏年　　岁
　　　孙　年　　岁孙媳　氏年　　岁
　　胞兄　胞弟　年　岁胞侄　　年　岁
　　胞伯　胞叔　年　岁寄居族戚友　　年　　岁　处人
　　　　　　计本户男妇三名口　男仆使女　名口　雇伙妇　名口
　　共计男女大小　名口
　　光绪十六年三月　　　　　　日给
　　　县①

从休宁知县水某颁给胡天祥的门牌中可以看到，门牌登录的范围为1户，门牌上登记的房主及其家庭成员的情况十分详细，除了自身及妻妾外，上到祖父辈，下到子孙辈，旁及兄弟，连寄居的族戚友、雇工、仆人皆毫无遗漏。从门牌上所注明的内容看，徽州境内特别是广大乡村中各家户的实情，对于地方社会乃至官府而言是一览无余的，从中也可见地方官府对徽州乡村社会控制的严密程度。

2. 十家门牌

十家门牌，又称"十家总牌"，内填本牌十户户长姓名、年岁、生理及该户男妇丁口名数等。此牌发给甲长（牌头）悬挂，

---

①　转引自严桂夫、王国健：《徽州文书档案》，合肥：安徽人民出版社，2005年，第369～370页。此外，南京大学历史系资料室藏有一份《光绪二十二年休宁县烟户门牌》：

江南徽州府休宁县为钦奉上谕事。案奉府宪，转奉各大宪檄，饬查造本年分烟户民数册结，依限详送等。内除饬查造外，合行给牌悬挂。为此，牌仰该户遵照，将本户男女丁口逐一填写牌内，悬挂门首，听候稽查，毋违。须至牌者。

　　　　计开
　　一户　　年　　岁　　　县人　　　生理
　　　母　氏妻(妾)　氏子　　女　　侄　　侄女
　　　兄　嫂　氏　雇工　　仆妇　　伙
　　　弟　弟媳　氏
　　　本户共计男妇　　　丁口
　　光绪二十二年　　月　　日给
　　　县　　　丙字第　　　号

用以轮流稽查。这类门牌,徽州文书中记载较多①,在不同时期有所变化,如清康熙年间和光绪年间祁门县编制的十家门牌即稍有不同。清康熙五十二年(1713)祁门县颁给的十家门牌:

> 祁门县正堂陈,为清查保甲,设立门牌,以除匪类,以靖地方事。案奉各宪饬令各府州县严编保甲缘由到县,奉此合饬城市乡村、各都图保甲、烟灶丁口、寺庙僧道编造册内,毋许隐匿。十家编一甲,立一甲长,十甲编一保,立一保长,均要殷实老成,毋许奸棍孤独邀充。给以印信门牌,书填姓名、丁口、生理,邀相稽查,夜则巡更,子夜有事,互相救应,不许容留匪类。如违治罪,各宜凛遵。须至牌者。
>
> 计开
>
> 祁门县十一都 三 图 二 保 三 甲保长徐佛老
> 甲长朱本清
> 汪公会八甲支用单在内
> 一户 朱本清 年四十五 岁 县人 务农 生理男   妇女共 一 口仆 岁同居
> 一户 朱廷珍 年五十 岁 县人 木匠 生理男   妇女共 一 口仆 岁同居芝能
> 一户 朱锦元 年二十 岁 县人 务农 生理男   妇女共 一 口仆 岁同居芝英
> 一户 朱芝俊 年四十五 岁 县人 裁缝 生理男 三 妇女共 一 口仆 岁同居胡元彪
> 一户 胡其景 年三十六 岁 县人 □口 生理男 二 妇女共 一 口仆 岁同居胡有林
> 一户 江锡福 年三十二 岁 县人 务农 生理男 一 妇女共 一 口仆 岁同居江梅生
> 一户   年   岁 县人   生理男   妇女共   口仆 岁同居
> 一户   年   岁 县人   生理男   妇女共   口仆 岁同居
> 一户   年   岁 县人   生理男   妇女共   口仆 岁同居
>
> 康熙 五拾贰 年   月   日给②

---

① 关于清代徽州境内十家门牌,王钰欣、周绍泉主编的《徽州千年契约文书》记载较多,祁门县有康熙五十二年(清民国编卷一,第166页)、乾隆十年(清民国编卷一,第303页)、乾隆二十一年(清民国编卷一,第327页)、道光二十九年(清民国编卷二,第469页)、光绪五年(清民国编卷三,第111页)颁给的,休宁县有光绪十年(清民国编卷三,第165页)颁给的,绩溪县有光绪十六年(清民国编卷三,第181页)颁给的,等等。

② 王钰欣、周绍泉主编:《徽州千年契约文书》(清民国编)卷一,《康熙五十二年祁门县编十家保甲牌》,石家庄:花山文艺出版社,1991年,第166页。

清光绪五年(1879)祁门县颁给的十家门牌：

祁门县正堂柯，为给发门牌事。照得现办保甲，按十户立一牌长，十牌立一甲长，十甲立一经董。责成挨户编填，互相保结，以清盗源。为此，给发十家总门牌，注明年贯、丁口、执业，互相稽查。倘一家为匪不法，及窝藏盗贼，九家公同出首，毋得容隐干咎。牌甲长、地保人等，知而不首，致干同罪。如有迁移生故、婚嫁增减，随时在于门牌本户旁添改，并告知牌长，牌长转报甲长，甲长转报经董，于册内一体改注，以凭抽查。倘有隐漏，察出干咎。须至牌者。

计开	都	图第	甲第	牌小	地名	距城	里
经董			甲长	牌长		地保	
一户	现年	岁系	省		州县人以		为业
男	丁女	口伙计	人奴仆男女		人雇工		人
一户	现年	岁系	省		州县人以		为业
男	丁女	口伙计	人奴仆男女		人雇工		人
一户	现年	岁系	省		州县人以		为业
男	丁女	口伙计	人奴仆男女		人雇工		人
一户	现年	岁系	省		州县人以		为业
男	丁女	口伙计	人奴仆男女		人雇工		人
一户	现年	岁系	省		州县人以		为业
男	丁女	口伙计	人奴仆男女		人雇工		人
一户	现年	岁系	省		州县人以		为业
男	丁女	口伙计	人奴仆男女		人雇工		人
一户	现年	岁系	省		州县人以		为业
男	丁女	口伙计	人奴仆男女		人雇工		人
一户	现年	岁系	省		州县人以		为业
男	丁女	口伙计	人奴仆男女		人雇工		人
一户	现年	岁系	省		州县人以		为业
男	丁女	口伙计	人奴仆男女		人雇工		人
一户	现年	岁系	省		州县人以		为业
男	丁女	口伙计	人奴仆男女		人雇工		人

一、严禁三五成群拜盟结党　　一、严禁形迹诡秘煽惑乡愚
一、严禁窝盗窝娼扰害良民　　一、严禁讼师讼棍搭抬撞诈
一、严禁私铸私宰相习为非　　一、严禁赌局烟馆容隐匪类

一、严禁持械打降倚众逞强　一、严禁拐抢妇女和诱略卖
一、严禁外来流丐强讨恶索　一、严禁游手好闲懒惰失业

光　绪　五　年　　　　月　　　　日　给
县　　　　　　裱糊木板于各家门首轮流张挂①

由上可见,十家门牌登录的范围为10户,主要登录10户户长的姓名、年岁、生理及该户男妇丁口名数等情况。

3. 保甲册

保甲册,又称"保甲烟户册",以所造各户保甲门牌为据,照所编保甲挨次填写,前有总,后有撒,其所载人户,不仅包括一般庶民百姓,而且乡绅举贡生员、庵观寺院乃至畸零人户等尽在其中。其每户所载,一如保甲门牌,户无遗漏,丁口尽载。保甲册的编查,主要是出于治安目的,以便能对辖地之内的所有人员进行有效的控制和管理。清代徽州境内保甲册的典型例子,如康熙四十年(1701)休宁县编造的保甲人户烟册:

> 江南徽州府休宁县正堂加三级金,为申严保甲,以靖地方事。照得保甲之法屡奉宪饬,本县莅任伊始,拟合清查编册。为此,册仰保甲长,即将保内居民,毋论绅衿士庶、农工商贾民人,填注住何地方,系何生理,男丁妇女各几名口,乡约保甲姓名,逐一清编,毋许遗漏一户一丁,如违取究未便。须至册者。
>
> 　　　　计开
> 休宁县 伍 都 肆 图 龙源 地方
> 乡　约　　张维纲
> 保　长　　曹　敦
> 甲　长　　邵　芳
> 栅　栏　　　　　副
> 更　楼　　　　　座
> 　　　　　　　右册仰保长曹　敦　准此
> 康熙肆拾年　　月　十三日册

---

① 王钰欣、周绍泉主编:《徽州千年契约文书》(清民国编)卷三,《光绪五年祁门县十家门牌》,石家庄:花山文艺出版社,1991年,第111页。

县(押)①

保甲册登录的范围更为广泛,其主要目的是维护辖地之内的社会治安,是对一个保乃至多个保内的人户情况的记录。

4. 循环册

循环册,在保甲编查的基础上设立,分循、环二册,州县官府和保甲首领各存一本。内填注村庄、户口、生故、迁移、改习行业、外出、流寓等情况,"季底将循册缴送印官,查对环册,改注发交乡保,于下季之底,将环册缴送查对,一循一环,按季更换"②。清代徽州境内循环册的典型例子,如光绪五年(1879)四月祁门县编造的金璧坳户口环册③:

> 祁门县正堂柯,为给发循环册事。照得现办保甲,按十户立一牌长,十牌立一甲长,十甲立一经董。责成挨户编填,互相稽查,以清盗源。为此,给发循环册,即将保内丁口、籍贯、执业挨户编填。其册一本存署,一本存经董处,于地保春秋点卯之便,当堂呈换,循去环来,每年皆依此例。如有迁徙生故、婚嫁增减等项,由本户随时报明牌长,即于门牌本户之旁添注涂改,并由牌长转报甲长,甲长转报经董,于册内某户之旁添注涂改,毋得舛错遗漏干咎。须至循环册者。
>
> 光绪五年 四月 日
> 　　　　右给 乡 都 图地保 　　准此
> 十一 都 一 图第 七 甲第 壹 牌小地名 金璧坳
> 经董 李柏如 甲长 吴翘周 牌长 吴三友 地保 汪林
> 一户 吴翘周 现年 六十四 岁系 本 省 本 州县人以 贸易 为业
> 　　男 乙 丁女 五 口伙计 王二 一人奴仆男女 　人雇工 　人
> 一户 吴新发 现年 十三 岁系 本 省 本 州县人以 贸易 为业
> 　　男 乙 丁女 二 口伙计 　人奴仆男女 　人雇工 　人
> 一户 吴发茂 现年 六 岁系 本 省 本 州县人以 贸易 为业

---

① 《(康熙)休宁县编造保甲人户烟册》,上海图书馆藏。
② 《清高宗实录》卷五百四十九,乾隆二十二年戊子。
③ 王钰欣、周绍泉主编:《徽州千年契约文书》(清民国编)卷三,《光绪五年祁门县金璧坳户口环册》,石家庄:花山文艺出版社,1991年,第99~109页。

　　　　男 二　丁女 三　口伙计　　　人奴仆男女　　人雇工　　　　　人
一户吴三友 现年 三十　岁系 本 省 本 州县人以　　　贸易 为业
　　　　男 二　丁女 二　口伙计　　　人奴仆男女　　人雇工　　　　　人
一户吴顺意 现年 二十二 岁系 本 省 本 州县人以　　　贸易 为业
　　　　男 乙　丁女 一　口伙计　　　人奴仆男女　　人雇工　　　　　人
一户吴永富 现年 五十一 岁系 本 省 本 州县人以　　　贸易 为业
　　　　男 二　丁女 一　口伙计　　　人奴仆男女　　人雇工　　　　　人
一户王继保 现年 三十五 岁系 安庆省 州 潜山县人以　务农 为业
　　　　男 一　丁女 一　口伙计　　　人奴仆男女　　人雇工　　　　　人
一户吴奎来 现年 二十七 岁系 本 省 本 州县人以　　　贸易 为业
　　　　男 乙　丁女 三　口伙计　　　人奴仆男女　　人雇工　　　　　人
一户永禧寺僧 智龄 徒得高 现年五十六、三十四 岁系本省本州黟县人以　　为业
　　　　男 二　丁女 一　口伙计　　　人奴仆男女　　人雇工 李盛春一　人
一户　　　　现年　　　　岁系　　省　　州县人以　　　　　 为业
　　　　男　　丁女　　口伙计　　　　人奴仆男女　　人雇工　　　　　人
十一 都 一　图第　七　甲第　贰　牌小地名　　金璧坳
经董　李柏如　甲长　吴翘周　牌长　汪金保　　　　地保 汪林
一户汪金保 现年 五拾九 岁系 本 省 本 州县人以　　　务农 为业
　　　　男 三　丁女 四　口伙计　　　人奴仆男女　　人雇工　　　　　人
一户汪金榜 现年 五十三 岁系 本 省 本 州县人以　　　务农 为业
　　　　男 乙　丁女 二　口伙计　　　人奴仆男女　　人雇工　　　　　人
一户汪双全 现年 二十三 岁系 本 省 本 州县人以　　　务农 为业
　　　　男 乙　丁女 二　口伙计　　　人奴仆男女　　人雇工　　　　　人
一户汪得盛 现年 三十九 岁系 本 省 本 州县人以　　　务农 为业
　　　　男 二　丁女 三　口伙计　　　人奴仆男女　　人雇工　　　　　人
一户汪得十 现年 三十三 岁系 本 省 本 州县人以　　　务农 为业
　　　　男 二　丁女 三　口伙计　　　人奴仆男女　　人雇工　　　　　人
一户曹得意 现年 四十一 岁系 本 省 本 州县人以　　　务农 为业
　　　　男 三　丁女 乙　口伙计　　　人奴仆男女　　人雇工　　　　　人
一户曹元发 现年 四十　岁系 本 省 本 州县人以　　　务农 为业
　　　　男 三　丁女 乙　口伙计　　　人奴仆男女　　人雇工　　　　　人
一户徐先甲 现年 五十二 岁系 安庆省 州 潜山县人以　务农 为业
　　　　男 五　丁女 二　口伙计 凌二 一 人奴仆男女　人雇工　　　　　人
一户　　　　现年　　　　岁系　　省　　州县人以　　　　　 为业
　　　　男　　丁女　　口伙计　　　　人奴仆男女　　人雇工　　　　　人
一户　　　　现年　　　　岁系　　省　　州县人以　　　　　 为业
　　　　男　　丁女　　口伙计　　　　人奴仆男女　　人雇工　　　　　人
十一 都 一　图第　七　甲第　叁　牌小地名　　上朱村
经董　李柏如　甲长　吴翘周　牌长　李仁山　　　　地保 汪林
一户李仁山 现年 四十四 岁系 本省 本 州县人以　　　务农 为业

　　　　　男　四　丁女　三　口伙计　　人奴仆男女　　　人雇工　　　　　人
一户 汪克绳 现年 四十四 岁系 本 省 本 州县人以　　务农 为业
　　　　　男　四　丁女　二　口伙计　　人奴仆男女　　　人雇工　　　　　人
一户 汪耀文 现年 三十七 岁系 本 省 本 州县人以　　务农 为业
　　　　　男　一　丁女　二　口伙计　　人奴仆男女　　　人雇工　　　　　人
一户 汪昌茂 现年 三十八 岁系 本 省 本 州县人以　　务农 为业
　　　　　男　三　丁女　三　口伙计　　人奴仆男女　　　人雇工　　　　　人
一户 汪炳炎 现年 二十五 岁系 本 省 本 州县人以　　务农 为业
　　　　　男　一　丁女　四　口伙计　　人奴仆男女　　　人雇工　　　　　人
一户 汪兆恩 现年 三十四 岁系 本 省 本 州县人以　　务农 为业
　　　　　男　四　丁女　三　口伙计　　人奴仆男女　　　人雇工　　　　　人
一户 汪清林 现年 四十二 岁系 本 省 本 州县人以　　务农 为业
　　　　　男　二　丁女　二　口伙计　　人奴仆男女　　　人雇工　　　　　人
一户 吴观桃 现年 四十三 岁系 本 省 本 州县人以　　务农 为业
　　　　　男　二　丁女　三　口伙计　　人奴仆男女　　　人雇工　　　　　人
一户 汪庆理 现年 五十六 岁系 安庆省 州 潜山县人以　　务农 为业
　　　　　男　乙　丁女　一　口伙计　　人奴仆男女　　　人雇工　　　　　人
一户　　　　现年　　　岁系　　省　　州县人以　　　　为业
　　　　　男　　　丁女　　口伙计　　人奴仆男女　　　人雇工　　　　　人
十一 都　一 图第　七　甲第　肆　牌小地名　　下朱村
经董 李柏如　甲长 吴翘周　牌长 张玉书　　地保 汪林
一户 张玉书 现年 三十九 岁系 本 省 本 州县人以　　务农 为业
　　　　　男　二　丁女　五　口伙计　　人奴仆男女　　　人雇工 吴胜 一人
一户 李众和 现年 四十五 岁系 本 省 本 州县人以　　务农 为业
　　　　　男　四　丁女　二　口伙计　　人奴仆男女　　　人雇工　　　　　人
一户 李十保 现年 四十一 岁系 本 省 本 州县人以　　务农 为业
　　　　　男　二　丁女　三　口伙计　　人奴仆男女　　　人雇工　　　　　人
一户 汪三保 现年 三十四 岁系 本 省 本 州县人以　　务农 为业
　　　　　男　二　丁女　三　口伙计　　人奴仆男女　　　人雇工　　　　　人
一户 汪宝元 现年 三十五 岁系 本 省 本 州县人以　　务农 为业
　　　　　男　乙　丁女　三　口伙计　　人奴仆男女　　　人雇工 谢发 一人
一户 舒大中 现年 四十五 岁系 本 省 本 州县人以　　务农 为业
　　　　　男　二　丁女　三　口伙计　　人奴仆男女　　　人雇工　　　　　人
一户 舒大成 现年 四十　 岁系 本 省 本 州县人以　　务农 为业
　　　　　男　三　丁女　二　口伙计　　人奴仆男女　　　人雇工　　　　　人
一户 汪文发 现年 五十　 岁系 安庆省州　潜山 县人以　　务农 为业
　　　　　男　乙　丁女　一　口伙计　　　人奴仆男女　　人雇工　　　　　人
一户 黄仁料 现年 三十五 岁系 安庆省　　潜山县人以　　务农 为业
　　　　　男　五　丁女　六　口伙计　　人奴仆男女　　　人雇工　　　　　人
一户 操国富 现年 五十一 岁系 安庆省州　潜山 县人以　　务农 为业

男 乙 丁女 二 口伙计　　人奴仆男女　　人雇工　　人

清光绪五年祁门县境内保甲循环册的编制,是要求在"十户立一牌长,十牌立一甲长,十甲立一经董"的原则之下挨户编填。编填的内容主要包括"保内丁口、籍贯、执业"等情况。循、环二册,"其册一本存署,一本存经董处,于地保春秋点卯之便,当堂呈换,循去环来,每年皆依此例"。"如有迁徙生故、婚嫁增减等项,由本户随时报明牌长,即于门牌本户之旁添注涂改,并由牌长转报甲长,甲长转报经董,于册内某户之旁添注涂改,毋得舛错遗漏"。就祁门县东乡十一都一图金璧坳村(包括上朱村、下朱村)而言,在经董李柏如等负责下,编了4牌,共36户。其中第一牌金璧坳村9户中,吴姓7户、潜山王姓1户、僧1户;第二牌金璧坳村8户中,汪姓5户、曹姓2户、徐姓1户;第三牌上朱村9户中,汪姓6户、李姓1户、潜山汪姓1户;第四牌下朱村10户中,李姓2户、舒姓2户、汪姓2户、张姓1户、潜山汪姓1户、潜山黄姓1户、潜山操姓1户。有3牌(第一牌金璧坳村9户、第二牌金璧坳村8户、第三牌上朱村9户)并没有完全达到每牌10户的原则要求,在实际编制过程中则遵循了官方倡导的"若村庄人少,户不及数,即就其少数编之"①、"村落虽小,即数家亦可编为一甲"②、"畸零散处,通融编列"③的灵活性原则。

从《光绪五年祁门县金璧坳户口环册》登记的内容看,主要包括户名、年龄、籍贯、执业、男丁、女口、伙计、奴仆、雇工等,由于循环册具有"循去环来"的动态特点,这就使得官府对于保内或宗族村庄的实际人口,有一个较为客观、动态的掌握,特别是对于安庆府潜山县等地来徽州从事垦山务农等活动的外来人口有较多记载,这些人基本上都是文献中所说的"棚民",通过

---

① 《清朝文献通考》卷二十二《职役考二》。
② 《清世宗实录》卷四十三,雍正四年四月甲申。
③ 《清朝文献通考》卷十九《户口考一》。

保甲编制,有利于官府对这些棚民进行管理和控制①。

———————

① 针对棚民这一群体编制保甲的问题,乾隆年间,清廷就有讨论:"乾隆四年户部议准江南、福建、浙江各府、州、县内,棚民照保甲例编排户口"(陶澍:《查办皖省棚民编设保甲附片》,《陶澍集》上册《奏疏·保甲》,长沙:岳麓书社,1998年,第423页);乾隆二十二年,朝廷更定保甲之法,有"各省山居棚民,按户编册,地主并保甲结报"(《清史稿》卷一百二十《食货一·户口》)条款。道光年间,徽州境内棚民编制保甲就是根据上述原则进行的:"其棚民较多之处,即按十户另设牌甲稽查。倘系零星两三户杂在土著之内,即归入附近保甲内,照旧办理。"(陶澍:《查办皖省棚民编设保甲附片》、《会同皖抚查禁棚民开垦折子》,载《陶澍集》上册《奏疏·保甲》,长沙:岳麓书社,1998年,第424、426~427页)当时,徽州境内棚民保甲编制的情形为:"其棚民一项,饬委候补知府刘湜前往查办。据称:会同各州、县亲履山场,按户编排,查明一处,即就中选择诚实棚民作为棚头。通计徽州府属之歙县,共有棚民一百五十六户,选充棚头十七名。休宁县共有棚民二百三十一户,选充棚头十三名。祁门县共有棚民四百三十二户,选充棚头二十四名。黟县仅有棚民十户,选充棚头一名。绩溪县共有棚民十二户,俱散居各保,不便编设棚头,仍令各地保兼管。……均已缮造门牌底册,分别悬挂存案,饬令所选棚头时加查察。"(陶澍:《编查皖省棚民保甲折子》,载《陶澍集》上册《奏疏·保甲》,长沙:岳麓书社,1998年,第425页)由此可见,在徽州棚民集中区,棚民保甲的首领为棚头,由棚头负责管理保内事务;散居各保的棚民,因不便编设棚头,由所在地保甲组织中的地保等兼管。

此外,在王振忠收藏的一份清嘉庆二十一年(1816)的婺源县保甲门牌(转引自王振忠:《一个徽州山村社会的生活世界——新近发现的"歙县里东山罗氏文书"研究》,张国刚主编:《中国社会历史评论》第2卷,天津:天津古籍出版社,2000年)中,则有关于棚民登记的格式化了的样本。

　　婺源县正堂 为饬行保甲等事。案奉各县,钦奉谕旨颁发编查保甲条规,严饬仿照实力办理等因。奉此,合行给牌悬挂门首,以凭查核。须至牌者。
　　　　计开
　　乡　　　都　　　约第　甲　　　牌
　第　户汪圣林年　　岁地粮　　亩　□理系
　父　　　妻　　　妾　子　　　女　　　媳
　母
　孙　　　弟　　　弟妻　　　侄　　　侄媳
　仆人　　　婢　　　雇工　　　左邻
　　　　　　　　　　　　　　　　右
　附开本户出租土名　山地与棚民　系　人山
　　　　　　　　　　　　　　　　　　　地
　亩棚　座大男　丁小男　丁大妇　口小女　口
　嘉庆二十一年　　　月　　　　日给
　　县
　悬挂门首毋违

由保甲门牌中关于棚民的格式化的登记形式可窥见,在清代徽州境内,为加强对棚民的管理和控制,地方官和徽州社会在编制保甲过程中对这一群体是十分关注的。

5. 棚民册与另户册

除上述门牌册籍外，清代徽州境内地方官府还为棚民、犯法之人等一些特殊人群编制特定的册籍，以加强对他们的管理和控制。如针对棚民，编制有"棚民册"，针对犯科犯法之人，编制有"另户册"等。

在清光绪五年编制的祁门县西乡二十二都一、二图的保甲循环册中，就收录有针对棚民编制的"棚民册"。在棚民册中，列有柯知县关于编查棚民的告示以及各户棚民的实际情况[①]：

> 祁门县正堂柯，为遵章编查棚民户口事。照得现办保甲，查境内向有客籍民人搭棚栖止，兴种苞芦，自应遵章编入附近村庄之末，另给门牌，仍归原处地保及附近村镇之经董、甲长管束。该棚民居处地方，如无十户棚民，即二三户至八九户棚民，亦即编为一牌，立一牌长，领总门牌一张，挨户轮流张挂门首，出具互结，互相稽查。倘一家为匪不法及窝藏盗贼，牌内各家公同出首，毋得容隐干咎。牌甲长、地保人等知而不首，致干同罪。如有迁徙生故、婚嫁增减，在于门牌本户旁随时添改，并告知牌长，牌长转告甲长，甲长转报经董，于册内一体改注，以凭抽查。倘有隐漏，察出干咎。该棚民如止一户居住，亦即领一户门牌，自行出具不敢为匪不法及窝藏盗贼，愿甘治罪切结，并央附近棚民出具保结。如有迁徙生故、婚嫁增减，亦即报明甲长、经董添改牌册，以备查察。须至册者。

　　计　开　　此册即汇订该棚民附近地方所编户口册后

西乡 二十二 都　图离 鸿 村镇 五 里距城 壹百十 里小地名 黄石坑大元、黄泥坞郎

经董王观光 **甲保**王大成　**牌长**　**地保**王以正　**保人**王玉山、王文英

一户 杨孔元 现年 四十一 岁系 本 省 本 州潜山 县原籍于道光十六 年迁

[①] 参见光绪五年《祁门县户口环册》，该资料由陈琪先生提供，特此致谢。陈琪在《故纸犹香——触摸徽州那个时代的民间记忆（上）》（安徽省徽学学会主办：《徽学丛刊》第 7 辑，2009 年，第 193 页）一文中，对此户口环册有简单介绍。

居来祁以务农为业

祖父	父	妻汪氏	子金茂	女二		孙男		
祖母	母	妾	侄		媳	孙女		
胞伯	兄弟	戚		雇工一男		共	三	名
胞叔	嫂	弟妇	友		伙计	女共	三	口

一户 姚观四 现年 五十一 岁系 本省 本州 怀 县原籍于同治六年迁居来祁以务农为业

祖父	父	妻储氏	子加旺	女一		孙男		
祖母	母	妾	侄		媳	孙女		
胞伯	兄弟	戚		雇工男		共	三	名
胞叔	嫂	弟妇	友		伙计	女共	四	口

一户 倪观九 现年 四十五 岁系 本省 本州 潜山 县原籍于道光十年迁居来祁以务农为业

祖父	父	妻汪氏	子四	女一		孙男		
祖母	母	妾	侄		媳	孙女		
胞伯	兄弟	戚		雇工男		共	五	名
胞叔	嫂	弟妇	友		伙计	女共	二	口

（以下从略）

针对犯科犯法之人编制的"另户册"，在光绪五年《祁门县户口环册》中也有记载：

祁门县正堂柯，为遵章编查另户事。兹将牌甲内一家为九家所不联者，开明曾犯何款，编作另户，另给门牌，交地保就近管束。俟其改过自新，方准取结入甲。如并无过犯，各该户不得故意留难抑勒。须至另册者。

此册即汇订该户所居地方编查户口册后

计 开

乡　都　图　　村镇距城　　里

经董　　　地保

一户　现年　岁系　省州县人以　　为业

祖父	父	妻	子	女		孙男	
祖母	母	妾	侄		媳	孙女	
胞伯	兄弟	戚		雇工男		共	名
胞叔	嫂	弟妇	友		伙计	女共	口

| 前户因 | 故不入甲登明 |

(以下从略)

在另户册中,列有柯知县关于遵章编查"另户"的告示,以及对犯科犯法之"另户"情况进行登记的格式化的文本样式。

此外,清光绪二年六月编造的《歙县二十七都二图遵谕编联保甲底簿》①,也是一份关于清代徽州地方保甲组织编制的极为珍贵的实物文书资料,它表明有清一代,即使是到了晚清时期,徽州境内保甲组织的编制仍然是非常细致周密的。该保甲底簿的编制背景是:清光绪年间,封建官府针对哥老会等民间秘密会社组织的反政府行为,希望各地通过保甲组织的严密编制,来加强对地方社会的实际控制。在上述背景下,清光绪二年(1876),歙县知县陈某认真贯彻上司的有关指示,在境内严格编排保甲:

> 钦加同知衔特授江南徽州府歙县正堂加十级纪录十次陈,谕二十七都二图绅董、文会知悉:顷奉本府宪转奉抚宪函谕,哥老会匪曾奉谕旨禁惩。近有剪辫匪徒,饬据庐州府禀覆,获魏芷谊等四名,供认斩枭,饬令各属严拿党羽,一面力行保甲等因。奉此,查近来邪术剪人发辫,昨奉府宪并经本县访查,实有其事。当经照抄府宪告示,遍贴晓谕,一面饬差查拿在案。其禁绝之法,莫善于举行保甲,实为第一要务。除本县亲赴各乡严密查缉,并再出示晓谕外,合亟手谕谆饬谕到该绅董文会,立即查照向办。保甲章程各归各甲,按户编查,城乡、市镇、寺庙、客寓、烟馆等处一体挨编造册,送县填给门牌实贴,以清本源。其剪辫会匪,据现犯供出,多系两湖川陕散勇,假扮算命测字相面,唱莲花落,一切江湖技艺,并卖药、卖车子、京货等项为名,遍处游历。该绅董、文会务宜认真密察,遇有行踪诡秘、面生可疑之人,及粘单有名者,立即督同捕

---

① 《歙县二十七都二图遵谕编联保甲底簿》,清光绪二年六月编,抄本,安徽省图书馆藏。

保盘获送官,定当从优奖赏。倘漫不经心,致官获匪犯,供出曾在某都图逗留扰害,知情容隐,即照例将邻佑甲长人等一体究治。尔等众志成城,使会匪无容足之地,力除妖毒,即所以自保身家。但不得藉端骚扰良民,甚或挟仇妄指,致干重咎。其各慎力察行,本县实有厚望焉。切切特谕。

  计粘会匪党羽姓名单一纸:

  计开:

法真 云南道人	陈洸馀 巫山教头	斋发 九龙山和尚
刘奉仪 湖南人	萧得溃 广东人	蔡得高 贵州人
蔡大桂 湖北人	孙柏林 四川人	田章魁 贵州人
萧得榜	朱得沅 九龙山管会	张大发
赵得云	廖长申 湖北人	张得华
陈光支 湖南人	岳上贵 湖南宝庆人	刘大华 湖北人
寇小立 贵州人	祁上云 四川人	董得浈 南漳人
萧潮鬴 湖南辰州人	刘大才 湖南人	王得溃 湖南人
张得法 湖南人	赵中亮 湖南人	廖得溃 湖北襄阳人
郭祝亭	鲍得申	王钟墙 湖北人
王中前 湖北人	刘长受 湖北人	刘大发 湖北人
刘庚山 湖南长沙人	刘广才 湖北人	邓乙才 湖南人
邓洸聚 湖北人	邹一灰 安徽人	罗添溃 安徽人
朱继淮 江西人	尹林兴 湖南人	张金华 湖北人
姬大顺	任乙得 湖南人	

光绪二年闰五月廿三日谕

    六月初二奉到①

  当辖区内社会治安遇到威胁时,地方官首先想到的是保甲组织:对于哥老会会众等传统统治秩序的威胁者,"其禁绝之法,莫善于举行保甲,实为第一要务"。

  从留存下来的歙县二十七都二图所编保甲的具体情形看,是遵照知县"按户编查,城乡、市镇、寺庙、客厫、烟馆等处一体

---

①《歙县二十七都二图遵谕编联保甲底簿》。

挨编造册,送县填给门牌实贴,以清本源"的要求的,其遵谕编联保甲的实际情形如下:

第壹甲:程金宅贸易;双忠庙;莲合庵;刘招喜;路德顺;王金财;盛得发;程连荣;吴启进;王素庵

第贰甲:王灶金;项大章;王启才;程广兴;项恒春;汪玉树堂;汪长顺;江有林烟馆;熊福寿;汪金俊同居汪炳妹嫂

第叁甲:王节爱堂;凌复兴;韩庚和;江宝德堂;夏在西;汪斗南饭铺;敦仁堂;钱列成;苏鼎和;程珍胜

第肆甲:程得胜;王职思堂;周和大;德昌;郑祥发;徐高林;钱济和;石春寿;苏承厚;张丰裕

第伍甲:苏恒盛;程顺泰;苏诚裕;苏理和;德顺协记;胡得来;汪双寿;王长生;苏和发;程广泰

第陆甲:吕德新;王兆保;郑庆宝;孙志林;王桂林;张五福;潘保滋堂;黄滋德堂;王大寿;王天赦

第七甲:王美光;章天茂;程耀明;张天;王勤德堂;盛万寿;程叙大;苏黄果;王灶全;王理发

第捌甲:王天彩;王冬兰;刘聚;项生财;王三妹;张讨饭;王瑞元;王灶元;王得银;王来寿

第九甲:王起寿;朱亨;张和;汪恩全;王观寿;王金奎;黄巧林;汪来喜;王高荣;王观鹤

第拾甲:王美;柯观义;程振高;王雨保;沈金荣;杜同兴;王彦士;王松元;王栢林

第拾壹甲:王启旺;何长保;富资社;黄本根;冯祥华;王明盛;舒顺福;王金魁饭铺;王有魁;汪荣贵;王观保

第拾贰甲:汪天赐;王惠桃;王银保;王天德;汪元保;王春田;程万全;庄讨饭;陈安贵;鄞四红

第拾叁甲:鄞起才;吕万保;姚桂林;黄观荣;项善长;包高发;张平安;王立三;王天义;王涌保

第拾肆甲:汪福春;王瑞林;叶志明;宏源号;王祝寿;凌效机;葛欢喜;舒同盛;吕能御;常万吉

第五章 明清徽州保甲制度的推行与保甲组织编制 479

　　第拾五甲：詹胜田；詹春华；詹春寿；姜得贵；胡连庆；程和尚；程天和；程宽年；程瑞荣；程银辉
　　第拾陆甲：包起魁；方春森；丁慎玉；潘万年；洪康安；项来发；舒正炎；饶福顺；老张；空相庵
　　第拾柒甲：项五房；毕德生；毕振远；江阿荣；毕双福；潘永康；潘长溶；潘长沐；程慎昌；程观富
　　第拾捌甲：吴发；周汇川；王得宝；项长贵；王社贵；王长文；王进德；王峄山；王天福；王业成
　　第拾九甲：吴永来；吴五十；吴癸生；吴祯祥；吴春龙；吴小旺；吴训年；吴春福；吴长寿；吴富贵；吴正顺；谢收才；庄林；胡有元；孙绍金
　　第贰拾甲：项正春；项天顺；项春林；项遂庆；吴连生；刘峻基；姚平安；程金寿；程金福；吕龙苏
　　第贰拾壹甲：王顺才；洪培德堂；王张法；洪七十；王四法；王竹卿；王灶法；王灶弟；王有法；王怡豫堂
　　第贰拾贰甲：姜观春；胡灶起；洪承裕堂；项凤元；项顺元；洪勤贻堂；洪敦仁堂；王连生；吴智寿；洪本仁
　　第贰拾叁甲：张起发；赵春发；王焕堂；程进才；王复言；王观进；钱天庆；王全福；钱瑶林；王得胜
　　第贰拾四甲：王招财烟馆；项康宁；朱福海；舒银旺；舒天元；项春甫；项文佐；章社金；汪天元；王大亨；王佩卿；程惇彝；刘征远堂
　　第贰拾五甲：姚荣寿；艾告化；王懋丰；汪金林；胡义源；王章胜；王有元；许聘之；江养恒；项正钊
　　第贰拾六甲：谢敏功；沈善德；江秋桂烟馆；孙如松；周和顺；项大均；潘寿富；陈西元；唐春山；李钦才
　　第贰拾柒甲：程盛记；孙敬修；许丽辉；万春堂；胡玉成；鲍锡荣；程蓝田；王观连；石全寿；程安贵
　　第贰拾八甲：黄顺和；程腊梅；程华庆；朱文光；舒隆盛；项灶喜；黄顺贵；项连升；胡玉球；刘致和
　　第贰拾九甲：谢德兴；朱天福；王和尚；唐五；朱

德;孙荣;孙发;程培仁;王启①

　　该图是根据人口的规模,按照10户1甲原则,共编排了29甲,图内的各商号、客栈、饭铺、烟馆、庙庵等公共场所或机构,以及各宗族的祠堂、各宗族所辖的支派及支户等,都被严格编制在保甲体系之中。

　　另外,一个非常值得注意的现象是,由于清代徽州境内宗族组织的发达,当地的保甲编制与宗族结合得十分紧密,在一些大族聚居的地方,各姓宗族甚至拥有自己较为固定的保甲编制单位。例如,清康熙年间,休宁胡得寿在禀状中声称:"身系贫民,佣工为生。……不思汪姓有汪保,李姓有李保。身与余氏俱系汪姓世仆,又皆属汪保甲丁。"而同一时期,休宁渠口村汪氏监生汪增燮在禀状中则声称:"生等本图有汪、朱、李三保,各管附近村落,分疆定界。"②所谓"汪姓有汪保,李姓有李保","汪、朱、李三保,各管附近村落,分疆定界",就是保甲组织编制与宗族组织严密结合的明证。各姓宗族的族人及其佃仆隶属于该宗族所在的保甲系列:"各图乡保俱系大户充当,凡寄居商贾农工及小姓地仆人等同在一处者,例归保内管辖,以专责成";"每年编立烟户,一切小姓地仆隶籍保内汪姓之后"③。清代徽州境内保甲组织编制与宗族组织的严密结合,既表明官方的保甲推行充分利用了当地的宗族资源,又表明当地宗族特别是大族有效利用了保甲组织编制为己谋利。

　　与上述"汪姓有汪保,李姓有李保"、"汪、朱、李三保,各管附近村落,分疆定界"、"各图乡保俱系大户充当"相关联,在明清徽州境内特别是广大乡村社会中,保长之役承充也出现了家族化、世袭化的现象。如休宁渠口汪氏宗族所在地的保役,即由汪氏"承祖族丁轮值"④;又如徽州某县朱肇周所言"承祖挨值

---

① 《歙县二十七都二图遵谕编联保甲底簿》。
② 《清乾隆休宁县状词和批示汇抄》,抄本,安徽省图书馆藏。
③ 《清乾隆休宁县状词和批示汇抄》。
④ 《清乾隆休宁县状词和批示汇抄》。

保长之役"①，这些都是保长之役承充家族化、世袭化的反映。

三、小　结

明清时期，徽州境内保甲制的推行，是在封建政权于全国范围内推行保甲制的大背景下进行的，明清封建政权关于保甲制的相关政策和举措，对徽州境内保甲制的推行影响较大。

在明代，成化、正德年间，徽州境内曾有地方官和乡绅推行保甲的零星活动。嘉靖年间是徽州保甲推行的兴起期，万历以降则是徽州保甲的普遍推行期，这与当时徽州境内一些地方社会秩序动荡、治安形势严峻有关。在徽州境内保甲推行过程中，地方官员的积极倡导与率先垂范是主要动力。嘉靖年间，徽州境内保甲推行的一个重要特点，是与乡约的实践紧密结合，这一做法为此后徽州境内许多地方推行保甲时所继承。嘉靖以后徽州各县保甲制的推行与保甲组织设置的诱因和具体做法，既有相似之处，又有自身特点。

清代，徽州地方官为加强社会控制，继续推行保甲制。在徽州的一些地方，保甲的运作曾与乡约、团练相结合。

明清徽州地方官十分重视保甲组织的编制，随着社会变迁的加剧，保甲编制愈益频繁、严密。明代，徽州境内的保甲编制注意和里甲、乡约相结合。清代，徽州境内的保甲编制得到了地方社会的积极响应。与清代保甲制推行和保甲组织编制的实践密切相关，徽州境内的地方官府和保甲组织还组织编造了保甲门牌、十家门牌、保甲册、循环册等门牌册籍，从中可窥见清代保甲编排以及官府对地方社会控制的一些具体细节。徽州地方官府还为棚民、犯法之人等特殊人群编制专门册籍，如针对棚民编制有"棚民册"，针对犯科犯法之人编制有"另户册"，以加强对他们的控制。晚清时期，徽州地方社会积极响应上司的呼吁，通过保甲组织的严密编制和保甲制的推行，以打

---

① 《乾隆十九年十月徽州某县朱肇周立津贴保长凁约》，南京大学历史系资料室藏。

击和遏制哥老会等民间秘密会社组织的反政府行为。

明清时期,由于徽州境内宗族组织的发达,当地的保甲编制与宗族结合得较为紧密,在一些大族聚居的地方,各姓宗族甚至拥有属于自己的较为固定的保甲编制单位,各姓宗族的族人及其佃仆隶属于该宗族所在的保甲系列。在一些地方,保长之役承充出现了家族化、世袭化的现象。

明清徽州保甲组织的社会控制与管理职能

明清时期,徽州境内特别是广大宗族乡村中的保甲组织的社会控制与管理职能,主要体现在治安管理、户口调查与统计、信息传递、踏勘查验、接收投状、民间调处、居间中证、强制执行、经济管理、社会救济等方面①。明清徽州境内保甲组织的上述各类职能的有效发挥,对于当地特别是广大宗族乡村的政治、社会、经济的发展以及秩序的维护起到了一定的积极作用。

一、治安管理

如前所述,明中叶以后,里甲组织政治统治机能衰退,以及农民起义频发、倭寇侵扰不断、社会矛盾尖锐、社会动荡加剧等,是以弭盗安民为主要目的的保甲组织得以兴起的重要契

---

① 张研认为:清中期以后,保甲已经"不是原来意义上的保甲,而是具有综合性职能的基层社会行政组织"。(参见张研:《解读十九世纪的中国社会——一项以安徽为典型的研究》,载《学术界》,2003年第1期)王宏伟认为:"保甲组织一身数任,承担着多种职能,具有'多功能'的特点。"(参见王宏伟:《晚清州县保甲组织探析:以直隶为中心》,载《求索》,2006年第3期)就明清时期徽州境内保甲组织而言,大量资料显示,它们往往也具有多种职能,具备了王宏伟、张研等提及的所谓"多功能"、"综合性职能"等特点。

机①。弭盗安民即通过治安管理以达到对社会的有效控制,是保甲组织最主要的职能之一。就明清徽州而言,随着社会经济的发展以及社会变迁的加剧,境内危害社会治安的事件也不时出现。为确保境内平安,徽州地方官和宗族等各类人群和组织十分重视保甲组织的治安管理和社会控制职能的发挥。

就明清徽州地方官而言,所管辖的区域是否得到有效管理和控制、境内社会秩序是否和谐稳定、治安状况是否安然良好,是衡量他们政绩的最为重要的指标之一。而要达到治下社会秩序和谐稳定、治安状况良好,即达到所谓"地方宁谧"②的理想状态,保甲组织则是他们经常加以利用的重要工具之一。如明万历年间,绩溪县官方即认为:

> 若夫立乡约导之使入于善,编保甲闲之使不为恶,而承平之世玩惕易生,时练兵以戒备之,又保治之良规也③。

重视保甲"闲之使不为恶"即治安管理和社会控制职能的发挥和利用。

此外,也有一些地方官,如明崇祯年间,歙县知县傅岩出于防患于未然的考虑,也时刻注意治下保甲组织的建设及其社会控制职能的发挥:

> 本县莅任甚浅,以无事为大福,岂故先为不祥之言,总是安不忘危,即无流贼亦当严保甲、练乡勇,大则防意外之变,小则驱除流棍,防守盗贼,赌风不行,壮心齐奋④。

就明清徽州宗族而言,境内社会秩序是否和谐稳定、治安状况是否安然良好,直接关系到自己的切身利益。他们对于保甲组织治安管理与社会控制职能的发挥,有十分清醒的认识。

---

① 栾成显:《明代黄册研究》,北京:中国社会科学出版社,1998年,第126~127页。
② (明)傅岩:《歙纪》卷五《纪政迹》。
③ 万历《绩溪县志》卷六《政治志》。
④ (明)傅岩:《歙纪》卷五《纪政迹·修备赘言》。

清乾隆年间一份由徽州众姓宗族订立的合同文书即声称：保甲组织及相关人员承充差役，理应秉承"此本地方臂指相联、同舟共济之意"，"稽查安辑，宁静地方"①。又如，清代，休宁古林黄氏认为："荆公新法（指北宋王安石变法）之设，概不能无弊，识者讥之。惟保甲、雇役二条，自元明以至于本朝，相沿勿替，盖以弭贼盗，缉奸宄，责甚重也。"②对于保甲组织承担的"弭贼盗，缉奸宄"即维持社会治安的重责予以肯定。

明清时期，徽州境内的保甲组织在治安管理和社会控制方面被寄予厚望：

（一）保甲组织及其相关人员负有加强治安巡查，驱逐和打击那些危害或即将危害社会治安的人群的职责

明崇祯年间，歙县知县傅岩要求当地的保甲组织：

> 各十户挨查，内有容留来历不明、面生可疑之人，及游方僧道、娼妇、方术人等，即时驱逐③。

> 十家为甲，十甲为保，择材能诚实者为长，甲置牌架器械，遇盗鸣锣，传知救捕。平日逐户挨查，赌博非为，呈首究治。其无籍流棍、技术流娼、游食僧道，严行驱逐④。

在地方官看来，无籍流棍、游方僧道、娼妇、方术人等都是可能导致社会治安不稳定的重要人群，是需要进行严加盘查并驱逐出境的对象。强调对于窝藏上述可能危害社会治安的人群而隐瞒不报者予以惩罚："窝隐者，保甲长指名呈究。"⑤

近年来新发现的一些徽州文书，对于徽州境内保甲组织加强治安巡查、驱逐或打击危害社会治安的潜在人群也有较多生动的揭示，如王振忠收藏的婺源民间日用类书《目录十六条》中

---

① 《乾隆十九年闰四月徽州某县十八都四图吴德嗣等众姓立轮充保甲合同》，南京大学历史系资料室藏。
② 乾隆《休宁古林黄氏重修族谱》卷首下《祠规·饬保甲》。
③ （明）傅岩：《歙纪》卷八《纪条示·严保甲》。
④ （明）傅岩：《歙纪》卷五《纪政迹》。
⑤ （明）傅岩：《歙纪》卷八《纪条示·严保甲》。

就有许多该类文书:

> 奉道宪黄、府宪林、县主刘明示,并诿军厅尚行约稽查牌行到约内开,婺界江、浙、浮、乐,兹直[值]隆冬,诚恐外匪潜入,勾通内地不法之徒,深为叵测。严饬各约设立栏栅,日则盘诘面生可疑之人,夜则巡逻奸宄窥窬之辈。屡蒙牌示,十分谆切。为此知会各甲,务宜实力奉行。无论贫富,照户班次,轮流巡夜。如有拗调不遵者,该甲长指名报约,以凭呈官。再,各甲内有素行不端及游手好闲之人,各甲长须劝试晓谕,倘顽梗不悛者,亦指名报约,以便开报循环。以上二事,甲长俱要不时稽查,不得扶同徇庇,贻累匪轻。特帖①。

又如,清康熙年间,当地保甲和乡约首领等对官方出示的一份具结:

> 具禀甘结人清源约约保洪华生、胡勋等,今于与甘结事。遵奉老爷饬行事理,遵即巡夜支更,互相守御,并不容留匪类及面生可疑、形踪诡异之人在于地方。身等不敢容隐,如有,日后查出,甘罪无辞。所结是实。
>
> 康熙△年△月△日具甘结乡约洪△△、保长△、甲长△(其押合,切记必要在背边)②

此外,还有乡约、保甲对地方出具的一份禁帖:

> 某约保甲为严禁游丐,以清[靖]地方事。本约何甲,节奉上司明文、县主钧示,盘诘奸细,稽察匪类,凡有面生可疑、异言异服之人,驱逐境外,不许容留在住,所以防奸止盗,安靖地方也。时直[值]隆冬,更宜

---

① 转引自王振忠:《明清以来徽州村落社会史研究——以新发现的民间珍稀文献为中心》,上海:上海人民出版社,2011年,第98~99页。
② 转引自王振忠:《明清以来徽州村落社会史研究——以新发现的民间珍稀文献为中心》,上海:上海人民出版社,2011年,第99页。

严加禁饬。今见有等游丐成群,日散村落,游食攘窃,夜聚庙宇,酗酒呼户。若不严禁,窃恐奸宄潜生,贻患巨测。为此出帖通知,嗣后凡遇游丐,立行驱逐,不许庙宇容停住宿,市肆不许贸易酒肉。倘有窝窃等情,会集保甲获拿,呈官究理,庶奸宄潜消,而地(按:此二字当为衍文)而地方得以安靖矣。特帖。

　　康熙　年　月　日乡约、保长、甲长、地方人等仝白①

又如,王振忠收藏的另一份婺源文书《抄存禁约合同词底》中,抄录有一份清乾隆年间的《五约合同(正存公匣)》,也是关于乡约、保甲"严禁匪党"、"严查驱逐"偷窃之辈,维护社会治安和加强地方控制的:

　　立议合墨五约,今奉宪令驱逐流匪,以靖地方事。向来严禁匪党,近因人心不一,使偷窃之辈,得以藏身,肆行无忌,非各约严查驱逐,必至迭害无休。为此邀集五约,会仝众议,嗣后各约毋得停留。如有一约停留,四约协仝,轻则议罚,重则呈官,责在约保,毋得推诿。立此合墨一样五张存照。

　　乾隆四十五年正月　　　日立议合墨
　　　　　　　　　　　　岭脚约詹敦　(押)
　　　　　　　　　　　　虹关约詹敦彝(押)
　　　　　　　　　　　　吴村约吴敦让(押)
　　　　　　　　　　　　察关约詹成功(押)
　　　　　　　　　　　　麟清约程秉公(押)②

由上可见,保甲组织已成为明清时期徽州地方官府加强基层社会治安、实施乡村社会控制的重要依赖对象。

南京大学历史系资料室也收藏有清代徽州地方加强基层治安管理这一主题的相关文书,如清康熙年间的一份文书指出

---

　　① 转引自王振忠:《明清以来徽州村落社会史研究——以新发现的民间珍稀文献为中心》,上海:上海人民出版社,2011年,第99页。

　　② 转引自王振忠:《明清以来徽州村落社会史研究——以新发现的民间珍稀文献为中心》,上海:上海人民出版社,2011年,第100页。

保甲首领要对辖区内的治安负责,做到及时驱逐"匪类":"倘茅山地方容留匪类,及人命盗情,俱系鲍姓甲长承值。"①清乾隆年间的一份徽州文书则指出,保甲长的重要责任是"鉴察争竞斗殴,及毋藉[无籍]匪类,不许容留居住"②。

清乾隆年间,休宁县十二都三图渠口汪氏监生汪增燮等提出:"设立保役,原为联络约束,乡村相近,烟户相接,得以稽查奸匪,供办公事。"③指出保甲组织及其相关人员的主要职责之一是"稽查奸匪",即加强对地方社会的有效控制。

针对那些多县交界的边远地带治安状况复杂的情形,明清时期的徽州地方官多要求保甲组织协助巡司等严加巡缉,并协同驱逐可能危害社会治安的人群:

> 老竹岭地方与绩溪、昌化交界,设立巡司弓兵把守,又设哨兵相为犄角。若使稽察严明,奸宄自难藏伏。近来官兵怠玩成风,奸民窝藏勾引,致有失事,殊非法纪。合行示谕巡司会同哨官,严督各兵并里保甲长人等,务各严行巡缉。遇有盗贼,协同擒捕,如有来历不明、踪迹诡异之人,即时驱逐出境,各店铺寺院不许容留窝住,如有仍前违玩,许诸人首告,或访闻,定行严究申解④。

到了清末,徽州知府刘汝骥在上任伊始,即颁布了《冬防告示》:

> 丁未⑤冬防,壁垒一新,分段设灯,彻夜梭巡。
> 鸣锣击柝,曲突徙薪,共处里闬,守望相亲。
> 夜间聚赌,尤属莠民,猩猩好酒,终戕其身。
> 烟馆虽闭,或恐因循,得规包庇,立罚苦辛。

---

① 《康熙廿八年七月徽州某县十八都九图邵起圣等立津贴保长合同》,南京大学历史系资料室藏。
② 《乾隆十九年闰四月徽州某县十八都四图吴德嗣等众姓立轮充保甲合同》,南京大学历史系资料室藏。
③ 《清乾隆休宁县状词和批示汇抄》。
④ (明)傅岩:《歙纪》卷八《纪条示·饬巡缉》。
⑤ 即光绪三十三年,1907年。

> 嗟尔捕保,抖擞精神,勿贪酣睡,勿庇宵人。
> 最哉绅董,既富宜仁,地方自治,此其舟津①。

要求当地保甲组织加强巡防,"鸣锣击柝","彻夜梭巡",并要求捕保"抖擞精神,勿贪酣睡,勿庇宵人",担负起维持地方治安的责任。

(二)保甲组织及其相关人员在发生危害社会治安的事件时,负有及时处置的职责

当发生盗窃等危害社会治安的事件时,保甲组织及其相关人员负有相互协助、及时擒捕,使局面或局势得到有效控制的职责。明崇祯年间,歙县知县傅岩规定:

> 地方或有盗贼生发,本甲长鸣锣声喊,本甲人户俱要持械齐出擒捕,邻甲人户同出并力协拿。坐视者呈究②。

针对竞赛神会引发治安问题,傅岩在禁赛会的同时,要求保甲组织及其相关人员予以积极防范:

> 徽俗竞赛神会,因而聚集游手打行、凶强恶棍,不以无事为福,惟以有事为荣。或彼此夸奢,或东西争道,拳足不已,挺刃相仇,伤小则斗殴兴词,伤大则人命致讼。今即以迎神论,尔民之迎神以祈福也,以香花拜祝始,而以血肉淋漓、腰折背伤终,此尚可谓之有福乎?岂惟无福,决然降祸,何也?譬如民家庆寿之日,有一人使酒撒泼,搅扰戏台,号呼厮打,本家岂不恶之,此皆凶恶诸棍挟骗愚民,酿成乱阶,莫此为甚。为此预行晓谕:今四月八日不许赛会扮戏,致生事端。如城乡有犯者,本县访知,定将恶棍剪除,会首究罪,坊里保甲人等一体连坐③。

---

① (清)刘汝骥:《陶甓公牍》卷一《示谕·冬防告示》,《官箴书集成》第10册,合肥:黄山书社,1997年,第468页。

② (明)傅岩:《歙纪》卷八《纪条示·严保甲》。

③ (明)傅岩:《歙纪》卷八《纪条示·禁赛会》。

主张对于防范、处置不力的保甲组织的相关人员等实施"一体连坐",由他们承担一定的连带责任。

针对埠头奸棍勒索诈骗引发社会治安问题,傅岩在严禁船埠索骗的同时,要求保甲组织及其相关人员予以积极防范:

> 凡本县奉上司公务唤取船只,差票辰出巳销,巳出午销,并无留滞。近访有埠头奸棍通同本地船户,凡遇船票一出,即将外来船只勒讨贴差常例,少逆其意,抢帆留柁,夺索锁船,极为荼毒。以致外省之船畏惮不前,米货不接,甚至有各衙之票数日不销,必诈索尽遍而后止,深可痛恨。合行示谕往来船户及地方人等知悉:今有凡指称官差,将来船只勒索贴差,及凌虐抢夺器物者,许被害人据实告禀,以凭严拿,坐赃究治,地方里保知而纵隐助恶者,同罪,决不轻贷①。

强调对保甲人员"知而纵隐助恶者"实施严惩。

清康熙三十三年(1694)十一月,歙县石门朱氏族众在所立轮充保长合同中要求:"保内倘有人命盗贼大事,众人齐出力料理,不得累及管月人。"②当发生"人命盗贼大事"等严重危害社会治安的事件时,保甲组织及其相关人员应相互协助,"众人齐出力料理",及时进行处置。

(三)保甲组织及其相关人员负有或协助乡约里排等其他基层组织进行操练,或督办团练,或协助守城,以防不虞的职责

明崇祯年间,歙县知县傅岩规定:

> 保长会同乡约里排,将保内各户壮丁堪充乡兵者开报,各自认备器械,酌量住址远近,就便团聚操练③。

到了清咸丰年间太平天国起义如火如荼之际,徽州境内保

---

① (明)傅岩:《歙纪》卷八《纪条示·严禁船埠索骗》。
② 《康熙三十三年十一月初一日歙县石门朱氏族众朱明先等立轮充保长合同》,南京大学历史系资料室藏。
③ (明)傅岩:《歙纪》卷八《纪条示·严保甲》。

甲组织督办团练之事，再次被人提及：

> 奏留休宁县正堂加十级纪录十次唐，谕三十三都绅董知悉：照得团练为善设紧要事件，本年曾奉谕旨，绅士不协力办理者，严行参革，钦遵在案。查休邑叠被伤残，众皆愤激。当此迫机引导，何难转败为功。且以各都之绅士，办各都之团练，耳目所及，声息相通，示谕章程，又至简至易，亦皆分所当为，力所优为之事，并非挟山超海，强人所难。今已半月，闻立局造册者，尚自无几，实属偷安旦夕，坐失事机，合亟饬催。为此，谕三十三都绅士耆董知悉：该处团练已办者，亦宜造成，未办者务办。各赶办，本县不日按临，逐处查考，有绅衿乡村，惟耆老、绅衿、族长是问；无绅衿乡村，惟族长、耆老、地保是问。果能办理妥善，自必禀请奖叙。若观望推诿以及托词匿避者，定即严加查究。事关军民要件，幸勿视为具文，致贻后悔，切速特谕。
>
> 咸丰五年九月初十日谕三十三都绅董
> 　　　　　　汪裕銮　汪济
> 　　　　　　汪钦佩　李杰　　准此
> 　　　　　　吴丰　　李润
> 　　　　　　汪英　　汪应台①

在休宁境内，那些没有绅衿的乡村，与族长、耆老一样，保甲组织中的地保是要负起督办团练的责任的。对于那些"办理妥善"的地保人等，地方官予以"禀请奖叙"。如若地保人等"观望推诿"、"托词匿避"、督办不力，则是要受到"严加查究"的。

在明末歙县境内，知县傅岩还要求当地的保甲组织在危难时刻协助守城，即所谓"就保甲中自派城守"：

> 照得流氛孔棘，歙虽居万山之内，有险可恃，然图事宜预。本县去年已曾再三谕尔民，就保甲中自派城

---

① 转引自马昌华：《皖著太平天国资料撷录——〈旭斋杂抄〉》，载《安徽史学》，1985年第2期。

守,富者出财,贫者出力,无事各安生业,有警呼之即
应。兹恐尔民犹执我止一家何苦为大家守御之见,不
知同心并念正所以为自家也。限即日各乡约坊里,按
册公填某人家清力壮可以上城,某人产厚业饶可以雇
募,各发一段义气,勿得阻挠①。

保甲组织中的各类人等在守城方面都要发挥自身的作用,"富
者出财,贫者出力"。

值得注意的是,在地方官和宗族重视发挥保甲组织维护地
方治安的职能的情况下,徽州一些地方的社会治安确实得到了
有效维护。如清代婺源考川人胡懋周,"为保正,宵小潜迹,夜
不掩扉,乡多其绩"②。在保甲组织及保甲首领监管之下,当地
的社会治安状况得到改善。

但倘若保甲组织相关人员责任心不强、敷衍了事,或保甲
组织内部关系理不顺、发生扯皮等,也会直接影响到地方社会
治安状况。如一份徽州文书云:"十八都九图立合同人保长邵
起圣等,今有茅山鲍姓人户,向寄本保当差,因先年误留匪类,
已经分甲,各管各地,两不相涉。"③因为鲍姓"误留匪类",一度
造成主要由邵、鲍二姓构成的保甲组织解体,其运作受到影响。
此外,倘若遇到保甲"事务繁重,难以承充"④而得不到及时处
理,也会影响到地方治安的维护。

到了清末,随着社会变迁的加剧,徽州境内保甲组织的治
安管理和社会控制的职能继续受到重视,在保甲门牌册籍中,
有时甚至以概括总结性的标语形式对保甲的治安管理与社会
控制的职能进行提炼和宣传,更加醒目,也更加容易被接受。
如清光绪五年(1879)祁门县颁给的十家门牌中即有"严禁三五
成群拜盟结党"、"严禁形迹诡秘煽惑乡愚"、"严禁窝盗窝娼扰

---

① (明)傅岩:《歙纪》卷八《纪条示·城守》。
② 乾隆《婺源县志》卷二十五《人物志·质行》。
③ 《康熙廿八年七月徽州某县十八都九图邵起圣等立津贴保长合同》,
南京大学历史系资料室藏。
④ 《乾隆十九年闰四月徽州某县十八都四图吴德嗣等众姓立轮充保甲
合同》,南京大学历史系资料室藏。

害良民"、"严禁讼师讼棍搭抬撞诈"、"严禁私铸私宰相习为非"、"严禁赌局烟馆容隐匪类"、"严禁持械打降倚众逞强"、"严禁拐抢妇女和诱略卖"、"严禁外来流丐强讨恶索"、"严禁游手好闲懒惰失业"①等禁令。上述禁令,书写在门牌上,挂在每户的门首,时刻提醒着保甲内的人户应注意当地的社会治安。

二、户口调查与统计

与保甲制的推行密切相关,清代,徽州地方官府和各地保甲组织为了加强对所辖区域内人户的控制,进行了十分细密的户口调查与统计,并组织编造了保甲门牌、十家门牌、保甲册、循环册等门牌册籍,这些门牌册籍对于徽州境内各地户口的动态变化都有较为详细的记录。可以说,对所在地方的户口进行调查与统计,成为明清徽州境内特别是广大乡村中保甲组织参与地方社会管理、实施社会控制的一个重要环节。

如清康熙四十年(1701),休宁知县金某力行保甲,要求各地保甲长"清查编册",对保内居民进行户口调查与统计:

> 为此册仰保甲长,即将保内居民,毋论绅衿士庶、农工商贾民人,填注住何地方,系何生理,男丁妇女各几名口,乡约保甲姓名,逐一清编,毋许遗漏一户一丁②。

休宁知县要求地方保甲组织进行的户口调查与统计,涉及社会身份(绅衿士庶、农工商贾民人)、住所(住何地方)、职业(系何生理)、人口数(男丁妇女各几名口)、姓名(乡约保甲姓名)等内容,关注的面较广。

据栾成显研究,前引保甲册中所载内容为:每户首列户长姓名、年岁、籍贯、住处、生理等各项内容,下载"亲丁男"子各人

---

① 王钰欣、周绍泉主编:《徽州千年契约文书》(清民国编)卷三,《光绪五年祁门县十家门牌》,石家庄:花山文艺出版社,1991年,第111页。
② 《(康熙)休宁县编造保甲人户烟册》。

情况,其次录有"同居"人户即附户的各人丁详细情况,再次载有该户下所有妇女合计口数,最后还列有家人(仆婢)雇工人口栏目。他认为:"保甲册中所载虽然仍详于男子而略于妇女,妇女只载口数,这与近代的专门的人口普查还是有所不同,但每户所属男妇大小丁口都要登录在册。从人口统计来说,依据保甲烟户册统计的数字,当是接近历史实际的。"①

又如,清乾隆三十一年(1766)春,黟县知县孙维龙"躬履四乡清查保甲"②,查得全县共分保192、甲2198,共有户22993、丁126145,这是对当时该县人口所作的一个大概的统计。

三、信息传递

明清时期,徽州境内保甲组织及其相关人员发挥的信息传递的职能,是一种间接的社会控制职能,主要包括上传地方情况、下传官府指令、平行传递信息等三种情况。保甲组织及其相关人员能否及时、有效地传递相关指令和信息,对于明清徽州境内特别是广大乡村社会的秩序维持和有效控制至关重要。在某种意义上可以说,信息传递已构成了明清徽州境内特别是广大乡村中保甲组织参与地方社会管理、实施社会控制的一个重要环节。

(一)上传地方情况

当地方社会发生危害社会秩序或经济秩序的事件或行为时,所在地的保甲组织及其相关人员要及时向上司反映和上报情况,以便官府能作出及时的处理。

明崇祯年间,歙县知县傅岩在推行保甲时要求:

各甲内有赌博打行、白莲邪术、夜聚晓散、不孝不

---

① 栾成显:《〈康熙休宁县保甲烟户册〉研究》,载《西南师范大学学报》(人文社会科学版),2006年第6期。
② 乾隆《黟县志》卷一《户口》。

悌、作歹非为者,保甲长不时禀报①。

当发生危害既定的社会秩序和伦常秩序的事件或行为时,保甲组织的首领保甲长负有向上司及时禀报的责任。

在婺源县境内,船槽峡一带被邑人视为县学龙脉所在,关乎该县教育和人文的兴衰:

> 船槽峡乃县治学官来龙也。按峡图,两山环抱,四龙会脉,形如面字,而字聚讲,五星相生,日月夹其左右,兽曜拱其四隅,尤形家所罕见者。邑学由此发灵,故阅宋及明理学文章,邑称东南邹鲁②。

到了明嘉靖年间,船槽峡一带开始遭到"附近奸民伐石烧灰"的侵害,致使出现"人文财赋日渐衰落"的局面:

> 迨明嘉靖甲子(四十三年,1564),始遭附近奸民伐石烧灰,不二年即有矿贼蹒城之变,后此数十年来,人文财赋日渐衰落,职此故也③。

为了能保护龙脉、恢复昔日"人文财赋"兴盛的局面,明清时期,不少院、道、府、厅、县等各级官员重视对"附近奸民"的侵害行为予以严禁:"奸民口实灌田,扦网飢禁,弋利无厌。自昔及今,上官长令时申严禁。"④

在官员们所立告示禁碑中,屡屡提及地方社会中的乡约、保甲组织及其相关人员负有向上司及时反映和上报情况的职责:

> 直隶徽州府理刑厅郑,为恳保县学龙,以培地脉,以振人文事。照得后开各山系本县县治、县学龙脉,磅礴逶迤,经行十七都、十八都、二十三都、四十三都地方,愚民伐石烧灰,损伤非细。迩来科第少逊,罪在伐石者。近奉院道严禁,合行示谕。此后如有仍前盗

---

① (明)傅岩:《歙纪》卷八《纪条示·严保甲》。
② 康熙《婺源县志》卷一《疆域志·图考》。
③ 康熙《婺源县志》卷一《疆域志·图考》。
④ 康熙《婺源县志》卷一《疆域志·图考》。

> 采烧灰者,定行从重究罪,其地方约甲党里不行举首者,一体究治,断不轻贷。特示。
>
> 计开应禁地方于后:(此处从略)
>
> 万历三十四年二月十五日立(以下从略)①

当发生"愚民伐石烧灰"、"盗采烧灰"等危害既有的社会经济秩序的行为时,保甲组织等负有"举首"之责。

> 署婺源县事、本府粮厅蒋,于康熙三十一年六月内审解烧灰各犯,重责约保以不报之罪,仍将灰犯何榜汪王坎鞠字号石山输官拿禁,申请饬令,月朔著该地方约保赴县具结,申送查考。倘有徇隐,从重究拟。其长林、石山一带,左右止许耕种,不得伐石伤残,以保山川之灵,以庇士民之福②。

当发生"伐石伤残"事件时,保甲组织及其相关人员负有及时向上司报告情况的责任。清康熙三十一年(1692)六月,地方官曾"重责约保以不报之罪",处理过一些徇隐不报的失责保甲人员。

> 婺源县张,示为残龙万难再烧等事。婺邑乃属江左名区、人文渊薮,昔时先贤名宦代不乏人,皆缘山川毓秀,地脉钟灵。近因奸民网利,凿石烧灰,伤残龙脉,以致人文凌替,财赋日亏。今据前呈合行示禁。为此,示仰十七、八都水南山,莒径,通元洞,石城山,早口,里、外施村,楼下,长林,石岭等处地方保甲居民人等知悉;遵照示内事理,嗣后毋许奸民在于县龙左右附近各山,凿石烧灰,惊残龙脉。如有违禁故犯者,许保甲人等指名呈县,以凭严拿,大法重处,决不轻贷。倘保甲长隐庇,一体治罪,仍取应禁处所地方各保甲甘结,呈送存查,均毋故违。慎之。
>
> 康熙三十三年二月　日③

---

① 康熙《婺源县志》卷一《疆域志·图考》。
② 康熙《婺源县志》卷一《疆域志·图考》。
③ 康熙《婺源县志》卷一《疆域志·图考》。

当发生"奸民……凿石烧灰,惊残龙脉"事件时,保甲组织相关人员负有"指名呈县"即向上司报告的责任,对于隐庇不报的失责保甲长,则予以严惩。

清康熙年间,徽州知府吴宏针对民间迎神赛会活动泛滥,扰乱地方治安的问题,要求当地保甲组织等凡遇"愚民仍前迎神进香、击鼓鸣锣聚众、张打旗帜执事等项","即时禀县申究",以便依例治罪:

> 为迎神赛会,律禁甚严等事。据黟县详前事等情到府,据此,除详批如详通饬严禁外,为照礼部题定新例,凡迎神进香、击鼓鸣锣聚众、张打旗帜执事等项,愚民被惑,肆行无忌,倡众为首者,照邪教惑众律,拟绞监候,为从者枷号三个月责四十板,不准折赎。煌煌禁令,何等森严,乃尔徽民囿于习俗,一方各奉一神,每岁敛钱赛会,甚至彼此争雄,两不相下,往往殴毙人命,下手加功,皆罹法网。在尔民迎神赛会,原以祈福,乃福未至而祸不旋踵。可见赛会者,非能敬神,实以亵神,故神亦不佑,而使尔民不能得福,反以酿祸也。尔民血肉之躯,受于父母,何苦执迷不悟,甘心为此干犯禁令之事,以自触法网哉。合亟出示刊榜严禁。为此,示仰府属军民人等知悉:自示之后,凡奉朝廷定有祀典,编有春秋致祭银两之神,仍照常祭祀外,其余民间私奉诸神,无论城市乡村,永行禁止,不许敛钱赛会。如有愚民仍前迎神进香、击鼓鸣锣聚众、张打旗帜执事等项者,该鄙保甲约地即时禀县申究,定依新例治罪。如保甲等通同不举,或被告发,或经访闻,定行严拿,照为从例一并究治。本府为地方湔除陋习,言出法随。各毋故违,以身试法①。

地方保甲负有报呈举首之责,对于"保甲等通同不举"者,"定行

---

① (清)吴宏:《纸上经纶》卷五《禁神会》,郭成伟、田涛点校整理:《明清公牍秘本五种》,北京:中国政法大学出版社,1999年,第222~223页。笔者在引用该书内容时,按照自己的理解,对书中标点稍有调整。

严拿,照为从例一并究治",予以严惩。

清康熙年间,徽州知府吴宏针对境内匿名揭帖活动扰乱治安和人心的问题,要求当地保甲组织等凡遇有"捏造歌谣、隐匿姓名、布贴街市者","即时举首",以便照依律例处死:

> 为严禁投帖,匿名揭帖,以申功令事。照得匿名揭帖,本朝禁令最为森严。……乃尔徽民风俗浇恶,动辄捏造歌谣,隐匿姓名,布贴街市,于人无害,而自蹈于死罪。尔民躯命,受于父母,何苦图快一时之意,甘心罹此即行处死之条,甚为尔民不取也。从前投帖之人,本府已经廉访确实,不难指出姓名,通详处死。但念未经示禁,遽按以法,是谓不教而诛,又为本府所不忍。合亟申明律例,出示严禁。为此,示仰府属军民人等知悉:除从前投帖之人,概以无知宥免外,自示以后,如敢愍不畏死,仍前捏造歌谣、隐匿姓名、布贴街市者,责令地方保甲即时举首,定行通详照依律例处死。如地方保甲不行举首,一经本府目击,定拿该地保严刑根究①。

地方保甲负有"即时举首"之责,对于"保甲不行举首,一经本府目击,定拿该地保严刑根究",予以严惩。

清康熙四十年(1701)四月二十九日夜,休宁县二十七都五图贡生朱文霈家被窃,当地"保甲、失主报呈报明",及时向县衙上报情况。在接到报案后,知县"即唤集该地保甲邻佑,并传失主查讯"②。

在确认保内人员身份时,保甲组织首领需要积极配合,并及时上报核查的真实情况。如清康熙年间,休宁知县"查得汪璞,系奉部文催赴西安、甘肃等处买交米石之员。卑职于奉到宪檄之日,即行查催。今据差役项生禀称,往乡遍查,并无汪璞

---

① (清)吴宏:《纸上经纶》卷五《禁匿名帖》,郭成伟、田涛点校整理:《明清公牍秘本五种》,北京:中国政法大学出版社,1999年,第223页。

② (清)吴宏:《纸上经纶》卷五《送是窃非强印结》,郭成伟、田涛点校整理:《明清公牍秘本五种》,北京:中国政法大学出版社,1999年,第236页。

名目。又据二十一都一九鄙保长汪芳禀称,保内并无汪璞,止有监生汪朴,系在山西蔚州捐米纳监"①。保长汪芳在调查保内没有汪璞此人后,还上报提供了"监生汪朴,系在山西蔚州捐米纳监"等与知县要求相关联的一些信息。

清康熙年间,休宁知县针对境内"捉养秋虫"习俗引发地方治安恶化的情形,要求当地保甲组织及时上报并予以查处:

> 为严禁捉养秋虫,以靖地方事。照得时入新秋,莎鸡振羽,尔休恶俗,往往借此以角胜负。夫昆虫微物,带露闲吟,自适其天,于人何与,而乃遍行搜捕。深山燎火,月黑潜行,少长毕集,互相窃听,墙根山窟,露处忘归。或泄绿窗之私语,顿起淫邪;或闻青冢之悲啼,致逢鬼祟。有何好处,而竟群焉,相习成风,执迷不悟乎。甚至鼠窃匪类,亦借寻觅秋虫名色,伏野循墙,遂其窥探,则是一虫虽细,而盗贼之奸谋已伏于此矣。及至捉得之后,则费时失业,珍重蓄养,相赌财物。即有开场聚赌之人,希图抽头渔利,遍为勾引,使少年浮浪子弟,荡费金钱,其害有更甚于一掷千金者。然则秋虫之为物虽微,使尔等习为惰民,为穿窬、为赌博无赖,皆由于此,合亟出示严禁。为此,示仰县属军民人等知悉:自示之后,如有仍蹈前辙、捉养秋虫者,该保甲即指名呈报,以凭查究。倘昏夜之时,遇有三五成群、携火宵行者,该保甲立即盘诘,如果无故藉称寻觅秋虫者,许即拿解赴县,定行大法惩处。敢有徇庇,查出一并重究②。

清雍正六年(1728)九月,休宁知县朱某在秉承安徽巡抚指示精神而颁布的一份警示佃仆的告示中,对各处保甲组织提出了要求:

---

① (清)吴宏:《纸上经纶》卷二《查捐职人欠交米石》,郭成伟、田涛点校整理:《明清公牍秘本五种》,北京:中国政法大学出版社,1999年,第174~175页。

② (清)吴宏:《纸上经纶》卷五《禁捉秋虫》,郭成伟、田涛点校整理:《明清公牍秘本五种》,北京:中国政法大学出版社,1999年,第227页。

> 江南徽州府休宁县正堂加一级朱,为详请宪示,以广皇仁事。奉本府正堂加一级纪录九次沈信牌内开,奉安抚部院魏批,据本县详请伴偺世仆一案缘由,奉批开,据详葬主山云云等因,详批到府。奉此,除原题部覆再加出示晓谕、另行檄发外,合行饬知。为此,仰县官吏照牌事理,即便查照宪批缘由。如有前项不法之徒藐抗不遵,该县严拿详究,以正名分,毋得徇纵,等因到县。奉此,合行出示晓谕。为此,示仰城乡保甲人等知悉:凡一切葬主山、住主屋、种主田,现系伊主完粮,此即受豢养者,不准开豁。如敢仍前恃强,诬辱主人,许该保甲同主人指名赴县呈禀,以凭详究。各宜凛遵毋违。特示。
>
> 雍正六年九月　　日示①

当发生佃仆"恃强,诬辱主人"等危害徽州宗族社会中既定的主仆关系秩序时,保甲组织的相关人员要配合宗族,及时到县衙禀报实情,"指名赴县呈禀,以凭详究"。

明清时期的徽州是一个极为典型的宗族社会,宗族的身影在徽州随处可见。特别是当宗族的利益(如宗族祖坟的安全)受到损害时,他们往往寻求官府的保护,也往往能得到官府的保护。在官府为宗族提供保护的过程中,也时刻能见到官府对宗族所在地的保甲组织提出的严厉要求。在官府的要求之下,各宗族所在地的保甲组织及其相关人员也为保护宗族的切身利益做出了贡献。下面是一些具体的事例。

清康熙四十四年(1705)七月,徽州知府罗某在应歙县、休宁汪氏族人"保祖茔"要求而颁给的告示中,对徽州府境内汪氏祖茔产业所在地的保甲组织等提出了要求:

> 江南徽州府正堂加一级罗,为恳恩赏示,勒碑永禁,以肃神宇,以保祖茔事。据歙县、休宁县贡监生员汪潢烈、汪日昂、汪瑞彤、汪本廷等具呈前事,呈称:生等显祖越国公讳华,隋末起兵救民,保障六郡,唐初归

---

① 《清乾隆休宁县状词和批示汇抄》。

命留守,利济一时。九子勋勒旗常,十朝褒封王爵,生膺殊锡,殁显神威,灵异屡著,于兵氛感应恒昭,于异祀比承天眷,赐葬云岚。更沐皇恩,免征租税,左寝右庙,万裔恪奉,烝尝士颂,民碑兆庶,共欣焚祝,深仁厚泽,载在志书,纪德酬功,垂诸祀典。向因子姓分迁窎远,以致住僧看守多疏,或听地方棍徒夜聚晓散,酗酒呼卢,污秽神宇;或樵夫牧竖斫木伐薪,纵放牛畜,戕害王坟;甚至无知凶顽盗葬免征之内,寡识俗子埋葬释冢之中。种种违法亵神,人人痛心切齿,用是备具公呈,叩恳俯鉴舆情,金赏严示,勒碑永禁。庶祖茔由兹巩固,神宇得以肃清。等情呈府。据此为照,土主越国汪公,功垂保障,德济苍生,历代褒封,春秋祭享,载诸祀典,昭昭可考。凡在专祠,士民咸尊瞻仰,况此安神锡葬之地,极宜恪奉肃清,奚容作践戕害。据呈前情,合亟严示勒禁。为此,示仰府属士庶军民地保住僧俱色人等知悉:嗣后各宜虔敬,毋得在于墓庙寝室等处聚饮纵赌,亵秽神宇,并禁樵牧在此左近砍伐薪木,纵畜作践,以及觊觎盗葬魆埋,免征地内戕伤。敢有不法之徒故违禁令,许本族支丁、住僧、地保指名赴府呈禀,以凭立拿,从重治罪。倘住僧疏管徇隐,一并法究,决不姑贷。须至示者。

康熙四十四年七月　　日示①

当发生"在于墓庙寝室等处聚饮纵赌,亵秽神宇","在此左近砍伐薪木,纵畜作践,以及觊觎盗葬魆埋,免征地内戕伤"等危害汪氏宗族切身利益的情形时,该宗族"墓庙寝室"所在地的保甲人役地保人等,要配合宗族,"指名赴府呈禀",及时到府衙禀报实情,"以凭立拿,从重治罪"。

清康熙四十五年(1706)七月,休宁知县在颁布的保护该县境内查氏宗族祖墓的告示中,对查氏祖墓所在地"休宁县北乡黄土岭地方"的保甲组织等提出了要求:

---

① 道光《新安歙西沙溪汪氏族谱》卷三。

江南徽州府正堂，为恩批示禁，以保祖茔，以杜侵害，永载洪仁事。奉本府正堂加一级罗信牌内开，奉总督部院批，据原呈翰林院侍读学士查升，编修查慎行、查嗣琮、查嗣珣、查嗣廷，武进士查洪，知县查曾荣、查克建，举人查克宗、查建新，训导查蒽、查溥，贡监生员查嗣鉴、查嗣镛、查显、查镕等具呈前事，称：升等原籍治属徽州府休宁县，分迁浙地。始祖乃南唐工部尚书查文徽公，墓仍在休宁县北乡黄土岭地方，原系昆字二千八百三十七、八两号，历朝输课世守。前蒙总宪王公纂修《江南通志》，文查宦坟茔有无封土，升族查一鲂具覆，系民业，在查之升户内办纳粮差，并非封土，随蒙入志，祖茔得赖洪休，松楸茂盛。于康熙四十五年忽被地棍吴公勉勾结不肖觊觎侵害，设立假堆，致族控县。公勉自知情亏，退地除堆，祭坟安土，但升等向随朝办事，叔侄辈在浙攻书，路途不暇时常省墓。切思祖茔重地，存殁攸关，岂容宵诞窥奸害，伏乞宪台恩敕徽州府批行休宁县给示，交族长查康国领文勒石墓左，永禁。守坟仆查龙、查贵、查德、查天生、查福等不时看守，毋致仍前棍徒不肖流辈侵害等情，若有即行通报族主查康国赴官告理，庶屡朝遗魄以及阖族后嗣均沐洪庥于无既矣，等情。奉批，仰徽州府饬示严禁，批行到府，奉此合饬示禁。为此，县官吏查照来文宪批事理，即将查宦所呈土名黄土岭地方祖茔处所立即严禁，敢有无知棍徒侵害查宦坟墓者，立即严拿详解本府，以凭转请按律重究。仍给示交族长查康国勒石墓左，先将遵行缘由并碑摹具报核转均无违延等因，奉此合给示禁。为此，示仰该处地方保甲及看守坟仆查龙等知悉：嗣后敢有无知棍徒侵害查宦坟墓、不遵宪禁者，许即报知查康国，报县严拿，审详转解，按律重究，决不宽贷。各宜凛遵。须至示者。

右仰知悉

康熙四十五年七月　　　　日给①

当发生"无知棍徒侵害查宦坟墓、不遵宪禁"时，查氏宗族坟墓所在地的保甲组织等，要先及时报知查氏宗族的族长，并"报县严拿"。

清康熙五十四年（1715）九月、五十五年（1716）四月，徽州知府郭某在颁布的保护歙县二十六都二图桂溪项氏宗族祖茔的告示中，对该族祖茔所在地"杏村地方"的保甲组织等提出了要求：

> 江南徽州府正堂加五级纪录三次郭，为公叩示禁，永杜盗侵事。据歙县二十六都二图具禀状支祠项均安支丁项廷玉等呈称：身等祠祖淳熙甲辰进士项牧公，安葬杏森[村]地方，上蓄荫木，历年已久。兹因皇朝初年支丁散外，虽渐次而回，册籍悉皆长房收贮。今始回归，照号清查，见坟异变，木遭盗砍，坟几灭迹。奉宪施仁严禁，匪类敛迹一时，诚恐鸱张异日，叩宪恩准给示勒石永禁，以杜盗侵，生死衔恩，上禀等情。据此，准给示勒石永禁。为此，示仰该地保甲居民人等知悉：示禁之后，敢有无知棍徒在于故宦坟茔应禁处所盗斫薪木、侵损坟脉者，许同该地保甲看山人等指名赴府陈禀，以凭立拿，尽法究处，断不姑贷。毋违。特示。
>
> 康熙五十四年九月十六日　　给②
>
> 江南徽州府正堂加三级纪录三次郭，为再叩宪示，勒石严禁，以保坟茔，以杜讼端，殁存顶戴事。据歙县二十六都二图民人项廷玉、项奇、项祥、项日墉、项日靖、项日培具禀呈前事，词称：身等祠祖项牧公登淳熙甲辰进士，安葬杏村地方，已经五百余年，历朝律禁，六十步内毋许扦挖。客秋，霹遭棍徒贪涎吉壤，支丁项廷玉等环庭公吁，以牧公之后历代祖茔安葬各

---

① 民国《黟北查氏族谱》卷上《录休邑五都墓碑奉督宪禁文》。
② 乾隆《歙县桂溪项氏墓图·禁碑》。

> 处,皆先朝科第感蒙给示严禁在案。向因坟茔年久倾
> 欹坍坯,石界湮没,身等旧腊重修号弦,仍照旧迹复加
> 界至,永杜侵害,不负历朝律禁之重也。不虞又遭姚
> 国瑞等倚恃毗连字号,竟将身等宦坟禁步界内尽皆挖
> 损,肆行侵害。俯思支丁在外繁衍,在籍寥寥,似此豪
> 横势焰莫敢如何。身欲出词具控,寒值糊口远方,不
> 能久羁故土,若不叩宪,惨害无休。为此,环阶百叩,
> 伏乞宪天俯怜身祖忝登黄甲,再求给示,俾身等勒石
> 永禁,得藉宪威,豪知警戒,坟茔可保,殁存沾恩,上呈
> 等情。据此,合准给示勒禁。为此,示仰该处地方保
> 甲人等知悉:嗣后务遵示禁,如有在宦裔项廷玉等所
> 禀祠祖项牧公安葬杏村地方,侵害挖损情由,许即指
> 名赴禀,以凭严拿重究,决不轻贷。毋违。特示。
>
> 康熙五十五年四月廿七日示①

由于项氏宗族"支丁散外","支丁在外繁衍,在籍寥寥","糊口远方,不能久羁故土",即因迁徙外地或长期在外经商的缘故,导致祖茔屡遭侵害。为了使祖茔远离侵害,该族向官府寻求支持,以期达到"得藉宪威,豪知警戒,坟茔可保"的目的。在知府颁给的告示中,要求所在地的保甲组织等在项氏祖茔遇到侵害时,"指名赴府陈禀","许即指名赴禀",及时向府衙禀报实情,"以凭严拿重究"。

清乾隆二年(1737)三月,休宁知县高某、徽州知府杨某在颁布的保护休宁县二十四都一图黄氏宗族祖茔的告示中,对该族祖茔所在地"古郎坑"一带的保甲组织等提出了要求:

> 特简休宁县正堂加三级纪录五次高,为恳赏示
> 禁,保冢杜害事。据二十四都一图候选州同黄澜、抱
> 呈黄发具呈前事,呈称:生祖考妣安葬于本都贰图土
> 名古郎坑,系新丈此字伍伯[佰]伍拾贰号,山税叁分,
> 东至坞心合水,西至塘,南至朱氏石坟,北至降顶。于
> 上蓄养树木柴薪,以供国课。诚恐无知棍徒牧牛践

---

① 乾隆《歙县桂溪项氏墓图·禁碑》。

踏,盗窃柴薪,侵害坟墓。为此,吁恩恳赏示严禁,庶祖骸沾泽,举家顶祝,上呈等情。据此,合给示禁。为此,仰该处保甲地方山邻人等知悉:倘有无知棍徒敢在黄绅祖茔上山上纵放牛只践踏,及盗窃柴木、侵害坟墓等项情事,许即报知黄绅家属,立即指名赴县陈禀,以凭严拿重究。该保甲人等倘敢容隐,一并究处不贷。各宜凛遵。须至示者。

  乾隆贰年叁月拾九日　　　　　右仰知悉①

  特授江南徽州府正堂加二级杨,为吁恩赏示,勒石永禁,保冢杜害事。据休宁县二十四都一图具呈候选州同知黄澜、抱呈家属黄发具呈前事,呈称:生祖考妣安葬于本都二图古郎坑,生住居离墓窎远,上蓄薪木,荫护坟茔。诚恐无知棍徒牧牛践踏,盗窃薪木,侵害坟茔。为此,吁恩叩示严禁,伏恳恩施西伯之仁,赏示勒石严禁,庶枯骸沾泽,九原戴德,举家叩恩,等情。据此,合准给示勒禁。为此,示仰该处地方保甲及看坟人等知悉:敢有无知棍徒在于黄绅祖茔之上纵放牛畜践踏,以及盗砍荫木柴薪等情,许即指名赴府陈禀,以凭严拿重处。各宜凛遵毋违。特示。

  乾隆贰年叁月二十日　　　　　右仰知悉②

在知县和知府颁给的提供保护的告示中,要求黄氏祖茔所在地的保甲组织等,在黄氏祖茔遇到侵害时,"许即报知黄绅家属,立即指名赴县陈禀"、"许即指名赴府陈禀",及时向官府禀报,"以凭严拿重究"。

  清乾隆七年(1742)十一月,休宁知县周某在颁布的保护该县汪氏祖茔的告示中,对该族祖茔所在地"湖源"一带的保甲组织等提出了要求:

---

  ① 王钰欣、周绍泉主编:《徽州千年契约文书》(清民国编)卷七,《乾隆二年休宁县告示》,石家庄:花山文艺出版社,1991年,第222~223页。

  ② 王钰欣、周绍泉主编:《徽州千年契约文书》(清民国编)卷七,《乾隆二年徽州府告示》,石家庄:花山文艺出版社,1991年,第221~222页。

　　　　特授休宁县正堂周,为恳赏示禁,保守弭患事。据汪美玉具呈前事,呈称:身父契买金姓夜字八百十四号山,土名湖源,计税六分九厘二毫。四至降脊,辖定界限,金归输粮,上葬母坟。旧年遭逆孽富保、彪俚霹空越占盗葬,紧在降脊斩龙绝脉。匍控宪案,奉檄捕廉查报。前月念二,蒙捕廉详覆已据。逆父孽母自知无分情亏,起扞填穴另葬。恩沐宪批:既据汪子臣将棺迁移,准销案可也。此檄。切逆孽所盗葬之处,在降脊之上,其降脊紧系来龙,命脉攸关。且在山柴薪树苗,蓄养保荫。身外趁日多,家居时少,难防复有无知欺窎乘空,魆行盗砍盗葬,效尤滋害。伏乞恩赏示禁,永奉保守,以弭后患,存殁均沾,戴德上禀等情。据此,合给示禁。为此,示仰该处地方保甲居民人等知悉:嗣后如有不法棍徒在于土名湖源美玉坟山界内,以及降脊之上,盗砍盗葬,侵害坟茔等情,许即指名赴县,以凭严拿重究,决不宽贷。各宜凛遵毋违。特示。

　　　　　　　　　　　　　　　右仰知悉

　　乾隆柒年拾壹月　廿一　日示①

由于汪美玉"外趁日多,家居时少",可能是长期在外经商的缘故,导致其母坟茔被"盗砍盗葬"。在知县颁给的提供保护的告示中,要求汪氏祖茔所在地的保甲组织等,在汪氏祖茔遇到侵害时,"许即指名赴县",及时向县衙禀报,"以凭严拿重究"。

清乾隆十二年(1747)十一月,休宁知县郑某在颁布的保护该县二十七都六图环田李氏祖墓的告示中,对该族祖墓所在地"成家坞"等处的保甲组织等提出了要求:

　　　　特授休宁县正堂加三级郑,为恳恩赏示,勒石永禁,保祖杜盗,戴德不朽事。乾隆十二年十一月初九日,奉署江南徽州府正堂印务庐州江防捕务分府纪录

---

① 王钰欣、周绍泉主编:《徽州千年契约文书》(清民国编)卷一,《乾隆七年休宁示禁弭患告示》,石家庄:花山文艺出版社,1991年,第295页。

一次王信牌内开,据休宁县二十七都六图监生李至育、日暄,民人广修、丽文、广成、星耀、德修、锦云、汉文、天厚、天玉、用中、公鼎等具禀前事,等情到府。据此,除词批示外,合就抄词檄饬查明示禁。为此,仰县官吏查照来文事理,立即查明李至育等所禀词内情由,给示严禁。仍即取具碑摹具文送府,以凭查核。计粘抄词一纸,词称:生等祖遗老欲字、新丈信字二千九十七、八、九号,土名成家坞南背心下坑,共山税十亩五分;又十八号祀田二坵,税八分一厘;又贰百四十二号,土名西坑口庄屋基地四十步八分;二百五十四号,土名上宅墩庄屋地六十步,业税俱在李同春户内办粮。前因七、八、九号明季安葬祖茔,世代遵守。族房星迁江楚金陵等处,家仅生支数丁,居址业窎三十余里,在廿九都七图。乾隆三年,遭朱姓豪谋坟脑吉壤,串地牙册科勾不肖逆丁李欢、李永、李天叙等罔顾祖冢,窃税盗卖朱姓,劈脑葬棺。生父李云升、兄天六、族叔广修控告。生父兄愿出己银二百二十两,呈送贮库,代不肖等取赎保祖。前府宪、县主勘讯押豪起扦,被势翻抗,缠讼五年,父兄同遭拖毙。生奔上控,喀[叩]陈抚宪恩准,批送分巡道宪,遴委广德州罗宪会同县宪勘审详明。道宪核拟加详,范抚宪断究勒扦。复恃富抗,计害九载。生又迫控,准潘抚宪蒙严檄拘究押。旧冬,朱元大始行扦舆,领价遵依,退税归户结案。切祖墓生等居隔窎远,经营于外日多,诚恐后来不肖逆丁利欲熏心,复盗,私卖谋买,戕祖害生,实难防患。兹各房丁归里公议,勒石永禁。为此叩辕,伏乞宪天太老爷,六邑福主,西伯洪仁,查案恩准,赏示勒石,永禁杜盗,存殁衔结,戴德不朽,等情到县。奉此,合亟示禁。为此,示仰该处保甲及守山人等知悉:示后务遵宪饬,勒石永禁,毋许不肖支丁复萌前念,纠串外姓,在于禁号之内私相授受,戕祖害生。敢有不遵藐抗谋盗者,许该处保甲守山人等立即指名赴县陈禀,以凭差拘,详究不贷。凛之毋忽。须至示者。

乾隆十二年十一月十八日示①

由于李氏"族房星迁江楚金陵等处"、"经营于外日多",且"居隔窎远",即因族人迁徙外地或长期经商于外等缘故,导致祖墓屡遭侵害。为确保祖墓远离侵害,该族向官府寻求"勒石永禁"。在知县颁给的告示中,要求李氏祖墓所在地的保甲组织等对于"藐抗谋盗"行为,"立即指名赴县陈禀,以凭差拘"。

清乾隆十四年(1749)三月,歙县知县唐某在颁布的保护该县二十八都四图洪氏祖茔的告示中,对该族祖茔所在地"二十八都岑山渡秤钩湾地方"的保甲组织等提出了要求:

> 特授江南徽州府歙县正堂加三级记大功二次唐,为吁恩示禁,坟荫得保,存殁感戴事。据二十八都四图候选县丞洪钟,监生洪秉政、洪溥,生员洪元印、洪玉玑、洪泰来,抱呈洪福具呈前事,呈称:生家祖墓坐落二十八都岑山渡秤钩湾地方山地之上,蓄养荫木柴薪,以护风水。屡被无知棍徒欺生居隔窎远,觊觎肆行戕害。或横加斧锯,或暗里摧残,或掘根株,或纵牛羊,种种侵害,生死攸关。若不恳示勒石严禁,诚恐棍徒得志,鹰视愈张,坟墓余荫,势难保全。为此,沥具下情,吁叩宪天俯赐西伯之仁,广施泽枯之德,恩准给示严禁。俾贼匪奸徒得知畏敛,而坟冢荫木得赖恩全。不但生者衔恩,即亡祖九泉感激,顶祝无疆,望光上禀等情。据此,合给示禁。为此,示仰该处保甲看山及居民人等知悉:自后敢有不法棍徒在于洪姓岑山渡秤钩湾地方祖坟山地之上,蓄养荫木柴薪,盗砍掘根,纵蓄[畜]残害,违者,许该保甲看山人等指名赴县禀报,以凭立拿究处。各宜凛遵毋违。特示。
>
> 乾隆拾四年叁月 初十 日示
>
> 告示 押

---

① 民国《(婺源)星江严田李氏宗谱》卷十六《环田请示保廷珪公墓禁碑》。

仰①

由于洪氏族人"居隔弯远",致使祖墓屡遭戕害。在知县颁给的提供保护的告示中,要求洪氏祖墓所在地的保甲组织等在洪氏祖墓遇到侵害时,及时"指名赴县禀报","以凭立拿究处"。

清乾隆二十六年(1761)四月,祁门知县吴某在颁布的保护该县康氏祖茔的告示中,对该族祖茔所在地"南乡三四都潘樟村地方"的保甲组织等提出了要求:

> 祁门县正堂加三级纪录三次吴,为委实祀山,叩恩给示,以杜砍挖事。据康良耀、康启炎、康兴仁、康良贤、康良淳等具禀前事,词称:切身南乡三四都潘樟村地方,所有祀众祖坟冢山及青山,屡遭不法棍徒魃入身山,盗砍青苗树木,盗挖柴椿,放火故焚,勿问身家祖脑坟冢及税山等产,目击心伤,深为痛恨。屡奉上宪示谕兴禁,国课民生有赖。身等蓄树保冢,余山及青山栽养松杉杂木,供课办祀。诚恐梗顽之徒复效前辙,为此禀明,恳恩给示,以杜砍挖故焚,课祀两赖,万代朱衣,顶祝上禀等情。据此,合行示禁。为此,示仰该处约保业户居民山邻人等知悉:嗣后如有不法棍徒擅入康姓祀山盗砍青苗树木、盗挖柴椿、放火故焚者,许即查实指名赴县禀报,以凭严拿究处,断不姑宽。各宜凛遵毋违。特示。
> 乾隆贰拾六年四月　廿　日示
> 　告示

仰②

在知县颁给的提供保护的告示中,要求康氏祖坟冢山及青山所在地的保甲组织等,在康氏祖坟产业遇到侵害时,"许即查实指名赴县禀报,以凭严拿究处"。

---

① 王钰欣、周绍泉主编:《徽州千年契约文书》(清民国编)卷一,《乾隆十四年歙县告示》,石家庄:花山文艺出版社,1991年,第310页。

② 王钰欣、周绍泉主编:《徽州千年契约文书》(清民国编)卷一,《乾隆二十六年祁门县告示》,石家庄:花山文艺出版社,1991年,第336页。

清乾隆二十六年(1761)十月,休宁知县胡某在颁布的保护该县十六都一图程氏祖茔的告示中,对该族祖茔所在地"吴潮塘"一带的保甲组织等提出了要求:

> 特授休宁县正堂加三级纪录五次胡,为恳恩赏示,勒石永禁,以保祖茔,以杜后患事。据十六都一图监生程肇、程尚祐、程时龙,生员程应奎,贡生程廷璧,吏员程志美、程耆思、程尚孝、程尚昊、程启宸、程尚旻、程尚端、程应攀、程应之、程应慕、程祖植、程鼎森、程应苍、程鼎杰、程元栢、程元祯、程元枢等具呈前事,呈称:生等祖墓坐落沾露,土名吴潮塘,成字七百三十二号,计山税一亩一分,及续置周围山地,仅葬祖冢二穴,余具蓄荫以护坟茔。自明迄今百二十年,支下五大房、十九小房,现千百有余人,世守无异,业众丁繁,命脉攸关。第恐人心不古,或有豪势图谋吉壤者,或有地师媚献富豪者,或诱不肖支丁盗卖者,或觊觎盗砍荫木者,种种贻害,难以枚举。去冬,遭典守之吴连等伙串逆支程芳仪盗伐荫木多株,沐恩究追在案,恩同覆载。诚恐复遭故辙,有紊天心,况生等或游学于江楚,或贸易远途,而在籍之众支非老即幼,且居址窎远,势难构庐眠守。为此,公吁恩赏给示,勒石永禁,庶祖灵安于一抔,而生生世世咸戴宪德靡涯,上呈等情。据此,合行给示严禁。为此,示仰该处保甲山邻人等知悉:嗣后倘有该族不肖支丁仍蹈前辙,串仝管山之人盗砍荫木,以及地师媚献富豪谋买吉壤等情,许该保甲等协同本禀指名赴县陈禀,以凭严拿重究,决不宽贷。各宜凜遵毋违。特示。
>
> 右仰知悉
>
> 乾隆贰拾陆年拾月　初三　日示
>
> 告示

仰①

休宁县十六都一图程氏是一个"业聚丁繁"、"支下五大房、十九小房,现千百有余人"的人户规模较大的宗族,但因为族人"或游学于江楚,或贸易远途,而在籍之众支非老即幼,且居址弯远,势难构庐眠守",即宗族骨干分子多游学、经商在外,留居本土者多为老幼,加上祖坟离宗族居住村落较远,使得祖坟常遭侵害。为保护祖茔免受侵害,程氏宗族的监生、生员、贡生、吏员等向县衙申请告示,并获得支持。在知县颁给的告示中,要求程氏祖茔所在地的保甲组织等,在程氏祖茔产业遭遇侵害时,"协同本禀指名赴县陈禀,以凭严拿重究"。

清乾隆四十年(1775)二月,署休宁县知县金某在颁布的保护该县十八都三图汪氏祖茔的告示中,对该族祖茔所在地"庄基林"一带的保甲组织等提出了要求:

> 署休宁县正堂加三级纪录五次金,为乞禁强横,谋罩坟地,纵放牛畜,屡害无休事。据十八都三图贡生汪大瑗、职员汪得志呈称:缘生等祖茔葬在土名庄基林,系坐字二千四十九号,山税一分七厘。历今数十载,每逢祭扫,见坟茔踏践不堪,甚至坟顶泥堆被牛畜踏卸,几见棺椁,目睹心伤。更可惨者,生祖坟地缘与义地毗连,虽钉界碑,屡有不法之徒瞰生等男丁外趁,明欺妇女,藉义地毗连之空隙,越界刨挖。若生家知觉出论,彼即认以误挖服礼;若或失察,则遭谋罩。是以生家连年遭蹇,皆因伤害祖坟命脉所致。若不吁恩赏示严禁,势必祖茔刨暴,牛畜践害,人鬼含怨。为此,环叩垂怜赏示。等情到县。据此,合行示禁。为此,示仰该处地保山邻人等知悉:嗣后如有不法之徒仍蹈前辙,在于该生祖茔纵放牛畜,践踏坟冢,及越界刨挖等事,该地保山邻人等报知本家,指名赴县陈禀,以凭严拿究治,决不宽贷。各宜凛遵毋违。须至

---

① 王钰欣、周绍泉主编:《徽州千年契约文书》(清民国编)卷一,《乾隆二十六年休宁县告示》,石家庄:花山文艺出版社,1991年,第339页。

示者。

　　　　　　　　　　　　　右仰知悉

　　乾隆四十年二月　廿九　日示

　　告示①

在署理知县颁给的提供保护的告示中,要求汪氏祖坟所在地的保甲组织的人役地保等,在汪氏祖坟产业遇到侵害时,"报知本家,指名赴县陈禀,以凭严拿究治"。

清乾隆四十三年(1778)十二月,祁门知县马某在颁布的保护休宁张氏宗族祖茔的告示中,对该族祖茔所在地"叶村"一带的保甲组织等提出了要求:

> 特授祁门县正堂加五级纪录五次马,为吁恩示禁,保荫正业事。据休宁县生员张锦翼,民张象徽、张廷爵、张德锌、张中文、张履吉等禀称:生等祖葬治东十一都四保商字一千一百五十二号,土名叶村,计山四亩,经理注金张秀甫全业。今春遭治地监生孙桂盗换罩占,当经控案,桂揣情亏,婉托亲邻方斯宇等调处,愿将山业树价俱归生家。前斯宇等取遵具禀,复以遵批绘图等事叩案。沐批:既据调处,议明禁步,绘图明白,准息销案,图附。切生坟山荫木成材,长养新苗畅茂,蹇山落孙腋,倘欺生等隔窎,故智复萌,受害非浅。况功令森严,例禁盗砍,各宪谕令栽插,俯念民生。生等金业山场,除孙姓契买别号分藉外,尚多存留,遵照蓄养。诚恐居民侵害,有关坟荫莫获资生。叩赏示禁,勒石晓谕,俾祖茔荫木得保长存,各山新苗

---

① 王钰欣、周绍泉主编:《徽州千年契约文书》(清民国编)卷一,《乾隆四十年休宁县告示》,石家庄:花山文艺出版社,1991年,第414页。到了乾隆五十一年三月,休宁县十八都三图汪氏贡生汪大瑷,再次领头要求知县"合给示禁",对该族"郁源西充塘等处"祖茔予以保护,知县徐某颁给告示要求该族祖茔所在地一带的保甲组织等:"自示之后,倘有无知匪徒,砍伐该山荫木,以及纵放牛畜践踏坟茔者,许即指名赴县陈禀,以凭立拿究处,决不宽贷。"(参见王钰欣、周绍泉主编:《徽州千年契约文书》(清民国编)卷一,《乾隆五十一年休宁县告示》,石家庄:花山文艺出版社,1991年,第415页)

亦获兴养,千秋戴德,百世沾仁,等情到县。据此,卷查前据方斯宇、吴起和呈息内称:土名叶村,经理张锦翼之祖佥业,张姓葬祖在山,孙姓所买各契内载有叶村字样,以致讦讼。斯等系两造亲邻,仰体息讼爱民之至意,从中调息。其叶村商字一千一百五十二号,孙姓原照经理,全归张姓为业,孙姓不得再争。该山东边存留孙坟禁步,其余各山,孙姓照契管业,以断葛藤。两造甘服,不愿终讼,取具遵依,叩赏息销,等情。当批候讯,仍将议留孙坟禁步若干,绘图贴说呈验。旋据方斯宇等禀称:斯等遵同两造登山照绘全图,将石立界,并张、孙两姓坟及孙仆坟,逐一绘清。所有议存孙坟禁步,悉照乡例,前后左右以八尺为率,俱各贴说,两造均无异言。于图尾后列名画押,呈案叩息等情,批准息销在案。据禀前情,合行示禁。为此,示仰该地居民人等知悉:嗣后休邑生员张锦翼等佥业,土名叶村,商字一千一百五十二号山场,蓄养树木,毋许侵伐,各管各业。倘敢故违,许地保及张姓人等指名赴县具禀,以凭拘究。各宜凛遵毋违。特示。

右 仰 知 悉

乾隆四十三年十二月 十二 日示

告示 押

仰①

在张姓祖坟遭到异姓宗族孙氏族人侵占并经亲邻调处后,张、孙二姓根据乡例重新划定了界址。在知县颁给的提供保护的告示中,要求张氏祖坟所在地叶村一带的保甲组织的人役地保等,在张氏祖坟产业遇到侵害时,"指名赴县具禀,以凭拘究"。

清乾隆四十六年(1781)七月,祁门知县吴某在颁布的保护该县三四都汪氏等4姓祖墓产业的告示中,对其祖墓所在地"盘坑、美坑、田坑、晏坑"一带的保甲组织等提出了要求:

---

① 王钰欣、周绍泉主编:《徽州千年契约文书》(清民国编)卷二,《乾隆四十三年祁门县告示》,石家庄:花山文艺出版社,1991年,第9页。

　　　　特授祁门县正堂加五级纪录五次吴,为恳恩示禁事。据生员汪懋珍具禀前事,词称:生系三四都居民,生等四姓原有本都八保土名盘坑、美坑、田坑、晏坑等处山场,各号山脚接连税田。各姓山内葬有祖墓,蓄养柴木,冀图出产,上供国课,下资民生。接连以来,召异租佃,效尤不息,讼牍繁兴,扰官害民,深为患虑。诚恐不肖子弟私将山场,或召异民锄种苞芦,贪利肥己;或纵火烧山林,图挖椿脑。一经召异锄挖,不惟卸沙塞田,坑租无产,抑且恐藏奸宄,酿祸滋事,难防不测。若被挖去椿脑,柴根尽绝,萌蘖不生,课资生而皆失望。种种贻累,为害不浅,非叩示禁,居民莫宁。为此,叩乞恩赏金示,严禁召异,并禁挖椿。裕课宁民,望光上禀,等情到县。据此,合行出示严禁。为此,示仰南乡三四都业户人等知悉:所有本都盘坑、美坑、田坑、晏坑等处山场,毋许召异锄种苞芦,纵火挖椿。如敢抗违,许该地保人等指名赴县具禀,以凭拿究,决不姑贷。该地保人等亦毋许藉端滋事,凛之毋违。特示。

　　　　　　　　　　　　　　右仰知悉

　　乾隆四十六年柒月　初十　日示
　　告　示　　　　　　　　　仰①

祁门汪氏等4姓宗族为预防族人"召异租佃"、"召异锄挖"、"召异民锄种苞芦"即招徕棚民开垦等而损害祖墓,主动借助于官方力量的保护。在知县颁给的提供保护的告示中,要求汪氏等4姓宗族祖墓所在地的保甲组织的人役地保等,在遇到侵害时,要求地保"指名赴县具禀,以凭拿究"。

清乾隆五十二年(1787)十一月,婺源知县彭某在响应汪氏宗族"保荫保祖"要求而给示的加禁碑文中,对汪氏祖墓"湖坦"一带的保甲组织等提出了要求:

---

① 王钰欣、周绍泉主编:《徽州千年契约文书》(清民国编)卷二,《乾隆四十六年祁门县告示》,石家庄:花山文艺出版社,1991年,第22页。

特授婺源县正堂加五级纪录十次记功五次彭,为
恳示勒禁,保荫保祖事。据候选教谕汪钢、汪杰然,国
子监学正汪鸣球,两淮试用盐运经历汪良增,贡生汪
文藻、汪斌、汪琨,监生汪文亨、汪鸿茂、汪世勋、汪忠,
职员汪坤,廪增附生员汪桂、汪鼎科、汪嘉言、汪瑞、汪
心德、汪焯、汪溁、汪沂、汪元介、汪廷照、汪敏隽、汪文
焕、汪思履、汪奎光、汪秉元、汪巩社、汪炳然、汪焕其,
耆民汪志增、汪元树、汪次陶具禀前事,词称:职族迁
婺始祖唐兵马使、都虞候[侯]道安公妣封夫人吴氏,
墓葬七都湖坦文字二千八百四十一号,东至地,西至
山,南至降,北至路,计山税二亩零三厘,地税八分五
厘。全税全业,鳞册炳据。但族派虽繁,离坟隔窎,所
有荫木多被附近居民、毗连业户不时砍伐,惊害无休。
伏思职祖勤事庇民,功膺节钺,夫人从夫命爵,德荫簪
缨。现归四至之周围,均是一抔之禁步,奈凶顽莫警,
覆辙相沿,日削月侵,恐成濯濯。职族忍以千年宜荫
屡被伤残,昔家尚书元锡公作志刊铭,主事星公立碑
表墓。兼蒙前邑侯窦宪示禁,侵葬斯皆耸峙,泉台流
传不朽。兹以合族保祖之心,更恳鸿慈伐荫之禁。为
此,公吁恩准给示,俾勒贞珉,庶几乌菟敛迹,斤斧销
声。嘉树殖封,群戴晋卿之誉;甘棠蔽芾,永怀召伯之
恩。上禀,等情到县。据此,合行示禁。为此,示仰该
处附近居民、毗连业户及约保人等知悉:嗣后务宜各
守界址,毋等恃居附近,藉业毗连,在于汪姓土名湖坦
文字二千八百四十一号祖坟山地界内盗砍侵害。倘
有不法地棍,仍行越界砍伐,许该业主族裔人等协同
约保,据实指名赴县具禀,以凭提究。各宜凛遵毋违。
特示。
　　乾隆五十二年十一月　日示
　　告示勒石　六合裔孙典史诚、合族支派同敬立①

————————

①《乾隆五十二年因江肇西等砍荫经官给示加禁碑文》,《(婺源)汪氏
湖山墓祠纪》,清道光二十八年刊本,安徽省图书馆藏。

当发生"不法地棍,仍行越界砍伐"、"祖坟山地界内盗砍侵害"等危害汪氏宗族切身利益时,该宗族所在地的保甲组织等,被要求积极配合汪氏宗族的维权行动,"据实指名赴县具禀,以凭提究"。

清道光七年(1827)八月,歙县知县劳某在颁布的保护徽州汪氏坟祠的告示中,对其坟祠所在地"歙东吴清山"一带的保甲组织等提出了要求:

> 特授江南徽州府歙县正堂加十级纪录十次劳,为吁叩示禁,以杜残害,永保坟祠事。据原任山东金乡县知县汪廷楷,池州府教授汪熙,原任庐州府教授汪忠均,原任江苏上元县教谕汪燡,举人汪潭、汪豫,岁贡生汪天凤,廪生汪澍、汪光黻,生员汪铣、汪鸿祚,倡捐监生汪之遴,职员汪文焘,支丁汪章秀、汪世垣等,抱呈汪升词称:缘职等三十三世迁新安始祖汉新都侯澍公及三十六世祖晋黟县令道献公,安葬歙东吴清山,坟前建立祠宇。该处地税世奉免征,奈祠宇年久损坏,将次倾颓。职等不忍坐视,邀集族众购工重造,现已工竣。职等伏思坟祠,诚恐附近居民罔思人各有祖,或恣意纵放猪牛残害以及堆积秽污,荫木之上悬挂稻草柴薪,祠前靠河栏杆石柱,簰户人等任意吊簰,种种作残,均未可料。非沐示禁,后患深虞,职等不得不沥情禀恳。为此,吁叩恩准示禁,以杜残害,坟祠永保,合族存殁均感于无既矣,戴德上禀等情。据此,除批示外,合行给示严禁。为此,示仰该图捕保及附近居民、簰户人等知悉:自示之后,如有棍徒在于免征业内纵放猪羊牛只,荫木之上悬挂稻草柴薪,祠前栏杆等处并坟墓左右堆积秽污各物,故意残害,许该捕保支丁人等指名赴县呈禀,以凭拿究。倘该捕保徇情纵容,一经发觉,定提倍处,断不姑宽。各宜凛遵毋违。特示。
>
> 右仰知悉
>
> 道光七年八月　　　日示

仰勒石祠首①

在知县颁给的提供保护的告示中,要求汪氏坟祠所在地"歙东吴清山"一带保甲组织中的捕保人等,在汪氏产业遇到侵害时,"指名赴县呈禀,以凭拿究"。并对捕保提出了严厉要求:"捕保徇情纵容,一经发觉,定提倍处,断不姑宽。"

清道光七年(1827)十二月,署理绩溪知县王某在颁布的保护徽州汪氏祖先墓庙的封禁告示中,对汪氏祖先墓庙所在地"登源唐金山"一带的保甲组织等提出了要求:

> 署理绩溪县正堂加十级纪录十次王,为戴恩吁禁,保荫安良,以杜后患事。据歙邑原任池州府教授卓异候选知县汪熙,休邑原任庐州府教授国子监学正汪忠均,婺邑举人汪松泰,祁邑举人汪豫,黟邑翰林院检讨汪淦,绩邑廪生汪泽,六邑职员汪绳根、汪锡廷、汪浩泰、汪家椿,廪生汪成揆、汪绹、汪光耀、汪大镛、汪玠、汪湛恩、汪向融、汪鸿训,生员汪应锡、汪竹书、汪立权、汪芸、汪荃、汪钟、汪开渑、汪维城、汪世镛、汪鸿量、汪善词、汪效政、汪光祖、汪士燮、汪振衣、汪南金,监生汪淳、汪连喜,耆民汪辉廷、汪锦堂、汪履安、汪铨鼎、汪懋镛、汪苞昌、汪世垲、汪国殿、汪如淳,抱呈汪南纪呈称:职等四十世祖刘宋军司马讳叔举公墓在登源唐金山,历经请禁,封植荫木在案。今秋被程有妹等伙率僧俗多人盗砍古木十一株,职等控案,比沐堂讯,将棍等责惩究办。八社私墨尽斥,无凭具征,明镜高悬,合族感戴。嗣经生员余卓等力为调息,具遵,蒙准在案。职等祖遗声字等全业坟山地亩,凭中按形对册清理无淆,谅不至复为他姓冒占。惟现存荫木百有余株,老干纷披,新枝稠接,若不重加立禁,诚恐就近棍徒复生觊觎,魃谋寻斧,方惩艾于既往,又贻患于将来。匍告纷争,伊于胡底。为此,公吁给示勒石,俾垂永久。将吉壤之流芳,即甘棠之布泽,上以妥

---

① 道光《新安汪氏宗祠通谱》卷四《重修墓祠禁碑》。

千百年之窀穸,下以传亿万派之云仍,永戴鸿慈,衔结上禀,等情到县。据此,除批示外,合行出示严禁。为此,示仰该处保甲人等及墓裔支丁知悉:自示之后,倘有不法棍徒在汪姓墓庙处所纵放牲畜残害等事,及觊觎荫木、盗砍渔利,许即指名禀县,以凭严拿究办。捕保等如敢徇隐,一经告发,立即究革,决不宽贷。各宜凛遵毋违。特示。

　　道光七年十二月二十日示①

在县衙颁给的提供保护的封禁告示中,要求汪氏祖先墓庙所在地的保甲组织等,能够对汪氏祖先墓庙产业进行保护,在遇到侵害时,"许即指名禀县,以凭严拿究办"。

清道光三十年(1850)六月,署休宁知县田某在颁布的保护该县金氏祖茔的告示中,对其祖茔所在地"溪北西充"一带的保甲组织等提出了要求:

　　署江南徽州府休宁县正堂加十级纪录十次田,为事惩已往,虑防将来,环请示禁,泽垂永久事。据十都三图监生金国华、金国荣,候选中书科中书金璋,候选布政司理问金家瑜,职员金玥,抱呈金升禀称:生祖契买邵姓称字二千一百三十号,土名溪北西充,计山税一亩二分四厘二毫。上葬高曾祖父母,生祖赖荫锡类。时城南中市金姓,籍税四厘侵占,生祖禀案,沐断价买。后又买程税六毫,邵税一厘三毫,另陈、张、邵、程、谢葬过山税一分八厘二毫,程光裕西首税三厘,具建生基碑记。余尽生祖所买护坟。迨后祖殁式微,生等随父服贾,堂伯袭卖与洪、谢、查、汪、余葬税三分九厘一毫,坟界已定,不复与较。仍税九分一厘,业凭契税,粮遵例纳。凭丈四至,东西到田,南逾案山,北抵顶峡。生居窵远,往者草木遭砍,牛羊践踏,甚被地牙妄指图售,涎吉者几受其朦。兹赖宪莅布化,薰莠为

---

① 《(道光七年)善后禀请封禁告示》,《绩邑唐金山祖墓盗砍盗葬两案合刊》,清光绪刊本,安徽省图书馆藏。

良,祖茔无害。切念官清迁速,异日故辙难免,事已惩平往昔,虑当防于将来。是用汲汲呈图开单,伏乞恩鉴赏给示禁,政垂保祖,感德无涯,上禀,等情到县。据此,除批示外,合行示禁。为此,仰该处附近人等知悉:所有监生金国华等称字二千一百三十号,土名溪北西充,计山税九分一厘。上葬祖茔,凭丈四至,各有界址。尔等地牙人等不得妄指图售,贪吉侵占。所蓄草木,尔等毋得魃砍,以及纵放牛羊,任意践踏。如敢故违,许该保甲及该生等指名禀县,以凭严究。各宜凛遵毋违。特示。

右仰知悉

道光三十年六月　初八　日示
告　示　　　　　　　　　　仰①

在县衙颁给的提供保护的告示中,要求金氏祖茔所在地的保甲组织等,在金氏祖茔产业遇到"草木遭砍,牛羊践踏,甚被地牙妄指图售"等侵害情形时,"指名禀县,以凭严究"。

此外,当地方发生不明来路的人员死亡或命案时,保甲组织的首领或相关人役也须及时向官府禀报。明崇祯年间,歙县境内"王朝柱池塘临路,三月初六日有尸浮出,里保王一贞等呈鸣"②。保甲组织首领王一贞等在发现池塘有漂浮尸体时,及时向官府报告。清道光二十八年(1848)三月,徽州某县五保众姓人等在订立的同心合文中要求保甲组织人役:"来往路毙无名等姓一切鸣报。"③

(二)下传官府指令

当上级官府有重要指令和重要事项需要向基层社会发布时,保甲组织及其相关人员要及时下传官府的指令。如明崇祯

---

① 王钰欣、周绍泉主编:《徽州千年契约文书》(清民国编)卷二,《道光三十年休宁县告示》,石家庄:花山文艺出版社,1991年,第471页。
② (明)傅岩:《歙纪》卷九《纪谳语》。
③ 《道光二十八年三月十六日徽州某县五保众姓人等立议同心合文》,南京大学历史系资料室藏。

年间,歙县知县傅岩为了能顺利疏浚徽城沟渠而"出示通知",要求地方保甲组织等"传谕居民"即向居民传达指令:

> 徽城凭山为宇,地狭人稠,连栋危垣,街衢湫隘。每遇霪雨,潢潦载途,行者几于厉揭,此皆积秽阻塞沟渠,年久未浚,以致水脉不通,泉货壅滞,火灾时发,未必非此之致也。本县经由南门,目击其状,今雨水届候,开浚正当其时。为此出示通知,凡在城关厢,有原开行水沟道,该地方保里传谕居民,从南门下流起,募淘沙人开掘深广。两傍砖石有倾圮,砌筑坚实,屈曲交接处,弥缝通导,务使秽污不停,宣泄无碍,俱于灯后启工,限二月初十日通完①。

当发生诉讼案件时,官府也经常让保甲组织及其相关人员及时下传官府的指令。如清乾隆三十一年(1766),休宁渠口村发生主仆互控案,知县要求当地保甲组织配合差役下传官府提解原被、证人的指令:

> 特授休宁县正堂加五级纪录五次靳,为欺祖势逼,仆占主业等事。据胡正元、汪增燮等阻祭互禀水口神庙,等情到县,当经批饬去后。今据复禀前情,除批示外,合行查讯。为此,仰役前去协同保甲即唤后开有名人等依限赴县,以凭讯夺,去役毋得迟延。速速须票。
>
> 计开:汪渊、汪廷正元词被;胡庆、胡琪生、胡天元、胡连、胡祖元、三俚、麻饼、胡花、胡来顺、汪福孙、胡永寿、胡成聚以上增燮词列被;汪增燮、汪铨纪以上监生、汪君佩、汪思义、胡永寿、胡益仁、胡惟光、胡正元以上互控人。
>
> 右差 陈德
>
> 乾隆三十一年三月十九日承②

---

① (明)傅岩:《歙纪》卷八《纪条示·浚沟渠》。
② 《清乾隆休宁县状词和批示汇抄》。

清光绪十年(1884)七月,绩溪县十都黄茂坦民人程德安到县衙控告程梓馨等"将伊屋左手大门封锁闭塞,恃蛮逞凶"。知县欧阳要求差役章灿等,"协同图保,立将后开有名人等,限二日内传集赴县,以凭质讯察夺"①。于此可见,地方保甲组织承担了下传官府指令的任务。

值得注意的是,在明清徽州境内,张贴告示是下传官府指令的一条重要途径,这种事情有时也由保甲组织相关人役去执行。如清同治八年(1869),祁门知县颁给该县十九都淑里的禁止赌博的告示,就是要求当地保甲组织人役地保负责张贴的②。

(三)平行传递信息

徽州境内的保甲组织及其相关人员有时还在地方社会中平行传递信息。如清康熙四十一年(1702)十一月初五日,婺源县十二都段莘村人偷伐木材,被庆源村詹氏族人收缴了工具,其中盗伐者一人被抓到宗祠。在此过程中,双方发生冲突,段莘村的一人受伤。次日下午,"段莘着保长同小甲以'捉杀人命'事来投[状]"③。

四、踏勘查验

明清时期,徽州境内的保甲组织,或是因官府的指令,或是因相关利益受害人的请求,而执行踏勘查验的任务。保甲组织参与踏勘查验,是其参与地方社会控制与社会管理的重要体现,对于官府裁判断案、维持地方社会秩序,以及民间相关人群维护自身利益具有重要的作用。

---

① 王钰欣、周绍泉主编:《徽州千年契约文书》(清民国编)卷三,《光绪十年七月绩溪程德安为恃蛮闭塞案卷宗》,石家庄:花山文艺出版社,1991年,第134页。

② 王钰欣、周绍泉主编:《徽州千年契约文书》(清民国编)卷三,《同治八年祁门县告示》,石家庄:花山文艺出版社,1991年,第48页。

③ (清)詹元相:《畏斋日记》,载《清史资料》第4辑,北京:中华书局,1983年,第238页。

明崇祯年间，歙县境内白捕（白役）猖獗，"无籍棍徒，群结白捕"，冒充保甲人等鱼肉乡里。为了打击白捕（白役），知县傅岩要求保甲组织对差役等相关人员严加查验，以防混冒：

> 本县叨莅兹土，首询利弊，访有无籍棍徒，群结白捕，假差假票，鱼肉乡愚，或驾贼指窝，或栽赃诬盗，吊拷吓索，凌虐万端。串通村市土棍，倚称里保名色，阳为求解，暗则瓜分。如近日谢显祖、杨尚孙、王应春等赝票索诈吴龙、程正老等，已经惩究枷示。及查将本县皂快弓兵等役，各给年貌、住址、画像、腰牌，转行各衙巡司，一体遵照，将朋替白役尽数清汰外，合行晓谕严禁。为此，示仰概县军民约里保甲人等知悉：此后凡有差役奉上台拘提人犯，催纳钱粮，缉捕盗贼等事，俱验腰牌印票，方许协同拘唤。如无腰牌，即系白役，该地方人等扭执送县，以凭坐赃究遣，毋得隐蔽通同，诈害生事，访出一并连坐①。

清康熙四十一、四十二年间，婺源县庆源詹氏族人因族际纠纷、主佃纠纷等向县衙告状，知县要求地方保甲组织的首领参与查验并予以回复：康熙四十一年（1702）十一月"十七，天晴。与和伯同阆青叔下城告状。……二十，天晴。状批'约保查复'"②。康熙四十二年（1703）十一月"初七，天晴。……付祝保舅铜钱一百，烦代倩人递词，呈大杞〔汜〕佃户余大名等讹言赦租不交者。（初九日递词，批：约、保即与查明催交，再迟禀究）"③。

清康熙五十七年（1718），歙县潭渡孝里黄氏为保护祖遗祀产赡产等宗族产业，在递交的禀状中请求知县严令公正、册正、保长等予以清查：

---

① （明）傅岩：《歙纪》卷八《纪条示·禁白捕》。
② （清）詹元相：《畏斋日记》，载《清史资料》第4辑，北京：中华书局，1983年，第239～240页。
③ （清）詹元相：《畏斋日记》，载《清史资料》第4辑，北京：中华书局，1983年，第250页。

第六章 明清徽州保甲组织的社会控制与管理职能

呈为遵檄缴册,恳将原呈并案严敕册正彻底清查,速覆早结宪案事。切生等因祖遗祀产赡产,历年既久,积弊丛生,于本年六月初三日以仰遵仁政等事控台,蒙批册正清查,乃延至月余不覆。生复衔弊丛赋逋等事,具呈藩宪,批送在台,蒙差役黄昌檄取田地山塘税亩字号。生等细查文契簿籍,其中盗扦盗税、私买私卖者,纷如乱丝,不敢悉陈以费金心,止将黄册开来现在纳粮税亩字号,开造清册一本,恭呈电核,伏恳钤印候领。册内税亩管业者固多,然而失业者亦复不少。切思江南产土以税为凭,今生等永完无业之税,而他人常享无税之业,况坍涨不清,田地不分,将来贻忧更巨。伏恳老父师严令侍官公正协同各图册正、保长,立即照册逐号清查,速覆早结宪案①。

清雍正八年(1730),歙县十都一图江天儌向县衙呈控毕公美等盗砍坟荫一案中,知县杜某要求地方保甲组织首领前往查验并赴县回复:

为此,票仰该保前去,即将监生江天儌呈控毕公美、毕功冉等盗砍坟荫一案缘由立刻逐一查明,定限二日内赴县据实回复,以凭核夺施行②。

清乾隆二十一年(1756),休宁县二十一都二图塘尾程氏宗族内部,因族人程用和"塘霸不交"、"畜鱼利己,田禾无水放灌"而发生鱼塘争讼案。在处理这一讼案过程中,秉承知县的指令,塘尾程氏宗族所在地的保甲组织发挥了查验取证的作用。该争讼案大致经过及保甲组织发挥作用如下:

这一年的三月二十三日,塘尾程氏监生程万选等在给知县的禀状中交代了争讼的缘由:

廿一都二图塘尾监生程万选七十四岁,生员程华

---

① 雍正《歙县潭渡孝里黄氏族谱》卷六《祠祀》,附《本年(康熙五十七年)闰八月控歙县呈》。

② 王钰欣、周绍泉主编:《徽州千年契约文书》(清民国编)卷一,《雍正八年歙县正堂票》,石家庄:花山文艺出版社,1991年,第252页。

协卅八岁、程咸万七十三岁,抱呈程贵卅岁,禀为强霸畜鱼,叩究押交事。生等承祖置土名碧塘,塘一口,计税三亩六分有零。原系公塘,积水防旱灌田,无枯禾苗,从不与人畜鱼利己。只缘故侄程渭公私将众塘出当与族棍程用和霸管,畜鱼利己,田禾无水放灌。今各家分法已经陆续凑与生等存价赎当,讵棍父子于乾隆十八年收价缴契,塘霸不交,复行畜鱼,生等屡投族众理论多次,伊强不理。今又使弟锡纶买鱼入塘,欲图畜养。不叩究交,无水放灌,田禾坑害。为此迫叩,伏乞宪天赏究押交,杜霸畜养,免害田农,感恩上禀。

　　被犯　程用和　程锡纶　程福
　　干证　赎契　族众
　　本县胡公
　　乾隆卅一年三月卅三日进,三月卅七日批:着将赎回当契呈候阅夺①。

按照胡知县的要求,原告方塘尾监生程万选等于四月初六日递交了康熙五十二年三月所立当契:

　　立当契程渭公为因急用,自情愿央中将本家承祖分得土名新富塘,本身分得六股之一,又将土名碧塘,本身合得一半,凭中出当到心弁叔名下为业,当日得受当价八色银一两肆钱五分。每月照典起息,新富塘租钱七分,碧塘租天章叔处三钱,听从取讨作利,约本年八月准取。此照。
　　康熙五十二年三月日立当契人程渭公(押)　凭中程天章(押)

四月初十日,胡知县批:公塘既已赎回,如何节年仍然畜鱼,有无别情,姑仰保邻查覆当约并发。

四月十三日,胡知县要求原告方"持票前去交该保邻",让

---

① 《清乾隆休宁县状词和批示全案汇钞》(《休宁程氏宗族鱼塘争讼案汇钞》),抄本,安徽省图书馆藏。以下关于该案的讨论,所引资料均出自该抄本,不另注。

保甲等立即确查被告程用和等霸塘畜鱼情由:

> 休宁县正堂加三级军功纪录二次胡,为强霸畜鱼等事。据卅一都二图监生程迈[万]选、生员程华协等、抱禀程贵且禀前事到县。据此,除批示外,合饬查覆。为此,仰抱禀持票前去交该保邻,即将监生程万选等所控程用和、程锡纶、程福霸塘畜鱼情由,立即确查。公塘既已赎回,如何节年仍然畜鱼,有无别情,据实粘牌,依限覆县,以凭察夺。该保邻毋得偏徇迟延,速速须票。
>
> 　　　　　　　　　　右票仰该保邻准此
>
> 乾隆卅一年四月十三日礼
> 　　县行
> 　　　　　　定限三日覆

五月初十日,程氏宗族所在地的保甲组织首领保长蓝林大等经过仔细调查所写的禀状,被递交到县衙:

> 卅一都二图保长蓝林大六十岁、地邻程细九卅八岁,为奉牌查覆事。奉钧牌开,为强霸畜鱼等事。据监生程万选等控程用和、程锡纶、程福霸塘畜鱼一案,饬役等立即确查。公塘既已赎回,如何节年仍然畜鱼,有无别情,据实粘覆。役等遵查得所控之塘,据程用和称:塘塝系伊修筑多工,方得畜鱼。据程万选等称:伊塘已赎回多年,仍被用和霸管畜鱼,不得积水灌田。役等劝谕用和,以塘放赎之后已畜数年之鱼,所需筑工亦难过问,自当起鱼交业。乃用和不肯起鱼交业。遵奉牌查,为此粘覆,伏乞宪天鉴夺。上禀。

后来,该讼案即是在保长蓝林大等查验取证后提供的事实基础上,得到了圆满的解决。

清乾隆二十九年(1764)十月,徽州盐捕清军总捕府在应歙县吴氏请求保护坟茔而颁给的告示中,要求坟茔所在地"黄口地方"的保甲组织的捕保人等"随时稽查":

> 特授江南徽州府盐捕清军总捕府加十级纪录十

次杨,为给示晓谕事。照得歙邑候选理问厅吴文钺,在二十五都三图黄口地方,置山葬坟,蓄有荫木。该处歙、休两县接壤,离居窎远,觉察难周。诚恐无知之徒窃取柴薪雕桠、挖椿,以及纵放牛羊,残害坟茔。种种不法,殊未可定,合亟给示晓谕。为此,示仰该处捕保人等知悉:所有吴姓坟茔,尔等当随时稽查,倘有如前情事,许尔等严拿禀究,断不姑宽。具各凛遵毋违。特示。

右仰知悉

乾隆贰拾玖年拾月　二十八　日示
　　告示　　　　　　　　　　　仰①

清乾隆三十三年(1768),休宁县三十二都四图吴氏宗族族人吴汪氏具控吴柱沧盗卖田产,知县范某要求该宗族和宗族所在地的保甲组织"将吴汪氏所控吴柱沧等盗卖情由立即查明":

休宁县正堂加三级纪录三次记大功五次范,为未赎盗卖等事。据三十二都四图吴汪氏、抱呈吴绅佩,具控吴柱沧、吴尧章将田三坵立契当去银八两,议定每年二分行息。自三十年至今本利不吐,将田盗卖,等情到县。据此,除批示外,合行票饬。为此,仰该族保即将吴汪氏所控吴柱沧等盗卖情由立即查明,催令吴柱沧等即备当银取赎。仍将催赎缘由覆县,以凭核销。该族保毋得祖延干咎,速速须票。

右仰该族保准此

乾隆三十三年八月　十三　示
　　县　　　　　　　定限三日缴②

清乾隆四十六年(1781),黟县姜氏宗族所在地的保甲组织

---

① 王钰欣、周绍泉主编:《徽州千年契约文书》(清民国编)卷二,《乾隆二十九年徽州盐捕清军总捕府告示》,石家庄:花山文艺出版社,1991年,第468页。

② 王钰欣、周绍泉主编:《徽州千年契约文书》(清民国编)卷一,《乾隆三十三年休宁县信票》,石家庄:花山文艺出版社,1991年,第361页。

因姜氏族人姜世铨等的请求,对被侵害的"合族葬祖坟山"进行踏勘验明:

> 特授黟县正堂加五级纪录五次殷,为吁赏示禁,永杜盗害事。据监生姜世铨,民人姜尚仪、姜尚沂、姜尚彦、姜尚让、姜加健禀称:生等合族葬祖坟山,土名长瑶庵,昆字三千三百六十三号、六十八两号,共计山地税十二亩有零。向蓄树木,培荫世守,两朝无异。上下两傍别姓熟坦常被侵占,生坟山脚盈亏未为不多,以致税实浮业,念犹或可知止。讵地棍胡廷侯扰[擅]将生祖坟脑荫木与其毗连之处,尚分上下,树在上塝下,将塝土劈进,希图占树,觅奔登看,形迹新鲜,投保验明,果被挖占,蒙令填平,谕生勿较。奈业落肘腋,难免不无故害,日侵月削,欺占无底,砍劈频加,生死遭殃,欲兴控究而法惩,诚恐挟恨而害深,用是请示严禁,任再犯者无悔。伏乞宪天恩赏示禁,勒石永垂,功德巍峩,切禀,等情到县。据此,合行出示严禁。为此,示仰该处地保山邻人等知悉:所有姜世铨等长瑶庵山地照界执业,附近人等毋许再行侵挖。如敢故违不遵,许原禀人指名赴县具禀,以凭拿究。该地保山邻及原禀人等不得藉端滋事干咎,各宜禀遵毋违。特示。
>
> 　　　　　　　　　　　　　　　右示严禁
>
> 乾隆四十六年三月　初五　日示
> 告示　　　　　　　　　仰①

清乾隆四十九年(1784)二月二十九日,祁门三四都凌氏宗族清明首人凌大倚家,"不幸天灾,屋遭回禄",其负责收贮经管

---

① 《清乾隆四十六年三月初五日黟县正堂告示》,南京大学历史系资料室藏。

的"契匣众墨"尽被焚毁①。为确保族产安全,凌氏族人禀呈县衙以求赏准给帖:

> 具报状人凌大俊、记鸾,报为惨被回禄,屋焚契毁,恳恩给帖事。身等三四都黄家坞口居民,农种为业。前月廿九,身等外出农工,住屋关锁,不料屋内火起,身仝居三间土库楼屋乙重并余屋焚烧,所有契匣农器家伙等项焚毁一光,族内人往田报知,奔救不熄,迫托保甲地邻保长黄圣云、甲长胡孔玉、地邻黄圣旺、胡伯茂等验明。俱毁契墨,乃系坟山等业,共计卅九号,土名叶家源等处。幸有誊契原簿,房叔另屋收贮,幸得查识。若不叩赏给帖,诚恐山业被人争占。云贺公证。为此粘单报明,伏乞青天恩怜灾赤,赏准给帖,以保弱业。载得[戴德]上报。
>
> 又三月初七日报。 十四日出批:该保邻查明结覆,以凭给帖②。

在发生火灾,有关族产的契约证据被焚毁之后,凌氏族人在第一时间的第一反应是,请求当地保甲组织的首领保长黄圣云、甲长胡孔玉以及地邻等前往"验明"。在接收凌氏族人禀状后,祁门知县的批示也是要求"保邻查明结覆,以凭给帖"。保甲组织的首领成为官府和地方皆倚重的人物。

在得到凌氏族人请求并"验明"火灾实情后,当地保甲也向县衙递交了一份禀状:

> 具禀保长黄圣云,甲长胡孔玉,地邻黄圣旺、胡伯茂,禀为遵查实覆事。身等三四都保邻内黄家坞口居民凌大俊等,有三间土库楼屋并余屋一间,尽行烧毁,

---

① 王钰欣、周绍泉主编:《徽州千年契约文书》(清民国编)卷十一,《嘉庆祁门凌氏誊契簿》之《合众公议请给火帖合同》,石家庄:花山文艺出版社,1991年,第490页。

② 王钰欣、周绍泉主编:《徽州千年契约文书》(清民国编)卷十一,《嘉庆祁门凌氏誊契簿》之《大俊、记鸾润[闰]三月初七日上县报状递词请帖》,石家庄:花山文艺出版社,1991年,第492页。

第六章　明清徽州保甲组织的社会控制与管理职能

所有契匣农器家伙等物俱焚乙光,报鸣身等验明是实。据焚业契仍有誊契底簿原贮凌振三家,三系令[另]屋居住,幸未烧毁。俊等执出契簿,俱与身等看过,其各号山地土名俊等具报,已经开例呈案。奉批身等查覆,应遵结覆明。为此叩乞宪天恩赏鉴核,上禀①。

在得到县衙批示要求保甲"查覆,应遵结覆明"后,地方保甲出具了甘结:

具还甘结保长黄圣云,甲长胡孔玉,地邻黄圣旺、胡伯茂,今于与甘结事。实结得身等保甲邻内,有凌大俊等住屋乙重并余屋乙间,本年贰月廿九日被火焚烧,所有契匣农器家伙等物俱焚乙空,比投身等验明是实。俊等具报请帖,其山地各契被毁,存有契簿,身等已经看过是实,于中并无捏饰。所具甘结是实。

甘结批:黄圣云结覆,候给帖②。

在经过了上述一系列程序后,祁门知县吴某于五月初三日,正式颁给凌氏族人执业保产县帖③。

由上可见,地方保甲自始至终一直参与凌氏宗族的请帖保产活动,扮演了踏勘查验以及中证的角色④。

清乾隆五十七年(1792)十二月初三日,歙县知县吴殿华针对该县"停柩殡厝"的恶俗,颁布了《劝谕埋棺札》。在该札中,

---

①　王钰欣、周绍泉主编:《徽州千年契约文书》(清民国编)卷十一,《嘉庆祁门凌氏誊契簿》之《保长黄圣云等具禀状》,石家庄:花山文艺出版社,1991年,第492～493页。

②　王钰欣、周绍泉主编:《徽州千年契约文书》(清民国编)卷十一,《嘉庆祁门凌氏誊契簿》之《保长黄圣云等立具还甘结》,石家庄:花山文艺出版社,1991年,第493页。

③　王钰欣、周绍泉主编:《徽州千年契约文书》(清民国编)卷十一,《嘉庆祁门凌氏誊契簿》之《祁门知县吴颁官帖》,石家庄:花山文艺出版社,1991年,第494～499页。

④　刘道胜:《明清徽州的都保与保甲》,载《历史地理》第23辑,上海:上海人民出版社,2008年。

知县吴殿华要求各图士民：

> 札到，即便查明图内暴露棺柩。如有主者，劝令该亲属急行安葬。若无主及子孙赤贫者，即就该图广行劝谕积善之家，代为掩埋。倘图内实无殷实之户，而多暴露之棺，准即协同地保，验明棺数，开呈本县，自行捐廉，给付埋瘗①。

在处理暴露棺柩过程中，所在地保甲组织的人役地保等负有协同"验明棺数"的责任。

清嘉庆元年(1796)，休宁知县刘某在程鸿具控汪其"跨占地业"一案中，"仰役协同约保，立吊汪朝祈执业契据先行呈验"，在此过程中，当地保甲扮演了踏勘查验的角色②。

清道光七年(1827)，绩溪汪氏族人汪南纪在自家白杨坑坟山被僧人盗砍后，第一选择是禀报所在地的保甲组织的人役地保，请求地保踏勘查验。但因地保不在家而"奔告本族宗长"：

> 具禀治下子民汪南纪、汪连喜，禀为看管盗荫，先行呈明，叩拘究追事。缘身迁祖叔举公，安葬治东十一都土名白杨坑坟山一业。本月初六日，身在该山经过，骇见登源庙住持僧广度、徒弟僧赫率僧俗数十人在该山盗砍。身即往阻，已被砍倒三五尺周围不等松树十一株，迫鸣地保往验，奈保不家，只得奔告本族宗长，通知各外派公同叩究，即时难以齐集，身合钞呈前县主清禁示，先行匍叩。伏乞宪大老爷恩赏拘案，讯究盗荫，阖族感戴。上禀③。

清道光十九年(1839)，徽州府境内外彭泽、余杭、歙县等地汪氏族众，为保护歙县一都二图吴清山一带的祖墓产业，在递

---

① 许承尧撰，李明回等校点：《歙事闲谭》卷十八《歙风俗礼教考》附录，下册，合肥：黄山书社，2001年，第610~611页。

② 《清嘉庆元年休宁县批程鸿具控汪其案抄白》，安徽大学徽学研究中心藏。

③ 《(道光七年)七月初八日(绩溪)东作门族南纪、梧村族连喜禀县初词》，《绩邑唐金山祖墓盗砍盗葬两案合刊》。

交的禀状中,请求署理知县严饬当地保甲组织的人役捕保"时加巡察":

> 署江南徽州府歙县正堂加十级纪录十次刘,为环请示禁,以弭衅端,永保茔祠事。据翰林院修撰汪鸣相,翰林院编修汪元方,兴化县教谕汪燡,即用知县汪湛恩,职举汪立权、汪桂,举人汪光谦、汪春,廪贡生汪林,副贡生汪维城,生员汪芸、汪元、汪开淮、汪绍祖、汪忠淳、汪荣、汪维藩,职员汪文耆、汪徽和,支丁汪日金,倡捐监生汪之遴,抱呈汪发词称:职等三十三世祖汉吴新都侯濆公及三十六世祖晋黟县令道献公墓,在一都二图吴清山,地字十五号,计税九分七厘九毫。后以世祖唐封越国公崇勋,蒙累朝、皇朝特典免征,建祠墓前,中祀三祖神像。万裔恪奉,烝尝勿替。顾墓自晋迄今千有余岁,霾雨淋渍,倾圮塌泻,仅存尺余之地,行路罔不心伤,子姓更深目怵。今职等鸠工兴修,构石运料,诚恐该处附近无知之徒或搅扰中途;或窃发清夜;或日后樵苏,纵其斧斤畜牧,任夫践踏;或奸强贪吉,盗占阴谋;或游客逗留,潜踪止宿;种种衅端,不一而足。与其匡救于已灾,孰若绸缪于未雨。为此请示严禁,庶顽民敛迹,宵小潜踪。并恳严饬捕保时加巡察,俾樵苏毋刈祀荫,畜牧不致戕茔,豪强无觊觎之心,祠宇得肃清之奉,等情。据此,合行示禁。为此,示仰该图捕保及附近村民人等知悉:自示之后,尔等毋得在于该处滋扰窃害,觊觎图占。倘敢故违,许即指名禀县,立提讯究。该捕保等如敢徇隐,并处不贷。各宜凛遵毋违,特示。
>
> 右仰知悉
>
> 道光拾玖年拾壹月　　　日示①

清咸丰七年(1857)闰五月,休宁知县瞿某鉴于该县三十二、三都等地方"贼匪"侵害,谕令所在地的保甲组织的人役地

----

① 道光《新安汪氏宗祠通谱》卷四《重修始祖墓禁碑》。

保查验受害情况,以供抚恤:

> 钦加州衔休宁县正堂随带军功加一级纪录十次瞿,为晓谕事。照得本县查访贼匪,曾经窜至三十二、三都等处,被扰遭害地方不少,现在居民大受害累,困苦至尽,殊堪悯恻。除谕该处地保立即按查外,仍(着)该处地方绅董及房族长,逐细查核,有无被毁房屋,被杀丁口,被掳人民,及办公遇害绅士,分别注明,另立清册呈县,听候本县详请抚恤,毋稍遗漏。至被贼所经地方,并闻该处居民,因被扰后,竟有强砍竹树,假公报私,藉端讹索等事,亦大干法禁,本当按名拿获究办,姑念为贫所迫,自谕之后,务各安业守分,并齐心团练,各保身家,是为至要。如敢故违,准地方捆送,以作土匪究办,莫谓言之不早也。切切,特谕。
>
> 咸丰七年闰五月十九日示　右仰知悉
> 　　告示　　仰三十三都施村地方实贴①

清光绪二十九年(1903)二月,黟县十都坦川吴、王二姓得知湖同社背祖墓墓门石被掘堕地,立即报知当地保甲组织中的地保,并请其踏勘查验:

> 钦加同知衔特授黟县正堂加二级纪录四次孙,为出示严禁事。据十都坦川村翰林院待诏衔吴书年,民人王权应、王和应等呈称,为毁石伤墓,吁恩示禁,以惩将来,而妥先灵事。缘职吴姓于同治四年契买王姓出业,土名湖同社背,系经理商字三百六十三号,计地税四分正。立明四至,吴得一半,王留一半。旋于同治七年,吴、王两姓合葬四棺,历今三十六年。突于本年二月二十四日,经人报知,墓门石被掘一块,堕地。当凭地保王观成看明。窃思墓葬已久,突被掘毁,非意存欺害,即有心侵占。若不叩赏禁止,将刁害成风,必至祸及枯骨。为此,迫将原契抄电,即叩恩鉴赏示

---

① 转引自马昌华:《皖著太平天国资料撷录——〈旭斋杂抄〉》,载《安徽史学》,1985年第2期。

严禁,庶刁徒有所惩戢,而坟墓亦得永安,生殁俱感戴德,上禀等情。并抄粘印契一纸到县。据此,除批示外,合行出示严禁。为此,示仰该处附近军民人等知悉:自示之后,尔等毋得于吴、王两姓公地内私行毁石伤墓,意存欺害。倘敢故违,一经指名告发,定即提案究办。其各凛遵毋违。切切特示。

右 示 严 禁

光绪二十九年四月 十二 日示
告示①

五、接收投状

明清时期,当徽州民间社会中发生是非争执或纠纷时,所在地的保甲组织成为相关当事人的重要依赖对象,相关当事人投鸣保甲组织、保甲组织接收相关当事人投状的现象十分普遍。接收投状成为明清徽州境内特别是广大乡村中保甲组织参与地方社会管理、实施社会控制的一个重要环节。

清康熙三十三年(1694)十一月,歙县石门朱氏族人朱明先等在所立轮充保长合同中规定:"保内倘有是非具投小事,管月人公处,大事会众商量。"②当保甲组织之内发生是非争执时,保甲组织成为接收保内成员"具投"的重要对象。

清康熙三十九年(1700),歙县埸田郑恒玉在西沙溪汪氏67世祖汪若海"墓右擅占二尺许,堆筑坝首,又将做坟浮土尽挑,罩占墓之东北,并起墈砖堆于墓前。本族标祀目睹,群然发指,比将墈砖分运,投明保长,立欲兴讼。郑揣情亏,连夜雇淘沙者将新土挑刷洁净,浼鲍载杭等调停,情愿拣日请本族登墓,

---

① 王钰欣、周绍泉主编:《徽州千年契约文书》(清民国编)卷三,《光绪二十九年黟县告示》,石家庄:花山文艺出版社,1991年,第366页。

② 《康熙三十三年十一月初一日歙县石门朱氏族众朱明先等立轮充保长合同》,南京大学历史系资料室藏。

遵照旧界面削坝首,退还原地,醮坟陪礼,恳免经公"①。保甲组织首领保长成为接收所在地宗族投状的依赖对象。

清乾隆三十一年(1766)五月初九日,休宁知县在审问渠口汪氏与佃仆胡氏发生的主仆互控案的相关证人时,汪氏族人汪渊在供词中声称:"旧年七月葬棺,小的去叫他挑石灰,他不肯,说我们如今不应役了,叫些妇女出来打小的,所以投保长投案的。"②在发生争执时,相关当事人"投保长投案",当地保甲组织首领保长接收相关当事人的投状。

清嘉庆年间,黟县五都四图程氏族人程联梯在自身利益遭遇服弟程嘉培侵害时,"投族保亲友",以寻求支持:

> 为挖契图诈,叩准吊验,更正究惩事。切黟邑置买地亩,向有买租、买典二项。生于乾隆五十八年间买得撒姓露号豆租一砠拾斤,系属买租,并不买典。嗣于嘉庆十三年正月,将是租转卖与服弟程嘉培、服侄程开文为业,当收租价银廿两。老契并业批载契后,至今十有余年,从无异说。突于本年十月,嘉培纠得百金会一个,派生一股,生以无力回覆。讵嘉培声称,是地现要造竖,将契内挖改,老契刷出,不作行用。又契后挖改"再批后典栋全认价"字样,当投族保亲友到祠堂看契,挖改形迹显然。现在是地系伊堂兄程嘉寿佃种,将来造竖,势必串同讹诈。不蒙吊契电验,后累不免。为此,伏叩宪天大爷速赐吊契验核,责令改正,究诈究伪,以清民业,顶德上呈。
>
> 族程联梯、联登叔公,保胡观老,兄、亲友方尹东、汪达海③

清道光三十年(1850),休宁县十三都三图吴、汪、王等姓宗族组成的祝圣会内部,发生了佃户抗租事件,司会屡屡催租不

---

① 道光《新安歙西沙溪汪氏族谱》卷五。
② 《清乾隆休宁县状词和批示汇抄》。
③ 刘伯山主编:《徽州文书》第1辑,第3册,《黟县五都四图程氏文书》之《清嘉庆年间程联梯等控程嘉培案文书(四)》,桂林:广西师范大学出版社,2004年,第32页。

成后,"投保理论",以寻求支持:

> 庚戌年(道光三十年,1850),因会轮值吴祖成会丁成云收租存贮,以备次年祭祀完纳等项。突有顽佃潘春魁、汪志万竟将本年租谷刁抗不交,司会邀仝上首屡向催讨,籽粒不偿,投保理论,该佃强蛮不理。会内公议:若不控追,诚恐各佃效尤。在会诸公均皆允议,为此附吴集新征银印簿,具禀控追。一切收支费用,开明于后,以便会丁悉此情由也①。

清咸丰六年(1856),黟县五都四图程氏族人程汝森等在利益受到程佛根侵害时,"当投地保胡平向论",以寻求支持:

> 族长、监生程汝森,房长程加书,监生程加爵,为欺祖藐族,打毁禁牌,叩提法究,保祖杜害事。生等族祖安葬土名寒坑山,上养荫木,请有示禁,立碑于山。屡被匪徒毁碑盗砍,因未获人,迭在前宪案下请缉有案。生等以屡被砍害,迭烦案牍,何如严加稽查,杜患将来?因派支丁八人经管,加立架牌于祠,以期永保无害。不少[肖]支丁程佛根突于初十日,将族祠加禁木牌打毁,辱骂逞凶。生等理斥,根更恃强,当投地保胡平向论。根称禁牌伊已焚毁,地保可鞠。切蓄养荫木,原期保祖,以保丁命,身为孙子,焉敢违悖?根既毁族祠架牌,即前毁碑盗砍非根而谁?如此悖逆,理法难容,不叩提究,祖荫莫保。为此,迫叩宪天太爷鉴情作主,恩当提究,杜害保祖,殁存两咸[感]。上禀②。

---

① 《道光廿四年至三十年祝圣会簿》,南京大学历史资料室藏。
② 刘伯山主编:《徽州文书》第1辑,第3册,《黟县五都四图程氏文书》之《清咸丰六年程汝森等控程佛根案文书(一)》,桂林:广西师范大学出版社,2004年,第73页。

六、民间调处

调处民间纠纷是明清徽州社会中保甲组织的一项重要职能,是其参与地方社会管理、实施社会控制的一个重要环节,在一定程度上有助于民间社会秩序的协调与稳定①。

明崇祯年间,歙县知县傅岩在一份审语中指出:

> 审汪敬酒家、童凤山饭肆,本无仇隙。一日,有旌德王伯仁、李敬华、李德之暂尔居停于童,暮夜,向汪索酿,饮酣斗作。次日,保长吴万祯已为处酒赀明白,伯仁等扬去矣。敬虑旌人多为不法,恐衔怨贻害,遂讼凤山以为张本②。

在顾客与酒家发生争执时,当地保甲组织的首领保长吴万祯"为处酒赀明白",从中予以调处。

清康熙十四年(1675),休宁孙氏宗族内部发生误砍坟山树木的纠纷,包括保甲组织在内的"里保族众",在其中发挥了"劝谕解释"的调解作用:

> 立议约里保族众程友昭、何承凤、俞元和、俞承昭、孙成之等,今有孙贞吉、孙君成、孙允德等祖坟山一业,系新丈归字五百卅贰号,土名山头。向因支下

---

① 据方西畴《新安竹枝词》云:"雀角何须强斗争,是非曲直有乡评,不投保长投文会,省却官差免下城。"(张海鹏、王廷元主编:《明清徽商资料选编》,合肥:黄山书社,1985年,第21页)又据《歙风俗礼教考》云:"各村自为文会,以名教相砥砺。乡有争竞,始则鸣族,不能决则诉于文会,听约束焉。再不决,然后讼于官,比经文会公论者,而官藉以得其款要过半矣。故其讼易解。若里约坊保,绝无权焉,不若他处把持唆使之纷纷也。"(许承尧撰,李明回等校点:《歙事闲谭》卷十八《歙风俗礼教考》,下册,合肥:黄山书社,2001年,第602页)于此可见,在明清徽州,保甲调处民间纠纷的效果似乎要逊色于文会,但说"里约坊保,绝无权焉"似也有绝对化的嫌疑,未必切近徽州民间的实际。

② (明)傅岩:《歙纪》卷九《纪谳语》。

子孙外住居窎远,不能料理。康熙五年,贞吉外归,所有坟茔树木无人蓄养,央房弟君成蓄养树木柴薪护祖。当年贞吉付君成辛力银乙两,经今十载,无异。近因君成兄弟等与伯姆阿程口角,君成兄弟误坎[砍]坟山树木,致伯姆阿程投鸣里保族众。投称坎[砍]坟山树木,里族当即验明,砍树情真。今里保族众等念在一脉,劝谕解释,所存在山坟茔树木,仍着君成照旧看养树木护祖。自今立议之后,在山树木支下子孙不得私自砍伐。如有此等,查出呈官究治,以不孝罪论,无辞。倘有外人侵害盗砍树木,查出,孙氏众行处治。恐后无凭,立此议约三张,各执乙张,永远存照。

一、议蓄养在山柴薪,三年一轮砍斫。其柴取一半与君成,养树之力仍柴一半。各有墨据,照数均分无异。再批。

康熙拾四年九月廿七日立议约里保族众程友昭(押)
(以下从略)①

清康熙年间,休宁知县廖腾煃在为减轻百姓讼累而制定的告理词讼条规中强调:

批委约保公处事件,乃本县爱民息讼之意,务宜极力秉公调处。如果恃强不遵劝谕,方许据实回呈。如有偏袒索谢,至生讼端,审实,受贿者,枷号本村十五日,责二十板,革役。若偏袒而未受贿者,惩责免枷,以杜扛讼之弊②。

保甲组织等"公处事件"、"秉公调处"民间纠纷,是徽州地方官借以减轻百姓讼累的一个重要步骤。

清乾隆三十一年(1766)五月初九日,休宁知县在审问该县渠口汪氏与佃仆胡氏互控案的相关证人时,胡琪生在供词中声称:"小的与胡有德争控房子,承地保们再三说,听唆控告,地保

---

① 《康熙(休宁)孙氏文契簿》,南京大学历史系资料室藏。
② (清)廖腾煃:《海阳纪略》卷下《告词条规示》。

们已曾替小的处和的了。"①在胡氏族人发生房产争执时,当地保甲组织中的地保起到"处和"即民事调解的作用。

清乾隆四十九年(1784),祁门知县吴某在颁布的一份告示中云:

> 特授祁门县正堂加五级纪录五次吴,为恳禁纵火,叩除挖椿事。据胡日贞、叶孔章等禀称:伊有土名横坞等处山业,上至磨坊碣,下至老树坞,合坞山场,历蓄禁养,以作烟火柴山。讵有强横地棍,故意纵火,砍柴挖椿。不独山柴树木遭砍难兴,抑且椿根遭挖,无种生发,将来山成荒废。本年三月间,被汪兴等刮烧田草,将身等山柴焚烧,致身等以纵焚破禁等事叩案,沐恩票饬该地保邻查覆。续蒙地保胡鲁侯、冯瑞成等调息,令汪兴代身等加禁封山,具息在卷②。

当乡村社会中因焚烧山柴等引发民事纠纷时,所在地保甲组织中的地保起到了"调息"的作用。

明清时期,徽州境内围绕祖坟产业发生的纠纷很多,所在地的保甲组织往往在此间发挥着调处作用。如清雍正、乾隆年间,婺源严田李氏宗族就曾围绕11世祖桂公墓、桂公妣墓,与异姓发生纠纷,在官府谕令之下,当地的保甲组织等发挥了积极的调处作用,进行"劝纳价买税"等工作:

> (11世祖桂公墓)在廿一都高仓下坞……按前谱载,公茔山六亩四分,至明洪武戊辰年间被王姓盗卖,永乐壬辰裔孙曾同公捐己帑取赎入户。后支下有烝与义者,复卖地与地邻林家,被伊紧接墓门连葬三所,拜祭无地。兵燹之余,支下旧谱遗失,不知往省。后雍正年间阅谱,见图携谱往省,林姓不与标挂,因讼于官,字号又今古不符,审未得理,邻约调处,立碑安墓。后因贾[买]回税业,林复兴讼,官劝调处,承伊约保复

---

① 《清乾隆休宁县状词和批示汇抄》。
② 王钰欣、周绍泉主编:《徽州千年契约文书》(清民国编)卷二,《乾隆四十九年祁门县告示》,石家庄:花山文艺出版社,1991年,第39页。

劝纳价买税。至今递年标挂,日后子孙宜为世守。裔孙联志。原省墓人:浒、泽、洲、联;讼于官者:建、攀、联;再讼者:高、连、起、联。

(11世桂公妣墓)在十八都宋家窟……系贞字六百七十五号,业税三厘,坟与戴坟相连,因怠于祭扫,以致失业多年,坟为戴姓所认。嗣于乾隆十四年,联与槐等按图立碑,与戴构讼,蒙官谕约保调处,复买戴姓税二厘,永远保墓①。

清嘉庆年间,在黟县五都四图程氏族人程联梯遭到服弟程嘉培讹索之时,"身(指程联梯)欲控案,族保念培愚昧,劝暂停止",保甲组织等在其中发挥了调解作用:

为挖补契字,叩赏存案,以杜后患事。身于嘉庆十三年正月,将续置土名长岭下豆租卅,立契出卖与服弟程嘉培家为业。拾有余年,并无异说。祸缘今年十月,培欲造屋,要身助百金之会,身许一股,培又将豆坦昂价掯买,身苦无力。讵培贪心妄想,私将身前卖契挖去"缴老契二纸"五字,粘补"典栋全认价"五字,希图讹索。当经族保亲友看出破病,培慌忙藏契,哑口无言。身欲控案,族保念培愚昧,劝暂停止。身思改契讹索,控即执法。而培与身忝在服亲,实属不忍。若不声禀,诚恐异日纸陈墨旧,培又讹索,受害不浅,再三研思,不能两全。为此,伏乞宪天太爷恩赏存案,以杜后患,叩免执法,以全亲谊。感戴上禀②。

---

① 民国《(婺源)星江严田李氏宗谱》卷十六《墓图》。
② 刘伯山主编:《徽州文书》第1辑,第3册,《黟县五都四图程氏文书》之《清嘉庆年间程联梯等控程嘉培案文书(三)》,桂林:广西师范大学出版社,2004年,第31页。

七、居间中证

受邀充当中见人、中证人、中人,即参与居间中证,是明清时期徽州境内特别是广大乡村中的保甲组织的重要职能之一,是保甲组织参与地方社会管理、实施社会控制的一个重要环节,在一定程度上有助于规范与协调明清徽州的社会秩序和经济秩序。

明万历年间,休宁县十三都三图吴、汪、王等3姓宗族为在祝圣会组织内部开展有效合作,通过订立合约的方式,对会中的重大议题进行规范。在订立合约过程中,地方保甲组织首领保长汪宗公参与中见和议事:

> 住居十三都三图里长吴天庆、保长汪宗公及士农工商各户人等,为议祝会事。切以田禾丰熟,人丁茂盛,全仗神灵护佑,是以各村各乡立会敬神祭祀,巡游田间,邀神欢媚之意。今本都本图,上自上庄,下至下岭,俱属越国汪公、九相公、胡元帅名下所辖。向虽立会祭祀,未举出游之典。今议,奉神出游,春祈祝会,必需人力扶持,钱财给用。议得士商之家出钱修坐辇,执事各件用度,农工之家出力,上下村司帝辇、相辇,上庄司帅轿,各执其事,共祝年谷丰登,人民乐业,人喜神欢,□然福禄永赖。如有不敬事肃奉者,神必降祸其家,□此主议,各宜遵照。
>   □□□□□岁在壬子春主议里长□□□□□
>   见议保长汪宗公(押)
>   依议上村各户(押)
>   下村各户(押)
>   上庄各户(押)[①]

[①] 《抄存起始出游合议以便后考》,《崇祯十年至康熙祝圣会簿》,南京大学历史系资料室藏。通过对南京大学历史系资料室所藏各种祝圣会簿的比对,与本册会簿主题相关的"壬子"岁,似为明万历四十年(1612)。

明天启二年(1622)十二月,歙县二十三都五图程岩齐因缺用"将承祖民山一片""凭中出卖与同都八图孙心南名下为业",在订立卖山契时,约保孙苏洲等参与中见。到了天启四年(1624)七月初六日,"因程、孙争界不清,凭中里约保立界荫墓护坟",当地保甲组织的首领再次受邀参与中见①。

明崇祯年间,歙县知县傅岩的一份审语指出:

> 审得明德、自诠、明惠,汤寺僧也。寺在黄山,其人不但不守戒律,且犷悍,习为盗行。又有土棍程自纯等佐之,诸僧指名修葺,日寻斧柯,即山主知之,亦莫敢谁何者矣。诸生汪起龙等,于万历年间合置一业,原系价买寺中废地,契税两明,事更四代。灌木丛阴,奇峰怪石,龙等建别业,蓄古松,一望参天,匪独为黄海首胜,实一郡秀色也。数年以来,诸子晨星、明德等遂童其山,硗砑合抱俱成送死之具,通国文墨靡不嚼龈惋叹。今八月又率程可先等盗砍,龙等会里保面获四十余株,老衲来悟立领,当鸣县,断令归汪。已而旋失,悟,亦盗魁也②。

当诸生汪起龙的山林被盗砍时,"会里保面获四十余株",当地保甲组织的相关人员被邀请充当中见证人。

清康熙五十六年(1717)三月,休宁首村朱氏族人朱顺来盗窃他人财物被捉,在立甘约时,当地保甲组织首领保长朱公上、甲长陈元胜为中见人,并在甘约上画了押:

> 立甘约朱顺来,自不合仝詹国旺合伙于三月十五夜,盗窃汪玉章布被锡器物件。十六日搜出真赃,鸣知保甲族众,理该鸣官究治。自情知理亏,愿立甘约,日后改过自新,如要仍前不法任纵,执此鸣官究治。恐后无凭,立此甘约存照。
> 　　康熙五十六年三月十六日立甘约　朱顺来(押)

---

① 安徽省博物馆编:《明清徽州社会经济资料丛编》第1集,《歙县程岩齐卖山赤契》,北京:中国社会科学出版社,1988年,第368页。

② (明)傅岩:《歙纪》卷九《纪谳语》。

                                        凭保长 朱公上（押）
                                         甲长 陈元胜（押）①

  清乾隆十四年（1749）八月，歙县二十四都二图吴赐福等"因钱粮紧急，又兼父债无出"，将土名何栢充塘业出卖与本家族叔名下为业，在订立卖塘契时，"凭册保吴长质"等中见②。

  清乾隆十九年（1754）闰四月，徽州某县十八都四图吴德嗣等因"本图地方保甲长，今值事务繁重，难以承允，众等齐集各姓公同酌议"，在订立轮充保甲合同时，当地保甲组织首领保长叶圣宠等为中见人，并参与了合同的画押③。

  清乾隆三十一年（1766）正月，休宁渠口汪氏族人在递交给县衙的一份控告仆人胡庆等"抗不供役，负隅凶叛"、率众"恃泼辱骂"的禀状中，提及了保甲组织中的地保汪廷为现场证人：

    具呈族众汪亨、汪文、汪行、汪忠等，为逆仆跳梁，统泼辱主，公吁叩移，以肃名分事。缘生仆人胡庆、胡琪生、胡天元等葬山住屋，世受豢养，历代供役，案据炳然。昨十七日，生祖越国公庆祭，例系逆等抬轿迎送。昨生呼唤，逆等抗不供役，负隅凶叛，并统妇女三俚、麻饼等多人恃泼辱骂，地保汪廷现证④。

  清乾隆四十八年（1783），歙县吴永福捏造了"并无投身文书"的巴、姚二姓的所谓"投身文契"，欲将巴、姚二姓打入奴仆小姓行列，进行役使，事情败露后，被勒令立下甘罚字据。在立甘罚字据过程中，当地保甲组织首领保正吴中和为中见人：

    立罚纸笔据人吴永福，为巴、姚两姓并无投身文书外出，今一时知愚，私在造投身文契，欲索两姓。今

---

 ①　《休宁县首村朱氏文书》，安徽大学徽学研究中心藏。
 ②　安徽省博物馆编：《明清徽州社会经济资料丛编》第1集，《歙县吴赐福等卖塘赤契》，北京：中国社会科学出版社，1988年，第392页。
 ③　《乾隆十九年闰四月徽州某县十八都四图吴德嗣等众姓立轮充保甲合同》，南京大学历史系资料室藏。
 ④　《乾隆三十一年正月十八日呈县左堂汪公》，《清乾隆休宁县状词和批示汇抄》。

被查出,自知理亏,自愿英[央]保立此笔据。日后再犯,任凭呈公究治,立□□□□存照。

乾隆四十八年八月十日立据人吴永福(押)
中见人 保正吴中和(押)①

清乾隆五十七年(1792)三月,徽州项氏宗族族人项汉良等因承充"本图二甲粮米催头一役"事宜而订立轮役合同。在订立轮充催头合同时,当地保甲组织的相关人员项观福等充当中见人,并参与合同的画押②。

清嘉庆九年(1804)十一月,歙县赵惟宪等因抵交租谷而将树卖给许荫祠,在立卖树批据时,"凭保胡守仁",当地保甲组织的相关人员胡守仁参与中见③。

清嘉庆十一年(1806)二月,黟县碧山何氏佃山人胡姓因"失火及盗斫、私种"等过失,向山主立《长坑屏风山胡姓看山字》,在订立包字过程中,当地保甲组织中的地保邵吉全参与中见④。

清道光九年(1829)十二月,黟县二都吴怀德堂族长吴万元等,"因祠内众事无措"而出卖田业,在立杜断绝卖田赤契时,当地保甲组织中的地保江炳祥为中见人,并在卖田契上画押⑤。

清道光十六年(1836)九月,黟县十都王门江氏凤在立典坦约时,当地保甲组织中的地保吴李忠为中见人,并参与典约的

---

① 《清乾隆四十八年八月吴永福立罚纸笔据》,转引自方利山:《从几份契约文书看徽州宗族的社会调适》,载《合肥学院学报》(社会科学版),2006年第2期。
② 《乾隆五十七年三月徽州某县项氏宗族族众项汉良等立轮役合同》,南京大学历史系资料室藏。
③ 安徽省博物馆编:《明清徽州社会经济资料丛编》第1集,《歙县赵惟宪等卖树批据》,北京:中国社会科学出版社,1988年,第571页。
④ 参见王振忠:《晚清民国时期的徽州宗族与地方社会——黟县碧山何氏之〈族事汇要〉研究》,载《社会科学战线》,2008年第4期。
⑤ 刘伯山主编:《徽州文书》第1辑,第2册,《黟县二都查村江氏文书》之《清道光九年十二月吴怀德堂等立杜断绝卖田赤契》,桂林:广西师范大学出版社,2004年,第22页。

画押①。

清咸丰六年(1856)七月,黟县二都吴永周"因清理账目"之需而订立杜断典田约,当地保甲组织中的地保吴瑞堂为中见人,并参与典约的画押②。

清咸丰六年(1856)十一月,黟县一都毓秀庵尼福全"因无措"而出典田业,在立杜断典田约时,当地保甲组织中的地保汪社元为中见人,并参与典约的画押③。

清同治三年(1864)十月,徽州汪氏族内属于地痞无赖一类的族人汪百善"失足而亡",丢下妻汪方氏和年幼二子,于是宗族决定由族众出钱帮助料理其后事,并承担其年幼二子的抚养教育费用。但该族让汪方氏立完结墨据,约定将来不得"违据生端",影响宗族和睦。在立完结墨据时,当地保甲组织中的地保汪正贵为中见人④。

清光绪元年(1875)七月,徽州某宗族玉塘裔孙之炯等,在订立严禁族人"遇有口角是非""不鸣族处,不经地方评论"便"私行控告"的合议时,邀请了当地保甲组织中的地保桂向荣等参与中见并画押⑤。

清光绪十九年(1893)五月,黟县二都四图胡良玉"因正用"而出卖坦业一处,在订立杜断卖坦契时,当地保甲组织中的地

---

① 刘伯山主编:《徽州文书》第1辑,第5册,《黟县十都丰登江氏文书》之《清道光十六年九月王门江氏凤立典坦约》,桂林:广西师范大学出版社,2004年,第157页。

② 刘伯山主编:《徽州文书》第1辑,第2册,《黟县二都查村江氏文书》之《清咸丰六年七月吴永周立杜断典田约》,桂林:广西师范大学出版社,2004年,第69页。

③ 刘伯山主编:《徽州文书》第1辑,第1册,《黟县一都榆村邱氏文书》之《清咸丰六年十一月毓秀庵尼福全立杜断典田约》,桂林:广西师范大学出版社,2004年,第121页。

④ 《清同治三年十月汪方氏立完结墨据》,转引自方利山:《从几份契约文书看徽州宗族的社会调适》,载《合肥学院学报》(社会科学版),2006年第2期。

⑤ 参见严桂夫、王国健:《徽州文书档案》,合肥:安徽人民出版社,2005年,第334页。

保卢岩大等参与中见并画押①。

清光绪二十四年(1900)九月,黟县朱胡氏同男永达"因正用无措"而出卖"祖遗自置田"一处,在订立杜断卖田契时,当地保甲组织中的地保朱宜禄等参与中见②。

清光绪二十六年(1900)七月,祁门八都邱氏乐义、积善堂两祠秩下支丁邱联焕等,因族内"天德公遗下五房祀山"管业问题而订立合同议约。在订立合同议约时,当地保甲组织中的保正陈树明等参与中见并画押③。

清光绪二十八年(1902)三月,黟县五都四图程氏族人程文治妻孙氏,因考虑"死后祖先无人祭祀,欲立祀会"而出卖自己豆坦产业。在订立杜断绝卖豆坦契时,当地保甲组织首领保长胡大年参与中见并画押④。这个保长胡大年,还在黟县五都四图程氏族人后来订立卖田契时屡屡出现,如清光绪二十九年(1903)三月,程承彪妻方氏"因正用无措"而两次出卖田业,在订立杜断卖田契时,保长胡大年两次参与中见并画押⑤。

八、强制执行

明清时期,徽州境内的保甲组织经常在官府的要求或授意

---

① 刘伯山主编:《徽州文书》第1辑,第1册,《黟县二都四图胡氏文书》之《清光绪十九年五月胡良玉立杜断卖坦契》,桂林:广西师范大学出版社,2004年,第391页。

② 安徽省博物馆编:《明清徽州社会经济资料丛编》第1集,《黟县朱胡氏卖田赤契》,北京:中国社会科学出版社,1988年,第187~188页。

③ 刘伯山主编:《徽州文书》第1辑,第6册,《祁门八都邱氏文书》之《清光绪二十六年巧月乐义积善堂两祠秩下支丁人等立合同议约》,桂林:广西师范大学出版社,2004年,第171页。

④ 刘伯山主编:《徽州文书》第1辑,第3册,《黟县五都四图程氏文书》之《清光绪二十八年三月程文治妻孙氏立杜断绝卖豆坦契》,桂林:广西师范大学出版社,2004年,第174页。

⑤ 刘伯山主编:《徽州文书》第1辑,第3册,《黟县五都四图程氏文书》之《清光绪二十九年三月程承彪之妻方氏立杜断卖田契》,桂林:广西师范大学出版社,2004年,第195~196页。

下，对那些严重危害社会秩序和经济秩序的人实施强制执行，有时则被要求参与由官府差役主导的强制执行。保甲组织对危害社会经济秩序的人实施的强制执行，属于一种硬控制，是其参与地方社会管理、实施社会控制的重要表现。

明崇祯年间，歙县徽城因"积秽阻塞沟渠，年久未浚"引发内涝等问题，知县傅岩要求当地保甲组织"传谕居民"加以疏浚，对于那些"惰诿失时、淤浅搪塞者"，傅岩要求当地保甲组织首领保长等"必绳以法"，予以惩罚①。

清顺治二年（1645），休宁知县饬令差役胡靖前往十九都半边莲花地方，将汪廉行盗葬于叶都春祖坟傍地的坟墓"起举平没"，地方保甲被要求参与这次强制执行活动②。

清乾隆十三年（1748），祁门县康良灿控告谢永登等一案中，知县游某要求地方保甲配合差役拘押相关人犯：

> 案据康良灿具禀前事，随批候讯在案。合行差拘。为此，仰原役星即前去协同该处乡保，即将后开有名犯证，逐一拘齐，定限三日赴县，以凭质讯③。

清乾隆十八年（1753），休宁黄氏宗族内部发生"族匪蔑祖"之事，在黄氏宗族递交禀状后，知县要求差役协同保甲拘押相关人犯：

> 特授休宁县正堂加四级纪录五次记大功十次万，为族匪蔑祖等事。据候选州同黄有联、职监生黄楷、廪贡生黄庭候、候选州同黄治宝、原任江西督粮道黄凝道、贡生黄孝熹、抱呈家人黄荣具呈前事到县。除批示外，合行差拘。为（此），仰役前去协仝保甲即拘后犯，并集词证，依限赴县，以凭讯究。去后，毋得需索违延，致干察究，速速须票。

---

① （明）傅岩：《歙纪》卷八《纪条示·浚沟渠》。
② 王钰欣、周绍泉主编：《徽州千年契约文书》（清民国编）卷一，《顺治二年休宁县正堂信牌》，石家庄：花山文艺出版社，1991年，第13页。
③ 王钰欣、周绍泉主编：《徽州千年契约文书》（清民国编）卷一，《乾隆十三年祁门县信票》，石家庄：花山文艺出版社，1991年，第307页。

计拘

黄云远　黄希龙以上被犯　　　黄兆词证

右差汪利准此

乾隆十八年三月　初二日　承

县行　　定限三日缴①

清乾隆年间,休宁县渠口汪氏宗族与佃仆胡氏发生主仆互控案,在讼案后期阶段,靳知县完全站在汪氏宗族的立场上,要求佃仆胡庆等继续为主家服役,并要求当地保甲组织中的地保予以强制执行。如乾隆三十一年(1766)正月三十日,汪氏宗族在递交禀状后,靳知县作出批示:"地保即押胡庆服礼,并照旧服役,取遵禀销旧案,发。"②在得到知县的指示后,所在地的保长汪廷即实施强制执行,但却遭到了胡庆等人的抗拒:

具覆呈十二都三图保长汪廷,呈为抗牌藐宪,据实粘覆事。缘汪增燮等以遵呈印案控仆胡庆、胡琪生、胡天元、三俚、麻饼等欺主跳梁一案,奉牌饬役押令服礼,并照旧服役取遵。役谕令遵牌服礼,照旧服役取遵,讵竟横泼藐抗不遵,反将役辱骂,役实莫何。

具禀十二都三图汪亨、汪文、汪行、汪忠支丁监生汪增燮、汪铨纪,民人汪君佩、汪思义,禀为叛仆藐抗,急叩拘究事。正月三十日,生族以遵呈印案等事,控逆仆胡庆等欺主跳梁等事一案,蒙批:地保即押胡庆服礼,并照旧服役,取遵禀销旧案,发。本月初九日,地保汪廷捧牌谕令遵牌服礼,照旧服役,讵胡庆、胡琪生、胡天元、三俚、麻饼等凶泼如故,更加琪生子胡连、麻饼子胡祖元,怒牌凶制,狂言辱骂。煌煌钧牌,视为具文③。

清道光年间,位于绩溪县境内的汪氏祖坟山被程有妹等盗砍,绩溪知县王某在所开县票中,要求差役与保甲一道提解相

---

① 乾隆《(休宁)黄氏剖明宗族》,清乾隆刊本,安徽省图书馆藏。
② 《清乾隆休宁县状词和批示汇抄》。
③ 《清乾隆休宁县状词和批示汇抄》。

关人犯等：

> 正堂王为蕲典欺官等事。案奉府宪马牌开，奉学宪汪批发，徽州府六邑汪姓支丁职员汪熙等具禀程有妹等盗砍祖荫等情一案，业经庭讯。程有妹、程东台、僧赫供认不讳，当予杖责示儆。所有供出帮砍树木未到人等，合行补提复讯。为此，仰原役冯有、胡荣前去，协保立提后开有名人等。再限即日逐名带案，以凭讯究详办，去役毋得再延干比。速速。计补提程绍郎、程东煌，以上匿名未到人、张永好、方启泰、汪聘三、王启妹，以上供出帮砍树人①。

清光绪十年（1884），休宁知县董某应古林黄氏宗族"给示严禁"以保护山地、山业的要求，颁给了告示。所颁告示中称：

> 自示之后，凡属新丈可字二千四百四十三号起至二千九百十号止，土名汪坑住基堆场山地；又可字三千六百一号至三千八百十三号止，土名汪眼栈、屏风坑、苞藤圫等处；本图黄恒有等户山业树木竹箬柴薪，务遵叠次承约，加意看守，不得盗伐窃取，以及焚烧侵害，一切情事。如敢蕲法，反复侵害，许该业主鸣同地保，随时捆送赴县，以凭讯明究办②。

此处所谓"随时捆送赴县"，就是赋予保甲组织等以强制执行的权力。

清光绪二十八年（1902），黟县民妇余汪氏以其子余佑祥被讼师舒兆铎谋嗾舒大洸诈害身死一案中，知县孙某要求地方保甲配合差役范涛等拘押人犯讼师舒兆铎：

> 查此案，舒兆铎迭经各前宪照案饬拿未获，兹据前情，除批示外，合行照案饬拿。为此，仰原役协保前

---

① 《（道光七年）九月二十四日绩溪县票》，《绩邑唐金山祖墓盗砍盗葬两案合刊》。

② 王钰欣、周绍泉主编：《徽州千年契约文书》（清民国编）卷三，《光绪十年休宁县告示》，石家庄：花山文艺出版社，1991年，第125页。

往,立将舒兆铎一名限　日内务获带县①。

九、经济管理

明清时期,徽州境内保甲组织的经济管理职能主要体现为规范民间经济秩序、催征钱粮等方面,这也是保甲组织参与徽州地方社会管理、实施社会控制的重要体现。

(一)规范民间经济秩序

明清时期,徽州境内的保甲组织对民间经济生活也进行一定的干预,如据王振忠研究,婺源县东北乡一带的农民,习惯于在谷雨前后草木萌发之际,上山抢割青草等,以便将其踩入田中作为基肥。为了规范农民割草的秩序,当地的保甲组织等在其中发挥了重要作用。如《勒石序》曰:

> 国本赖赋,民命赖农,壅田赖草,源内各姓,居址不一,向来旧例,于三月三日,各姓齐诣元帝庙拜神饮会,酌定谷雨后订期割草。不意今岁谷雨即初二日,节已蚤,民事难缓,致本年日期割草,酌议不一,是以戴、胡、詹、汪于初八日随行割草。今胡、程、曹等责以违墨,投鸣约保。身等劝以旧例固属当行,而节候迟早,亦当可审。两约保会议,令戴、胡、詹、汪先期刈草,诸人备银勒石,神前演戏,以遵前例。日后不得固执选期酿弊,的于谷雨后三日,各姓割草,永为定例。庶高田耕种者固不为迟,而平地力田者亦不害事,俾各姓赖农可食,各田赖草可壅,仓箱有望,租赋常盈,未必不藉此勒石之一助也。如有借端生事及放火烧山之人,罚银三两,存贮公用,永遵勒石为据。特序。
>
> 高山之田做秧要早,合议清明后三日开禁,许割

---

① 王钰欣、周绍泉主编:《徽州千年契约文书》(清民国编)卷三,《光绪二十八年黟县正堂信牌》,石家庄:花山文艺出版社,1991年,第358页。

草,三日做秧,即行停止,余悉照勒石,再批。

　　康熙三十九年三月 日立①

清康熙年间,戴、胡、詹、汪等各姓宗族"随行割草",发生违规行为时,被胡、程、曹等姓宗族"责以违墨",当地的保甲组织等应邀参与对割草行为的规范和调解,并参与对违规者的经济处罚:"诸人备银勒石,神前演戏,以遵前例。"为避免各姓田地的基肥不均,保甲组织等还约定:"谷雨后三日,各姓割草,永为定例。"这种定例,最终通过勒石的形式得以永久固定下来。

由于石灰撒入背阴的冷水田,可以提高水温,亦可中和酸性土壤,杀灭虫害,是一种较为重要的生产资料。为防止石灰采购过程中因购买先后及价格高低引发争端,婺源县东北乡一带的保甲组织等积极参与对采购日期及地点的约定,"负责协调民间生产资源的调配","共同协调彼此的关系"②:

> 窃惟农为本务,上供国课,下利民生,自古及今,未有不首重者也。本处山高土瘠,周围十余里,田畴数十顷,佃作必藉灰壅,但本境者不足以资本境之用,往往出境买办。近来有力之家,抢先钻买,甚或垫价争攘,以致苦乐不均。会集通境,议定限期,递年交小暑之节,至同都近邻先买,小暑后五日,往七都各宅买用,不得抢先挽垫,亦不得借端生事,以蹈前弊。……特帖通知。
>
> 康熙四十六年六月　日龙尾约斯文、保甲仝白③

此外,清康熙四十六年(1707)六月,为了维持当地的经济秩序,婺源县东北乡龙尾约斯文会同保甲发布禁帖:

> 其境内地方田塝屋畔,所有栽花种果、桂子、棕毛

---

① 转引自王振忠:《明清以来徽州村落社会史研究——以新发现的民间珍稀文献为中心》,上海:上海人民出版社,2011年,第73页。

② 转引自王振忠:《明清以来徽州村落社会史研究——以新发现的民间珍稀文献为中心》,上海:上海人民出版社,2011年,第101页。

③ 转引自王振忠:《明清以来徽州村落社会史研究——以新发现的民间珍稀文献为中心》,上海:上海人民出版社,2011年,第37页。

等树,物各有主,不许恃强窃取残害。如有等情,查出公罚。各宜永遵安业,共乐升平。特帖通知①。"

这也是保甲等基层组织为维护乡村经济秩序而作出的积极努力。

(二)催征钱粮

钱粮是维持明清封建国家机器正常运转乃至保甲组织正常运转的重要经济基础,封建国家和各级官府对催征钱粮十分重视。关于保甲催征钱粮,清乾隆年间官府曾规定:"一切户婚田土、催粮拘犯等事,另设地方一名承值。"②催征钱粮是明清徽州基层社会中保甲组织承担的一项重要的经济职能。这方面的事例较多,试举例如下:

清康熙三十三年(1694)十一月,歙县石门朱氏族人朱明先等在所立轮充保长合同中对保甲组织相关人员提出要求:"过山轿礼,管月人讨来,存众收帐";"各村帮贴旧规礼,管月人讨来,收众账,公支公用"③。此处由保甲组织中的"管月人"收取的所谓"过山轿礼"、"各村帮贴旧规礼"等,是为应付官府下派的各项差事而征收的费用的一个组成部分。

清雍正年间编成的《休宁孚潭志》记载,孚潭许氏宗祠田"廿亩圫十三秤、些塘硬二秤、金竹坞九秤、苧坞三秤、胡连佃利四秤、菖蒲坑九秤、平圫十六秤、些塘口三秤,以上八宗保长收,贴守夜煮粥"④。许氏族产宗祠田租收入的一部分,由宗族社区内的保长负责收取,以供贴补保甲人员守夜煮粥之用,实际上这也属于维持保甲组织的正常运转的范畴。

清乾隆十九年(1754)十月,在徽州某县商人朱肇周所立津贴保长浼约中,有这样的约定:"其衙门书房催粮杂项并一切飞

---

① 转引自王振忠:《明清以来徽州村落社会史研究——以新发现的民间珍稀文献为中心》,上海:上海人民出版社,2011年,第83页。
② 《清朝文献通考》卷二十四《职役考四》。
③ 《康熙三十三年十一月初一日歙县石门朱氏族众朱明先等立轮充保长合同》,南京大学历史系资料室藏。
④ 雍正《休宁孚潭志》卷三《食货志》。

差往来等事,俱是代为照应经管,并不节外生枝,贻累来年。"①这表明,催粮是地方保甲组织必须承担的一项重要差事。

清道光二十八年(1848)三月,徽州某县五保众姓人等所立合同中有"议本保之长经催钱粮,以免宪虑"②条款。从中可见,清代徽州保甲组织扮演着"经催钱粮"的重要职能,倘若保长等能顺利完成催征钱粮的任务,就是"免宪虑",急官府之所急。

清光绪九年(1883),徽州叶氏宗族在"保长下乡催粮"时,曾支钱200文以供开销③。于此可见,下乡催征钱粮是保长的重要职能之一。

十、社会救济

参与社会救济是明清徽州境内特别是广大乡村中的保甲组织发挥的一项重要职能,这也是保甲组织参与徽州地方社会管理、实施社会控制的一个重要环节。

在婺源县蚺城境内,清代,当地保甲组织和乡约组织积极参与社会救济活动。在灾荒初期,当本地出现商贩减少、米价上升迹象,约保禀请官府预先采买,早作预防。价格上涨后,约保要定时把市场价格向官府如实汇报。当粮价上涨到平民所能承受的极限时,约保代表民众,禀请官府救济。官府救济措施出台后,约保便全力投入到救济活动中。活动伊始,他们要捧着县官的谕令挨家挨户劝捐。劝捐结束后,再会集绅士商议救济章程,然后把募捐结果和救济章程如实向官府禀报。紧接着,保正要会同乡长查开丁口、发放票证。救济过程结束后,约保还要把救济结果向官府回复。在重灾年份,约保甚至向官府提议,禁止婺源和浙江开化、江西德兴间的粮食流通,以确保本

---

① 《乾隆十九年十月徽州某县朱肇周立津贴保长浼约》,南京大学历史系资料室藏。

② 《道光二十八年三月十六日徽州某县五保众姓人等立议同心合文》,南京大学历史系资料室藏。

③ 《同治拾壹年季春月立叶尊德堂祀簿》,南京大学历史系资料室藏。

地的粮食供应。"在整个救济过程中,从开始提议到最后回复,约保都是直接经办人,他们在蚺城社会救济活动的作用是不可或缺的"①。

又据乾隆《婺源县志》记载,清康熙二十二年(1683),婺源境内四乡乡约保甲共向设在县治西的常平仓捐谷九十三石六斗②。于此可见,清代徽州境内的保甲组织有时也会参与捐赠活动,这可视为是保甲间接参与社会救济的一种行为。

十一、小　结

明清时期,徽州境内保甲组织的社会控制与管理职能,主要体现在治安管理、户口调查与统计、信息传递、踏勘查验、接收投状、民间调处、居间中证、强制执行、经济管理、社会救济等方面,保甲组织上述职能的有效发挥,对于这一时期徽州的政治、社会、经济的发展以及秩序的维护起到了一定的积极作用。

在治安管理方面,明清时期徽州境内的保甲组织被寄予厚望:①保甲组织及其相关人员负有加强治安巡查,驱逐和打击那些危害或即将危害社会治安的人群的职责;②保甲组织及其相关人员在发生危害社会治安的事件时,负有及时处置的职责;③保甲组织及其相关人员负有或协助乡约里排等其他基层组织进行操练,或督办团练,或协助守城,以防不虞的职责。

在户口调查与统计方面,清代,徽州地方官府和各地保甲组织为了加强对辖区内人户的控制,进行了十分细密的户口调查与统计,并组织编造了保甲门牌、十家门牌、保甲册、循环册等门牌册籍。对辖区内户口进行调查与统计,是明清徽州境内保甲组织参与地方社会管理、实施社会控制的一个重要环节。

在信息传递方面,明清时期徽州境内保甲组织及其相关人员发挥的信息传递的职能,主要包括上传地方情况、下传官府指令、平行传递信息等情形。保甲组织及其相关人员及时、有

---

① 廖华生:《清代蚺城的约保》,载《安徽史学》,2006年第5期。
② 乾隆《婺源县志》卷十二《食货志·储蓄》。

效地传递相关指令和信息,是明清徽州境内保甲组织参与地方社会管理、实施社会控制的重要体现。

在踏勘查验方面,明清时期徽州境内的保甲组织,或因官府的指令,或因相关利益受害人的请求,而执行踏勘查验的任务。保甲组织参与踏勘查验,对于官府裁判断案、维持地方社会秩序,以及民间相关人群维护自身利益发挥了重要作用。

在接收投状方面,明清时期,当徽州社会中发生是非争执或纠纷时,相关当事人投鸣保甲组织、保甲组织接收相关当事人投状的现象十分普遍。接收投状成为明清徽州境内保甲组织参与地方社会管理、实施社会控制的一个重要环节。

在民间调处方面,明清时期徽州境内的保甲组织积极参与调处民间纠纷,对于民间社会经济秩序的协调与稳定发挥了重要作用。

在居间中证方面,明清时期徽州境内的保甲组织的首领常常受邀充当中见人、中证人、中人,对于规范与协调当地的社会经济秩序发挥了积极作用。

在强制执行方面,明清时期徽州境内的保甲组织经常在官府的要求或授意下,对严重危害社会经济秩序的人实施强制执行,有时还被要求参与由官府主导的强制执行。保甲组织对危害社会经济秩序的人实施的强制执行,属于一种硬控制,是其参与地方社会管理、实施社会控制的重要体现。

在经济管理方面,明清时期徽州境内的保甲组织在规范民间经济秩序、催征钱粮等方面发挥了积极作用。

在社会救济方面,明清时期徽州境内的保甲组织积极参与社会救济活动,对于救济弱势人群、稳定社会经济秩序发挥了重要作用。

明清徽州宗族对保甲的认识及推行保甲的实践

如前所述,保甲制度正式创立于北宋王安石变法时期,是宋以降由官方自上而下推行的一种按照户籍编制来统治人民的基层行政组织制度和社会管理控制制度。明清时期,保甲制得到官府的大力推行,然全国各地推行保甲的举措有别,在徽州境内,由于当地宗族组织发达、宗族势力强固,封建官府在推行保甲制以实现对基层社会控制时,充分利用了当地的宗族资源,保甲制的推行在许多方面打上了宗族的烙印。值得注意的是,明清时期徽州宗族对保甲的认识及推行保甲的实践,受到了这一时期徽州宗族在处理与封建政权关系时坚持的一些重要原则的制约。

一、明清徽州宗族处理与封建政权关系时坚持的原则

(一)强调遵守国家法律的原则

国家法律是封建政权制定的用以实施和维护其统治的根本大法,是国家权力的重要象征。明清时期,徽州宗族十分重视维护国家法律的权威性,并强制要求宗族自身及族人对国家法律予以严格遵守。

清道光《婺源长溪余氏正谱》所载《祖训》指出：

> 毋徇私乖义,毋罔法犯宪,毋信妇言以间和气,毋学博奕以废光阴,毋耽酒色以乱德性,凡此数端务宜深警①。

该族要求族人不得"罔法犯宪",即不得违背国家法律。

清同治《汪氏家乘》所载《凡例》云:

> 本宗子姓……至有干犯名义,为国法所不容,即家法所不许,议削其名,不准入谱②。

该族强调国法为家法的参照,"国法所不容,即家法所不许",强调家法服从于国法,坚决维护国家法律的绝对权威性。

清光绪《(绩溪)梁安高氏宗谱》所载《高氏祖训》之"畏王法"条认为:

> 王法者,朝廷所设,以治吾民者也。无王法则天下乱,苟平日不畏王法,恐一旦犯法而不自知,及遭刑戮,悔之晚矣。此君子所以怀刑也。故为绅为士为民皆当畏法③。

该族强调王法即国家法律,是朝廷制定的用以治理人民的根本大法,要求族人敬畏并严格遵守国家法律。

明清时期,封建帝王的圣谕即是法律,徽州宗族强调族人对封建帝王的圣谕予以遵守。明万历《休宁范氏族谱》所载《统宗祠规》之"圣谕当遵"条认为:

> 孝顺父母,尊敬长上,和睦乡里,教训子孙,各安生理,毋作非为。这六句包尽作人的道理,凡为忠臣,为孝子,为顺孙,为圣世良民,皆由此出。无论贤愚,皆晓得此文义,只是不肯著实去遵行。故自陷于过恶,祖宗在上,岂忍使子孙辈如此?今于七族会祭统

---

① 道光《婺源长溪余氏正谱》卷首《祖训》。
② 同治《汪氏家乘》卷首《凡例》。
③ 光绪《(绩溪)梁安高氏宗谱》卷十一《高氏祖训十条·畏王法》。

宗祠时，特加此宣圣谕仪节，各宜遵听理会，共成美俗①。

该族强调族人应严格遵守明太祖朱元璋的圣谕六条，做符合封建统治者要求的忠臣、孝子、顺孙和圣世良民。

明清时期徽州宗族强调对国家法律的严格遵守，是徽州族权屈从于封建政权的反映，按照这一逻辑，明清封建政权特别是清代封建统治阶级制定的关于保甲的一系列相关政策和法律、条例（参见第五章的相关论述），都是徽州宗族必须严格遵守和执行的最高法律。明清徽州宗族强调宗族自身及族人遵守国家法律的原则，为徽州宗族及族人遵守和执行封建官府制定的保甲政策和相关法律、条例，认真承充保甲差役，提供了合法依据。

（二）强调按时缴纳国税、承充徭役，作国家良民的原则

明清时期，徽州宗族皆认为，按时足额地缴纳国税、认真负责地承充徭役是宗族及族人分内之事，是良民所应尽的职分。

在歙县境内，清康熙年间，潭渡黄氏宗族所订《德庵府君祠规》云：

> 本祠钱粮户头半系祖宗的名，岂可拖欠，使祖宗受追呼之辱。应于开征日先完一半，至开忙日完清，俱要司年之人亲身赴柜投纳，即领收附归匦。如有拖欠及希冀邀赦者，凭众从重议罚②。

该族要求族人按时缴纳国税，不得拖欠，对拖欠及希冀邀赦者实施重罚。

---

① 万历《休宁范氏族谱·谱祠·统宗祠规·圣谕当遵》。该县古林黄氏也有类似的规定："孝顺父母，尊敬长上，和睦乡里，教训子孙，各安先［生］理，毋作非为。噫，作人的道理尽之矣。这六句话，虽深山穷谷愚蒙之人都晓得其实，诵诗读书贤智之士不曾体会躬行。我祖诗礼传家，后人日习而不察，故首列家规，宜时将圣谕多方指示，俾习俗返朴还淳，忠孝贞廉皆从此出。"（乾隆《休宁古林黄氏重修族谱》卷首《祠规·圣谕当遵》）

② 雍正《歙县潭渡孝里黄氏族谱》卷六《康熙己亥公立德庵府君祠规·议完纳钱粮》。

清道光年间，蔚川胡氏宗族所订族规之"供正赋"条认为：

> 正贡钱粮，急公输将，士庶之职也。本族虽无抗逋之弊，迄今以来不无怨期慢后致累戚里，殊失奉公之义。今后凡有征纳，务依时完纳，庶免黑夜追呼，鸡犬不安，以身试缧绁之辱①。

该族强调族人应按时缴纳国税、承充徭役，以免官府追呼，损害宗族脸面。

在休宁境内，明万历《休宁范氏族谱》所载《统宗祠规》之"赋役当供"条认为：

> 以下事上，古今通谊。赋税力役之征，国家法度所系。若拖欠钱粮，躲避差徭，便是不良的百姓。连累里长，恼烦官府，追呼问罪，甚至枷号，身家被亏，玷辱父母。又准不得事，仍要赋役完官，是何算计？故勤业之人，将一年本等差粮，先要办纳明白，计经守印押，收票存证，上不欠官钱，何等自在，亦良民职分所当尽者②。

该族认为："以下事上"，即平民百姓（包括地方宗族）侍奉君上（即封建政权的化身），是古往今来遵循的通则；赋税力役之征，是国家法律所强调的，是国家法度之所系。因而作为良民，就必须按时缴纳国税、承充徭役，不得拖欠钱粮，躲避差徭。

明崇祯年间，休宁古林黄氏族人黄文明所订《祠规》之"赋役当供"条云：

> 践其土食其毛，故布缕粟米力役之征，万古不易之通谊也。本分职业之人，必要将分内差粮办纳明白，何等守法自在。若或拖欠钱粮，躲避差徭，便是顽梗不良之徒。且朝廷法度岂容官府姑纵，毕竟追呼杖责，问罪受辱，仍要照数完纳，何益哉③！

---

① 民国《（歙县）蔚川胡氏家谱》卷二，道光二年《规条·供正赋》。
② 万历《休宁范氏族谱·谱祠·统宗祠规·赋役当供》。
③ 乾隆《休宁古林黄氏重修族谱》卷首下《祠规·赋役当供》。

该族的认识,与上述休宁范氏十分相似,认为钱粮差徭之征,是万古不变的通则,是国家法度所系,要求族人将分内差粮办纳明白,以免追呼杖责、问罪受辱。

清雍正《(休宁)茗洲吴氏家典》所载《家规》规定:

> 朝廷国课,小民输纳,分所当然。凡众户己户每年正供杂项,当预为筹画,及时上官,毋作顽民,致取追呼,亦不得故意拖延,希冀朝廷蠲免意外之恩①。

该族要求族人按时输纳国课,不得故意拖欠。

在婺源境内,清道光《婺源长溪余氏正谱》所载《祖训》云:"钱粮国课,务宜早完,毋许丝毫蒂欠。"②该族强调族人应早完国课,不得拖欠。

在祁门境内,明隆庆年间制定的《(祁门)文堂乡约家法》规定:

> 乡族凡充里役者,须勤慎公正,以上趋事官长,以下体恤小民。不得违慢误事、挟势挨骗,以自取罪戾。
>
> 本宗每年钱粮官事,多因过期不纳,取恶官府,贻累见役,殊非美俗。今后凡遇上纳之类,俱行会所的议定期,毋仍拖延,以致差人下扰③。

该族要求族人认真承充里役,按期缴纳钱粮国税,以免官府差役追呼骚扰。

在黟县境内,清光绪年间,黟县鹤山李氏所订《家典》规定:

> 凡有家产者必有赋税,各户当依限输纳,不可任意拖欠,务期令我族钱粮输纳在各里之先,不烦催科,庶于国为良民,于家为肖子④。

该族强调族人应依限输纳国税,并将按时缴纳赋税的族人视为国之良民、家之肖子。

---

① 雍正《(休宁)茗洲吴氏家典》卷一《家规》。
② 道光《婺源长溪余氏正谱》卷首《祖训》。
③ 隆庆《(祁门)文堂乡约家法·文堂陈氏乡约》。
④ 民国《黟县鹤山李氏宗谱》卷末《家典》。

在绩溪境内,明正德年间,南关许余氏宗族所订《惇叙堂旧家规》之"奉公守法"条云:

> 每岁该办钱粮差役等项,必须及时依期完纳,应当毋致官司责辱。或有重大之侵寻而家力之不堪者,所当陈诉蠲豁,不可恃顽推挨。或有家道优裕、田产增进、税粮亦多,粮里解户有所不免,亦须安分承充,不可推避靠损他人,射利肥己。不知利未得而害已随之,但守本分,所谓欺公日日忧者,庶可免矣①。

清光绪年间,该族新编族谱所载《家训》之"早完粮"条认为:

> 百姓无君臣之分,只有钱粮是奉君王的。一日完粮,一日太平,一日百姓受福。惟乱世不完粮,苦不忍言,如今太平不完粮,等粮差上门,所费更多,到官受责,甚至破产倾家。每年钱谷务先完粮,而后作别事,好不安耽。假如少有天灾,未经奉免,亦宜完纳。凡有声名者,切不可抗粮取祸,一时好高,后悔迟了②。

该族在族规家训中要求族人奉公守法,早完钱粮差役,以免官府追讨,切记不可抗粮取祸。

明清时期,在徽州宗族的努力督促下,各宗族的成员多能认真按时缴纳国税、承充徭役,并形成了按时缴纳国税、承充徭役的良好传统。如祁门"地处僻壤,往来鲜送迎,亦无修筑征调事,民只知供正赋。其应公家者,皆故家子弟,非有包头雇役及细民窜入版图者"③。在绩溪境内,"近则户隐输将,国课全完,

---

① 光绪《绩溪县南关许余氏惇叙堂宗谱》卷八,正德十三年《惇叙堂旧家规十条·奉公守法》。

② 光绪《绩溪县南关许余氏惇叙堂宗谱》卷八《家训·早完粮》。该县仙石周氏有类似的规定:"百姓无君臣之分,只有钱粮是奉君王的。一日完粮,一日太平。惟乱世不完粮,苦不忍言,如今太平不完粮,等粮差上门,所费更多,到官受责,甚至破产倾家。每年钱谷务先完粮,而后做别事。"(宣统《(绩溪)仙石周氏宗谱》卷二《石川周氏祖训十二条·早完粮》)

③ 康熙《祁门县志》卷一《风俗》。

不敢烦长吏追呼"①。

值得指出的是,明清时期封建官府在徽州境内推行的保甲制,即属于力役、差役一类,所谓"赋税力役之征,国家法度所系"②,保甲组织在完成"赋税力役之征"等方面发挥了重要作用。明清徽州宗族强调族人应按时缴纳国税、承充徭役,作国家良民的原则,为徽州宗族及族人秉承封建官府的指令,认真承充保甲差役,提供了正当的依据。

二、明清徽州宗族对于保甲的认识

明清时期的保甲制度,是由封建官府自上而下推行的,封建官府的权威和官方背景,使得保甲制的推行在总体上得到了徽州境内宗族组织的支持和配合。明万历年间,休宁范氏宗族认为:"上司设立保甲,只为地方……吾族……须依奉上司条约,严谨施行。"③该族是站在官方的立场上考虑问题的,认为官府设立保甲组织、推行保甲制度完全是为了地方社会的利益,要求族人"依奉上司条约"予以积极配合,切实推行。

清乾隆年间,休宁古林黄氏宗族认为:

> 荆公新法之设,概不能无弊,识者讥之。惟保甲、雇役二条,自元明以至于本朝,相沿勿替,盖以弭贼盗,缉奸宄,责甚重也④。

> 上官严立保甲,专为我地方百姓也。……凡聚族而居者,乡邻同井,须遵明禁,一一施行,互稽出入,递相救援,有不遵条约者,即时察出公罚。邻族内若果有为非实迹,随即会众核明,送官治罪,亦预防之急务也,所系匪细⑤。

---

① 乾隆《绩溪县志》卷一《方舆志·风俗》。
② 万历《休宁范氏族谱·谱祠·统宗祠规·赋役当供》。
③ 万历《休宁范氏族谱·谱祠·统宗祠规·守望当严》。
④ 乾隆《休宁古林黄氏重修族谱》卷首下《祠规·饬保甲》。
⑤ 乾隆《休宁古林黄氏重修族谱》卷首下《祠规·守望当严》。

该族认为推行保甲责任重大,可以"弭贼盗,缉奸宄",实现对地方社会的有效控制,这是北宋王安石变法留下的积极成果,符合地方百姓的利益,要求族人"须遵明禁",积极配合官府,切实推行。

清道光年间,歙县西沙溪汪氏宗族认为:"地方设立保长,司一图公务,其责甚重。"①该族认为保长担任地方公务,参与地方社会的运作,责任重大。

对于保甲组织的首领保长等,由于他们必须应付各种差事,服役劳苦,有时所在宗族对他们也给予一定的物质或精神奖励。如清代,歙县潭渡孝里黄氏大宗祠祀产规条规定:"保正、保长或因讨租效力,听头首于次日邀饮。"②该族尊重保甲组织的首领保正、保长等付出的辛劳。

不过,由于"保长原系贱役"③,一些徽州宗族认为族人担任保长等保甲组织首领,有伤风化,有失宗族脸面,在族规家法中予以禁止。如清嘉庆年间,黟县南屏叶氏规定:"族内不收义子,婚嫁不结细民,子弟不为优隶,不充当地保,违者斥逐。"④

三、明清徽州宗族推行保甲的实践

明清时期,由于封建官府推行保甲的主要目的是为了实现对地方的有效控制,同时也是为了地方的利益考虑,因而保甲的推行多能得到宗族等地方社会组织的支持与配合。对于保甲的推行,明清徽州宗族多强调"须依奉上司条约,严谨施行"⑤,"须遵明禁,一一施行"⑥,总的来看,态度是较为积极的。根据现有资料分析,明清徽州宗族推行保甲主要有以下一些

---

① 道光《新安歙西沙溪汪氏族谱》卷十二《崇祯三年众议保长逐门轮流承管》。
② 雍正《歙县潭渡孝里黄氏族谱》卷六《祠祀》,附《公议规条》。
③ 《清乾隆休宁县状词和批示汇抄》。
④ 嘉庆《黟县南屏叶氏族谱》卷一《祖训家风·饬风化》。
⑤ 万历《休宁范氏族谱·谱祠·统宗祠规·守望当严》。
⑥ 乾隆《休宁古林黄氏重修族谱》卷首下《祠规·守望当严》。

举措：

（一）在宗族内部各门房支派、家户、家丁等不同层级的组织或人群共同协商后，通过实行门房支派、家户、家丁等轮流承管制度，以分担保甲差役

明崇祯年间，歙县西沙溪汪氏"恐遇大差彼此推委，因集众派定日期挨次承充"保甲之役。崇祯三年（1630），该族众议保长逐门轮流承管事项如下：

正月	上半月	长房	下半月	中门
二月	上半月	三善堂初一至初五	下半月	二房
		族长门初六至初十		
		积善堂十一至十五		
三月	上半月	上门	下半月	中门
四月	上半月	三善堂初一至初五	下半月	三房
		族长门初六至初十		
		积善堂十一至十五		
五月	上半月	四房	下半月	中门
六月	上半月	五房	下半月	上门
七月	上半月	三善堂初一至初五	下半月	长房
		族长门初六至初十		
		积善堂十一至十五		
八月	上半月	中门	下半月	上门
九月	上半月	二房	下半月	三善堂十六至二十
				族长门二十一至二十五
				积善堂二十六至三十
十月	上半月	三房	下半月	上门
十一月	上半月	四房	下半月	中门
十二月	上半月	五房	下半月	三善堂十六至二十
				族长门二十一至二十五
				积善堂二十六至三十

闰月众管[①]

---

① 道光《新安歙西沙溪汪氏族谱》卷十二《崇祯三年众议保长逐门轮流承管》。

该族内部商定由长房、二房、三房、四房、五房、上门、中门、族长门、三善堂、积善堂等门房支派分担保甲之役。为确保保甲差役的按时顺利承充，上述各承役门派协商确定了具体的服役时间。对于服役时间，该族特别给予了细化，如将二月分为上、下两个半月，上半月又细分为初一至初五（三善堂）、初六至初十（族长门）、十一至十五（积善堂）；将九月分为上、下两个半月，下半月又细分为十六至二十（三善堂）、二十一至二十五（族长门）、二十六至三十（积善堂）；在遇到闰月时，实行"众管"制度。上述分配有利于均衡宗族内部各门派之间的负担，避免出现畸轻畸重的情况。

清康熙四十九年（1710）二月，徽州某县胡光德户丁胡应浩等订立了轮充保役合同：

> 立议合墨人胡光德户丁应浩等，今本甲轮充保役，众议照丁均管。倘有重务并阄摄事务，俱是照丁齐出，如有不出者，每工派银一钱众用。其有事务，管月之人出身料理，不得推辞。倘有使费，尽是照丁均斗。执拗不出者，众论罚银三钱众用。倘有投词，亦是在众料理。立此合同一样二张，各执一张存照。
>
> 其三房观福、添德二丁在外，倘有所费，照丁均斗。
>
> 康熙四十九年二月初一日立合同人胡光德
>
> 　　　承役人丁列于后，每丁管廿三日：
>
> 永生 七月十四起至又七月初六周（押）
>
> 永寿 四月初十起至五月初三周（押）
>
> 三郎 八月廿四起至九月十七周（押）
>
> 永象 三月十七起至四月初九周（押）
>
> 永夏 六月廿起至七月十三周（押）
>
> 正旺 五月初四起至廿六周（押）
>
> 永圣 二月廿四起至三月十六周（押）
>
> 永四 五月廿七起至六月十九周（押）
>
> 正男 八月初一起至廿六周（押）
>
> 永高 又七月初七起至廿九周（押）

思洪十一月初五起至廿七周（押）

观福在外，九月十八起至十月初十周

永志管二月初一起至廿三周（押）

思焰十月十一起至十一月初四周（押）

添德在外，十一月廿八起至十二月廿一周

　　　　拈阄管甲列后：

十甲永高、君行共管

四甲永圣、永象共管

一甲思洪、正旺共管

五甲永志、永夏共管

二甲永生、正男共管

六甲思焰一人管，众议社会内贴九色钱五钱

三甲永四、永寿共管

七甲观福、添德共管①

由上述"轮充保役"、"照丁均管"可知，在胡光德户族内部，按照家丁轮流承充保甲之役，具体"承役人丁"是由公众举荐的"管月之人"。该合同还详细规定了每位承役人的具体承役时间："每丁管廿三日。"

清乾隆六年（1741）八月，祁门石溪康氏族人康大周等为响应知县吴老爷加增保甲的倡议，订立了承充保甲之役合同文约：

> 立合同文约石溪康大周同弟侄庄仆人等，为奉县主吴老爷遵奉各宪，票唤加增保甲事。原本都只有保长壹名，现年举报甲户，本都只有捌排，本族一排。今本族加增三排，共有四排。各排人名俱以眼同拈阄某月为定，轮流挨次经管。凡遇排内有事，共排之人管理，毋得退缩，不得拖累别排之人。仍有数十余灶无名承充甲长，凡遇排内有事，其费用与共屋共排一体出办。又奉县主金点保长一名，族内康大梁，今官中

---

① 《康熙四十九年二月初一日徽州某县胡光德户丁立轮充保役合同》，南京大学历史系资料室藏。

票唤各事，俱系大梁承充经管。是以族内眼同公议，日后递年编点，其保长换别名，官中票唤各事，亦要承充经理。再，恐有命盗之案及无头公事，今众议其费用俱系照灶出办朋贴，不得独累有名出身之人。倘族内有事票唤保甲长，是其股之事，亦系本股自承在官。保长的名早为调理，不得混扯别股或本户公事。另议一人出身，择能言者入官答应。自立合同文约之后，各宜凛遵奉行，如违，执约鸣官理治，仍遵此文为准。今欲有凭，立此合同文约一样二纸，各收一纸存照。

乾隆六年八月初四日立合同约康大周（以下从略）①

由上述"各排人名俱以眼同拈阄某月为定，轮流挨次经管"，"倘族内有事票唤保甲长，是其股之事，亦系本股自承在官"可知，该族内部按股轮流承充保甲差役，其保甲长人选由各股集体举荐。

（二）在宗族内部，通过对承充保甲之役的相关人员实行津贴制度，以确保顺利完成官府下派的各项差事

明清时期，徽州宗族往往通过摊派或捐助的方式，在族内设立"保甲银"等名目的固定基金，以津贴保甲差役等开销。如在婺源县庆源詹氏宗族内部，就有专供保甲开销的"保甲银"：

（康熙四十年十月）十三，天晴。祠中收家头保甲银，众封拜匣身处②。

（康熙四十二年正月）十八，天晴。本门春醮，村中敷家头保甲银演戏③。

清初，休宁古林黄氏鉴于保甲之役繁重，"挨门轮当，延及妇女老幼，多致误公"的弊端，"兹议各门捐赀生息，另倩老成"

---

① 《祁门十三都康氏文书》，安徽大学徽学研究中心藏。
② （清）詹元相：《畏斋日记》，载《清史资料》第4辑，北京：中华书局，1983年，第226页。
③ （清）詹元相：《畏斋日记》，载《清史资料》第4辑，北京：中华书局，1983年，第242页。

承充。然而,在实行"另倩老成"的雇役制时,又遇到了"门第有人丁多寡之不同,致难定议"的难题,最后集体商定:

> 今宜于人丁稀少之门,众劝村中有素封乐善者捐赀贴补生息,后不为例,如此则嘉议可成而美举无扞格矣。至小甲尤为下役,虽在绅衿亦不免于轮充。今议于贮赀生息之中拨给雇当,一洗向来积习,并令所雇人役写立认票,包管一切①。

通过号召宗族中"素封乐善者"即发财致富的商人等"捐赀贴补生息"、"贮赀生息",用以补贴"所雇人役",最终完成官府下达的各项保甲差役。

清乾隆年间,祁门石溪康氏在族人承充保甲差役费用方面规定:"今众议其费用俱系照灶出办朋贴,不得独累有名出身之人。"②该族实行"照灶出办朋贴"制度,即由各户共同筹措费用津贴保甲承役之人。

晚清时期,歙县虹梁村程氏规定:

> 支下轮值公事,俱有津贴定规。即排年保长亦有贴办定例,俱定有日期。司匦支发,不得因身值办,借端勒揹各租③。

该族对轮值公事的保长,按照"贴办定例"实行津贴。

(三)在宗族内部,针对一些族人因经商外地难以及时承充保甲之役,徽州宗族积极应对,实行灵活的雇人代役制,而商人为了换取经商所必要的时间和精力,需承担相应的费用,以尽自己服役的义务

清康熙年间,休宁藤溪王氏宗族内部次房王之瑛子王肇复,因"向居客外",长期在外经商,导致"门户里役排年、保长、钱粮各项差徭"等难以措办。宗族将其部分产业出卖,以收入所得雇人代役:

---

① 乾隆《休宁古林黄氏重修族谱》卷首下《祠规·饬保甲》。
② 《祁门十三都康氏文书》,安徽大学徽学研究中心藏。
③ 《歙县虹梁村程氏德卿公匦规条》。

> 立议墨传房枝下兄弟王永贞等,今因门户里役排年、保长、钱粮各项差徭繁重,次房之瑛子肇复向居客外,屡年所该钱粮各项无措。将祖遗石鼓门住屋一所,内右边该身一角并基地,出卖与廷望居住。当得时值价银贰拾壹两,其银议入拾两承裕会生息,户众代充各役、祭拜祖宗、标挂之费。嗣后,前项门户不涉肇复之事。恐后无凭,立此议墨一样三张,各执一张存照。
>
> 合同议墨:永贞一张,民悦一张,日升一张。
>
> 三面议定屋内前后客堂、前后楼梯、前后砖门、客房左边水巷,俱系两半。再批。
>
> 康熙四十六年二月　日立议墨王永贞　王廷望
> 　　　　　　　　　　　　　　王锡蕃　王天行
> 　　　　　　　　　　　　　　王民悦　王尚玉
> 　　　　　　　　　从议王日升①

由于商人王肇复出卖产业,雇人代役,其应承充的各项杂役得以免除,"户众代充各役、祭拜祖宗、标挂之费。嗣后,前项门户不涉肇复之事"。而王肇复通过出卖产业,雇人代役,避免亲自承充保长等"各项差徭",则为自己换取了经商所必需的时间和精力。

清乾隆十九年(1754)十月,徽州某县朱肇周"因生意累身,不及充当""承祖挨值保长之役",而立津贴保长浼约:

> 立浼约人朱肇周,今因承祖挨值保长之役,身因生意累身,不及充当,自愿央中烦朱则五尊叔代为承当料理。三面议定贴银叁两整,其银贰节付清,不致短少。所有本保各户贴役之资,尽是代行取讨,以应使用。其衙门书房催粮杂项并一切飞差往来等事,俱是代为照应经管,并不节外生枝,贻累来年。十一月初一日满日期,凭中将此面缴。今欲有凭,立此浼约

---

① 《日升捐资免役合同》,《元至正二年至清乾隆二十八年(休宁藤溪)王氏文约契誉录簿》,南京大学历史系资料室藏。

为照。

乾隆十九年十月　　日立浼约人朱肇周（押）
　　　　中见　　朱大千（押）①

朱肇周因经商在外，自身难以承充保长之役，贴银雇"朱则五尊叔代为承当料理"，商人和宗族在官府下派的保甲之役承充方面，各图己便，获得"双赢"。

（四）在宗族内部，一些族人特别是商人，或因急公好义，或在宗族规劝之下，在人力或经费方面资助保甲之役的承充

明末，在保甲之役承充方面，歙县西沙溪汪氏"子原公支下居通族八分之一，概认五个月"，即属于"一时急公"的义行之举。这种义行，"虽一时急公，未虑久远盛衰互异"②，由于受宗族内部各房门支派势力消长的影响，而未必得以持久，属于一种权宜之计。

清康熙四十六年（1707），在休宁县二十七都五图保役承充过程中，"一甲王茂有上门、巷门，乃自愿克己趋义，认作两门……王茂本一甲而出两门津贴，此乃急公趋义之举"③。王氏宗族内部王茂户的行为，也属于临时性的义行之举。

在保甲之役承充方面，一些徽州宗族还规劝本族商人提供经费资助。明末，歙县西沙溪汪氏族人汪琦，"居乡最久，历睹寒薄轮值之苦，往往恻然。适在吴门，向宅生、克俭二公鼓其倡首，置产公当，侄元震公亦愿襄助"④。号召在苏州一带经商的族人为保甲之役承充提供经费支持。

---

①《乾隆十九年十月徽州某县朱肇周立津贴保长浼约》，南京大学历史系资料室藏。

② 道光《新安歙西沙溪汪氏族谱》卷十二《崇祯三年众议保长逐门轮流承管》。

③《本图保长议墨附约议》，《元至正二年至清乾隆二十八年（休宁藤溪）王氏文约契誊录簿》，南京大学历史系资料室藏。

④ 道光《新安歙西沙溪汪氏族谱》卷十二《崇祯三年众议保长逐门轮流承管》。

(五)在宗族内部,有时还要为来本族办差或与本族打交道的保甲长支付抽丰之类的开销,以协助地方社会中保甲制的推行

现今遗留下来的一些相关文书,揭示了明清时期徽州宗族在应付来本族办差或与本族打交道的保甲长方面的开销情况。如清乾隆四十九年(1784)二月二十九日,祁门三四都凌氏宗族管理"契匣众墨"之家发生火灾,"所有契匣农器家伙等项焚毁一光,族内人往田报知,奔救不熄,迫托保甲地邻保长黄圣云,甲长胡孔玉,地邻黄圣旺、胡伯茂等验明"①。为了请帖保产,该族在保甲地邻身上就有不少的花费:"支钱乙百八十四文,托保甲地邻";"支钱壹百九十文亥酒子,请保甲地邻四位上祁";"支钱乙千贰百文,出户四位保甲地邻"②。

清同治四年(1865),徽州吴氏宗族为保长等人开支了不少招待费用:

> 二月廿一日,粮差二人仝保长来说贴费,吃酒乙斤,面乙斤六两,不能落典。
>
> 三月初五日,又来粮差二人、地保、册里四人,仝吃说,酒半斤,亦不能落典。
>
> (三月)十六日,又来粮差二人、地保、册里四人,仝说,无吃,面言说定银洋陆元,每元扣钱夕百文,管付乙元,扣钱九百文③

清光绪年间,徽州叶氏宗族在保长身上也有抽丰、年节、喜

---

① 王钰欣、周绍泉主编:《徽州千年契约文书》(清民国编)卷十一,《嘉庆祁门凌氏誊契簿》之《大俊、记鸾润[闰]三月初七日上县报状递词请帖》,石家庄:花山文艺出版社,1991年,第490页。

② 王钰欣、周绍泉主编:《徽州千年契约文书》(清民国编)卷十一,《嘉庆祁门凌氏誊契簿》之《记鸾乙并经管使开后》,石家庄:花山文艺出版社,1991年,第500页。

③ 《光绪二十年吴留耕堂合钱粮会帐》,南京大学历史系资料室藏。

钱、节礼、上任粮费等各种名头的花费：光绪二年,保长抽风(丰)①,支钱270文。光绪三年,县官亲催钱粮保长(抽)丰,支钱200文;保长喜钱,支钱270文。光绪四年,保长抽风,支钱270文。光绪五年,保长抽风,支钱270文。光绪六年,保长新官上任粮费,支钱200文。光绪七年,地保年节,支钱270文。光绪八年,保长节礼,支钱270文。光绪九年,保长下乡催粮,支钱200文;保长年节,支钱270文。光绪十年,保长,支钱270文②。该族在应付保长方面几乎每年都有相对固定的花费,长年累积,这对宗族来说也是一笔不小的经济负担。

清光绪年间,黟县胡氏宗族为保长支付的花费则主要体现在工食③、还上忙粮、收庙等方面:光绪七年,支洋1元:付地保工食。光绪十二年,支洋2元:保长工食。光绪十四年,支本洋1元、支英洋1元:交地保还上忙粮。光绪十八年,支本洋1元、英洋1元:保长丁。光绪十九年,支钱700文:介手与保长收庙;光绪廿四年,支英洋1元、钱553文:与保甲工食。光绪三十一年,支英洋2元、钱138文:付观成保长工食。宣统元年七月初一,支洋1元、钱1140文:垫观成保长费④。

---

① 此处抽丰或抽风,亦作"秋风",意同分肥。指利用各种关系向人索取财物。翟灏《通俗编·货财》："《野获编》载都城俗事对偶,以'打秋风'对'撞太岁',盖俗以自远干求,曰'打秋风',以依托官府,赚人财物,曰'撞太岁'也。《暖姝由笔》载靖江郭令辞谒客诗,有'秋风切莫过江来'之句。《七修类稿》米芾札中有'抽丰'二字,即世云秋风之义,盖彼处丰稔,往抽分之耳。"参见徐复等编:《古汉语大词典》,上海:上海辞书出版社,2000年,第787页。该词典第764页:打秋风:假借各种名义,利用各种关系向人索取财物赠与。

② 《同治拾壹年季春月立叶尊德堂祀簿》,南京大学历史系资料室藏。

③ 在南京大学历史系资料室所藏另一份徽州文书《同治八年二月徽州某县十八都十图八排公议合同字据》中有这样的记载:"届临同治八年,又值八甲,甲经故绝,地保一役、粮差事宜无实着落。"为了不影响保甲之役的承充,在八排公议的"所有事宜"中有一条:"议雇倩地保工食钱拾千文无异。"

④ 《光绪十四年—民国十二年(黟县胡氏)崇德堂收支簿》,南京大学历史系资料室藏。该收支簿内夹有光绪年间《下忙执照》一张:"江南徽州府黟县为征收钱粮事。今据八都三图花户胡孙猷输纳完光绪拾叁年分丁地等银五钱壹厘。除银自封投柜外,合给印票执照。须至申者。光绪 年 月 日纳。崇德。"由上可知,该《崇德堂收支簿》的主人为黟县胡氏宗族。

(六)在保甲之役承充方面,徽州异姓宗族之间也进行着有效合作,往往根据各自的人口、钱粮实力等因素,实行朋充或轮充制度,以分担保甲之役。在合作中,异姓宗族之间有较为细致明确的分工,合作方式比较灵活

清顺治十七年(1660)三月,歙县石门陈、程、朱三姓为承充保长之役而订立了合同:

> 歙县廿五都一图石门地方立议约合同人乡约程如龙、朱时修,排年陈士鼎、程和美、程乐善、朱同庆、程同福等,今因保长重务,陈、程、朱三姓议立朋当。每周年十二个月,每姓阄管四月。一阄得者即为正管,二姓轮流副之。其甲丁每月出艮二钱,付众收贮。凡遇府县差快海行等事,俱系三姓眼同公议,随手入账。其账目以上手开支付正管轮流收执,倘有余剩艮两□付乡约收贮。如寓[遇]官府下乡勾摄重务等事,俱系三姓眼同料理,不得推委。如遇闰月,三姓共管。其官府下乡飞差等费,不在二月之内。其呈田、汊口、岭石旧例津贴艮两,亦照前议收贮公用。如有动呈公举等事,三姓公议,毋得私行。倘有假(公)济私者,会同公罚白米五石公用。如有执拗者,鸣公理论。恐后无凭,立此合同一样三纸,各执一纸,永远存照。
>
>   排年陈士鼎 保长
> 顺治十七年三月日立合同乡约程如龙 程和美 陈承祖
>   朱时修 程乐善 程衍忠
>   朱同庆 朱隆隐
>   程同福
>
> 后仍有三姓阄定管月未开①

陈、程、朱三姓"议立朋当",即通过实行朋充来完成"保长重务":一年12个月中,每姓阄管4个月。"一阄得者即为正管,二姓轮流副之",即以一姓负主要责任,为正管,其他二姓为副

---

① 《顺治十七年三月歙县廿五都一图石门陈程朱三姓议立朋充保长合同》,南京大学历史系资料室藏。

手,协助管理。如遇到闰月,三姓共管。

清康熙四十六年(1707)八月,休宁县二十七都五图王氏宗族与金氏宗族,为"津贴保役,以苏困累"而订立了承充保甲之役合同:

> 廿七都五图立合同议墨王茂、金正茂、王正芳、王永昌,为公议轮流津贴保役,以苏困累事。本村一、五两图向系分充保役,后因烟户寥寥,乃两图合为一保。近缘人心不一,且一图所辖地方辽阔弯远,设恐奸宄窃发,安能觉察周详,祸累匪轻。于是折议各管各保。但五图半保,共止四甲,烟户稀少,且甲丁贫窭凋残,不足以供衙门差费。若照古例概取给于甲丁,则穷丁不堪复古;若委坐于轮役,则轮役苦累难支。于是四甲公议,而一甲王茂有上门、巷门,乃自愿克己趋义,认作两门,今合共作五门。议得各门每年出银壹两,津贴本年当役之人。一门当役,四门共贴,周而复始,永远遵行。如是则公费有办,困累少苏。但王茂本一甲而出两门津贴,此乃急公趋义之举。至于当役,仍止照甲四甲轮当,上门、巷门共当一甲,日后不得反生异说。恐后无凭,立此合同议墨,各执存照。
>
> 再,议得本图乡约公报总名王道明,轮流随保充任,各无推委。但十甲金正茂坐当木铎,不能并充。充约如值金正茂保长,其年乡约王茂、王正芳、王永昌、金正茂四股朋当。再批。
>
> 康熙四拾六年八月　　　　　立合同议墨
>
> 　　　　　王翰周　王楚玉　　　　　金尔成
> 王　茂经议 王公佩　王克圣　 金正茂经议 金君三
> 　　　　　王公遇　王公执　　　　　金良璧
> 　　　　　王又勋　王恭度
> 　　　　　王永贞　　　　　　　　　王汝洁　王养先
> 王正芳经议 王子厚　　　　 王永昌经议 王谷臣　王衍贡
> 　　　　　王汉臣　　　　　　　　　王庭玉
> 　　　　　王天行　　　　　　　　　王若薇①

---

① 《本图保长议墨附约议》,《元至正二年至清乾隆二十八年(休宁藤溪)王氏文约契誊录簿》,南京大学历史系资料室藏。

王、金两族原先各自分充保役,因户口减少,才并为一保,联合承充,走上了在保甲之役承充方面进行合作的道路。然而,并保之后,又出现了因地理距离远近、管辖范围大小、经济贫富差距等导致的负担不均问题。针对出现的问题,两族共同商讨出了一图内"各管各保"、五图内四甲轮充保役等较为灵活、实用的应对之策。

清乾隆十九年(1754)闰四月,徽州某县十八都四图吴德嗣等众姓因"本图地方保甲长,今值事务繁重,难以承充"而订立轮充保甲合同:

> 十八都四图立议约合同人吴德嗣、戴才志、范吉振及众姓等,本图地方保甲长,今值事务繁重,难以承充。众等齐集各姓公同酌议,置有产业及图内居住,公同轮充均役,料理照管,鉴察争竞斗殴,及毋藉[无籍]匪类,不许容留居住。稽查安辑,宁静地方,此系公务,对神阄定月日,轮者充当。凡遇一应在公及图内事,本人承值,毋得推委。此本地方臂指相联、同舟共济之意。今恐人心反复无凭,立此合同壹样两张,各执壹张,永远存据。此照。
>
> 众议,如遇临月所办珠兰花事,原照旧时日期承值备办,与乾隆十九年分新当役者永远无涉。所派散户贴役之项,另登银数在簿,尽行交付,照旧日期补贴,办珠兰花事用。再批。内加永远二字。又批。押。今将阄定月日轮者充当甲长开列于后,如遇闰月,吴、戴、范公派。
>
> 正月 吴德嗣　　　　　　　　　二月 戴才志
> 三月 三月初一日起至十五日止蔡思至,十六日起至卅五日止钱正杰
> 四月 三月卅六日起至四月初十叶汉章
> 五月　　　　　　　　　　　　六月
> 七月 初一日起至三十日止方皞如承认　八月
> 九月 初一日起至初十日止程文岸承认,十一日起至十月初五日止
> 十月
> 十一月　　　　　　　　　　　十二月
> 乾隆拾九年闰四月 日立合同人 吴德嗣　朱允公(押)
> 　　　　　　　　　　　　　　戴才志　蔡思志

第七章 明清徽州宗族对保甲的认识及推行保甲的实践 575

范吉振　　叶在田(押)

吴廷彩(押)　汪禹功(押)

叶汉章(押)　钱雪生(押)

王紫书　　　钱正杰(押)

许衡若(押)

傅御卿　　　汪道五

乡约叶维美(押)　江源立

保长叶圣宠(押)　钱运宝(押)①

宗族社区内吴、戴、范、王、许、傅、朱、蔡、叶、汪、钱等各姓,出于"臂指相联、同舟共济"考虑,在保甲之役承充方面进行合作,"公同轮充均役,料理照管",实行轮充制。

清道光二十八年(1848)三月,徽州某县五保何、汪、张众姓人等为合作承充保甲之役而订立了同心合文:

> 立议同心合文约据,今有五保众姓人等,原因本保各处地方,向系种作为谋,不但春祈秋报,而且夏冬四季无闲,将来本处地保无人肯等,人人畏法,个个偷闲。其人虽众,指实无名。今于道光念捌年间,是以众姓嘀议,官有正条,民有私约,只得请出众姓有名者公议聚义会壹首。倘有地方公差,迭年在五保之内查名点保,任伊可选。若点者,本保之人毋得躲,虽是奉官所点,众叹亏乎。倘有日久年深,茶干水尽,众议贴补些微茶水之需,日后众姓毋得异说。再者,等保之人劳者些微风尘之苦,吃者些微之亏,亦不得累及此会。倘有风波不吉,会内之人亦不待等保之人倍虑。自立合文之后,愿在会之人人人遵据,个个同心。再,愿合保家家乐业,户户欢欣。《书》云,当思父母之劬劳,谨守朝廷之法度。立此合文四纸,以作天、地、仁、和四号,焚香告神,各拈壹纸,永远为据。
>
> 一、议本保之长经催钱粮以免宪虑。

---

① 《乾隆十九年闰四月徽州某县十八都四图吴德嗣等众姓立轮充保甲合同》,南京大学历史系资料室藏。

一、议来往路毙无名等姓一切鸣报。
一、议乞丐在保内讹作一切不能容情。
一、议丐食之人将物在本保贷卖,毋得私自收买。
一、议本保家家户户滋事生端,违者鸣众理治。
合保公议以上五条。
大清道光贰拾捌年叁月 拾陆日立议合文五保众姓人等
何其盛(押) 何造之(押)
汪镇廷(押) 张其盛(押)
张荣茂(押) 张占魁(押)
汪怡兴(押)
依口代笔 方有成(押)①

何、汪、张众姓人等为确保保甲之役的顺利承充,"公议聚义会壹首",即通过徽州民间社会中普遍存在的"会"的形式运行保甲制:"倘有地方公差,选年在五保之内查名点保,任伊可选。若点者,本保之人毋得躲";"等保之人,劳者些微风尘之苦,吃者些微之亏,亦不得累及此会。倘有风波不吉,会内之人亦不待等保之人倍虑"。在聚义会的组织框架内,推举保长人选,并对承充保役之人提供一定的经费支持。徽州境内异姓宗族之间通过"会"这一形式合作运行保甲制的事例,似乎并不多见。

清道光二十九年(1849)七月,祁门三四都六保谢、方、黄、陈、江、胡、叶等9姓为合作承充保甲之役而订立了轮充保长合同文约:

> 立议合同约人三四都六保谢、方、黄、陈、江、胡、叶人等,情因保内保长一事,俱系图差(仝)点忠厚懦弱之家充当。是懦弱之辈,不谙事理,何能充当,多有误公。奉前任李主晓谕公同举保,必择能干晓事者可以充当。今九门人等商议,各门挨换轮流充当,以免图差任意点仝。倘有不能充当者,即转托能干晓事之人管理。凡有保内路死乞丐,合保公同办理,不得累及保长一人。再有远处逃荒饥民来到保内求食,但保

---

① 《道光二十八年三月十六日徽州某县五保众姓人等立议同心合文》,南京大学历史系资料室藏。

内贫苦甚多,无从给发,是以各姓捐输钱共肆拾仟文整,生息给发,以备不虞。为先充当保长者,恐邻里有口角微嫌,必须照理公言,排解消除弥合,原系保内安居乐业无讼为贵,务宜同心之至。于是立此合文一样九纸,各门各收一纸,永远存照。

道光贰拾九年七月初十日立议合文约人　九姓人等　地保叶行三……①

原先宗族社区内承充保长者多为"忠厚懦弱之家充当","懦弱之辈,不谙事理",经常影响、耽误公事。有鉴于此,谢、方、黄、陈、江、胡、叶等9姓重新订立了轮充保长合同,约定"各门挨换轮流充当",实行轮管轮充制。

值得注意的是,明清时期徽州异姓宗族之间就保甲之役承充进行的合作,有的持续的时间较长,是一种长期的相对固定化了的合作,他们往往通过订立合同条约等形式,对各方的保甲差役分担进行规范和约定,特别是对相关的权利和义务进行了较为细致的规范和约定。

遗留下来的清代徽州某县和化里二十八都十图②李、陈等姓在保甲之役分担方面形成的一系列文书,为我们揭示了当地宗族合作承充保甲之役的一些实态。这也是徽州异姓宗族之间就保甲之役承充进行相互协调和长期合作的一个较为典型

---

①　安徽省博物馆编:《明清徽州社会经济资料丛编》第1集,《歙县九姓轮充保长文约》,北京:中国社会科学出版社,1988年,第574页。根据文书中"三四都"地名判断,此处合约名称中"歙县"疑为"祁门"之误,即这应是一份祁门境内三四都六保九姓轮充保长合同文约。

②　南京大学历史系资料室所藏文书《道光二十二年三月徽州某县和化里二十八都十图十排里甲立保护山林合同》中提及"七甲李陈茂"属于"和化里二十八都十图":"立合同议墨和化里二十八都十图一甲程子进、二甲吴元茂、三甲程正大、四甲程正旺、五甲胡永兴、六甲胡黄福、七甲李陈茂、八甲胡光德、九甲陈汝兴、十甲胡永泰等,原由自于唐宋季间屡略遗,迁居里璜川,更名黄茅,集叙成局……"另,王振忠收藏的休宁文书《要目摘录》中收录有一份科仪《禳送札文》,其中提及了"和化里",该科仪云:"瑜伽大法司,本司今据中华民国江南安徽省休宁县千秋南乡和化里云溪大社管奉佛修设春祈禳瘟送火驱虎恳丰祈福保安法事信首弟子王△△、△△暨合村众信士人等……"参见王振忠:《明清以来徽州村落社会史研究——以新发现的民间珍稀文献为中心》,上海:上海人民出版社,2011年,第236页。

的案例。

就李、陈两姓而言,目前笔者所见关于两姓就保甲之役进行合作的最早的一份合同文书,是清康熙三十六年(1697)十二月订立的:

> 立合墨人李静之等、陈世富等,今值轮充柒甲里役,有前康熙三十年合同,遵奉县主钤印,李、陈两姓粮丁朋役是凭。亲友公议里役值柜各项杂费,李、陈两半均认。其保长亦系两半充当。再,管甲值日拈阄为定。正月、拾二月存众,两姓料理,毋得推诿。日后管年钱粮,各姓自管自纳。所有甲下汪元理、汪声远、湛然庵、吴什、三宝会、张高、张祀祖等户帖[贴]费,一并存李取收,毋异。今欲有凭,立此合同壹样贰张,各执存照。
> 管月拈阄列后 正月 存众　柒月 李　又柒月 李
> 　　　　　　　贰月 陈　捌月 李
> 　　　　　　　叁月 陈　玖月 陈
> 　　　　　　　肆月 陈　拾月 李下半月,陈上半月
> 　　　　　　　伍月 陈　拾壹月 陈
> 　　　　　　　陆月 李　拾贰月 存众
> 康熙三十六年十二月 日立合墨人李静之(押)
> 　　　　　　　　　　　　　　　李子□(押)
> 　　　　　　　　　　　　　　　李大昌(押)
> 　　　　　　　　　　　　　　　李大兆(押)
> 　　　　　　　　　　　　　　　陈世富(押)
> 　　　　　　　　　　　　　　　陈光仕(押)
> 　　　　　　　　　　　　　　　陈继义(押)
> 　　　　　　　　　　　　　　　陈光达(押)
> 　　　　　凭约　　　　　　　　程子烈(押)
> 　　　　　亲友　　　　　　　　胡文一(押)
> 　　　　　　　　　　　　　　　程予□(押)
> 　　　　　　　　　　　　　　　程子魁(押)
> 　　　　　　　　　　　　　　　程季初

陈□好（押）
陈又抚（押）
胡维烈（押）
书人　胡仁周（押）

内扣拾叁字，又改陈字壹个
君成批（押）①

由上述文书中提及的"今值轮充柒甲里役，有前康熙三十年合同，遵奉县主钤印，李、陈两姓粮丁朋役是凭"可知，实际上，李、陈两姓早在6年前的康熙三十年间，就围绕保甲等役订立过朋充合同。6年后，双方订立的里役合同则规定："其保长亦系两半充当。"表明李、陈两姓在七甲的保甲差役承充方面各承担一半的义务。

笔者所见关于李、陈两姓保甲之役合作的第二份合同文书，是31年后的雍正六年(1728)二月订立的：

> 立合墨人李陈茂户丁李四宝、李宪章、李桂喜、陈得先、陈继理、陈继欢等，今因雍正六年七甲现役以及次年保长，向系李、陈两姓照粮计丁，拈阄管月，笃义认充，于兹有年矣。近为丁粮不一，里保两役□绪旧规，致两姓争竞，蒙诸亲友从公劝谕，参差□力，两姓乐从。今议内里役以正月粮务稍宽，存众不计，仍有十一个月，该李姓管四个半月，陈姓管六个半月，凭阄拈定，照月督理，不得紊乱。所有寄户汪元理等并李振起之粮，照旧李姓催纳，不涉陈姓之中。再，议保役自正月起至十二月止，该李姓三个半月，该陈姓八个半月。所有保长唤认退呈使费，李姓认四股，陈姓认六股。如飞差勾摄，缺限临卯，俱照轮月承值，不得推捱误公，此属两姓情愿，毋得生端反悔。下轮里保，另行公议。今欲有凭，立此合墨两张，各执一张存照。
> 雍正六年二月　日立合墨人李陈茂户丁

---

① 《康熙三十六年十二月徽州某县李陈两姓立里役合同》，南京大学历史系资料室藏。

　　　　　李四宝　李宪章　李桂喜
　　　　　陈得光　陈继理　陈继欢
　　　见议　李宪章　陈大彬　郑永忠
　　　书人　胡维敏
　　其里长、保长倘有飞差各务,俱照县主出硃笔票日期,俱在管月者承值□理。
　　其李大成所输之田租叁拾壹秤,久已失业,李、陈并未收租,日后查出,李、陈公用。
　　今轮陈姓烧和合,写李姓名字敬神,并请铺司酒,李姓贴陈姓银捌钱。
　　下轮李姓烧和合,写陈姓名字敬神,并请铺司酒,陈姓贴李姓银捌钱。
　　其管甲分,陈姓管二甲、三甲、四甲、六甲、九甲;
　　其管甲分,李姓管一甲、五甲、八甲、十甲。
　　里长陈姓阄得二月、四月、六月、七月、九月、十月、十二月后半月;
　　　　　李姓阄得三月、五月、八月、十一月、十二月前半月。
　　陈姓保长阄得正月、二月、三月、四月、五月、八月、十月、十一月、十二月前半月;
　　李姓保长阄得六月、七月、九月、十二月后半月。
倘遇闰月存众①。

在雍正六年二月订立的里保应役合同中,第一次出现了"李陈茂户"的字样,这应是李、陈两姓在合作承充里保等差役过程中形成的一个约定俗成的、相对固定的服役户头。自此开始,在随后的几份相关文书中都提到了这个"李陈茂户"。在保甲之役承充方面,"李、陈两姓照粮计丁,拈阄管月,笃义认充,于兹有年矣",说明在雍正六年二月订立应役合同之前,双方进行了

---

①《雍正六年二月徽州某县李陈茂户丁李四宝等立里保应役合同》,南京大学历史系资料室藏。

多年愉快平稳的合作。后因"丁粮不一①,里保两役□绪旧规,致两姓争竞",双方在服役方面产生了矛盾和不愉快。此后又在诸亲友劝谕调解之下,重新恢复了里保两役的合作。就保甲差役而言,双方商定:"保役自正月起至十二月止,该李姓三个半月,该陈姓八个半月。所有保长唤认退呈使费,李姓认四股,陈姓认六股。如飞差勾摄,缺限临卯,俱照轮月承值,不得推捱误公,此属两姓情愿,毋得生端反悔";"陈姓保长阄得正月、二月、三月、四月、五月、八月、十月、十一月、十二月前半月;李姓保长阄得六月、七月、九月、十二月后半月。倘遇闰月存众"。保役的分配:李姓3.5个月,占29%,陈姓8.5个月,占71%。保长唤认退呈使费的分配:李姓认4股,占40%,陈姓认6股,

---

① 据南京大学历史系资料室所藏《光绪十年二月徽州某县李陈茂户丁李宝等立里保应役合同》云:"缘七甲轮值保约二役之年,原系李姓充当,嗣因人丁式微,难以支持公事,是以蒙陈姓愿入身甲分,承保约二役。比时李姓乐从,业立合据。历久弊生,至于雍正六年两姓争竞,当凭公劝谕。又凭十排与陈姓立议合墨,阄分管月,每轮七甲里长之年,则李姓充管叁月、五月、八月、十一月、十二月前半月,陈姓充管贰月、四月、六月、七月、九、拾月、十二月后半月。每轮保役之年,李姓充管六、七、九月、十贰月后半月,陈姓充管正、贰、叁、四、五、八、拾、拾壹、拾贰月前半月。"于此可见,在李姓"人丁式微,难以支持公事"的情况下,陈姓相应地多承担了一些差役。但"历久弊生",可能是陈姓提出异议,导致雍正六年两姓争竞,发生了较为严重的分歧。

在保甲之役承充方面,异姓宗族之间有时还会因为分工或执行不力等原因而发生分歧和矛盾,如南京大学历史系资料室所藏《康熙廿八年七月徽州某县十八都九图邵起圣等立津贴保长合同》提及,徽州某地邵姓保长因对鲍姓甲长"误留匪类"不满,而"分甲,各管各地,两不相涉":

十八都九图立合同人保长邵起圣等,今有茅山鲍姓人户,向寄本保当差,因先年误留匪类,已经分甲,各管各地,两不相涉。现今奉县主信牌清编保甲人户,保长要练达之人充当,一年一换。今议定茅山地方,每周年津贴保长工食银一两二钱,四季付完,不致短少。所有海涵牌票,俱邵姓料理。倘茅山地方容留匪类,及人命盗情,俱系鲍姓甲长承值,不涉保长之事。今恐无凭,立此合同一样二张,各执一张存照。

　　康熙廿八年七月　　　　　　　　　日立议合同人邵起圣(押)
　　　　　　　　　　　　　　　　　　　　甲长鲍佰振(押)
　　　　　　　　　　　　　　　　　　　　中见邵美干(押)
　　　　　　　　　　　　　　　　　　　　代书鲍惟正(押)

占60%。从中可见,徽州异姓宗族之间在保甲之役等方面的合作并非一帆风顺,而是随着丁粮多寡不一等人口和经济实力因素的变化,会出现一定的分歧和波折。但是,为了完成保甲之役等官府交办的任务,徽州异姓宗族之间会作出部分妥协、调整,并理智地从矛盾分歧走向新的合作。

笔者所见关于李、陈两姓(后扩大为李、陈、汪三姓)保甲之役合作的第三份合同文书,是光绪十年(1884)二月订立的,这离雍正六年(1728)已有156年的时间:

> 立议合墨七甲李陈茂户丁李宝、汪福庆、汪三庆等,缘七甲轮值保约二役之年,原系李姓充当,嗣因人丁式微,难以支持公事,是以蒙陈姓愿入身甲分,承保约二役。比时李姓乐从,业立合据。历久弊生,至于雍正六年两姓争竞,当凭公劝谕。又凭十排与陈姓立议合墨,阄分管月,每轮七甲里长之年,则李姓充管叁月、五月、八月、十一月、十二月前半月,陈姓充管贰月、四月、六月、七月、九、拾月、十二月后半月。每轮保役之年,李姓充管六、七、九月、十贰月后半月,陈姓充管正、贰、叁、四、五、八、拾、拾壹、拾贰月前半月,循据至今。近因李姓丁粮更寡,诚恐将来疲误公事,是以今承汪福庆等愿入身甲,身亦甘愿,当日央同十干面议,其保约二役拈阄为定。汪姓阄得九月管保役事务,阄得捌月管里役事务,永远无异。其余月分照雍正六年李、陈两姓议墨管月办理,不涉汪姓之事。自今议定之后,内外人等不得生情异议,此系两愿,恐口无凭,立此议墨存据。
>
> 一、议其钱粮各收各姓,收齐交甲催完纳,不得误公。
>
> 一、议十年一轮,挨七甲里役之年,汪姓贴出大钱壹千文正,交李姓办理烧和合、十排酒、铺司酒等项费用,李姓不得生端,汪姓亦不得短少。但烧和合之夜,汪姓亦着壹人相帮照应。
>
> 一、议十年一轮,汪姓垫出银洋壹员,交甲催带进

城垫领红单礼、比平礼、差礼等项,甲催回家之日,即将洋壹员还汪姓收回。如汪姓到城,即城归还。

一、议轮本甲里役之年,正月存众,三姓公办。其余月照议凭管月办理。

一、议轮本甲保役之年,如遇有闰月,汪姓管初壹、初贰、初叁日,余者李、陈管办。

一、议轮保役之年,经收图内客姓贴费,李、陈、汪三姓同收。再,十排贴保长大钱叁千九百廿文,除唤用保长及盘缠用度,或有余钱,即贴甲催,如不敷支用,即照管月日脚派出。

一、议十排利市酒,李、汪两姓同吃,所领之亥、鱼,叁股挨领,李姓领两轮,汪姓领壹轮,毋得紊乱。

一、议里长拜年上保长丁,齐办。

一、议按年汪姓贴出钱五拾文,会十排日上十排利,不得延误。

一、议迎官接送、人命贼盗各大件,出场即日脚承理,如用银钱即照叁姓当役管月,众共公派,不得拖累一人。

一、议飞差勾摄,即遵县主信票朱批日期,是该姓日脚充役,即该姓承理,不得推诿。

一、议李桐户户丁德树,系身己户。其户原有田税叁分八厘五毛六丝,地税壹分贰厘八毛八丝六忽,山税六厘五毛七丝,当立扒单将以上田地山税尽行扒入身李一兰户内办纳。其李桐户丁德树,身情愿立凭出卖与汪福庆兄弟名下,任凭汪姓收税装入户内。当日面议价英银洋捌员正,其洋是身李姓收足,其户任凭汪姓管业,如改丁分丁,一切均凭汪姓主裁,如汪姓日后兴隆或另添立新户,亦听其便,毋得难阻。

一、议汪福庆自置有田壹号,土名岩后壋,计田租佃九秤,情愿输入李姓三宝神会名下,按年任凭李姓收谷,以作三年一轮迎神演戏等项费用,日后李姓不得生枝科派汪姓钱文。当日议定按轮演戏,接箱搭台,一切不涉汪姓之事。其所输租之税粮,即推入李富保户内收藉办纳。

一、议轮保役之年,汪姓管九月事,其六月、七月、拾贰月后半月李姓充管。

一、议轮约役之年,汪姓管捌月事务,其叁月、五月、拾壹月、拾贰月前半月李姓充管,永远不得生情异议,立此合墨为据。

光绪拾年二月日立议合墨七甲李　宝(押)

李金开(押)	一甲程子进(押)	六甲胡黄福(押)
汪福庆(押)中	二甲吴元茂(押)	七甲李陈茂(押)
汪三庆(押)	三甲程正大(押)	八甲胡光德(押)
陈启盈(押)	四甲程正旺(押)	九甲陈汝兴(押)
陈金源(押)	五甲胡永兴(押)	十甲胡永泰(押)

依议书人陈东皋(押)①

在雍正六年李、陈两姓为承充里保等差役发生争执并经亲友劝谕后,双方重新订立了一份合同。该合同对两姓承充里保等差役有明确的权利和义务界定,并"循据至今",即一直延续至光绪十年(1884)二月。可见,在这100多年间,双方于雍正六年订立的合同,长期得到了遵守。到了光绪十年二月,"李姓丁粮更寡",因担心"疲误公事",邀请汪福庆等协同承充里保等差役:"汪姓阄得九月管保役事务,阄得捌月管里役事务","其余月分照雍正六年李、陈两姓议墨管月办理,不涉汪姓之事";"轮本甲保役之年,如遇有闰月,汪姓管初壹、初贰、初叁日,余者李、陈管办";"轮保役之年,经收图内客姓贴费,李、陈、汪三姓同收";"轮保役之年,汪姓管九月事,其六月、七月、拾贰月后半月李姓充管"。七甲中的保甲之役,由原先的李、陈二姓管办改为由李、陈、汪三姓协同料理,即由二姓合作变为三姓合作。

而在光绪二十年(1894)三月程子进等立里役合同中,合同押署时,七甲户名已由"李陈茂"直接改为"李陈汪",李、陈、汪三姓宗族已经结成为一个服役的"共同体":

立合同议墨拾图拾甲一甲程子进、二甲吴元茂、

---

① 《光绪十年二月徽州某县李陈茂户丁李宝等立里保应役合同》,南京大学历史系资料室藏。

三甲程正大、四甲程正旺、五甲胡永兴、六甲胡黄福、七甲李陈汪、八甲胡光德、玖甲陈汝兴、拾甲胡永泰等,缘因李□家昔年承充铺司之役,自昔至今,是伊子孙承充。今奈李金开因人力不固,与众再四推辞。所有拾排内赐伊工食田地产业,金开自情愿立据交出,任拾排内执管充办,以十排挨次轮收承办。遇有官差重务,十排酌议公同承办。再,李□家具有名字禀帖在县内,倘遇追究,已前是金开承值,从今之后,是十排内承办,惟工食田产归公轮收。今值二甲充保,其田租各归二甲收,内扣谷二秤正,交一甲收谷。按甲均照此例,俟十甲挨满,再从一甲收起,至十甲为止,轮流收办承充。阄满之期,阄而复始,永远传流。各甲不得藉言擅收之谷。自议之后,如有强收谷者,公议重罚。各甲不得徇情,为愿始终如一,毋怀已竟[意],勿违众议也。恐口无凭,立此合同议墨一样拾一张,各甲收执一张,余存众拾排匣内一张,永远存照。

再批,拾排内所存田租并佃皮土名开列于后:

一、存大保圩,计田租并佃皮捌秤正,每年火禾收硬谷捌秤正。

一、存土名俞家段,计田租并拾贰秤正,每年火禾收硬谷拾贰秤正。

一、存官铺街脚烟燉屋基地一片,归众出租,轮流挨收。

四甲程正旺(押)
二甲吴元茂(押)

光绪贰拾年叁月 日立合同议墨拾图拾甲一甲程子进(押)
三甲程正大(押)
五甲胡永兴(押)
六甲胡黄福(押)
七甲李陈汪(押)
八甲胡光德(押)
九甲陈汝兴(押)

十甲 胡永泰（押）①

上述分析表明，明清时期，徽州异姓宗族之间在保甲之役承充方面的合作始终是动态的，也是灵活应变的，富有弹性。

值得指出的是，在保甲之役承充方面，徽州异姓宗族的个体成员之间有时也进行着有效的合作。如清康熙二十五年（1686）八月，徽州某县吴腾彩、吴之灿、程黑、朱惟健等4人，"因县主靳老爷票唤身等四人充点保长"而订立承充保长合同，规范了相互之间的义务：

> 立议合同人吴腾彩、吴之灿、程黑、朱惟健，今因县主靳老爷票唤身等四人充点保长。今四人共议，听点一名承管，勾摄等事，俱系四人均管。其使费亦系四人均出，并无违拗。倘有推委者，罚银五两公用，仍依此合同为据。今立合同四纸，各执（一）纸存照。
>
> 康熙廿五年八月　　日立议合同人吴腾彩（押）
>
> 　　　　　　　　　　　　　　　吴之灿（押）
>
> 　　　　　　　　　　　　　　　程　黑（押）
>
> 　　　　　　　　　　　　　　　朱惟健（押）
>
> 　　　　　　　　　居间　黄君杰（押）②

以上分析表明，明清时期徽州境内保甲的推行，及其社会控制职能的有效发挥，是与当地宗族和族人的密切配合分不开的③。

甚至到了清末，徽州知府刘汝骥在倡行地方自治时，仍然对当地的宗族组织寄予厚望，并特别提到了保甲施行与徽州宗族的关系：

---

① 《光绪二十年三月徽州某县十图十甲程子进等立里役合同》，南京大学历史系资料室藏。

② 《康熙廿五年八月徽州某县吴腾彩等立承充保长合同》，南京大学历史系资料室藏。

③ 有学者甚至认为，在徽州，"国家所认可的保甲组织离开了宗族是一事无成的"。参见唐力行、张翔凤：《国家民众间的徽州乡绅与基层社会控制》，载《上海师范大学学报》，2002年第6期。

> 独我徽之民，聚族而居，家有祠，宗有谱，其乡社名目，多沿袭晋唐宋之旧称，此海内所独也，今稍稍陵夷矣。强宗豪族，或时有结党纠讼之事，然不数见也。乾隆中叶，江西巡抚辅德致有毁祠追谱之疏，此可谓因噎而废食。就徽言徽，因势而利导之，此其时也。由一族而推之各族，公举贵且贤者以为族正，由地方官照会札付以责成之，户口以告，田谷以告，学童及学龄而不入学者以告，好讼好赌及非理之行为以告，一切争讼械斗之事，固可消弭于无形。即保甲、社仓、团练各善政，皆可由此逐渐施行。地方自治，此其初哉①！

在刘汝骥看来，徽州境内保甲等善政的推行，必须要充分考虑和利用当地固有的宗族资源，"因势而利导之"②。

如前所述，明清时期，徽州境内特别是广大宗族乡村中的保甲组织的社会控制与管理职能，主要体现在治安管理、户口调查与统计、信息传递、踏勘查验、接收投状、民间调处、居间中证、强制执行、经济管理、社会救济等方面。徽州境内保甲组织上述职能发挥的好坏，在一定程度上关系到明清时期徽州境内社会秩序和经济秩序的维护与否，而这一切又在很大程度上与当地宗族组织的重视与配合密切相关。徽州境内各宗族的重视与配合程度如何，对于当地保甲的推行及其效果有着重要的

---

① （清）刘汝骥：《陶甓公牍》卷三《批判·户科·黟县胡令汝霖禀批》，《官箴书集成》第10册，合肥：黄山书社，1997年，第477页。

② 在刘汝骥之前，清人冯桂芬（1809～1874）即曾提出过利用宗法、宗族资源推行保甲、社仓、团练的设想，并提出：保甲等制度实施效果的好坏，与宗法、宗族密切相关；在实行社会治理时，应"以保甲为经，宗法为纬，一经一纬，参稽互考"。他认为："宗法行而保甲、社仓、团练一切之事可行。宗法以人人有所隶为主，是亿万户固已若网在纲，条分缕析，于是以保甲为经，宗法为纬，一经一纬，参稽互考，常则社仓易于酿资，变则团练易于合力。论者谓三代以上之民聚，三代以下之民散。散者聚之，必先聚之于家，然后可聚之于国。宗法为先者，聚之于家也；保甲为后者，聚之于国也。……今保甲诸法之不行者，以无宗法为之，先也。"参见（清）冯桂芬：《校邠庐抗议·复宗法议》，上海：上海书店出版社，2002年，第85页。

影响。总体而言，明清时期徽州宗族对于保甲的推行，是持一种较为积极的配合的姿态，在宗族内部，或通过耐心规劝，或通过宗族法的形式，要求族人重视保甲、认真完成保甲之役。如明万历《休宁范氏族谱》云：

> 上司设立保甲，只为地方，而百姓却乃欺瞒官府，虚应故事，以致防盗无术，束手待寇，小则窃，大则强。及至告官，得不偿失，即能获盗，牵累无时，抛废本业，是百姓之自为计疏也①。

清乾隆《休宁古林黄氏重修族谱》云：

> 上官严立保甲，专为我地方百姓也。近皆虚应故事，欺瞒官府，以致疏虞失事，风鹤时惊，破家丧命，皆自家忽略故也②。

上述两个徽州宗族，通过陈述道理、耐心规劝，从反面提醒族人：倘若"欺瞒官府，虚应故事"，不重视保甲组织建设和保甲的推行，就会导致"防盗无术"、"破家丧命"等惨剧的发生。

除了耐心规劝或警醒族人外，明清时期，徽州宗族往往还会主动配合地方官府的倡导，并结合本族的实际情况，制定推行保甲的措施，并予以认真施行。如明万历年间，休宁范氏就曾积极主动地提出自己推行保甲的举措：

> 吾族虽散居，然多者千烟，少者百室，又少者数十户，兼有乡邻同井，相友相助，须依奉上司条约，严谨施行。平居互讯出入，有事递为应援，或合或分，随便邀截。若约中有义男不遵防范、踪迹可疑者，即时察之。若果有实迹可据，即鸣诸宗祠，会呈送官。若其人自知所犯难掩、畏罪自尽者，本主备具实情一纸投祠、约，各房长证明，即为画知存照。倘有内外棍徒诈索，即以此照经官究治③。

---

① 万历《休宁范氏族谱·谱祠·统宗祠规·守望当严》。
② 乾隆《休宁古林黄氏重修族谱》卷首下《祠规·守望当严》。
③ 万历《休宁范氏族谱·谱祠·统宗祠规·守望当严》。

该族主张"须依奉上司条约,严谨施行",表明其推行保甲的态度较为积极,提出"平居互讥出入,有事递为应援,或合或分,随便邀截"等,则表明其推行保甲的举措具有灵活应变的特性。

综上所述,我们认为,明清时期徽州境内宗族组织与保甲组织之间的关系状态,实际上是一种相得益彰的良性互动的关系:封建官府在徽州宗族社会中推行保甲,是为了有效控制地方、维护徽州地方的社会经济秩序,这在很大程度上有利于维护徽州宗族的利益,而徽州宗族积极支持和配合封建官府在境内推行保甲的活动,是对封建官府施政的一种支持和拥戴,有助于封建官府实施对包括徽州在内的全国各地的有效控制和治理。由于保甲制度的推行和保甲组织的运作具有十分浓厚的官方色彩和官方背景,因此,明清时期徽州境内宗族组织与保甲组织之间的良性互动,实质上是徽州族权与封建政权之间良性互动关系的一种反映。

四、清代徽州境内大、小族对保甲组织主导权的争夺:以乾隆年间休宁县西乡十二都三图渠口分保案为例

清代,徽州境内的保甲编制与宗族组织结合十分紧密,一些人丁兴旺的大族往往拥有属于自己一姓的族保。各大姓宗族的佃仆或细民小姓隶属于大族所在的保甲系列之中,处于大姓宗族的管辖与控制之下。然而,随着世代繁衍,有些佃仆或细民小姓家户的人口不断增长,这些佃仆或细民小姓家户也往往形成了自己的宗族,这些宗族在徽州与大族相对应,被视为小族。特别是随着人口的繁衍和经济实力的增长,这些小族往往企图借助于各种手段和方式以摆脱大族的控制和压迫。清乾隆年间,休宁县西乡十二都三图渠口汪氏族保内倪、朱、方、胡等小姓要求分保、另设保甲组织的一系列举动,其实质就是小族试图推动保甲组织设置的变更,以力争摆脱大族的控制。而且,由于保甲组织的主要功能是实施对地方社会的控制和治理,因此,宗族社区中的小姓小族要求分保、另设保甲组织的举

动,除了摆脱大姓大族的控制外,实质上还有与大姓大族分道扬镳、划分势力范围、削弱大姓大族对地方社会的控制力、分割地方社会资源的企图。

在研究徽州保甲组织和保甲制度时,前人对这一案例关注较少①,此处拟从宗族与保甲二者关系的角度,对分保案的前后过程作一梳理,以窥视清代徽州境内大、小族对于保甲组织主导权的争夺以及徽州宗族利用保甲组织为己谋利的实态。

清乾隆三十一年(1766)七月二十二日,休宁县十二都三图渠口汪氏族保内倪浩然、朱盛、方如金、胡南光等向休宁县靳知县②递交了一份禀状:

1. 乾隆三十一年七月二十二日:

> 具禀十二都三图倪浩然、朱盛、方如金、胡南光等,禀为叩饬分保,以杜害累事。设立保长一役,原为稽查奸宄,巡察窃匪。凡一切应办之事,实力奉行,并非贻害地方也。向来通都图惟设一保,自汪姓稽充以来,遇事生波,逢人骗害,或藉役以苛派,或小题而大做。偶有口角,便滋讼端。从前身等各姓族弱丁单,受累已非一日。今朱姓有三十余丁,倪姓十余丁,方姓数丁,胡姓数十丁,仍有各姓男丁现外者,共计百有余丁。欣逢宪天福莅,剔弊厘奸,草木均沾雨露,四民共沐德化。若不及今叩恩,另分一保,切恐子子孙孙受累无休。即如胡琪生等亦因汪姓恃保健讼,以致屡烦天心,案牍累累,唇亡齿寒,用敢请饬该房注明分保。如一切应办公事,身等公议轮充,以杜汪姓害累。且分保分甲非自今始,历蒙前宪准行,诚为民便,亦专责成。为此,环吁宪天恩鉴作主,准饬分保,各有专

---

① 陈柯云《雍正五年开豁世仆谕旨在徽州实施的个案分析》一文,对分保案有所涉及,但未作深论。参见周绍泉、赵华富主编:《'95国际徽学学术讨论会论文集》,合肥:安徽大学出版社,1997年,第116~150页。

② 即靳宗著。详参陈柯云:《雍正五年开豁世仆谕旨在徽州实施的个案分析》,周绍泉、赵华富主编:《'95国际徽学学术讨论会论文集》,合肥:安徽大学出版社,1997年,第134页。

责,公私两赖。望光上禀。

　　批:该图向来既设保长一名,现役如果多事,即据实禀明究革另报,不必分保,致滋纷更①。

在禀状中,倪、朱、方、胡等人声称:汪姓长期承充保长,"或藉役以苛派,或小题而大做。偶有口角,便滋讼端",诉说自身长期受到汪姓的压迫和控制:"从前身等各姓族弱丁单,受累已非一日",现如今,"族弱丁单"的情况发生了重大改变:"今朱姓有三十余丁,倪姓十余丁,方姓数丁,胡姓数十丁,仍有各姓男丁现外者,共计百有余丁",于是,提出"另分一保"的要求。然而,靳知县认为"该图向来既设保长一名",即由汪姓一人承充保长是长期形成的惯例,"不必分保,致滋纷更"。

由于未达到目的,过了十数日后,倪、朱、方、胡4人又于乾隆三十一年八月初四日向休宁县靳知县递交了一份禀状:

2.(乾隆三十一年)八月初四日:

　　倪浩然、朱盛、方如金、胡南光,为保分事无,再叩察准事。缘通都保役汪姓积充,以致遇事生波,藉役苛诈,小题大做。身等各姓族弱丁单,受累已极,故于前月二十二日叩恅分保,奉批:该图向来既设保长一名,现役如果多事,即据实禀明究革另报,不必分保,致滋纷更。金批极应遵照,何敢固请,但设役原期有益地方,实力办公,非藉以为利薮。无论一名二名,总要得人,与其族大丁强,一姓擅权作奸,毋宁各立一保,免致彼此商参。至汪保多事,难擢发数,即蒙究革,仍属伊姓接充,犹拒虎而进狼。如胡琪生等亦被汪姓恃保健讼,屡烦案牍,此可鉴也。宪恩另报,势必及于身等,仍混一保之内,弱丁何能与汪姓事应,叩各分各保。请自今始,身等数姓自立一保,公议轮充,以脱汪姓之陷井,实为两便。且设保不拘定额,今身等烟户稠密,正宜分保,各专责成。其应办一切公事,既

――――――――――
① 《清乾隆休宁县状词和批示汇抄》。以下所引资料,均出自该抄本,不另注。

无纷更之扰,亦且相安于无事。仰赖盛世太平,伏乞太爷恩鉴,体恤民情,俯允所请,分保专责,永杜害累。沐恩上禀。

批:仰捕衙查明饬遵。

在第二份禀状中,倪、朱、方、胡等人声称:"设役原期有益地方,实力办公,非藉以为利薮。无论一名二名,总要得人,与其族大丁强,一姓掺权作奸,毋宁各立一保,免致彼此商参。"提出官府在基层社会中设立保长的目的,是为了"实力办公",即按照官府的意图完成交办的公务,而不是将承充保长作为汪姓的一己私利。并提出:"设保不拘定额,今身等烟户稠密,正宜分保,各专责成。"即设立保甲组织及保长,是根据人丁户口的多寡,多设少设,没有固定的名额限制,如今倪、朱、方、胡等姓"烟户稠密",正是分保的好时机。此次,靳知县的态度有所松动,批示捕衙(即典史沈文锡)前往查明实情。

休宁县典史沈文锡按照靳知县的指示,前往调查实情,并于乾隆三十一年八月十九日向靳知县递交了一份禀呈:

3.(乾隆三十一年)八月十九日:

江南徽州府休宁县典史沈文锡,呈为保分事无,再叩察准事。本月初四日,奉特授休宁县正堂加五级纪录五次靳批:据十二都三图倪浩然、朱盛、方如金、胡南光等具禀前事,内称云云。奉批:仰捕衙查明饬遵,等因。奉此,卑职遵即唤查,去后。续据倪浩然、朱盛、方如金、胡南光等,以捧叩查明,饬遵分保事具禀。内称:通都保长一役,原系汪姓积充,而身等各姓仍与汪共,以致受制欺凌,遇事被累。从前族弱丁单,莫可如何。是以禀明堂宪,奉送宪案,查明饬遵。切设立保役原为稽查奸宄,巡察匪类,一切办公,实力奉行。本属有益无损,务在得人,奈汪保掺权作奸,现今胡琪生等被保滋事,健讼有案,此不待查而可知者。若各立一保,役分累脱,同一办公,均无相涉,责成以专,永无欺凌。况保长亦无定额,叩查分保分甲之处,历可援引。为此,捧批尊叩,恩赏分保,详饬遵照,诚

第七章 明清徽州宗族对保甲的认识及推行保甲的实践

为德便,望光上禀,等情。讯。

据倪浩然、朱盛、方如金、胡南光同供:小的们住在西乡十二都三图渠口地方,自本村源头起至水口周围,有四里多路,共有三百多户。小的们倪、朱、方、胡四姓,也有一百七十多丁。本图保长汪姓依恃族大,总是他家盘踞积充,遇事生波,小的屡受期[欺]压,稍不遂欲,即酿讼端。故此,小的们情愿另立一保,四姓轮流充当。今有倪四德,为人诚实谙练,举充保役。倘有误公滋事,小的们愿甘坐罪。分保另立,别图常有,并不是小的们开端,求查兵房卷宗就是了。等供。据此,该卑职查得保长一役,因地制宜,原无定额,是以各图常有分保另立之请。兹据倪浩然等以该图人烟稠密,汪姓族大踞充,屡被欺凌,情愿另立一保,四[姓]轮流充当,催科巡辑,共相守望,各有专责,免滋事端,实有裨益,似属可行。今举倪四德承充,可否准其所请,卑职不敢擅便,理合录供详请宪台察核示遵。为此,备由开册具申,伏乞照详施行。须至册者。

乾隆三十一年八月十九日典史沈文锡详

正堂靳批:如详分保轮值,照议即着倪四德承充,取具认状,报查缴。原词存。

在典史沈文锡递交的禀呈中,详细胪列了倪、朱、方、胡4人的供词。倪等提出:渠口地方共有300多户,倪、朱、方、胡4姓,有170多丁,与汪姓相比,也是一个户口数、人丁数较为可观的群体。但"本图保长,汪姓依恃族大,总是他家盘踞积充,遇事生波,小的屡受期[欺]压,稍不遂欲,即酿讼端"。为了摆脱汪姓对本图保甲事务的垄断和对自身的屡屡欺压,倪等提出"另立一保,四姓轮流充当"。并集体推荐了承充保役的人选:"今有倪四德,为人诚实谙练,举充保役。倘有误公滋事,小的们愿甘坐罪。"在收集了倪等供词后,典史沈文锡作出了自己的判断,并向知县提出了带有自己倾向性的意见:"据此,该卑职查得保长一役,因地制宜,原无定额,是以各图常有分保另立之请。兹据倪浩然等以该图人烟稠密,汪姓族大踞充,屡被欺凌,情愿另立一保,四九[姓]轮流充当,催科巡辑,共相守望,各有专责,免滋事端,实有裨益,似属可行。"靳知县根据典史沈文锡的调查,作出批示,同意倪四德承充,并要求"取具认状"。

在得到知县认可五日后,倪四德向县衙递交了认状;又过了两天,得到了准认。

4.(乾隆三十一年八月)二十四日:递认状(乾隆三十一年八月)二十六日:批:准认

> 具认状十二都三图保长倪四德,年五十岁,身中,面员,胡须。今于与认状事,实认得保长一役是身承充,小心办公,不敢玩误。所具认状是实。

在得知靳知县同意倪、朱、方、胡四姓"分保另立"并举荐倪四德承充保长之后,渠口汪氏监生汪增燮、汪铨纪等急忙向县衙递交了一份驳斥倪、朱、方、胡四姓的禀状:

5.(乾隆三十一年)八月廿七日:

> 具禀十二都三图监生汪增燮、汪铨纪等,禀为串朦分保,叩察注销,照旧饬遵,以杜纷更事。缘设立保役,原为联络约束,乡村相近,烟户相接,得以稽查奸匪,供办公事。各图乡保俱系大户充当,凡寄居商贾农工及小姓地仆人等同在一处者,例归保内管辖,以专责成,从无另立分保之条。生等本图有汪、朱、李三保,各管附近村落,分疆定界。生等渠口一村,承祖族丁轮值,并非一人积充,每年编立烟户,一切小姓地仆隶籍保内汪姓之后,兵房户册可查,相安已久。讵昨骇闻生村有倪、朱、方、胡四姓,串捏倪浩然、朱盛、方如金、胡南光等四人鬼名,突以叩饬分保等事,诳称通都图只设一保,汪姓积充等语,狡砌胡琪生等讼案朦耸。奉批:该图向来既设保长一名,现役如果多事,即据实禀明究革,另报,不必分保,致滋纷更。伊等再诳,奉仰捕衙查明饬遵,捕廉并不仰体宪批,传唤排保集讯,查明图内三保成规及伊等确系何人,惟徇一偏详覆。奉批:如详分保轮值,照议即着倪四德承充,取具认状,报查缴。原词存。切渠口村内倪、朱、方、胡

四姓,皆系世代住葬生等潜、重字号屋山供役地仆,历归保内管辖,花名现附户册,别无四姓人氏,并无倪四德、倪浩然等五人名目。伊等词内叠牵胡琪生等讼案,明系逆胡庆等作俑,横张威福,唆哄倪、朱、方三姓串捏鬼名朦分,希为效尤跳梁张本,情弊显然。不思伊等住葬现系生家金业完粮之产,世供服役之人,有何该管地方?奚容紊乱成规,外生枝节?且本图现设三保,一保各管一村,逆等住居生家地屋,一村之内若任悬空横立,负乘志得,势必与主抗衡,不服联络约束,岂肯安然无事?为非作歹,肆行无忌,引匪藏奸,谁为阻遏?一村两保,事无专责,稽察办公,必致推诿。况逆等多系远方入赘及投身之辈,设有重大事务,一旦抛弃远飏,非惟遗祸生等地主,抑且上累官府。生等情切,不得不陈。为此,乞叩宪天鉴情灼朦,恩饬注销,照旧杜纷,地方永赖。顶祝上禀。

批:前据倪浩然等以族大踞充、屡被欺凌具禀,是以准照衙详,因地制宜,分保轮值。倪四德如有误公及抛弃远飏情事,自有举报之倪浩然可查可究,不致遗累该生也。

在禀状中,汪增燮等提出:徽州境内"设立保役"的习惯做法是:以大族为主导设立保甲组织,保甲长由"大户充当",其他寄居人户和小姓地仆"例归保内管辖",从来没有寄居人户和小姓地仆"另立分保"的先例。根据大族主导的原则,"生等本图有汪、朱、李三保,各管附近村落,分疆定界"。就渠口村而言,每年编排保甲,皆以汪姓为主导,"一切小姓地仆隶籍保内汪姓之后,兵房户册可查,相安已久"。在历数倪、朱、方、胡四小姓为汪姓地仆后,汪姓监生指出了"分保另立"的严重后果:"本图现设三保,一保各管一村,逆等住居生家地屋,一村之内若任悬空横立,负乘志得,势必与主抗衡,不服联络约束,岂肯安然无事?为非作歹,肆行无忌,引匪藏奸,谁为阻遏?一村两保,事无专责,稽察办公,必致推诿。况逆等多系远方入赘及投身之辈,设有重大事务,一旦抛弃远飏,非惟遗祸生等地主,抑且上累官府。"虽然汪姓监生用可能导致危害地方社会秩序稳定的后果来提醒知县,但靳知县似乎并不买账:"倪四德如有误公及抛弃远飓情事,自有举报之倪浩然可查可究,不致遗累该生也。"

在未得到知县认可并有效阻止倪、朱、方、胡四小姓"分保另立"的情况下,汪姓监生分别于乾隆三十一年九月十九日、二十二日、十月十三日连续三次递交了禀状:

6.(乾隆三十一年)九月十九日:

具禀汪亨、汪文、汪行、汪忠支丁监生汪增燮等,为词叩未批,再嚎饬销,以端名分事。八月二十七(日),生以串朦分保等情叩追倪四德等朦掣分保一词,迄今未蒙批示。缘生族居渠口地方,祖遗仆众分列十甲,原为冠婚丧祭轮供役使,故伊等坟葬生山,何止千穴;住生基屋,计数十处;种生族田,陇亩百顷。今逆仆胡庆、胡琪生等,藉族孽汪君宣索诈构讼得志,胆敢倡率十甲仆众尽皆背叛故主,捏诳分保。本图成规现有三保,竟称通都仅只一保,欺朦已甚,名分荡然。逆辈祖父供役历数百载,假令受宪以不次之荣,超贱为良,生等茕茕弱主,势难与之较胜。惟所葬、所住、所种,凡属生业,必当明示,令彼起坟、搬屋、退田,庶几两得其平,亦宪息讼宁民之德。为此,抄粘未批原词一纸,匐叩宪天赏示,张晓若辈起坟、退屋、还田,抑或并案严究,追销分保,照旧供役,伏俟恩裁。上禀。

批:已据前词批示,即查照勿违。

7.(乾隆三十一年)九月二十二日:

九月二十二日,又禀为非阻分保,叩察追业事。十九日,生以词叩未批等情求追倪四德、胡庆等所葬、所住、所种,蒙批抄电。缘生族居渠口,祖遗仆众分列十甲,原为冠婚丧祭轮供役使,故伊等坟葬生山,何止千穴;住生基屋,计数十处;种生族田,陇亩百顷。今逆仆胡庆、胡琪生等,藉族孽汪君宣索诈构讼得志,倡率十甲仆众尽叛故主,捏族大踞充,屡被欺凌,串捕诳详分保。切思欺凌需诈，宪前批明，不妨据实禀究。而逆祖父供役历数百载，宪果以不次之荣，超彼为良，生等茕茕弱主，势难与之较胜。然所葬、所住、所种，凡属生业，应堂[当]堂明示，令彼起坟、搬屋、退田，庶几两得其平。况宪历江安十余载，所在必以息讼宁民，今徒固为若辈释豁而不令退业，将来效尤之讼不旋踵至。非生等固为哓哓，虽质诸海宇，不外此理。为此，再吁宪天明示，张晓若辈速即起坟、搬屋、退田，还给故主，讼宁民安。上禀。

批：听候复讯，毋庸琐渎。

8. (乾隆三十一年) 十月十三日：

汪亨、汪文、汪行、汪忠支丁监生汪增燮等，为坟起、屋搬、田退，金案早结，仆感洗身，光净生叩，讼宁安业，两沐三得事。生族祖遗仆众分列十甲，原为冠婚丧祭轮供役使，历数百年，并未跳梁，则如雍正五年叛仆之讼，合郡蜂起①。惟生族独宁者，盖仆辈坟葬生山何止千穴，住生基屋庇身，种生族田资命，仍有樵采之利，木本水源，有所由来，故无效尤。今因族孽汪君宣藉主索诈仆人胡庆、胡正元等，起隙，庭讯。后逆庆等乘机倡率倪浩然、倪四德、朱盛、方如金、胡南光等十甲仆众，尽皆背叛。迫叩，蒙批：另案讯结，金批抄电。切宪德以息讼宁民、抑强扶弱声播寰宇，而君宣父子匪行济恶，官惩族斥，已非一次，虽重加刑戮，犹不足尽辜。然生等族丁贸读安分，非乐讼凌弱者比。且山业与逆葬住，既不供役，理应勒令清还故主，庶讼源自息。为此，叩宪天迅赐迅追，严勒起坟、搬屋、退田，则仆辈必感洗身光净，居然望列，生族亦沐宁讼，

---

① 关于雍正五年开豁世仆在徽州社会中引起的震荡，可参见陈柯云：《雍正五年开豁世仆谕旨在徽州实施的个案分析》，周绍泉、赵华富主编：《'95 国际徽学学术讨论会论文集》，合肥：安徽大学出版社，1997 年，第 116～150 页；韩秀桃：《清代例的制定与实施——雍正五年开豁世仆谕旨在徽州、宁国实施情况的个案分析》，载《法制与社会发展》，2000 年第 4 期。

金案肃清矣。上禀。

批：候讯，毋渎。

在上述三份禀状中，汪姓监生先是提出了一道二选一的选择题："张晓若辈起坟、退屋、还田，抑或并案严究，追销分保，照旧供役"，未见效果后，又下了最后通牒："张晓若辈速即起坟、搬屋、退田，还给故主，讼宁民安"；"迅赐迅追，严勒起坟、搬屋、退田，则仆辈必感洗身光净，居然望列，生族亦沐宁讼"。据靳知县批示云"听候复讯，毋庸琐渎"、"候讯，毋渎"，似乎已被汪姓监生纠缠得很不耐烦。

于是，在五天后的十月十八日，靳知县要求差役陈德将讼案中的相关当事人"唤齐赴县，以凭讯夺"：

9. （乾隆三十一年）十月十八日：

休宁县正堂加五级纪录五次靳，为叩勘清业等事。案据监生汪增燮等具禀胡庆等一案，业经军厅查勘。嗣据牒覆，旋经唤讯，去后，未据覆案，今准府学牒案。又据汪亨等禀同前情，合行唤讯。为此，仰役陈德协同保甲，即唤前票内有名人等，并唤续禀之倪浩然、倪四德、朱盛、方如金、胡南光等依限唤齐赴县，以凭讯夺。去役毋再任延。速速须票。

乾隆三十一年十月十八日

在十一月十一日，倪浩然等诉说了四小姓在保甲体系内被"汪姓积保汪君宣、廷玉、廷瑞等借端诈陷，苦遭鱼肉"的遭遇：

10. （乾隆三十一年）十一月十一日：

倪浩然、朱盛、方如金、胡南光为分保杜诈，党捏诬良事。原身村倪、朱、方、胡四姓叠被汪姓积保汪君宣、廷玉、廷瑞等借端诈陷，苦遭鱼肉。因于七月廿二日以叩伤分保两次具禀，沐恩批：捕廉查明，详送宪案，准行给领，着四德认充。幸戴仁天起水火而置衽席，而地棍汪君宣等阻保架诬，蒙金批：因地制宜，分保轮值，倪四德如误公及抛弃远飏情事，自有举保之倪浩然可查可究。身等遵示安分轮充办公。汪君宣等向行伙保,吓诈分甘,见身村奉宪立保,勒诈无由,复于八月二十七日巧以追业胧案,并捏指基屋山田俱系伊业等谎。奉批:静候复讯,毋庸琐渎。切身等四姓住屋俱系自造,坟山亦有税粮册据,并有与汪姓共业未分者,何得诬指?至种田交租,而田皮又系各家自佃,岂为仆役?奈棍等欲念未泯,向遭凌陷烹吞,身等前求立保。奉宪批:现役如果多事,不妨据实禀究。仰体天心,犹不敢开列烦案,惟求分保,永杜后患。今保既立,棍复凭空诬辱,希延诈吞,不得不将勒诈确据呈明,列一二号求究,而埋奸殃良等情亦自不辨立见。为此,叩乞宪天太爷恩准赏讯,究诬究诈,衔恩戴德。望光上禀。

上述倪浩然等所说四小姓在保甲体系内被汪姓欺压的遭遇,在十二月初八日、十二月十四日、乾隆三十二年(1767)正月二十九日汪姓的禀状中得到了部分证实:

11. (乾隆三十一年)十二月初八日:

具公呈人十二都三图汪亨、汪文、汪行、汪忠,禀为吞租剥祀,武断族曲,叩赏究追事。身族渠口世宗祀业,四房遵祖训守,经数百载,岁收仔[籽]利,上供国课,下为修葺祖墓、春秋蒸尝之备。近遭孽匪族丁汪渊、汪君宣父子,将水母岩租谷八砠强吞十年。昨于祭冬至日,众丁向彼理论,讵父子不惟不吐,反敢率伊妇女举家横行詈众。切身族天伦敦睦,经数百年,从无阋墙之隙。今未十载,兴讼八九,俱孽父子唆使,而又恃强吞租,致祖宗饮恨九泉,手足侧目咫尺。前因蚕食仆辈,累族致讼,现未寝结,恶端种种,难以枚举。合族情迫,环叩舆前,伏乞宪天太老爷作主,就案究追,生死同沐。上禀。

12. (乾隆三十一年)十二月十四日:

具公呈十二都三图汪亨、汪文、汪行、汪忠的名汪廷芳_{系族长}、汪与三_{执祠事人}、汪增燮_{原案内人},禀为遵批公叩,究恶宁族事。初八日,身等公禀族孽汪渊、汪君宣父子武断唆讼,蚕食众仆。又硬将祠内水母岩租霸吞十载,计谷八十砠。众向理论,敢于祭冬至日率伊妇女詈众等情。蒙批:未开的名,不准。切孽父子济恶,宪案累累;吞租剥祀,祖宗饮恨;叠叠唆讼,同枝相戕;武断族曲,四邻切齿;蚕食仆辈,谕究在案。罪过不胜指,苟不禀剪,族无宁日,合遵列名,并呈革条三纸,公叩宪天先赐硃点,并赏就案究剪。不独弱丁安土者,即身等祖先九原同沐。衔结上禀。

13. 乾隆三十二年正月二十九日:

具公呈汪亨族丁汪廷芳等,禀为迅叩究斥,宁族安业事。族孽汪渊、汪君宣父子济恶唆讼,一方不宁,霸充册理,飞洒舞弊。今因蚕食仆众,累族致讼,案下。且又吞剥祀租,罪恶难胜屈指。身等去冬公叩舆前,蒙并究革在案。切孽父子向来武断扛唆,衙门熟识。今蒙示期在即,孽怀叵测,必贿嘱原差,临期规闪。情激,预声匍吁宪天严饬案差,不使孽恶漏网,迅赐究革,追退册理,恩宁族丁。公沐上禀。

原来是"孽匪族丁汪渊、汪君宣父子""蚕食众仆"、"蚕食仆辈",即汪姓族人欺压倪等四小姓的举动,给四小姓提供了借口和机会。而且四小姓也一直以此作为攻击汪姓的依据,如乾隆三十二年二月初五日倪浩然等在禀状中依然提及受汪姓欺压一事:

14.(乾隆三十二年)二月初五日:

倪浩然、方如金、朱盛等,禀为投天犀审,按究诬良,永戴仁恩事。身村倪、朱、方、胡四姓,历被地棍积保汪君宣等借端吓诈,情迫号禀,蒙恩超豁,因地制宜,分保办公。讵地虎拂欲,捏指身四姓尽属伊家仆役。身于旧以分保杜诈、党捏殃良禀叩,开列勒诈条款号究。奉批:候并讯,抄粘存。今幸戴仁天悬牌示审,投青有日。第身处四姓寒微,叠遭汪姓势迫,沐恩分保,脱离虎口,垂涎不遂,指为世仆。不思身等果为仆役,尚有皇仁哀矜开恤,况无文契可凭,又地[无]衣食给养。至基屋山田,现有户册炳据,并有与汪共业未分者,岂容凭空诬指?只因在伊虎肘,苦遭鱼肉,即廉明莅任,剔奸陈弊,犹被勒诈,前已开列呈电在案。而汪廷芳向属讼棍,包揽前词,不敢声明。追奉批斥哭,列的名帮控,复巧为苦肉之计,与汪渊、君宣假相攻灭,冀脱诈骗环奸之罪。讵知神奸难朦天听,据伊谎世受豢养,而廷芳于勒诈之外,尚借身银六两,票约据本利不还,岂有受主豢养而反借仆之银不还者乎!即此一端,殃良立见。总之,廷瑞、廷芳、君宣、增燮等向属伙保,吓骗分甘,所以前后异词,鬼名叠出。为此,投乞宪天犀审,究诬追赃,幸戴仁恩,永登衽席。望光上禀。

然而,汪姓并不甘示弱,在随后的二月初六日、三月廿七日、四月初六日多次上禀,予以力争:

15.(乾隆三十二年)二月初六日:

具禀监生汪耀振、抱呈汪理中,为声明在制叩免事。生于初三日匍陈,因未循式,当堂掷还,合遵叩禀。缘族控逆胡正元、倪四德等,捏生业地古庙作祠,为统众叛主引领案内,渠仆敢将生乳名加祥列朦宪辕,奉票唤案下。切逆等十甲仆众二百余户,世居生族基屋,葬山种田,历数百载。刍荛樵采苗利,一饮一啄,尽赖生族蓄饲。即生族孩提之童,均伊等故主,皆可质于宪前。令蒙示审在即,各丁遵唤匍候。生丁父艰,旧十月廿五日奉例随报在案,理合声明,抑或邀恩核免,伏乞宪天批示。荷恩上禀。

16.(乾隆三十二年)三月廿七日:

监生汪增燮等,为恳讯示究,恩免羁守,并杜节饰事。逆仆胡庆、胡正元、倪四德等住葬生业,生族输供国课,逆等安享豢养,樵采籽粒苗利,辜恩倡率十甲仆

众尽叛故主一案,自旧蒙宪恤体,迄今叠次示期,因庶
务不果。切生等贸读霸[羁]候,冀宪一讯,各安生业。
且逆等既不供役,应自即搬己业住葬,力辞樵采豢养,
两各相安,不必累紊宪心,庶为纯良之徒。乃敢嘱差
塌延镶诓同业未分,希图踞占。生族给仆住葬,号业
均载保产印簿,逆等毫无未分之饰,庭讯立见。今幸
宪旋舆,急叩宪天讯,押退号业,庶枝节不生,免再羁
守,纲纪永赖,率土咸戴。上禀。

17.(乾隆三十二年)四月初六日:

  汪亨支丁汪廷芳,禀为叩恩速究,免致滋蔓事。
身等公呈革条,禀族孽汪渊、汪君宣父子唆讼武断,剥
祀蚕食,奉并究革。讵孽捏佃假账,叠叠饰渎,蒙犀烛
批饬,无容身等再紊。但身等贸读,废业霸[羁]縻,蒙
悬数次,未赐庭鞫。第孽父子廉耻丧尽,且现霸充册
理,身族业号极繁,册税孽是尽知,必致到[倒]填年
月,盗卖谋买,并怙枭凶,人命不测之患非一而止。是
此案一日不结,必深一番枝蔓,势所必致,激迫嚎叩恩
主青天太老爷迅赐断结,恩免枝蔓,普族均感。上禀。

乾隆三十二年六月初五日的堂审,是倪等四小姓与汪姓两
造围绕分保的诉讼案的分水岭:

18.(乾隆三十二年)六月初五日:审:思义未到案

  汪思义、汪君佩、汪加祥同供:小的家祖遗田地山
场,每年完二百多两银子,钱粮每年有七八千银子,柴
薪苗利出息都是给十二姓仆人收得。从前也有饥附
饱飏的,不过一二户,随搬开了,小的也不与他计较。
这倪、朱、方、胡四姓向来原不安本分,自旧奉审汪君
宣后,他四姓就率十二姓仆人都来叛主。如今人众
了,不能拘束他们。如今只求赏押他四姓为首的把坟
迁了,退还小的家祖业,禁收苗利,免得多事就是了。
如果小的们有拿板子打他,那里板子还与他拿来呢。
那胡姓原有买身文契并印照在这里,求电。

> 胡庆、胡正元同供：小的家住屋是小的家己造的，葬的山业也是自己的。那潜字三千七百五十三号，土名庙山，是小的家胡舟敬企业。小的家那庙外是殷[阴]阳先生同姓叶的做的，一首词[祠]是同谱上一样的。小的家祖宗是坐椅子，椅子下面还有小的家胡姓名目，是加[嘉]靖十七年的，那神像肚子里还有名目的，军厅去勘，都是看见过的，可以吊验。那新册是他家当管，都是他家假造的，小的现有粮票企业为凭的。那庙里若是土地神像，就是小的家名目了。
>
> 堂谕：讯明胡庆等住葬山地，业经核对图册，均系汪姓企业，自应服役，不应开豁为良。但胡庆等既系汪姓族中众仆，自应以汪姓祠内遇节祭扫，至祠服役，不应至各私家服役。至两造前各滋事，均从宽免究，即取各遵存查。

在经过堂审后，知县在堂谕中认为："胡庆等住葬山地，业经核对图册，均系汪姓企业，自应服役，不应开豁为良。"给倪等四小姓"分保另立"的企图定下了失败的调子。

此后，倪等四小姓并不罢休，在六月十二日、七月初十日、七月十五日、七月廿四日屡屡上禀，但此时他们已不再提及"分保另立"，而是变换了策略和主题，要求县主同意将他们"开豁为良"了①：

19.（乾隆三十二年）六月十二日：

> 胡国正（即胡庆）、倪浩然等，为哭挽天断，叩勿两岐[歧]事。身等被汪姓棍汪增燮等诬良叠诈一案，旧奉堂断讯明，并无文契，不受蓁养，日后永不得供役，至山地各有未清，着令起租。身等恪遵天断，讵汪棍

---

① 乾隆三十二年六月十二、十五日，四小姓分别立了具遵依甘结字。乾隆三十二年六月十二日："具遵依胡国正（即胡庆）等，今于与遵依。身与汪增燮等互控一案，旧奉讯明，今遵天断。所具遵依是实。"六月十五日："又具遵依胡国正（即胡庆）等，今于与遵依，为叩勘清业事。据汪亨控身等一案，昨奉断明，身凛遵照。所具遵依是实。"以上四小姓所立具遵依甘结字，表明四小姓已经承认自己在分保案中的彻底失败。

刁健不休,狡以清业禀渎。不思身等四姓葬山各有契据,并有己业系汪姓出卖者,但伊等恃充册理,环奸舞弊,各业仍佥注伊家名目。其有共业未分者,俱有号数可查。至种田交租,又系自佃。因佃造屋,则与住主屋者迥别。昨奉堂断,以住葬山地核对图册,各号系佥注汪业,谕令身等但于清明节次至祠供应,不得至各私家服役。身等因知天心有在,共感洪恩,切宪一断,山岳不移,前后两岐[歧],恐遭虐焰。且身等趁外,家惟老稚,深虑后日有不测之祸,宁今日冒死哭挽于仁天。况有远年身契,尚叨皇仁开怃,而身等并无片字,未受豢养,何甘仆辱?倘住葬不清,果系伊业,叩饬开列字号契据,乞叩宪开天恩,核对清查。如果住葬伊业,身等情愿退业起扦,庶生死衔恩,终全蚁命。激切上禀。

批:前审因汪姓未将尔等住葬山地册号呈明,昨已核册定断,不抑令尔等至私家服役,已属酌理平情。勿再顽抗,干咎遵依,埋圷[奸]饰混,发还另投。

20.(乾隆三十二年)七月初十日:

胡国正(即胡庆)、倪浩然等,禀为剖陈天断,保业杜患事。身等四姓寒微,历被汪姓镶诈势迫,前控讯明在案。棍后以清业刁健,恃充册科,埋奸笼罩。今奉堂讯,以住葬山地核对图册定断。身等仰体天心,酌理平情,何忍烦渎。第业凭契税,身等历来实有己葬己山之地,自筑己土之巢,并有自种自收之皇租,仍有汪姓杜卖田产。今奉宪断,以住葬山地均系汪姓佥业,是使汪恶得借册理舞弊,恣其扫掠捏改烹吞,而身等之契税与皇租并军户地业,日后尽为笼罩,正恐虎口未离,渐又狼吞。切业随时为转移,图册足据,则契税无凭。况皇仁浩荡,宪恩无私,何独身等不得终蒙余泽耶?且部议彰明,受主豢养,仍应为仆,不受豢养,并无文契,概不得以世仆名之。汪姓仅百余户,胆称仆众二百余户,则其豢养何从而给,诬良不辩自见。

又部议云:小户附居大户之村,佃种大户之田,至如因贫帮工、有配人家婢女者,其本身实非奴仆,其子孙亦不得谓之世仆,均应开豁为良。而身等之被汪恶势迫,惟天可鉴。为此,剖陈苦情,叩乞宪天施皇仁以全良善,或令身等开列地业契税字号,批示准电,粘呈附案,庶得保业于将来,永获杜患于后日。激切上禀。

批:前讯尔等住葬山地均有汪姓佥业,已足为荼养之据。此外自置之产,汪姓岂能尽为罩占,毋庸另开附案。

21.(乾隆三十二年)七月十五日:

胡国正(即胡庆)、倪浩然,为水火难投,施皇仁以广宪德事。物极必反,天运自然循环;人穷呼天,宪恩无私赏罚。身等四姓被汪诬良刑诈,已遵讯明,并无文契,不受荼养,并呈军籍、本籍户业,奉宪批断:地业未清,着令起租。今奉堂讯,以住葬核对图册定断,身等再三剖陈苦情,奉批:以住葬均有汪姓佥业,已为荼养之据。第荼养必给衣食,妻子俱赖伊供育。身等自种自食,完粮办公,经今数代,匪惟荼养无资,抑且诈骗有据,果住葬未清,可为荼养,何得叠年征租,而苗利柴薪且年年出拼取利?况仆役例以官印文契为凭,四姓毫无片纸,又将以何者为文契之据耶?抑思向属服役之辈,奉上谕:其子孙果能振拔,咸与自新,所以励廉耻而敦风化,所以历今率土尽沾恩泽。而身等寒以式微惨被私刑虐焰,又苦勒诈无休,起水火而登衽席,终望宪天推德爱以活穷黎。至住葬倘有失业,均体天心,退业以杜后患。但汪恶既与身等构怨,必包藏祸心以相图,宁冒罪待命于仁廉之台前,死不甘抱火厝薪于荼毒之手,庶祖宗不致夜哭于九泉,凌辱免流及于后嗣。为此,哭叩仁天大广宪德,鉴原水火之酷烈,推皇仁以豁无辜,死者结草,生者焚祝。拼命哭禀。

批:荼养以住葬主业为据,若必给衣食,是未出户之仆矣,尚仅断令赴祠役使乎?前批已明,不得狡渎干咎。

22.(乾隆三十二年)七月廿四日:

胡国正(即胡庆)、倪浩然,禀为仰戴皇仁,批鳞四控事。从来仆役以身契豢养为凭,而徽宁奉除伴俏世仆恶习,故卖身文契定例犹以印信杜欺诬役使。当身圣朝开子孙之振拔,其仆役未经出户,不在开豁之条,而子孙出户自新,群沾无私化育。捧读雍正五年之上谕煌煌,及乾隆廿七年上宪颁示之典,均有明征。身等式微,前奉宪施皇恩以定断讯明:并无文契,不受豢养,永不得服役。后以图册签业为准,谕令至祠供应。再三哭诉,奉批:豢养以住葬为凭,必给衣食,是未出户之仆。宪鉴至明,何敢繁渎。切以住葬为豢养,念其先远,当身已供使令,亦既报其旧德。况身等住葬,呈有契税,一二未清,汪姓叠年收租,均有实据,必以住葬未清,子孙永沦污浅,则汪姓必有世守印信文契。果身契批明子孙出户,犹永应役,身等俯首何辞。前经堂讯,概无片纸,今仅以住葬为豢养,则今之典屋而葬义冢者,其子孙不将俱为世仆耶?且远年仆役,历来现有取租退业,并断价开豁之案,亦以宏皇化而作人才。今身等遭迫刑诈,铤而走险,急何能择。仰戴皇仁与宪恩,当不于身等有阻,而并不容身等退业以自新也。冒罪上控。

批:历经批明,健渎不准。

但是,倪等四小姓"开豁为良"的每一次恳求,皆被知县严词拒绝。

在取得分保诉讼案的胜利后,汪姓监生汪增炽、汪增燮等乘胜追击,又于乾隆三十二年闰七月二十日给在省城安庆审案的徽州知府李某上了一道禀状:

23.乾隆三十二年又七月二十日:安庆公□递于府宪

具禀人监生民汪增炽、汪增燮,禀为违例婪污,倡仆叛占,纪纲扫地,叩恩提援事。逆仆倪四德等十二姓,单电住葬,尽生族业,苗利豢养,经数百载。前冬伏叛,冒学联匾,占生山庙。怒匾追销,旧七月又嘱沈捕衙朦详违例立保,率众叛役,而捕衙庇逆,占庙作祠,代请陆学副临祭山庙,使逆等凌轹弱主,激生以坟起、屋搬、田退控县追业。休主碑徇学衙,朦胧审断,未押退业,又不照旧服役。切保长原系贱役,生等固不愿当,但奉例千户一保,轮属大姓,凡流寓仆隶,萍踪秘诡,不许充当。盖知仆辈终难安分,预杜未萌成规。捕衙悖例,倡仆叛占,凌主砍葬;县断不肃,纪纲倒悬。迫叩宪天恩鉴作主,授提通详,断押还业,永屏讼源。上告。

批:俟公回提卷察夺。

在禀状中,汪姓所谓"保长原系贱役,生等固不愿当,但奉例千户一保,轮属大姓,凡流寓仆隶,萍踪秘诡,不许充当"的意向表达,在某种程度上透露出徽州大族在保甲之役承充方面的虚伪性。

到了八月初一日,徽州知府李某要求将休宁县"审断汪增炽等告倪四德等一案全卷捡齐封固,具文送府,以凭察夺":

特授江南徽州府正堂加五级纪录十二次李,为违例婪污,倡仆叛占等事。照得本府在省审案,据该县监生汪增炽等呈禀,倪四德等十二姓尽伊族业豢养,率众叛役等情词,具投公馆。据此,当经批:俟公回提卷察夺,在案。兹本府旋署,所有卷宗合行饬提。为此,仰县官照牌事理,文到立将该县审断汪增炽等告倪四德等一案全卷捡齐封固,具文送府,以凭察夺,毋任经胥抽匿迟延。速速。

乾隆三十二年八月初一日刑　许士忠承

由于后续资料付诸阙如,徽州知府李某关于分保案的"察夺"的具体过程不得而知,但分保案似乎已经铁板钉钉,可以判定,他在这个案件上已经不会再有大的作为了。

通过梳理分保案的整个过程,我们发现:在佃仆制历史积淀甚深的徽州社会,佃仆小姓企图在当地民间长期延续了的制度或习惯方面（如保甲组织的设置与运作长期由大族控制和垄断）推翻既有的框架，是非常困难的，有时甚至是徒劳的。大量事实表明，佃仆小姓力争摆脱大族控制的种种企图几乎是无时无处不在的。控制与反控制，这是清代甚至是更长的历史时期内徽州社会中大姓与小姓、大族与小族之间维持的一种客观的关系状态。

分保案透露的另一点信息也颇为值得注意：在清代徽州境内，由于宗族组织的发达和宗族势力的强大，当地保甲组织的设置、变更及其运作，往往受到宗族特别是强宗大族的影响、干预甚至控制，有时官府为控制地方社会而设立的保甲组织，也成为当地宗族组织实施对地方社会控制的一种工具。

五、小　结

明清时期，徽州宗族对保甲的认识及推行保甲的实践，受到这一时期徽州宗族在处理与封建政权关系时坚持的"遵守国家法律"、"按时缴纳国税、承充徭役，作国家良民"等一些重要原则的制约。明清徽州宗族强调宗族自身及族人遵守上述原则，为徽州宗族及族人遵守和执行封建官府制定的保甲政策和相关法律、条例，认真承充保甲差役，提供了合法依据。

明清时期，由于徽州境内宗族组织发达、宗族势力强固，封建官府在推行保甲制以加强社会控制时，充分利用了当地的宗族资源，保甲制的推行在许多方面烙上了宗族的印迹。

明清时期的保甲制，是由封建官府自上而下推行的，封建官府的权威和官方背景，使得保甲制的推行在总体上得到了徽州境内宗族组织的支持和配合。徽州宗族推行保甲的举措主要包括：①在族内各门房支派、家户、家丁等不同层级的组织或人群共同协商后，通过实行门房支派、家户、家丁等轮流承管制度，以分担保甲差役。②在族内，通过对承充保甲之役的相关人员实行津贴制度，以确保顺利完成官府下派的各项差事。③在族内，针对一些族人因经商外地难以及时承充保甲之役，徽州宗族积极应对，实行灵活的雇人代役制，而商人为了换取经商所必要的时间和精力,需承担相应的费用,以尽自己服役的义务。④在族内,一些族人特别是商人,或因急公好义,或在宗族规劝之下,在人力或经费方面资助保甲之役的承充。⑤在族内,有时要为来本族办差或与本族打交道的保甲长支付抽丰之类的开销,以协助地方社会中保甲制的推行。⑥在保甲之役承充方面,徽州异姓宗族之间进行着有效合作,往往根据各自的人口、钱粮实力等因素,实行朋充或轮充制度,以分担保甲之役。在合作中,异姓宗族之间有较为细致明确的分工,其合作方式比较灵活。

明清时期,徽州境内宗族组织与保甲组织之间的关系状态是一种相得益彰的良性互动的关系,这种良性互动,实质上是明清徽州族权与封建政权之间良性互动关系的一种反映。

清代,徽州境内的保甲编制与宗族组织结合十分紧密,一些人丁兴旺的大族往往拥有属于自己一姓的族保。各大姓宗族的佃仆或细民小姓隶属于大族所在的保甲系列之中,处于大姓宗族的管辖与控制之下。然而,随着人口的繁衍和经济实力的增长,这些小姓小族企图借助于各种手段和方式以摆脱大族的控制和压迫。清乾隆年间,休宁县渠口汪氏族保内倪、朱、方、胡等小姓要求分保、另设保甲组织的一系列举动,其实质是小族试图推动保甲组织设置的变更,以力争摆脱大族的控制。此间,值得注意的是,由于保甲组织的主要功能是实施对地方社会的控制和治理,因此,小姓小族要求分保、另设保甲组织的举动,除了摆脱大姓大族的控制外,实质上还有与大姓大族分道扬镳、划分势力范围、削弱大姓大族对地方社会的控制力、分割地方社会资源的企图。

分保案以小姓小族的失败而告终,这一事实表明:在清代徽州境内,当地保甲组织的设置、变更及其运作,往往受到强宗大族的影响、干预甚至控制,有时官府为控制地方社会而设立的保甲组织,也成为当地宗族组织实施对地方社会控制的一种工具。在佃仆制历史积淀甚深的徽州社会,佃仆小姓企图在当地民间长期延续了的制度或习惯方面(如保甲组织的设置与运作长期由大族控制和垄断)推翻既有的框架,是非常困难的,有时甚至是徒劳的。

结 论

一、层级控制是明清时期徽州宗族内部控制结构的主要特征,徽州宗族内部控制的实施主体具有多元性

明清时期,徽州宗族内部组织结构的特征总体上可归结为宗族—房派—家庭的一般模式,其中,房派环节的多变性与复杂性使得宗族内部组织结构呈现出多元性的特征。明清时期,徽州宗族内部的组织结构大致有以下几种类型或模式:一般宗族:宗族—房派—家庭;大宗族:宗族—房派—支派—家庭;联宗宗族:始居地宗族—迁徙地宗族—房派—支派—家庭。明清徽州宗族内部组织结构的上述特征是分析其控制结构的基础。

明清时期,徽州宗族内部的组织结构从总体上决定了其内部控制结构的特征和趋势。与其组织结构相对应,明清徽州宗族内部的控制结构呈现出家庭—房派—门派—宗族层级控制的鲜明特征。明清徽州宗族在实施内部控制时,是依据结构分层次进行的。

明清时期徽州宗族内部的成员结构主要有以宗子、族长、房长、家长等为代表的宗族领导层,以祠首、值年等为代表的宗族执事阶层,占人口绝大多数的普通族众阶层,以佃仆为代表的宗族贱民阶层等组成。在徽州宗族内部,存在着明显的社会分层现象,宗族成员被区分为尊卑有序的不同等级和层次,各

成员在族内存在着社会地位的差别。其中,宗族领导层是宗族内部当然的控制者、管理者阶层,是实施族内控制的最主要的行为主体,在族内拥有较高的社会地位。执事人员阶层则是在宗族领导层之下设立的、对族内各种纷繁复杂的事务进行分类或分项管理与控制的人群。对于普通族众及佃仆等而言,这些拥有一定管理与控制权力的执事人员,也是族内控制的重要实施者。普通族众这一群体,占族内人口的绝大多数,包括除宗族领导层、执事阶层之外的拥有本族血缘关系的全体男性成员、未嫁女子,以及不拥有本族血缘关系但拥有族籍、由外族嫁入的女性成员。通常情况下,他(她)们是宗族领导层、执事阶层实施控制的最主要的对象与人群,是族内人口数量最庞大的控制接受者阶层,在族内的社会地位相对较低。佃仆等宗族贱民阶层,则是族内地位最低下、处境最悲惨的一类特殊群体,他们是徽州境内长期存在的佃仆制的产物,在法律和经济地位上,与其他宗族成员拥有较强的人身依附关系,是族内受到控制最严厉的阶层,毫无社会地位可言。

明清徽州宗族内部控制的实施主体主要包括宗子、族长、房长、家长、尊长、执事人员等。其中,族长、房长、执事人员往往由族内推举产生,拥有对普通族人和佃仆等人群实施管理与控制的权力。由于他们不同程度地拥有处理族内事务的各类权力,因而在他们实施管理与控制的同时,宗族在制度设计时也为他们制定了一些防范与反控制措施。

明代后期,徽州某些宗族响应封建政权推行乡约的举动,在族内设置宗族约正副、宗正副、祠正副、宗长副等执事人员以管理族务和控制族人,这是徽州宗族在特定时期和特定环境下的权宜举措。在遇到重大事务时,宗族约正副等执事人员要向族长及宗族精英报告,受到族长等宗族权威的节制。

可以说,在明清徽州各宗族内部,形成了一张经过精心编织的较为严密的控制网络,宗族中的每一位成员都处于这张控制网络的一个节点上,既包括普通族众及佃仆等贱民阶层,也包括宗族内部控制的实施者自身。

二、祠堂、族谱、祖茔等控制设施在明清时期徽州宗族实施族内控制时发挥了重要作用

明清时期,徽州宗族的控制设施主要有祠堂、族谱、祖茔等,它们在徽州宗族实现祖先崇拜、实施族内控制方面发挥了重要作用。

首先,明清徽州宗族祠堂的控制功能有日益强化的趋势,徽州宗族通过祠堂实施族内控制主要体现为:第一,通过祠堂祭祀仪式的举行及相关祭祀制度的执行,以融洽宗盟、收拢人心、增强宗族凝聚力,进而实现尊祖敬宗、合族收族、控制族人的目的。第二,通过以祠堂为舞台进行族内教化和普法宣传活动,实施族内控制。第三,通过祠堂执法实施对族人的硬控制。第四,族内纠纷调解、统一族人意志以按时缴纳赋税、族内赈济等控制功能的实施,也多以祠堂为中心。第五,围绕宗族祠堂的管理开展族内控制活动。

其次,明清徽州宗族通过族谱实施族内控制主要体现为:第一,通过族谱及其凡例的制定,发挥其劝善惩恶的价值判断功能,对族人实施控制。第二,通过防劈伪冒、强化血缘世系纯洁性的途径,加强宗族认同,实施对族人的控制。第三,通过族谱的编纂和记载,及时准确地掌握各类族人的信息,实现联宗收族,或为联宗收族作准备,从而实施对相关族人或支派的控制。

最后,明清徽州宗族通过祖茔实施族内控制主要体现为:第一,通过祖茔祭祀的定期举行,实施对族人的控制。第二,围绕祖茔保护,对损害祖茔的行为进行惩罚,对犯过族人实施硬控制。第三,通过祭祀规条、祖墓议约等制度化规定,对祖茔及其祭祀进行规范与管理,对违反规条的族人实施处罚与控制。

三、控制手段的多样化是明清时期徽州宗族稳定内部秩序、维护自身利益的重要保证

明清时期,徽州宗族内部的控制手段主要包括制度控制手段、物质利益控制手段、文化控制手段与强制惩罚控制手段等,它们在维护徽州宗族社会秩序和宗族利益方面发挥了重要作用。

首先,制度控制手段是指明清徽州宗族及其成员利用自身所制定的各种规章制度,对族内全体或部分成员的行为进行制约与调节、对族内相关事务进行规范与调整的途径和方式。其中,以族规家法控制手段与合同条约控制手段为主要代表。

从功能论的角度看,徽州宗族族规家法的控制功能可归结为:维护族内伦常秩序与社会秩序的稳定;维护国法、支持政权施政;对宗族相关领域进行规范与控制。族规家法控制手段具有较为明显的层次性和繁琐性。许多宗族在个体家庭中制定有家规,各级祠堂中制定有祠规,形成家规—支祠祠规—统宗祠规层级控制的特征。此外,还有保墓规条、祭祀规条等各类专项条规。各种类型的族规家法使得徽州宗族族人被置放于一张经过精心严密编织的控制网络之中。徽州宗族对族规家法的遵守与执行,以宗族自身力量和国家力量作为保证。明清徽州宗族社会能够长期保持和谐稳定与惯性发展的态势,与族规家法的有效执行密不可分。

明清徽州宗族签订的合同条约主要包括戒卖祖议约、祖墓保护与墓祭规约、会社规约、宗族内部管业合同、国税缴纳与宗族祭祀合同、里甲职役合同、保甲差役合同、筹款合同、祠堂管理条约、佃仆供养规条等。合同条约控制手段具有管理与控制的范围集中、目标针对性强的特点。合同化、条约化是明清徽州宗族实施族内控制的一个重要特征。

通过族规家法、合同条约等正式制度的形式以确保族内控制的顺利执行是明清徽州宗族社会管理与控制正规化、制度化、常态化的体现。通过宗族成员集体商讨并制定的正式的制

度规定,在很大程度上确保了明清徽州宗族社会管理与控制功能的正常发挥,而不致流于形式或无所作为。

其次,物质利益控制手段是指公开地或含蓄地提供某些好处,以换取人们对社会秩序与政治秩序的接受。从类型上说,它是一种经济控制的手段,更多的是以社会保障的形式出现。作为一种社会稳定和控制机制,明清徽州境内的社会保障以宗族保障为主体。为了捍卫宗族伦理和脸面、维护宗族社会秩序的稳定,明清徽州宗族非常重视对族内鳏寡孤独、贫困等弱势群体进行救济。随着明清时期宗族政治化倾向的加强,许多徽州宗族在实施族内救济时增设各类附加条件或附加条款以约束、控制族人,而大量禁止性与惩罚性的规定是其重要特征。

明清徽州宗族还通过物质奖励的办法实施族内控制,主要体现为:通过颁胙发包等物质刺激和奖励手段吸引族人参与祭祀等宗族集体活动,或通过对有功于宗族或为宗族争得荣誉的族人施加物质奖励来鼓励其他族人加以效仿,以实现对族人的软控制。

再次,文化控制手段是指利用人类在长期的共同生活中创造的、为人类共同遵从的行为准则和价值标准对社会成员进行控制的方式。在明清徽州,对族人发挥控制作用的文化手段主要有以朱熹《家礼》为代表的儒家礼的规范、社会舆论、民间信仰、传统习俗等。

礼治发达是明清徽州宗族社会的一个重要特征,礼的规范在徽州宗族社会控制中发挥着重要作用。徽州宗族重视以朱熹《家礼》为代表的儒家礼的规范的社会控制功能的发挥,并对朱熹《家礼》等儒家礼制加以积极利用。除积极践行朱熹《家礼》以实施族内控制外,有些徽州宗族还根据朱熹《家礼》的精神并结合本族实际,制定出本宗族的家礼,通过对相关制度、仪节、礼的执行等方面的设计,使族人深陷于由各种礼编织而成的控制网络之中。

明清徽州境内的宗族社会舆论十分发达,这与聚族而居的生存居住模式有着较为密切的关联。深受聚族而居影响,徽州境内的社会舆论多属于宗族舆论,或在此基础上所作的延伸——乡族舆论。明清徽州宗族社会舆论关注的领域较为广泛,涉及宗族救济、宗族建设、维护宗族伦理、稳定族内社会秩序、缴纳国税、增进族谊、支持宗族公益事业、妇女控制、佃仆控制等方面。明清徽州宗族社会舆论主要包括褒扬、赞赏与批评、谴责两大类型,其中,以褒扬、赞赏类为主体,以批评、谴责类为辅。徽州宗族通过对各种符合儒家正统思想和正统伦理的价值观或行为方式的褒扬与赞赏,以及对违反儒家正统思想和正统伦理的价值观或行为方式的批评与谴责,在族内或社区中形成一种广为传播的带有倾向性的社会舆论氛围,使得处在这种氛围中的宗族成员自觉或不自觉地服从着社会舆论的控制。

民间信仰控制是指明清徽州宗族族人对各种神灵的崇拜和信服,并受其影响和支配的过程。明清徽州民间信仰具有神灵多、名目繁、功利性强的特点。各种神灵和迷信信仰对徽州宗族族人产生了一定的控制作用,许多人在神灵面前亦步亦趋,受其控制。在各种神灵中,以祖灵最为重要,这是徽州宗族祖先崇拜的体现。明清徽州宗族主要通过祠堂祭祀、祖茔祭祀等方式实现祖先崇拜,并运用祖先的名义控制族人。

明清徽州境内的风俗习惯丰富多样,传统习俗的控制作用机制是从众行为,在潜移默化中徽州宗族族人的言行举止便受到各类风俗习惯的约束与控制。

最后,明清徽州宗族内部各类违反宗族规章和规范的越轨行为经常发生,徽州宗族对于各类越轨行为常采用强制惩罚的手段加以控制和打击。明清徽州宗族根据族人越轨行为情节轻重的不同,主要采取斥责羞辱、罚拜罚跪、杖责、经济处罚、逐出祠堂、族谱削名、以不孝论、处死、呈官治罪等处罚措施,对不同的越轨对象采用不同的制裁措施。有时,徽州宗族对同一种越轨行为采用多种处罚措施并举的办法加以遏制与打击,以维护宗族的秩序和利益。

四、控制领域和控制内容的广泛性是明清时期徽州宗族内部社会控制的重要特征

明清徽州宗族内部社会控制主要涉及宗族社会秩序控制、宗族生活方式控制、宗族社会问题控制等领域和内容。

在宗族社会秩序控制方面,明清徽州宗族十分关注对族内的伦常秩序、血缘秩序及社会秩序进行控制。就伦常秩序控制而言,徽州宗族主要通过族规家法的规定、设置排行等途径实施族内伦常秩序控制。就血缘秩序控制而言,徽州宗族通过反对异族伪冒、反对和限制异族承继宗祧、提倡族内宗祧承继等途径,以控制宗族血缘秩序。就社会秩序控制而言,徽州宗族通过制定族规家法来规范和控制宗族社会秩序,对族内盗窃、凶暴恶行、健讼等进行重点控制;通过规劝族人安分守己、和睦宗族,以控制族内社会秩序;主张族内纷争在族内及时加以解决,以遏制宗族内部社会秩序的恶化。

在宗族生活方式控制方面,明清徽州宗族十分重视对族人的职业选择、婚姻生活、丧葬丧事、生活消费、行为举止、社会交往等进行规范与控制。就职业控制而言,徽州宗族要求族人从事四民正业、勤修职业,强调家长对子弟进行职业教育,反对从事贱业、恶业。就婚姻控制而言,徽州宗族强调门当户对、良贱不婚、同姓不婚,反对婚嫁论财、卖女为妾及指腹为婚,重视婚配对象的个人素质。就丧葬丧事控制而言,徽州宗族提倡及时安葬逝去的亲人,节俭操办丧葬丧事,要求丧葬丧事遵依以朱熹《家礼》为代表的儒家礼的规范。就生活消费控制而言,徽州宗族要求族人崇尚勤俭节约,反对族人追求奢侈浪费的生活方式,并对族人的一些日常文化娱乐活动进行干预和控制。就行为举止控制而言,徽州宗族要求族人讲求信用、重视廉耻,并对族人日常行为举止的诸多方面作了禁止性规定。就社会交往控制而言,徽州宗族要求族人谨慎交往,厚待朋友,亲近礼法之士,远离邪巫之人;要求族人在社会交往中重视礼让,反对恃势、恃力、恃财。徽州宗族还十分重视族际交往,并通过族规家

法的制定等途径,对族际交往进行规范和控制。

在宗族社会问题控制方面,明清徽州宗族重视对赌博、溺女、假命图赖、生态环境恶化等社会问题进行控制。就控制赌博而言,针对赌博问题的严重性和危害性,徽州宗族多在族规家法中强调禁赌,并对参赌族人予以严惩,以控制赌博活动的蔓延。许多徽州宗族还主动邀请官府的介入,借助官府强制力实施对赌博活动的控制和打击。就控制溺女而言,徽州宗族多在族规家法中对溺女行为加以禁止,并通过捐赀救助、倡立保婴会、育婴会、育婴社等途径对溺女之家进行救助,对溺女行为加以遏制。有些宗族还通过固定的族际联姻的方式来遏制溺女行为。就控制假命图赖而言,徽州宗族多通过族规家法对假命图赖行为实施控制和打击,强调家长在禁止族人假命图赖方面的督教权。就控制生态环境恶化而言,徽州宗族采取驱禁棚民、成立养山会保护山林、呈官封禁、调整产业种植结构等措施,以控制生态环境的恶化。

五、保甲制的推行是明清徽州宗族与封建官府实现良性互动的重要契机,族权与政权在实施社会控制方面的良性互动是明清时期徽州乡村社会控制的重要内容

明清徽州境内保甲制的推行,是在封建政权于全国范围内推行保甲制的大背景下进行的,明清封建政权关于保甲制的相关政策和举措,对徽州境内保甲制的推行影响较大。

明清徽州境内保甲的推行,与一些地方社会秩序动荡、治安形势严峻有关。在保甲推行过程中,徽州地方官起主导作用。明清徽州境内保甲制的推行以及保甲组织的编制,还与乡约、里甲、团练的实践相结合。清代,徽州地方官府和保甲组织还编造了保甲门牌、十家门牌、保甲册、循环册等门牌册籍,从中可窥见保甲编排及官府控制地方社会的一些具体细节。徽州地方官府还为特殊人群编制专门册籍,针对棚民编制有"棚

民册",针对犯科犯法之人编制有"另户册",以加强对他们的控制。

明清徽州境内保甲组织的社会控制与管理职能,主要体现为治安管理、户口调查与统计、信息传递、踏勘查验、接收投状、民间调处、居间中证、强制执行、经济管理、社会救济等方面,保甲组织上述职能的发挥,对于明清徽州的政治、社会、经济的发展以及秩序的维护起到了一定的积极作用。

明清徽州宗族对保甲的认识及推行保甲的实践,受到徽州宗族在处理与封建政权关系时坚持的"遵守国家法律"、"按时缴纳国税、承充徭役,作国家良民"等原则的制约。明清徽州宗族强调宗族自身及族人遵守上述原则,为徽州宗族及族人遵守和执行封建官府制定的保甲政策和相关法律、条例,认真承充保甲差役,提供了合法依据。

明清时期,由于徽州境内宗族组织发达、宗族势力强固,封建官府在推行保甲制以实施社会控制时,充分利用了当地的宗族资源,保甲制的推行在许多方面烙上了宗族的印迹。封建官府的权威和官方背景,使得保甲制的推行得到了徽州境内宗族组织的支持和配合。徽州宗族推行保甲的举措主要包括:第一,在族内各门房支派、家户、家丁等不同层级的组织或人群间实行轮流承管制度,以分担保甲差役。第二,通过对承充保甲之役的相关人员实行津贴制度,以确保顺利完成官府下派的各项差事。第三,针对一些族人因经商外地难以及时承充保甲之役,徽州宗族积极应对,实行灵活的雇人代役制。第四,一些族人特别是商人,或因急公好义,或在宗族规劝之下,在人力或经费方面资助保甲之役的承充。第五,有时要为来本族办差或与本族打交道的保甲长支付抽丰之类的开销,这对徽州宗族而言,是一种避之不去的额外的经济负担。第六,在保甲之役承充方面,徽州境内异姓宗族之间进行着有效合作,主要根据各自的人口、钱粮实力等因素,实行朋充或轮充制度,以分担保甲之役。在合作中,异姓宗族之间往往有较为细致明确的分工,合作方式比较灵活,如采用徽州民间较为流行的"会"的形式,等等。值得注意的是,明清徽州境内的保甲编制与宗族结合十分紧密,在一些大族聚居地方,大族占有较为固定的保甲编制单位,其族人及佃仆隶属于该宗族所在的保甲系列。一些地方保长之役承充出现了家族化、世袭化的现象。

由于保甲组织的主要功能是实施对地方社会的控制和治理,因此,清乾隆年间,休宁县渠口汪氏族保内倪、朱、方、胡等小姓小族要求分保、另设保甲组织的举动,除了试图摆脱大姓大族的控制外,实质上还有与大姓大族分道扬镳、划分势力范围、削弱大姓大族对地方社会的控制力、分割地方社会资源的企图。分保案以小姓小族的失败而告终,表明在清代徽州境内,当地保甲组织的设置、变更及其运作,往往受到强宗大族的影响、干预甚至控制,有时官府为控制地方社会而设立的保甲组织,也成为当地宗族组织实施对地方社会控制的一种工具。

明清时期徽州境内的宗族与保甲二者之间的关系,是一种相得益彰的良性互动的关系,在实施对乡村社会控制方面,保甲制的推行成为明清徽州宗族与封建官府实现良性互动的重要契机。

在传统中国,宗族的族权统治与封建国家的政权统治相互支持、相互补充,使封建社会制度本身具有不断自我修补和自我完善的功能,这一现象在明清徽州宗族社会中有较好的体现。随着徽州宗族的日益发展及其社会控制功能的不断强化,在徽州宗族内部已经形成了一个颇为成熟的、运转有效的控制系统。诚如陈柯云所指出:"徽州在明中期以后宗族的影响无处不在,几乎渗透到徽人社会生活的各个方面。"①与此相一致,明中期以后,徽州宗族对族人的控制也几乎渗透到族人社会生活的各个方面。与封建政权通过保甲制等方式统治地方相比,宗族族权统治具有更易被族人接受、更细致入微的特点:"有司父母斯民,势分相离,而情或不通。族长总率一族,恩义相维,无不可通之情。"②不惟如此,明清徽州宗族还在族内控制的领导与管理、族内控制设施的建设、族内控制手段与控制途径的摸索、族内控制领域和控制内容的拓展等方面,寻找到了更加

---

① 陈柯云:《明清徽州宗族对乡村统治的加强》,载《中国史研究》,1995年第3期。

② 乾隆《重修古歙东门许氏宗谱》卷八《许氏家规·尊崇族长》。

成熟和行之有效的办法和路径。徽州宗族对族人及乡村社会的控制较前更加有效、有力。因此,从这个意义上讲,徽州宗族成了明清时期封建政权最忠实、最得力的帮手。

从历史的角度看,徽州宗族长期延存并充分发挥作用的局面,一直持续到20世纪50年代初,在急风暴雨式的土地革命的猛烈打击之下,徽州宗族组织逐渐趋于消亡。诚如唐力行所言,徽州宗族组织的消亡是革命的结果,不是自然变迁的结果[①]。革命外力强行中断了徽州宗族的历史进程,也强行割断了徽州宗族牢牢套在族人脖子上的枷锁,长期被族权严密控制着的徽州宗族族人,在革命外力的帮助下逐渐摆脱宗族的各种控制,而真正成为能自由掌握自己命运的主人。

[①] 参见唐力行:《20世纪上半叶中国宗族组织的态势——以徽州宗族为对象的历史考察》,载《上海师范大学学报》(哲学社会科学版),2005年第1期。

一、正史、政书

《资治通鉴》,北京:中华书局,1956年。
《明史》,北京:中华书局,1974年。
《明实录》,台湾"中央研究院"历史语言研究所影印本。
《明会典》,北京:中华书局,1989年。
《大明律》,怀效锋点校,北京:法律出版社,1999年。
《清史稿》,北京:中华书局,1976年。
《清实录》,北京:中华书局,2008年。
《清朝文献通考》,杭州:浙江人民出版社,2000年。
《清经世文编》,北京:中华书局,1992年。
《(光绪)大清会典》,清光绪二十五年石印本。
《(光绪)钦定大清会典事例》,上海:上海古籍出版社,2002年。
《大清律例》,田涛、郑秦点校,北京:法律出版社,1999年。

二、方志

淳熙《新安志》,清光绪十四年刊本。
弘治《徽州府志》,明弘治十五年刊本。

嘉靖《徽州府志》,明嘉靖四十五年刊本。
康熙《徽州府志》,清康熙三十八年刊本。
道光《徽州府志》,清道光七年刊本。
徽州地区地方志编纂委员会:《徽州地区简志》,合肥:黄山书社,1990年。
黄山市地方志编纂委员会:《黄山市志》,合肥:黄山书社,2010年。
万历《歙志》,明万历三十七年刊本。
天启《歙志》,明天启四年刊本。
顺治《歙县志》,清光绪四年刊本。
康熙《歙县志》,清康熙二十九年刊本。
乾隆《歙县志》,清乾隆二十六年刊本。
道光《歙县志》,清道光八年刊本。
民国《歙县志》,民国二十六年刊本。
歙县地方志编纂委员会:《歙县志》,北京:中华书局,1995年。
弘治《休宁志》,明弘治四年刊本。
嘉靖《休宁县志》,明嘉靖二十七年刊本。
万历《休宁县志》,明万历三十五年刊本。
康熙《休宁县志》,清康熙三十二年刊本。
道光《休宁县志》,清道光三年刊本。
休宁县地方志编纂委员会:《休宁县志》,合肥:安徽教育出版社,1990年。
嘉靖《婺源县志》,明嘉靖十九年刊本。
康熙《婺源县志》,清康熙八年刊本。
乾隆《婺源县志》,清乾隆五十二年刊本。
嘉庆《婺源县志》,清嘉庆十二年刊本。
光绪《婺源县志》,清光绪九年刊本。
光绪《婺源乡土志》,清光绪三十四年刊本。
民国《婺源县志》,民国十四年刊本。
婺源县地方志编纂委员会:《婺源县志》,北京:档案出版社,1995年。
万历《祁门县志》,明万历二十八年刊本。
康熙《祁门县志》,清康熙二十二年刊本。

道光《祁门县志》,清道光七年刊本。
同治《祁门县志》,清同治十二年刊本。
民国《祁门县志·氏族考》,民国三十三年刊本。
民国《祁门县志·艺文考》,民国三十三年刊本。
祁门县地方志编纂委员会:《祁门县志》,合肥:安徽人民出版社,1993年。
顺治《黟县志》,清顺治十二年刊本。
康熙《黟县志》,清康熙二十二年刊本。
乾隆《黟县志》,清乾隆三十一年刊本。
嘉庆《黟县志》,清嘉庆十七年刊本。
道光《黟县续志》,清道光五年刊本。
同治《黟县三志》,清同治十年刊本。
民国《黟县四志》,民国十二年刊本。
黟县地方志编纂委员会:《黟县志》,北京:光明日报社出版社,1989年。
万历《绩溪县志》,明万历九年刊本。
乾隆《绩溪县志》,清乾隆二十一年刊本。
嘉庆《绩溪县志》,清嘉庆十五年刊本。
绩溪县地方志编纂委员会:《绩溪县志》,合肥:黄山书社,1998年。
道光《潭滨杂志》,清光绪二年刊本。
雍正《休宁孚潭志》,清雍正元年刊本。
光绪《善和乡志》,清光绪七年刊本。
道光《安徽通志》,清道光十年刊本。
光绪《重修安徽通志》,清光绪四年刊本。

三、文集

(宋)程颐、程颢:《二程集》,北京:中华书局,1981年。
(宋)朱熹:《朱熹集》,成都:四川教育出版社,1996年。
(宋)朱熹:《家礼》,朱杰人等主编:《朱子全书》第7册,上海:上海古籍出版社、合肥:安徽教育出版社,2002年。

(明)汪循:《汪仁峰文集》,《四库全书存目丛书》集部第47册,济南:齐鲁书社,1997年。

(明)汪道昆:《太函集》,《四库全书存目丛书》集部第118册,济南:齐鲁书社,1997年。

(明)傅岩:《歙纪》,明崇祯刊本。

(清)廖腾煃:《海阳纪略》,清康熙刊本。

(清)赵吉士辑撰,周晓光、刘道胜点校:《寄园寄所寄》,合肥:黄山书社,2008年。

(清)高廷瑶:《宦游纪略》,清同治刊本。

(清)刘汝骥:《陶甓公牍》,清宣统三年安徽印刷局排印本,《官箴书集成》第10册,合肥:黄山书社,1997年。

(清)吴宏:《纸上经纶》,郭成伟、田涛点校整理:《明清公牍秘本五种》,北京:中国政法大学出版社,1999年。

(清)詹元相:《畏斋日记》,《清史资料》第4辑,北京:中华书局,1983年。

(清)陶澍:《陶澍集》,长沙:岳麓书社,1998年。

(清)冯桂芬:《校邠庐抗议》,上海:上海书店出版社,2002年。

陈去病:《五石脂》,南京:江苏古籍出版社,1985年。

许承尧著,李明回等校点:《歙事闲谭》,合肥:黄山书社,2001年。

四、族谱

(一)徽州

正德《新安毕氏会通族谱》,明正德四年刊本,安徽省图书馆藏。

崇祯《重修郡北济阳江氏宗谱》,明崇祯十七年刊本,安徽省图书馆藏。

弘光《左田著宗全书》,明弘光元年刊本,安徽省图书馆藏。

明《朱氏世谱》,明抄本,上海图书馆藏。

乾隆《新安徐氏宗谱》，清乾隆二年刊本，安徽省图书馆藏。

乾隆《汪氏通宗世谱》，清乾隆五十二年刊本，安徽省图书馆藏。

道光《新安汪氏宗祠通谱》，清道光二十年刊本，上海图书馆藏。

同治《汪氏家乘》，清同治十三年刊本，安徽大学徽学研究中心藏。

光绪《徽州彭城钱氏宗谱》，清光绪十年刊本，安徽省图书馆藏。

光绪《三田李氏宗谱》，清光绪十一年刊本，安徽省图书馆藏。

(明)戴廷明、程尚宽等撰，朱万曙等点校：《新安名族志》，合肥：黄山书社，2004年。

(二)歙县

康熙《歙县汪氏崇本祠条规》，清康熙三十年刊本，安徽省图书馆藏。

雍正《歙县潭渡孝里黄氏族谱》，清雍正九年刊本，安徽省图书馆藏。

乾隆《重修古歙东门许氏宗谱》，清乾隆二年刊本，安徽省图书馆藏。

乾隆《歙淳方氏柳山真应庙会宗统谱》，清乾隆十八年刊本，上海图书馆藏。

乾隆《歙县桂溪项氏崇报堂祠谱》，清乾隆二十六年刊本，安徽省图书馆藏。

乾隆《歙县桂溪项氏墓图》，清乾隆二十六年刊本，安徽省图书馆藏。

嘉庆《(歙县)棠樾鲍氏宣忠堂支谱》，清嘉庆十年刊本，安徽省图书馆藏。

嘉庆《歙县桂溪项氏族谱》，清嘉庆十六年刊本，安徽省图书馆藏。

道光《新安歙西沙溪汪氏族谱》，清道光五年刊本，南京图书馆藏。

光绪《歙新馆鲍氏著存堂宗谱》,清光绪元年刊本,上海图书馆藏。

宣统《古歙义成朱氏宗谱》,清宣统二年刊本,安徽大学徽学研究中心藏。

民国《(歙县)蔚川胡氏家谱》,民国四年刊本,安徽大学徽学研究中心藏。

民国《(歙县)金川胡氏宗谱》,民国二十一年刊本,安徽大学徽学研究中心藏。

(三)休宁

弘治《休宁陪郭程氏本宗谱》,明弘治十年刊本,安徽省图书馆藏。

弘治《休宁陪郭叶氏世谱》,明弘治十一年刊本,上海图书馆藏。

正德《新安休宁长垄程氏本宗谱》,明正德十一年刊本,上海图书馆藏。

隆庆《休宁率口程氏续编本宗谱》,明隆庆四年刊本,上海图书馆藏。

万历《休宁范氏族谱》,明万历二十八年刊本,安徽省图书馆藏。

万历《(休宁)程典》,明万历刊本,安徽省图书馆藏。

崇祯《休宁(隆阜)戴氏族谱》,明崇祯五年刊本,安徽省图书馆藏。

崇祯《(休宁)临溪吴氏族谱》,明崇祯十四年刊本,上海图书馆藏。

崇祯《(休宁)古林黄氏重修族谱》,明崇祯十六年刊本,安徽省图书馆藏。

明《休宁率东程氏家谱》,明刊本,上海图书馆藏。

明《(休宁)商山吴氏宗法规条》,明抄本,北京图书馆藏。

顺治《新安(休宁)富溪程氏本宗谱》,清顺治九年刊本,南京大学历史系资料室藏。

雍正《(休宁)茗洲吴氏家典》,清雍正刊本,安徽省图书馆藏。

乾隆《休宁古林黄氏重修族谱》，清乾隆十八年刊本，安徽省图书馆藏。

乾隆《（休宁）黄氏剖明宗族》，清乾隆刊本，安徽省图书馆藏。

民国《新安（休宁）月潭朱氏族谱》，民国二十年刊本，安徽省图书馆藏。

（明）曹嗣轩编撰，胡中生、王夔点校：《休宁名族志》，合肥：黄山书社，2007年。

（四）婺源

隆庆《（婺源）余氏统谱》，明隆庆二年刊本，上海图书馆藏。

万历《萧江全谱》，明万历刊本，安徽大学徽学研究中心藏。

嘉庆《婺北燉煌郡洪氏支谱》，清嘉庆二十一年刊本，安徽省图书馆藏。

道光《婺源长溪余氏正谱》，清道光二十八年刊本，安徽省图书馆藏。

同治《（婺源）腴川程氏宗谱》，清同治七年刊本，安徽大学徽学研究中心藏。

光绪《婺源詹氏宗谱》，清光绪五年刊本，安徽省图书馆藏。

民国《（婺源）清华胡氏宗谱》，民国六年刊本，安徽大学徽学研究中心藏。

民国《（婺源）星江严田李氏宗谱》，民国十一年刊本，上海图书馆藏。

（五）祁门

嘉靖《（祁门）奇峰郑氏本宗谱》，明嘉靖四十五年刊本，上海图书馆藏。

隆庆《（祁门）文堂乡约家法》，明隆庆六年刊本，安徽省图书馆藏。

万历《祁门清溪郑氏家乘》，明万历十一年刊本，上海图书馆藏。

同治《祁门武溪陈氏宗谱》，清同治十二年刊本，安徽大学徽学研究中心藏。

光绪《祁门倪氏族谱》,清光绪二年刊本,安徽省图书馆藏。

光绪《(祁门)京兆金氏统宗谱》,清光绪三年刊本,安徽省图书馆藏。

光绪《祁门善和程氏仁山门支修宗谱》,清光绪三十三年刊本,安徽大学徽学研究中心藏。

(六)黟县

嘉庆《黟县南屏叶氏族谱》,清嘉庆十七年刊本,安徽省图书馆藏。

道光《(黟县)西递明经胡氏壬派宗谱》,清道光六年刊本,安徽大学徽学研究中心藏。

民国《黟县鹤山李氏宗谱》,民国六年刊本,安徽省图书馆藏。

民国《黟北查氏族谱》,民国九年刊本,上海图书馆藏。

(七)绩溪

乾隆《绩溪上川明经胡氏宗谱》,清乾隆二十二年刊本,安徽省博物馆藏。

咸丰《绩溪黄氏家庙遗据录》,清咸丰元年刊本,安徽省图书馆藏。

光绪《(绩溪)梁安高氏宗谱》,清光绪三年刊本,安徽大学徽学研究中心藏。

光绪《绩溪县南关许余氏惇叙堂宗谱》,清光绪十五年刊本,上海图书馆藏。

光绪《绩溪城西周氏宗谱》,清光绪三十一年刊本,安徽省图书馆藏。

光绪《绩溪仁里程继序堂专续世系谱》,清光绪三十三年刊本,安徽省图书馆藏。

宣统《(绩溪)华阳邵氏宗谱》,清宣统二年刊本,安徽省图书馆藏。

宣统《(绩溪)仙石周氏宗谱》,清宣统三年刊本,安徽大学徽学研究中心藏。

民国《绩溪盘川王氏宗谱》,民国十年刊本,安徽省图书馆藏。

民国《(绩溪)明经胡氏龙井派宗谱》,民国十年刊本,安徽大学徽学研究中心藏。

五、文书

《元至正二年至清乾隆二十八年(休宁藤溪)王氏文约契誊录簿》,南京大学历史系资料室藏。

《明永乐—清光绪(祁门)汪氏誊契簿》,南京大学历史系资料室藏。

《明弘治十年(歙县石桥)吴氏置产簿》,南京大学历史系资料室藏。

《正德—嘉靖(祁门奇峰)郑氏誊录簿》,南京大学历史系资料室藏。

《万历二年三月十九日休宁县五都四图张氏宗族支丁张汉等立里长合同》,南京大学历史系资料室藏。

《万历八年闰四月十七日祁门奇峰郑任等立兴山长养合同》,南京大学历史系资料室藏。

《崇祯十年至康熙祝圣会簿》,南京大学历史系资料室藏。

《崇祯十一年七月十五日徽州某县詹氏宗族詹思忠等房立排年合同》,南京大学历史系资料室藏。

《崇祯(歙县溪南)吴氏文契誊录簿》,南京大学历史系资料室藏。

《顺治十四年五月歙县石门朱氏族众朱时登等立承当里役排年合同》,南京大学历史系资料室藏。

《顺治十七年三月歙县廿五都一图石门陈程朱三姓议立朋充保长合同》,南京大学历史系资料室藏。

《康熙廿五年八月徽州某县吴腾彩等立承充保长合同》,南京大学历史系资料室藏。

《康熙廿八年七月徽州某县十八都九图邵起圣等立津贴保长合同》,南京大学历史系资料室藏。

《康熙三十三年十一月初一日歙县石门朱氏族众朱明先等

立轮充保长合同》,南京大学历史系资料室藏。

《康熙三十六年十二月徽州某县李陈两姓立里役合同》,南京大学历史系资料室藏。

《康熙三十七年正月歙县石门朱氏族众朱明先等立里役合同》,南京大学历史系资料室藏。

《康熙四十九年二月初一日徽州某县胡光德户丁立轮充保役合同》,南京大学历史系资料室藏。

《清康熙祝圣会簿》,南京大学历史系资料室藏。

《康熙(休宁)孙氏文契簿》,南京大学历史系资料室藏。

《(康熙)休宁县编造保甲人户烟册》,上海图书馆藏。

《清康熙至嘉庆祝圣会簿》,南京大学历史系资料室藏。

《雍正六年二月徽州某县李陈茂户丁李四宝等立里保应役合同》,南京大学历史系资料室藏。

《雍正六年二月廿九日徽州某县李氏宗族户丁李圣文等立里役排年合同》,南京大学历史系资料室藏。

《乾隆十九年闰四月徽州某县十八都四图吴德嗣等众姓立轮充保甲合同》,南京大学历史系资料室藏。

《乾隆十九年十月徽州某县朱肇周立津贴保长浼约》,南京大学历史系资料室藏。

《清乾隆四十六年三月初五日黟县正堂告示》,南京大学历史系资料室藏。

《乾隆五十七年三月徽州某县项氏宗族族众项汉良等立轮役合同》,南京大学历史系资料室藏。

《清乾隆休宁县状词和批示汇抄》,抄本,安徽省图书馆藏。

《清乾隆休宁县状词和批示全案汇钞》(《休宁程氏宗族鱼塘争讼案汇钞》),抄本,安徽省图书馆藏。

《清嘉庆元年休宁县批程鸿具控汪其案抄白》,安徽大学徽学研究中心藏。

嘉庆《(祁门)环溪王履和堂养山会簿》,清嘉庆十九年刊本,安徽省图书馆藏。

《道光二十二年三月徽州某县和化里二十八都十图十排里甲立保护山林合同》,南京大学历史系资料室藏。

《清道光廿四年—三十年祝圣会簿》,南京大学历史系资料室藏。

《道光二十八年三月十六日徽州某县五保众姓人等立议同心合文》,南京大学历史系资料室藏。

《(婺源)汪氏湖山墓祠纪》,清道光二十八年刊本,安徽省图书馆藏。

《同治八年二月徽州某县十八都十图八排公议合同字据》,南京大学历史系资料室藏。

《同治拾壹年季春月立叶尊德堂祀簿》,南京大学历史系资料室藏。

《歙县二十七都二图遵谕编联保甲底簿》,清光绪二年六月编,抄本,安徽省图书馆藏。

《光绪十年二月徽州某县李陈茂户丁李宝等立里保应役合同》,南京大学历史系资料室藏。

《光绪十四年—民国十二年(黟县胡氏)崇德堂收支簿》,南京大学历史系资料室藏。

《光绪二十年三月徽州某县十图十甲程子进等立里役合同》,南京大学历史系资料室藏。

《光绪二十年吴留耕堂合钱粮会帐》,南京大学历史系资料室藏。

《光绪三十年至民国三十年祝圣会簿》,南京大学历史系资料室藏。

《歙县虹梁村程氏德卿公匦规条》,清代后期刊本,安徽大学程自信教授藏。

《绩邑唐金山祖墓盗砍盗葬两案合刊》,清光绪刊本,安徽省图书馆藏。

《休宁县首村朱氏文书》,安徽大学徽学研究中心藏。

《祁门十三都康氏文书》,安徽大学徽学研究中心藏。

王钰欣、周绍泉主编:《徽州千年契约文书》,石家庄:花山文艺出版社,1991年。

刘伯山主编:《徽州文书》第1辑,桂林:广西师范大学出版社,2004年。

刘伯山主编:《徽州文书》第2辑,桂林:广西师范大学出版社,2006年。

刘伯山主编：《徽州文书》第3辑,桂林：广西师范大学出版社,2009年。

周向华编：《安徽师范大学馆藏徽州文书》,合肥：安徽人民出版社,2009年。

六、资料汇编

[日]多贺秋五郎：《宗谱の研究》,东京：东洋文库,1960年。

张海鹏、王廷元主编：《明清徽商资料选编》,合肥：黄山书社,1985年。

安徽省博物馆编：《明清徽州社会经济资料丛编》第1集,北京：中国社会科学出版社,1988年。

中国社会科学院历史研究所徽州文契整理组编校：《明清徽州社会经济资料丛编》第2集,北京：中国社会科学出版社,1990年。

周绍泉、赵亚光：《窦山公家议校注》,合肥：黄山书社,1995年。

张传玺主编：《中国历代契约会编考释》,北京：北京大学出版社,1995年。

七、研究著作

A

安徽大学徽学研究中心编：《徽学》2000年卷,合肥：安徽大学出版社,2001年。

安徽大学徽学研究中心编：《徽学》第2卷,合肥：安徽大学出版社,2002年。

安徽大学徽学研究中心编：《徽学》第3卷,合肥：安徽大学出版社,2004年。

安徽大学徽学研究中心编:《徽学》第4卷,合肥:安徽大学出版社,2006年。

安徽大学徽学研究中心编:《徽学》第5卷,合肥:安徽大学出版社,2008年。

安徽大学徽学研究中心编:《徽学》第6卷,合肥:安徽大学出版社,2010年。

B

柏桦:《明清州县官群体》,天津:天津人民出版社,2003年。

柏桦:《明代州县政治体制研究》,北京:中国社会科学出版社,2003年。

本书编写组编:《明清人口婚姻家族史论》,天津:天津古籍出版社,2002年。

卞利:《明清徽州社会研究》,合肥:安徽大学出版社,2004年。

卞利:《徽州民俗》,合肥:安徽人民出版社,2005年。

卞利:《国家与社会的冲突和整合——论明清民事法律规范的调整与农村基层社会的稳定》,北京:中国政法大学出版社,2008年。

C

常建华:《宗族志》,上海:上海人民出版社,1998年。

常建华:《明代宗族研究》,上海:上海人民出版社,2005年。

常建华:《清代的国家与社会研究》,北京:人民出版社,2006年。

陈其南:《家族与社会》,台北:联经出版事业公司,1990年。

陈支平:《近五百年来福建的家族社会与文化》,上海:上海三联书店,1991年。

陈支平:《民间文书与明清赋役史研究》,合肥:黄山书社,2004年。

陈智勇:《中国古代社会治安管理史》,郑州:郑州大学出版社,2003年。

D

董建辉:《明清乡约:理论演进与实践发展》,厦门:厦门大学出版社,2008年。

[美]杜赞奇著、王福明译:《文化、权力与国家:1900—1942年的华北农村》,南京:江苏人民出版社,2003年。

段自成:《清代北方官办乡约研究》,北京:中国社会科学出版社,2009年。

F

范金民:《明清江南商业的发展》,南京:南京大学出版社,1998年。

费成康主编:《中国的家法族规》,上海:上海社会科学院出版社,1998年。

费孝通:《乡土中国　生育制度》,北京:北京大学出版社,1998年。

费孝通:《江村经济——中国农民的生活》,北京:商务印书馆,2001年。

费孝通:《中国绅士》,北京:中国社会科学出版社,2006年。

冯尔康主编:《中国社会结构的演变》,郑州:河南人民出版社,1994年。

冯尔康等:《中国宗族社会》,杭州:浙江人民出版社,1994年。

冯尔康:《中国古代的宗族与祠堂》,北京:商务印书馆国际有限公司,1996年。

冯尔康:《18世纪以来中国家族的现代转向》,上海:上海人民出版社,2005年。

冯尔康等:《中国宗族史》,上海:上海人民出版社,2009年。

冯贤亮:《明清江南地区的环境变动与社会控制》,上海:上海人民出版社,2002年。

G

［荷］盖叶尔、佐文:《社会控制论》,北京:华夏出版社,1989年。

高寿仙:《徽州文化》,沈阳:辽宁教育出版社,1991年。

顾锋主编:《管理学》,上海:上海人民出版社,2004年。

郭成伟、田涛点校整理:《明清公牍秘本五种》,北京:中国政法大学出版社,1999年。

郭于华主编:《仪式与社会变迁》,北京:社会科学文献出版社,2000年。

H

韩秀桃:《明清徽州的民间纠纷及其解决》,合肥:安徽大学出版社,2004年。

黄强:《中国保甲实验新编》,南京:正中书局,1935年。

黄宽重、刘增贵主编:《家族与社会》,北京:中国大百科全书出版社,2005年。

黄宗智:《清代的法律、社会与文化:民法的表达与实践》,上海:上海书店出版社,2001年。

黄宗智:《法典、习俗与司法实践:清代与民国的比较》,上海:上海书店出版社,2003年。

经君健:《清代社会的贱民等级》,杭州:浙江人民出版社,1993年。

K

［美］克利福德·吉尔兹著,王海龙、张家瑄译:《地方性知识——阐释人类学论文集》,北京:中央编译出版社,2004年。

L

李可:《习惯法——一个正在发生的制度性事实》,长沙:中南大学出版社,2005年。

李卓:《中日家族制度比较研究》,北京:人民出版社,2004年。

[美]李怀印：《华北村治——晚清和民国时期的国家与乡村》，北京：中华书局，2008年。

李琳琦：《徽商与明清徽州教育》，武汉：湖北教育出版社，2003年。

李守经主编：《农村社会学》，北京：高等教育出版社，2000年。

李文治、江太新：《中国宗法宗族制和族田义庄》，北京：社会科学文献出版社，2000年。

梁治平：《清代习惯法：社会与国家》，北京：中国政法大学出版社，1996年。

林济：《长江中游宗族社会及其变迁》，北京：中国社会科学出版社，1999年。

林耀华：《金翼：中国家族制度的社会学研究》，北京：三联书店，1989年。

林耀华：《义序的宗族研究》，北京：三联书店，2000年。

刘淼辑译：《徽州社会经济史研究译文集》，合肥：黄山书社，1988年。

刘道胜：《明清徽州宗族文书研究》，合肥：安徽人民出版社，2008年。

刘晓春：《仪式与象征的秩序》，北京：商务印书馆，2003年。

刘志伟：《在国家与社会之间：明清广东里甲赋役制度研究》，广州：中山大学出版社，1997年。

陆益龙：《户籍制度——控制与社会差别》，北京：商务印书馆，2003年。

栾成显：《明代黄册研究》，北京：中国社会科学出版社，1998年。

[美]罗斯：《社会控制》，北京：华夏出版社，1989年。

M

马向真：《社会心理与社会控制》，北京：社会科学文献出版社，2002年。

[英]莫里斯·弗里德曼著，刘晓春译、王铭铭校：《中国东南的宗族组织》，上海：上海人民出版社，2000年。

P

[美]庞德:《通过法律的社会控制》,北京:商务印书馆,1984年。

彭信威:《中国货币史》,上海:上海人民出版社,1988年。

[韩]朴元熇:《明清徽州宗族史研究:歙县方氏的个案研究》,北京:中国社会科学出版社,2009年。

Q

钱杭、承载:《十七世纪江南社会生活》,杭州:浙江人民出版社,1996年。

钱杭:《血缘与地缘之间:中国历史上的联宗与联宗组织》,上海:上海社会科学院出版社,2001年。

瞿同祖:《中国法律与中国社会》,北京:中华书局,1981年。

瞿同祖著,范忠信、晏锋译,何鹏校:《清代地方政府》,北京:法律出版社,2003年。

R

冉绵惠、李慧宇:《民国时期保甲制度研究》,成都:四川大学出版社,2005年。

S

沙莲香主编:《社会心理学》,北京:中国人民大学出版社,2002年。

沈起炜编著:《中国历史大事年表(古代)》,上海:上海辞书出版社,1983年。

史凤仪:《中国古代的家族与身分》,北京:社会科学文献出版社,1999年。

[罗]斯特凡·奥多布莱扎:《协调心理学与控制论》,北京:商务印书馆,1997年。

孙光德、董克用主编:《社会保障概论》,北京:中国人民大学出版社,2000年。

T

唐军:《蛰伏与绵延——当代华北村落家族的生长历程》,北京:中国社会科学出版社,2001年。

唐力行:《商人与文化的双重变奏——徽商与宗族社会的历史考察》,武汉:华中理工大学出版社,1997年。

唐力行:《明清以来徽州区域社会经济研究》,合肥:安徽大学出版社,1999年。

唐力行:《商人与中国近世社会》,北京:商务印书馆,2003年。

唐力行主编:《国家、地方、民众的互动与社会变迁》,北京:商务印书馆,2004年。

唐力行:《徽州宗族社会》,合肥:安徽人民出版社,2005年。

田涛等:《田藏契约文书粹编》,北京:中华书局,2001年。

田成有:《乡土社会中的民间法》,北京:法律出版社,2005年。

[日]田仲一成著,云贵彬、王文勋译:《明清的戏曲——江南宗族社会的表象》,北京:北京广播学院出版社,2004年。

W

万明主编:《晚明社会变迁问题与研究》,北京:商务印书馆,2005年。

[美]王国斌著,李伯重、连玲玲译:《转变的中国——历史变迁与欧洲经验的局限》,南京:江苏人民出版社,1998年。

王沪宁:《当代中国村落家族文化——对中国社会现代化的一项探索》,上海:上海人民出版社,1991年。

王铭铭、王斯福主编:《乡土社会的秩序、公正与权威》,北京:中国政法大学出版社,1997年。

王铭铭:《溪村家族——社区史、仪式与地方政治》,贵阳:贵州人民出版社,2004年。

王铭铭:《社会人类学与中国研究》,桂林:广西师范大学出版社,2005年。

王日根:《明清民间社会的秩序》,长沙:岳麓书社,2003年。

王廷元、王世华:《徽商》,合肥:安徽人民出版社,2005年。

王先明:《近代绅士——一个封建阶层的历史命运》,天津:天津人民出版社,1997年。

王亚南:《中国官僚政治研究》,北京:中国社会科学出版社,1981年。

王振忠:《明清徽商与淮扬社会变迁》,北京:三联书店,1996年。

王振忠:《徽州社会文化史探微:新发现的16—20世纪民间档案文书研究》,上海:上海社会科学院出版社,2002年。

王振忠:《千山夕阳》,桂林:广西师范大学出版社,2009年。

王振忠:《明清以来徽州村落社会史研究——以新发现的民间珍稀文献为中心》,上海:上海人民出版社,2011年。

闻钧天:《中国保甲制度》,上海:商务印书馆,1935年。

吴晗、费孝通主编:《皇权与绅权》,上海:观察社,1948年。

X

萧一山:《清代通史》,上海:华东师范大学出版社,2006年。

徐斌:《明清鄂东宗族与地方社会》,武汉:武汉大学出版社,2010年。

徐复等编:《古汉语大词典》,上海:上海辞书出版社,2000年。

徐扬杰:《中国家族制度史》,北京:人民出版社,1992年。

徐扬杰:《宋明家族制度史论》,北京:中华书局,1995年。

Y

严桂夫主编:《徽州历史档案总目提要》,合肥:黄山书社,1996年。

严桂夫、王国健:《徽州文书档案》,合肥:安徽人民出版社,2005年。

杨国安:《明清两湖地区基层组织与乡村社会研究》,武汉:武汉大学出版社,2004年。

杨志刚:《中国礼仪制度研究》,上海:华东师范大学出版社,2001年。

叶木青:《中国保甲制度之发展与运用》,上海:世界书局,1936年。

叶显恩:《明清徽州农村社会与佃仆制》,合肥:安徽人民出版社,1983年。

叶显恩:《徽州与粤海论稿》,合肥:安徽大学出版社,2004年。

于建嵘:《岳村政治:转型期中国乡村政治结构的变迁》,北京:商务印书馆,2001年。

于显洋:《组织社会学》,北京:中国人民大学出版社,2001年。

余英时:《中国近世宗教伦理与商人精神》,合肥:安徽教育出版社,2001年。

Z

翟学伟:《中国社会中的日常权威:关系与权力的历史社会学研究》,北京:社会科学文献出版社,2004年。

张杰:《清代科举家族》,北京:社会科学文献出版社,2003年。

张鸣:《乡村社会权力和文化结构的变迁(1903—1953)》,南宁:广西人民出版社,2001年。

张研:《清代族田与基层社会结构》,北京:中国人民大学出版社,1991年。

张研:《清代社会的慢变量》,太原:山西人民出版社,2000年。

张研、牛贯杰:《19世纪中期中国双重统治格局的演变》,北京:中国人民大学出版社,2002年。

张研、毛立平:《19世纪中期中国家庭的社会经济透视》,北京:中国人民大学出版社,2003年。

张海鹏、王廷元主编:《徽商研究》,合肥:安徽人民出版社,1995年。

张仁善:《礼·法·社会——清代法律转型与社会变迁》,天津:天津古籍出版社,2001年。

张仲礼著,李荣昌译:《中国绅士——关于其在19世纪中国社会中作用的研究》,上海:上海社会科学院出版社,1991年。

章有义:《明清徽州土地关系研究》,北京:中国社会科学出版社,1984年。

章有义:《近代徽州租佃关系案例研究》,北京:中国社会科学出版社,1988年。

章有义:《明清及近代农业史论集》,北京:中国农业出版社,1997年。

赵华富编:《首届国际徽学学术讨论会文集》,合肥:黄山书社,1996年。

赵华富:《两驿集》,合肥:黄山书社,1999年。

赵华富:《徽州宗族研究》,合肥:安徽大学出版社,2004年。

赵秀玲:《中国乡里制度》,北京:社会科学文献出版社,2002年。

郑杭生主编:《社会学概论新修》,第3版,北京:中国人民大学出版社,2003年。

郑振满:《明清福建家族组织与社会变迁》,长沙:湖南教育出版社,1992年。

[日]中岛乐章:《明代乡村纠纷与秩序——以徽州文书为中心》,南京:江苏人民出版社,2010年。

周大鸣等:《当代华南的宗族与社会》,哈尔滨:黑龙江人民出版社,2003年。

周积明、宋德金主编:《中国社会史论》,武汉:湖北教育出版社,2000年。

周绍泉、赵华富主编:《'95国际徽学学术讨论会论文集》,合肥:安徽大学出版社,1997年。

周绍泉、赵华富主编:《'98国际徽学学术讨论会论文集》,合肥:安徽大学出版社,2000年。

周晓光:《新安理学》,合肥:安徽人民出版社,2005年。

周晓光:《徽州传统学术文化地理研究》,合肥:安徽人民出版社,2006年。

周祝伟、林顺道、陈东升:《浙江宗族村落社会研究》,北京:方志出版社,2001年。

朱力等:《社会问题概论》,北京:社会科学文献出版社,2002年。

朱勇:《清代宗族法研究》,长沙:湖南教育出版社,1987年。

朱德新:《二十世纪三四十年代河南冀东保甲制度研究》,北京:中国社会科学出版社,1994年。

朱万曙主编:《论徽学》,合肥:安徽大学出版社,2004年。

朱万曙、卞利主编:《戏曲·民俗·徽文化论集》,合肥:安徽大学出版社,2004年。

庄孔韶:《银翅:中国的地方社会与文化变迁》,北京:三联书店,2000年。

[日]滋贺秀三著,张建国、李力译:《中国家族法原理》,北京:法律出版社,2003年。

邹昌林:《中国礼文化》,北京:社会科学文献出版社,2000年。

八、研究论文

A

阿风:《徽州文书研究十年回顾》,《中国史研究动态》,1998年第2期。

阿风:《'98国际徽学研讨会综述》,《中国史研究动态》,1999年第1期。

阿风:《明清时期徽州妇女在土地买卖中的权利与地位》,《历史研究》,2000年第1期。

阿风:《1998、1999年徽学研究的新进展》,《中国史研究动态》,2000年第7期。

阿风:《徽州文书所见明清时代妇女的地位与权利》,中国社会科学院研究生院博士学位论文,2002年。

阿风、许文继:《2002—2004年徽学研究综述》,《中国史研究动态》,2005年第12期。

阿风:《明清徽州诉讼文书的分类》,安徽大学徽学研究中心编:《徽学》第5卷,合肥:安徽大学出版社,2008年。

B

柏桦、吴爱明:《清代民间组织在社会治安中的责任与作用》,《中共成都市委党校学报》,2009年第2期。

卞利:《明清徽州民俗健讼初探》,《江淮论坛》,1993年第5期。

卞利:《明代徽州的民事纠纷与民事诉讼》,《历史研究》,2000年第1期。

卞利:《明清时期徽州的会社初探》,《安徽大学学报》(哲学社会科学版),2001年第6期。

卞利:《明清时期徽州的民间禁赌》,《安徽师范大学学报》(人文社会科学版),2002年第4期。

卞利:《明清时期徽州的乡约简论》,《安徽大学学报》(哲学社会科学版),2002年第6期。

卞利:《20世纪徽学研究回顾》,安徽大学徽学研究中心编:《徽学》第2卷,合肥:安徽大学出版社,2002年。

卞利:《明清徽州的村规民约研究》,南京大学博士学位论文,2005年。

卞利:《明清徽州的会社规约研究》,安徽大学徽学研究中心编:《徽学》第4卷,合肥:安徽大学出版社,2006年。

卞利:《明清徽州村规民约和国家法之间的冲突与整合》,《华中师范大学学报》(人文社会科学版),2006年第1期。

卞利:《明清徽州的宗族管理、经济基础及其祭祀仪式》,《社会科学》,2006年第6期。

卞利:《明清时期徽州族谱的纂修及刊刻等相关问题研究》,安徽大学徽学研究中心编:《徽学》第5卷,合肥:安徽大学出版社,2008年。

卞利:《明清时期徽州的宗族公约研究》,《中国农史》,2009年第3期。

卞利:《明代徽州谱牒的纂修、管理及其家国互动关系研究》,《江海学刊》,2010年第1期。

C

曹成建:《国民政府保甲制度中的连坐处罚规定及其实践制约》,《四川师范大学学报》(社会科学版),2007年第6期。

曹天生:《本世纪以来国内徽学研究概述》,《中国人民大学学报》,1995年第1期。

曹天生:《徽学研究的新动向——"首届国际徽学学术讨论会"综述》,《中国史研究动态》,1995年第6期。

常建华:《清代族正问题的若干辨析》,《清史研究通讯》,1990年第1期。

常建华:《二十世纪的中国宗族研究》,《历史研究》,1999年第4期。

常建华:《20世纪中国社会史研究》,周积明、宋德金主编:《中国社会史论》,武汉:湖北教育出版社,2000年。

常建华:《试论明代族规的兴起》,本书编写组编:《明清人口婚姻家族史论》,天津:天津古籍出版社,2002年。

常建华:《明代徽州的宗族乡约化》,《中国史研究》,2003年第3期。

常建华:《明代徽州宗祠的特点》,《南开学报》(哲学社会科学版),2003年第5期。

常建华:《清代宗族"保甲乡约化"的开端——雍正朝族正制出现过程新考》,《河北学刊》,2008年第6期。

潮龙起:《从清代保甲的社会控制看会党的滋长动因》,《云南社会科学》,2006年第3期。

陈联:《2000年国际徽学研讨会综述》,《中国史研究动态》,2001年第3期。

陈琪:《故纸犹香——触摸徽州那个时代的民间记忆(上)》,安徽省徽学学会主办:《徽学丛刊》第7辑,2009年。

陈瑞:《以歙县虹源王氏为中心看明清徽州宗族的婚姻

圈》,《安徽史学》,2004年第6期。

陈宝良:《明代乡村的防御体制》,《齐鲁学刊》,1993年第6期。

陈九如:《明清徽州妇女节烈观的成因》,《淮南师范学院学报》,2001年第4期。

陈柯云:《略论明清徽州的乡约》,《中国史研究》,1990年第4期。

陈柯云:《明清徽州的族产》,《清史论丛》,沈阳:辽宁古籍出版社,1992年。

陈柯云:《明清徽州的修谱建祠活动》,《徽州社会科学》,1993年第4期。

陈柯云:《中国徽学学术讨论会述评》,《中国史研究动态》,1994年第3期。

陈柯云:《明清徽州宗族对乡村统治的加强》,《中国史研究》,1995年第3期。

陈柯云:《明清徽州族产的发展》,《安徽大学学报》(哲学社会科学版),1996年第2期。

陈柯云:《雍正五年开豁世仆谕旨在徽州实施的个案分析》,周绍泉、赵华富主编:《'95国际徽学学术讨论会论文集》,合肥:安徽大学出版社,1997年。

陈其南:《明清徽州商人的职业观与家族主义》,《江淮论坛》,1992年第2期。

陈绍方:《清代地方乡村治理的传统特征》,《晋阳学刊》,2006年第3期。

程李英:《论明清徽州的家法族规》,安徽大学硕士学位论文,2007年。

崔秀红、王裕明:《明末清初徽州里长户简论》,《安徽史学》,2001年第1期。

D

刁培俊:《宋代乡村精英与社会控制》,《社会科学辑刊》,2004年第2期。

丁华东:《会社在徽州区域社会研究中的意义——以明清之

际的徽州民间会社为分析中心》，《探索与争鸣》，2004年第12期。

董建辉:《传统农村社区社会治理的历史思考》，《中国社会经济史研究》，2002年第4期。

杜刚:《明清徽州基层社会治安保障体系研究》，安徽大学硕士学位论文，2006年。

段自成:《略论清代乡约领导保甲的体制》，《郑州大学学报》(哲学社会科学版)，1998年第4期。

段自成:《论清代北方乡约和保甲的关系》，《兰州学刊》，2006年第3期。

F

范金民:《清代苏州宗族义田的发展》，《中国史研究》，1995年第3期。

范金民:《清代徽州商帮的慈善设施——以江南为中心》，《中国史研究》，1999年第4期。

方光禄:《徽州社会转型时期的社区救济——〈新安屯溪公济局征信录〉初探》，《黄山学院学报》，2003年第1期。

方利山:《从几份契约文书看徽州宗族的社会调适》，《合肥学院学报》(社会科学版)，2006年第2期。

冯尔康:《简论清代宗族的"自治"性》，《华中师范大学学报》(人文社会科学版)，2006年第1期。

冯贤亮:《传统时代江南的中层社会与乡村控制》，《上海社会科学院学术季刊》，2002年第2期。

傅衣凌:《明代徽州庄仆文约辑存——明代徽州庄仆制度之侧面的研究》，《文物参考资料》，1960年第2期。

G

高寿仙:《略论传统中国的乡村控制与村社结构》，《北京行政学院学报》，2001年第5期。

高寿仙:《晚明的地方精英与乡村控制》，万明主编:《晚明社会变迁问题与研究》第4章，北京:商务印书馆，2005年。

葛寒峰:《中国的保甲制度研究》，《农学月刊》，1940年第6期。

葛庆华:《徽州文会初探》,《江淮论坛》,1997年第4期。

郭云凤:《明清徽州村落教化的形式及特点》,《淮北煤炭师范学院学报》(哲学社会科学版),2008年第5期。

H

韩大成:《明代的族权与封建专制主义》,《历史论丛》第2辑,济南:齐鲁书社,1981年。

韩秀桃:《清代例的制定与实施——雍正五年开豁世仆谕旨在徽州、宁国实施情况的个案分析》,《法制与社会发展》,2000年第4期。

韩永周:《中国保甲制度的历史流变与利弊》,《湖北警官学院学报》,2007年第6期。

何巧云:《清代徽州祭祖研究》,安徽大学博士学位论文,2010年。

何巧云:《清代徽州祭祖祀会整合之研究——以歙县吴氏"四枝会"为中心》,安徽大学徽学研究中心编:《徽学》第6卷,合肥:安徽大学出版社,2010年。

[韩]洪性鸠:《清代徽州的保甲与里甲及宗族》,《中国史学》第13号"明清史专号",京都:朋友书店,2003年。

[韩]洪性鸠:《清代徽州的宗族和保甲制的展开》,韩国《中国史研究》(27),2003年。

[韩]洪性鸠:《明末清初の徽州における宗族と徭役分担公议——祁门县五都桃源洪氏を中心に》,《东洋史研究》第61卷第4号,2004年。

[韩]洪性鸠:《明代中期徽州的乡约与宗族的关系——以祁门县文堂陈氏乡约为例》,《上海师范大学学报》(哲学社会科学版),2005年第2期。

胡海:《明清徽商妇生存状态研究》,华中师范大学硕士学位论文,2008年。

胡惠芳:《安徽沦陷区保甲制浅析》,《池州师专学报》,2006年第1期。

胡庆钧:《两种权力夹缝中的保长》,吴晗、费孝通主编:《皇权与绅权》,上海:观察社,1948年。

胡庆钧:《从保长到乡约》,吴晗、费孝通主编:《皇权与绅权》,上海:观察社,1948年。

胡中生:《明清徽州的人口分流与生存伦理》,南开大学博士学位论文,2003年。

胡中生:《凭族理说与全族谊:宗族内部民事纠纷的解决之道——以清光绪年间黟县宏村汪氏店屋互控案为例》,《济南大学学报》(社会科学版),2005年第6期。

胡中生:《清代徽州族谱对女性上谱的规范》,《安徽大学学报》(哲学社会科学版),2007年第1期。

胡中生:《徽州的族会与宗族建设》,安徽大学徽学研究中心编:《徽学》第5卷,合肥:安徽大学出版社,2008年。

胡中生:《异姓承继及其上谱的争论与收族理念的转变》,安徽大学徽学研究中心编:《徽学》第6卷,合肥:安徽大学出版社,2010年。

胡中生:《融资与互助:民间钱会功能研究——以徽州为中心》,《中国社会经济史研究》,2011年第1期。

华立:《清代保甲制度简论》,中国人民大学清史研究所编:《清史研究集》第6辑,北京:光明日报出版社,1988年。

黄志繁:《乡约与保甲:以明代赣南为中心的分析》,《中国社会经济史研究》,2002年第2期。

J

金世忠:《民国保甲制度之研究——以抗战前后之四川省为例(1935—1949)》,台湾大学历史系硕士学位论文,1990年。

[韩]金钟博:《明清时代乡村组织与保甲制之关系》,《中国社会经济史研究》,2002年第2期。

[日]井上徹:《日本学界关于明清时代宗族问题的研究》,周天游主编:《地域社会与传统中国》,西安:西北大学出版社,1995年。

[日]臼井佐知子:《徽州家族的"承继"问题》,周绍泉、赵华富主编:《'95国际徽学学术讨论会论文集》,合肥:安徽大学出版社,1997年。

[日]臼井佐知子:《明代徽州族谱的编纂——宗族扩大组

织化的样态》,安徽大学徽学研究中心编:《徽学》第 3 卷,合肥:安徽大学出版社,2004 年。

K

[英]科大卫、刘志伟:《宗族与地方社会的国家认同——明清华南地区宗族发展的意识形态基础》,《历史研究》,2000 年第 3 期。

孔潮丽:《1588—1589 年瘟疫流行与徽州社会》,《安徽史学》,2002 年第 4 期。

L

李斐斐:《明清徽州宗族对基层社会的影响》,安徽师范大学硕士学位论文,2007 年。

[美]李怀印:《晚清及民国时期华北村庄的乡地制——以河北获鹿县为例》,《历史研究》,2001 年第 6 期。

[美]李怀印:《中国乡村治理之传统形式:河北省获鹿县之实例》,《中国乡村社会研究》,2001 年创刊号。

李伟中:《南京国民政府的保甲制新探——20 世纪三四十年代中国乡村制度的变迁》,《社会科学研究》,2002 年第 4 期。

李文治:《明代宗族制的体现形式及其基层作用》,《中国经济史研究》,1988 年第 1 期。

李映发:《清代州县下社会基层组织考察》,《四川大学学报》(哲学社会科学版),1997 年第 2 期。

李治安:《宋元明清基层社会秩序的新构建》,《南开学报》(哲学社会科学版),2008 年第 3 期。

李自华:《清代婺源的水旱灾害与地方社会自救》,《农业考古》,2003 年第 1 期。

梁景之:《从"邪教"案看清代国家权力与基层社会的关系》,《清史研究》,2003 年第 3 期。

廖华生:《清代蚺城的约保》,《安徽史学》,2006 年第 5 期。

林济:《明清徽州的共业与宗教礼俗生活》,《华南师范大学学报》(社会科学版),2000 年第 5 期。

林济:《程敏政统宗谱法与徽州谱法发展》,《安徽史学》,

2008年第4期。

林济:《"专祠"与宗祠——明中期前后徽州宗祠的发展》,常建华主编:《中国社会历史评论》第10卷,天津:天津古籍出版社,2009年。

[日]铃木博之:《明代徽州府の族产と户名》,《东洋学报》第71卷第1~2号,1990年。

[日]铃木博之:《明代徽州府の乡约について》,明代史研究会明代史论丛编集委员会编:《山根幸夫教授退休记念明代史论丛》下册,东京:汲古书院,1990年。

刘莉:《明清时期保甲制度与家族治理的地方控制》,《理论导刊》,2007年第7期。

刘淼:《清代徽州歙县棠樾鲍氏祠产土地关系》,《学术界》,1989年第3期。

刘淼:《清代徽州祠产土地关系——以徽州歙县棠樾鲍氏、唐模许氏为中心》,《中国经济史研究》,1991年第1期。

刘淼:《清代祁门善和里程氏宗族的"会"组织》,《文物研究》第8辑,合肥:黄山书社,1993年。

刘淼:《清代徽州的"会"与"会祭"——以祁门善和里程氏为中心》,《江淮论坛》,1995年第4期。

刘淼:《中国传统社会的资产运作形态——关于徽州宗族"族会"的会产处置》,《中国社会经济史研究》,2002年第2期。

刘淼:《传统农村社会的宗子法与祠堂祭祀制度——兼论徽州农村宗族的整合》,《中国农史》,2002年第3期。

刘重日、曹贵林:《徽州庄仆制及其研究》,厦门大学历史研究所中国经济史研究室:《中国古代史论丛》,1981年第2辑,福州:福建人民出版社,1981年。

刘重日、曹贵林:《明代徽州庄仆制度研究》,中国社会科学院历史研究所明史研究室:《明史研究论丛》第1辑,南京:江苏人民出版社,1982年。

刘道胜:《明清徽州宗族关系文书研究》,安徽大学博士学位论文,2006年。

刘道胜:《明清徽州宗族的分房与轮房》,《安徽史学》,2008年第2期。

刘道胜:《明清徽州的都保与保甲》,《历史地理》第 23 辑,上海:上海人民出版社,2008 年。

刘道胜:《明清徽州的民间调处及其演变——以文书资料为中心的考察》,《安徽师范大学学报》(人文社会科学版),2008 年第 4 期。

刘道胜:《清代基层社会的地保》,《中国农史》,2009 年第 2 期。

刘道胜:《众存产业与明清徽州宗族社会》,《安徽史学》,2010 年第 4 期。

刘和惠:《明代徽州佃仆制考察》,《安徽史学》,1984 年第 1 期。

刘和惠:《明代徽州胡氏佃仆文约》,《安徽史学》,1984 年第 2 期。

刘和惠:《明代徽州佃仆制补论》,《安徽史学》,1985 年第 6 期。

刘术永:《由〈泰泉乡礼〉之〈乡约〉和〈保甲〉卷看明代乡治》,《华北水利水电学院学报》(社科版),2010 年第 2 期。

刘向飞:《国民政府时期重庆市保甲人员养成制度刍论》,西南政法大学硕士学位论文,2008 年。

刘彦波:《清代前期赋役制度的变革与地方基层组织的变迁》,《湖北大学学报》(哲学社会科学版),2006 年第 3 期。

卢毅彬:《控制与消解——国民政府时期甘肃保甲制度研究》,兰州大学硕士学位论文,2006 年。

栾成显:《明清徽州宗族的异姓承继》,《历史研究》,2005 年第 3 期。

栾成显:《〈康熙休宁县保甲烟户册〉研究》,《西南师范大学学报》(人文社会科学版),2006 年第 6 期。

栾成显:《改革开放以来徽学研究的回顾与展望》,《史学月刊》,2009 年第 6 期。

罗来平:《解读〈潦川文会〉》,《合肥学院学报》(社会科学版),2005 年第 5 期。

罗远道:《试论清代的保甲制和宗法制》,《中州学刊》,1988 年第 3 期。

罗远道:《试论保甲制的演变及其作用》,《中国历史博物馆馆刊》,1994年第1期。

M

马昌华:《皖著太平天国资料撷录——〈旭斋杂抄〉》,《安徽史学》,1985年第2期。

N

宁波:《清代社会结构变迁的历史特点之一——乡绅势力对基层社会控制的加强》,《牡丹江师范学院学报》(哲学社会科学版),2002年第6期。

牛贯杰:《从"守望相助"到"吏治应以团练为先"——由团练组织的发展演变看国家政权与基层社会的互动关系》,《中国农史》,2004年第1期。

P

潘允康:《试论社会控制手段的多样性和综合性》,《杭州师范学院学报》(社会科学版),2002年第6期。

[韩]朴元熇:《从柳山方氏看明代徽州宗族组织的扩大》,《历史研究》,1997年第1期。

[韩]朴元熇:《明清时代徽州真应庙之统宗祠转化与宗族组织》,《中国史研究》,1998年第3期。

Q

[韩]权仁溶:《从祁门县"谢氏纷争"看明末徽州的土地丈量与里甲制》,《历史研究》,2000年第1期。

[韩]权仁溶:《明末清初徽州的役法变化与里甲制》,韩国《历史学报》(169),2001年。

R

冉绵惠:《抗日战争时期中国共产党对改革国统区保甲制度的主张》,《中共党史研究》,2008年第2期。

[日]仁井田升:《明末徽州的庄仆制——特别是关于劳役

婚》,刘淼辑译:《徽州社会经济史研究译文集》,合肥:黄山书社,1988年。

任志强:《徽州宗族研究综述》,安徽大学徽学研究中心编:《徽学》第2卷,合肥:安徽大学出版社,2002年。

S

[日]涩谷裕子:《明清徽州农村的"会"组织》,周绍泉、赵华富主编:《'95国际徽学学术讨论会论文集》,合肥:安徽大学出版社,1997年。

[日]涩谷裕子:《徽州文书にみられる"会"组织について》,《史学》第67卷第1号,1997年。

申立增:《清代乡里制度研究综述》,《首都师范大学学报》(社会科学版),2004年增刊(中国近现代史研究专辑)。

沈成飞:《近十年来民国保甲制度研究述评》,《福建论坛》(人文社会科学版),2003年第6期。

沈成飞:《广州沦陷时期保甲制度的推行及其特色》,《广东社会科学》,2009年第4期。

施兴和、李琳琦:《明清徽州的书屋、文会及其教育功能》,《华东师范大学学报》(教育科学版),2000年第4期。

史会来、夏潮:《沦陷区保甲制之透视》,《世纪桥》,1997年第2期。

史五一:《明清徽州会社研究》,安徽大学博士学位论文,2008年。

史五一:《明清徽州祭祀性会社述论》,《黑龙江史志》,2010年第20期。

史五一:《徽州桥会个案研究——以〈纪事会册〉为中心》,安徽大学徽学研究中心编:《徽学》第6卷,合肥:安徽大学出版社,2010年。

[荷]宋汉理:《徽州地区的发展与当地的宗族——徽州休宁范氏宗族研究》,刘淼辑译:《徽州社会经济史研究译文集》,合肥:黄山书社,1987年。

粟品孝:《文本与行为:朱熹〈家礼〉与其家礼活动》,《安徽师范大学学报》(人文社会科学版),2004年第1期。

孙海泉:《清朝前期的里甲与保甲》,《中国社会科学院研究生院学报》,1990年第5期。

孙海泉:《清代保甲组织结构分析》,《河北学刊》,1992年第1期。

孙海泉:《论清代从里甲到保甲的演变》,《中国史研究》,1994年第2期。

孙海泉:《清代地方基层组织研究》,中国社会科学院研究生院博士学位论文,2002年。

孙海泉:《清代赋役制度变革后的地方基层组织》,《河北学刊》,2004年第6期。

孙华莹、刘道胜:《明清徽州保甲探微》,安徽省徽学学会二届二次理事会暨学术研讨会论文,2007年。

T

唐力行:《明清徽州的家庭与宗族结构》,《历史研究》,1991年第1期。

唐力行:《论商人妇与明清徽州社会》,《社会学研究》,1992年第4期。

唐力行、张翔凤:《国家民众间的徽州乡绅与基层社会控制》,《上海师范大学学报》(哲学社会科学版),2002年第6期。

唐力行:《徽州宗族研究概述》,《安徽史学》,2003年第2期。

唐力行:《徽学研究的对象、价值、内容与方法》,朱万曙主编:《论徽学》,下编,合肥:安徽大学出版社,2004年。

唐力行、徐茂明:《明清以来徽州与苏州社会保障的比较研究》,《江海学刊》,2004年第3期。

唐力行:《20世纪上半叶中国宗族组织的态势——以徽州宗族为对象的历史考察》,《上海师范大学学报》(哲学社会科学版),2005年第1期。

唐力行、徐茂明:《明清以来徽州与苏州基层社会控制方式的比较研究》,《江海学刊》,2006年第1期。

唐力行、苏卫平:《明清以来徽州的疾疫与宗族医疗保障功能——兼论新安医学兴起的原因》,《史林》,2009年第3期。

[日]田仲一成:《徽州宗族对于乡村戏剧的政策和控制》,"徽州宗族与徽州社会"国际学术研讨会交流论文,合肥,2004年8月。

W

王传满:《节烈旌表——明清徽州节烈现象的重要因素》,《阿坝师范高等专科学校学报》(哲学社会科学版),2009年第4期。

王传满:《明清徽州妇女明志及保节方式》,《淮北煤炭师范学院学报》(哲学社会科学版),2009年第5期。

王传满:《民间大众口头称颂与明清徽州节烈风气》,《巢湖学院学报》,2009年第5期。

王传满:《明清时期徽州地区宗族势力对节烈妇女的控制》,《中华女子学院山东分院学报》,2009年第6期。

王传满:《明清徽州知识精英对节烈妇女事迹的张扬》,《湖南第一师范学报》,2009年第6期。

王传满:《明清徽州节烈妇女的孝道、母道和妇道述评》,《商丘师范学院学报》,2009年第11期。

王传满:《明清徽州妇女节烈现象与徽州社会》,《南都学坛》,2010年第1期。

王传满:《明清徽州节烈妇女的牌坊旌表》,《文山学院学报》,2010年第2期。

王国键:《徽州宗族立祠修谱活动及其文书》,《中国典籍与文化》,2004年第3期。

王鹤鸣:《试论徽州谱牒的体与魂》,《复旦学报》(社会科学版),2006年第1期。

王宏伟:《晚清州县保甲组织探析:以直隶为中心》,《求索》,2006年第3期。

王开玺:《嘉道年间的京城保甲制度与社会治安》,《历史档案》,2002年第2期。

王日根:《明清徽州会社经济举隅》,《中国经济史研究》,1995年第2期。

王日根:《明清基层社会管理组织系统论纲》,《清史研究》,

1997年第2期。

王日根:《近年来明清基层社会管理研究的回顾与展望》,《江苏社会科学》,2001年第3期。

王日根:《习礼成俗:明清东南海洋区域社会控制的一种路径》,《江海学刊》,2005年第1期。

王先明、常书红:《晚清保甲制的历史演变与乡村权力结构——国家与社会在乡村社会控制中的关系变化》,《史学月刊》,2000年第5期。

王先明:《辛亥革命后中国乡村控制体制的演变——民国初期的乡制演变与保甲制的复活》,《社会科学研究》,2003年第6期。

王先明:《从自治到保甲:乡制重构中的历史回归问题》,《史学月刊》,2008年第2期。

王晓琳、吴吉远:《清代保甲制度探论》,《社会科学辑刊》,2000年第3期。

王玉亮:《中国传统乡村社会管理体制的实质》,《历史教学》,2006年第9期。

王裕明:《〈仁峰集〉与明中叶徽州社会》,《安徽大学学报》(哲学社会科学版),2005年第5期。

王振忠:《一个徽州山村社会的生活世界——新近发现的"歙县里东山罗氏文书"研究》,张国刚主编:《中国社会历史评论》第2卷,天津:天津古籍出版社,2000年。

王振忠:《晚清徽州民众生活及社会变迁——〈陶甓公牍〉之民俗文化解读》,安徽大学徽学研究中心编:《徽学》,2000年卷,合肥:安徽大学出版社,2001年。

王振忠:《从新发现的徽州文书看"叫魂"事件》,《复旦学报》(社会科学版),2005年第2期。

王振忠:《清代前期徽州民间的日常生活——以婺源民间日用类书〈目录十六条〉为例》,载王振忠:《明清以来徽州村落社会史研究——以新发现的民间珍稀文献为中心》,上海:上海人民出版社,2011年。

王振忠:《晚清民国时期的徽州宗族与地方社会——黟县碧山何氏之〈族事汇要〉研究》,《社会科学战线》,2008年第4期。

王志明:《明清家族社会认同准则》,《华东师范大学学报》(哲学社会科学版),1992年第6期。

汪庆元:《清初徽州的"均图"鱼鳞册研究》,《清史研究》,2009年第2期。

魏光奇:《地方自治与社会功能系统的演变》,乔志强、行龙主编:《近代华北农村社会变迁》,北京:人民出版社,1998年。

魏光奇:《清代直隶的里社与乡地》,《中国史研究》,2000年第1期。

魏光奇:《清代"乡地"制度考略》,《北京师范大学学报》(社会科学版),2007年第5期。

魏华伟:《国民政府时期河南保长的群体分析》,华中师范大学硕士学位论文,2004年。

魏金玉:《明代皖南的佃仆》,中国社会科学院经济研究所学术委员会编:《中国社会科学院经济研究所集刊》第3集,北京:中国社会科学出版社,1981年。

武乾:《南京国民政府时期的保甲制度与地方自治》,《法商研究》,2001年第6期。

吴泰:《宋代"保甲法"探微》,中国社会科学院历史研究所宋辽金史研究室编:《宋辽金史论丛》第2辑,北京:中华书局,1991年。

吴景贤:《明清之际徽州奴变考》,《学风》第7卷,第5期,1937年。

吴媛媛:《明清时期徽州的灾害及其社会应对》,复旦大学博士学位论文,2007年。

吴媛媛、何建木:《晚清徽州社会救济体系初探——以光绪三十四年水灾为例》,《中国历史地理论丛》,2007年第3辑。

伍跃:《徽学在中国史研究中的崛起》,《中国史研究动态》,1998年第5期。

X

夏爱军:《明清时期民间迎神赛会个案研究——〈祝圣会簿〉及其反映的祝圣会》,《安徽史学》,2004年第6期。

夏维中、王裕明:《也论明末清初徽州地区土地丈量与里甲制的关系》,《南京大学学报》(哲学·人文科学·社会科学版),2002年第4期。

[日]小山正明:《文书史料中所见明清时代徽州府的奴婢·庄仆制》,西嶋定生博士还历记念论丛编集委员会编:《西嶋定生博士还历记念:东アジア史における国家と农民》,东京:山川出版社,1984年。

[日]小早川欣吾:《关于清代地方自治团体的组织形式——尤其是以保甲制度为中心的形式》,《东亚人文学报》,1941年第2期。

肖如平:《理想与现实的两难:论国民政府的地方自治与保甲制度》,《福建论坛》(人文社会科学版),2004年第12期。

谢宏维:《生态环境的恶化与乡村社会控制——以清代徽州的棚民活动为中心》,《中国农史》,2003年第2期。

谢宏维:《清代徽州棚民问题及应对机制》,《清史研究》,2003年第2期。

谢宏维:《清代徽州外来棚民与地方社会的反应》,《历史档案》,2003年第3期。

谢宏维:《清代棚民及其对社会经济的影响》,《历史教学》,2004年第3期。

谢增寿:《国民党南京政府保甲制度述论》,《南充师范学院学报》,1984年第4期。

徐斌:《宗族组织化的重要标识:辈分派语》,《光明日报》,2008年1月20日第7版"史学"专栏。

徐彬:《论徽州家谱的评价理论》,《安徽师范大学学报》(人文社会科学版),2009年第2期。

徐彬:《历史意识与历史编撰理论对明清徽州家谱的影响》,《安徽史学》,2010年第3期。

徐彬:《明清时期徽商参与家谱编修的动因》,《安徽师范大学学报》(人文社会科学版),2011年第1期。

徐腊梅:《国民政府时期保甲制度在江西的推行及其影响》,《南昌大学学报》,2008年第4期。

徐扬杰:《宋明以来的封建家族制度述论》,《中国社会科学》,1980年第4期。

许文继:《2000、2001 年徽学研究综述》,《中国史研究动态》,2003 年第 2 期。

Y

颜军:《明清时期徽州族产经济初探——以祁门善和程氏为例》,《明史研究》第 5 辑,合肥:黄山书社,1997 年。

杨华:《南京国民政府时期山东保甲制度研究(1928—1945)》,《乐山师范学院学报》,2010 年第 7 期。

杨华:《南京国民政府时期保甲制度研究综述》,《乐山师范学院学报》,2010 年第 9 期。

杨焕鹏:《战后乡镇自治运动中的保甲制度——以嘉兴县为例》,《中国农史》,2004 年第 3 期。

杨志刚:《礼与传统的创造性转化》,《复旦学报》(社会科学版),1993 年第 3 期。

姚兆余:《二十世纪中国古代农村社会史研究的回顾与思考》,《中国农史》,2002 年第 3 期。

叶娟丽:《我国历史上宗族组织的政权化倾向》,《学术论坛》,2000 年第 2 期。

叶显恩:《从祁门善和里程氏家乘谱牒所见的徽州佃仆制度》,《学术研究》,1978 年第 4 期。

叶显恩:《明清徽州佃仆制试探》,《中山大学学报》(社会科学版),1979 年第 2 期。

叶显恩:《关于徽州的佃仆制》,《中国社会科学》,1981 年第 1 期。

叶显恩:《明清佃仆的身份地位》,厦门大学历史研究所中国经济史研究室:《中国古代史论丛》,1982 年第 1 辑,福州:福建人民出版社,1982 年。

叶显恩:《释"火佃"》,《中国史研究》,1982 年第 3 期。

叶显恩:《徽州和珠江三角洲宗法制比较研究》,《中国经济史研究》,1996 年第 4 期。

叶显恩:《"徽州文化全书"总序——徽州文化的定位及其发展大势》,载 20 卷本"徽州文化全书",合肥:安徽人民出版社,2005 年。

俞乃华:《从徽州谱牒中的族规家训看其社会教化效应》,《黄山学院学报》,2009年第4期。

原彦平:《清代顺康雍乾四朝保甲制的变迁》,《青海社会科学》,2004年第2期。

岳成卒:《清代的户籍与保甲》,《政治月刊》,1941年第2卷。

Z

张明:《清至民国徽州族田地权的双层分化》,《中国农史》,2010年第2期。

张研:《清代中后期中国基层社会组织的纵横依赖与相互联系》,《清史研究》,2000年第2期。

张研:《解读十九世纪的中国社会——一项以安徽为典型的研究》,《学术界》,2003年第1期。

张勇、包树芳:《试论南京国民政府时期的乡镇保甲长》,《抚州师专学报》,2003年第2期。

张安东:《20世纪90年代以来徽州宗族研究的回眸与展望》,《巢湖学院学报》,2011年第2期。

张济顺:《沦陷时期的上海保甲制度》,《历史研究》,1996年第1期。

张金俊:《清代徽州宗族与乡村社会控制》,安徽师范大学硕士学位论文,2007年。

张金俊、王文娟:《清代徽州宗族社会的组织控制》,《安徽师范大学学报》(人文社会科学版),2010年第2期。

张金俊:《宗族制度控制与社会秩序——以清代徽州宗族社会为中心的考察》,《天府新论》,2010年第5期。

张金俊:《宗族组织在乡村社会控制中的运作逻辑——以清代徽州宗族社会为中心的考察》,《江西社会科学》,2011年第2期。

张启耀:《论晚清基层社会控制的变化》,《运城学院学报》,2007年第4期。

张晓锋:《明清时期徽州宗族的权力支配及其在徽州村治中的作用》,中国政法大学硕士学位论文,2010年。

章有义:《从吴葆和堂庄仆条规看清代徽州庄仆制度》,《文物》,1977年第11期。

章有义:《关于明清时代徽州火佃性质问题赘言》,《徽州社会科学》,1987年第4期。

赵华富:《〈新安名族志〉编纂的背景和宗旨》,《安徽大学学报》(哲学社会科学版),1997年第3期。

赵华富:《徽州宗族祠堂三论》,《安徽大学学报》(哲学社会科学版),1998年第4期。

赵华富:《明代中期徽州宗族统治的强化》,载赵华富:《两驿集》,合肥:黄山书社,1999年。

赵丽娜:《民国时期湖北保甲制度研究(1927—1937)》,武汉大学硕士学位论文,2005年。

赵秀玲:《中国乡里制度研究及展望》,《历史研究》,1998年第4期。

郑力民:《徽州社屋的诸侧面——以歙南孝女会田野个案为例》,《江淮论坛》,1995年第4~5期。

赵忠仲:《明清徽州妇女的二元化性格——以社会生活为中心的考察》,《乐山师范学院学报》,2010年第2期。

郑胜明:《宋代保甲法的乡村社会控制功能》,《河北大学成人教育学院学报》,2008年第1期。

郑小春:《明清徽州诉讼文书研究》,安徽大学博士学位论文,2007年。

郑小春:《汪氏祠墓纠纷所见明清徽州宗族统治的强化》,《安徽大学学报》(哲学社会科学版),2007年第4期。

郑小春:《明清徽州宗族与乡村治理:以祁门康氏为中心》,《中国农史》,2008年第3期。

郑小春:《明清徽州案卷文书述略》,安徽大学徽学研究中心编:《徽学》第5卷,合肥:安徽大学出版社,2008年。

郑小春:《里老人与明代乡里纷争的解决:以徽州为中心》,《中国农史》,2009年第4期。

郑小春:《太平天国时期的徽州团练》,《安徽史学》,2010年第3期。

郑小春:《地方志所见太平天国时期的徽州团练》,《广州大学学报》(社会科学版),2011年第3期。

郑振满:《清代福建合同式宗族的发展》,《中国社会经济史研究》,1991年第4期。

[日]中岛乐章:《明代前半期里甲制下の纷争处理——徽州文书を史料として—》,《东洋学报》第76卷第3~4号,1995年。

[日]中岛乐章:《明末徽州的佃仆制与纷争》,《东洋史研究》第58卷第3号,1999年。

[日]中岛乐章:《围绕明代徽州一宗族的纠纷与同族统合》,《江淮论坛》,2000年第2~3期。

周绍泉:《明清徽州祁门善和里程氏仁山门族产研究》,《谱牒学研究》第2辑,北京:文化艺术出版社,1991年。

周绍泉:《透过明初徽州一桩讼案窥探三个家庭的内部结构及其相互关系》,安徽大学徽学研究中心编:《徽学》,2000年卷,合肥:安徽大学出版社,2001年。

周晓光:《新安理学与徽州宗族社会》,《安徽师范大学学报》(人文社会科学版),2001年第1期。

周晓光:《明清徽州民间的众存祀会》,《安徽师范大学学报》(人文社会科学版),2010年第2期。

周致元:《明代徽州的教化措施及其影响》,《安徽大学学报》(哲学社会科学版),1996年第2期。

周致元:《明代徽州的自然灾害以及官府和宗族的社会调控措施》,"徽州宗族与徽州社会"国际学术研讨会交流论文,合肥,2004年8月。

周致元:《明代徽州官府与宗族的救荒功能》,《安徽大学学报》(哲学社会科学版),2006年第1期。

周致元:《徽州乡镇志中所见明清民间救荒措施》,《安徽大学学报》(哲学社会科学版),2008年第1期。

朱勇:《论清代江南宗族法的经济职能》,《中国经济史研究》,1987年第4期。

朱德新:《民国保甲制度研究述评》,《安徽史学》,1996年第1期。

朱德新:《抗战时期中共对冀东农村日伪保甲制度的利

用》,《安徽史学》,2010年第3期。

邹怡:《徽州佃仆制研究综述》,《安徽史学》,2006年第1期。

[日]佐伯富:《清代的乡约、地保》,《东方学》第28期,1964年。

左云鹏:《祠堂族长族权的形成及其作用试说》,《历史研究》,1964年第5~6期。

后 记

本书是笔者主持的 2007 年国家社会科学基金青年项目《明清徽州宗族与乡村社会控制研究》(07CZS009)的最终成果。该项目得以立项、顺利完成并通过专家鉴定、获评"良好"等级，与笔者 10 年来的学术经历有一定的关系。我开始集中精力学习与研究明清徽州宗族是 2002 至 2006 年在南京大学历史系攻读博士学位期间，在导师范金民教授的悉心指导下，我选择了明清徽州宗族内部社会控制作为博士论文的研究方向。2008 至 2011 年，我在复旦大学历史学博士后流动站从事相关研究工作，在联系导师王振忠教授的精心指导下，我选择了明清徽州保甲组织作为博士后研究工作报告的研究方向，而以徽州宗族为视角研究徽州保甲组织是我博士后研究工作报告关注的重点。在日常工作中，除了完成分内任务外，我也将主要精力放在学习与研究明清徽州宗族方面。关于明清徽州宗族，学界已有不少研究成果，我在前辈学者研究的基础上，主要利用历史学、社会学、人类学和管理学等学科的相关理论和方法，以社会控制为视角，来研究明清徽州宗族及其与地方社会的关系。本书即是我在明清徽州社会史特别是徽州宗族史研究方面的一个初步尝试和阶段性成果。

尽管本书由于个人才力等方面的原因可能存在不少缺陷，但她却凝聚了很多人的心血。在此，我向他们表达我深深的谢意！

导师是我学术研究的领路者。在该项目研究过程中，硕士生导师、安徽大学汤奇学教授，博士生导师、南京大学范金民教授、博士后研究工作联系导师、复旦大学王振忠教授,给了我无微不至的关心和指导。本书是三位导师领路与指导的结果,凝聚了他们的诸多心血,我谨向他们表达衷心的感谢!

学界方家师长及同窗是我学术研究的激励者。在该项目研究过程中,我曾得到复旦大学邹逸麟教授、姜义华教授,南开大学冯尔康教授、常建华教授,上海师范大学唐力行教授,厦门大学王日根教授,南京大学夏维中教授、胡阿祥教授,南京农业大学沈志忠教授、曾京京教授、姚兆余教授,中国人民大学朱万曙教授,安徽省社会科学界联合会副主席洪永平教授,安徽大学赵华富教授、卞利教授,安徽师范大学王世华教授、李琳琦教授、周晓光教授,巢湖学院郑小春教授,中国徽州文化博物馆陈琪教授,以及同窗胡中生、宋立中、龚小峰、王裕明、刘道胜、张小坡、李甜等先生提供的不同形式的指导和帮助。本书凝聚了上述诸位方家师长和同窗的付出,我谨向他们表达诚挚的谢意!

单位领导和同事是我学术研究的扶持者。在该项目研究过程中,我一直得到所在工作单位的领导和同事所提供的各类宝贵支持与帮助,其中要特别感谢中共安徽省委宣传部副部长、安徽省社会科学院院长陆勤毅教授和安徽省社会科学院副院长施立业研究员,两位领导对该项目的研究时加指导和敦促,令人感佩。我的同事朱玉龙研究员、卫国处长、杨国化处长、汪谦干研究员、方英副研究员、吴海升副研究员也为该项目的研究提供过许多帮助。本书凝聚了上述诸位领导和同事的厚爱,我谨向他们表达真诚的谢意!

家人是我学术研究的坚定支持者和最大付出者。在该项目研究过程中,我的父母妻儿给予了充分的理解和支持,妻子余霞女士承担了几乎全部家务和幼子安安的养育重任。本书凝聚了家人的无限亲情和关爱,我谨向他们表达由衷的感激之情!

最后,我要感谢安徽大学徽学研究中心卞利主任以及责任编辑马晓波女士、刘强先生,本书得以纳入"徽学与地域文化丛书"出版问世,离不开他们的精心组织与付出。

陈　瑞
二〇一三年三月二日